Les droits des peuples autochtones
et l'exploitation des ressources naturelles
en Amérique latine

Logiques Juridiques

Collection dirigée par Gérard Marcou

Le droit n'est pas seulement un savoir, il est d'abord un ensemble de rapports et pratiques que l'on rencontre dans presque toutes les formes de sociétés. C'est pourquoi il a toujours donné lieu à la fois à une littérature de juristes professionnels, produisant le savoir juridique, et à une littérature sur le droit, produite par des philosophes, des sociologues ou des économistes notamment.

Parce que le domaine du droit s'étend sans cesse et rend de plus en plus souvent nécessaire le recours au savoir juridique spécialisé, même dans des matières où il n'avait jadis qu'une importance secondaire, les ouvrages juridiques à caractère professionnel ou pédagogique dominent l'édition, et ils tendent à réduire la recherche en droit à sa seule dimension positive. À l'inverse de cette tendance, la collection « Logiques juridiques » des éditions L'Harmattan est ouverte à toutes les approches du droit. Tout en publiant aussi des ouvrages à vocation professionnelle ou pédagogique, elle se fixe avant tout pour but de contribuer à la publication et à la diffusion des recherches en droit, ainsi qu'au dialogue scientifique sur le droit. Comme son nom l'indique, elle se veut plurielle.

Dernières parutions

Michel LASCOMBE Gilles TOULEMONDE, *Le droit constitutionnel de la Ve République*, 2015.

Sabrine Maya BOUYAHIA, *La proximité en droit international privé de la famille,* 2015.

Caroline LECLERC, *Le renouvellement de l'office du juge administratif français*, 2015.

Franck LUDWICZAK, *Les procédures alternatives aux poursuites : une autre justice pénale*, 2015.

Jean-Pierre FOFÉ DJOFIA MALEWA, *L'Administration de la preuve devant la Cour pénale internationale. Règles procédurales et méthodologiques*, 2015.

Elena-Alina OPREA, *Droit de l'Union européenne et lois de police*, 2015.

Daniel LEVY, *Les abus de l'arbitrage commercial international*, 2015.

Boris BARRAUD, *L'État. Entre fait et droit*, 2015.

Panagiota PERRAKI, *La protection de la vie personnelle du salarié en droit comparé et européen. Étude comparative des droits français, hellénique, britannique et européen*, 2015.

Hatem M'RAD, *La gouvernance : entre le citoyen et le politique*, 2015.

Gabriel ECKERT et Jean-Philippe KOVAR (dir.), *L'interrégulation*, 2015.

Delphine Couveinhes-Matsumoto

Les droits des peuples autochtones et l'exploitation des ressources naturelles en Amérique latine

L'Harmattan

Photo de la couverture :
Copyright
James A. Rodríguez / MiMundo.org
2010, Consultation à Santa Cruz Quiche

Les habitants de Las Cafeteras Hamlet ont rejeté à l'unaminité le projet d'exploitation des ressources naturelles lors d'une consultation communautaire le 22 octobre 2010.

5-7, rue de l'Ecole-Polytechnique, 75005 Paris

http://www.harmattan.fr
diffusion.harmattan@wanadoo.fr

ISBN : 978-2-343-06622-6
EAN : 9782343066226

À mes parents,
Florian,
Amélie, et
Martine Anstett.

REMERCIEMENTS

Le présent ouvrage est issu d'une thèse soutenue le 14 mars 2012. À cet égard, je souhaite tout d'abord à remercier Madame la Professeure Emmanuelle Tourme-Jouannet d'avoir bien voulu diriger ma thèse et de m'avoir encouragé durant toutes ces années. Je remercie également les membres du jury de soutenance : Madame Ségolène Barbou des Places, Professeure à l'Université Paris I Panthéon-Sorbonne (présidente), Madame Albane Geslin, Professeure à l'IEP de Lyon (rapporteure), Madame Hélène Tigroudja, Professeure à l'Université Aix-Marseille (rapporteure) pour leurs commentaires bienveillants et leurs critiques constructives.

Je tiens aussi à exprimer ma reconnaissance envers Monsieur le Professeur Ricardo Mendez Silva qui m'a accueilli en tant que doctorante invitée à l'Université nationale autonome du Mexique (UNAM) pendant trois mois, en m'offrant les meilleures conditions pour effectuer mes recherches grâce au personnel dévoué et efficace du centre de recherches juridiques. Je remercie également le Ministère de la Recherche et l'Université de Paris I pour m'avoir attribué une bourse grâce à laquelle j'ai pu financer en partie ce séjour. Étudier à l'UNAM a été l'occasion d'avoir accès à un grand nombre de documents qui ont été indispensables à la rédaction de ma thèse.

Que le Monsieur le Professeur Pierre Michel Eisemann reçoive également ici l'expression de ma gratitude pour sa disponibilité, ses conseils utiles et ses encouragements.

Je remercie aussi ceux qui ont accepté d'apporter leurs observations à mon travail et qui ont accepté de relire une partie de ma thèse avec la plus grande attention : Annie, Camille, Florian, François Xavier, Johann et Julien.

Je remercie chaleureusement James A. Rodríguez pour la photo qu'il a eue la gentillesse de me céder pour cet ouvrage.

Enfin, je remercie sincèrement ma famille et mes amis qui m'ont apporté leur soutien bienveillant tout au long de ces années, et en particulier Florian sans qui rien n'eût été possible.

PRÉFACE

L'ouvrage de Mme Delphine Couveinhes-Matsumoto est la publication de son excellente thèse soutenue à l'École de droit de la Sorbonne (Université Paris 1). Son apport à la communauté internationaliste mais également aux simples citoyens, aux ONG tout comme aux peuples autochtones eux-mêmes est indéniable et fera date car son ouvrage est non seulement très riche au plan de la recherche mais également efficace juridiquement. En effet, témoignant de ses très grandes qualités de juriste, Delphine Couveinhes-Matsumoto procède ici à une analyse particulièrement fine et rigoureuse de la question des droits des peuples autochtones à un moment crucial de leur évolution. Son angle d'attaque, comme elle le dénomme elle-même, est judicieux dans la mesure où elle affronte la question essentielle de la protection de leurs ressources naturelles et de leurs terres par le biais du respect de leurs droits ; et notamment du respect de leurs droits par deux entités, deux acteurs qui ont eu pendant longtemps les cartes en main au détriment des peuples autochtones : un sujet international l'État, et un sujet encore considéré comme interne, l'entreprise multinationale. Alors que l'État aurait pu être le protecteur de ses propres populations autochtones, il a en fait été bien souvent le complice des activités des entreprises minières ou forestières qui ont gravement porté atteinte aux terres ancestrales des peuples autochtones et donc à leur identité même, voire même parfois à leur survie. L'auteure n'ignore pas pour autant le fait que les règles relatives au développement économique de pays pauvres se heurtent à celles des droits des peuples autochtones, plus généralement aux règles relatives aux droits de l'être humain mais aussi au droit de l'environnement.

Mais, au terme d'une analyse très serrée et très documentée – qui reste au demeurant parfaitement fluide et accessible – elle montre qu'on ne peut en rester là, et que, du reste, les choses ont évolué ces dernières années. Pour résumer une argumentation autrement plus approfondie, elle montre qu'il faut lier la question de la protection des terres et ressources naturelles des peuples autochtones à la garantie de certains droits comme celui de la participation/consultation et celui du droit de propriété tel qu'interprété une fois de plus de façon novatrice par la Cour interaméricaine des droits de l'Homme (CIDH). Sa démonstration passe par la détermination des concepts en jeu, dont notamment celui de peuple autochtone, celui de propriété ou encore de ressources naturelles ; et, ensuite, par la façon dont le mouvement contemporain de basculement du droit international vers la reconnaissance des droits des peuples autochtones et des droits humains peut leur servir, protéger leurs terres ancestrales de certains investissements privés destructeurs et arriver à trouver un équilibre entre les aspirations au développement économique des pays d'Amérique latine avec le respect de l'identité et de la vie des peuples autochtones. Le choix de l'Amérique latine est pertinent pour montrer cette évolution car l'auteure montre qu'à la faveur de certains changements de gouvernements et du travail de la CIDH comme de certaines juridictions nationales, c'est le continent qui est sans doute le plus en avance sur ces questions.

Un retour en arrière permet de mieux comprendre les enjeux de la question et la portée du travail remarquable de Mme Couveinhes-Matsumoto. Depuis maintenant une trentaine d'années, les actions entreprises au profit des droits des peuples autochtones ont permis, peut-être plus encore que celles relatives aux minorités, de prendre conscience que certains groupes avaient été particulièrement stigmatisés depuis des centaines d'années, qu'ils l'étaient encore et qu'une telle situation n'était pas seulement dérangeante mais tout simplement inacceptable au regard des valeurs contemporaines et des exigences post-guerre froide de justice sociale internationale. Plus faibles et vulnérables que les populations soumises aux colonies d'exploitation, les peuples autochtones ont en effet été particulièrement touchés avec, en l'espace de quatre siècles, la spoliation quasi complète de l'ensemble de leurs terres et la disparition de 85 à 90 % de leurs effectifs humains[1]. Si bien que c'est en véritable « rescapés de l'histoire » qu'ils se présentent aujourd'hui à la communauté internationale, à l'image du cri de ralliement des Aborigènes d'Australie lors de la célébration du bicentenaire de la colonisation britannique en 1988 : « Nous avons survécu ! »[2]. Encore faut-il prendre la mesure des évolutions considérables qui ont eu lieu à cet égard et qui découlent d'une mutation très profonde des mentalités et des comportements en ce domaine, ainsi que d'une situation d'injustice particulièrement choquante au regard de l'histoire.

Les peuples autochtones ont été définis comme les descendants de ceux qui habitaient un territoire avant l'arrivée des colonisations de peuplement,

---

[1] Il y a même pire : certains ont non seulement été exterminés mais, de plus, effacés complètement des mémoires comme, par exemple, les Arawak des Iles caraïbes. Voir : E. BARKAN, « Genocides of Indigenous Peoples. Rhetoric of Human Rights », in R. GELLATELY, B. KIERNAN (dir), *The Specter of Genocide. Mass Murder in Historical Perspective*, Cambridge UP, 2010, p. 117.

[2] B. ETEMAD, *Crimes et réparations. L'Occident face à son passé colonial*, Paris, Ed. A. Versailles, 2008, p. 119.

lesquelles les ont ensuite assujettis complètement. Ils sont très nombreux dans toutes les régions du monde, y compris en Afrique où certains groupes particulièrement vulnérables comme les communautés de pasteurs et de chasseurs-cueilleurs aspirent à être reconnus comme peuples autochtones[3]. Les plus médiatisés sont néanmoins les peuples indigènes d'Amérique du Sud et ceux qui ont été colonisés par les populations anglo-saxonnes. Mais pendant longtemps on n'a débattu en droit international que du sort et du statut des peuples colonisés hors métropole et non pas de ces peuples indigènes dont on considérait qu'ils relevaient de la compétence strictement interne des États. Et alors que les premiers finissaient par acquérir leur indépendance au moment des décolonisations des années 1950/1960, les seconds ont continué de subir directement de multiples discriminations et actes de mépris de la part du groupe majoritaire en place, et d'être soumis de façon très brutale à sa domination culturelle, politique et économique. Dès 1947, la Belgique avait pourtant très vivement dénoncé la différence de traitement juridique et politique des peuples non autonomes suivant qu'ils étaient ou non qualifiés de colonies[4]. Seuls les territoires séparés de la métropole, et habités de peuples ayant des traits culturels et ethniques spécifiques, étaient considérés comme des colonies et à ce titre devaient bénéficier de la protection de la Charte. En revanche, les autres peuples non autonomes, résidant à l'intérieur des États souverains, ne bénéficiaient d'aucune protection définie internationalement. Mais pourquoi, demandait la Belgique, n'imposait-on aucune obligation aux anciennes colonies de peuplement ? Pourquoi l'ONU n'aurait-elle pas contrôlé la façon dont l'Inde traitait les Nagas, les Américains, les Indiens, les Canadiens, les Esquimaux ou les Néo-Zélandais, les Maoris, alors qu'elle contrôlait la façon dont les États se comportaient vis-à-vis des colonies et territoires visés par les chapitres XI et XII de la Charte ? Elle-même pays colonisateur, la Belgique n'était évidemment pas dénuée d'arrière-pensées mais sa proposition avait au moins le mérite de mettre à nu le cynisme de certains États affichant à bon compte une posture morale anticolonialiste alors même qu'ils continuaient d'exercer sans vergogne une domination complète des peuples premiers dont ils avaient anciennement colonisé le territoire[5]. Cette tentative pour imposer un même

---

[3] Voir : Processus internationaux. Rapport du Groupe de travail d'experts de la Commission africaine des droits de l'Homme et des peuples/communautés autochtones.

[4] Sur toute cette question, voir : J. SALMON, « De la thèse belge sur les peuples autochtones (1947-1960) à la Déclaration des Nations Unies sur les droits des peuples autochtones (2007) », in Mélanges en l'honneur de Madjid Benchick, Paris, Pedone, 2011, pp. 163 et ss.

[5] Sur la violence de cette domination en Amérique du Nord et les luttes et les résistances qu'elles ont suscitées, qui ont été complètement passées sous silence au plan international, voir : W. CHURCHILL, *Struggle for the Land.Indigenous Resistance to*

régime de protection aux peuples autochtones fut cependant vaine et ce n'est que bien plus tard que les choses commencèrent enfin à bouger.

Progressivement, à partir des années 1980, la prise de conscience de la nécessité d'un régime spécifique pour les peuples autochtones s'étend à l'ensemble de la communauté internationale. Les populations indigènes concernées ont été à l'origine de toute une série d'actions et d'initiatives que l'on a qualifiée de « mouvement des peuples autochtones », lequel a su médiatiser leur cause et la faire avancer au sein de leurs États respectifs puis au niveau international. En 1982, l'Ecosoc crée un Groupe de travail des Nations Unies sur les populations autochtones (GTA) qui va être la cheville ouvrière de la promotion des droits des peuples autochtones au niveau international. Certes, une Convention n°107 avait été adoptée par l'Organisation internationale du travail (OIT) en 1957 au sujet des peuples indigènes, mais elle prévoyait une politique d'assimilation pure et simple qui fut largement décriée. Elle est alors remplacée par une nouvelle Convention n°169, adoptée par l'OIT en juin 1989, relative aux peuples tribaux et indigènes qui cette fois-ci, dans la logique de ce mouvement de fond qui va traverser le monde post-guerre froide, vise à remplacer la perspective intégrationniste et paternaliste de la Convention n°107 par une politique respectueuse des coutumes des peuples autochtones et de leur identité culturelle. Comme le montre extrêmement bien l'auteure, la différence de perspective entre la convention de 1957 et celle de 1989 est à elle seule un résumé de l'évolution des mentalités vis-à-vis des groupes et des identités culturelles. Dans la foulée de la Convention n°169, sous l'impulsion décisive de la Conférence mondiale de Vienne, l'année 1993 est déclarée Année internationale des peuples autochtones et une première Décennie internationale des populations autochtones du monde est proclamée par l'ONU en 1995.

À l'instar des minorités, la plupart des peuples autochtones ne cherchent pas à s'abstraire complètement de la tutelle de l'État, mais à obtenir une reconnaissance de leur existence et de leurs droits historiques bafoués, à récupérer la gestion de leurs ressources naturelles et à faire cesser les marques de stigmatisation et de mépris social dont ils sont l'objet. Ils réclament des droits égaux mais aussi la reconnaissance de leur identité collective et de leur différence culturelle fondées sur leur organisation sociale, leur relation à la terre, leurs coutumes ancestrales et leurs arts traditionnels. Certains d'entre eux cependant voudraient bénéficier

---

genocide, Ecocide, and Expropriation in Contemporary North America, Monroe, Common Courage Press, 1993, 472 p.

également du droit des peuples à disposer d'eux-mêmes et un vif débat va porter sur la qualification juridique de ces groupes, soit comme « peuple », et donc comme pouvant à ce titre exercer le droit des peuples à disposer d'eux-mêmes, soit comme simple « population » non titulaire d'un tel droit[6]. Comme l'explique Delphine Couveinhes-Matsumoto c'est sans doute en grande partie la crainte de les voir invoquer l'autodétermination externe qui explique en partie la très grande frilosité des États à leur reconnaître un vrai statut juridique et des droits particuliers. À vrai dire, on peut les qualifier de peuple sans nécessairement les conduire au statut d'État indépendant, mais à une très large autonomie interne comme ce qui a été fait pour les peuples Inuits du nord du Canada en 1999. Finalement une Déclaration sur les droits des peuples autochtones est adoptée en septembre 2007 par l'Assemblée générale des Nations Unies qui traduit cette évolution[7]. Elle est très largement approuvée car elle est votée par 143 États. Elle déclare solennellement que les droits reconnus « constituent les normes minimales nécessaires à la survie, à la dignité et au bien-être des peuples autochtones du monde » (Art. 43) et bien qu'elle n'ait pas valeur directement contraignante, comme l'explique là encore très bien l'auteure, elle n'en a pas moins des effets juridiques indubitables ; elle est très précise quant au contenu des obligations qu'elle énonce, offrant par là-même une base juridique solide à l'action des Nations Unies et des États en ce domaine. Point d'aboutissement d'un long chemin vers la reconnaissance pour des peuples qui jusque-là étaient invisibles au plan international, elle témoigne enfin tout particulièrement, selon moi, du mouvement juridique général en faveur de la reconnaissance des identités et des différences culturelles et elle se place explicitement sur le terrain du droit à la différence. Selon le préambule de la Déclaration il est ainsi affirmé que :

> « les peuples autochtones sont égaux à tous les autres peuples tout en reconnaissant le droit de tous les peuples d'être différents, de s'estimer différents et d'être respectés comme tels »[8].

---

[6] Questions se rapportant aux populations autochtones : Rapport du groupe de travail créé conformément à la Résolution 1995/32 de la Commission des droits de l'homme, document E/CN.4/1997/102, 10 décembre 1996.

[7] Résolution de l'Assemblée générale des Nations Unies sur la Déclaration des Nations Unies sur les droits des peuples autochtones adoptée le 13 septembre 2007, 61ème session, A/RES/61/295. Sur l'ensemble de la déclaration voir : S. ALLEN, A. XANTHAKI, *Reflections on the UN Declaration on the Right of Indigenous Peoples*, Londres, Hart Publishing, 2011, 620 p.

[8] Voir : Résolution de l'Assemblée générale des Nations Unies sur la Déclaration des Nations Unies sur les droits des peuples autochtones adoptée le 13 septembre 2007, 61ème session, A/RES/61/295.

Ces lignes concentrent en elles tout l'esprit du processus contemporain de reconnaissance et tout ce qu'il peut recéler de singulièrement fécond. Les termes sont emblématiques de ce que pourrait être la nouvelle formule du vivre-ensemble au sein de la société internationale, que j'ai évoqué à plusieurs reprises, et qui exprime au mieux la quintessence des aspirations actuelles : vivre « égaux mais différents ». Ce souci de l'égalité dans la différence est bien la marque d'un droit international, *soft* ou *hard*, soucieux de reconnaissance et il en découle de la même façon que pour les minorités, l'adoption de droits spécifiques pour les membres des peuples autochtones, au titre de leur appartenance au groupe autochtone, qui ne concernent pas les autres membres de la société. À cet égard, l'auteure souligne que les textes internationaux et internes ont tendance à reconnaître plus facilement certains droits collectifs aux peuples autochtones, c'est-à-dire qui soient conférés au groupe dans son ensemble en tant que sujet de droit. C'est un point expressément souligné dans la Déclaration. Et en dépit de la crainte de susciter par là-même une autonomisation grandissante du groupe pouvant conduire à la sécession, reconnaître ce type de droits collectifs est cette fois-ci selon l'auteure une nécessité qui s'impose si l'on souhaite réellement se placer sur le terrain de la reconnaissance de leur identité et de leur culture dans le cadre de leur relation à la terre. La plupart des peuples autochtones ont un lien à la terre qui est fondamental car il définit une grande part de leur identité. Cette relation à la terre est à la fois matérielle et spirituelle car, selon eux, la terre appartient au groupe et le groupe appartient à la terre[9]. Étant obligés d'adopter le discours juridique des droits pour défendre leurs terres, ils ont fini par revendiquer un droit de propriété, mais un droit collectif et non pas individuel. Ils souhaitent obtenir la pleine propriété de leurs terres ancestrales pour assurer leur protection mais ils ne veulent pas qu'un seul individu en dispose. Et c'est donc en tenant compte de ce fond culturel si fort, si intrinsèquement lié à leur identité et à leur être-même, que les quelques textes internationaux existants leur reconnaissent des droits collectifs territoriaux et d'administration interne[10].

Cela étant, la mise en œuvre pratique de tels droits a été particulièrement limitée dans un premier temps et s'est heurtée aux dispositions ordinaires du droit interne des États concernés et aux thèses des juristes formalistes positivistes, reprises par les États et les entreprises, rejetant le caractère

---

[9] Voir : E.-I., DAES, Rapport final sur la souveraineté permanente des peuples autochtones sur leurs ressources naturelles, E/CN.4/Sub.2/2004/20 et Convention n°169 de l'OIT, art. 17 et 18.

[10] Voir : GIPTA, *Droits territoriaux des peuples autochtones*, Paris, L'Harmattan, 2005, 123 p.

juridique des instruments internationaux les concernant. Mais aujourd'hui la réalité dépasse les analyses formalistes pour aller vers une protection plus effective du droit des peuples autochtones à la terre et à leurs ressources naturelles. Et Mme Couveinhes-Matsumoto a su parfaitement montrer :

« que de nouveaux principes et droits utiles à la protection des droits des peuples autochtones face à l'exploitation des ressources naturelles, et plus précisément, des industries extractives, ont émergé. Les principaux droits garantissant le respect des peuples autochtones ont été définis dans différents instruments internationaux, notamment des instruments de protection des droits de l'Homme. Dans le cadre des conflits relatifs à l'exploitation des ressources naturelles, les principales règles pertinentes sont l'exigence de consultation/participation, et la reconnaissance du droit à la terre ou du droit de propriété autochtone, ce dernier étant particulièrement lié au droit à la vie et au respect de l'identité culturelle. Ces deux règles ont tout d'abord été reconnues dans des textes internationaux, puis dans la jurisprudence de la Cour IDH, et enfin devant les juridictions nationales »[11].

C'est sur ces derniers mots de Mme Couveinhes-Matsumoto que nous terminerons cette préface en redisant combien la recherche qu'elle a menée doit être saluée pour sa très grande qualité scientifique, mais aussi être utilisée par tous pour continuer à mettre fin à une situation d'injustice qui a mis si longtemps à être reconnue comme telle.

Emmanuelle Tourme-Jouannet

---

[11] Voir infra p. 521.

TABLE DES ABRÉVIATIONS ET DES SIGLES

A.F.D.I. :	*Annuaire français de droit international*
A.J.I.L. :	*American Journal of International Law*
al. :	alinéa
art. :	article(s)
Ass. :	Assemblée
ATCA :	*Alien Torts Claims Act*
BID :	Banque interaméricaine de développement
BIT :	Bureau international du travail
c. :	contre
CAO :	Conseiller-médiateur de la Banque mondiale (*Compliance Advisor Ombudsman*)
CERD :	Convention pour l'élimination de la discrimination raciale
CIJ :	Cour internationale de Justice
CNDH :	Commission nationale des droits de l'Homme du Mexique
Co. :	*Company*
Comité des DESC :	Comité des droits économiques, sociaux et culturels
Comité des DH :	Comité des droits de l'Homme
Comité ERD :	Comité pour l'élimination de la discrimination raciale
Commission IDH :	Commission interaméricaine des droits de l'Homme
Convention ADH :	Convention américaine des droits de l'Homme
Coord. :	Coordinateur(s), coordonné par
Cour IDH :	Cour interaméricaine des droits de l'Homme
dir. :	Direction, sous la direction de
éd. :	éditeurs
EIE :	étude d'impact environnemental
FAO :	Organisation des Nations Unies pour l'alimentation et l'agriculture
FIDH :	Fédération internationale des ligues des droits de l'Homme
FIPSE :	Fédération Indépendante du Peuple Shuar d'Équateur
FMI :	Fonds Monétaire International
CLPI/FPIC :	Consentement libre, préalable et informé (*Free prior informed consent*)
GBM :	Groupe de la Banque mondiale
H.R.Q. :	*Human Rights Quarterly*

HCDH : Haut-Commissariat des Nations Unies aux droits de l'Homme
ICMM : Conseil international des mines et des métaux
Inc. : *Incorporated*
IPP : *Operational Policy on Indigenous Peoples*
ITIE : Initiative pour la transparence dans les Industries Extractives
L.A.J.P. : Laboratoire d'anthropologie juridique de Paris
L.G.D.J. : Librairie générale de droit et de jurisprudence
Ltd : *Limited company*
OCDE : Organisation de coopération et de développement économiques
OEA : Organisation des États américains
OIT/ILO : Organisation internationale du travail *(International Labour Organization)*
OMC : Organisation mondiale du Commerce
OMS : Organisation mondiale de la Santé
ONG : Organisation non gouvernementale
ONU : Organisation des Nations Unies
OP : Politique opérationnelle
OXY : Entreprise *Occidental Petroleum Co.*
PIDESC : Protocole international relatif aux droits économiques, sociaux et culturels
PNUD : Programme des Nations Unies pour le développement
PNUE : Programme des Nations Unies pour l'environnement
P.U.F. : Presses universitaires de France
PV : Procès-verbal
R.C.A.D.I. : *Recueil des Cours de l'Académie de Droit International*
R.G.D.I.P. : *Revue générale de droit international public*
R.Q.D.I. : *Revue québécoise de droit international*
Rec. : Recueil
Revista I.I.D.H.: *Revista interamericana de Derechos Humanos*
RIE : Revue des industries extractives
s. : suivant(e)(s)
S.A. : Société anonyme
S.F.D.I. : Société française pour le droit international
SFI/IFC : Société financière internationale *(International Finance Corporation)*
t. : tome

TEXPET :	*Texas Petroleum Company*
TNC :	Transnational Corporations
UICN/IUCN :	Union internationale pour la conservation de la nature *(International Union for Conservation of Nature)*
UNAM :	Université nationale autonome du Mexique
UNESCO :	Organisation des Nations Unies pour l'éducation, la science et la culture
v. :	*versus*
vol. :	volume
Yasuni ITT :	Champ pétrolier Yasuni Ishpingo Tambococha Tiputini

Figurent dans cette liste les abréviations utilisées à plusieurs reprises dans le texte.
Sont en italiques les noms des revues et des entreprises.

INTRODUCTION

> « Roger Casement se dit souvent que si un seul mot devait résumer ce qui était à la racine de toutes les horreurs qui se commettaient là, c'était celui de la cupidité. Cupidité de cet or noir dont, pour le malheur de leur peuple, étaient prodigues les forêts congolaises. Cette richesse était la malédiction qui pesait sur ces malheureux et, en l'état des choses, les ferait disparaître de la surface de la terre »[12].

Les peuples autochtones connaissent de nombreuses atteintes à leurs droits du fait de l'exploitation de leurs ressources naturelles par des acteurs privés ou publics, nationaux ou étrangers. Évoqué de manière sporadique dans la presse, ce problème est rarement replacé sur le terrain juridique alors qu'il soulève de nombreuses questions du point de vue du droit.

À cet égard, on peut prendre l'exemple de l'exploitation du Cerro Colorado, un espace situé au Panama qui, d'un côté, comprend la plus grande mine de cuivre d'Amérique latine, et d'un autre côté abrite un environnement riche et habité par des communautés autochtones. En vue d'exploiter le cuivre enfoui sous ce territoire, les entreprises *Texasgulf* et *Rio Tinto* (dont les capitaux sont canadiens et britanniques) signèrent un accord avec le gouvernement panaméen entre 1976 et 1980. Face aux contestations du peuple Ngöbe-Buglé, un groupe autochtone représentant environ 130 000 individus, le projet d'exploitation fut suspendu. Dans les années 1990, le même scénario se produisit cependant avec l'entreprise *Geotec* pour l'exploitation du Cerro Pelado : après une répression violente du mouvement de contestation des communautés autochtones qui aboutit à l'emprisonnement de huit personnes appartenant au peuple Ngöbe-Buglé, l'entreprise se retira. Une mission du Comité des droits économiques, sociaux et culturels (Comité des DESC) des Nations Unies se pencha sur cette affaire en 1995. À l'issue de leur séjour, les experts du comité recommandèrent une délimitation du territoire indigène Ngöbe-Buglé, la fin des déplacements forcés de cette population par les autorités publiques, et la ratification par le Panama de la Convention n°169 de l'Organisation internationale du travail

[12] M. VARGAS LLOSA, *Le rêve du Celte*, Paris, Gallimard, 2010, p. 109. Cette citation fait référence à l'exploitation du caoutchouc lors de la colonisation du Congo par la Belgique.

(OIT). Mais afin d'attirer les capitaux étrangers, le gouvernement panaméen octroya, le 13 mars 1996, une concession à l'entreprise canadienne *Tiomin Inc.* Cette concession portait sur plus de 80% du territoire Ngöbe-Buglé. Ce peuple demanda l'annulation de la concession au motif qu'elle violait leur droit à l'autodétermination, et la Convention sur la Biodiversité de 1993 qui prévoit une consultation « au sujet des activités susceptibles de nuire sensiblement à la diversité biologique »[13]. L'exploitation de la concession aurait en outre entraîné la production de 27 millions de tonnes de déchets en pierre, de 26 millions de litres de déchets d'acide et de dioxyde de soufre, et elle aurait provoqué la disparition du riche environnement du Cerro. Face à cette opposition, le gouvernement rechercha par différents moyens, notamment financiers, à faire adhérer chaque membre de la communauté au projet de concession, en divisant l'unité du groupe[14].

Loin d'être original, ce cas n'est qu'une illustration – parmi beaucoup d'autres possibles – de l'ampleur des conséquences négatives sur les droits des peuples autochtones (droit à la vie, droit de propriété, droit à la consultation, droit à l'identité culturelle, etc.) et sur l'environnement qui résultent fréquemment de l'exploitation des ressources naturelles des terres habitées par les peuples autochtones.

La récurrence et la gravité de ce type de conflit justifient les développements consacrés à une protection accrue des peuples autochtones (§ 1), en particulier dans le cadre de l'exploitation des ressources naturelles (§ 2).

§ 1. La nécessité de protéger les peuples autochtones

L'ancrage de la situation actuelle dans la colonisation explique en grande partie la nécessité de protéger les peuples autochtones. Lors de la découverte du nouveau monde, les peuples autochtones d'Amérique latine étaient considérés comme des êtres inférieurs[15], sauvages[16] et il était du devoir des

[13] Article 14 c) de la Convention sur la diversité biologique. Le Panama n'a pas ratifié la Convention n°169 de l'OIT et les communautés ne peuvent donc se prévaloir de ses dispositions.

[14] E. BILBORD, « El Derecho de Autodeterminación del Pueblo Ngöbe-Buglé », *América Indígena*, 1997, vol. 52, n°1-2, pp. 317-326.

[15] Voir : N. ROULAND, S. PIERRE-CAPS et J. POUMAREDE, *Droit des minorités et des peuples autochtones*, Paris, P.U.F., 1996, p. 386 : « les autochtones sont 'inférieurs', non pour des causes raciales ou biologiques, mais en raison de leurs cultures, beaucoup moins avancées que celle des Européens ».

[16] Ibid., p. 352 : pourtant, « [e]n 1537, le pape avait bien décrété leur humanité (sunt vero homines) ».

colons de les civiliser et de les convertir à la religion catholique[17]. À partir de l'arrivée des Espagnols au XVIème siècle, la conquête des territoires et les épidémies ont largement ravagé les populations autochtones, et la politique d'assimilation forcée a détruit leurs traditions, leurs cultures et leurs croyances. Ces injustices ont conditionné leur mode de vie et leurs systèmes de pensée. Elles ont progressivement placé les peuples autochtones en trois catégories : les groupes qui ont su demeurer isolés et conserver leurs cultures ; les groupes qui ont conservé en grande partie leur culture mais qui ont été assujettis à la domination coloniale ; les groupes « désindienisés » par la force sur la base de politiques d'assimilation[18]. De cette diversité de situation est issue une première difficulté dans la protection des peuples autochtones. D'ordre méthodologique, cette difficulté consiste à parvenir à une définition du « peuple autochtone » (A). Une deuxième difficulté est de s'entendre sur un texte international consacrant des droits propres aux peuples autochtones, et obligeant à les faire participer aux décisions qui les concernent (B). Ces deux difficultés surmontées, le texte fut adopté et il eut des effets importants sur les droits nationaux (C).

A. La recherche d'une définition du peuple autochtone

Selon l'annuaire de l'Institut indigéniste interaméricain, il existe en Amérique latine entre 33 et 40 millions de membres de peuples autochtones[19], répartis en 400 peuples ayant une langue et une culture

---

[17] M. COLCHESTER, F. MACKAY, *In search of Middle Ground: Indigenous Peoples, Collective Representation and the Right to Free, Prior and Informed Consent*, novembre 2004, p. 20. Disponible en ligne sur : http://www.forestpeoples.org/sites/fpp/files/publication/2010/08/fpicipsaug04eng.pdf (consulté le 16 février 2012). Par exemple, « [d]uring the colonial period, most of the indigenous peoples in what is now Venezuela, were considered subjects of the Spanish Crown. Treated as legal minors and wards of the State, their development and welfare was entrusted to the care of religious missions which were authorised to have jurisdiction over their affairs ».

[18] J. G. MOLINA CARRILLO, *Los Derechos humanos de los Pueblos Indígenas*, Puebla, México, Centro de Investigaciones Jurídico-Politicas del Departamento de Derecho y Ciencias Políticas, de la Universidad Autónoma de Tlaxcala y Instituto de Ciencias Jurídicas de Puebla, 2003, pp. 19-20.

[19] Voir : D. A. ITURRALDE G., « En torno al derecho de los indígenas : III Las Demandas Indígenas y los Derechos Humanos », *Revista de la facultad de Derecho de Mexico*, 1992, t. 42, n°185-186, pp. 180-181. Les peuples autochtones en Amérique latine sont estimés à 30 millions de personnes environ selon le Groupe international de travail sur les peuples autochtones (GIPTA). Voir le site internet :

propre[20]. À l'échelle du monde, il existe entre 370 millions et 464 millions d'autochtones. Malgré ces chiffres importants, la définition de la notion d'autochtone a été difficile. Elle est le résultat du constat que les notions proches qui existaient (1) étaient inadaptées pour saisir une réalité particulière. Une notion plus étroite a donc été dégagée (2).

1. Les notions proches

Ainsi que l'a rappelé José R. Martinez Cobo, l'ancien Rapporteur spécial de la Sous-Commission des Nations Unies pour la lutte contre les mesures discriminatoires et pour la protection des minorités, différentes notions proches de celle d'autochtone l'ont longtemps englobé[21]. En effet, les peuples autochtones ont très souvent été insérés dans la catégorie des minorités. Par la suite, une définition spécifique est apparue indispensable pour leur accorder des droits spécifiques, correspondant à leur identité en tant que groupe.

Une distinction de la notion d'autochtone d'avec celle de minorité paraît importante du fait que la notion de minorité comprend un élément quantitatif (minoritaire/majoritaire), alors que si les peuples autochtones peuvent appartenir à une minorité, ce n'est pas nécessairement le cas. Si on appliquait cette définition, elle ne pourrait convenir aux peuples autochtones du Guatemala ou de Bolivie par exemple, qui représentent plus de la moitié de la population nationale. Cependant, le critère quantitatif ou numérique n'est pas déterminant ou absolu au regard de certains auteurs qui expliquent que la notion de minorité peut se définir selon la position dominante/non-

---

http://www.gitpa.org/Qui%20sommes%20nous%20GITPA%20100/GITPA%20100-9.htm (consulté le 16 juillet 2011). Ce chiffre est approximatif car il existe des difficultés de recensement qui sont dues aux critères de définition d'autochtone et à l'accès difficile de certains autochtones très isolés, ou vivant dans des lieux reculés. Voir la carte du groupe de travail sur les questions autochtones, disponible en ligne sur : http://www.gitpa.org/web/Peupleframe500.htmcarte.pdf (consulté le 5 janvier 2012).

[20] Voir le site internet : http://www.cepal.org/mujer/noticias/noticias/5/27905/CensosPueblos.pdf et le recensement sur: http://www.oei.es/cepal06.htm (consulté le 10 août 2010).

[21] J. MARTÍNEZ COBO, *Étude sur la discrimination à l'encontre des peuples autochtones*, E/CN.4/Sub.2/1986/7/Add. 1-4, 20 juin 1982, par 1, p. 3. Voir la définition juridique des termes « autochtones » et « indigènes » dans J. M. LASTRA LASTRA, « El convenio 169 en la legislación mexicana: impacto y perspectiva », *Letras Jurídicas*, 2007, n°15, p. 49.

dominante, c'est-à-dire selon le rapport du groupe au pouvoir comme ce fut le cas en Afrique du Sud pendant l'apartheid[22]. Cette tendance privilégierait un critère plutôt subjectif qui est celui d'« un processus de mise en infériorité »[23]. Cette distinction est importante et le principal enjeu de la définition de minorité – dans son aspect quantitatif ou subjectif – réside dans son caractère temporaire. À partir du moment où cette minorité occupe une place importante dans la société, elle ne peut plus prétendre être une minorité et, de ce fait, la notion de minorité ne peut convenir aux peuples autochtones si l'on considère que leur protection doit être assurée en raison de leurs spécificités propres et permanentes[24].

« Dans l'ordre du droit, les concepts de minorité et de peuple autochtone se révèlent à la fois similaires et dissemblables. L'approche juridique de la notion de peuple autochtone suppose des analyses en anthropologie historique, politique, sociale, juridique. La dimension historique et territoriale est un facteur déterminant de la reconnaissance d'un peuple autochtone dans l'espace politique et dans le champ juridique ; elle n'est qu'un élément d'appréciation facultatif, accessoire ou complémentaire, pour la détermination de la minorité »[25].

La notion de peuple autochtone se distingue également de celle de groupe ethnique, qui est souvent employée lorsque sont évoqués les peuples autochtones. Ainsi, dans l'arrêt *Akayesu* du 2 septembre 1998, le Tribunal pénal international pour le Rwanda a estimé que « [l]e groupe ethnique qualifie généralement un groupe dont les membres partagent une langue ou une culture commune. Pour qualifier un groupe de peuple autochtone ou

---

[22] Y. BEN ACHOUR, « Souveraineté étatique et protection internationale des minorités », *R.C.A.D.I.*, 1994, vol. 245, p. 338 : « Une majorité effective et réelle peut, par suite d'un phénomène de domination, être dans un statut de minorité. (...) Dans le concept même de minorités, il y a les idées de rejet, de discrimination, de malaise, de méfiance réciproque, d'oppression, d'inégalité ».

[23] A. GESLIN, « La protection internationale des peuples autochtones : de la reconnaissance d'une identité transnationale autochtone à l'interculturalité normative », *A.F.D.I.*, 2010, p. 665.

[24] C. ALCALA, « Los grupos de trabajo sobre pueblos indígenas y minorías en el seno de Naciones Unidas » in J. PEREZ ROYO, J. P. URIAS MARTINEZ, M. CARRASCO DURAN (éd.), *Derecho Constitucional para el Siglo XXI*, Actas VIII Congreso Iberamericano de Derecho Constitucional, Navarra, Espagne, éd. Aranzadi, 2006, t. 2, pp. 4987-5006.

[25] G. KOUBI, « Penser les minorités en droit », in A. FENET, G. KOUBI, *Le droit et les minorités : analyses et textes*, Bruxelles, Bruylant, 2000, p. 390.

indigène, il ne suffit pas que les personnes appartenant à ce groupe parlent la même langue, elles doivent partager une histoire, une identité communes »[26]. Cette citation montre bien la proximité des deux notions. De fait, le plus souvent, les peuples autochtones constituent un groupe ethnique partageant une langue et une culture et se distinguant par ses rites et ses croyances. Mais la qualification de groupe ethnique n'inclut pas l'attachement du groupe à la terre, qui caractérise pourtant les peuples autochtones. Elle doit donc être distinguée de la notion de peuple autochtone.

2. Les critères de définition

Certaines caractéristiques communes à tous les peuples autochtones ont été dégagées par la doctrine et les praticiens. La définition généralement reconnue est celle de José R. Martinez Cobo :

> « [p]ar communautés, populations et nations autochtones, il faut entendre celles qui, liées par une continuité historique avec les sociétés antérieures à l'invasion et avec les sociétés précoloniales qui se sont développées sur leurs territoires, se jugent distinctes des autres éléments des sociétés qui dominent à présent sur leurs territoires ou parties de ces territoires. Ce sont à présent des éléments non dominants de la société et elles sont déterminées à conserver, développer et transmettre aux générations futures les territoires de leurs ancêtres et leur identité ethnique qui constituent la base de la continuité de leur existence en tant que peuple, conformément à leurs propres modèles culturels, à leurs institutions sociales et à leurs systèmes juridiques »[27].

Erica-Irene A. Daes, ancienne Présidente du groupe de travail sur les populations autochtones, désigne les peuples autochtones « comme des groupes dont les territoires ancestraux sont à l'intérieur de l'État actuel »[28] et la définition qu'elle propose comprend les caractéristiques suivantes :

---

[26] J. DEL VAL, « Los pueblos indios y el Convenio 169 de la OIT », *Revista del Senado de la República*, 1998, vol. 4, n°11, p. 131.

[27] J. R. MARTINEZ COBO, *Étude de la discrimination à l'encontre des populations autochtones*, E/CN.4/Sub.2/1986/7/Add.4, volume V, 1987, par. 382. Disponible en ligne : http://peuples-autochtones.u-bourgogne.fr/groupe%20travail/cobo.pdf (consulté le 16 juillet 2011).

[28] E.-I. A. DAES, *Document de travail sur la notion de « peuple autochtone »*, E/CN.4/Sub.2/AC.4/1996/2, 10 juin 1996. Disponible en ligne sur :

> « [l]'antériorité s'agissant de l'occupation et de l'utilisation d'un territoire donné ;
> Le maintien volontaire d'un particularisme culturel qui peut se manifester par certains aspects de la langue, une organisation sociale, des valeurs religieuses ou spirituelles, des modes de production, des lois ou des institutions ;
> Le sentiment d'appartenance à un groupe, ainsi que la reconnaissance par d'autres groupes ou par les autorités nationales en tant que collectivité distincte ; et
> Le fait d'avoir été soumis, marginalisé, dépossédé, exclu ou victime de discrimination, que cela soit ou non encore le cas »[29].

La principale caractéristique des peuples autochtones, au regard de ces deux définitions et de pratiquement toutes les définitions proposées, est la continuité historique et la priorité dans le temps[30]. On la retrouve dans la racine du mot autochtone. En effet, en anglais tout comme en espagnol, on utilise le terme d'*indigenous/indígenas* dont la racine latine vient d'*indigenae*. En français en revanche, l'usage négatif du mot indigène a conduit à l'utilisation du terme autochtone dont la racine est grecque[31]. Ces deux termes désignent la personne qui est originaire d'un certain lieu. En pratique, la notion d'autochtone renvoie le plus souvent aux habitants originaires d'un lieu ayant subi la colonisation. Le terme d'indien est également utilisé pour désigner les habitants des Amériques avant l'arrivée de Christophe Colomb, qui en pensant découvrir l'Inde, s'est retrouvé aux Amériques. Cette erreur historique n'a pas été corrigée et c'est pourquoi aujourd'hui encore, le terme 'indiens' est employé pour désigner les autochtones d'Amériques[32]. En Afrique ou en Australie, les peuples autochtones sont souvent appelés aborigènes.

---

http://www.unhchr.ch/Huridocda/Huridoca.nsf/0/921178d494879d84c1256b3a003f769e/$FILE/G9612981.pdf (consulté le 16 juillet 2011), par. 64.

[29] Ibid., par. 69.

[30] Ibid., par. 10. Voir également : P. KARPE, *Le droit des collectivités autochtones*, Paris, L'Harmattan, 2008, pp. 30-70. L'auteur cite également Julian Burger et Asbjorn Eide qui recourent à ce critère pour attribuer la qualification d'autochtone. Il donne les éléments permettant de matérialiser l'antériorité : critères raciaux, critère de résidence, critère administratif, critère socio-culturel. Voir également : J. L. GOMES DEL PRADO, *Pueblos indígenas: normas internacionales y marcos nacionales*, Bilbao, Universidad de Deusto, 2002, p. 22.

[31] Dans cette étude, les deux termes seront utilisés indifféremment.

[32] J. G. MOLINA CARRILLO, op. cit., pp. 11-13 : « Entre 1786 y 1789, en el Diccionario Geográfico de las Indias occidentales o América, se encontró lo que

L'autodéfinition est également devenue un critère de première importance. En effet, jusqu'à présent, c'était le regard des dominants qui définissait et caractérisait l'autochtonie d'une personne. À l'inverse, retenir le critère de l'autodéfinition laisse le choix aux autochtones[33] de se définir ainsi et de déterminer leur identité, rompant ainsi avec la tradition occidentale paternaliste à leur égard. Ces dernières années, on constate que l'élément subjectif est devenu un critère déterminant de l'identification autochtone. Il revêt une importance particulière dans certains cas, comme celui du Mexique dont la société est composée, dans sa majorité, de métisses. La difficile distinction entre les métisses et les peuples autochtones est donc souvent opérée sur le critère de l'autodéfinition[34] ou du sentiment d'appartenance. C'est notamment ce qui explique que la Convention n°169 – qui réforme la Convention n°107 et vise à mettre fin aux politiques assimilationnistes – introduit le critère subjectif dans la définition juridique de l'autochtone. L'article 1 de sa Partie I prévoit en effet que :

> « La présente Convention s'applique :
> a) aux peuples tribaux dans les pays indépendants qui se distinguent des autres secteurs de la communauté nationale par leurs conditions sociales, culturelles et économiques et qui sont régis totalement ou partiellement par des coutumes ou des traditions qui leur sont propres ou par une législation spéciale ;
> b) aux peuples dans les pays indépendants qui sont considérés comme indigènes du fait qu'ils descendent des populations qui habitaient le pays, ou une région géographique à laquelle appartient le pays, à l'époque de la conquête ou de la colonisation ou de l'établissement des frontières actuelles de l'État, et qui, quel que soit leur statut juridique, conservent leurs

---

podría considerarse como la primera explicación exhaustiva de la palabra indio: nombre dado generalmente a los aborígenes de las Indias o Américas, esparcidos en la extensión de dos continentes y divididos en un número infinito de naciones tribus, que difieren unos de otros en sus costumbres y modo de vivir… ».

[33] J. GILBERT, « Indigenous Rights in the Making: The United Nations Declaration on the Rights of Indigenous Peoples », *International Journal on Minority and Group Rights*, 2007, p. 217 : « The right to self-identification is not only an individual right but also a right to be exercised and controlled by the community. Within such framework the right to self-identification is not only subjective as it is also based on an objective link between the individual(s) and the community ».

[34] G. FLORIS MARGADANT S., « En camino hacia la Declaración universal de los derechos indígenas », *Critica jurídica*, 1992, n°11, pp. 145-182.

institutions sociales, économiques, culturelles et politiques propres ou certaines d'entre elles.
2. Le sentiment d'appartenance indigène ou tribale doit être considéré comme un critère fondamental pour déterminer les groupes auxquels s'appliquent les dispositions de la présente convention.
3. L'emploi du terme 'peuples' dans la présente Convention ne peut en aucune manière être interprété comme ayant des implications de quelque nature que ce soit quant aux droits qui peuvent s'attacher à ce terme en vertu du droit international »[35].

Par la suite, ni les gouvernements, ni les représentants d'organisations autochtones ne sont parvenus à trouver un consensus sur une définition précise du peuple autochtone, et la Déclaration des Nations Unies sur les droits des peuples autochtones de 2007 n'en contient aucune. Si l'on ne se fonde pas sur la définition de la Convention n°169, il est dès lors très difficile d'évaluer de manière exacte le nombre d'autochtones dans le monde. Quoi qu'il en soit, ils sont des millions et ont des caractéristiques telles qu'elles justifient que des droits particuliers leur soient attribués.

B. La reconnaissance des droits des peuples autochtones en droit international

La nécessité de préserver les traditions des peuples autochtones suscite généralement la sympathie de l'opinion publique. Les peuples autochtones ont donc efficacement basé leurs revendications sur le droit à la différence en mettant en lumière leurs spécificités[36]. De la même façon, la communauté internationale s'est intéressée progressivement à la question autochtone[37], en

---

[35] Non souligné dans le texte orginal. Article 1 de la Convention n°169 relative aux peuples indigènes et tribaux de l'OIT.

[36] Le droit à la différence tel qu'énoncé dans la Déclaration sur la race et les préjugés raciaux de l'UNESCO de 1978 est un principe qui permet aux peuples autochtones de faire valoir leur identité culturelle. Voir N. ROULAND, S. PIERRE-CAPS et J. POUMAREDE, op. cit., pp. 454-480.

[37] G. MUYUY JACANAMEJOY, « Los Pueblos indígenas, El Derecho Internacional y Los Estados de América Latina », *América Indígena*, 1997, vol. 52, n°1-2, pp. 265-269. Gabriel Muyuy Jacanamejoy fait état des circonstances favorables à l'émergence de ce nouvel acteur : la résistance indigène ; la crise et la postmodernité qui remettent en cause l'ethnocentrisme et l'eurocentrisme ; l'internationalisation de l'économie suivie de l'internationalisation des relations de

particulier avec l'émancipation des peuples soumis à des régimes coloniaux[38]. Profitant de cet engouement et s'alliant avec la société civile[39], différents mouvements indigènes se sont progressivement structurés au sein des États, et leur consolidation est allée de pair avec l'affirmation de leur identité[40]. Le soutien de la société civile a largement contribué à l'essor de cette identité. Elle a également permis la participation effective des peuples autochtones dans les *fora internationaux*, en contribuant à leur défense devant les juridictions internationales comme la Cour interaméricaine des droits de l'Homme (Cour IDH).

Au départ, les peuples autochtones se prévalaient des droits généraux contenus dans les principaux traités des droits de l'Homme. Ils fondaient leurs réclamations identitaires et culturelles sur des textes universaux et

---

l'État ; les normes du droit international qui assurent une protection envers ces groupes ; et les mouvements sociaux, notamment en matière environnementale. Voir aussi : S. WIESSNER, « Indigenous Sovereignty: a Reassessment in Light of the UN Declaration on the Rights of Indigenous Peoples », *Vanderbilt Journal of Transnational Law*, 2008, vol. 41, p. 1144 : « An international movement has united those who have been systematically divided in the past. Domestic and international decisions have resulted in freezing the processes of assimilation and the termination of indigenous voices and values – sometimes even in slightly turning back the clock » ; et C. SÀNCHEZ, « Las demandas indígenas en América Latina y el derecho internacional », in P. GONZALEZ CASANOVA, P. GONZALEZ CASANOVA, M. ROITMAN ROSENMANN (coord.), *Democracia y Estado multiétnico en América Latina*, México, La Jornada Ediciones, 1996, pp. 93-123.

[38] C. MARTIN, D. RODRIGUEZ-PINZON, J. A. GUEVARA B., *Derecho Internacional de los Derechos Humanos*, México, Distribuciones Fontamara S.A., 2004, p. 530 ou encore H. HANNUM, *Autonomy, sovereignty and self-determination : The accommodation of conflicting rights, Philadelphia*, University of Pennsylvania Press, 1990, X-503 p.

[39] D. A. ITURRALDE G., « Los Pueblos Indígenas y sus Derechos en América Latina », *Revista I.I.D.H.*, 1992, n°15, pp. 12-19. Disponible en ligne : http://www.juridicas.unam.mx/publica/rev/indice.htm?r=iidh&n=15 (consulté le 26 septembre 2008). Voir également : OILWATCH, *Entre le rêve et la mémoire: 10 ans de lutte, 10 ans de résistance*, Washington, Oilwatch, pp. 86-87. Disponible en ligne sur : http://www.oilwatch.org/doc/libros/ow10frances.pdf (consulté le 2 juin 2011).

[40] S. SAWYER, E. T. GOMEZ, *Transnational Governmentality and Resource Extraction: Indigenous Peoples, Multinational Corporations, Multilateral Institutions and the State*, Institut de recherché des Nations Unies pour le développement social, Programm paper n°13, sept. 2008, pp. 7-8. Disponible en ligne sur : http://www.un.org/esa/socdev/unpfii/documents/TransnationalGovernmentalityandResourceExtraction.pdf (consulté le 2 juin 2011).

généraux tels que la Déclaration universelle des droits de l'Homme que consacre le droit coutumier, la Convention sur le génocide et les Pactes internationaux. Progressivement, les peuples autochtones ont également fait l'objet de recommandations plus précises des comités de suivi de la mise en œuvre des conventions de l'ONU[41]. Aujourd'hui, il existe deux instruments internationaux spécifiquement consacrés aux droits des peuples autochtones : la Convention n°169 de l'OIT (1) et la Déclaration des Nations Unies sur les droits des peuples autochtones (2).

1. La Convention n°169 de l'Organisation internationale du travail

L'Organisation internationale du travail (OIT)[42], qui a pour objet de créer des normes dans le domaine du travail, a étendu son mandat en formulant des obligations et des droits dans d'autres domaines comme ceux de l'éducation ou de la santé. Elle a également été la première à élaborer une convention internationale sur les droits des peuples autochtones[43]. L'élaboration de la Convention n°107 de 1957[44], qui n'est plus ouverte à ratification depuis l'adoption de la Convention n°169 de l'OIT[45], est née du besoin de sanctionner les États qui ne respectaient pas les droits des peuples autochtones, notamment en leur imposant des conditions de travail

---

[41] En particulier, les comités de suivi de la Convention sur l'élimination de toutes les formes de discrimination raciale, de la Convention sur les droits de la femme puis sur les droits de l'enfant. Pour plus d'informations sur les normes applicables aux peuples autochtones (générales et spécifiques), voir : P. THORNBERRY, *Indigenous Peoples and Human Rights*, Manchester, Manchester University Press, 2002, XII-484 p.

[42] Sur l'action normative de l'OIT, voir : F. MAUPAIN, « L'OIT, la justice sociale et la mondialisation », *R.C.A.D.I.*, 1999, vol. 278, pp. 201-396 ; J.-M. BONVIN, *L'Organisation international du travail : Etude sur une agence productrice de normes*, Paris, P.U.F., 1998, 338 p. ; Á. ARIAS DOMÍNGUEZ, *La acción normativa de la Organización internacional del trabajo*, 2ème édition, Badajoz, @becedario, 2009, XII-216 p.

[43] Pour plus d'informations sur les travaux du Bureau international du travail (BIT) sur les peuples autochtones ayant abouti à la Convention n°107, voir : F. VAN LANGENHOVE, « Le problème de la protection des populations aborigènes aux Nations Unies », *R.C.A.D.I.*, 1956, vol. 89, pp. 394-399.

[44] L. SWEPSTON, « A New Step in the International Law on Indigenous and Tribal Peoples : ILO Convention N°169 of 1989 », *Oklahoma City University Law Review*, 1990, vol. 15, n°3, pp. 682-688.

[45] La Convention n°169 de l'OIT est relative aux peuples indigènes et tribaux, signée à Genève le 27 juin 1989, entrée en vigueur le 5 septembre 1991.

indignes[46]. En effet, des experts constataient alors que les membres des peuples autochtones subissaient d'importantes discriminations. Ils ont donc souhaité faire adopter des mesures spéciales en faveur de cette catégorie d'individus. D'une manière similaire, ils avaient inclus les peuples autochtones dans la Convention sur le travail forcé de 1930 en raison de ces mêmes conditions de travail extrêmement difficiles[47]. Isabelle Schulte-Tenckhoff explique que « [e]n 1926, l'OIT [avait] cré[é] un Comité d'experts chargé d'élaborer des normes internationales en vue de la protection de la main d'œuvre autochtone. (...) En 1953, l'Organisation prépar[a] une compilation importante décrivant les conditions de travail et de vie des populations autochtones dans de nombreux pays ; pays indépendants, faut-il ajouter, sur lesquels se concentr[a], en effet, l'activité de l'OIT, contribuant ainsi à un glissement de sens dans la terminologie d'usage »[48]. À cette époque, les autochtones avaient des conditions de travail proches de l'esclavagisme et l'OIT réagit à ces conditions de travail en se fondant sur l'un des objectifs de son mandat qui est d'assurer une justice sociale[49]. Toutefois, la création d'une convention spécifique sur les peuples autochtones se justifiait-elle dans le cadre du mandat de l'OIT ?[50]

Pour Luis Rodríguez-Piñero et Virginia Leary, il s'agit là d'une anomalie historique[51] qui répond à une recherche de « justice sociale »[52]. De

---

[46] F. VAN LANGENHOVE, op. cit., p.321 : « L'étude publiée par le B. I. T. sur le même sujet, en 1953, révèle que « dans plusieurs régions les groupes autochtones continuent à végéter dans des conditions de misère économique aiguë » ». Voir également : R. BARSH, « Revision of ILO Convention N°107 », *American Journal of International Law*, 1987, vol. 81, pp. 756-759.

[47] V. A. LEARY, *La Utilización del Convenio N°169 de la OIT para Proteger los Derechos de los Pueblos Indignas*, San José de Costa Rica, Instituto Interamericano de Derechos Humanos, 1999, pp. 11-22.

[48] I. SCHULTE-TENCKHOFF, *La question des peuples autochtones*, Paris, L.G.D.J., 1997, pp.125-126. Voir également : N. ROULAND, S. PIERRE-CAPS et J. POUMAREDE, op. cit., pp. 405-411. L'intérêt de l'OIT et du Bureau international du travail (BIT) pour les peuples autochtones a abouti à la rédaction de plusieurs études les concernant de 1921 à 1989 qui étaient relatives aux conditions de travail des autochtones.

[49] L. SWEPSTON, R. PLANT, « International Standards and the Protection of the Land Rights of Indigenous and Tribal Populations », *International Labour Review*, 1985, vol. 124, pp. 92-93.

[50] Voir : L. RODRÍGUEZ-PIÑERO, *Indigenous Peoples, Postcolonialism, and International Law : The ILO regime (1919-1989)*, Oxford, Oxford University Press, 2005, XVI-410 p. L'auteur expose les origines historiques de l'intérêt de l'OIT sur la question autochtone, voir notamment les pp. 17-112.

[51] Voir à ce sujet : F. MAUPAIN, op. cit., pp. 201-396.

cette anomalie résulte des conséquences parfois négatives qui découlent du fonctionnement de l'OIT. Une première conséquence est le manque d'engagement des États à faire respecter les obligations contenues dans la Convention. Une seconde de ces conséquences est l'impossibilité pour les peuples concernés de participer aux processus de contrôle[53]. Ces peuples se voient obligés de se faire représenter par une association de travailleurs ou d'employeurs qui n'ont pas forcément les mêmes intérêts. De plus, parmi les critiques avancées à ce sujet, le Comité d'experts chargé d'examiner les réclamations, l'instance de l'OIT qui contrôle l'application des conventions, semble manquer d'expertise sur la question des peuples autochtones[54]. Comme le fait remarquer le Directeur de l'Institut indigéniste interaméricain, José del Val, la Convention aurait pu être adoptée par des institutions dont le mandat était plus approprié, et qui auraient donc été plus à même de travailler sur ces questions. En effet, il semble curieux que l'OIT assume cette responsabilité qui dépasse le cadre de son domaine d'action.

Pour certains[55], la Convention n°107 avait pour particularité d'être plus informative et « promotionnelle » que réellement normative ou effective. Le faible contrôle de son respect serait lié à la volonté de ne pas effrayer les États n'ayant pas ratifié la Convention[56]. Elle contenait en outre des expressions inappropriées et « encourageait les politiques paternalistes d'intégration et d'assimilation des peuples autochtones »[57]. Elle visait à assurer le développement des peuples autochtones tout en les intégrant dans

---

52 L. RODRÍGUEZ-PIÑERO, « La OIT y los pueblos indígenas en el derecho internacional : Del colonialismo al multiculturalismo », *Trace Indígenas y derecho*, 2004, vol. 46, p. 61. Voir également : F. MAUPAIN, op. cit., p. 323 : « Il convient cependant de souligner que l'une des raisons pour lesquelles l'extension implicite de la compétence de l'OIT dans ce cas a donné lieu à relativement peu de controverses tient sans doute au fait qu'elle entraînait l'application d'un mécanisme de contrôle sans équivalent dans les autres organisations ».

53 B. DUHAIME, « Évaluation des options à la portée des peuples autochtones pour veiller à l'application de la Convention 169 de l'OIT », *Droits et Démocratie*, janvier 2001. Disponible en ligne sur : http://www.dd-rd.ca/site/publications/index.php?subsection=catalogue&lang=fr&id=1329 (consulté le 4 août 2010). Il retrace dans cet article, l'ensemble des recours pour faire reconnaître la violation d'une disposition de la Convention n°169 de l'OIT.

54 L. RODRÍGUEZ-PIÑERO, « Historical Anomalies, of the ILO Convention on Indigenous and Tribal Peoples (N°169) », *Law and Anthropology*, 2005, vol. 12, pp. 66-71.

55 L. RODRÍGUEZ-PIÑERO, « La OIT y los pueblos indígenas… », op. cit., p. 63.

56 L. RODRÍGUEZ-PIÑERO, « Historical Anomalies… », op. cit., p. 76.

57 Traduction libre. R. STAVENHAGEN, *Derechos humanos de los pueblos indígenas, Comisión Nacional de los derechos humanos*, México, 2000, p. 63.

l'État sur le territoire duquel ils vivaient. Cette approche « intégrationniste » a été contestée. Luis Rodríguez-Piñero considère par exemple que cette notion d'intégration implique « une évolution unilinéaire et unidirectionnelle (...) [dans laquelle] les peuples autochtones sont présentés comme des peuples 'attardés' dont les cultures doivent changer pour parvenir au développement »[58]. Du point de vue de la procédure suivie dans la conception et la négociation de la Convention, des représentants de populations autochtones ont aussi critiqué l'insuffisance de leur participation au processus de décision des Conférences de l'OIT lors de l'élaboration de la Convention n°107. Enfin, ils ont manifesté le désir que les valeurs auxquelles ils tiennent le plus, et en particulier leur relation à la terre[59], soient mentionnées dans la Convention.

C'est à la suite de plusieurs réunions d'experts qui ont tenu compte de ces critiques et de ces souhaits que la Convention n°169 est née[60]. Cette convention relative aux peuples indigènes et tribaux a été adoptée par la Conférence générale de l'OIT le 27 juin 1989 et entrée en vigueur le 5 septembre 1991. Son texte est le résultat de la collaboration avec l'Organisation mondiale de la Santé (OMS), de l'Organisation des Nations Unies pour l'alimentation et l'agriculture (FAO) et de l'Institut indigéniste interaméricain[61]. Bien que ratifiée par très peu d'États, essentiellement des États d'Amérique latine[62], la Convention exprime la volonté de respecter et de se préoccuper davantage des peuples autochtones et tribaux[63], jusque là négligés ou méprisés, et de reconnaître leurs droits. Certaines dispositions absentes de la précédente convention concernent des secteurs comme la formation professionnelle, l'artisanat, la sécurité sociale, l'éducation, les

---

[58] L. RODRÍGUEZ-PIÑERO, « La OIT y los pueblos indígenas... », op. cit., p. 69.

[59] J. R. HERNANDEZ PULIDO, « El convenio número 169 de la Organización Internacional del Trabajo sobre pueblos indígenas y tribales », in INSTITUTO DE INVESTIGACIONES JURIDICAS, *Derechos indígenas en la actualidad*, México, UNAM, 1994, p. 162.

[60] C. H. DURAND ALCANTARA, « Critica del Convenio 169 de la Organización Internacional del trabajo (OIT), Referente a los Pueblos Indígenas », *Alegatos*, 1993-1994, n°25-26, pp. 27-28.

[61] M. RAMIREZ RAMIREZ, « Comentarios al Convenio 169 de la OIT », *Reflexiones Jurídicas*, 2002, n°4, pp. 39-40.

[62] Il s'agit des États suivants : Argentine, Bolivie, Brésil, Chili, Colombie, Costa Rica, Équateur, Guatemala, Honduras, Mexique, Nicaragua, Paraguay, Pérou et Venezuela.

[63] Pour plus d'informations sur l'évolution historique de la préoccupation des peuples autochtones, voir : N. LERNER, « The 1989 ILO Convention on Indigenous Populations: new standards », *Israel yearbook on human rights*, 1991, vol. 20, pp. 223-241.

moyens de communication. Dans ces domaines, l'État a l'obligation de garantir aux membres des peuples autochtones des conditions semblables à celles dont bénéficient les autres citoyens. Elle met l'accent sur la diversité culturelle et la participation des peuples autochtones dans tout processus pouvant mener à l'adoption d'une mesure qui les affecte[64]. La convention demeure peu connue des juges et administrations des États parties, ce qui limite son application par eux. Une protection effective exige donc de faire connaître la Convention, et de former aux mécanismes de contrôle pour assurer son respect.

2. La Déclaration des Nations Unies sur les droits des peuples autochtones

Au-delà de leurs revendications identitaires et culturelles, les peuples autochtones ont, peu à peu, réclamé des droits économiques et sociaux. Un groupe de travail au sein de la Sous-commission sur la prévention de la discrimination et la protection des minorités des Nations Unies a été créé pour élaborer une étude sur la discrimination à l'encontre des peuples autochtones en 1983. Il a, par la suite, été chargé d'élaborer un projet de Déclaration sur les droits des peuples autochtones sous l'impulsion d'Erica Irene A. Daes, Présidente du groupe de travail[65] avec la concertation de divers membres de la société civile, de représentants d'organisations indigènes et de diplomates. Cette concertation a abouti à un premier projet de Déclaration en 1994. Le projet de Déclaration adopté des décennies plus tard est le fruit d'un long travail de débats et de négociations[66].

---

64 Pour le suivi de la mise en œuvre et pour déposer une réclamation en cas de violation d'une disposition de la Convention, les peuples autochtones sont représentés par des organisations syndicales. Voir : R. BARSH, « An Advocate's Guide to the Convention on Indigenous and Tribal Peoples », *Oklahoma City University Law Review*, 1990, n°209, pp. 215-234.

65 C. DURAND ALCANTARA, « La Declaración Universal de los Derechos de los Pueblos Indígenas, un debate irresuelto », in C. DURAND ALCANTARA (coord.), *Reflexiones en torno a los derechos humanos: Los retos del nuevo siglo*, México, Universidad Autónoma Metropolitano-Azcapotzalco, 2003, pp.129-135 et S. WIESSNER, « Indigenous Sovereignty... », op. cit., pp.1159-1163. Voir un bref historique des principales discussions sur le projet de la déclaration dans I. SCHULTE-TENCKHOFF, op. cit., pp. 103-109.

66 J. GILBERT, « Indigenous Rights... », op. cit, pp. 212-215. L'auteur décrit le travail du groupe de travail pour l'élaboration du projet de Déclaration. Voir également : R. BARSH, « Indigenous Peoples and the UN Commission on Human

C'est dans le cadre du Conseil des droits de l'Homme des Nations Unies que la Déclaration sur les droits des peuples autochtones a été adoptée le 29 juin 2006[67], avec trente voix en sa faveur, douze abstentions et deux voix contre. Elle a ensuite été adoptée par l'Assemblée générale des Nations Unies par la résolution 41/120, le 13 septembre 2007[68], malgré quatre votes contre (Australie, Canada, États-Unis, Nouvelle-Zélande)[69] et onze abstentions (Azerbaïdjan, Bangladesh, Bhoutan, Burundi, Colombie, Géorgie, Kenya, Nigéria, Russie, Samoa, Ukraine)[70]. Un des points les plus controversés a été la reconnaissance du droit des peuples autochtones à l'autodétermination qui figure à l'article 3[71].

Du point de vue du contenu de la Déclaration, « *[a]ll parties, including states, indigenous representatives and the international community, realise the importance of the Declaration, even as a draft. Anaya views the draft as 'an authoritative statement of norms concerning indigenous peoples on the*

Rights: A case of the Immovable Object and the Irresistible Force », *H.R.Q.*, 1996, vol. 18, n°4, pp. 782-813.

67 « Déclaration des Nations Unies sur les droits des peuples autochtones », Résolution 61-295 adoptée par l'Assemblée générale des Nations Unies le 13 septembre 2007, A-RES-61-295.

68 Ce projet de déclaration était soutenu par plusieurs États comme le rappelle le représentant péruvien lors de l'adoption du texte. Ces États étaient : l'Afrique du Sud, l'Allemagne, l'Andorre, l'Arménie, l'Autriche, la Belgique, la Bolivie, Chypre, le Costa Rica, la Croatie, Cuba, le Danemark, l'Équateur, l'Espagne, l'Estonie, l'ex-République yougoslave de Macédoine, Fiji, la Finlande, la France, la Grèce, le Guatemala, le Honduras, la Hongrie, l'Italie, la Lettonie, la Lituanie, le Luxembourg, Malte, Nauru, le Nicaragua, le Panama, le Portugal, la République dominicaine, la Serbie, la Slovénie, la Suisse et le Timor-Leste.

69 Il faut souligner que ces quatre États sont revenus sur leurs positions ultérieurement.

70 Voir : Assemblée générale, le PV du vote sur la Déclaration sur les droits des peuples autochtones, 61ème session, 13 septembre 2007, A/61/PV.107, pp. 10-30.

71 La peur de la sécession hantait le groupe des États de l'Union africaine tout comme l'Australie, le Canada, les États-Unis et l'Argentine. Voir : Assemblée générale, le PV du vote sur la Déclaration sur les droits des peuples autochtones, 61ème session, 13 septembre 2007, A/61/PV.107, p. 11 (pour l'Australie), p. 13 (pour le Canada), p. 16 (pour les États-Unis), p. 21 (pour l'Argentine), p. 21 (pour le Japon qui estime que l'article 3 de la Déclaration sur l'autodétermination ne confère pas de droit de sécession), pp. 22-23 (pour le Royaume-Uni), pp. 23-24 (pour la Norvège), p. 24 (pour la Jordanie), pp. 24-25 (pour le Mexique), p. 25 (pour le Liechtenstein) , p. 26 (pour la Suède), p. 27 (pour la Thaïlande), p. 28 (pour le Brésil qui fait référence à la souveraineté et l'intégrité territoriale et le Guyana), p. 29 (pour le Suriname). La deuxième préoccupation principale était relative à la question de la terre et des ressources.

basis of generally applicable human rights principles'; indigenous representatives consider its contents 'comprehensive' and 'reflecting the legitimate aspirations of indigenous peoples as a whole' »[72]. Comme on l'a vu cependant, elle ne contient pas de définition du terme 'peuples autochtones' et, contrairement à la Convention n°169 de l'OIT, ne concerne pas les peuples tribaux[73].

La Déclaration fait partie du « droit mou » ou *soft law*, qu'on peut comprendre comme une sorte de « pré-droit »[74] : elle ne crée pas d'obligations à l'égard des États, n'est pas assortie de sanction, mais sa portée politique est incontestable[75] car « elle est très précise quant au

---

[72] A. XANTHAKI, *Indigenous Rights and United Nations Standards*, Cambridge, Cambridge University Press, 2007, p. 120.

[73] Selon l'article 1er de la Convention, « [les] peuples tribaux dans les pays indépendants [...] se distinguent des autres secteurs de la communauté nationale par leurs conditions sociales, culturelles et économiques et [...] sont régis totalement ou partiellement par des coutumes ou des traditions qui leur sont propres ou par une législation spéciale ».

[74] M. VIRALLY, « La distinction entre textes internationaux ayant une portée juridique entre leurs acteurs et textes qui en sont dépourvus », *Annuaire de l'Institut de droit international*, 1983, vol. 60-I, pp. 241-244. Il affirme p. 244 : « il est préférable de parler de « pré-droit », si on veut désigner des textes qui contribuent à la formation de règles, de droits ou d'obligations juridiques – qui, par conséquent, ne sont pas dépourvus de signification juridique – mais qui ne sont pas en mesure, isolément, par leur force, de les faire pénétrer dans la lex lata, et ne constituent, par conséquent, qu'un élément, peut-être capital mais non final, dans un processus de formation du droit encore inachevé ». Alexandra Xanthaki affirme que « [i]n the last decade indigenous peoples have indeed acquired much better protection in many countries around the world and the Declaration has initiated further positive developments at the national level; however, the suggestion that indigenous rights already constitute uniform state practice seems over-ambitious. Such a suggestion actually undermines the importance of the Declaration : its adoption was such a success exactly because it anticipated changes to indigenous rights in national systems ; changes that unfortunately have not yet occurred universally. To suggest that the Declaration crystallises already existing uniform practice seems a position that perhaps overlooks the practices regarding indigenous peoples of states beyond Americas, Australia and New Zealand » dans A. XANTHAKI, « Indigenous Rights in International Law over the Last 10 Years and Future Development », *Melbourne Journal of International Law*, 2009, vol. 10, pp. 35-36.

[75] J. GILBERT, « Indigenous Rights... », op. cit, p. 230 : « the adoption of the UN Declaration will indicate an important departure from a bloody past where international law played an important role in the destruction of indigenous cultures, and from this perspective the Declaration is a promising step towards a future based on partnership and mutual respect ».

contenu des obligations qu'elle énonce, offrant par là-même une base juridique solide à l'action des Nations Unies et des États en ce domaine »[76]. En effet, elle traduit la position des États sur la question, comme en témoigne la durée des négociations qui ont été nécessaires pour aboutir au texte final. La Déclaration permet également de « dynamis[er] des espaces normatifs internationaux »[77]. Ainsi, « [c]omme tout acte juridique, la résolution 61/295 est destinée à produire des effets de droit. Son caractère formellement non obligatoire ne lui ôte pas la capacité de production normative. Elle possède déjà une posture normative eu égard au fait qu'elle contienne une 'Déclaration sur les droits' »[78]. Depuis l'adoption de ce texte, plusieurs institutions s'y réfèrent, notamment la Commission interaméricaine des droits de l'Homme (Commission IDH), la Cour IDH et les gouvernements. En Bolivie, le Sénat a adopté une loi n°1110/07 du 31 octobre 2007[79] qui intègre la Déclaration dans l'ordre interne, ce qui pourrait inspirer d'autres États.

C. Les effets sur les droits nationaux

La primauté du droit international conventionnel sur le droit interne de rang infraconstitutionnel est généralement reconnue par les droits nationaux (en particulier par les Constitutions). Cela explique en grande partie que le droit international relatif à la protection des peuples autochtones ait fortement influencé les droits nationaux. Il s'explique également par l'essor spectaculaire des mouvements indigènes, qui s'est révélé porteur d'une véritable dynamique en la matière. Plus généralement, la question indigène est devenue depuis plus de vingt ans un thème qui intéresse la communauté internationale[80], cette dernière admettant la nécessité d'améliorer les conditions de vie des peuples autochtones. Cette préoccupation s'est répercutée au niveau national par des réformes constitutionnelles et par l'incorporation au droit national de dispositions spécifiquement consacrées aux peuples autochtones. Les plus importantes d'entre elles ont trait à la

[76] E. JOUANNET, *Qu'est-ce qu'une société internationale juste?*, Paris, Pedone, 2011, p. 212.
[77] A. GESLIN, op. cit., p. 668.
[78] B. MARLIN, « L'engagement des États à travers la résolution 61/295 portant déclaration des Nations Unies sur les droits des peuples autochtones », *R.Q.D.I.*, 2010, n°21.1, p. 231.
[79] Voir : https://proculturas.wordpress.com/2007/11/06/bolivia-convierte-en-ley-la-declaracion-de-los-derechos-de-los-pueblos-indigenas/ (consulté le 8 mai 2015).
[80] I. SCHULTE-TENCKHOFF, op. cit., pp. 1-11.

reconnaissance de ces peuples et à leur participation dans l'élaboration des politiques nationales qui les concernent[81]. Dans cette évolution, la prise en compte graduelle des droits des peuples autochtones est concomitante à l'influence des droits de l'Homme.

À partir des années 1980, de nombreux États d'Amérique latine ont réformé leurs Constitutions afin de reconnaître officiellement le caractère pluriethnique ou multiculturel de leur État. Un premier mouvement a poussé en ce sens quelques États comme le Brésil, avant qu'un second mouvement lui succède dans les années 1990, et touche la Colombie en 1991, le Mexique[82] et le Paraguay en 1992, le Pérou en 1993 et la Bolivie en 1994[83]. Ces réformes constitutionnelles reposent sur un refus des politiques d'assimilation et des politiques paternalistes antérieures[84]. La reconnaissance du multiculturalisme garantit à l'État l'unité de son territoire. En reconnaissant son caractère pluriethnique, il intègre différents groupes au sein de son territoire[85], et prévient ainsi d'éventuels souhaits sécessionnistes.

---

[81] G. MUYUY JACANAMEJOY, « Los Pueblos indígenas, El Derecho Internacional y Los Estados de América Latina », *América Indígena*, 1997, vol. 52, n°1-2, pp. 269-277. D'hier à aujourd'hui, on peut distinguer cinq types de politiques nationales : la suprématie et la domination de la race, la culture de la religion ayant contribué à la destruction des cultures des peuples autochtones ; le paternalisme visant à contrôler les peuples autochtones et à les assimiler progressivement à la culture occidentale ; l'égalitarisme consistant à ne faire aucune distinction entre les métisses et les autochtones, tous considérés comme des citoyens d'un État et refusant donc toute différence dans le traitement ; l'indigénisme reconnaissant la spécificité des cultures des autochtones et visant à permettre à l'État de compenser les inégalités et de lutter contre toute forme de discrimination ; le multiculturalisme reconnaissant la diversité des groupes ethniques, linguistiques et culturels composant un État.

[82] L'article 2 de la Constitution mexicaine reconnaît la composition pluriculturelle de la Nation. Disponible en ligne sur : http://www.diputados.gob.mx/LeyesBiblio/ref/cpeum.htm (consulté le 8 mai 2015).

[83] C. F. MARES de SOUZA, « Autodeterminación de los pueblos indígenas y Jusdiversidad », *América Indígena*, 1998, vol. 58, n°1-2, pp. 301-302.

[84] Voir le tableau dans R. YRIGOYEN FAJARDO, « Reconocimiento del pluralismo legal y el derecho indígena en los países andinos », in J. E. R. ORDONEZ CIFUENTES, I. ZARAGOZA ANGELES (coord.), *Pueblos Indígenas y Tribales. Respeto, Participación y Consulta*, México, éd. Plaza y Valdes, 2008, pp. 247-256.

[85] W. KYMLICKA, « Multiculturalismo », *Dialogo político*, juin 2007, n°2, pp. 11-35. Will Kymlicka rapproche les causes du multiculturalisme et celles de l'essor des mouvements autochtones. Elles sont d'ordre démographique puisque les peuples autochtones connaissent une forte démographie, mais aussi d'ordre juridique, avec

L'affirmation du pluralisme en droit interne n'est pas suffisante pour garantir les droits des peuples autochtones[86], mais elle représente le premier pas pour une plus grande autonomie et pour la reconnaissance de leurs règles propres. On ne peut sous-estimer l'importance d'une telle reconnaissance. En effet, c'est sur cette base ainsi que sur les recommandations du groupe d'experts de l'ONU sur les droits des peuples autochtones que l'Équateur, par exemple, a créé de nombreuses institutions comme la Coordination des nationalités indigènes d'Équateur (CONACNIE) dans les années 1980, ou la Confédération des Nationalités indigènes d'Équateur (CONAIE) comme organe représentatif des peuples autochtones[87]. L'intégration en droit interne de dispositions reconnaissant leur existence a des conséquences variables selon les pays. Au Mexique, la Constitution reconnaît les peuples autochtones comme des « entités d'intérêt public »[88]. Malgré les changements positifs visant à prendre en compte les revendications *sui generis*[89] des peuples autochtones, certains comme Rodolfo Stavenhagen se demandent si ces progrès normatifs trouvent une application concrète sur le terrain[90]. Bien que les efforts (reconnaissance d'un État pluri ou multiethnique, reconnaissance des systèmes juridiques autochtones, élaboration de lois spéciales, réformes de la Constitution, participation à la vie politique (en Équateur ou au Guatemala)) soient indéniables en la matière, il y a des exceptions (au

---

une prise de conscience des droits, notamment de l'égalité et de la démocratie qui constituent des outils juridiques au soutien de leurs revendications, et des justifications à l'établissement d'organisations politiques propres.

[86] Sur ce point, voir l'exemple du Guatemala sur le droit de porter l'habit traditionnel ou la liberté de culte : R. M. GARCIA AJQUIJAY, « Avances del acceso de los derechos de los pueblos indígenas en Guatemala », *Anuario de Derecho Constitucional Latinoamericano*, 2006, t. 2, n°20062, pp. 818-821.

[87] E. F. RECALDE, « Una mirada sobre el Movimiento indígena ecuatoriano » in F. ESCARZAGA, R. GUTIERREZ, *Movimiento indígena en América Latina : resistencia y proyecto alternativo*, México, UNAM, 2005, pp. 99-104.

[88] Article 20, A. VIII de la Constitution du Mexique : « Las Constituciones y de las Leyes Entidades federativas establecerán Las Características de libre determinación y autonomía Qué mejor expresen Las Situaciones y de los pueblos aspiraciones indígenas en cada entidad, así como las normas para el de las comunidades reconocimiento indígenas como Entidades de interés público ».

[89] B. KINGSBURY, « Reconciling five competing conceptual structures of indigenous people's claims in international and comparative law », *New York University journal of international law and politics*, 2001, vol. 34, p. 191.

[90] R. STAVENHAGEN, « La emergencia de los pueblos indígenas como nuevos actores políticos y sociales en América latina » in F. ESCARZAGA, R. GUTIERREZ, *Movimiento indígena en América Latina: resistencia y proyecto alternativo*, México, UNAM, 2005, pp. 49-51.

Mexique, les droits indigènes sont par exemple loin d'être consacrés dans la législation interne[91]), et surtout, la situation des peuples autochtones n'a pas fondamentalement changé : les discriminations persistent et les violations de leur droit à la terre se poursuivent[92]. L'exploitation des ressources naturelles continue de modifier le mode de vie des peuples autochtones et de menacer l'environnement.

§ 2. Les atteintes aux droits des peuples autochtones résultant de l'exploitation des ressources naturelles

L'exploitation des ressources naturelles est un enjeu ancien (A) dont les effets sur les peuples autochtones et plus largement sur les populations locales est globalement néfaste. Du point de vue des droits de l'Homme, nous pouvons remarquer que les deux acteurs principaux (en dehors de l'État) impliqués dans l'exploitation des ressources naturelles n'y sont pas soumis (B). Du point de vue environnemental, il ressort également que l'exploitation des ressources naturelles a des conséquences graves sur l'environnement et la vie humaine (C).

A. L'exploitation des ressources naturelles : un enjeu ancien

La question de l'exploitation des ressources naturelles et de ses atteintes sur les peuples autochtones en Amérique latine est relativement ancienne. « *The international human rights community has long recognized that some of the world's worst abuses of indigenous peoples' human rights by states occur in this region* »[93].

---

[91] A. L. IZQUIERDO Y DE LA CUEVA, « Limites a la legislación mexicana », in J. E. R. ORDONEZ CIFUENTES, I. ZARAGOZA ANGELES (coord.), *Pueblos Indígenas y Tribales. Respeto, Participación y Consulta*, México, éd. Plaza y Valdes, 2008, pp. 41-56.

[92] Voir : R. STAVENHAGEN, *Derechos humanos de los pueblos indígenas, Comisión Nacional de los derechos humanos*, México, 2000, 115 p. et R. STAVENHAGEN, « Los derechos indígenas. Algunos problemas conceptuales », *Revista I.I.D.H.*, 1992, n°15, p. 128.

[93] S. J. ANAYA, R. A. WILLIAMS, « The protection of indigenous peoples' rights over lands and natural resources under the inter-American human rights system », *Harvard human rights journal*, 2001, vol. 14, p. 39.

Dès le XVème siècle, le continent a subi des pillages et des massacres importants lors des colonisations espagnole et portugaise[94]. De manière classique, l'exploitation des ressources naturelles opposait l'État et les peuples autochtones mais cette situation a évolué avec l'expansion des activités des entreprises.

Au cours du XXIème siècle, la relation conflictuelle entre l'État et les peuples autochtones s'est détériorée[95] en raison de la recherche et de l'exploitation des richesses du sous-sol par l'État, le plus souvent sans égard aux droits des peuples autochtones. La dépendance toujours plus forte de l'État à l'égard des ressources naturelles, en particulier du pétrole et du gaz, est un obstacle majeur à l'apaisement des tensions entre l'État et les peuples autochtones puisqu'elle pousse à la mise en œuvre de projets sur les territoires autochtones[96].

---

[94] I. SCHULTE-TENCKHOFF, op. cit., pp. 27-42. Cette partie de l'ouvrage donne un état des lieux de la question autochtone en Amérique latine. Voir également : N. ROULAND, S. PIERRE-CAPS et J. POUMAREDE, *Droit des minorités et des peuples autochtones*, Paris, P.U.F., 1996, p. 352 : « En 1492, on estime que la population de l'Amérique latine comptait entre 70 et 88 millions d'habitants : il n'en reste plus que trois et demi cent cinquante ans plus tard ». Voir sur la situation des peuples autochtones depuis la colonisation à la période post-indépendance (de la soumission à la mise sous tutelle) : F. VAN LANGENHOVE, op. cit., pp. 321-446 ; B. de LAS CASAS, *Très brève relation de la destruction des Indes*, Paris, La Découverte, 2011, 153 p. Voir également : H. DIAZ-POLANCO, « Autonomía, territorialidad y comunidad indígena. Perspectivas del Estado multiétnico en México » in P. GONZALEZ CASANOVA, M. ROITMAN ROSENMANN (coord.), op. cit., p. 147. L'auteur fait état des différentes méthodes utilisées par l'État pour aboutir à la dissolution et à la division des peuples autochtones au profit d'intérêts économiques.

[95] N. ROULAND, S. PIERRE-CAPS et J. POUMAREDE, op. cit., p. 357 : « En Amérique du Sud, les situations sont très diverses. Certains États où ont été institués des gouvernements démocratiques s'efforcent de mettre fin aux errements du passé. Mais celui-ci n'est pas mort. Certains groupes Yanomami sont toujours décimés par les maladies, ou victimes des garimpeiros, les chercheurs d'or. En Colombie, les Guahibo sont menacés de génocide, les colons organisant fréquemment des chasses à l'homme. Dans bien des États, les autochtones sont victimes de la pression foncière et des déboisements. […] Le poids du passé se fait donc toujours sentir, auquel s'ajoutent les exigences d'un développement économique dont les autochtones sont largement les laissés pour compte, au niveau des décisions comme à celui de leurs effets ».

[96] Par exemple, les États-Unis d'Amérique recherchent activement la sécurité énergétique et dépendaient pourtant encore, en 2002, de 52% de pétrole provenant de l'étranger. Voir : OILWATCH, « Impacto ambiental de la explotación petrolera

L'exploitation de ces ressources par les entreprises étrangères est une autre source de tension, encore plus forte. En effet, les ressources naturelles de l'Amérique latine sont très convoitées[97] par les entreprises[98]. Au début des années 2000, l'exploration dans cette région représentait plus de 22% des investissements réservés par les entreprises à cette fin dans le monde[99].

Les ressources exploitées sont très diverses, et comprennent à la fois des ressources naturelles non-renouvelables, comme les minerais, le pétrole et le gaz (qui sont exploités par ce qu'on appelle généralement « l'industrie extractive »[100]) et des ressources naturelles renouvelables, comme la flore (spécialement le bois) et l'eau[101]. Ces ressources naturelles, qu'elles soient énergétiques ou minérales[102], contribuent à l'enrichissement d'un pays qui ne

---

en América Latina », *Revista Biodiversidad*, janvier 2005, n°43, p. 1. Disponible en ligne sur : http://www.biodiversidadla.org/Portada_Principal/Documentos/Impacto_ambiental_de_la_explotacion_petrolera_en_America_Latina (consulté le 2 juin 2011).

[97] Voir les zones intéressant les industries extractives, sur : http://www.oilwatch sudamerica.org/mapas.html (consulté le 2 juin 2011).

[98] G. P. NEUGEBAUER, « Indigenous Peoples as Stakeholders : Influencing Resource- Management Decisions Affecting Indigenous Community Interests in Latin America », *New York University Law Review*, 2003, vol. 48, n°3, p. 1238 : « Latin America, with oil deposits reaching 123 billion barrels, possesses the world's second largest reserves, behind the Middle East ».

[99] J. WARDEN-FERNANDEZ, « Indigenous Communities' Rights and Mineral Development », *Journal of Energy and Natural Resources Law*, 2005, vol. 23, n 4, p. 417. « Recent surveys have shown that during the last five or six years the Latin American region has received more private exploration investment than any other region, and it now attracts more than 22 per cent of the global exploration budget ».

[100] Souvent employé pour désigner l'industrie minière, le terme industrie extractive fait référence à l'extraction de toutes les matières premières non-renouvelables – minerais, pétrole et gaz – tandis que les ressources naturelles peuvent comprendre l'exploitation forestière, l'eau, ainsi que les matières premières non-renouvelables.

[101] Dans le cadre de cette étude, on entendra par « ressources naturelles » les ressources naturelles non renouvelables.

[102] Le contexte des années 1980 était favorable à l'investissement étranger. Voir : E. BASTIDA, *Integrating Sustainability into Legal Frameworks for Mining in Some Selectied Latin American Countries*, International Institute for Environment and Development, janvier 2002, n°120, p. 4. Disponible en ligne sur : http://pubs.iied. org/pdfs/G00577.pdf (consulté le 30 septembre 2012) : « From the late 1980's onwards, the main driving force behind legal reform in the minerals sector has been the need to establish competitive conditions to attract private capital investment, in a context of global liberalization and market-based systems of allocation of resources. Generally speaking, low reform has aimed at expanding market economies,

peut renoncer très facilement à son exploitation. Celui-ci, en se prévalant du principe de sa souveraineté sur ses ressources naturelles, autorise fréquemment l'installation d'entreprises sur son territoire, alors que cela implique généralement d'exproprier des populations autochtones, et plus précisément, de les expulser de terres qu'elles occupent traditionnellement et dont elles ont déjà été dépossédées lors de la colonisation. La période de la colonisation fut, comme aujourd'hui, une période d'exploitation des ressources[103], et les exploitations d'aujourd'hui prolongent souvent celles d'hier. La continuité des projets peut être illustrée par la situation du Chili, où « [l]'examen de la chronologie des grands projets miniers qui sont à l'origine de ce boum révèle une grande concordance des faits : les gisements sont soit de vieux sites inaccessibles [...], soit des propriétés de l'Entreprise nationale de Cuivre (CODELCO) qu'elle n'a pas les moyens de mettre en exploitation (El Abra, Altamira, ...) soit, enfin des gisements repérés lors des campagnes d'exploration géologiques qui sont lancées dès la fin des années 1970 à la faveur du retour d'un climat favorable aux investissements étrangers au Chili (La Escondida, Minsal) »[104].

Si les exploitants ont changé, les victimes de cette activité restent les mêmes : les peuples autochtones. Toujours objets de nombreuses discriminations, réduits à des conditions de vie difficiles, ils restent souvent exclus de l'exercice du pouvoir, principalement aux mains d'une élite d'origine européenne[105]. Il en résulte que rares sont les représentants étatiques déterminés à défendre les droits des autochtones, contre les atteintes que sont

---

establishing a climate of stability and predictability in order to provide the conditions for business activity, and increased foreign investment in the economy ».

[103] M. ÖZDEN, C. GOLAY, *Le droit des peuples à l'autodétermination et à la souveraineté permanente sur leurs ressources naturelles sous l'angle des droits humains*, Genève, Programme de Droits Humains du CETIM, 2010, p. 37. Disponible sur : http://www.cetim.ch/fr/documents/bro12-auto-A41-fr.pdf (consulté le 1er mars 2011).

[104] A.-L. AMHILAT SZARY, « Les entreprises minières dans la gouvernance territoriale au Chili : Entre négociations de pouvoir et rivalités, qui porte le développement », in A.-L. AMHILAT SZARY (coord.), *Les acteurs privés dans la gouvernance en Amérique latine: Firme et territoire en Amérique latine*, mars 2010, p. 29. Disponible en ligne sur : http://www.institut-gouvernance.org/docs/dossier_acteursprives.pdf (consulté le 16 février 2012). Est cité l'exemple suivant : « on a trouvé à Collahuasi, à 4200 mètres d'altitude, les traces d'une fonderie de cuivre au milieu de ruines Incas datant de 1400 environ, et les textes du XVIIème siècle font allusion au gisement), soit des sites exploités de façon extensive par des mineurs artisanaux (Mantoverde) ».

[105] I. SCHULTE-TENCKHOFF, op. cit., p. 27 : « les élites d'origine européenne contrôlent [généralement] l'État ».

susceptibles de leur porter les entreprises et les organisations financières internationales, qui sont aujourd'hui des acteurs incontournables dans l'exploitation des ressources naturelles.

B. Les atteintes aux droits des peuples autochtones par les acteurs économiques impliqués

L'exploitation des ressources naturelles est un domaine relevant du droit national autant que du droit international, de la sphère privée comme de la sphère publique, et elle peut être étudiée sous l'angle de disciplines différentes (histoire, anthropologie, sociologie, sciences politiques et différentes branches du droit). Ses conséquences sur les peuples autochtones sont principalement des atteintes à leurs droits. Pourtant, les acteurs économiques impliqués, c'est-à-dire les entreprises (1) et les organisations financières internationales (2) ne sont pas formellement soumis au respect des droits de l'Homme, et leur responsabilité ne peut donc être engagée sur cette base en cas de violation.

1. Les atteintes aux droits des peuples autochtones par les entreprises

Les entreprises jouent un rôle clé dans les conflits qui opposent les peuples autochtones et l'État[106] dans l'exploitation des ressources naturelles. En tant que premier investisseur financier et premier bénéficiaire des opérations menées, le comportement des entreprises est à l'origine de nombreuses atteintes portées aux droits des peuples autochtones. N'étant pas sujets de droit international, elles ne sont en revanche pas soumises au respect du droit international des droits de l'Homme, sauf s'il est intégré au droit national. Leurs activités sont en effet généralement régies par le droit national et par les contrats conclus avec l'État d'accueil de l'investissement[107]. Ainsi, dans l'exploitation des ressources naturelles se trouvant dans

---

[106] S. ARRIARAN CUELLAR, « Derechos humanos, Derechos indígenas y educación multicultural » in CNDH, *Los derechos humanos y la globalización*, México, CNDH, 2003, p. 188 : « Des 100 entités économiques les plus puissantes du monde, 49 sont des États et 51 des entreprises, ces dernières dans beaucoup de cas, possèdent plus de ressources financières que la majorité des États ».

[107] A. K. SACHAROFF, « Multinationals in Host Countries : Can they be held liable under the Alien Tort Claims Act for Human Rights Violations ? », *Brooklyn Journal of International Law*, 1998, pp. 931-932. Voir aussi : L. KOPELMANAS,

des espaces où vivent les peuples autochtones, les entreprises agissent avec une grande liberté, alors que leurs activités peuvent porter atteinte aux droits de l'Homme[108], et en particulier aux droits des peuples autochtones[109]. Elles apparaissent désormais comme l'ennemi des peuples autochtones[110]. Sur le terrain, la logique du marché s'oppose généralement à celle des droits de l'Homme. Certains pensent que la préoccupation pour les droits de l'Homme est contraire au but des entreprises[111], uniquement intéressées par les bénéfices ou dont les « intérêts sont purement égoïstes »[112]. Et de fait, de nombreuses affaires illustrent le peu d'intérêt généralement accordé par les entreprises au respect des droits de l'Homme[113]. En Amérique latine, plusieurs entreprises sont mises en cause : *Glamis Gold* et *Montana* au Guatemala, *Repsol* en Bolivie et au Pérou, *Texaco* en Équateur. La mondialisation leur a permis d'accéder à de nouveaux marchés, et les entreprises multinationales, issues pour la plupart de pays développés, n'ont

---

« L'application du droit national aux sociétés transnationales », *R.C.A.D.I.*, 1976, vol. 150, p. 304-326.

108 De manière générale, voir : FIDH, *Entreprises et Violations des droits de l'Homme : Un guide pratique sur les recours existants à l'attention des victimes et des ONG*, juillet 2010, 537 p.

109 Sur le rôle des entreprises multinationales, voir : O. SCHUTTER (de), « Transnational Corporations as Instruments of Human development », in P. ALSTON, M. ROBINSON, *Human Rights and Development : Towards Mutual Reinforcement*, New York, Center for Human Rights and Global Justice New York University School of Law Oxford University Press, 2005, pp. 403-444 ; M. L. APONTE, « Hybrid State Corporate Enterprise and Violations of Indigenous Land rights : Theorizing Corporate Responsibility and Accountability under International Law », *Lewis & Clark Law Review*, 2007, vol. 11, pp. 160-168.

110 Voir la carte qui représente les régions agressées par l'industrie pétrolière sur le site : http://ethnolyceum.wordpress.com/les-hydrocarbures-menacent-les-peuples-autochtones/ (consulté le 13 janvier 2011).

111 J. SMITH, M. BOLYARD, A. IPPOLITO, « Human Rights and the Global Economy: A Response to Meyer », *H.R.Q.*, 1999, vol. 21, p. 211 : « TNCs are basically motivated by economic forces and not largely concerned with the state of human rights. TNC indifference to human rights likely will shift only when economic benefit (or with limiting loss). Thus, when Nike's consumers threaten a boycott unless some actions is taken to reduce labor abuses by Nike subcontractors in developing countries, human rights have an economic value ».

112 L. KOPELMANAS, op. cit., p. 302.

113 Il en va par exemple ainsi de celle de l'entreprise Shell dans le Delta du Niger (affaire Wiwa c. Shell, Royal Dutch). D. ESTRADA TANCK E, F. ANDREU GUZMÁN, *Régimen Jurídico Internacional de las Empresas Transnacionales en la Esfera de los Derechos Humanos, comentario de Federico Andreu Guzmán*, México, Editorial Porrúa, 2005, XVII-82 p.

cessé d'étendre leur influence. Celle-ci est souvent perçue comme du néocolonialisme car ces entreprises créent une situation de dépendance économique vis-à-vis du pays dans lequel elles se trouvent.

Leur responsabilité n'est que rarement engagée pour le non-respect des droits de l'Homme alors même qu'elles violent fréquemment ces droits. L'État qui est normalement garant du respect des droits de l'Homme sur son territoire n'est pas toujours en mesure d'imposer des règles aux entreprises multinationales. Trop souvent, des États complices des entreprises qu'ils accueillent pour l'exploitation du pétrole et des mines n'engagent pas de poursuites judiciaires à leur encontre. Même lorsque l'État d'accueil le souhaite, engager la responsabilité de la maison-mère de l'entreprise du fait de ses filiales lui est difficile en raison du fait que l'essentiel des activités de l'entreprise se déploie hors de son territoire. Pourtant, c'est généralement le moyen le plus efficace de débloquer les situations, parce que la maison-mère détient l'essentiel des fonds, et elle est la plus sensible à l'opinion publique. Les recours des populations locales et en particulier des peuples autochtones contre ces entreprises sont quant à eux généralement voués à l'échec.

Pourtant, selon leurs propres codes de conduite[114], les entreprises devraient respecter l'environnement, les traditions et les cultures des populations locales, et respecter leur droit national.

2. *La difficulté pour les organisations financières internationales de respecter et de faire respecter les droits de l'Homme*

Les exploitations minières et pétrolières sont souvent des projets d'envergure[115] et nécessitent des investissements financiers qui ne peuvent

---

114 F. GÓMEZ ISA, « Las Empresas Transnacionales y los Derechos Humanos », in D. SÁNCHEZ RUBIO, J. HERRERA FLORES, S. de CARVALHO, *Anuário Ibero-Americano de Direitos Humanos (2001/2002)*, Rio de Janeiro, Brasil, Editora Lumen Juris, 2002, pp. 101-104.

115 Voir le Rapport E/CN.4/2003/90 du 21 janvier 2003, p. 5. Dans un rapport faisant état de l'impact de ces projets sur les droits de l'Homme et les libertés fondamentales des communautés autochtones, les projets de développement d'envergure « désigne[nt] des programmes d'investissement de capitaux publics ou privés, nationaux ou internationaux visant la mise en place ou l'amélioration des infrastructures matérielles d'une région donnée, la transformation à long terme d'activités de production impliquant une modification de l'utilisation des terres et des droits de propriété sur celles-ci, l'exploitation à grande échelle des ressources naturelles, y compris les ressources du sous-sol (...). L'objectif poursuivi est variable ; il peut s'agir de renforcer la croissance économique, de réguler les crues,

être assumés seuls par les entreprises et les États. Ces derniers ont donc fréquemment recours aux organisations financières internationales. La Banque mondiale a par exemple beaucoup investi dans les projets pétroliers afin de contribuer à la réduction de la pauvreté et à la diminution de la dette extérieure des pays en voie de développement. Et il est clair que l'exploitation de ressources naturelles telles que le pétrole et les minerais constitue la principale ressource économique de certains États[116].

Les finalités principales des organismes financiers internationaux comme le Fonds monétaire international (FMI) ou la Banque mondiale sont le développement économique, la stabilité financière et la réduction de la pauvreté de tous les États du monde. Dans leur statut, ces organisations n'ont pas vocation à promouvoir les droits de l'Homme[117], et elles n'ont l'obligation expresse, ni de les respecter, ni de les faire respecter. En pratique, la Banque mondiale conditionne son aide à l'adoption de plans d'ajustement structurel[118] et octroie des prêts favorisant les investissements étrangers. La Société financière internationale (SFI), qui fait partie de la

---

de produire de l'électricité ou d'autres énergies, d'améliorer les réseaux de transport, de promouvoir les exportations afin de disposer de devises, de créer de nouveaux établissements, de veiller à la sécurité nationale ou encore de créer des emplois et des sources de revenu pour les populations de la région ».

116 Voir par exemple : REVUE DES INDUSTRIES EXTRACTIVES DE LA BANQUE MONDIALE, *Vers un nouvel équilibre…*, op. cit., p. 5 : « Les industries extractives fournissent des rentes économiques et peuvent générer des revenus importants pour les gouvernements. Ils peuvent constituer le plus grand secteur pour l'économie d'un pays. Dans certains cas, les industries extractives peuvent être les principales ressources immédiatement disponibles pour les pays pauvres et les communautés vulnérables susceptibles de les sortir de la pauvreté ». Disponible en ligne sur : http://www.eireview.org/html/EIRFinalReport.html (consulté le 30 janvier 2012).

117 R. DANINO, « The Legal Aspects of the World Bank's Work on Human Rights: Some Preliminary Thoughts », in P. ALSTON, M. ROBINSON, op. cit., pp. 509-524.

118 O. CUNY, *La gouvernance économique et financière internationale*, Paris, Montchrestien, coll. Clefs / Politique, pp. 51-52 : « Les programmes ou plans d'ajustement structurel, désormais plutôt appelés prêts d'ajustement structurel ou sectoriel consistent en « un financement extérieur à décaissement rapide » ayant vocation à « aider les pays membres [de la Banque mondiale ou du Fonds monétaire international] à réorienter l'action publique et à réaliser des réformes institutionnelles. Leur durée de vie est généralement d'un à trois ans. Initialement conçus pour appuyer les réformes, notamment en matière commerciale et agricole, les prêts d'ajustement ont peu à peu évolué pour davantage cibler des réformes d'ordre structurel ou portant sur le secteur financier et les politiques sociales, ainsi que l'amélioration de la gestion des ressources du secteur public ».

Banque mondiale, a également pour mission de mettre fin à la pauvreté et de promouvoir une prospérité partagée dans chaque pays en développement. Si son but est clairement exprimé, son action en est toutefois éloignée. Elle possède par exemple 2,5% de l'entreprise qui exploite l'Escondida[119], une mine de cuivre à ciel ouvert dans le nord du Chili, et détient 5% des actions de la mine de Yanacocha au Pérou[120], deux entreprises dont l'action a porté atteinte à la santé de la population plutôt qu'elle n'a amélioré leurs conditions de vie.

Depuis quelques années, les organismes financiers conditionnent en partie l'octroi de fonds au respect des droits de l'Homme et si ce n'est pas le cas, ils intègrent un volet *Droits de l'Homme* dans leurs politiques ou dans les conventions avec les États emprunteurs. Les organes des droits de l'Homme des Nations Unies ont affirmé à plusieurs reprises que les organisations internationales – agences, programmes, institutions financières – devaient respecter les droits de l'Homme[121], qu'ils soient civils, politiques, économiques, sociaux ou culturels, bien que le respect de ces droits ne figure pas explicitement dans leur mandat et dans leur sphère de compétences[122]. La relation étroite qui existe entre le développement et les droits de l'Homme est désormais constamment rappelée par les agences de développement et les organisations internationales[123]. Les organisations

---

[119] A.-L. AMHILAT SZARY, « La prise de position des acteurs privés dans la gouvernance territoriale : enjeux, opportunités, risques », in A.-L. AMHILAT SZARY (coord.), op. cit., p. 12. Disponible en ligne sur : http://www.institut-gouvernance.org/docs/dossier_acteursprives.pdf (consulté le 16 février 2012).

[120] I. SALAS RODRÍGUEZ, *Quilish Hora Cero : Cajamarca la lucha de un pueblo que defiende su vida y dignidad*, février 2006, p.16. Disponible en ligne sur http://www.voltairenet.org/Quilish-Hora-Cero-Cajamarca-la (20 septembre 2012).

[121] Voir la Résolution 1998/12 sur l'objectif premier de la politique commerciale, financière et en matière d'investissement, produite par la Sous-Commission de lutte contre les mesures discriminatoires et de la protection des minorités : la Sous-Commission « [d]emande instamment aux institutions spécialisées des Nations Unies, notamment au Fonds monétaire international et à la Banque mondiale, d'être en toutes circonstances conscients et respectueux des obligations en matière de droits de l'Homme des pays avec lesquels ils travaillent ». Disponible sur : http://www.unhchr.ch/Huridocda/Huridoca.nsf/TestFrame/89823dff47f7778680256672005b026e?Opendocument (consulté le 2 janvier 2012).

[122] F. MACKAY, « Universal rights or a universe into itself ? : Indigenous People's human rights and the World Bank's Draft Operational Policy 4.10 on Indigenous Peoples », *American University International Law Review*, 2002, vol. 17, pp. 542-547.

[123] Par exemple, l'Organisation de coopération et de développement économiques (OCDE), le Programme des Nations Unies pour le développement (PNUD) ou

financières sont sensibles aux conséquences des projets relatifs aux industries extractives sur les populations autochtones. La Banque mondiale a publié au début des années 1980 des lignes directrices pour atténuer les effets négatifs des projets sur les groupes tribaux[124]. Elle entend impliquer davantage les États dans cette voie. En effet, elle « *assists projects within areas used or occupied by such people only if it is satisfied that best efforts have been made to obtain the voluntary, full, and conscionable agreement (i.e., under prevailing circumstances and customary laws) of the tribal people or that of their advocates, and that the project design and implementation strategy are appropriate to meet the special needs and wishes of such peoples* »[125]. Au sein des organisations financières, il existe une prolifération de lignes directrices pour une cohérence renforcée entre les projets financés par elles et leur objectif de réduction de la pauvreté. Les organisations financières internationales s'engagent également à respecter les obligations des États dans lesquels elles interviennent[126] et ne peuvent en principe participer, en octroyant des fonds à des projets, à la violation par les États de leurs obligations internationales.

Sur le terrain, plusieurs projets d'exploitations pétrolières et minières financés par la Banque mondiale ont été critiqués comme celui de

---

encore le Fonds monétaire international (FMI) ou la Banque mondiale). Voir : Conférence mondiale sur les droits de l'Homme, Déclaration et programme d'action de Vienne, Vienne, 14-25 juin 1993, A/CONF.157/23 du 12 juillet 1993, point 8 : « La démocratie, le développement et le respect des droits de l'Homme et des libertés fondamentales sont interdépendants et se renforcent mutuellement. La démocratie est fondée sur la volonté, librement exprimée, du peuple qui détermine le système politique, économique, social et culturel qui sera le sien et sur sa pleine participation à tous les aspects de la vie de la société. Cela posé, la promotion et la protection des droits de l'Homme et des libertés fondamentales, aux niveaux national et international, devraient être universelles et se réaliser sans l'imposition d'aucune condition. La communauté internationale devrait s'employer à renforcer et promouvoir la démocratie, le développement et le respect des droits de l'Homme et des libertés fondamentales dans le monde entier ». Disponible en ligne sur : http://www.unhchr.ch/huridocda/huridoca.nsf/(symbol)/a.conf.157.23.fr (consulté le 14 février 2012).

[124] BANQUE MONDIALE, *Tribal Peoples and Economic Development: Human Ecologic Considerations*, mai 1982, 121 p. Disponible en ligne sur : http://documents.worldbank.org/curated/en/1984/12/440596/tribal-peoples-economic-development-human-ecologic-considerations (consulté le 5 janvier 2012).

[125] Ibid, p. 1.

[126] Par exemple, la directive opérationnelle 4.01 de la Banque mondiale sur l'évaluation environnementale.

Prodeminca en Équateur, celui d'Antamina au Pérou, ou encore celui de Magdalena Medio en Colombie. En 2004, plus de vingt communautés affectées par les activités de l'entreprise minière *COMSUR* à Potosi, en Bolivie ont encore protesté en demandant à la Banque mondiale de ne pas se rendre complice, par son financement, de la contamination de la rivière Pilcomayo. Des discussions internes à la Banque mondiale ont alors été menées sur des problèmes environnementaux liés aux exploitations pétrolières et minières. En réaction aux contestations de la société civile, la Banque mondiale a décidé d'initier une réflexion, en créant la Revue sur les industries extractives (RIE) « *[w]ith representatives with diverse backgrounds in government, industry, civil society, academia and finance, including strong representation from developing country regions dealing with extractive industry issues* »[127]. C'est en 2001 que le Président du Groupe de la Banque mondiale a chargé la RIE, en tant que groupe consultatif, d'étudier les politiques du secteur pétrolier, gazier et minier, pour faire des propositions au Groupe de la Banque mondiale (GBM) et améliorer et renforcer ses politiques de sauvegarde. Le rapport final qui a été rendu public en janvier 2004 contient de nombreuses propositions et recommandations en matière de droits de l'Homme[128]. Il précise que le groupe de la Banque mondiale (GBM) « doit franchir certaines étapes pour rééquilibrer ses priorités institutionnelles. (...) En termes d'allocation des effectifs et du budget, le GBM ne semble pas aussi engagé dans les aspects sociaux et environnementaux du développement durable que dans les aspects économiques du développement »[129]. Parmi les constats les plus marquants, on trouve notamment celui selon lequel « les pays en voie de développement bénéficiant de peu de ressources naturelles, connaissent une croissance deux à trois fois plus rapide que les pays riches en ressources sur la période 1960-2000 »[130]. Le rapport apporte des propositions et encourage le GBM à réformer ses politiques de sauvegarde, notamment en intégrant le respect des droits de l'Homme dans ses politiques. Les principales recommandations du rapport sont notamment d'encourager de meilleures politiques sociales et

---

[127] Le site internet qui est dédié à la Revue sur les industries extractives ne semble plus disponible sur http://www.eireview.org. Il est possible d'aller sur le site de la Banque mondiale :
http://www.ifc.org/wps/wcm/connect/industry_ext_content/ifc_external_corporate_site/industries/oil%2C+gas+and+mining/development_impact/development_impact_extractive_industries_review (consulté le 8 mai 2015).
[128] REVUE DES INDUSTRIES EXTRACTIVES DE LA BANQUE MONDIALE, *Vers un nouvel équilibre*..., op. cit.
[129] Ibid., p. XII.
[130] Ibid., p. 14.

environnementales et une gouvernance publique et industrielle favorable aux pauvres, avec une planification et une gestion proactives destinées à optimiser la réduction de la pauvreté grâce au développement durable.

Bien que de nouvelles politiques laissent présager une évolution tendant au respect des droits de l'Homme par les organismes financiers internationaux, ce respect devrait être considéré par eux comme obligatoire. Une approche comparable dans le domaine de la protection de l'environnement pourrait également être souhaitée, dans la mesure où l'exploitation des ressources naturelles l'altère de manière presque inéluctable.

C. Des atteintes à l'environnement et à la santé humaine

L'exploitation des ressources naturelles n'est jamais sans conséquence pour l'environnement et la santé humaine (A). Mais aujourd'hui les enjeux environnementaux et de santé publique sont tels qu'ils font l'objet de plus d'attention aux niveaux national et international, et ont entraîné l'adoption de règles pour en limiter les effets néfastes (B).

1. Des activités potentiellement polluantes et dangereuses pour la vie humaine

Outre la question de l'épuisement des ressources naturelles, de nombreuses conséquences néfastes pour l'environnement et pour les populations locales sont systématiquement relevées lorsqu'il s'agit de l'exploitation minière ou pétrolière[131]. Les effets négatifs de ce type d'exploitation sont nombreux et rappelés à chaque fois que des projets de grande envergure sont sur le point d'être exécutés : la contamination de l'eau et de l'air, la disparition progressive de la faune et de la flore, l'arrivée d'étrangers et de leurs maladies[132].

La règlementation visant à limiter l'impact environnemental de l'industrie minière demeure insuffisante en Amérique latine[133]. Cet impact

---

[131] PROGRAMME DES NATIONS UNIES POUR L'ENVIRONNEMENT, *Eficiencia en el uso de los recursos en América Latina : Perspectivas e implicancias económicas*, Panama, 2011, p. 41. Disponible en ligne sur : www.pnuma.org/reeo/Documentos/REEO%20WEB%20FINAL.pdf (consulté le 8 juin 2012).

[132] OXFAM, *Guide to Free, Prior and Informed Consent*, Australie, juin 2010, p. 7.

[133] WORLD RESOURCES INSTITUTE, *Mining and Critical Ecosystems : Mapping the Risks*, Washington, World Resources Institute, 2003, XI-60 p.

dépend d'ordinaire de la méthode d'extraction utilisée. On distingue à cet égard deux méthodes principales : la méthode sous-terraine qui consiste à creuser des tunnels sous la terre, et la méthode en surface représentant 60% des mines. Cette dernière consiste à détruire la roche par explosifs pour en extraire les minerais ou métaux, et prend ensuite la forme de mines à ciel ouvert, de carrières et de mines de lixiviation, qui implique l'utilisation de produits chimiques toxiques comme « l'acide sulfurique pour le cuivre et [le] cyanure/sodium pour l'or, afin de séparer les métaux des minerais »[134]. Durant la phase d'extraction, la qualité de l'eau est affectée par les produits toxiques contaminant également les sols et l'air. Bien souvent, les puits se trouvent asséchés et la pollution de l'air atteint un niveau alarmant. La gestion des déchets est également un problème majeur car toute exploitation minière en engendre un nombre considérable, en raison du retournement de la terre et du rinçage des roches qui ont baigné dans des produits toxiques tels que le cyanure et le mercure. Lorsqu'aucun contrôle n'est effectué, ces déchets sont généralement déversés dans les cours d'eau.

Les conséquences de l'activité pétrolière sur la biodiversité et l'environnement dans toutes les étapes du processus sont également critiquées. En effet, il faut tout d'abord procéder à une exploration qui comprend une phase sismique. Cette étape vise à déterminer la quantité de ressource convoitée présente sous la terre. Elle implique la construction de tranchées de 1 km de longueur sur 3 à 10 mètres de largeur et s'accompagne de l'installation d'un héliport. Dans le cas de l'Équateur, 54 000 hectares ont été creusés dans la forêt primaire, sans compter les infrastructures provisoires et les équipements (routes, plateforme de perforation, campements et puits)[135]. Une pollution sonore est également produite par les explosifs utilisés, les hélicoptères, les véhicules de transport et les perforations. Elle engendre des répercussions sur le comportement des animaux qui peuvent fuir les zones habituellement fréquentées. Hormis ces conséquences, l'activité pétrolière peut entraîner différents dommages : une déforestation, susceptible d'engendrer par la suite une sécheresse importante, la sédimentation des rivières, l'érosion de la terre et la raréfaction de l'eau avec son utilisation excessive par les entreprises au détriment des populations locales.

Disponible en ligne sur : http://pdf.wri.org/mining_critical_ecosystems_full.pdf (consulté le 8 mai 2015).

[134] COMITÉ POUR LES DROITS DE L'HOMME EN AMÉRIQUE LATINE, *Exploitation minière et droits humains*. Disponible en ligne sur : http://cdhal.org/es/mines (consulté le 12 février 2011).

[135] OILWATCH, op. cit., p. 4. Disponible en ligne sur : http://www.biodiversidadla.org/Portada_Principal/Documentos/Impacto_ambiental_de_la_explotacion_petrolera_en_America_Latina (consulté le 2 juin 2011).

La dégradation de l'environnement par l'exploitation des ressources naturelles et spécialement par l'extraction minière et pétrolière est inhérente à ces activités et peut s'accroître en raison de défaillances techniques. Nous pouvons rappeler l'accident survenu en 2000 au Pérou lorsqu' « un camion a déversé plus de 130 kilos de mercure à proximité de la mine de Yanacocha. (...) Entre 200 à 300 personnes ont été hospitalisées pour empoisonnement »[136]. Un accident comparable arriva également en 1996 dans la mine de Potosi en Bolivie. Plus de 400 000 tonnes de pulpe contenant des produits toxiques tels que cyanure, zinc, cuivre et plomb furent déversés dans le cours d'eau El Porco, contaminant les cours, faisant disparaître des espèces et causant des problèmes de santé aux habitants alentour[137]. Dans le même registre, « [d]ans le secteur minier, quelques 150 accidents écologiques ont eu lieu entre 1983 et 2002. Parmi ceux-ci 15 impliquaient du cyanure, dont 7 étaient dus à des défaillances des bassins de retenue des résidus, 4 à des problèmes de canalisation et 4 à des accidents de la route. Dans plusieurs de ces cas, les sociétés, les services d'intervention d'urgence et les communautés n'étaient pas suffisamment préparés ou informés pour gérer les incidents »[138]. Ces accidents sont d'autant plus graves qu'ils ont des conséquences à long terme, comme en témoignent, dans un autre domaine, les suites de marées noires[139].

Nombreuses ont été les ONG à relayer la situation d'une extrême gravité à laquelle la forêt amazonienne est confrontée actuellement[140]. Son équilibre

---

[136] REVUE DES INDUSTRIES EXTRACTIVES DE LA BANQUE MONDIALE, *Vers un nouvel équilibre. Le groupe de la Banque mondiale et les industries extractives. Le Rapport final de la Revue des industries extractives*, Décembre 2003, vol. 1, p. 31. Cette mine d'or est la plus grande d'Amérique latine financée en partie par des prêts de la Société financière internationale en 1993 (à hauteur de 150 millions de dollars).

[137] E. CARUSO, M. COLCHESTER, F. MACKAY, N. HILDYARD, G. NETTLETON, *Extrayendo Promesas : Pueblos Indígenas*, Industrias Extractivas Y El Banco Mundial - Informe Síntesis, mai 2005, p. 84. Disponible en ligne sur : http://www.forestpeoples.org/sites/fpp/files/publication/2010/10/eirinternatwshopsynthesisrepmay03sp.pdf (consulté le 11 février 2012). Dans ce même document, plusieurs cas financés par la Société financière internationale ou la Banque mondiale sont évoqués.

[138] Ibid.

[139] Une des mesures qui a été prise pour éviter ces incidents est d'interdire progressivement d'ici 2025 des tankers monocoques tels que la Convention internationale pour la prévention de la pollution des navires l'a prescrit en 1973.

[140] M. FINER, C. N. JENKINS, S. L. PIMM, *Los proyectos petroleros y gasíferos en la Amazonia occidental : Amenazas a tierra virgen, biodiversidad y pueblos indígenas*, Save America's Forests, PloS ONE, 2008, 18 p. Disponible en ligne sur :

écologique est menacé et certaines espèces disparaissent, de même que certaines cultures sont détruites. Il apparaît nécessaire d'entreprendre des actions pour que l'enjeu économique ne puisse pas justifier la mise à l'écart des préoccupations environnementales et le respect des droits des peuples autochtones.

2. *La prise en compte de la nécessité de protéger l'environnement*

La prise en compte progressive du droit de l'environnement, qui répond à l'impératif écologique[141], est liée à l'importance croissante accordée au respect des droits de l'Homme. L'impact de l'activité des industries pétrolières et minières sur l'environnement et sur les droits de l'Homme sont liés. En effet, si l'on porte atteinte à l'environnement, on porte également atteinte, entre autres, au droit à la vie, à la santé, à l'eau, à l'alimentation ou au droit à vivre dans un environnement sain qui peuvent être invoqués devant des juridictions internationales ou des organes de l'ONU[142]. Pour prendre en compte le droit de l'environnement et son lien étroit avec les droits de l'Homme, le Haut-Commissariat aux droits de l'Homme établit d'ailleurs des mandats hybrides dans le cadre des procédures spéciales du Conseil des droits de l'Homme. C'est par exemple le cas du mandat du Rapporteur spécial pour les effets néfastes des mouvements et des déversements illicites de produits toxiques et dangereux et les déchets sur la jouissance des droits de l'Homme, créé en 1995, du mandat sur le droit à l'alimentation créé en 2000, du mandat du Représentant spécial du Secrétaire général chargé de la question des droits de l'Homme et des sociétés transnationales et autres entreprises, créé en 2005 et du mandat du

---

http://westernamazon.org/PLoSONE-SAF_ONLINE-ESPANOL.pdf (consulté le 18 juillet 2011).

141 I. GENTES, « La gestión ambiental. Imperativo ecológico o propiedad privada ? Alguna experiencias del caso chileno », *Revista Nueva Sociedad*, 2003, n°188, p. 102.

142 D. SHELTON, « The Environmental Jurisprudence of International Human Rights Tribunals », in R. PICOLOTTI, J. D. TAILLANT, *Linking Human Rights and the Environment*, Tucson, Arizona, University of Arizona, 2003, pp. 1-30. Le droit à un environnement sain a été érigé en tant que droit de l'Homme par la Cour européenne des droits de l'Homme sur le fondement de l'article 8 (droit au respect de sa vie privée et familiale) de la Convention dans l'arrêt Tătar c. Roumanie (3ème Sect., req. no 67021/01). On peut aussi le déduire du droit à la santé énoncé à l'article 12 du Pacte international relatif aux droits économiques, sociaux et culturels. Voir : http://www1.umn.edu/humanrts/edumat/IHRIP/frenchcircle/M-15.htm (consulté le 15 mai 2012).

Rapporteur spécial sur le droit à l'eau potable et à l'assainissement, créé en 2007.

L'aggravation et la détérioration de l'environnement dues à l'utilisation excessive des ressources naturelles font l'objet d'une attention grandissante. Des mouvements écologistes de résistance ont régulièrement affirmé la nécessité de légiférer dans ce domaine. À leur suite, les États ont identifié différentes priorités, ainsi qu'en témoigne la conférence des Nations Unies sur l'environnement qui a eu lieu à Stockholm du 5 au 16 juin 1972. Dans ce cadre, les États ont estimé primordial de protéger l'environnement[143] et ont souligné la nécessité de prendre en compte l'épuisement prochain des ressources non renouvelables, comme les ressources minérales et pétrolières[144]. Selon eux, une meilleure gestion des ressources naturelles doit passer par l'élaboration de plans nationaux en vue de préserver l'environnement. En outre, les politiques publiques devraient intégrer deux objectifs, le développement et la protection de l'environnement, qui sont intimement liés. Le principe 10 de la conférence de Rio consacre enfin l'importance de la participation publique dans le domaine de la conservation de l'environnement[145].

Ces recommandations trouvent un écho dans certains droits internes. Au Chili, il existe un système d'évaluation de l'impact sur l'environnement dont les résultats permettent d'influer sur la prise de décision de réaliser ou pas certains projets[146]. Toujours dans ce pays, la loi sur l'environnement de 1994 (n°19 300) insère une disposition relative à la participation nécessaire des

---

143 Voir notamment les principes 4 et 5, et 13 et 14.

144 M. BOTHE, « Environment, Development, Resources », *R.C.A.D.I.*, 2005, vol. 318, p. 350.

145 A. KISS, « The Right to the Conservation of the Environment », in R. PICOLOTTI, J. D. TAILLANT, *Linking Human Rights and the Environment*, Tucson, Arizona, University of Arizona, 2003, pp. 36-39. Le principe 10 énonce que « La meilleure façon de traiter les questions d'environnement est d'assurer la participation de tous les citoyens concernés, au niveau qui convient. Au niveau national, chaque individu doit avoir dûment accès aux informations relatives à l'environnement que détiennent les autorités publiques, y compris aux informations relatives aux substances et activités dangereuses dans leurs collectivités, et avoir la possibilité de participer aux processus de prise de décision. Les États doivent faciliter et encourager la sensibilisation et la participation du public en mettant les informations à la disposition de celui-ci. Un accès effectif à des actions judiciaires et administratives, notamment des réparations et des recours, doit être assuré ».

146 Dans de nombreux cas toutefois, les mégaprojets ne sont pas suspendus malgré l'avis négatif rendu selon ce système. Voir : I. GENTES, « La gestión ambiental… », op. cit, p. 103.

populations aux projets ayant un impact environnemental[147]. Le but de cette disposition est de privilégier le consensus entre les intéressés.

De manière plus radicale, mais aussi plus efficace, la présidente du Costa Rica, Laura Chinchilla, a décrété dès le début de son mandat, en avril 2010, un moratoire sur l'exploitation minière interdisant toute mine à ciel ouvert[148]. La même tendance s'observe au Salvador où la commission sur l'environnement et le changement climatique de l'Assemblée nationale étudie la possibilité de promulguer une loi interdisant toute activité minière[149]. Comme on l'a vu, les effets destructeurs de l'activité minière à ciel ouvert ne sont plus à démontrer. « L'utilisation de la machinerie lourde généralement des bouteurs/bulldozers et camions-bennes, est le moyen le plus commun pour enlever les morts-terrains. L'exploitation à ciel ouvert fait souvent intervenir le déplacement de la végétation native des zones, et se trouve donc parmi les types d'exploitation minière les plus destructives du point de vue environnemental, spécialement dans les forêts tropicales »[150].

Comme le montrent les développements qui précèdent, une recherche sur l'impact de l'exploitation des ressources naturelles sur les droits des peuples autochtones implique d'étudier des règles d'origine diverses (internationales, nationales, coutumières, etc.), des thématiques variées (droits de l'Homme, économie, santé, environnement, etc.), et les comportements d'acteurs différents (États, peuples autochtones, entreprises, ONG, organisations internationales). Pour éviter que la recherche ne s'allonge démesurément, exclure certaines questions du propos est apparu indispensable.

---

[147] I. GENTES, « Derecho a la propiedad ambiental y contribuciones al mejoramiento del manejo de los conflictos sobre recursos naturales en Chile », *Revista Problemas del Desarrollo*, 2003, vol. 34, n°132, p. 139.

[148] Article Chinchilla declara moratoria de minería a cielo abierto, du 8 mai 2010. Disponible en ligne sur : http://www.telemetro.com/inter/2010/05/08/nota51653.html (consulté le 1er mars 2011).

[149] Article Asamblea Legislativa inicia estudio de ley que prohíbe explotación minera, du 25 août 2010. Disponible en ligne sur : http://www.laprensagrafica.com/el-salvador/politica/138510-asamblea-legislativa-inicia-estudio-de-ley-que-prohibe-explotacion-minera.html (consulté le 1er mars 2011).

[150] ENVIRONMENTAL LAW ALLIANCE WORLDWIDE (ELAW), *Guide pour l'évaluation des EIE de projets miniers*, Eugene, Environmental Law Alliance Worldwide, 1ère édition, juillet 2010, p. 4. Disponible en ligne sur : http://www.elaw.org/files/mining-eia-guidebook/Full%20French%20Guidebook.pdf (consulté le 4 juin 2012).

Thèmes exclus

D'un point de vue géographique, et bien que certaines situations puissent sembler similaires, cette recherche ne portera pas sur les peuples autochtones d'Afrique et d'Asie. Elle ne traitera pas non plus des peuples autochtones des États-Unis et du Canada, même si la comparaison serait intéressante dans la mesure où leurs droits sont plus protégés[151].

La question assez spécifique des traités conclus entre États et peuples autochtones à l'époque de la colonisation, et de la personnalité juridique internationale qui pourrait leur avoir été attribuée par ce biais ne sera pas traitée[152]. En Amérique latine, ces traités sont peu nombreux et n'ont pas d'impact important sur le statut juridique des peuples autochtones[153].

Cette étude ne vise pas non plus à approfondir l'aspect historique de la conquête espagnole et portugaise, ou à examiner la légitimité de l'occupation et de l'acquisition des terres[154]. L'arbitrage ne sera pas non plus évoqué compte tenu du fait que l'État justifie rarement, sur le fondement de la protection des peuples autochtones, les mesures que contestent les

---

[151] Des conflits similaires existent dans les autres continents entre les entreprises et les peuples autochtones. Par exemple, voir pour l'industrie minière : CONSEIL INTERNATIONAL DES MINES ET DES METAUX (ICMM), *Mining and Indigenous Peoples Issues Review*, Londres, ICMM, 2005, pp. 20-25.

[152] Avant l'apparition du droit international contemporain, lorsque l'Amérique latine fut conquise, des traités ont été signés entre les peuples autochtones et les colons pour la cession de leurs terres. Avec l'apparition du droit positif, les peuples autochtones furent exclus en tant que sujet de droit international. J. ANAYA, Los pueblos indígenas en el derecho internacional, New York, Oxford University Press, 2004, pp. 38-47. Voir également : M. A. MARTINEZ COBO, *Étude sur les traités, accords et autres arrangements constructifs entre États et populations autochtones*, Rapport final, E/CN.4/Sub.2/1999/20, 22 juin 1999, 62 p.

[153] Voir également : N. ROULAND, S. PIERRE-CAPS et J. POUMAREDE, op. cit., p. 365 : « En Amérique du Sud, Espagnols et Portugais n'ont pas développé à l'égard des autochtones une politique de traités similaire, même si ceux-ci peuvent intervenir dans des cas relativement peu nombreux (paix de Quillan, signée au XVIIe avec les Mapuche). D'une part, comme on l'a vu, les autochtones d'Amérique du Sud sont lors de la conquête victimes d'un effondrement démographique. D'autre part, Espagnols et Portugais traitaient davantage avec la papauté qu'avec les autochtones pour le partage du Nouveau Monde ».

[154] Pour plus de détails sur les différentes théories sur la question de la souveraineté des peuples autochtones au XIXème siècle, voir : G. JEZE, *Étude théorique et pratique sur l'occupation : Comme mode d'acquérir les Territoires en Droit International*, Paris, V. GIARD et E. BRIERE, 1896, III-387 p., en particulier les pp. 71-74 et 86-174.

entreprises devant les tribunaux arbitraux, et que la question du droit applicable aux entreprises ne sera traitée que de manière indirecte[155].

Ce travail exclura également l'analyse de l'exploitation des ressources naturelles en période de conflit armé.

Intérêt de l'étude et annonce du plan

L'exploitation des ressources naturelles se trouvant sur ou sous les terres traditionnellement occupées par des peuples autochtones a été étudiée dans le cadre des Nations Unies sous différentes perspectives[156]. Un examen de cette thématique se justifie cependant à plusieurs égards.

Il se justifie tout d'abord par la persistance des violations des droits de l'Homme subies par les peuples autochtones, par la lente disparition des cultures ancestrales, le manque d'effectivité des mécanismes de protection

---

[155] Voir des développements hypothétiques des liens entre les investissements et les droits de l'Homme, L. LIBERTI, « Investissement et droits de l'Homme », in P. KAHN, T. WÄLDE (éd.), *New Aspects of International Investment Law*, Leiden, Nijhoff, 2007, pp. 806-852. Disponible en ligne sur : http://www.oecd.org/investment/globalforum/40306263.pdf (consulté 3 mai 2009).

[156] Un séminaire, organisé par la Sous-commission de promotion et de protection des droits de l'Homme, s'est tenu du 5 au 7 de décembre 2001 à Genève sur les peuples autochtones, les entreprises privées dédiées à l'exploitation des ressources naturelles, énergétiques et minérales et les droits de l'Homme. Voir le document E/CN.4/2003/90 du 21 janvier 2003. Un séminaire d'experts s'est tenu sur trois jours en janvier 2006 sur la souveraineté permanente des peuples autochtones sur les ressources naturelles et sur leur relation à la terre. Les sept experts qui étaient réunis se sont accordés sur le fait que les peuples autochtones ont le droit à la souveraineté permanente sur leurs terres et ressources naturelles, en particulier celles qu'ils occupent traditionnellement, car ce droit est indispensable à l'exercice du droit à l'autodétermination. Ce séminaire fait suite à l'étude menée par le Haut-Commissariat aux droits de l'Homme sur les peuples autochtones et leur relation à la terre de 2001. Voir : E.-I. A. DAES, *Les peuples autochtones et leur relation à la terre*, Rapport final du 11 juin 2001, E/CN.4/Sub.2/2001/21. Le 29 mars 2009, une conférence internationale sur les peuples autochtones et l'industrie extractive a été organisée dans le cadre de la septième session de l'Instance permanente sur les questions autochtones. Voir : E/C.19/2009/CRP.8 du 4 mai 2009 ; Instance Permanente sur les Questions Autochtones, Rapport sur les travaux de sa sixième session tenue du 14 au 25 mai 2007, Thème spécial : « Territoires, terres et ressources naturelles », New York, Conseil économique et social, supplément n°23, E/2007/43, E/C.19/2007/12 ; et www.tebtebba.org. Voir également les documents relatifs à cette conférence, disponibles en ligne sur : http://www.un.org/esa/socdev/unpfii/en/EGM_IPCR.html (consulté le 3 juillet 2009).

des droits des peuples autochtones, et par les conséquences néfastes sur l'environnement de l'exploitation des ressources naturelles. En effet, pratiquement toutes les exploitations actuelles des ressources se trouvant sur ou sous le territoire des peuples autochtones d'Amérique latine portent atteinte à leurs droits fondamentaux et à l'environnement. En outre, de nombreux indices laissent à penser que les effets négatifs de l'exploitation des ressources naturelles sur les peuples autochtones et sur l'environnement vont perdurer dans les années et même les décennies à venir, et que de nouveaux conflits vont éclore.

L'étude des conflits relatifs à l'exploitation des ressources naturelles et de leur impact sur les droits des peuples autochtones se justifie également par l'angle d'attaque retenu. En effet, la question des peuples autochtones est généralement traitée sous l'angle du droit des peuples à disposer d'eux-mêmes et du multiculturalisme. L'approche adoptée, qui consiste à se focaliser sur les droits des peuples autochtones, permet d'aborder les droits ou principes utiles à leur protection à partir de textes, puis de la pratique. Elle invite en outre à examiner la situation des peuples autochtones, non de manière isolée, mais dans leurs relations avec les États et les entreprises. Or, c'est cette relation triangulaire qui constitue le cœur du problème, qui complique l'analyse et qui doit être apaisée et harmonisée. Les conflits relatifs à l'exploitation des ressources naturelles proviennent généralement du fait que la relation triangulaire évoquée oppose l'État et les entreprises aux peuples autochtones, alors que l'État devrait être le garant d'une juste conciliation entre apport économique et bien-être social et environnemental. Le principal intérêt de notre étude est de montrer de quelle manière les juridictions nationales interprètent les droits issus des instruments internationaux et les difficultés rencontrées dans des cas d'espèce, et parallèlement de voir de quelle manière la Cour IDH se consacre elle aussi à la défense des droits des peuples autochtones dans le cadre de l'exploitation des ressources naturelles.

D'un point de vue doctrinal, cette étude a l'intérêt de réunir et de rapprocher des règles diverses quant à leur origine (internationale, régionale, nationale et indigène), leur domaine d'application (droits de l'Homme, santé, environnement, économie) et leur valeur (droit dur et droit mou), ainsi que de faire connaître des décisions juridictionnelles souvent peu connues ou peu accessibles.

C'est essentiellement sur la question de la terre et sur celle de la participation des peuples autochtones aux décisions concernant leur territoire que la relation triangulaire État-peuple autochtone-entreprise est déséquilibrée à la défaveur des peuples autochtones. L'examen des atteintes portées aux droits de ces derniers à la terre et à la participation (Partie I) montre que seul un rapprochement des gouvernements et des peuples autochtones rendrait possible le respect de ces droits à long terme. Un tel rapprochement pourrait passer par une réorganisation des pouvoirs sur le territoire de l'État, ou par des politiques nationales prenant en compte les droits et les intérêts des peuples autochtones et les enjeux environnementaux. À plus court terme, c'est cependant par la résolution juridictionnelle des conflits que ces droits peuvent être défendus, et qu'ils tendent de plus en plus à l'être (Partie II).

PARTIE I – LES PRINCIPAUX DROITS AUTOCHTONES EN CAUSE DANS L'EXPLOITATION DES RESSOURCES NATURELLES

Les conflits entre les peuples autochtones et les États sont récurrents depuis la colonisation. L'Amérique latine regorge d'exemples à ce sujet. On peut évoquer différentes exterminations qui ont eu lieu depuis cette époque et jusqu'à présent, avec la constitution du mouvement zapatiste au Mexique, la renaissance du mouvement indigène en Bolivie et ailleurs. Que ces conflits soient médiatisés ou non, connus sur la scène internationale ou simplement localement, qu'ils touchent des milliers d'individus ou une dizaine de familles autochtones, ils revêtent un aspect systématique et, dans la plupart des cas, l'État apparaît comme le principal complice des auteurs de violations à l'égard des peuples autochtones.

Depuis une vingtaine d'années toutefois, la question autochtone est progressivement médiatisée, et l'intérêt que lui porte la communauté internationale est grandissant. Certains textes internationaux, comme la Convention sur la biodiversité des Nations Unies de 1992 ou la Convention de protection et de promotion de la diversité des expressions culturelles de 2006, se contentent de la mentionner. D'autres, tels que la Convention n°169 de l'OIT de 1989 (précédemment la Convention n°107), ou la Déclaration des droits des peuples autochtones des Nations Unies de 2007, lui sont entièrement consacrés. Dans le cadre de la protection des droits de l'Homme, les différents organes des Nations Unies interpellent souvent les États quant au respect des droits des peuples autochtones, notamment des droits à l'autonomie, à la gestion des terres et des ressources, à l'accès à la justice, au développement, au respect des cultures et de la diversité. En outre, la Commission des droits de l'Homme des Nations Unies a désigné en 2001 un Rapporteur spécial sur la situation des droits de l'Homme et des libertés fondamentales des populations autochtones. Le mandat, renouvelé deux fois, a été maintenu par le Conseil des droits de l'Homme lors de la réforme en 2007. Le Rapporteur présente un rapport annuel dans lequel il émet des recommandations. Il en assure le suivi et rend des rapports de situation générale ou thématique. Il effectue aussi des visites de terrain en réponse à des informations reçues faisant état de violations des droits des peuples autochtones. Pendant la durée des mandats de Rodolfo Stavenhagen, onze pays ont été visités dont six en Amérique Latine : le Guatemala (2001), le Mexique (2003), le Chili (2003), la Colombie (2004), l'Équateur (2006), la Bolivie (2007). Depuis 2008, James Anaya assure cette fonction. En 2013, il a transmis au Conseil des droits de l'Homme un rapport portant sur les industries extractives et les peuples autochtones[157].

Depuis leur accès aux *fora* internationaux, les peuples autochtones ont émis des réclamations sur des thèmes identitaires et culturels, en se fondant sur des textes universaux et généraux tels que la Déclaration universelle des droits de l'Homme, la Convention pour la prévention et la répression du crime de génocide, et sur les principaux traités internationaux de protection des droits de l'Homme[158]. Mais les revendications identitaires et culturelles laissent aujourd'hui place à d'autres revendications portant sur l'exigence du respect de leurs droits économiques et sociaux[159].

En outre, les peuples autochtones sont désormais présents et visibles dans les *fora* internationaux, en tant que membres de groupes de travail ou en tant qu'observateurs. Ils préparent ainsi des rapports sur leurs situations, diffusent des informations aux différents organes des droits de l'Homme des Nations Unies ou du système interaméricain, et deviennent une force de propositions considérable pour l'amélioration de leurs conditions. Selon Gabriel Muyuy, l'émergence des peuples autochtones comme nouvel acteur s'explique notamment par un ensemble de circonstances favorables, telles que la résistance indigène, la postmodernité qui remet en cause l'ethnocentrisme et l'eurocentrisme, l'internationalisation de l'économie suivie de l'internationalisation des relations de l'État, les normes de droit international qui assurent une protection envers ces groupes, et les mouvements sociaux, notamment en matière environnementale[160].

De leur côté, les États d'Amérique latine prennent peu à peu conscience de leurs obligations. Leur perception des conflits auxquels les peuples autochtones sont parties a évolué, de sorte que leurs politiques en la matière

---

157 Rapport de l'Assemblée générale, A/HRC/24/41 du 1er juillet 2013.

158 Les principaux traités internationaux relatifs aux droits de l'Homme sont le Pacte international de droits civils et politiques, le Pacte des droits économiques, sociaux et culturels, la Convention sur l'élimination de toutes formes de discrimination raciale, la Convention sur les droits de la femme, sur les droits de l'enfant, sur les travailleurs migrants, sur la torture, et la Convention relative aux droits des personnes handicapées.

159 En témoigne par exemple, l'Instance permanente sur les questions autochtones, qui est d'ailleurs créée le 28 juillet 2000, par une résolution 2000/22 du Conseil économique et social de l'ONU dont le mandat est de « discuter des questions autochtones sur le développement économique et social, l'environnement, la culture, l'éducation, la santé et les droits de l'Homme ».

160 G. MUYUY JACANAMEJOY, op. cit., pp. 265-269.

ont également changé : après avoir considéré les autochtones comme des êtres inférieurs et appliqué des politiques discriminatoires, puis avoir mis en œuvre des politiques assimilationnistes, voire paternalistes, les États tentent aujourd'hui de réparer les injustices historiques, et de restaurer leur image ternie par les condamnations répétées prononcées par les organes de protection des droits de l'Homme des Nations Unies. Plusieurs d'entre eux ont également procédé à des réformes constitutionnelles incorporant des dispositions qui reconnaissent leur caractère plurinational ou pluriethnique.

Qu'on examine la question de l'impact de l'exploitation des ressources naturelles sur les peuples autochtones sous l'angle des revendications autochtones, ou sous celui de leur prise en compte par les organes onusiens ou par les États, deux types de problème reviennent systématiquement : celui de la terre (Titre I), et celui de la consultation ou de la participation des peuples autochtones aux décisions qui les concernent (Titre II).

TITRE I – LA QUESTION DE LA TERRE

L'Amérique latine a été colonisée au XVème siècle par les Espagnols et les Portugais[161] qui ont participé à la destruction de grandes civilisations présentes sur ces terres depuis des millénaires. L'histoire qui lie l'État aux peuples autochtones est fondamentale pour comprendre les relations conflictuelles qu'ils entretiennent aujourd'hui et les nombreuses difficultés que soulève la question de la terre[162]. Francisco de Vitoria, théologien du XVème siècle, a été l'un des premiers à considérer que les colons espagnols avaient commis des abus sur le continent américain et à l'encontre des peuples autochtones, autorités légitimes sur leurs terres. Il affirme qu'« en admettant que ces barbares[163] soient aussi stupides et obtus qu'on le dit, on ne doit pas pour autant leur refuser un pouvoir véritable et il ne faut pas les compter au nombre des esclaves légitimes »[164]. Il distingue les titres illégitimes et légitimes de la domination espagnole sur les Indiens. Parmi ces titres illégitimes, Francisco de Vitoria en relève plusieurs : le pouvoir universel de l'empereur, le pouvoir universel du pape, le droit de découverte, le refus de la foi chrétienne, les vices des Indiens, le libre choix, et un don spécial de dieu. Ces titres, et en particulier celui de la découverte ou de l'occupation[165], ne sont pas suffisants pour rendre légitime l'appropriation des terres et la soumission des Indiens parce que ces derniers jouissent d'un « pouvoir véritable » sur leurs terres.

C'est pourtant sur la base du titre de l'occupation d'une *terra nullius* que ces terres seront appropriées.

> « L'expression *terra nullius* était un terme de technique juridique employé à propos de l'occupation en tant que l'un des modes juridiques reconnus d'acquisition de la souveraineté sur un territoire.
>
> L'occupation étant en droit un moyen originaire d'acquérir pacifiquement la souveraineté sur un territoire, autrement que

---

[161] Le processus de la conquête jusqu'à la proclamation de l'indépendance est décrit par J. A. BARBERIS, « Les règles spécifiques du droit international en Amérique latine », *R.C.A.D.I.*, 1992, vol. 235, pp. 130-156.

[162] G. FLORIS MARGADANT S., op. cit., pp. 175-182.

[163] Ici les indiens.

[164] F. de VITORIA, *Leçons sur les indiens et sur le droit à la guerre*, Genève, Librairie Droz, 1966, p. 33, par. 101.

[165] Ibid., p. 59, par. 159-161.

par voie de cession ou de succession, l'une des conditions essentielles d'une occupation valable était que le territoire considéré fût une *terra nullius* - un territoire sans maître - au moment de l'acte qui était censé constituer l'occupation (...).

Quelles qu'aient pu être les divergences d'opinions entre les juristes, il ressort de la pratique étatique de la période considérée que les territoires habités par des tribus ou des peuples ayant une organisation sociale et politique n'étaient pas considérés comme *terra nullius.* On estimait plutôt en général que la souveraineté à leur égard ne pouvait s'acquérir unilatéralement par l'occupation de la *terra nullius* en tant que titre originaire, mais au moyen d'accords conclus avec des chefs locaux. Il est vrai que le terme occupation était parfois employé dans un sens non technique, comme désignant simplement l'acquisition de la souveraineté ; cela ne signifiait cependant pas que l'acquisition de la souveraineté par voie d'accords conclus avec les autorités du pays était considérée comme l'occupation d'une *terra nullius* au sens propre de ces termes. Au contraire, on voyait dans ces accords avec les chefs locaux, interprétés ou non comme opérant une cession effective du territoire, un mode d'acquisition dérivé et non pas des titres originaires acquis par l'occupation d'une *terra nullius* »[166].

Selon l'avis consultatif de la Cour internationale de Justice (CIJ) comme chez Francisco de Vitoria, des terres ne peuvent être considérées comme *terra nullius* lorsqu'une organisation sociale et politique s'y déploie. Une incohérence mine par conséquent la position des colons, qui tantôt revendiquent les terres sur le fondement du principe de *terra nullius*, tantôt concluent des traités avec les peuples autochtones, indiquant par là qu'ils sont socialement et politiquement organisés.

Dans les faits, les Espagnols se sont imposés comme nouveau souverain sur les terres d'un grand nombre de peuples latino-américains. Bien que les indépendances aient été proclamées au XVIIIème siècle, les peuples autochtones ne sont pas parvenus à se voir restituer les terres qui leur appartenaient avant la colonisation. Généralement, les métisses au pouvoir ont refusé de rendre leurs terres aux peuples autochtones, au motif qu'ils

---

[166] C.I.J., Sahara occidental, avis consultatif du 16 octobre 1975, Rec. 1975, p. 39, par. 79-80.

empêchaient le progrès et le développement du pays[167]. Il en est résulté une forte marginalisation des peuples autochtones. Plus généralement, Jérémie Gilbert souligne que les dépossessions des terres datant de la colonisation continuent à avoir des conséquences sur les droits des peuples autochtones en tant que « manifestation continue »[168].

Ainsi que l'indique le rapport annuel d'Amnesty International de 2010, dans la majorité des pays d'Amérique latine, les droits des peuples autochtones ont été bafoués et « [d]ans l'ensemble de la région, des autochtones ont été évincés de leurs terres »[169]. Dans le même sens, dans la Déclaration des Nations Unies sur les droits des peuples autochtones, l'Assemblée générale des Nations Unies s'estime « *[p]réoccupée* par le fait que les peuples autochtones ont subi des injustices historiques à cause, entre autres, de la colonisation et de la dépossession de leurs terres, territoires et ressources, ce qui les a empêchés d'exercer, notamment, leur droit au développement conformément à leurs propres besoins et intérêts »[170]. C'est dans ce contexte de prise de conscience de la fragilité et de la disparition progressive des autochtones, et de la consécration des droits de l'Homme, que l'importance du droit à la terre ou du droit de propriété des peuples autochtones est constamment rappelée. La Déclaration confère en particulier une sorte de légitimité aux revendications des peuples autochtones, elle rééquilibre une relation à la terre biaisée par des injustices passées, et proclame la valeur particulière de la terre pour les peuples autochtones (Chapitre I).

Mais si cette Déclaration a vocation à garantir aux peuples autochtones un accès à la terre, la gestion et la jouissance des ressources naturelles qui s'y trouvent, leurs droits restent constamment violés. La gestion de leurs ressources se heurte à la volonté de l'État d'en disposer librement. Afin de s'y opposer, les peuples autochtones invoquent le droit à l'autodétermination et proposent une lecture nouvelle de ce droit, en réclamant une autonomie qui n'implique pas la sécession. Certains auteurs, comme Vine Deloria Jr.,

---

[167] F. LOPEZ BARCENAS, « Territorios, tierras y recursos naturales de los pueblos indígenas en México », in J. A. GONZALEZ GALVAN, *Constitución y derechos indígenas*, México, UNAM, 2002, pp. 121-143.

[168] J. GILBERT, « Historical Indigenous Peoples' Land Claims: a Comparative and International Approach to the Common Law Doctrine on Indigenous Title », *International and Comparative Law Quarterly*, 2007, vol. 56, p. 593.

[169] *Rapport annuel des droits de l'Homme d'Amnesty International 2010*, p. XLVII.

[170] Voir le préambule de la « Déclaration des Nations Unies sur les droits des peuples autochtones », Résolution 61-295 adoptée par l'Assemblée Générale des Nations Unies le 13 septembre 2007, A-RES-61-295.

affirment qu'il existe une souveraineté autochtone, tout comme certaines juridictions des États-Unis ont utilisé le terme de souveraineté tribale, les tribus étant alors appelées « Nations »[171]. Une telle idée de la souveraineté, au profit des peuples autochtones ne peut cependant pas être mise sur le même plan que la souveraineté des États[172]. Elle signifie simplement le droit de ces peuples à être régis par leurs propres lois, et de bénéficier d'une autonomie à l'intérieur de l'État. En ce sens, c'est toujours à l'État de déterminer les contours de la propriété de ses citoyens, mais il doit le faire en tenant compte de l'autonomie de certains groupes. Or, pour des raisons de corruption des autorités publiques, ou d'imprécision ou de non-application des règles, les systèmes fonciers latino-américains aboutissent fréquemment au non-respect des droits à la terre des populations autochtones. En outre, la conception occidentale du droit de propriété ne suffit pas à garantir le respect du droit à la terre des peuples autochtones. Des espaces protégés doivent par conséquent être créés pour garantir la survie de ces peuples (Chapitre II).

---

[171] S. WIESSNER, « Indigenous Sovereignty… », op. cit., p. 1145.
[172] Ibid., p. 1167.

CHAPITRE I – LA TERRE ET L'ACCÈS AUX RESSOURCES NATURELLES

La référence à la terre est omniprésente dans les revendications des peuples autochtones et la Déclaration des Nations Unies sur les peuples autochtones y consacre plusieurs dispositions[173]. Toutefois, plusieurs termes sont employés pour définir les droits qui en découlent : doit-on parler de droit de propriété, de droits ancestraux, de droits territoriaux, de droit à la terre ou de droits fonciers ? La confusion qui existe dans l'utilisation de ces différents termes peut avoir des conséquences dans la protection accordée par l'État, en particulier si celui-ci ne se préoccupe pas de protéger les droits, l'identité culturelle et le mode de vie des peuples autochtones.

Il est nécessaire de distinguer plusieurs notions.

La notion de *territoire*, tout d'abord, renvoie à l'étendue dont un groupe ou une personne se réserve l'usage[174] tandis que la territorialité est le caractère juridique tenant au territoire lui-même[175]. L'emploi du terme de territoire renvoie aussi à l'un des éléments de l'État, et ne peut être utilisé sans remettre en cause l'unité de celui-ci. Les termes de terres et de territoires sont souvent employés comme synonymes. Toutefois, ces notions doivent être distinguées pour ne pas créer de confusion : le territoire renvoie à l'un des objets de la souveraineté, tandis que la terre représente l'espace de vie où se déroulent les activités (alimentaires, spirituelles, culturelles) des peuples autochtones.

La notion de *propriété* est beaucoup plus limitée. Elle est fréquemment employée par les États afin de justifier la violation des terres autochtones. Les systèmes juridiques ne reconnaissant pas, dans la plupart des cas, la propriété collective autochtone, il devient facile pour l'État d'imposer des projets touchant à des terres dont les habitants ne disposent généralement pas de preuve du titre de propriété. La difficulté est ainsi que le droit de propriété est une notion occidentale, qui accorde une grande importance à la preuve d'un titre que, bien souvent, les peuples autochtones sont incapables d'avancer. En outre, la propriété ne prend pas en compte, par exemple, la gestion des ressources naturelles.

---

173 J. GILBERT, « Indigenous Rights… », op.cit, p. 224.

174 Définition tirée du Dictionnaire Larousse en ligne sur : http://www.larousse.fr/dictionnaires/francais/territoire/77470 (consulté le 13 janvier 2011).

175 Définition tirée du Dictionnaire Reverso en ligne sur : http://dictionnaire.reverso.net/francais-definition/territorialit%C3%A9 (consulté le 13 janvier 2011).

À l'inverse, le *foncier* est « [c]onsidéré comme l'ensemble des relations entre les individus et la terre (et les ressources naturelles renouvelables que celle-ci supporte), qualifiant un domaine de droit spécifique, celui de la terre et des ressources naturelles »[176].

De même, dans le cadre d'un sondage réalisé pour comprendre le contenu des droits *ancestraux*, Andrée Lajoie explique, sur la base des réponses obtenues, qu'onze peuples autochtones[177] installés au Québec considèrent qu'ils se composent de droits territoriaux, politiques, culturels et économiques. Les droits territoriaux incluent alors le contrôle du territoire, le droit d'accès et d'habitation du territoire, l'accès et la gestion des ressources naturelles, la non-ingérence de l'État sur ces ressources, la liberté de circuler, la pratique de leurs traditions et cultes, la transmission aux générations futures, et la possession.

L'usage de ces termes (terres, territoires, droits ancestraux, droits territoriaux) peut varier selon les pays, ils n'ont pas toujours la même signification. Les auteurs canadiens utilisent par exemple le plus souvent le terme de droits *territoriaux*, intimement lié à un mode de gouvernance et à un ordre juridique autochtone[178].

Enfin, le droit à la *terre* a été implicitement consacré dans l'article 16 de la Convention n°169 de l'OIT et est le terme le plus employé par les peuples autochtones eux-mêmes. C'est cette notion juridique particulière, distincte du droit de propriété et de la souveraineté sur les ressources naturelles (Section II), qui paraît le mieux répondre aux exigences d'une consécration adéquate de la relation particulière entretenue par les peuples autochtones avec leurs terres (Section I). Le respect de ce droit paraît en outre indispensable à la réalisation d'autres droits de l'Homme dont sont titulaires les membres des peuples autochtones (Section III).

---

176 A. ROCHEGUDE, « Le 'Droit d'agir', une proposition pour la 'bonne gouvernance foncière' », *Cahiers d'anthropologie du droit, Droit, gouvernance et développement durable*, Paris, L.A.J.P. et Karthala, 2005, p. 59. Disponible en ligne sur : http://www.foncier-developpement.fr/publication/le-droit-dagir-une-proposition- pour- la-bonne-gouvernance-fonciere/ (consulté le 8 mai 2015).

177 Deux des peuples, le peuple Inuit et la nation Crie, ont signé des traités avec les autorités canadiennes. Ces peuples sont dits conventionnés. La famille ethnoculturelle des Algonquiens (Abénakis, Algonkins, Atikamekw, Innus, Malécites, Micmacs, Naskapis) et Iroquois (Hurons-Wendat, Mohawks) est également présente au Québec.

178 J. LECLAIR, G. OTIS, « Nouvelles perspectives de gouvernance politiques : Éléments de synthèse », in A. LAJOIE (dir.), *Gouvernance autochtone : aspects juridiques, économiques et sociaux*, Montréal, Thémis DL, 2008, p. 14.

SECTION I – LES EXIGENCES D'UNE PROTECTION ADÉQUATE DE LA RELATION PARTICULIÈRE DES AUTOCHTONES À LEURS TERRES

Aujourd'hui, les terres occupées de manière ancestrale par les peuples autochtones ont généralement trouvé un nouveau propriétaire, ou sont convoitées par les entreprises ou les États pour l'exploitation des ressources naturelles. Toutefois, et malgré le temps écoulé depuis la conquête de ces terres et l'indépendance des États latino-américains, le souhait des peuples autochtones d'y vivre conformément à leurs traditions n'a pas faibli. Mais une forme occidentale de propriété ne suffirait pas à traduire leurs aspirations. En effet, la relation particulière qu'ils entretiennent avec leurs terres (§ 1) exige une protection spéciale (§ 2).

§ 1. La relation particulière des peuples autochtones avec leurs terres

Ainsi que tous les instruments et documents internationaux relatifs aux peuples autochtones le soulignent, les peuples autochtones éprouvent un attachement spécifique à la terre en raison de leurs croyances, leur culture et leur mode de vie (A), et sont plus particulièrement liés aux terres qu'ils occupent historiquement (B).

A. L'attachement des peuples autochtones à la terre

D'après la définition généralement acceptée du Rapporteur spécial de la Sous-commission des Nations Unies sur la lutte contre les mesures discriminatoires et de la protection des minorités, José R. Martinez Cobo, les peuples autochtones entretiennent un lien étroit avec le territoire, et maintiennent ainsi une continuité historique avec les sociétés précoloniales. Comme plusieurs géographes et ethnologues l'ont souligné, le territoire est un composant structurant l'identité de ces peuples. La terre est « source d'identité »[179] et se transmet aux générations futures[180] « pour assurer leur pérennité en tant que peuple »[181]. C'est pourquoi, c'est en tant qu'il est

[179] F. LOPEZ BARCENAS, op. cit., p. 126.

[180] M. HOLLEY, « Recognizing the rights of indigenous people to their traditional lands: a case study of an internally displaced community in Guatemala », *Berkeley Journal of International Law*, 1997, vol. 15, p. 127.

[181] Rapport du comité chargé d'examiner la réclamation alléguant l'inexécution par le Guatemala de la convention (n°169) relative aux peuples indigènes et tribaux,

indispensable à l'exercice du droit à l'intégrité culturelle que le droit à la terre (*derecho a la tierra*) est le plus souvent invoqué par les peuples autochtones.

La relation qui lie les peuples autochtones à leurs terres est qualifiée d' « originale » ou d'étroite, et « le lien territorial [est un] élément essentiel de leur définition »[182]. En d'autres termes, il est facile de conclure que le dénominateur commun constaté, à travers l'étude de l'ensemble des communautés autochtones, est ce lien particulier à la terre. Il est la « base d'une cosmovision où ils exercent des pratiques socioculturelles ».

L'article 13 de la Convention n°169 de l'OIT relative aux peuples indigènes et tribaux insiste sur cet aspect en énonçant que « les gouvernements doivent respecter l'importance spéciale que revêt pour la culture et les valeurs spirituelles des peuples intéressés la relation qu'ils entretiennent avec les terres ou territoires, ou avec les deux, selon le cas, qu'ils occupent ou utilisent d'une autre manière, et en particulier des aspects collectifs de cette relation »[183]. Dans le préambule de la Déclaration des Nations Unies sur les droits des peuples autochtones, il est également affirmé que l'Assemblée générale est « [c]*onsciente* de la nécessité urgente de respecter et de promouvoir les droits intrinsèques des peuples autochtones, qui découlent (...) en particulier leurs droits à leurs terres, territoires et ressources »[184]. Le territoire en tant qu'espace de vie est ainsi intimement lié à leurs croyances spirituelles. Les peuples autochtones détiennent une compréhension du monde qui leur est propre, en particulier avec la terre, les territoires et les ressources naturelles, et s'attachent à vivre en harmonie avec la nature. La Déclaration sur les droits des peuples autochtones reprend les termes de la Convention n°169 de l'OIT en indiquant que l'État doit respecter le lien spirituel qui relie les peuples autochtones à leurs terres[185].

---

présentée par la Fédération des travailleurs des campagnes et des villes (FTCC), n°162007GTM169, Genève, le 4 juin 2007, par. 16.

[182] N. ROULAND, S. PIERRE-CAPS et J. POUMAREDE, op. cit., p. 470.

[183] Voir l'article 13 de la Convention n°169 de l'OIT.
Disponible sur http://www.ilo.org/ilolex/french/convdisp1.htm (consulté le 12 février 2011).

[184] Voir le préambule de la Déclaration des Nations Unies sur les droits des peuples autochtones.

[185] M. J. MEDINA ESCALANTE, « La Declaración Universal sobre los Derechos de los Pueblos Indígenas y la Autonomía », in *Etnicidad y derecho; un dialogo postergado entre los científicos sociales*, México, UNAM, 1996, pp. 255-263.

« [L]a terre est » en outre un « élément fondamental de leur survie »[186]. Leur relation est donc interdépendante puisque la terre a également besoin des soins que lui apportent les peuples autochtones, avec leurs connaissances millénaires de la nature et de ses bienfaits. Ils ne cultivent et ne cueillent que le nécessaire à leurs besoins pour vivre, et ne cherchent pas à commercialiser la terre, et veille à ne pas l'endommager. Ils ont une connaissance approfondie des plantes médicinales et de la nature et savent assurer une gestion adaptée de l'environnement. Dans certaines communautés, des rites qui consistent à demander à la Terre-mère l'autorisation de couper un arbre ou d'une plante sont pratiqués[187]. « *Experts note that the right to lands, territories and permanent sovereignty over natural resources encompasses cultural, spiritual, political, economic, environmental and social elements which are essential for the existence and survival of indigenous peoples and require recognition of indigenous peoples' own understandings of their traditional relationship to their lands, territories and natural resources, and their own definitions of development* »[188].

Cet attachement particulier à la terre est reconnu par la Banque mondiale dans sa politique opérationnelle relative aux populations autochtones. En effet, elle utilise le terme d'« ancrage collectif » pour désigner « une présence physique et des liens économiques avec des terres et des territoires qui sont la propriété traditionnelle du groupe concerné, ou dont l'utilisation ou l'occupation par ledit groupe est consacré par la coutume depuis des générations, y compris les zones ayant une signification spéciale, comme les sites sacrés. Ce terme désigne également la valeur attachée par des groupes de transhumants ou de nomades aux territoires qu'ils utilisent de façon saisonnière ou cyclique ».

L'attachement particulier des peuples autochtones à leurs terres implique que leur déracinement provoque des modifications et des bouleversements dans leurs modes de vie et peut engendrer une perte d'identité. D'où l'importance d'obtenir le consentement préalable[189] pour tout projet de déplacement de peuples autochtones. Si la terre n'était pas aussi importante, les trois principaux instruments n'évoqueraient pas l'obligation pour l'État

---

186 Rapport du comité chargé d'examiner la réclamation alléguant l'inexécution par la Colombie de la convention (n°169) relative aux peuples indigènes et tribaux, 1989, présentée par la Centrale unitaire des travailleurs (CUT), n°161999COL169A, Genève, le 14 novembre 2001, par. 30.

187 C'est le cas des Mayas au Guatemala.

188 Recommandations et conclusions du rapport dans le cadre du séminaire d'experts sur la souveraineté permanente des peuples autochtones sur les ressources naturelles et sur leur relation à la terre, 25-27 janvier 2006.

189 Voir infra Partie I, Titre II, Chapitre I, Section II, par 2.

d'obtenir leur consentement pour tout projet ayant pour conséquences l'éloignement de leurs terres d'origine.

Même si ses racines sont essentiellement spirituelles et culturelles[190], l'attachement des peoples autochtones à leur terre est d'autant plus fort qu'il s'inscrit dans le processus historique que ces peuples ont connu : « *the connection to land is the product of long histories of struggle – in all their spiritual and material aspects – that are part and parcel of colonial and postcolonial confrontations over governance. The belief that land is in indigenous blood or is part of an indigenous essence makes this history of struggle invisible and erases the impact of indigenous historical agency on the processes of the present* »[191].

B. L'occupation historique et traditionnelle des terres

La Convention n°169 de l'OIT, dans son article 14, rappelle que les gouvernements doivent respecter la relation spéciale des peuples autochtones à leurs terres et prévoit que « [l]es droits de propriété et de possession sur les terres qu'ils occupent traditionnellement doivent être reconnus aux peuples intéressés ». Ces terres comprennent également l'espace sur lequel ils chassent ou pratiquent leurs croyances. C'est ainsi que le comité chargé d'examiner les réclamations sur les dispositions de la Convention n°169 l'interprète puisqu'il énonce que les peuples autochtones doivent avoir accès aux terres pour leurs activités traditionnelles et de subsistance[192]. Par conséquent, les caractéristiques de leurs droits relatifs à la terre comprennent la possession, l'accès et le contrôle des terres et de ses ressources[193].

La prise en compte de leurs systèmes juridiques est par conséquent importante au regard de la gestion de leurs terres. Dans cette Convention, le

---

[190] E. DANNENMAIER, « Beyond Indigenous Property Rights : Exploring the Emergence of a Distinctive Connection Doctrine », *Washington University Law Review*, 2008, vol. 86, p. 86 : « The vast majority of statements collected – over ninety percent – refer to a value than can be characterized as 'spiritual'. They refer to the spiritual valueof some geographic features (such as a mountain, lake, or stream) and spiritual value of a specific species (such as a type of tree, bird, or fish) ».

[191] S. SAWYER, E. T. GOMEZ, op. cit., p. 13.

[192] Rapport du comité chargé d'examiner la réclamation alléguant que le Brésil n'a pas respecté les dispositions de la convention (n°169) relative aux peuples indigènes et tribaux, présentée par le Syndicat des ingénieurs du District fédéral (SENGE/DF), n°162006BRA169, Genève, le 17 mars, 2009, par. 82.

[193] R. ORELLANA HALKYER, « Escenarios Locales de Resolución de Conflictos : Derecho Consuetudinario y Recursos Naturales en el Perú », *América Indígena*, 1998, vol. 58, n°1-2, pp. 225-226.

terme *territoires* a été remplacé par celui de *terres* initialement employé dans la Convention n°107. Il est cependant reconnu à l'article 13, alinéa 2, que le terme de terres englobe celui de territoires[194]. La notion de territoires que souhaitaient maintenir les représentants d'organisations indigènes se référait à la possession collective d'une terre, une notion ayant donc un caractère géographique avec toutes ses composantes (ressources naturelles, sol, sous-sol, etc.)[195]. Alors que l'État reste souverain sur les ressources naturelles du sous-sol, les autochtones sont, quant à eux, propriétaires uniquement du sol, c'est l'affirmation sous-tendue par les dispositions de l'article 15. Cette dernière n'est pas surprenante au regard de la volonté unanime des États à ne pas renoncer à leur droit d'exploiter les ressources de leur territoire en cédant des droits importants aux peuples autochtones.

L'article 26 de la Déclaration des Nations Unies sur les droits des peuples autochtones l'énonce de la même manière « [l]es peuples autochtones ont le droit aux terres, territoires et ressources qu'ils possèdent et occupent traditionnellement ou qu'ils ont utilisés ou acquis. Les peuples autochtones ont le droit de posséder, d'utiliser, de mettre en valeur et de contrôler les terres, territoires et ressources qu'ils possèdent parce qu'ils leur appartiennent ou qu'ils les occupent ou les utilisent traditionnellement, ainsi que ceux qu'ils ont acquis. Les États accordent reconnaissance et protection juridiques à ces terres, territoires et ressources. Cette reconnaissance se fait en respectant dûment les coutumes, traditions et régimes fonciers des peuples autochtones concernés ». Lors de l'adoption de la Déclaration, les représentants de la Colombie et du Mexique[196] ont souhaité donner leur interprétation de cet article en précisant que les ressources du sous-sol appartenaient à l'État.

Le projet de Déclaration interaméricaine des droits des populations indigènes a repris presque intégralement l'article 14 de la Déclaration des Nations Unies en remplaçant le terme *traditionnellement* par *historiquement occupés*. « Ces droits comprennent le droit à l'utilisation, l'administration et la conservation desdites ressources ». En effet, « [l]es populations indigènes auront le droit de conserver, rétablir et protéger leur environnement, ainsi que la capacité de production de leurs terres, territoires et ressources ».

La perception des peuples autochtones est relativement proche de la théorie de John Locke selon laquelle la propriété est un droit naturel qui appartient à l'individu qui la travaille. Elle est proche dans le sens où la

---

194 J. R. LARA OROZCO, « Comentarios sobre el Convenio 169 de la Organización Internacional del Trabajo », *Revista de los Tribunales Agrarios*, 2001, n°27, p. 67.

195 J. R. HERNANDEZ PULIDO, « El convenio número 169 », op. cit., p. 167.

196 Voir : Assemblée générale, le PV du vote sur la Déclaration sur les droits des peuples autochtones, 61ème session, 13 septembre 2007, A/61/PV.107, pp. 18-19, 25.

propriété s'établie en fonction de la possession et ne repose pas simplement sur le titre. Le caractère fondamental du droit de propriété résulte de sa qualification comme droit naturel, ce qui implique un régime particulier et des garanties supérieures. En droit romain, ou comme l'a repris Pierre-Joseph Proudhon, la propriété appartient à celui qui l'exploite. La détermination du détenteur des droits fonciers est difficile lorsque les peuples autochtones se voient opposer des titres de propriété. Leurs droits fonciers reposent sur une forme de titre historique basé sur l'occupation historique et traditionnelle de la terre tandis que la conception occidentale détermine le détenteur en vertu d'un titre légitime tel qu'un document d'achat de propriété par exemple. De plus, le fait de mentionner qu'il s'agit de terres traditionnellement occupées implique l'occupation, même antérieure aux réformes agraires, et peut-être, par conséquent, différente d'une titularisation effectuée par l'État[197]. La vision autochtone ne repose donc pas sur un titre de propriété, la propriété y est définie comme visant une terre traditionnellement occupée ou possédée par un groupe autochtone ayant un lien historique avec elle. En l'absence de preuve de possession de la terre par un titre légitime reconnu par l'État, les autochtones justifient leur requête sur le fondement de l'injustice historique et du caractère illégitime de la conquête de leurs territoires. « *[T]he expression, traditional land, is an easy-shorthand way to describe the status of land (not state or private land) that has its origins in pre-colonial indigenous customary laws yet has not received formal recognition from the state. The definition covers lands in many parts of the globe and in recent years states have adopted measures to address indigenous peoples' claims to these lands* »[198]. Ce droit à la terre se distingue du droit de propriété en ce qu'il ne repose pas sur un titre mais sur une occupation, elle n'en est pas une exception mais la règle. En effet, « des mesures doivent être prises dans les cas appropriés pour sauvegarder le droit des peuples intéressés d'utiliser les terres non exclusivement occupées par eux, mais auxquelles ils ont traditionnellement accès pour leurs activités traditionnelles et de subsistance »[199].

---

[197] C. H. DURAND ALCANTARA, « Critica del Convenio 169 », op. cit., pp. 30-32.

[198] Rapport dans le cadre du séminaire d'experts sur la souveraineté permanente des peuples autochtones sur les ressources naturelles et sur leur relation à la terre, A. ERUETI, Indigenous peoples' ownership, use and responsability for lands and resources, 25-27 janvier 2006, HR/GENEVA/IP/SEM/2006/BP.4, p. 2.

[199] G. FILOCHE, « Droit international et droits territoriaux des peuples autochtones : un terrain mouvant », in A.-S. LAMBLIN-GOURDIN, E. MONDIELLI (dir.), in *Études en l'honneur d'Alain Fenet, Un droit pour les hommes libres*, Paris, Litec, 2008, p. 76.

Ce droit revêt également des attributs spécifiques qui le distinguent du droit de propriété.

§ 2. Les attributs propres au droit à la terre

Le droit à la terre des peuples autochtones revêt une dimension collective. Cependant contrairement aux minorités, les peuples autochtones ont rarement des droits collectifs reconnus. Ce type de droits très contesté trouve une manifestation dans la propriété collective établie par plusieurs pays d'Amérique latine (A). Les terres habitées par les communautés autochtones sont alors considérées comme insaisissables et inaliénables, et leurs droits sur elles imprescriptibles (B).

A. Le caractère collectif du droit à la terre

L'organisation sociale et politique moderne, d'origine occidentale, tend à faire une grande place à l'État et à l'individu, en réduisant celle des groupements collectifs infra-étatiques. Elle rend ainsi problématique la reconnaissance de droits collectifs, notamment aux peuples autochtones. Pour décrire cette situation, Thomas Berns cite Le Chapelier qui estime qu'

> « il n'y a plus de corporation dans l'État ; il n'y a plus que l'intérêt particulier de chaque individu et l'intérêt général. Il n'est permis à personne d'inspirer aux citoyens un intérêt intermédiaire, de les séparer de la chose publique par un esprit de corporation ».

Thomas Berns continue :

> « État et individus sont deux sujets de droits reconnus et aucune place n'est reconnue à une catégorie intermédiaire qui désigne les intérêts d'une communauté »[200].

La reconnaissance du caractère collectif des droits à la terre des peuples autochtones est particulièrement difficile puisque la notion même de droits

---

[200] T. BERNS, « Typologie des droits de l'Homme et spécificité collective: une approche philosophique », in E. BRIBOSIA, L. HENNEBEL, *Classer les droits de l'Homme*, Bruxelles, Bruylant, 2004, p. 223.

collectifs est ambigüe[201], peu employée et mal définie. « Certains qualifient de « collectifs » des droits dont le titulaire est un individu mais dont l'exercice est collectif (...) comme le droit d'association ou la liberté syndicale. D'autres définissent comme collectifs les droits protégeant un intérêt collectif, tel que l'environnement. Une troisième définition prend pour critère le titulaire des droits : sont collectifs, dans cette optique, les droits dont le titulaire est une collectivité »[202]. Dans cette troisième hypothèse, on entend par droits collectifs les droits exercés de manière collective par les membres d'une communauté.

Cette position n'est pas celle suivie par Geneviève Koubi qui soutient que la catégorie des droits collectifs doit être écartée car elle engendrerait la confusion entre le droit des minorités et *les* droits des minorités : « [l]es questions que soulève la détermination de groupes « titulaires de droits » exigeraient que soient reconstituées la logique et la dynamique révolutionnaire inhérente à la notion de droits de l'Homme »[203].

Il est largement reconnu que les droits de l'Homme sont exercés de manière individuelle, et il y a donc souvent opposition entre les droits collectifs revendiqués par les peuples autochtones et les droits individuels

---

[201] W. KYMLICKA, *La citoyenneté multiculturelle : une théorie libérale du droit des minorités*, Paris, La Découverte (éd.), 2001, pp. 57-76 ; p. 59 : « Il nous faut distinguer deux types de revendications susceptibles d'être formulées par un groupe ethnique ou national. Le premier concerne la revendication d'un groupe dirigée contre ses propres membres ; le second concerne celle qu'un groupe adresse à la société dans son ensemble. On peut considérer que ces deux types de revendications visent à assurer la stabilité des communautés nationales ou ethniques. Le premier entend protéger le groupe contre les effets déstabilisateurs de la dissidence interne (par exemple, la décision de certains membres du groupe de ne pas adopter les pratiques ou coutumes traditionnelles), tandis que le second entend le protéger contre les effets résultant de décisions externes (par exemple, les décisions politiques et économiques prises par la société dans son ensemble ».

[202] J. RINGELHEIM, « Droits individuels et droits collectifs : Avenir d'une équivoque », in E. BRIBOSIA, L. HENNEBEL, *Classer les droits de l'Homme*, Bruxelles, Bruylant, 2004, p. 231.

[203] G. KOUBI, « Distinguer entre droits individuels et droits collectifs », 3 février 2008. Disponible en ligne sur http://koubi.fr/spip.php?article13 (consulté le 16 février 2011). Voir également : G. KOUBI, « Réflexions sur les distinctions entre droit individuel, droits collectifs ou « droits de groupe », in *Mélanges Raymond GOY, Du droit interne au droit international : le facteur religieux et l'exigence des droits de l'Homme*, Rouen, Publications de l'université de Rouen, 1998, pp. 105-117.

existant en matière de droits de l'Homme[204]. Certains États ne reconnaissent pas les droits collectifs qui, selon eux, s'opposent ou affaiblissent la portée des droits individuels. C'est précisément dans ce type de situation que l'État peine à démontrer la nécessité de la coexistence de systèmes juridiques différents. D'autres États considèrent que ce sont des droits individuels exercés collectivement. Si l'on estime au contraire que les droits collectifs peuvent avoir un intérêt, la question qui se pose est celle de leur articulation avec les droits individuels, autrement dit celle de l'aménagement de l'universalisme des droits de l'Homme et du relativisme des droits des peuples autochtones : accorder des droits collectifs, serait-ce créer une nouvelle catégorie juridique ou nouvelle génération de droits de l'Homme ? À notre sens, les droits des peuples autochtones « correspond[ent] moins à un bloc de droits positifs qu'à l'ensemble des pratiques par lesquelles les autochtones se constituent comme acteurs de leurs propres destins et dont la ligne d'horizon est définie par le projet de Déclaration Universelle des Droits des Peuples Autochtones »[205].

Pour certains, trois conditions doivent être réunies pour dégager des droits collectifs. Ils « doivent reposer sur la participation volontaire des membres du groupe », « s'insérer dans une hiérarchie des normes juridiques », et « le processus d'élaboration des droits collectifs [doit être] aussi important que la détermination de leur contenu »[206].

Dans le cadre des conflits touchant les peuples autochtones, l'opposition droits individuels/droits collectifs prend souvent la forme d'une opposition du droit (individuel) à la propriété et du droit (collectif) à la terre. Il faut cependant rappeler que le droit de propriété a été proclamé dans la Déclaration universelle des droits de l'Homme de 1948 (article 17) dans les termes suivants : « [t]oute personne aussi bien seule qu'en collectivité, a le droit de propriété ». Cette formulation a été reprise dans la Convention sur l'élimination de toutes formes de discrimination raciale des Nations Unies qui emploie le terme d'association plutôt que celui de collectivité. La signification de ces termes n'a pas été explicitée et ne justifie pas pour autant l'acceptation d'une propriété collective. Les droits collectifs liés à la terre sont en revanche reconnus implicitement aux peuples autochtones à l'article 13 de la Convention n°169 de l'OIT et à l'article 26 de la Déclaration sur les

---

[204] Pour comprendre l'évolution de la notion de droits collectifs, voir A. BUCHANAN, « Role of Collective Rights in the Theory of Indigenous Peoples' Rights », *Transnational Law & Contemporary Problems*, 1993, vol. 3, pp. 90-95.

[205] I. BELLIER, « Identité globalisée et droits collectifs : les enjeux des peuples autochtones dans la constellation onusienne », *Autrepart*, 2006, n°38, p. 117.

[206] N. ROULAND, S. PIERRE-CAPS et J. POUMAREDE, op. cit., p. 459.

droits des peuples autochtones des Nations Unies en affirmant l'obligation des États de reconnaître et de protéger juridiquement ces terres en respectant « les coutumes, traditions et régimes fonciers des peuples autochtones concernés »[207]. La création du concept de propriété collective permet tout d'abord de respecter le droit coutumier des peuples autochtones qui exercent ce droit collectivement, comme une forme alternative de possession, sans posséder individuellement de droit sur la terre[208]. Ensuite, elle rend possible l'affirmation des droits de la collectivité en tant que groupe, ce qui est différent de l'exercice de droits individuels exercés collectivement[209]. Par conséquent, si l'État reconnaît ou légalise le droit à la terre des peuples autochtones, il doit accepter d'intégrer la vision et les attributs spécifiques de ce droit[210].

---

[207] L'article 13 de la Convention 169 de l'OIT dispose que : « 1. En appliquant les dispositions de cette partie de la convention, les gouvernements doivent respecter l'importance spéciale que revêt pour la culture et les valeurs spirituelles des peuples intéressés la relation qu'ils entretiennent avec les terres ou territoires, ou avec les deux, selon le cas, qu'ils occupent ou utilisent d'une autre manière, et en particulier des aspects collectifs de cette relation ». L'article 26 al. 3 de la Déclaration des Nations Unies prévoit que « [l]es États accordent reconnaissance et protection juridiques à ces terres, territoires et ressources. Cette reconnaissance se fait en respectant dûment les coutumes, traditions et régimes fonciers des peuples autochtones concernés ».

[208] C. MARTIN, D. RODRIGUEZ-PINZON, J.A. GUEVARA B., op. cit., p. 531 : « [M]ientras el mundo occidental ha construido su cultura centrado en el individuo, la propiedad privada y la necesidad de apropiación de los recursos naturales, los 'pueblos indígenas', en general, centran su cultura, la inexistencia del concepto jurídico de propiedad privada y la utilización de los recursos naturales bajo el principio de integración de la comunidad al entorno natural ».

[209] D. SANDERS, « Collective Rights », *H.R.Q.*, 1991, n°13, p. 369.

[210] G. FILOCHE, « Formaliser l'informel, capter l'évanescent ? Juridicisation des normes indigènes et gestion de l'environnement en Amérique du Sud », in C. GROS et D. DUMOULIN KERVRAN (éd), *Le multiculturalisme 'au concret'. Un modèle latino-américain ?*, Paris, Presses Sorbonne Nouvelle, 2011, p. 207 : « les droits indigènes sur les terres et ressources sont non seulement implicites, mais aussi évanescents (disparaissent graduellement) et non binaires (« à moi /plus à moi »). Les Amérindiens peuvent dire qu'ils ont un droit individuel sur la terre qu'ils occupent, ou que la terre est collective et qu'ils n'en sont qu'usufruitiers individuels pour un temps, cela ne préjuge en rien de ce qu'ils peuvent faire concrètement, ni de la manière dont les conflits se résolvent. Une terre décrite comme individuelle ne permet pas nécessairement sa vente, ou le fait qu'on y fasse ce qu'on veut. Inversement, une terre décrite comme collective n'empêche pas que la famille qui l'exploite n'ait quasiment pas de comptes à rendre aux autres familles ou aux autorités de la communauté ».

Les changements législatifs, voire constitutionnels, nécessaires à la reconnaissance du droit à la terre impliquent des dépenses financières considérables pour un État. Toutefois, certaines constitutions d'États en Amérique latine affirment l'existence d'une propriété collective des terres par des communautés autochtones. Il s'agit là d'une avancée importante qui consiste à intégrer dans le droit national le contenu de lois coutumières indigènes.

Au Venezuela, l'article 3 de la loi organique relative aux peuples et communautés autochtones du 27 décembre 2005 définit par exemple la propriété collective comme « un droit de tous les peuples et communautés autochtones d'utiliser, de profiter, de jouir, de gérer un bien matériel ou immatériel, dont la propriété appartient de manière absolue et indivisible à tous et à chacun de ses membres dans le but de préserver et développer l'intégrité physique et culturelle des générations présentes et futures »[211]. La forme collective de la propriété est par ailleurs reconnue dans plusieurs autres articles de cette loi.

Une fois la propriété collective reconnue, la question est de savoir quelles mesures doivent l'accompagner pour préciser sous quelle forme et comment elle est gérée et utilisée. La reconnaissance de cette forme de propriété n'autorise pas chacun des membres de la communauté à disposer comme il l'entend des ressources. Un partage est réalisé le plus souvent par les autorités reconnues et représentatives au sein même de la communauté et selon ses propres règles. Dans le cas du peuple Guarani-Izoceño[212] en Bolivie, le contrôle de la terre, l'accès et la distribution sont effectués par la communauté à travers ses autorités communales. La première autorité est l'Assemblée, la seconde autorité est le Capitaine exerçant des fonctions politiques et judiciaires. Les accès aux bois, aux arbres, aux rivières, aux lagunes, aux ressources de la pêche et de la chasse sont collectifs. Deux

---

[211] Traduction libre. Article 3 de la loi organique relative aux peuples et communautés autochtones au Venezuela : « Propiedad colectiva indígena : Es el derecho de cada pueblo y comunidad indígena de usar, gozar, disfrutar y administrar un bien material o inmaterial, cuya titularidad pertenece de forma absoluta e indivisible a todos y cada uno de sus miembros, a los fines de preservar y desarrollar la integridad física y cultural de las presentes y futuras generaciones ». L'intégralité de la loi est disponible sur le site : http://mesnuevo.mppeu.gob.ve/documentos/marcolegal/lopci.pdf (consulté le 8 mai 2015).

[212] Le peuple Guarani-Izoceño est une ethnie guarani d'origine arawak présente dans le nord de l'Argentine et le sud de la Bolivie.

espaces sont ainsi distingués : celui où les membres habitent, et celui qu'ils utilisent pour la chasse et la pêche, qui est appelé « le grand territoire »[213].

Lorsque la propriété collective n'a pas été réglementée par les autorités nationales, et que la propriété d'une communauté est divisée en plusieurs parcelles, il est fréquent que des entreprises profitent de la situation. Elles cherchent alors à obtenir par différents moyens la propriété de chaque membre de la communauté, sans prendre en compte la dimension culturelle des droits des peuples autochtones, et sans respecter les fondements de leur organisation sociale et politique. Ces manœuvres tendent à provoquer des tensions, des conflits internes au sein de la communauté et diviser ses membres.

Il arrive que certaines entreprises s'entretiennent avec des membres d'une communauté sans passer par ses représentants, comme il est prévu selon leur droit coutumier[214]. Dans certains cas, elles usent de manœuvres malhonnêtes en laissant croire que des membres de la communauté ont accepté de vendre leur parcelle de terre, alors que tel n'est pas le cas. Certaines entreprises proposent également des tarifs différents, ou très élevés, pour inciter les familles à vendre[215]. Le manque d'information est généralisé, et les documents de vente rarement traduits en langue locale. Très souvent, les autochtones ne parlent pas espagnol, ce qui rend contestable la validité de ces actes, tant du point de vue juridique que moral. Ces pratiques ne peuvent être efficacement empêchées que si le droit de l'État reconnaît le caractère collectif du droit à la terre, c'est-à-dire qu'il est transcrit en droit national et que l'interdiction de droit autochtone de disposer individuellement de la terre, sans s'en référer aux autorités reconnues par la communauté est reconnue.

La relation étroite entre les peuples autochtones et la terre (qui regroupe les éléments de la nature, de la faune et de la flore) et la forme collective du droit à la terre sont deux caractéristiques qui se retrouvent chez les peuples

---

213 R. ORELLANA HALKYER, op. cit., pp. 226-232.

214 Voir infra Partie I, Titre II, Chapitre I, Section II.

215 COLLECTIF GUATEMALA, *Spoliation des ressources naturelles, droits indigènes, et responsabilités internationales*, mars 2006, p. 65. Disponible en ligne sur : http://www.rinoceros.org/article4965.html (consulté le 24 janvier 2011) : « Pour Juan Tema, membre d'une organisation de Sipakapa, la Glamys a convaincu les paysans de Sipakapa et de San Miguel de vendre leur terre en les manipulant : « Montana a racheté les terres d'une manière circonférique en achetant d'abord des terres en dehors du site à exploiter… Ensuite, ils se sont rapprochés vers le centre en escargot de manière à ce que les paysans au milieu soient entourés par les terres appartenant à la Glamys et obligés de vendre ».

autochtones, comme un dénominateur commun à toutes ces cultures premières.

B. La reconnaissance de l'insaisissabilité et de l'inaliénabilité des terres occupées par les peuples autochtones et de l'imprescriptibilité de leurs droits sur elles

Les caractères d'insaisissabilité, d'inaliénabilité des terres, et d'imprescriptibilité du droit de propriété consacrés par les législations internes ont pour but de se rapprocher au plus près de la conception autochtone du rapport à la terre, en la traduisant en notions juridiques existantes et transposables en droit interne.

Selon la conception occidentale moderne, la propriété repose sur sa valeur économique ou monétaire, tandis que pour les peuples autochtones, la terre appartient à celui qui l'occupe et l'utilise traditionnellement, sans forcément en tirer une valeur marchande. Le concept de propriété au sens occidental n'existe donc pas.

Les particularités du rapport des autochtones à la terre sont prises en compte dans certaines législations d'Amérique latine, où la terre bénéficie d'une protection spéciale. La terre est alors considérée comme insaisissable et inaliénable, et le droit de propriété comme imprescriptible. L'insaisissabilité signifie que la terre ne peut être l'objet d'une saisie, d'une cession ou d'une transmission. L'inaliénabilité quant à elle, implique que le droit à la terre appartienne à la communauté, mais que ses membres ne puissent pas en disposer. En garantissant l'inaliénabilité de la terre, le droit national transcrit souvent directement le droit autochtone, par exemple celui de la communauté Guarani-Izoceño de Bolivie[216]. Mais plus généralement, le caractère inaliénable de la terre est propre à la vision que les communautés autochtones ont de la nature et de leur rapport avec elle. Ces communautés ne sont pas propriétaires des terres mais les possèdent sans bénéficier d'un droit absolu sur elles. Enfin, le caractère imprescriptible du droit à la terre l'empêche de s'éteindre par la prescription ou par le non-usage.

Dans les constitutions latino-américaines récentes, la relation et la possession collective de la terre est affirmée, rendant ainsi possible la coexistence de la vision du lien à la terre des peuples autochtones, et du droit de propriété occidental. La consécration du lien autochtone à la terre à travers des catégories juridiques occidentales est parfois ancienne : l'article

---

[216] R. ORELLANA HALKYER, op. cit., p. 227.

63 de la constitution colombienne[217] consacre le statut juridique de réserve, comprenant les caractères inaliénable, insaisissable et imprescriptible des terres distribuées aux peuples autochtones sous le mandat du premier président de l'Audience royale, Andrés Diaz Venero de Leiva, qui gouverna de 1564 à 1573. Dans les années 1960, « certains États ont adopté des législations protégeant les communautés indigènes, qui déclarent leurs terres inaliénables et imprescriptibles (en 1961 et 1968 en Colombie, 1969 au Pérou, 1973 en Équateur) »[218]. Plus récemment, l'article 57 de la Constitution équatorienne sur les peuples autochtones prévoit qu'ils « conserv[ent] la propriété imprescriptible de leurs terres communautaires, qu'elles sont inaliénables, insaisissables et indivisibles ».

Par la consécration des caractères d'inaliénabilité et d'insaisissabilité des terres, et d'imprescriptibilité des droits dont les peuples autochtones disposent sur elles, les gouvernements concernés démontrent leur volonté de permettre à ces peuples d'occuper leurs terres, sans craindre une remise en cause de ce droit. Cette assurance est indispensable pour que les peuples autochtones décident de leurs propres priorités, et maîtrisent véritablement des terres qu'ils occupent. Ce qui reste cependant surprenant est que la reconnaissance du caractère inaliénable et insaisissable des terres appartenant aux peuples autochtones, ainsi que du caractère imprescriptible de leur droit sur ces terres ne permet pas d'empêcher les procédures d'expropriation.

En outre, les lois qui régissent les pays d'Amérique latine concernant les peuples autochtones sont cependant souvent teintées de paternalisme. Elles imposent le contenu des droits et des obligations de ces peuples. Ses règles ne leur laissent pas le choix de décider de leur avenir, d'intégrer ou non le monde moderne, de s'adapter ou non aux demandes du secteur commercial

---

[217] DEPARTAMENTO NACIONAL DE PLANEACIÓN DE COLOMBIA, *Los Pueblos Indígenas de Colombia en el Umbral del Nuevo Milenio*, Colombia, Departamento Nacional de Planeación de Colombia, 2006, p. 108. Disponible en ligne sur : http://www.acnur.org/t3/pueblos-indigenas/publicaciones/ (consulté le 8 mai 2015). Voir l'article 63 de la Constitution colombienne qui énonce que « les biens d'utilisation publique, les parcs naturels, les terres communales des groupes ethniques, les terres des réserves, le patrimoine archéologique de la Nation et tout autre bien déterminé par la loi, sont inaliénables, imprescriptibles et insaisissables ». Disponible enligne sur :
http://bases.cortesaragon.es/bases/NDocumen.nsf/9cd39ed0285dc9b2c12570a1002a3f65/e9440f5f7b0a0bedc1257401004033f0/$FILE/acnur-consideraciones.pdf (consulté le 10 février 2011).

[218] N. ROULAND, S. PIERRE-CAPS et J. POUMAREDE, op. cit., p. 472.

ou économique. En effet, lorsque les peuples autochtones désirent modifier leurs priorités en décidant par exemple d'octroyer une concession forestière à une entreprise, ils se voient reprocher cette nouvelle attitude. Les peuples autochtones peuvent alors devenir victimes de la décision de leurs gouvernements de voir en eux des groupes qui ne peuvent ni changer ou ni s'adapter. Il est critiquable que certaines législations interdisent aux peuples autochtones de vendre leurs terres, et plus largement d'en disposer. Certaines lois n'autorisent pas les peuples autochtones de céder leurs terres à des non-autochtones même en cas de mariage d'un autochtone avec une non-autochtone. Ce type d'interdiction peut en effet se heurter à la liberté individuelle des membres des peuples autochtones. De plus, la quantité de terres allouée devrait également être adaptée en fonction du nombre de personnes composant la communauté et de celui à venir. À court terme, l'important est certes de reconnaître et de légaliser les terres autochtones en leur accordant un statut protecteur. Toutefois, des mesures doivent permettre une évolution notamment en vue d'augmenter la quantité de terres allouée aux communautés, principalement, en raison du taux de fécondité des femmes qui reste élevé. Les terres allouées doivent permettre les cultures suffisantes pour alimenter l'ensemble des personnes appartenant au groupe.

Il paraît ainsi indispensable d'éviter de rigidifier la protection des terres autochtones, et de s'en remettre plutôt aux décisions du groupe. Un statut visant à protéger la terre plutôt que la liberté du choix des peuples autochtones qui l'occupent a pour conséquence de figer la culture de ces peuples, et de maintenir une forte emprise de l'État sur la maîtrise de leurs terres et de leurs modes de vie. Il est donc essentiel de trouver un équilibre adéquat entre la protection des terres – y compris contre les choix des membres des peuples autochtones –, et le respect du choix, par ces peuples, de leurs priorités et de leur mode de « développement économique, social et culturel »[219]. La conciliation entre la préservation de ces cultures premières (sans la concevoir de manière immuable), comme patrimoine de l'humanité, et la nécessité de leur donner les moyens d'un développement économique doit en tous les cas être recherchée. Cette conciliation pourrait se réaliser dans la décision de l'État, d'accorder un droit de propriété collective à une communauté, dont les autorités établiraient elles-mêmes les règles relatives à leurs terres, quitte à ce qu'il ne s'agisse, dans certains cas, que de la perpétuation de règles coutumières. Il s'agirait alors d'appliquer une forme de pluralisme juridique. Une telle forme de pluralisme paraît d'ailleurs prônée par l'article 18, alinéa 3, du projet de Déclaration interaméricaine

[219] Voir l'article 7 de la Convention n°169 de l'OIT.

relative aux droits des peuples autochtones, selon lequel que « [q]uand les droits de propriété et d'utilisation des populations indigènes découlent de droits qui précédaient l'existence des États, ces derniers devront reconnaître ces titres comme étant permanents, exclusifs, inaliénables, imprescriptibles et insaisissables. Cela ne limitera pas le droit des populations indigènes à attribuer la titularité au sein de la communauté conformément à leurs coutumes, traditions, usages et pratiques traditionnelles ; cela n'affectera pas non plus tout droit communautaire collectif les concernant. Lesdits titres ne pourront être modifiés que d'un commun accord entre l'État à propos de la population indigène intéressée, avec pleine connaissance et compréhension de celle-ci concernant la nature et les attributs de ladite propriété ».

À travers l'étude de la notion du droit à la terre des peuples autochtones, nous comprenons l'importance de prendre en compte les lois coutumières des peuples autochtones. Cette prise en compte peut passer par la garantie d'une propriété collective de la terre, même en l'absence d'un titre de propriété formel établi par l'État. Dans ce cadre, l'acceptation de la notion de multiculturalisme semble nécessaire, et se justifie par la préexistence de lois antérieures à celles des colons. Sans qu'il soit indispensable de revenir sur l'histoire et sur la légalité de la colonisation de l'Amérique latine, il existe une « *potential coexistence of a cross-cultural title to land for indigenous peoples* »[220]. Ces conflits doivent être résolus à la lumière du droit actuel[221], en évitant de faire primer le droit colonial sur le droit coutumier des peuples autochtones.

SECTION II – LE DROIT À LA TERRE

Le droit à la terre englobe des droits particuliers issus de la Convention n°169 de l'OIT. On peine toutefois à le consacrer en tant que droit nouveau puisqu'il renvoie en partie à certains aspects de droits déjà existants. Il se situe entre le droit de propriété et une forme de souveraineté sur les ressources naturelles[222], mais se distingue à la fois du premier (§ 1) et de la seconde (§ 2).

---

[220] J. GILBERT, « Historical Indigenous Peoples' Land Claims… », op.cit, p. 592.
[221] Ibid., pp. 593-594.
[222] Ce sont les deux formes généralement reconnues et distinctes. Voir : J. GAUDEMET, « Dominium – imperium. Les deux pouvoirs dans la Rome antique », *Droits*, 1995, n° 22, pp. 3-17, p. 12 : « D'où vient la dualité de l'imperium et du dominium ? Comment est-on passé de ce dualisme à une confusion ? D'où vient la

§ 1. Un droit distinct du droit de propriété

L'introduction du code civil de Napoléon au XIXème siècle après les révolutions ayant mené à l'indépendance des pays d'Amérique latine a consacré la propriété privée[223], alors même que la notion de propriété n'existait pas dans les traditions, coutumes et langues autochtones. Oscar Correas démontre notamment, dans son étude sur la propriété indigène, en particulier dans la communauté Triqui à Oaxaca au Mexique, qu'il n'existe pas de termes équivalents au mot propriété et droit à la propriété en langue indigène[224]. Les droits à la terre autochtone « *are not merely a real estate issue, and shall not be conceived in the classical civil law approach to 'ownership'* »[225].

Si l'on souhaite que les droits national ou international relatifs aux terres autochtones répondent aux exigences d'une protection adéquate, ce droit devra être calqué sur le droit à la terre autochtone. Il devra alors se distinguer du droit de propriété quant à son titulaire (A), son objet (B), et son contenu (C).

A. Le titulaire du droit à la terre

Le titulaire du droit à la terre est différent du titulaire du droit de propriété à deux points de vue.

D'une part, la propriété a toujours été définie selon le modèle occidental et accordée à titre individuel, à l'inverse du droit à la terre qui est détenu par la communauté ou ses représentants. Le droit de propriété au sens occidental

---

dualité ? – Elle traduit deux notions différentes : celle de la puissance, l'imperium ; et celle d'une appropriation des biens, le dominium ».

223 J. AYLWIN, El Derecho de los Pueblos Indígenas a la Tierra y al Territorio en América Latina : Antecedentes Históricos y Tendencias Actuales, document, pour la session du groupe de travail sur la 5ème section du projet de Déclaration organisé par l'Organisation des États américains, Washington, les 7 et 8 novembre 2002, p. 4. Disponible en ligne sur : http://ibcperu.org/doc/isis/12328.pdf (consulté le 20 février 2012).

224 O. CORREAS, « La propiedad. Reflexiones sobre la propiedad en el Mundo indígena », in O. CORREAS (coord.), *Pluralismo Jurídico : Otros Horizontes*, México, éd. Coyoacan, 2007, p. 173.

225 O. KREIMER, Rapport rendu dans le cadre du Meeting of the Working Group on the Fifth Section of the Draft Declaration with special emphasis on « Traditional Forms of Ownership and Cultural Survival, Right to Land and Territories », Washington, 7 et 8 novembre 2002, OEA/Ser.K/XVI, GT/DADIN/doc.113/03 rev. 1, 20 février 2003, p. 2.

désigne en effet le droit d'une personne physique ou morale, de posséder des biens, de jouir de ses fruits et de ses revenus, d'en disposer et de ne pouvoir en être privé arbitrairement[226]. La nécessité de consacrer le droit de propriété en intégrant, selon la vision des peuples autochtones, les éléments du droit à la terre, devient indispensable compte tenu du fait qu'en l'absence d'une telle reconnaissance, ces peuples ne peuvent revendiquer leurs droits ancestraux sur la terre. Jusqu'à présent, les éléments caractérisant le droit de propriété occidental étaient comme « plaqués » et primaient sur les éléments du droit à la terre autochtone. L'intégration des éléments qui caractérisent le droit à la terre des peuples autochtones, et dont le but est d'éviter d'imposer la vision paternaliste occidentale et d' « enfermer les peuples autochtones dans des territoires normatifs étrangers »[227], doit tout d'abord être interprétée au regard de la notion de droits collectifs, au bénéfice du groupe ou de la communauté et du lien particulier qu'ils entretiennent avec la terre. En évitant d'utiliser le droit de propriété tel qu'employé en droit occidental, et en préférant le droit à la terre, on reconnaît l'existence de différents types de droit, issus de cultures juridiques différentes, au sein même des États. Accorder un droit de propriété collective est un moyen de concilier certains aspects de la vision occidentale du droit de propriété, et de la vision autochtone du rapport à la terre.

Par ailleurs, le titulaire du droit à la terre n'est pas forcément celui qui détient un titre de propriété puisque pour les peuples autochtones, le titulaire du droit est celui qui occupe la terre. Nous avons vu dans la section précédente que ce fondement était la position retenue par les organisations internationales (Cour et Commission IDH) et certains États.

B. L'objet du droit à la terre

Albane Geslin analyse la vision occidentale qui suit un double mouvement celui d' « une mise à distance » et celui de « chosification », et affirme que « [l]'humain, sujet, doit appréhender le non-humain plus seulement comme un objet, mais plus précisément comme une chose, extérieure à lui-même pour pouvoir s'en rendre propriétaire, pour pouvoir exercer un pouvoir sur cette chose »[228]. Le Code civil « assimile classiquement la propriété au droit des biens qui reconnaît au propriétaire une emprise

---

[226] J. SALMON (dir.), *Dictionnaire de droit international public*, Bruxelles, Bruylant, 2001, p. 896.
[227] A. GESLIN, op. cit., p. 683.
[228] Ibid., p. 685.

sur son bien, soit un droit réel de nature mobilière ou immobilière »[229]. À l'inverse, les peuples autochtones considèrent qu'ils « vivent dans un *continuum* entre les choses et les personnes » et perçoivent « [l]'espace et les ressources qui s'y déploient [...] non seulement [comme] sacralisés, mais également bien souvent humanisés »[230]. Les éléments naturels sont en effet souvent personnifiés dans les cultures autochtones.

Comme nous l'avons déjà souligné, le droit à la terre et aux ressources ne se limite pas simplement à l'espace « visiblement occupé », et comprend l'espace de vie où se déroulent les activités culturelles, spirituelles satisfaisant les règles de leur mode de vie traditionnel, de même que les ressources du sol et du sous-sol, qu'ils ne distinguent pas entre elles[231]. L'espace sur lequel les peuples autochtones ont des droits est donc généralement vaste et non délimité concrètement. Ils s'adonnent à la chasse, à la pêche et mènent d'autres activités telles que les pèlerinages vers les montagnes, ou la visite des défunts dans les cimetières. Pour pratiquer leurs rites, et perpétuer leurs coutumes, ils doivent aussi avoir accès aux ressources naturelles, par exemple, la cueillette de certaines plantes médicinales ou nourricières, ou, comme au Pérou, l'élevage de cochons d'Inde. Certains estiment à juste titre que ces droits « *include rights to land, wildlife, water, forest products, fish, marine products and intellectual property. Furthermore, [community-based property rights] may vary in time and place to include rights seasonally available resources such as fruits, game, fish, water or grazing areas* »[232].

En vertu de tout ce qui précède, nous pouvons considérer que l'objet visé par le droit à la terre est plutôt global et relativement variable, ce qui complexifie la fixation d'un périmètre spécifique du droit à la terre. À l'inverse, la notion de propriété vise uniquement l'espace exploité, c'est-à-dire l'espace travaillé ou cultivé pour subvenir à ses besoins ou encore l'espace de vie.

---

229 J. ANDRIANTSIMBAZOVINA, H. GAUDIN, J.-P. MARGUENAUD (dir.), *Dictionnaire des droits de l'Homme*, Paris, P.U.F., 2008, p. 646.

230 A. GESLIN, op. cit., p. 685.

231 V. WEITZNER, *Through Indigenous Eyes : Toward Appropriate Decision-Making Processes Regarding Mining On or Near Ancestral Lands*, Ottawa, North-South Institute, 2002, p. 26.

232 D. BARSTOW MAGRAW, L. BAKER, « Globalization, Communities and Human Rights : Community Based Property Rights and Prior Informed Consent », *Denver Journal of International Law and Policy*, 2007, vol. 35, p. 419.

C. Le contenu du droit à la terre

Le droit de propriété comprend l'*usus* (droit d'utiliser et de contrôler l'utilisation de la propriété), le *fructus* (droit de tirer profit de la propriété) et l'*abusus* (droit de détruire, de transférer la propriété). En droit civil, le problème se pose lorsque la propriété est démembrée et que différentes personnes possèdent des droits différents sur le même bien. Ces modes d'acquisition de la propriété, prévus en droit interne, doivent être révisés pour organiser la reconnaissance collective des terres sans qu'elles puissent être démembrées de cette manière.

En effet, le droit à la terre doit traduire juridiquement la relation particulière des peuples autochtones à la terre. Selon la conception autochtone, ces peuples ne possèdent ni ne dominent la terre ou la nature, mais sont partie intégrante de celles-ci. Ils sont les utilisateurs légitimes et provisoires des terres. Pour eux, la domination de la nature telle qu'elle a été revendiquée et réalisée par l'homme occidental ne contribuerait qu'à sa dégradation. De leur point de vue, freiner l'exploitation de leurs ressources naturelles sur le mode occidental est donc indispensable.

Au premier abord, nous pourrions simplement estimer que le droit à la terre limite les droits de ses titulaires à l'*usus* et au *fructus* des terres, et leur interdit l'*abusus*. Toutefois, une telle conception du droit à la terre serait assez simpliste, parce que même l'*usus* et le *fructus* au sens occidental sont incompatibles avec le refus autochtone de chosification de la terre et avec la relation d'interdépendance dans laquelle les peuples autochtones estiment être dans leur rapport à la terre.

C'est afin de traduire cette conception du rapport à la terre que les rédacteurs de la Déclaration ont précisé que « [l]es peuples autochtones ont le droit de posséder, d'utiliser, de <u>mettre en valeur</u> et de contrôler les terres, territoires et ressources »[233]. L'expression de « mise en valeur » retenue par les rédacteurs doit être comprise comme un droit d'améliorer ou de protéger la terre, et non comme celui d'augmenter sa valeur marchande. Cette mise en valeur peut consister en la sauvegarde de certaines espèces, ou en la protection de certains sites, au détriment d'une mise en valeur purement pécuniaire ou à court terme. Elle ne peut donc véritablement être rattachée au droit de propriété. En effet, ainsi que le souligne Alain Rochegude, « le droit de propriété, exclusif et personnalisé [...], ne prend sens qu'au regard de l'utilité, de la valeur symbolique, économique, sociale, qui s'attache au

---

[233] Non souligné dans le texte original. Article 26 de la Déclaration des Nations Unies sur les droits des peuples autochtones. Dans l'article 19 de la Convention n°169 de l'OIT, il est écrit « l'octroi des moyens nécessaires à la mise en valeur des terres que ces peuples possèdent déjà ».

même support foncier. […] L'importance juridique repose alors sur la faculté exclusive de disposer de l'objet, non pas pour en disposer selon son bon plaisir, mais plus pragmatiquement, en fonction de l'usage ou de l'intérêt que l'on escompte en tirer »[234]. Du point de vue de la détermination du contenu du droit à la terre, « [l]'essentiel devient alors d'identifier l'exclusivité d'un droit d'accès, d'usage, d'occupation, provisoire ou permanent, territorialisé mais au regard de la fonctionnalité recherchée. Le caractère religieux historiquement invoqué pour dissocier la Terre et le sol dans les droits dits traditionnels », même s'il « a perdu et continue de perdre sa force », ne peut pas être consacré et protégé par une simple référence « à la propriété parcellaire romaniste »[235]. Il apparaît ainsi nécessaire de distinguer entre le droit à la terre et le droit de propriété. Les droits territoriaux ou droit à la terre sont « l'ancrage du droit à la différence »[236]. Le droit de propriété peut néanmoins connaître des aménagements – reconnaissance du lien particulier des peuples autochtones et de leurs terres, reconnaissance du caractère collectif du titulaire du droit de propriété – lui permettant de se rapprocher des critères de définition du droit à la terre. Mais même si les interprétations et la terminologie peuvent varier – la Cour IDH examine par exemple les situations relatives aux ressources naturelles, la terre et les peuples autochtones au regard du droit de propriété[237] –, il est clair que le droit à la terre ne saurait être réduit au droit de propriété au sens traditionnel, ou occidental, sans perdre ce qui fait sa spécificité, et donc son intérêt.

D. Les conséquences de la reconnaissance du droit à la terre en matière d'expropriation

L'une des principales conséquences de la reconnaissance d'un droit *sui generis* à la terre, en sus du droit de propriété, concerne la possibilité d'exproprier la terre concernée. En effet, la protection spécifique accordée aux peuples autochtones implique que le déplacement forcé de ces peuples ne soit autorisé que lorsqu'il constitue un ultime recours pour l'État (1), et que des réparations spécifiques soient dues aux communautés expropriées (2).

---

234 A. ROCHEGUDE, op. cit., p. 65.
235 Ibid., p. 66.
236 N. ROULAND, S. PIERRE-CAPS et J. POUMAREDE, op. cit., p. 468.
237 Voir infra Partie II, Titre I.

1. La restriction du recours au déplacement forcé

a) Les dispositions visant à éviter les déplacements forcés

En pratique, il n'est pas rare que les États latino-américains prévoient le déplacement de populations autochtones, par exemple en vue de l'exploitation des ressources naturelles du territoire qu'ils occupent. Toutefois, selon l'article 16 de la Convention n°169 de l'OIT et les rapports des organes de traités des droits de l'Homme des Nations Unies, le déplacement des peuples autochtones hors de leurs terres ancestrales est en principe interdit. Courante en pratique, l'exception à ce principe consiste à les déplacer avec leur consentement. Cette exception comporte elle-même une exception : un déplacement forcé sans consentement des peuples expulsés. Même s'ils ne sont pas explicitement interdits, les déplacements forcés sont ainsi compris comme des mesures qui ne peuvent être qu'exceptionnelles. L'adoption d'une mesure exceptionnelle de déplacement forcé doit alors s'accompagner de la création d'instances permettant aux peuples concernés de présenter une requête à l'État.

Cette construction juridique visant à empêcher au maximum le déplacement des peuples autochtones se justifie par le fait que leur identité culturelle s'est construite en lien étroit avec la terre qu'ils occupent. Une relocalisation est ainsi susceptible d'entraîner, et entraîne souvent en pratique des conséquences graves en termes psychologiques et physiologiques (par exemple si leur alimentation n'est plus la même). Elle est en outre susceptible de nuire à long terme à leur survie. « Au Chili, les Mapuches se disent menacés de disparition physique et culturelle du fait des sociétés transnationales d'exploitation forestière »[238]. Fergus Mackay considère effectivement que « *[f]orcible relocation can be disastrous for indigenous peoples, severing entirely their various relationships with their ancestral lands* »[239], et il cite la Sous-Commission des droits de l'Homme qui considère que la rupture du lien avec la terre « *constitutes a principal factor in the process of ethnocide* ».

Dans le même but et suivant la même logique que l'article 16, la politique opérationnelle de la Banque mondiale[240] sur les peuples autochtones part du

---

238 Voir E/CN.4/Sub.2/2000/24, op. cit., par. 126.

239 F. MACKAY, « Universal rights... », op. cit., pp. 613-614.

240 Voir infra Partie I, Titre II, Chapitre II, Section II sur la nécessité de faire participer au mieux les peuples autochtones. La Banque interaméricaine de

principe que « [l]a réinstallation des populations autochtones posant des problèmes particulièrement complexes et pouvant être lourde de conséquences pour leur identité, leur culture et leurs modes de vie traditionnels, l'emprunteur devra envisager différents scénarios possibles pour éviter de déplacer les populations autochtones »[241]. Cette recommandation n'est toutefois pas contraignante et n'a en pratique que peu d'effets. Il est demandé à l'emprunteur (l'État) de prendre les mesures nécessaires pour éviter ces déplacements et de superviser de manière effective le processus conseillé. Relative à la réinstallation involontaire des personnes, la politique opérationnelle 4.12 de la Banque mondiale indique expressément que « [l]'expérience de la Banque montre que la réinstallation de populations autochtones disposant de modes de production traditionnels fondés sur la terre est particulièrement complexe et peut avoir des impacts négatifs significatifs sur leur identité et survie culturelle. Pour cette raison, la Banque s'assure que l'Emprunteur a étudié toutes les alternatives réalisables dans la conception du projet permettant d'éviter le déplacement physique de ces groupes »[242].

Même si les textes refoulent la pratique des déplacements forcés dans le domaine de l'exceptionnel, ces derniers sont assez nombreux. Lorsqu'ils estiment que l'utilité publique ou l'intérêt général exige des expropriations, les États invoquent aisément les circonstances exceptionnelles auxquelles les textes font référence. Les attentes économiques priment presque systématiquement sur le souci de la préservation et de la conservation de l'environnement (par exemple des écosystèmes), ou sur la protection des droits culturels ou à l'intégrité physique des peuples autochtones. Bien que la Banque mondiale ne joue qu'un rôle secondaire dans la mise en œuvre des politiques d'expropriation des peuples autochtones, ses politiques sont souvent critiquées pour les violations des droits de l'Homme qu'elles entraînent en pratique[243]. D'une manière générale, il apparaît que des insuffisances

---

Développement a également consacré sa politique opérationnelle 7.10 au déplacement involontaire en 1998.

[241] Banque mondiale, *politique opérationnelle 4.10 de juillet 2005*, p. 11. Disponible sur le site : http://siteresources.worldbank.org/OPSMANUAL/Resources/OP4.10.July1.2005.French.pdf (consulté le 10 février 2011).

[242] Banque mondiale, politique opérationnelle 4.12 de décembre 2001, p. 5, par. 9. Disponible sur le site : http://siteresources.worldbank.org/OPSMANUAL/Resources/OP412-French.pdf (consulté le 9 août 2012).

[243] Voir infra Partie I, Titre II, Chapitre I, Section II.

structurelles, ainsi que l'opacité de l'administration de la Société financière internationale (SFI), l'institution du groupe de la Banque mondiale chargée des opérations avec le secteur privé, empêchent de contrôler effectivement le respect des politiques favorables aux peuples autochtones, par l'État emprunteur.

b) La pratique courante des déplacements forcés

Dans de nombreux pays d'Amérique latine, les communautés autochtones sont expulsées de leurs terres très violemment[244]. Le recours excessif à la force, tout comme la destruction systématique des biens et des moyens de subsistance, sont fréquents. En Argentine, la communauté de Diaguita – qui ne disposait pas d'un titre de propriété mais occupait des terres de manière ancestrale – a connu des affrontements violents avec la police qui a brûlé les maisons, biens et cultures de ses membres[245]. Cette expulsion forcée de décembre 2010 intervient alors que la loi n°26.160, promulguée le 23 novembre 2006 et prorogée par la loi n°26554 du 18 novembre 2010 interdit toute ordonnance d'éviction ou expulsion forcée pendant une durée de quatre ans. En effet, ces lois suspendent en principe toute procédure administrative ou juridictionnelle d'expulsion visant des communautés autochtones, afin de permettre à l'Institut national des affaires indigènes de mettre en place un registre cadastral des terres occupées par les communautés autochtones.

Le Comité des droits de l'Homme (Comité des DH) relève également l'insuffisance de la protection des droits des peuples autochtones, notamment en Argentine, suite aux expulsions forcées de ces groupes de

---

244 P. WOICKE, « Putting Human Rights Principles into Development Practice through Finance: The Experience of the International Finance Corporation », in P. ALSTON, M. ROBINSON, op. cit., pp. 343-344 : « While land acquisitions by a government for a company or by the company directly may comply with national law, this is no guarantee that the acquisition process complies with human rights requirements, basic notions of fair and equitable process and compensation, or good practice strategies to promote community relations and development. Eviction or involuntary resettlement, if not carried out in accordance with human rights procedural safeguards, results in violations of the human right of housing, and the rights to privacy and family, the right not to be arbitrarily deprived of property, and potentially numerous other human rights ». Voir également : L. SWEPSTON, R. PLANT, op. cit., pp. 100-103.

245 Voir les articles disponibles en ligne sur : http://www.lanacion.com.ar/nota.asp?nota_id=1208732 et sur http://gitpa.org/Autochtone%20GITPA%20300/gitpa300-16-22argentineexpulsionACTU.pdf (consultés le 11 février 2011).

leurs terres ancestrales. Il recommande à l'État de « prendre les mesures qui s'imposent pour mettre un terme aux expulsions forcées et garantir la propriété communautaire des peuples autochtones s'il y a lieu [et] redoubler d'efforts pour exécuter le programme de relevé cadastral des terres communautaires autochtones »[246]. Lors de l'examen de la Bolivie[247] et du Paraguay, le Comité des DESC a également critiqué la faible reconnaissance des terres ancestrales aux peuples autochtones, et a souligné que les propriétaires terriens, qui ne représentent qu'environ 10% de la population, sont détenteurs de plus de 70% des terres[248], ce qui constitue une inégalité probablement trop grande pour ne pas cacher une injustice. Il s'inquiète également des expulsions forcées[249].

Le Rapporteur spécial des Nations Unies sur le logement convenable en tant qu'élément du droit à un niveau de vie suffisant évoque les « projets de développement » soutenus par la Banque mondiale, parmi les causes des déplacements forcés. « Le déplacement induit par le développement s'est encore intensifié ces dernières années en raison de la mondialisation économique. En effet, les politiques de libéralisme économique et les programmes d'ajustement structurel ont rendu la question du déplacement induit par le développement encore plus urgente. [...] D'après un rapport récent du Projet Brookings-SAIS sur les déplacements internes, quelques 300 projets de développement soutenus par la Banque mondiale avaient entraîné des réinstallations involontaires au 31 décembre 2000. Ces projets représentaient 20 % du portefeuille de la Banque mondiale et concernaient 2,6 millions de personnes qui ont fait l'objet d'un déplacement physique ou économique »[250].

Essentiellement en vue de l'obtention de gains économiques, les États latino-américains déplacent donc fréquemment les populations autochtones, y compris sans leur consentement. Au regard des instruments internationaux relatifs à leur protection, ce déplacement ne peut être effectué sans une réparation spécifique.

---

[246] Observations finales du Comité des droits de l'Homme sur l'Argentine, CCPR/C/ARG/CO/4, 31 mars 2010, par. 25.

[247] Observations finales du Comité des droits de l'Homme sur la Bolivie, E/C.12/BOL/CO/2, 8 août 2008, par. 23 et 14 h).

[248] Ibid., par. 23.

[249] Observations finales du Comité des droits de l'Homme sur le Paraguay, E/C.12/PRY/CO/3, 4 juin 2008, par. 12 b), 17, 18, 23 b.

[250] Rapport du rapporteur spécial sur le logement décent, Droits économiques, sociaux et culturels, Commission des droits de l'Homme, 60ème session, E/CN.4/2004/48, 8 mars 2004, par. 30.

2. *L'exigence de réparations spécifiques*

a) Les particularités de la réparation pécuniaire

Le standard de l'indemnisation juste et équitable[251] (généralement prévu par le législateur en droit interne en cas d'expropriation pour cause d'utilité publique) ne peut s'appliquer de manière systématique aux peuples autochtones. En cas d'expropriation d'espaces protégés par le droit à la terre, des réparations spécifiques doivent en effet être accordées. Certes, « [l]a Cour IDH s'est fondée sur la CADH et », de manière traditionnelle, « sur le 'principe de droit international coutumier selon lequel toute violation d'une obligation internationale qui a causé un dommage entraîne l'obligation de le réparer' pour rendre ses décisions en matière de compensation »[252]. Mais une réparation juste et équitable est prévue dans des cas plus précis exposés dans cinq articles de la Déclaration des Nations Unies sur les droits des peuples autochtones. Ainsi, elle est due :

- pour tout acte « ayant pour but ou pour effet de priver les autochtones de leur intégrité en tant que peuples distincts, ou de leurs valeurs culturelles ou leur identité ethnique » ;
- pour tout acte « ayant pour but ou pour effet de les déposséder de leurs terres, territoires ou ressources » ;
- pour « [t]oute forme de transfert forcé de population ayant pour but ou pour effet de violer ou d'éroder l'un quelconque de leurs droits ; [t]oute forme d'assimilation ou d'intégration forcée (article 8) ;
- pour les « biens culturels, intellectuels, religieux et spirituels qui leur ont été pris sans leur consentement préalable, donné librement et en connaissance de cause, ou en violation de leurs lois, traditions et coutumes » (article 11) ;
- lorsqu'ils sont « privés de leurs moyens de subsistance et de développement » (article 20) ;
- « pour les terres, territoires et ressources qu'ils possédaient traditionnellement ou occupaient ou utilisaient et qui ont été confisqués, pris, occupés, exploités ou dégradés sans leur

---

[251] Article 17 de la Déclaration universelle des droits de l'Homme et du citoyen : « La propriété étant un droit inviolable et sacré, nul ne peut en être privé, si ce n'est lorsque la nécessité publique, légalement constatée, l'exige évidemment, et sous la condition d'une juste et préalable indemnité ».

[252] C. GOLAY, I. CISMAS, *Avis juridique : le droit de propriété sous l'angle des droits humains*, Genève, Droits et Démocratie, 2010, p. 19. Disponible sur : http://books1.scholarsportal.info/viewdoc.html?id=369448 (consulté 8 mai 2015).

consentement préalable, donné librement et en connaissance de cause » (article 28) ;
- « pour en atténuer les effets néfastes sur les plans environnemental, économique, social, culturel ou spirituel » (article 32).

La réparation financière doit toujours être prévue dans le cas d'expropriation. Ainsi que l'a indiqué la Commission des revendications indigènes des terres, elle ne peut uniquement se fonder sur la valeur monétaire de la terre selon le cours du marché, lorsque les terres sont occupées par des peuples autochtones[253]. En effet, la réparation pécuniaire du dommage, qui ne serait fondée que sur la valeur monétaire de la terre ne fait qu'entretenir la perception occidentale de la propriété comme bien matériel à valeur marchande, sans prendre en compte la valeur donnée par les peuples autochtones. « *[T]his ethnocentric ideology is so mismatched to indigenous 'communal property interests' and the 'religious and cultural values inherent' in their modalities of land ownership that such redress is incommensurable to the pain of the loss of land and cannot be considered 'just compensation'* »[254].

Pour cette raison, l'article 28 alinéa 2 de la Déclaration sur les droits des peuples autochtones dispose que « [s]auf si les peuples concernés en décident librement d'une autre façon, l'indemnisation se fait sous forme de terres, de territoires et de ressources équivalents par leur qualité, leur étendue et leur régime juridique, ou d'une indemnité pécuniaire ou de toute autre réparation appropriée ». Toutefois, le choix de réparer pécuniairement peut avoir des conséquences très négatives sur un peuple autochtone, en particulier lorsque l'indemnisation est individuelle et n'est pas versée à la communauté. Dans ce cas, elle a souvent pour conséquence d'une part, la division du groupe au nom d'une logique économique à laquelle répond le monde moderne et, d'autre part, la méconnaissance de l'intérêt communautaire.

La réparation pécuniaire peut cependant intervenir pour réparer les préjudices accessoires causés, par exemple, par la perte de récoltes, ou le dommage moral subi en raison du lien qui les relie à leurs terres. Ce préjudice doit être considéré très sérieusement dans l'évaluation et du montant de la compensation. De plus, comme le souligne le comité chargé de l'application de la Convention n°169, lorsque les communautés sont réinstallées à quelques mètres de leurs anciennes terres, l'entrée sur leurs

[253] A. DUFFY, « Indigenous Peoples' Land Rights: Developing a Sui Generis Approach to Ownership and Restitution », *International Journal on Minority and Group Rights*, 2008, vol. 15, pp. 522-524.
[254] Ibid., p. 524.

terres de personnes étrangères peut également entraîner des changements dans leurs modes de vie[255], tout comme la dégradation de leur environnement ou le manque d'eau.

Mais d'une manière globale, la réparation ne peut pas être uniquement pécuniaire. C'est la raison pour laquelle, selon la Banque interaméricaine de développement (BID) par exemple, une juste réparation devrait comprendre le remplacement des terres ou la compensation pécuniaire, mais aussi l'usage de moyens pour rétablir des stratégies de subsistance, des revenus générant de l'emploi, la réparation pour l'utilisation des terres, la dégradation ou la perte de l'accès aux ressources naturelles, la protection, la restauration ou le remplacement de biens immatériels tels que ceux liés à leurs croyances et cultures, et le remplacement des services auxquels les peuples autochtones ont habituellement accès[256]. Malgré toutes ces modalités que peut revêtir la réparation, la meilleure consiste bien entendu, lorsque les terres initialement exploitées ne peuvent être restituées, en l'octroi de terres semblables.

b) La réparation en nature

La réparation en nature consiste en l'octroi de terres de nature semblable et de qualité équivalente ou supérieure ayant le même statut juridique que les terres perdues, ce qui signifie que si ces terres avaient un statut particulier en droit interne, les nouvelles terres devront également être protégées de la même manière. La Convention n°169 de l'OIT prévoit que le déplacement doit s'effectuer sur des terres de « qualité et de statut juridique au moins égaux à ceux des terres qu'ils occupaient antérieurement »[257]. Cette réparation, qui est encouragée par la Convention, permet à la communauté de subvenir à ses besoins et de laisser ainsi un héritage aux générations futures[258].

Dans l'évaluation de l'intérêt de la réparation en nature, il semble important de prendre en considération plusieurs facteurs. Tout d'abord, une

---

[255] Rapport du comité chargé d'examiner la réclamation alléguant que le Brésil n'a pas respecté les dispositions de la convention (n°169) relative aux peuples indigènes et tribaux, présentée par le Syndicat des ingénieurs du District fédéral (SENGE/DF), n°162006BRA169, Genève, le 17 mars, 2009, par. 46.

[256] Banque interaméricaine de Développement, *Operational Policy on Indigenous Peoples (IPP) – Operating guidelines*, Washington, BID, janvier 2007, p. 3, pp. 33-34. Voir : http://idbdocs.iadb.org/wsdocs/getdocument.aspx?docnum=1481575 (consulté le 9 août 2012).

[257] Voir l'art. 16 de la Convention.

[258] J. STELLATO GABRIELLI, *Indigenous peoples and land right*, Rome, Lateran University Press, 2003, pp. 130-136.

réparation en nature n'est possible que si les peuples autochtones concernés sont engagés dans le processus de négociation. Dans bien des cas, les communautés ne sont pas consultées et ne peuvent exprimer leurs inquiétudes et leurs priorités sur les terres qu'elles souhaitent occuper. Ensuite, dans bien des cas, la réparation en nature ne remplit correctement son rôle que si elle permet l'accès aux sites sacrés, et se trouve à proximité des terres initialement occupées : plus elles seront loin et plus le détachement sera contraignant physiquement et psychologiquement. De plus, un des points sur lesquels les peuples autochtones sont méfiants est la quantité de terres disponibles. En effet, bien souvent, la quantité proposée à ces communautés est inférieure à celle qu'elles occupent, et elle ne leur permet pas de cultiver ce qui est nécessaire à leur subsistance. Le facteur de temps doit également être pris en compte, puisqu'entre la période de semence et de récolte des produits de la terre, les peuples autochtones risquent de ne disposer d'aucune ressource alimentaire. D'une manière plus générale, l'indifférence à ces préoccupations peut entraîner un véritable déracinement du groupe, affecter l'état psychologique, voir l'intégrité culturelle et physique de ses membres. C'est le cas notamment lorsque l'État concède des terres très éloignées des terres initialement occupées, rompant ainsi le lien historique et spirituel qui unit les peuples déplacés à la terre. De même que lorsque l'État les déplace dans un environnement distinct en termes de faune et de flore, le groupe peut se voir privé d'accès à ses moyens de subsistance traditionnels (par exemple aux fruits habituellement consommés, aux plantes médicinales généralement utilisées) ou encore aux services auxquels il avait accès à l'origine (par exemple un centre de santé ou une école). Dans plusieurs cas, l'expropriation a conduit la communauté à se disperser, à perdre ses repères culturels, à se désintégrer suite à des conflits internes, et à laisser ses membres se diriger vers des noyaux urbains où la pauvreté et la délinquance attendent généralement ces populations vulnérables.

Sur ces questions, les promesses non tenues des gouvernements latino-américains sont nombreuses. Un bon exemple peut être trouvé dans la situation soumise par le Syndicat radical des travailleurs de la métallurgie et assimilés représentant la communauté autochtone Chinantec, devant le Comité chargé de veiller à l'application de la Convention n°169 de l'OIT. Le gouvernement fédéral mexicain avait décidé en 1972 de construire le barrage Cerro de Oro, par décrets présidentiels du 29 août 1972, du 3 juin 1973 et du 14 janvier 1974, afin d'éviter le risque d'inondation des terres de 5000 familles chinantec basées à San Lucas de Ojitlán, dans l'État d'Oaxaca. Face à l'opposition de la communauté, le gouvernement a proposé de dédommager les familles pour la perte de leurs terres, leurs foyers et leurs récoltes et de les réinstaller sans consultation préalable, et sans prendre en compte leur attachement à la terre occupée de manière ancestrale, les obligeant à quitter leurs lieux sacrés. Leur réinstallation initialement prévue sur une surface de 260 000 hectares dans la vallée d'Uxpanapa dans l'État de Veracruz s'est avérée n'être que partiellement exécutée puisqu'ils n'ont reçu que 90 000 hectares. Le représentant de la communauté, Marcos Zamora González, a tenté de convaincre l'administration d'appliquer les décrets présidentiels à plusieurs reprises notamment en 1976 et en 1983, mais celui-ci a été arrêté en 1997[259].

En pratique, la réparation en nature est souvent accordée aux peuples autochtones sans que le lien qui unit les peuples autochtones à la terre soit sérieusement pris en compte. Certes, ce lien se caractérise de manière superficielle par les besoins alimentaires des peuples autochtones, et on peut sans doute considérer que si la terre a des propriétés semblables, les peuples autochtones pourront y survivre. Toutefois, il ne s'agit pas seulement de survie, mais d'un mode de vie ancestral. La spiritualité liée à la terre est difficilement remplaçable car elle ne garantit pas l'accès aux sites sacrés lorsque chaque année, des rites ont lieu, et doivent se tenir dans un site précis.

La pertinence de la formule de terres de « qualité et de statut juridique au moins égaux » à ceux des terres initialement occupées peut également être contestée. En premier lieu, nous pouvons nous interroger sur l'opportunité de se référer à la « qualité égale » de la terre acquise par rapport à la terre possédée antérieurement. Dans la pratique, la garantie de fournir des terres de « qualité équivalente » n'est pas réellement respectée quand on voit que certaines communautés ont été placées par exemple au Guatemala, sur des terres incultivables ou difficile à cultiver, en montagne et en pente, lors de la guerre civile qui a pris fin en 1996. En effet, nous pouvons nous interroger sur la base d'un tel jugement de valeur. Généralement, le jugement de valeur se fait à partir de la valeur marchande de la terre, des fruits qu'elles donnent, des revenus issus des produits de la terre. Il ne s'agit pas seulement de proposer des terres de la même surface mais de proposer des terres qui puissent répondre aux besoins définis par la communauté. En second lieu, sur le statut juridique, la question se pose de savoir si l'État respectera cette condition en octroyant par exemple le titre de réserve autochtone à des terres avec lesquelles la communauté n'a aucun lien historique. Enfin, l'État devra

---

[259] Rapport du comité chargé d'examiner la réclamation alléguant l'inexécution par le Mexique de la convention (n°169) relative aux peuples indigènes et tribaux, présentée par le Syndicat radical des travailleurs de la métallurgie et assimilés, n°161999MEX169, Genève, 1999.

garantir que les nouvelles terres ne pourront pas faire l'objet, à leur tour, d'une nouvelle procédure d'expropriation.

c) La restitution des terres

La restitution des terres est une mesure de réparation prévue dans l'article 10 de la Déclaration des Nations Unies sur les droits des peuples autochtones, et dans l'article 16 de la Convention n°169 de l'OIT[260]. Cette dernière disposition en particulier, prévoit le retour des peuples autochtones sur leurs terres lorsque cela est possible et lorsque la raison de leur expropriation a cessé d'exister, par exemple lorsqu'un contrat d'exploitation a pris fin. Cette forme de réparation, prévue dans l'article 28 de la Déclaration sur les droits des peuples autochtones, est spécifique à l'expropriation de ces peuples. Mais elle n'est pas obligatoire (mais encouragée), ainsi qu'en témoigne la formule « lorsque cela est possible ». Cette expression démontre en effet la possibilité pour l'État de ne pas recourir à la restitution des terres en cas d'expropriation.

Le retour sur les terres est difficile lorsqu'une concession pétrolière ou minière est accordée pour un grand nombre d'années, par exemple pour 10, 20 ou 30 ans, ce qui est courant. En pratique, la durée de l'éloignement est un facteur déterminant pour laisser la communauté choisir si elle entend récupérer ses terres ou si elle décide de partir. Quoiqu'il en soit, la durée de la concession causera des bouleversements importants dans la vie de la communauté. Si elle décide de rester à proximité, le contact avec des personnes étrangères l'affectera d'une manière ou d'une autre.

Cette forme de réparation est critiquable si elle n'est pas accompagnée de certaines garanties. Les études sur les industries extractives démontrent que les conséquences de leur activité sur les terres sur lesquelles les peuples autochtones pourraient revenir sont généralement très graves, quelle que soit la phase à laquelle on se situe : phase d'exploration, d'appréciation et de faisabilité, de construction, de production, de traitement et de distribution ou de démantèlement[261]. Une phase de remise en état du site et de restauration de l'écosystème est souvent prévue dans les contrats de concessions pétrolière ou minière. Il s'agit par exemple du remplacement du sol

---

[260] La restitution des terres figure également dans l'article 17 du projet de Déclaration interaméricaine.

[261] UICN, *Industries extractives dans les zones arides et semi-arides : Planification et gestion de l'environnement*, Gland, Suisse et Cambridge, Royaume-Uni, coll. Gestion des écosystèmes, 2004, 122 p. Disponible en ligne sur : https://portals.iucn.org/library/efiles/documents/CEM-001-Fr.pdf (consulté le 8 mai 2015).

contaminé, et de la régénération de la végétation. Le problème est que, dans certains cas, la remise en l'état n'est pas possible ou peut prendre des dizaines d'années. Plus précisément, dans le cas des industries extractives, l'Union internationale pour la Conservation de la Nature (UICN) constate que « l'[u]n des principaux problèmes [est] la persistance de l'exhaure acide et des lixiviats provenant des parcs à résidus et des bassins de résidus avec barrage. Le pompage et le traitement de ces liquides devront peut-être se poursuivre durant de nombreuses années pour empêcher la contamination des eaux de surface et des eaux souterraines »[262]. Par ailleurs, lorsqu'un site est exploité, de grands travaux sont généralement effectués pour y accéder, aménager des espaces pour les travailleurs, et transporter les produits. La qualité de l'air et du sol s'en trouvent nécessairement modifiées et la faune et la flore perturbées[263]. Aux termes des contrats d'exploitations pétrolières, les entreprises ont généralement l'obligation, une fois l'exploitation terminée, de quitter les terres en ayant procédé au nettoyage et à la fermeture des puits (obligation générale dans le contrat de concession). Lorsque cette obligation n'est pas prévue ou pas correctement exécutée, le retour des autochtones sur leurs terres peut s'avérer dangereux pour leur santé et pour leur vie.

La question se pose donc de savoir quelle solution retenir lorsque la restitution des terres n'est pas « possible » ou qu'une concession a été renouvelée. Une nouvelle indemnisation peut-elle être envisagée ? Le choix dans le type de réparation est-il irrévocable ? Il semble que l'adaptation du mode de réparation soit indispensable en cas d'impossibilité de retourner sur les terres. La législation colombienne prévoit ainsi « des garanties permettant à ces peuples de revenir sur leurs terres, ou, dans l'impossibilité de cette éventualité, de se voir doter de terres de qualité et de statut juridique au moins équivalents, leur permettant de subvenir à leurs besoins et de garantir leur développement futur ». Mais « même si l'État colombien peut déplacer les communautés, le droit originaire de celles-ci sur une terre, quelle qu'elle soit, n'est jamais éteint »[264].

Par ailleurs, nous pouvons nous demander si l'imprescriptibilité du droit à la terre peut permettre aux peuples autochtones de revenir sur leurs terres après avoir reçu une indemnisation. Cela paraît possible, sans même être suffisant dans certains cas. Comme le souligne le Comité des droits de

---

262 Ibid. p. 26.

263 Voir la liste des conséquences de l'exploitation des ressources naturelles par minerais figurant dans UICN, Industries extractives dans les zones arides et semi-arides…, op. cit., pp. 81-83.

264 G. FILOCHE, *Ethnodéveloppement, développement durable et droit en Amazonie*, Bruylant, Bruxelles, 2007, p. 356.

l'Homme préoccupé des effets négatifs des projets de production d'énergie hydroélectrique sur le mode de vie et les droits des Mapuche, « [l]a réinstallation et l'indemnisation peuvent ne pas être suffisantes pour assurer le respect de l'article 27 du Pacte. Par conséquent : en planifiant des initiatives qui touchent les membres des communautés autochtones, l'État partie doit prêter attention avant tout au maintien de la culture et du mode de vie autochtones et à la participation des peuples autochtones à la prise de décisions qui les touchent »[265].

Au terme de ce paragraphe, il ressort que le droit à la terre a été façonné en vue de protéger la relation particulière qu'entretiennent les peuples autochtones avec la terre sur laquelle ils vivent. C'est essentiellement ce qui explique que le droit à la terre se distingue du droit de propriété, à la fois par son titulaire (qui est collectif et non individuel), par son objet (qui n'est pas réductible à un rapport économique), par son contenu (puisque le droit à la terre protège également le rapport sacré et culturel à la terre) et par ses effets juridiques (la quasi-interdiction des déplacements forcés et le versement d'indemnités spécifiques). C'est également ce souci de protéger un groupe social restreint, et le rapport qu'il entretient avec ses terres, qui explique qu'il entre fréquemment en conflit avec la souveraineté de l'État sur ses ressources naturelles.

§ 2. Un droit en conflit avec la souveraineté de l'État sur ses ressources naturelles

Les conflits relatifs à la terre restent fréquents, en particulier dans un contexte économique reposant sur les revenus des ressources naturelles dont l'État est souverain. La souveraineté de l'État est un de ses éléments constitutifs avec la notion de territoire. Le lien entre souveraineté et propriété n'est pas évident, or « [i]l n'y a donc pas véritablement d'opposition, dans la conceptualisation souveraine de la propriété, entre cette dernière et la souveraineté politique, ou plus exactement, cette opposition ne naît qu'au moment où la souveraineté politique prétend elle-même à la propriété »[266].

---

[265] Observations finales sur le rapport du Chili du Comité des droits civils et politiques, CCPR/C/79/Add.104, 30 mars 1999, par. 22.

Le principe de souveraineté de l'État sur ses ressources naturelles[267] découle de la reconnaissance de la souveraineté de l'État, « l'un des principes les plus fondamentaux et les plus solidement établis en droit international »[268]. La souveraineté sur les ressources naturelles est un thème délicat car il ranime la question ancienne de la souveraineté des peuples autochtones ou des Nations indiennes à l'époque de la colonisation. Si l'on reconnaît que les peuples autochtones étaient souverains ou du moins considérés comme des autorités politiques légitimes au moment de la colonisation, il pourrait leur être concédé des compétences particulières en matière de contrôle et de gestion des ressources naturelles sur leurs territoires. D'autant, qu'en lisant le préambule de la Déclaration des Nations Unies sur les droits des peuples autochtones, il est inscrit :

> « *Préoccupée* par le fait que les peuples autochtones ont subi des injustices historiques à cause, entre autres, de la colonisation et de la dépossession de leurs terres, territoires et ressources, ce qui les a empêchés d'exercer, notamment, leur droit au développement conformément à leurs propres besoins et intérêts,
> *Consciente* de la nécessité urgente de respecter et de promouvoir les droits intrinsèques des peuples autochtones, qui découlent de leurs structures politiques, économiques et sociales et de leur culture, de leurs traditions spirituelles, de leur histoire et de leur philosophie, en particulier leurs droits à leurs terres, territoires et ressources »[269].

Les termes choisis révèlent un certain parallélisme entre la conception du droit à la terre des peuples autochtones et la souveraineté sur les ressources naturelles. En effet, certaines similitudes existent entre ces deux concepts : le principe de souveraineté sur les ressources naturelles s'inscrit dans un contexte bien particulier (A) mais le champ d'application couvert par ces deux notions, qui pour plusieurs auteurs sont semblables (B).

---

[267] Voir : D. ROSENBERG, *Le principe de souveraineté des États sur leurs ressources naturelles*, Paris, L.G.D.J., 1983, 395 p. ou encore K. HOSSAIN, S. ROY CHOWDHURY, *Permanent sovereignty over natural resources in international law. Principles and practice*, Londres, Pinten, 1984, XX-194 p.

[268] G. ABI-SAAB, « La souveraineté permanente sur les ressources naturelles », in M. BEDJAOUI, *Droit international : bilan et perspectives*, Paris, Pedone, 1991, p. 639.

[269] Non surligné dans le texte original.

A. Le principe de souveraineté sur les ressources naturelles

Pour comprendre le lien entre les peuples autochtones et le principe de souveraineté sur les ressources naturelles, il est nécessaire de comprendre le contenu de ce principe.

Il existe une théorie qui distingue les ressources venant du sol de celles venant du sous-sol. Les premières relèveraient du propriétaire et les secondes de l'État. Cette distinction est généralement contestée puisque l'État est reconnu comme étant souverain sur toutes les ressources naturelles de son territoire. Il en ressort que l'État demeure le seul à établir le droit applicable sur les ressources naturelles appartenant au domaine public de façon permanente. Il ne peut que les céder temporairement selon les règles qu'il fixe. Ce droit a notamment pour but de contrôler les investissements étrangers. Et il va jusqu'à permettre à l'État de nationaliser et d'exproprier les entreprises étrangères[270].

1. Le contexte dans lequel le principe de souveraineté sur les ressources naturelles a émergé

Le contexte d'émergence du principe de souveraineté sur les ressources naturelles est particulier[271]. Il a été proclamé dans les résolutions des Nations Unies en vue d'affirmer la souveraineté des États insuffisamment développés sur la base du principe d'égalité souveraine des États[272]. En effet, les États industrialisés se voyaient jusqu'alors reconnaître la possibilité d'accéder aux ressources naturelles, lorsqu'ils considéraient qu'elles n'étaient pas exploitées de manière satisfaisante par l'État dans lequel elles se trouvaient. Mais « [d]epuis le début des années 50, [le principe de souveraineté sur les ressources naturelles a été] préconisé comme moyen de garantir aux peuples libérés de la domination coloniale les bienfaits économiques tirés des ressources naturelles de leurs territoires, et de donner aux nouveaux États indépendants une base juridique pour lutter contre les atteintes à leur souveraineté économique qui découlent de contrats et autres arrangements abusifs et inéquitables imposés par d'autres États et des sociétés étrangères, ainsi que pour obtenir réparation. Ce principe a été et reste un préalable

---

270 G. ABI-SAAB, op. cit., pp. 648-660.

271 Pour plus d'informations sur le contexte historique, voir : K. N. GESS, « Permanent Sovereignty over natural resources: an analytical review of the United Nations Declaration and its Genesis », *International and Comparative Law Quarterly*, 1964, vol. 13, pp. 398-449.

272 G. ABI-SAAB, op. cit., p. 640.

indispensable à la réalisation par un peuple de son droit à l'autodétermination et de son droit au développement »[273]. Sur la base de ce principe, il revient à l'État souverain d'autoriser l'accueil des capitaux étrangers[274], ou d'exploiter ses richesses et ses ressources naturelles, en vertu de sa liberté de choisir son système économique[275]. Ce principe répond à la logique de l'indépendance économique des États afin qu'ils assurent eux-mêmes leur développement. L'Assemblée générale des Nations Unies a reconnu, par sa résolution A/626 (VII) le 21 décembre 1952[276], la possibilité pour un État de nationaliser les ressources naturelles. Le texte de la résolution a été longuement débattu[277]. Pour certains, il manquait de

---

[273] E.-I. A. DAES, *Prévention de la discrimination, protection des peuples autochtones et prévention de la discrimination à leur égard, Souveraineté permanente des peuples autochtones sur les ressources naturelles*, du 13 juillet 2004, E/CN.4/Sub.2/2004/30, p. 5, par. 6.

[274] G. FISCHER, « La souveraineté sur les ressources naturelles », *A.F.D.I.*, 1962, vol. 8, p. 523.

[275] G. ABI-SAAB, op. cit., p. 642. Voir également : E.-I. A. DAES, *Prévention de la discrimination…*, op. cit., p. 7 : « on avait aussi admis que le droit à l'autodétermination englobait incontestablement le principe simple et élémentaire qui voulait qu'une nation ou un peuple ait la maîtrise de ses propres richesses ou ressources naturelles ; par conséquent, la formulation proposée ne visait pas à effrayer l'investissement étranger en faisant planer la menace de l'expropriation ou de la saisie, mais bien plutôt à mettre en garde contre toute exploitation étrangère qui aurait pour résultat de priver la population locale de ses propres moyens de subsistance ».

[276] Résolution 626 (VII) du 21 décembre 1952, Droit d'exploiter librement les richesses et les ressources naturelles (Doc A/2361), p. 18. La première résolution se référant à ce principe est adoptée le 12 février 1952. Elle affirme que « les pays insuffisamment développés ont le droit de disposer librement de leurs richesses naturelles (…) qu'ils doivent l'utiliser de manière à se mettre dans une position plus favorable pour faire progresser davantage l'exécution de leurs plans de développement économique conformément à leurs intérêts nationaux, et pour encourager le développement de l'économie mondiale ». La Charte de l'Atlantique du 17 août 1947 énonçait quant à elle que ses États parties « s'efforcent, tout en tenant compte des obligations qu'ils ont déjà assumées, d'ouvrir également à tous les États, grands, et petits, vainqueurs ou vaincus, l'accès aux matières premières du monde et aux transactions commerciales qui sont nécessaires à leur prospérité économique ». Par la suite, en 1958, la Commission pour la souveraineté permanente sur les ressources naturelles a été créée pour mener une enquête sur cette question et formuler des recommandations à ce propos.

[277] E. NOVOAL MONREAL, *Nacionalización y recuperación de recursos naturales ante la Ley Internacional*, México, Fondo de Cultura Economica, 1974, pp. 107-127.

précision et de clarté. D'autres souhaitaient une distinction entre l'application du principe dans le domaine économique et le contexte politique[278]. Une résolution 1314 a donc été adoptée, le 12 décembre 1958, limitant l'exercice de la souveraineté des États sur les ressources naturelles via une expropriation, en posant la condition d'une indemnisation. Le 14 décembre 1962, la résolution 1803[279] a achevé le cycle des résolutions directement relatives à la question de souveraineté permanente des États sur les ressources naturelles. Bien que les résolutions de l'Assemblée générale des Nations Unies ne soient pas obligatoires, elles revêtent une force morale non négligeable[280]. C'est pourquoi, selon certains, le principe de souveraineté sur les ressources naturelles énoncé en 1962 n'est pas « une règle du droit international, mais une *doctrine* »[281]. Toutefois, cette doctrine a peu à peu intégré la pratique[282] et peut désormais être considérée comme une règle coutumière[283].

Les Conférences de Stockholm (1972) et de Rio (1992) sont venues préciser les formes que doit prendre l'exercice de la souveraineté sur les ressources naturelles. Le texte issu de la Conférence de Rio énonce que :

> « Conformément à la Charte des Nations Unies et aux principes du droit international, les États ont le droit souverain d'exploiter leurs propres ressources selon leur politique d'environnement et de développement, et ils ont le devoir de faire en sorte que les activités exercées dans les limites de leur juridiction ou sous leur contrôle ne causent pas de dommages à l'environnement

---

278 J. N. HYDE, « Permanent Sovereignty over Natural Wealth and Resources », *A.J.I.L.*, 1956, vol. 50, n°4, pp. 854-860.

279 Résolution 1803 (XVII) du 14 décembre 1962, Souveraineté permanente sur les ressources naturelles, p. 5 (« La prospection, la mise en valeur et la disposition de ces ressources ainsi que l'importation des capitaux nécessaires à ces fins devraient être conformes aux règles et conditions que les peuples et nations considèrent en toute liberté comme nécessaires et souhaitables pour ce qui est d'autoriser, de limiter ou d'interdire ces activités »).

280 D. ROSENBERG, op. cit., pp. 111-114.

281 G. FISCHER, op. cit., p. 518.

282 Dans la pratique, le principe est évoqué dans l'affaire du Timor oriental dans laquelle ce principe est reconnu comme un principe général de droit international. Voir infra Partie I, Titre II, Chapitre I, Section I, par. 1.

283 R. MENDEZ SILVA, « La soberanía permanente de los pueblos sobre sus recursos naturales », *Estudios Jurídicos*, 1993, n°4, p. 76.

dans d'autres États ou dans des zones ne relevant d'aucune juridiction nationale »[284].

Cette disposition permet de mettre en évidence le lien entre le développement, la politique environnementale, et l'exploitation des ressources naturelles qui ne doit pas se faire au détriment de la protection de l'environnement. Bien entendu, l'exploitation des ressources naturelles par un État ne doit pas causer de dommages à l'environnement d'autres États. La question de savoir dans quelle mesure l'État souverain peut autoriser une exploitation qui cause des dommages sur son propre territoire est cependant plus difficile.
La compréhension de la définition de ce principe permet d'éclairer la conception du droit à la terre revendiquée par les peuples autochtones.

2. *La définition de la souveraineté sur les ressources naturelles*

L'État détient « l'exclusivité ou le monopole de la puissance publique dans les limites territoriales de la juridiction nationale [et] la capacité [d']agir directement au niveau international, sans s'en référer ou être subordonné à une autorité supérieure »[285]. Comme on l'a dit plus haut, ce principe implique le droit de l'État d'accueil d'un investissement, de nationaliser une entreprise étrangère exploitant son sol ou son sous-sol. L'expropriation n'est cependant admise que lorsqu'elle est entreprise dans un but d'utilité publique, menée de manière non discriminatoire, et accompagnée d'une indemnisation. Cette dernière condition a été l'objet de discussions lors de l'élaboration des résolutions de l'Assemblée générale. Chaque État proposait des termes différents. La Russie par exemple souhaitait que l'indemnité soit fixée par des mesures législatives décidées par l'État[286] car le principe de souveraineté de l'État sur les ressources naturelles est l'extension même de la souveraineté territoriale. La proposition chilienne, retenue, affirmait que l'indemnisation devait être « rapide, adéquate, et effective »[287].

---

[284] Non souligné dans le texte original.
[285] G. ABI-SAAB, op. cit., pp. 642.
[286] A. GOMÉZ ROBLEDO VERDUZCO, « La Soberanía de los Estados sobre sus recursos naturales », *Pemex lex*, numéro spécial, 1997, p. 61. La résolution 2158 (XXI) du 25 novembre 1966 de l'Assemblée générale énonce que : « l'Assemblée générale confirme que l'exploitation des ressources naturelles de chaque pays doit toujours être conforme à ses lois et règlements nationaux ».
[287] E. NOVOAL MONREAL, op. cit., pp. 108-127.

Si le principe de souveraineté sur les ressources naturelles n'est pas remis en cause, ses caractéristiques se rapprochent de celles reconnus au droit à la terre.

B. Les points de rencontre du droit à la terre et de la souveraineté des ressources naturelles

Le droit à la terre et la souveraineté sur les ressources naturelles autorisent en principe une exploitation partiellement comparable d'un même type de bien, les ressources naturelles (1). Mais la doctrine majoritaire affirme que le titulaire est l'État tandis que d'autres laissent entendre que les peuples autochtones détiennent une forme de souveraineté leur permettant de revendiquer ce droit (2).

1. Un objet semblable

Le droit à la terre et la souveraineté sur les ressources naturelles se ressemblent au moins sur deux aspects : ils sont justifiés par le souhait d'un groupe humain de se développer d'un point de vue économique, et ils autorisent ce groupe à exploiter des ressources naturelles.

Sur le premier point, on doit noter la ressemblance dans les termes employés dans le cadre des dispositions affirmant que les peuples autochtones ont le droit de choisir librement leur modèle de développement économique, et les dispositions relatives à la souveraineté de l'État. L'article 7 al. 1 de la Convention n° 169 prévoit que « [l]es peuples intéressés doivent avoir <u>le droit de décider de leurs propres priorités en ce qui concerne le processus du développement</u>, (...), et d'exercer autant que possible un contrôle sur leur développement économique, social et culturel propre. En outre, lesdits peuples doivent participer à l'élaboration, à la mise en œuvre et à l'évaluation des plans et programmes de développement national et régional susceptibles de les toucher directement »[288]. Dans le projet de Déclaration interaméricaine sur les droits des populations indigènes, il est dit que « [l]es États reconnaissent que les populations indigènes ont droit à déterminer librement leur situation politique et à <u>promouvoir librement leur développement économique, social et culturel</u> et ont par conséquent droit à l'autonomie ou au gouvernement indépendant en ce qui concerne leurs affaires internes et locales, y compris (...) les activités économiques, l'administration des terres et des ressources, l'environnement et l'admission

[288] Non souligné dans le texte original.

de non membres ; ainsi que les ressources et les moyens pour financer ces fonctions autonomes ». Ces formulations rappellent le texte de la résolution A/626 de l'Assemblée générale des Nations Unies qui emploie pour sa part les termes suivants : « Recommande à tous les États Membres, lorsqu'ils exerceront leur droit d'utiliser et d'exploiter librement leurs richesses chaque fois qu'ils le jugent souhaitable pour leur progrès et leur développement économique ».

Le droit à la terre et la souveraineté sur les ressources naturelles se recoupent également en ce qu'ils portent tous deux sur les ressources naturelles. Très concrètement, ces ressources sont les mêmes : le droit à la terre vise directement celles qui se trouvent sur la « terre » des peuples autochtones, et de même, le principe de souveraineté sur les ressources naturelles est « empreint de territorialité »[289]. Dans le cadre de la souveraineté sur les ressources naturelles, on comprend par ces dernières « les ressources minérales, hydrauliques, agricoles, sous-marines, etc. [La souveraineté] semble s'appliquer aussi aux produits de l'industrie transformant ou utilisant ces ressources qui ne peuvent être obtenues elles-mêmes que grâce à l'effort humain »[290]. De même, dans le cadre du droit à la terre, les ressources naturelles du sol, de la faune et de la flore sont généralement reconnues comme étant sous le contrôle des peuples autochtones.

S'agissant des ressources naturelles du sous-sol en revanche, l'État se reconnaît souvent souverain, et estime que les peuples autochtones qui habitent au-dessus n'ont pas de droit particulier sur elles. Cette conception du principe de souveraineté de l'État sur les ressources naturelles « *has deep roots in non-indigenous law and practice* »[291]. Dans le cadre d'une telle conception limitant radicalement les droits autochtones, seule la contamination ou la pollution des rivières et fleuves internationaux, ou des ressources minérales préjudiciant un État riverain peut limiter la souveraineté[292]. Lorsque l'activité de l'État porte atteinte à un État riverain, ou aux

---

[289] G. BASTID BURDEAU, « Le principe de souveraineté permanente sur les ressources naturelles à l'épreuve de la mondialisation », in *Mélanges en l'honneur de Jean-Pierre Puissochet, L'État souveraineté dans le monde d'aujourd'hui*, Paris, Pedone, 2008, pp. 27-34.

[290] G. FISCHER, op. cit., p. 520.

[291] A. HUFF, « Indigenous Land Rights and the New Self-determination », Colorado, *Journal of International and Environmental Law and Policy*, 2005, vol. 16, p. 297.

[292] A. LÓPEZ, « The Relationship Between National Environmental Policies, National Sovereignty and International Forces in Dealing With Environmental

peuples autochtones qui y vivent, des règles existent, voire des principes, comme celui de la consultation préalable des peuples autochtones ou encore celui de ne pas causer de dommages sensibles à l'environnement[293]. On peut alors se demander si, dans le cadre de la protection internationale ou régionale des droits de l'Homme, on ne doit pas considérer que, d'une manière comparable, l'exploitation souveraine de ressources naturelles par un État *sur son territoire* trouve des limites dans les atteintes qu'il cause au droit à un environnement sain détenu par ses ressortissants – et notamment par les peuples autochtones vivant sur son territoire. En outre, si l'environnement et les richesses d'un État font partie du patrimoine commun de l'humanité, ou que les traditions d'un peuple autochtone sont classées patrimoine culturel immatériel ou vivant, l'État territorial devrait être tenu de les protéger.

On peut se demander s'il est possible que la souveraineté de l'État soit limitée par une certaine forme de souveraineté des peuples autochtones, qui serait issue de leur possession de la terre antérieure à la formation de l'État. Sans qu'il soit nécessaire d'interroger la légitimité de la conquête ou de la colonisation, ou de l'acquisition des terres par l'occupation des colons, il est clair que les effets de cette conquête se poursuivent actuellement, et que les peuples autochtones opposent à l'État, un certain nombre de droits issus de leurs ascendants chassés de leurs terres.

Problems in Latin America », *Relaciones Internacionales*, 2000-2001, n° 62-65, pp. 57-64.

293 J. A. BARBERIS, *Los recursos naturales compartidos entre Estados y el Derecho Internacional*, Madrid, Editorial Tecnos, 1979, p. 30. Ce principe est également présent dans le projet d'articles sur la prévention des dommages transfrontières résultant d'activités dangereuses et commentaires adoptée par la Commission du droit international, 53ème session, 2001, p. 407 : « Ce principe est également reflété dans le Principe 3 du projet de principes établi en 1978 sur la conduite dans le domaine de l'environnement pour l'orientation des États en matière de conservation et d'utilisation harmonieuse des ressources naturelles partagées par deux ou plusieurs États, selon lequel il est nécessaire que « chaque État fasse en sorte que, au-delà des limites de sa juridiction, de façon à protéger l'environnement, soient évités au maximum possible et réduits au minimum possible lors de l'utilisation d'une ressource naturelle partagée, les effets nuisibles à l'environnement dans le cas où l'utilisation est susceptible, en particulier : a) de causer un dommage à l'environnement pouvant avoir des répercussions sur l'utilisation de cette ressource par un autre État partageant ladite ressource ; b) de compromettre la conservation d'une ressource renouvelable partagée ; c) de mettre en péril la santé de la population d'un autre État ».

S'opposent alors, à propos d'un même espace et des mêmes ressources, deux types de droit assez proches dans leurs qualités, puisque si l'insaisissabilité et l'inaliénabilité caractérisent les terres autochtones, si leurs droits sur ces mêmes termes sont imprescriptibles, des termes semblables sont couramment employés s'agissant du domaine public[294]. C'est pourquoi il n'est pas surprenant qu'Erica-Irene A. Daes, ancienne Rapporteure spéciale et présidente du groupe de travail sur les populations autochtones, soutienne qu'il existe un droit des peuples autochtones à la souveraineté permanente sur les ressources naturelles. Certains auteurs considèrent même qu'ils disposent d'une « 'souveraineté' (...) 'permanente' » « parce qu'elle vise un droit de l'Homme inaliénable des peuples autochtones »[295]. Mais quel que soit le contenu de cette souveraineté sur les ressources naturelles, il est évidemment problématique de considérer que les peuples autochtones *et* l'État, ou les peuples autochtones *et* la nation en sont concomitamment les titulaires.

2. *Un titulaire unique*

De quelque manière qu'on qualifie le droit à la terre ou les droits des peuples autochtones sur leurs terres et leurs ressources, l'État est le seul à même de garantir son effectivité. Définir ce ou ces droits comme un pouvoir souverain dont disposeraient les peuples autochtones ne change rien à ce constat. Et le fait qu'Erica-Irene A. Daes définisse la souveraineté des peuples autochtones sur les ressources naturelles comme « un droit collectif en vertu duquel *l'État* est tenu de respecter, *protéger et favoriser* les intérêts gouvernementaux et patrimoniaux des peuples autochtones (en tant que communautés) sur leurs ressources naturelles »[296] témoigne de cette prépondérance inévitable de celui qui détient la *summa potesta* dans la pratique et « la mondialisation qui se traduit non seulement par une

---

[294] C. PLANÇON, *La représentation dans la production et l'application du droit. Étude de cas dans le droit de propriété foncière au Canada/Québec, en France et au Sénégal*, thèse : Université Panthéon-Sorbonne (Paris I), 2006, p. 212.
[295] P. NOBIRABO MUSAFIRI, *Droit foncier des peuples autochtones et le Droit International : Cas des peuples de la forêt « Pygmées » de la RD Congo*, éd. Stämpli, 2007, p. 161 ; E.-I., A. DAES, *Prévention de la discrimination...*, op. cit., p. 16, par. 47.
[296] Ibid., p. 18, par. 56. Elle poursuit « Le droit de souveraineté sur les ressources naturelles est déterminant pour le bien-être futur, l'atténuation de la pauvreté, la survie physique et culturelle, et le développement social et économique des peuples autochtones ».

extension du marché mais par un développement de l'action de tous les acteurs publics et privés sur le plan transnational n'a pas jusqu'à présent permis le développement de revendications sur les ressources naturelles en dehors du cadre des États. Ce sont eux qui restent finalement les garants de l'exploitation des ressources naturelles vis-à-vis de leur population et ce sont encore les détenteurs des ressources qui l'emportent sur les utilisateurs »[297].

De ce point de vue, le véritable titulaire de la souveraineté sur les ressources naturelles reste l'État, ce dernier devant simplement s'assurer que les droits des uns et des autres sont respectés sur son territoire. Certains[298] défendent cependant l'idée que la souveraineté sur les ressources naturelles appartient aux peuples et non aux États. Dans les résolutions de l'Assemblée générale des Nations Unies par exemple, la proclamation du principe de la souveraineté sur les ressources naturelles est généralement accompagnée de celle du droit des peuples à disposer d'eux-mêmes, « [la souveraineté] servant (...) de bouclier juridique pour la concrétisation politique de [l'autodétermination] »[299]. « *Traditionally, sovereignty and self-determination have been inexorably linked as characteristics of states under international law* »[300]. Toutefois, il s'agit bien ici de la nation, du peuple se constituant comme État, et non d'un peuple existant à l'intérieur de la population de l'État. C'est pourquoi même quand ils font référence à l'utilisation, au contrôle et à la gestion des ressources naturelles par les peuples autochtones, les différents textes internationaux ne font jamais référence à leur « souveraineté ».

Si l'on ne peut donc pas véritablement parler de la souveraineté des peuples autochtones sur leurs ressources naturelles, on doit admettre qu'ils tirent des droits particuliers du fait qu'ils ont longtemps été la seule autorité publique à les exploiter. James Anaya explique ainsi que Vattel avait soulevé l'ambiguïté du statut des peuples autochtones qui pouvaient être considérés comme des entités politiques, des nations ayant des pouvoirs d'auto-

---

297 G. BASTID BURDEAU, op. cit., p. 34.

298 L. BRUNNER, « The Rise of Peoples' Rights in the Americas: the Saramaka People Decision of the Inter-American Court of Human Rights », *Chinese Journal of International Law*, 2008, vol. 7, par. 26. Voir également : L. BARRERA-HERNANDEZ, « Sovereignty over Natural Resources under Examination: The Inter-American System of Human Rights and Natural Resource Allocation », *Annual Survey of International and Comparative Law*, 2006, vol. 12, pp. 43-58.

299 G. ABI-SAAB, op. cit., p. 639.

300 J. J. CORNTASSEL, T.H. PRIMEAU, «'Indigenous Sovereignty' and International Law : Revised Strategies for Pursuing 'Self-Determination' », *H.R.Q.*, 1995, vol. 17, p. 360.

gouvernement[301]. La difficulté est évidemment qu'ils ont perdu ces pouvoirs, et

> « [c]'est pourquoi les problèmes que les traités et autres instruments juridiques font peser aujourd'hui sur la vie des peuples autochtones tiennent à ce que le Rapporteur spécial a désigné sous l'expression processus d'évolution à retours, [c'est-à-dire un processus] par lequel les peuples autochtones ont été privés (ou considérablement amputés) de trois des quatre attributs essentiels qui fondaient leur statut originel de nations souveraines, à savoir leur territoire, leur capacité reconnue de conclure des accords internationaux et leurs formes spécifiques de gouvernement, sans parler du fort déclin de leurs effectifs respectifs dans de nombreux pays à travers le monde, dû à un certain nombre de facteurs dont les politiques d'assimilation »[302].

En pratique toutefois, c'est l'État qui détient la souveraineté sur les ressources naturelles. Et c'est donc lui qui, dans des circonstances exceptionnelles, a la possibilité de porter atteinte au droit de propriété dont jouissent ses citoyens et les étrangers sur son territoire.

Quoique les textes internationaux soient souvent imprécis, on estime généralement qu'ils attribuent des droits propres aux peuples autochtones sur leurs terres et sur les ressources qu'elles contiennent. Les droits qui leur sont

---

301 S. J. ANAYA, *Los pueblos indígenas en el derecho internacional*, op. cit., pp. 54-55 : « Vattel distinguió así diversas formas de sociedad indígena, basándose en la teoría de Locke sobre la obligación de derecho natural de cultivar la tierra. Si bien Vattel no llegó a sostener expresamente que una sociedad basada en la ocupación sedentaria fuese un prerrequisito para la estabilidad, si asumió en cambio que el cultivo de la tierra generaba un mayor derecho a esta que la caza o la recolección ». Voir également : F. LENZERINI, « Sovereignty Revisited: International Law and Parallel Sovereignty of Indigenous Peoples », *Texas International Law Journal*, 2006, vol. 42, pp. 165-166, et pp. 177-180 sur la délégation de pouvoirs par l'État.

302 HCDH, Rapport final du Rapporteur spécial Miquel Alfonso Martínez, Étude des traités, accords et autres arrangements constructifs entre les États et les populations autochtones, E/CN.4/Sub.2/1999/20, 22 juin 1999, par. 105. Disponible en ligne sur :
http://www.unhchr.ch/Huridocda/Huridoca.nsf/0/763a0c2a5af70936802567c4003a4832?Opendocument (consulté le 12 février 2011).

attribués dans ces textes se situent entre le droit de propriété et une forme de la souveraineté. En effet, ces textes consacrent leur autonomie et leur donnent la possibilité de gérer directement certaines ressources. L'État peut adhérer à ces instruments internationaux et reconnaître ainsi un certain abandon de sa souveraineté. Mais il peut également renoncer unilatéralement à certaines compétences, et, par exemple, autoriser les peuples autochtones présents sur son territoire à exploiter leurs ressources naturelles.

***

Au terme de ce chapitre, il apparaît clairement que c'est le droit à la terre qui constitue le droit subjectif le plus à même de servir à la défense des peuples autochtones, contre l'utilisation indue de leurs terres et des ressources qui s'y trouvent. Davantage que le seul octroi de titres de propriété, ou que la reconnaissance d'une forme de souveraineté des peuples autochtones sur leurs terres, l'attribution d'un droit à la terre permet de prendre en compte et de protéger la relation particulière, et notamment spirituelle, de ces peuples avec leurs terres. Conférant « plus » que la propriété, mais « moins » que la souveraineté, ce droit a vocation à conférer aux peuples autochtones une forme d'autonomie, et en même temps de protection, les deux étant indispensables à la réalisation de certains autres de leurs droits. On doit donc se féliciter de la consolidation progressive de ce droit. En pratique, sa reconnaissance est cependant inégale, et prend des formes variées.

CHAPITRE II – LES FORMES DE PROTECTION DES TERRES AUTOCHTONES

Du point de vue juridique, le droit à la terre est implicitement prévu à l'alinéa 3 de l'article 26 de la Déclaration sur les droits des peuples autochtones. Ce dernier dispose que « [l]es États accordent reconnaissance et protection juridiques [aux] terres, territoires et ressources [autochtones]. Cette reconnaissance se fait en respectant dûment les coutumes, traditions et régimes fonciers des peuples autochtones concernés ».

La consécration de ce droit à la terre a vocation à répondre à des difficultés diverses. D'un point de vue très général, elle se justifie par l'objectif de « *ensure equality of circumstances and redress the vulnerability of non-dominant group* »[303], et plus précisément de mettre fin aux difficultés considérables connues par ces peuples dans l'accès et la jouissance de leurs terres, dont témoignent de nombreuses recommandations des organes des traités des droits de l'Homme. Juridiquement, cette situation découle du manque de garanties juridiques de l'accès et de la jouissance de leurs terres par les peuples autochtones. La reconnaissance d'un droit à la terre vise ainsi, au premier chef, à résoudre le principal problème des peuples autochtones en Amérique latine, qui est qu'ils ne disposent pas aisément d'un titre de propriété sur les terres qu'ils occupent.

Pour résoudre ce problème, les États latino-américains mettent en place depuis plusieurs années des régimes de protection[304] allant de la reconnaissance légale ou constitutionnelle des terres autochtones à la

---

[303] A. XANTHAKI, Indigenous Rights…, op. cit., p. 16.

[304] Voir : R. ROLDÁN ORTEGA, *Derechos de los Pueblos y Comunidades Indígenas a la Tierra : Aspectos Legales e Institucionales, Washington*, Banque mondiale, 2002, pp. 19-20. « Entre los catorce países que han acogido regímenes de alta jerarquía jurídica sobre derechos especiales de los pueblos y comunidades indígenas, solamente ocho (8) han realizado avances importantes en el reconocimiento de los derechos territoriales. En seis países, México, Guatemala, Honduras, Nicaragua, Venezuela y Argentina, los avances han sido mínimos o no se han dado en absoluto. En ninguno de estos últimos países, se ha hecho un desarrollo legal de las normas constitucionales ni de las disposiciones del Convenio 169 (en el caso de aquellos países que lo han ratificado), para definir en normas ordinarias, de carácter sustantivo y procedimental, las opciones concretas de las que dispondrían las comunidades para acceder al dominio de la tierra. Teniendo en cuenta el tiempo transcurrido desde cuando cada uno de estos países acogió los cambios institucionales señalados, resulta razonable afirmar que en la mayoría de ellos no existe una clara voluntad gubernamental de poner en ejecución los ordenamientos adoptados ».

délimitation d'une zone intangible[305]. La première étape consiste généralement en la concession d'un titre de propriété collective modifiant le registre cadastral national (Section I). Mais dans un second temps, des dispositifs plus ambitieux sont parfois mis en place dans le but de prévenir les conflits et de créer une relation de confiance entre l'État et les peuples autochtones. Dans différents États, l'attribution de statuts juridiques spécifiques aux terres autochtones est venue renforcer la protection de ces terres. Le mécanisme le plus souvent utilisé dans ce cadre est la création d'aires protégées ou de réserve (Section II). Un autre mécanisme, plus innovant, est l'initiative Yasuni ITT proposée par le gouvernement de l'Équateur. Ce projet consiste à demander à la communauté internationale de verser la moitié des revenus qui pourraient être retirés de l'exploitation du pétrole d'une zone protégée, en échange de sa non-exploitation et du maintien en l'état de cet espace habité par des peuples autochtones (Section III).

SECTION I – LA RÉGULARISATION DES TERRES AUTOCHTONES

La régularisation[306] des terres est une étape essentielle à la reconnaissance et à la garantie des droits ancestraux des peuples autochtones sur les terres qu'ils occupent. Bien que, selon la jurisprudence de la Cour interaméricaine des droits de l'Homme (Cour IDH), chaque État prévoit les organes compétents et la procédure applicable dans cette opération de régularisation, cette dernière prend généralement la forme de l'attribution d'un titre de propriété. L'octroi d'un tel titre paraît être une opération indispensable à ces peuples, si l'on souhaite qu'ils soient en mesure de faire valoir leurs droits, et de participer aux décisions relatives à leurs terres[307]. Le Costa Rica, le Panama, la Colombie, l'Équateur, le Brésil, le Pérou, la Bolivie et le

---

305 PROGRAMME DES NATIONS UNIES POUR L'ENVIRONNEMENT, Composite Report on the Status and Trends regarding the knowledge, innovations and Practices of Indigenous and Local Communities, 30 septembre 2003, UNEP/CBD/WG8J/3/INF/10, 83 p., en particulier les pp. 15-17. Disponible en ligne sur : http://www.cbd.int/doc/meetings/tk/acpow8j-02/official/acpow8j-02-02-add4-en.pdf (consulté le 7 mars 2012).

306 Le terme de régularisation est une opération qui a pour but de rendre la situation d'occupation conforme à la loi, et non à la justice.

307 B. GANZ, « Indigenous Peoples and Land Tenure : An Issue of Human Rights and Environmental Protection », *Georgetown International Environmental Law Review*, 1996, vol. 9, p. 178.

Paraguay « ont réalisé des progrès significatifs dans le développement et la mise en œuvre des normes relatives à la légalisation des terres »[308].

Parce que, d'ordinaire, l'occupation des terres n'est pas légalement reconnue, elle ne confère pas des droits spécifiques liés à la terre. L'octroi d'un titre de propriété est donc nécessaire d'un point de vue politique puisqu'il permet d'empêcher une injustice passée (la spoliation des Indiens) de produire ses effets à long terme, et d'un point de vue juridique, puisqu'il est le seul à même de garantir la sécurité juridique des peuples autochtones dans leur relation à la terre (§ 1). En outre, les États latino-américains sont soumis à une certaine pression en ce sens. De nombreuses ONG défendant les intérêts des peuples autochtones effectuent des démarches en vue de la régularisation de leurs terres, et la Cour IDH et la Commission interaméricaine des droits de l'Homme (Commission IDH) estiment que, en l'absence de volonté de l'État de concéder des titres, ou une protection adéquate aux peuples autochtones, le fait qu'ils occupent leurs terres de manière traditionnelle suffit à démontrer que ces peuples sont titulaires de droits sur la terre[309]. La Cour tente ainsi de pallier l'inaction de l'État. Mais malgré cette pression et l'importance internationalement reconnue aux opérations de délimitation et de démarcation des terres autochtones, ces dernières se heurtent en pratique à de nombreuses difficultés (§ 2).

§ 1. Les finalités de la régularisation des terres

La régularisation des terres poursuit généralement deux finalités : celle de réparer une injustice passée et de légitimer une occupation jusque-là considérée comme illégale aux yeux de l'État (A), et d'asseoir ainsi une protection et des droits (B).

A. Réparer une injustice passée

La légitimation ou la régularisation des terres est une forme de reconnaissance *a posteriori* des droits des peuples ancestraux sur leurs terres[310]. Elle répond ainsi aux attentes des peuples autochtones qui revendiquent leurs droits face à l'État.

---

308 Traduction libre. R. ROLDÁN ORTEGA, *Derechos de los Pueblos y Comunidades Indígenas a la Tierra…*, op. cit., p. 22.

309 Voir infra Partie II, Titre II, Chapitre I, Section I, par. 1.

310 J. GILBERT, « Indigenous Rights… », op. cit, p. 226 : « it is certain that in addressing indigenous peoples' land rights the 'weight of history' cannot be ignored ».

Les autochtones ont été spoliés de leurs terres au moment de la colonisation. Dans la plupart des terres conquises, les Espagnols avaient mis en place des *encomiendas,* des systèmes de regroupement des autochtones sur un territoire donné et soumis à un travail forcé non rémunéré. D'après les écrits du XVIème, les autochtones étaient traités comme des êtres inférieurs et travaillaient comme des esclaves[311]. Bartolomé de las Casas, grand protecteur des droits des peuples autochtones, s'est insurgé contre le traitement que leur réservaient les Espagnols et a rédigé de nouvelles lois en 1542 visant à interdire l'esclavage.

La légalisation récente des terres vise à rétablir une situation d'injustice liée aux discriminations passées, fondées sur des conceptions erronées des rapports entre les groupes humains, en reconnaissant les différences propres aux autochtones à travers l'acceptation de leur organisation sociale, politique, et économique en tant que groupe. La préexistence de ces peuples sur le territoire leur donne également la légitimité de revendiquer les terres qu'ils occupent depuis des centaines, voire des milliers d'années. Ils sont les descendants de peuples qui ont été soumis et dépossédés.

Du point de vue de la recherche politique de la justice, on peut estimer que la question n'est pas, ou plus de savoir si les peuples autochtones actuellement présents sur le territoire ont conservé des droits à la terre, ou si ces droits se sont éteints par la colonisation comme le soulevent certains auteurs et juges canadiens. Au fond, « *[t]he doctrine on indigenous title relies on the common law rule that interest in property which existed prior to the conquest of a territory by colonial powers survives such conquest, unless such interest has been formally extinguished by legislation* »[312].

L'importance de légaliser les terres et d'octroyer des titres de propriété est parfois reconnue dans les constitutions récentes des États latino-américains. Il en va par exemple ainsi de l'article 57, alinéa 9, de la Constitution équatorienne, qui proclame l'objectif de « conserver et développer [l]es propres formes de cohabitation et d'organisation sociale [des peuples autochtones] […] sur les territoires légalement reconnus et terres communautaires qu'ils occupent et possèdent de manière ancestrale »[313].

---

[311] B. de LAS CASAS, op. cit., 153 p.

[312] J. GILBERT, « Historical Indigenous Peoples' Land Claims… », op. cit, p. 591.

[313] Traduction libre. Voir l'article 57 alinéa 9 de la Constitution équatorienne: « Conservar y desarrollar sus propias formas de convivencia y organización social, y de generación y ejercicio de la autoridad, en sus territorios legalmente reconocidos y tierras comunitarias de posesión ancestral ».

Plutôt qu'en une régularisation strictement entendue, la légitimation des terres peut consister en une cession des terres à titre gracieux.

B. Assurer la sécurité juridique

La démarche de régularisation des terres s'explique par la nécessité de protéger les peuples autochtones qui se trouvent menacés par différents projets de grande ampleur, tels que les exploitations pétrolière, minière ou forestière, portant atteinte à leurs territoires. La titularisation vient contrebalancer le fait que l'État détient souvent l'essentiel des droits sur les terres autochtones, ce qui ne laisse que très peu de possibilités aux peuples autochtones pour se défendre face aux expulsions dont ils sont victimes. Elle a pour objectif d'accorder une sécurité territoriale aux peuples autochtones[314]. Elle se manifeste par la possibilité qui leur est donnée de décider de l'utilisation et de la gestion de leurs terres tout en étant l'interlocuteur de l'État ou des personnes souhaitant acquérir la propriété.

De nombreux groupes autochtones initient des démarches pour se voir reconnaître un titre de propriété valide afin que leur occupation ne soit pas considérée comme illégale. Par exemple, la communauté Zapara en Équateur qui compte actuellement 180 personnes sur les 200 000 qui occupaient la forêt amazonienne au début du XXème siècle, vit sur 100 000 hectares sans titre de propriété. Le seul titre dont elle dispose est celui qu'elle partage avec l'Association de la Nationalité Zapara de la Province de Pastaza (ANAZPPA) (issue de l'Organisation des peuples autochtones de Pastaza)[315]. Un rapport concernant le Brésil, l'Argentine, le Pérou et Colombie fait état de la pratique courante d'expulsions forcées en cas d'absence de titre de propriété. La vulnérabilité des communautés autochtones dans ces pays se trouve notamment renforcée par leurs conditions de pauvreté, par l'absence de légalisation des terres et de réforme agraire leur permettant de survivre et de subvenir à leurs besoins.

Le cas mexicain des communautés Huichol est également très représentatif des problèmes liés à la reconnaissance du droit de propriété autochtone. Dans le cas de ces communautés, le problème remonte aux années 1960. À cette époque, le gouvernement fédéral mexicain fusionna la communauté de Huichol de Tierra Blanca avec des communautés métisses, qui obtinrent une partie du territoire huichol. En étant intégrée dans une

---

314 R. PLANT, S. HVALKOF, *Land Titling and Indigenous Peoples*, Washington, Banque interaméricaine de Développement, 2001, n°109, pp. 23-24. Disponible en ligne sur : www.iadb.org/document.cfm?id=1441475 (consulté le 24 février 2011).
315 Voir la fiche concernant les Zaparas sur le site : http://www.guiapuyo.com/zaparas.php (consulté le 8 janvier 2011).

communauté plus grande, la communauté Huichol devint minoritaire. Elle considéra alors cette situation de minorité comme une atteinte à son identité culturelle, et l'attribution de certaines de ses terres aux communautés métisses comme une atteinte à son droit à la terre. Elle demanda alors à l'État mexicain la réattribution de ses terres ancestrales et la reconnaissance officielle d'un titre de propriété sur ces dernières[316]. N'obtenant pas satisfaction au plan interne, la communauté de San Andres a présenté en 1993 une réclamation auprès de l'OIT en se basant sur la violation des articles 13 et 15 de la Convention n°169. Trois ans plus tard, l'OIT lui répondit qu'elle devait présenter sa plainte par l'intermédiaire d'un syndicat. Le syndicat national des travailleurs de l'éducation représentant les communautés Huicholes Tateikietari de Jalisco présenta alors une réclamation au titre de l'article 24 de la Convention n°169 en demandant la réintégration de la communauté Huichol de Tierra Blanca à la communauté Huichol de San Andres, ainsi que la réattribution de ses terres (dont la demande avait été rejetée par les tribunaux agraires en 1996, au motif que les terres étaient déjà allouées à une autre communauté).

En 1998, tout en refusant de prendre parti sur les problèmes de conflits terriens basés sur des plaintes individuelles, le Comité d'experts de l'OIT indique que son rôle est d'établir si l'État a manqué à une obligation générale d'assurer le respect des obligations découlant de la convention. Elle recommande aussi au Mexique d'adopter toutes les mesures nécessaires pour reconnaître la propriété huichole de 122 000 hectares, revendiquée dans la requête[317], en réajustant les titres de propriété au profit des communautés Huichole.

Peut-être parce que le mécanisme de contrôle du Comité d'experts n'est pas une juridiction, les termes choisis par le comité dans ses conclusions sont très faibles et très vagues[318]. Elles ne donnent pas de force aux dispositions de la Convention n°169 de l'OIT, pourtant intégrées dans la Constitution

---

316 L. RODRÍGUEZ-PIÑERO, « Historical Anomalies… », op. cit., pp. 85-87.

317 Voir le rapport du Comité d'experts. Disponible en ligne sur : http://www.ilo.org/ilolex/cgi-lex/pdconvf3.pl?host=status01&textbase=ilofre&document=13695&chapter=9&query=Mexique%40ref&highlight=&querytype=bool (consulté le 24 septembre 2008).

318 C. BINDER, « The ILO System of Protection of Indigenous Peoples' Rights: the Case of the Huichol of Mexico », *Law and Anthropology*, 2005, vol. 12, p. 103 : « In short, as one is going to see subsequently in case of the Huicholes, the policy of the Mexican State with respect to indigenous peoples is characterized by big phrases and words, which are so giant and abstract that indigenous peoples cannot use them to claim their rights ».

mexicaine en 1994, pour répondre aux demandes de l'armée zapatiste[319]. En outre, les recommandations faites au gouvernement mexicain sont à ce jour restées sans réponse. Le Comité d'experts s'est montré peu convaincant et n'a pas su être ferme sur ce qu'elle attendait du gouvernement. Contrairement aux progrès réalisés dans la protection des droits des peuples autochtones en matière d'éducation bilingue, de santé, d'intégration des institutions autochtones, il semblerait que la Comité n'a pas su défendre les intérêts et les droits des peuples autochtones sur leurs ressources naturelles.

D'autres cas se sont présentés depuis devant le Comité d'experts qui joue un rôle plus affirmé mais cependant non décisif dans la protection du droit à la terre des peuples autochtones. Il s'est réjoui « de l'adoption de la loi n°26160 qui suspend les expulsions des communautés indigènes en Argentine et exige la régularisation des terres qu'elles occupent traditionnellement ». Elle a estimé qu'il s'agissait là d'« une démarche essentielle pour garantir l'application effective des droits des indigènes sur ces terres reconnus par la convention » et a « observ[é] que cette loi marque une nouvelle étape, qui exigera pour sa mise en place des dispositions législatives et administratives »[320]. Cette conclusion est logique puisque la suspension des expulsions a précisément pour but de régulariser les titres de propriété par le biais d'un relevé cadastral. Le comité a cependant estimé plus précisément que « [l]es gouvernements doivent en tant que de besoin prendre des mesures pour identifier les terres que les peuples intéressés occupent traditionnellement et pour garantir la protection effective de leurs droits de propriété et de possession. Des procédures adéquates doivent être

---

[319] M. GONZALEZ OROPEZA, « Aplicación del Convenio 169 de la OIT en México », in D. CIENFUEGOS SALGADO, M. A. LOPEZ OLVERA, *Estudios en homenage a don Jorge Fernandez Ruiz – Derecho constitucional y política*, México, UNAM, 2005, p. 25. Lors de la réforme constitutionnelle de 2001, l'État mexicain a également reconnu dans l'article 4 de la Constitution, la composition multiculturelle de sa Nation : « La Nación tiene una composición pluricultural sustentada originalmente en sus pueblos indígenas que son aquellos que descienden de poblaciones que habitaban en el territorio actual del país al iniciarse la colonización y que conservan sus propias instituciones sociales, económicas, culturales y políticas, o parte de ellas ». Disponible en ligne : http://biblio.juridicas.unam.mx/libros/libro.htm?l=1627 (consulté le 8 mai 2015).

[320] Rapport du comité chargé d'examiner la réclamation alléguant que l'Argentine n'a pas respecté les dispositions de la convention (n°169) relative aux peuples indigènes et tribaux, présentée par l'Union des travailleurs de l'enseignement du Rio Negro (UNTER), syndicat de base de la Confédération des travailleurs de l'éducation de la République argentine (CTERA), n° 162008ARG169, Genève, le 12 novembre 2008, par. 81.

instituées dans le cadre du système juridique national en vue de trancher les revendications relatives à des terres émanant des peuples intéressés »[321].

Du point de vue de l'État, la régularisation des titres des peuples autochtones permet de procéder à l'expropriation de certains d'entre eux, ou de certaines terres. Du point de vue autochtone, elle leur confère la possibilité de former un recours auprès des juridictions afin de contester l'expropriation ou ses modalités. À l'inverse, en l'absence de titres, les peuples autochtones sont considérés comme occupants, et certains gouvernements profitent de l'absence de titre pour expulser les autochtones de leurs terres sans réparer leur préjudice. En novembre 2006, dans la province Alta Verapaz au Guatemala, l'État a par exemple octroyé des concessions minières à la filière guatémaltèque de nickel de l'entreprise canadienne *Skye Resources*, alors que les terres étaient occupées par des centaines de familles Q'eqchi'es. Les forces de sécurité de l'entreprise guatémaltèque expulsèrent violemment ces familles et mirent le feu à la propriété du maire qui s'opposait à la concession minière. À l'issue de cette confrontation, plusieurs blessés et deux disparus ont été signalés, et plusieurs personnes ont été interpellées et poursuivies. Les familles expulsées contestent évidemment la décision du gouvernement d'accorder des droits de concession sur leurs terres alors qu'elles n'ont pas été consultées. Cependant, l'entreprise minière dispose des titres de propriété des terrains revendiqués par la communauté[322].

Un autre exemple peut illustrer les difficultés issues de l'absence de régularisation. En 2007, le Comité chargé d'examiner les plaintes alléguant la violation d'une disposition de la Convention n°169 de l'OIT a constaté que le gouvernement guatémaltèque avait concédé un permis d'exploration à l'entreprise minière *Izábal S.A. (EXMIBAL),* sur des terres occupées par des communautés mayas ne possédant pas un titre de propriété, alors que ces mêmes terres faisaient l'objet d'une procédure d'enregistrement au bénéfice de ces communautés[323]. Le Comité a alors « demand[é] au gouvernement de hâter le processus visant la régularisation du statut des terres des communautés indigènes conformément aux dispositions de l'article 14 de la convention et d'adopter dans l'intervalle des mesures provisoires propres à

---

[321] Ibid., par. 82.

[322] Voir : http://www.miningwatch.ca/en/land-conflicts-el-estor-izabal-guatemala-rights-maya-qeqchi-people (consultés le 10 janvier 2011).

[323] Rapport du comité chargé d'examiner la réclamation alléguant l'inexécution par le Guatemala de la convention (n°169) relative aux peuples indigènes et tribaux, présentée par la Fédération des travailleurs des campagnes et des villes (FTCC), n°162007GTM169, Genève, le 4 juin 2007, par. 22-27 et 41.

protéger les droits des peuples intéressés sur les terres »[324]. D'une manière comparable, en 2001, le Comité des droits économiques, sociaux et culturels a recommandé au Panama « que la question des droits fonciers des populations autochtones soit pleinement résolue pour éviter qu'ils ne soient menacés par les activités d'exploitation minière et d'élevage qui les obligent à quitter leurs terres ancestrales et agricoles traditionnelles »[325].

À travers ces situations, nous comprenons dans quelle mesure la régularisation est importante pour assurer la sécurité juridique des peuples autochtones sur leurs terres. Celle-ci est indispensable à leur participation aux décisions affectant leurs terres et à la protection effective de leurs droits. Le Rapporteur spécial Rodolfo Stavenhagen, suite à une visite effectuée en mars 2003 au Mexique, a ainsi estimé que « la discrimination contre les autochtones », « les indices faibles de développement humain et social, l'extrême pauvreté, l'insuffisance des services sociaux [...] et l'inégalité importante dans la distribution des richesses et des revenus entre les autochtones et les non-autochtones » avaient leur source dans la question agraire, c'est-à-dire du manque de reconnaissance de titres de propriété et de possession de la terre[326].

§ 2. Les difficultés dans l'octroi de titres de propriété

Dans certains pays, une loi générale prévoit l'octroi de titre de propriété mais elle n'est suivie d'aucun règlement prévoyant la procédure comme le fait remarquer Roque Roldán Ortega[327].

Mais dans le but de répondre aux recommandations des différents organes chargés de surveiller l'application des traités des droits de l'Homme et de la Convention n°169 de l'OIT, le processus de titularisation des terres a été initié dans plusieurs États d'Amérique latine. L'exécution de ces recommandations relève de la décision et de l'action de l'État qui doit prendre des mesures particulières et mettre en place des mécanismes

---

[324] Ibid., par. 45.

[325] Observations finales du Comité pour les droits économiques, sociaux et culturels sur le Panama, E/C.12/1/Add.64, 24 septembre 2001, par. 12.

[326] R. STAVENHAGEN, « Derechos humanos y cuestiones indígenas », in J. E. R. ORDONEZ CIFUENTES, I. ZARAGOZA ANGELES (coord.), *Pueblos Indígenas y Tribales. Respeto, Participación y Consulta*, México, éd. Plaza y Valdes, 2008, pp. 193-222.

[327] R. ROLDÁN ORTEGA, *Derechos de los Pueblos y Comunidades Indígenas a la Tierra...*, op. cit., pp. 21-22.

appropriés en concertation avec les populations concernées. La régularisation comprend deux phases : la démarcation des terres et l'octroi de titre (en fonction des terres identifiées issues de la démarcation). Malheureusement, la démarcation des terres (A) comme l'octroi de titres proprement dit (B) sont des opérations qu'il est difficile de mener de manière à la fois efficace et équitable.

A. Les difficultés propres à l'opération de démarcation

En premier lieu, la démarcation exige souvent beaucoup de temps. Au Brésil par exemple, l'article 231 de la Constitution politique de 1988 énonce l'obligation de démarquer les terres autochtones[328]. Il prévoit que la proposition de démarcation soit soumise au Président de la République Fédérative du Brésil pour approbation avant tout enregistrement officiel préalable. Le processus de démarcation est généralement très long, en vertu de la nature de ce décret qui autorise toute tierce personne à revendiquer la possession de la terre[329]. C'est la raison pour laquelle le Comité des droits de l'Homme, amené à examiner l'application du Pacte international des droits civils et politiques par le Brésil, a déploré que cet État n'ait pas mené jusqu'à son terme le processus de démarcation, et lui a recommandé d'accélérer « les travaux de démarcation des terres autochtones et [de] prévoir des recours

---

[328] Article 231: « Indians shall have their social organization, customs, languages, creeds and traditions recognized, as well as their original rights to the lands they traditionally occupy, it being incumbent upon the Union to demarcate them, protect and ensure respect for all of their property.
Paragraph 1 -Lands traditionally occupied by Indians are those on which they live on a permanent basis, those used for their productive activities, those indispensable to the preservation of the environmental resources necessary for their well-being and for their physical and cultural reproduction, according to their uses, customs and traditions.
Paragraph 2 - The lands traditionally occupied by Indians are intended for their permanent possession and they shall have the exclusive usufruct of the riches of the soil, the rivers and the lakes existing therein ». Disponible en ligne sur : http://pdba.georgetown.edu/Constitutions/Brazil/english96.html (consulté le 25 février 2011).

[329] M. HUTCHISON, S. NICHOLS, M. SANTOS, H. ONSRUD, S. PAIXAO, *Demarcation and Registration of Indigenous Lands in Brazil*, Fredericton, Canada, Department of Geodesy and Geomatics Engineering, Rapport technique n°238, University of New Brunswick, 2005, 39 p. Disponible en ligne sur : http://www2.unb.ca/gge/Pubs/TR238.pdf (consulté le 8 mai 2015).

efficaces, au civil et pénal, pour toute incursion intentionnelle concernant ces terres »[330].

La lenteur du processus de démarcation, et plus largement la difficulté de le mener à bien s'expliquent souvent par son caractère onéreux[331]. En effet, les méthodes de démarcation coûtent cher, et les gouvernements disposent rarement de moyens pour établir les limites des propriétés. Il revient dans certains cas aux communautés autochtones de proposer la démarcation en apportant les documents et les explications nécessaires à la prise de décision. Une des méthodes est l'arpentage mené avec des anthropologues, des géologues et des historiens. L'arpentage nécessite des missions de plusieurs jours et l'accompagnement de ces professionnels par des membres ou représentants de la communauté autochtone. La méthode la plus fiable[332], l'utilisation d'images satellite, est cependant la plus coûteuse. Des points précis doivent être trouvés et la délimitation physique doit s'effectuer par le biais de points d'entrée interdisant l'accès aux éventuels touristes, explorateurs ou entreprises.

En Équateur, l'Institut national de développement agraire (INDA), organisme chargé d'octroyer les titres de propriété, veille à la délimitation, la démarcation et la titularisation des terres. Au nombre de 1100 dans la forêt amazonienne, les Shiwiar sont parvenus à se voir restituer 89 000 hectares de terres dans le cadre du processus d'acquisition des terres, et grâce aux financements d'organisations de la société civile. Cette procédure, très longue, a nécessité des financements importants pour la communauté afin de permettre le recensement socio-économique de la zone, l'étude scientifique de la faune et de la flore, et de l'impact écologique, et la mise en place d'un plan de développement mais surtout la délimitation du territoire sollicité à

---

[330] Observations finales sur le rapport du Brésil du Comité des droits de l'Homme, CCPR/C/BRA/CO/2, 1er décembre 2005, par. 6. Cette recommandation avait déjà été énoncée dans les observations finales du comité le 24 juillet 1996, CCPR/C/79/Add.66, par. 15 et 32 en demandant à l'État de prendre des mesures rapides, justes et équitables.

[331] R. ROLDÁN ORTEGA, *Derechos de los Pueblos y Comunidades Indígenas a la Tierra…*, op. cit., p. 35.

[332] J. WARDEN-FERNANDEZ, op. cit., p. 424 : « Another issue that has proved important in the granting of titles of indigenous land is the method of demarcation, since some countries are still using manual methods, which are not the most reliable solution. The most modern method, and the one that will avoid confusion, is the satellite Global Positioning System. Since indigenous communities have the best knowledge of the delimitation of their traditional lands, they have played an important role in demarcation and titling processes ».

l'aide de coordonnées géographiques exactes et précises d'habitation, de lieux de culte, et de chasse[333]. « *In Ecuador, the Shuar Federation has formed native topographic mapping teams to work in close concert the Ecuadorian Agrarian Reform Agency (IERAC). Shuar community members have been able to demarcate lands of which would have remained undemarcated if left to government crews* »[334].

D'une manière comparable, en Argentine, plusieurs années ont été nécessaires à la régularisation des 150 000 hectares de terres revendiquées par la communauté Toba dans la province du Chaco. Plusieurs accords (traités de 1774, 1825 et 1868, décret présidentiel de 1924 et loi de 1990) reconnaissaient la propriété de la communauté Toba. Cependant la loi de 1990 prévoyait la nécessité de compléter cette régularisation par une démarcation précise des terres. Celle-ci commença et fut interrompue en raison de la disparition des fonds prévus à cet effet. Les agents de l'État chargés d'effectuer cette démarcation ont utilisé 100 000 dollars pour la démarcation de 20 000 hectares. Les délais sans cesse repoussés ont contraint la communauté de Teuco-Bermejito à solliciter l'aide des ONG, dont Oxfam et une université française, qui ont proposé de travailler sur la démarcation des 150 000 hectares pour un montant de 50 000 dollars. Le gouvernement local et la communauté ont abouti à un accord visant à reprendre l'activité de démarcation mais celui-ci n'a pas abouti[335].

À côté de la lenteur et du coût de la démarcation, une troisième difficulté importante tient au chevauchement des terres bénéficiant de statuts juridiques différents. En Équateur par exemple, les terres où vivent les peuples autochtones reçoivent plusieurs qualifications et se voient appliquer des régimes qui peuvent s'opposer[336]. Certaines terres où vivent les peuples autochtones sont considérées comme forestières et dépendent du régime forestier, d'autres sont considérées comme des aires protégées sous le régime du droit de l'environnement, certaines enfin sont la propriété des peuples autochtones. La délimitation doit par conséquent avoir l'objectif de résoudre les conflits qui en découlent pour assurer une protection effective des intérêts

---

333 Des ONG aident à la vérification des données collectées comme c'est le cas de l'ONG Ecociencia dans le domaine scientifique. Voir leur site internet : http://www.ecociencia.org/inicio/index.php (consulté le 24 février 2011).

334 A. M. CRAIN, *Indigenous Land Regularization in Latin America*, février 2002, p. 17.

335 Ibid., p. 28.

336 I. NARVÁEZ, « Huaorani: mundo paralelos, mundo superpuestos y submundos », in G. FONTAINE, A. PUYANA (coord.), *La guerra del·fuego…*, op. cit., p. 272.

de chaque partie[337]. À cette fin, l'attribution de terres doit être organisée à l'appui d'un registre cadastral efficace et être dotée de moyens et de technologies suffisantes[338] pour permettre la prévention de conflits. Cette question est au cœur de la gouvernance foncière. De plus, l'attribution des terres doit également s'inscrire dans une politique de planification et de développement cohérente menée avec les différentes institutions nationales.

Plus spécifique, un quatrième obstacle entrave parfois la démarcation des terres autochtones. Il tient au fait que les particularités de certains peuples rendent difficile leur participation à la démarcation. En effet, les peuples qui vivent en isolement volontaire ne peuvent réclamer un espace délimité, puisqu'ils ont décidé de ne pas communiquer avec l'extérieur[339]. D'une manière relativement comparable, les peuples nomades ou ceux qui pratiquent l'agriculture itinérante peuvent difficilement se voir attribuer un espace précis. En Équateur, la question a été résolue par la mise en place de zones intangibles, par exemple pour le peuple Tagaeri.

Un cinquième et dernier aspect du problème est l'opposition que peuvent manifester certaines personnes privées à l'attribution ou à la reconnaissance de titres de propriété aux peuples autochtones. Le Brésil, dans son rapport soumis à l'examen périodique universel, évoque par exemple le problème soulevé par l'homologation des terres autochtones de Raposa Serra do Sol. En effet, malgré l'homologation par le Président de la République reconnaissant 1 747 464 hectares de terres en faveur des peuples Macuxi, Wapixana, Ingarikó, Patamona et Taurepang, en 2005, des tensions fortes

---

337 Voir la carte concernant la Bolivie sur le chevauchement des statuts de certaines terres. Disponible en ligne sur : http://cpti.galeon.com/mapa3.htm (consulté le 13 janvier 2011).

338 P. GARCIA HIERRO, « Gouvernance, approche territoriale et peuples autochtones », in *Droits territoriaux des peuples autochtones*, France, GIPTA-IWGIA, 2005, p. 21. Disponible en ligne sur : http://www.gitpa.org/Image/terrePDF1.pdf (consulté le 8 février 2011).

339 MOUVEMENT MONDIAL POUR LES FORETS TROPICALES, Les peuples indigènes : leurs forêts, leurs luttes et leurs droits, Montevideo, Uruguay, décembre 2005, p. 97 : « Dans la législation brésilienne (Loi n° 6001 du 19/12/73), la dénomination « indigènes isolés » désigne les populations humaines de culture précolombienne qui se sont maintenues, aux plans géographique et socioculturel, à l'écart de la population occidentale devenue plus tard majoritaire dans le pays. Le degré de leur isolement est tel que l'on ignore leur composition démographique ; il n'existe que quelques traces de leur existence et aucun indice, ou presque, de leur culture, leurs coutumes et leurs langues ». Pour en savoir plus sur les peuples en isolement volontaire dans le continent américain, voir : pp. 89-116.

subsistent. Les propriétaires ruraux, et les agriculteurs s'opposent à cette décision en usant de tous les recours juridiques possibles pour récupérer ces terres à leur profit[340]. « À ce jour, 615 terres indiennes au total ont été reconnues, soit une superficie totale de 107 millions d'hectares (1,07 million de kilomètres carrés) représentant 12% du territoire brésilien et plus de deux fois le territoire de la France. Sur ce total, 422 terres, soit 97,2 millions d'hectares, sont déjà dûment délimitées, et il est pleinement reconnu que les Indiens en ont la possession et l'usufruit. Le reste est en cours d'évaluation conformément aux différentes étapes de la procédure réglementaire de reconnaissance »[341].

D'autres États procèdent à des délimitations de manière différente. « De nombreux programmes de soutien à l'établissement de titres de propriété visent à conforter la propriété pour dynamiser le marché foncier. Parfois, la légalisation de terres autochtones relève de ce type d'initiatives dans lesquelles les priorités sont de régulariser massivement les propriétés non autochtones puis de faire une distribution du domaine public de l'État. Abondamment financés, ces projets pourraient amputer les territoires autochtones de nombreux espaces. Au Pérou, le *Proyecto Especial de Titulación de Tierras y cadastro rural* (*PETT)* affirme avoir achevé la régularisation de centaines de milliers de propriétés de colons. En Bolivie, la régularisation des terres autochtones suppose la régularisation préalable des propriétés privées »[342].

L'ensemble de ces difficultés n'épuisent cependant pas le problème de la régularisation des terres. En effet, d'autres problèmes viennent des conditions d'octroi des titres imposées par l'État.

B. Les difficultés tenant aux conditions d'octroi des titres

Suivant ce que prévoit la législation de chaque État, l'octroi de titres peut être réalisé par voie administrative ou par voie juridictionnelle. Dans les deux cas, la principale difficulté est une difficulté d'ordre politique, qui est la mauvaise volonté des gouvernements et/ou des fonctionnaires de l'État dans l'opération. Elle se manifeste dans la lenteur de la procédure[343], la

---

[340] Rapport national présenté par le Brésil au Conseil des droits de l'Homme, 7 mars 2008, A/HRC/WG.6/1/BRA/1, p. 18.

[341] Rapport national présenté par le Brésil au Conseil des droits de l'Homme, 7 mars 2008, A/HRC/WG.6/1/BRA/1, p. 17, par. 75.

[342] P. GARCIA HIERRO, op. cit., pp. 26-27.

[343] R. ROLDÁN ORTEGA, *Models for Recognizing Indigenous Land Rights in Latin America*, Washington, Banque mondiale, 2004, p. 15. Disponible en ligne sur :

corruption, ou l'admission d'irrégularités, par exemple l'absence de traduction en langue autochtone des documents à remplir pour faire la demande de titularisation. Dans certains cas, elle peut entraîner une difficulté d'ordre juridique, qui est l'exigence de preuves difficiles à rapporter par les peuples autochtones.

Que cette difficulté technique soit ou non indépendante d'une quelconque malveillance, elle oblige en pratique les peuples autochtones qui prétendent à la régularisation de leurs terres à fournir de nombreux documents, ou des documents qu'ils ne possèdent pas. Lorsqu'ils les possèdent, ils doivent les faire traduire en espagnol et donc trouver un traducteur officiel. En l'absence d'adresse exacte, l'administration peut avoir du mal à les convoquer pour des entretiens. En effet, leurs terres peuvent être très éloignées d'un centre administratif, et plusieurs jours de marche sont alors nécessaires. Ces conditions très contraignantes, et un processus trop lourd peuvent sembler dissuasifs et décourager les requérants.

Pourtant, les législations latino-américaines ont évolué. En 2001, soit un an après la ratification par le Venezuela de la Convention n°169 de l'OIT, une loi de démarcation relative aux territoires autochtones a été adoptée et une Commission a été créée pour procéder à la titularisation des terres. Dans plusieurs États d'Amérique latine, des processus de titularisation ont eu lieu au Chili, en Bolivie, au Brésil[344]. Mais cette procédure répond à des conditions strictes et, encore une fois, est relativement longue.

Dans les pays de *common law* qui ont plus d'expérience dans la titularisation des terres, des titres aborigènes ont été créés. Au Canada, le titre aborigène, qui a pour but d'accorder un droit à la terre aux peuples autochtones, est conféré dans des conditions précises. Les autochtones doivent apporter la preuve d'une occupation continue et une utilisation exclusive de la terre[345]. Jérémie Gilbert cite l'exemple de la jurisprudence *Delgamuukw* de la Cour suprême canadienne qui considère qu'un des

---

http://www-wds.worldbank.org/external/default/WDSContentServer/WDSP/IB/2004/12/08/000012009_20041208111105/Rendered/PDF/308860PAPER0EDP099.pdf (consulté le 17 février 2011).

344 J. AYLWIN, *El Derecho de los Pueblos Indígenas a la Tierra…*, op. cit., pp. 9-15.

345 Rapport dans le cadre du séminaire d'experts sur la souveraineté permanente des peuples autochtones sur les ressources naturelles et sur leur relation à la terre, A. ERUETI, op. cit., p. 3 : « [R]ecent decisions of the Canadian Supreme Court indicate that the common law perspective is favoured and occupation must amount to « sufficient regular and exclusive use' of land ».

critères essentiels pour la reconnaissance des terres est le lien actuel qui existe entre les membres de la communauté et la terre[346]. En Australie, les progrès réalisés sont considérables, notamment depuis l'arrêt *Mabo c. Queenslands* de 1992 dans lequel la Haute Cour de justice a constaté que les titres aborigènes étaient préexistants à l'État[347], c'est-à-dire qu'il existait une présomption de titre découlant de la possession des terres par les peuples autochtones. En 1993, le *Native Title Act* a permis aux peuples autochtones de déposer des demandes pour la légalisation de leurs terres, et la situation de nombreuses terres a été régularisée[348]. Néanmoins, la Haute Cour de justice australienne a érigé des conditions parfois difficiles à remplir ou exigé des preuves difficiles à apporter. Elle demande entre autres que le lien de descendance entre les autochtones qui se sont installés sur les terres à l'arrivée des colons et les autochtones qui demandent le titre de propriété soit établi, c'est-à-dire qu'ils apportent la preuve de la descendance biologique directe. Ils doivent également prouver qu'ils possèdent les mêmes traditions et cultures que leurs ancêtres[349].

Dans les pays d'Amérique latine, de tradition de droit romain, de tels titres ne sont pas réellement envisagés, et la question de la preuve de l'occupation ancestrale des terres reste un obstacle. Les peuples autochtones le surmontent le plus souvent avec l'aide des ONG qui sollicitent l'expertise d'anthropologues, d'archéologues ou d'historiens. Ces expertises sont nécessaires dans la mesure où les lois coutumières des peuples autochtones ont rarement été retranscrites, et où, quand elles l'ont été, les supports ont souvent été détruits lors de la colonisation. Apporter les preuves de leur possession ou de leur occupation des terre s'avère ainsi un exercice difficile, voire inapproprié dans certains cas, par exemple lorsque les traditions sont exclusivement transmises par voie orale.

Afin de respecter au mieux le principe de non-discrimination, il apparaît alors utile d'intégrer les moyens propres aux peuples autochtones sans préjuger de leur valeur probante (par exemple, en acceptant les preuves telles

---

[346] J. GILBERT, « Historical Indigenous Peoples' Land Claims… », op.cit, p. 597.
[347] Pour plus d'informations, voir le Native Title Act de 1993. Disponible sur le site : http://www.austlii.edu.au/au/legis/cth/consol_act/nta1993147/ (consulté le 16 février 2011).
[348] Voir le Rapport produit dans le cadre du séminaire d'experts sur la souveraineté permanente des peuples autochtones sur les ressources naturelles et sur leur relation à la terre, T. CALMA, *Indigenous peoples' ownership, use and responsibility for lands and resources*, 25-27 janvier 2006, HR/GENEVA/IP/SEM/2006/BP.6, p. 5.
[349] L. WIERSMA, « Indigenous Lands as Cultural Property : A New Approach to Indigenous Land Claims », *Duke Law Journal*, 2005, vol. 54, p. 1067.

que les chants, les contes faisant mention d'un lieu etc.). En outre, il est assez clair qu'expulser des terres qu'ils occupent, des peuples autochtones qui ne seraient pas en mesure de démontrer qu'ils se trouvent sur les terres de leurs ancêtres, ou qu'ils perpétuent leurs modes de vie, risque de les obliger à s'adapter au monde moderne, et donc à porter atteinte à leurs droits. Le fait que les autochtones ne chassent généralement plus avec des sarbacanes ne signifie pas pour autant qu'ils ne perpétuent pas la culture de leurs ancêtres, et qu'ils ne doivent pas bénéficier d'une protection particulière s'agissant de leurs terres. Le critère d'une fidélité stricte aux coutumes de leurs ancêtres peut au surplus être particulièrement malvenu, puisque les législations de plusieurs États ont interdit aux autochtones de porter leurs habits traditionnels, ou de parler leur langue jusqu'à récemment. De ce point de vue, ce critère reflète la théorie des « droits figés ou gelés »[350], qui est critiquable puisque toute culture évolue, en particulier si on les examine sur une période de plusieurs centaines d'années. L'idée d'une culture, et donc d'un titre « dynamiques » seraient alors utiles.
« *The most appreciable advantage of the 'dynamic right' approach to defining the nature and extent of aboriginal rights is the proper considera-tion given to the perspective of aboriginal people on the meaning of their existing rights. It recognizes that distinctive aboriginal culture is not a reality of the past, preserved and exhibited in a museum, but a characteristic that has evolved with the natives as they have changed, modernized and flourished over time, along with the rest of Canadian society* »[351].

D'une certaine manière, on peut estimer que demander la preuve d'une continuité dans les traditions des autochtones constitue une exigence exceptionnelle, voire une discrimination dans l'accès à la propriété. Défavorable aux peuples autochtones, la nécessité d'apporter une telle preuve pourrait aussi être critiquée sur la base du principe d'égalité. Fondamentalement, la question serait alors de savoir si cette exigence qui leur est propre est justifiée.

Quoi qu'il en soit, le problème reste que, dans les faits, les peuples autochtones ont du mal à remplir les conditions que leur imposent les gouvernements, souvent défavorable à l'attribution des terres. On constate toutefois des évolutions, et des conditions de régularisation relativement bien pensées, qui visent à justifier la reconnaissance des terres aux autochtones

---

[350] J. GILBERT, « Historical Indigenous Peoples' Land Claims… », op. cit, pp. 598-599.

[351] Voir la décision R v. Van der Peet [1996] 2 SCR 507, par 179. Disponible sur : https://scc-csc.lexum.com/scc-csc/scc-csc/fr/item/1407/index.do (consulté le 8 mai 2015).

par leur rapport étroit à la terre, plutôt qu'à empêcher la régularisation. Ainsi, des projets financés par des organisations telles que le PNUD ou la Banque mondiale ont permis de légaliser la propriété de certaines communautés autochtones. Par exemple, en 2006 un accord a été conclu entre l'Institut national de développement agraire (INDA) et le représentant de l'Organisation de la Nationalité Shiwiar en Équateur (NASHIE) pour légaliser 139 288 hectares de terres en faveur des communautés Tanguntsa, Yandanaentsa et Juyuintsa de la province de Pastaza[352]. Cet accord prévoit certaines obligations à la charge des communautés : « présenter une étude socio-culturelle et historique effectuée par un sociologue » ; « démontrer la possession pacifique et ininterrompue pendant deux générations » ; maintenir des communautés d'une composition de 90% d'autochtones (fournir à l'appui un registre précis des personnes composant les communautés). Une des conditions intéressante est celle qui prévoit l'engagement de chaque communauté de maintenir ses pratiques culturelles et son folklore en lien avec la conservation de l'écosystème[353]. Le problème posé par ce type d'accord consiste principalement à l'entrave à la liberté de se marier avec un non-autochtone par exemple.

Au terme de cette section, il apparaît que la légitimation ou la régularisation des terres a une finalité historique, qui tend à compenser un déséquilibre fondé sur une mauvaise compréhension de l'autochtone, et une finalité pratique, qui vise à protéger les peuples autochtones des expulsions répétées, qui ont eu lieu dans presque la totalité des pays d'Amérique latine, et qui sont exclues si un titre de propriété leur est reconnu. L'octroi d'un tel titre n'empêche pas toute expropriation décidée à des fins d'utilité publique, comme c'est le cas lors de l'exploitation des ressources du sous-sol. Mais les États doivent reconnaître que « *[r]ecognizing and enforcing indigenous property rights promotes environmental sustainability in two specific ways : one focused on restricting external appropriators and the other on empowering indigenous occupants* »[354]. Ainsi, l'auteur développe « *[f]irst,*

---

[352] Voir le contrat. Disponible en ligne sur : http://www.zero-deforestation.org/img/Contrat_INDA_NASHIE.pdf (consulté le 26 février 2012).

[353] Les conditions requises pour demander la régularisation des terres sont inscrites dans la résolution administrative n°002 de l'INDA du 13 juin 2002. Voir : P. CISNEROS, « Gobernanza ambiental, conservación y conflicto en el Parque Nacional Yasuni », document de travail, décembre 2007, http://www.flacsoandes.org/web/imagesFTP/8700.5546.WP_003_Cisneros.pdf (consulté le 27 février 2012).

[354] M. F. JAKSA, « Putting the 'Sustainable' Back in Sustainable Development: Recognizing and Enforcing Indigenous Property Rights as a Pathway to Global », *Journal of Environmental Law & Litigation*, 2006, vol. 21, p. 162.

strong indigenous property rights effectively shield vast territories and resource pools from outright appropriation by the world's largest consumers. Second, such rights promote a diversity of approaches to human interaction with the environment, entrusting stewardship of particular ecosystems to the finely tuned cultural expertise that indigenous peoples have developed through millennial relationships with their ancestral lands »[355].

Mais ainsi qu'on l'a vu, la régularisation des terres ne se fait pas sans heurt, de sorte que d'autres voies légales de protection des terres autochtones peuvent être recherchées. L'une de ces voies, de plus en plus utilisée en Amérique latine, est l'attribution de statuts spécifiques aux terres occupées par les peuples autochtones.

SECTION II – LA RECONNAISSANCE DE STATUTS PROTÉGEANT LES TERRES DES PEUPLES AUTOCHTONES

Les statuts de droit national protégeant les terres autochtones peuvent être de différents types : ils peuvent avoir une nature législative ou constitutionnelle, établir des niveaux de protection plus ou moins élevés, être justifiés par des considérations écologiques (protéger la biodiversité) ou des considérations « humaines » (protéger l'intégrité culturelle d'un groupe), porter uniquement sur le sol ou également sur le sous-sol, etc.

Mais la distinction la plus importante, du point de vue de notre étude, paraît être celle qui sépare les statuts visant à protéger l'environnement, et qui ne protègent donc les peuples autochtones que de manière indirecte, et les statuts dont l'objet est au contraire essentiellement la protection de ces peuples.

Dans un contexte favorable au développement durable en effet, les États latino-américains ont tout d'abord attribué des statuts d'espace protégé, ou d'aire protégée, en vue de préserver l'environnement ou la diversité biologique. Ces statuts ne sont pas destinés à protéger les peuples autochtones mais peuvent revêtir cette fonction dans une certaine mesure (§ 1).

Contrairement à ce régime, le régime applicable aux terres bénéficiant du statut de réserve autochtone vise à sauvegarder les communautés indigènes ou autochtones de toute intrusion étrangère, afin qu'elles continuent à mener leurs activités traditionnelles culturelles, sociales et économiques (§ 2).

---

355 Ibid.

§ 1. Les aires protégées aux fins de la conservation de l'environnement

Les aires protégées sont une catégorie d'espace revêtant des caractères particuliers dont l'autorité étatique estime qu'ils doivent faire l'objet d'une protection légale. La création de ces aires, et l'établissement de règles particulières devant s'y appliquer ont permis une utilisation mesurée des ressources que recèlent ces espaces (A). En consacrant un mode de gestion partagée, ou en empêchant l'entrée d'étrangers sur le territoire, les statuts attribués à ces terres constituent parfois indirectement une protection aux peuples autochtones qui y habitent. Toutefois, les exigences environnementales et de protection des autochtones peuvent s'opposer, et un travail de conciliation est alors indispensable (B).

A. La création des aires protégées et l'interdiction d'exploiter les ressources naturelles

En droit international, l'expression « zone protégée » est employée dans plusieurs instruments contraignants. On la trouve tout d'abord à l'article 2 de la Convention sur la diversité biologique, adopté au Sommet de la Terre à Rio de Janeiro en 1992, entrée en vigueur le 29 décembre 1993. L'article 8 de la Convention prévoit que « [c]haque Partie contractante, dans la mesure du possible et selon qu'il conviendra : établit un système de zones protégées ou de zones où des mesures spéciales doivent être prises pour conserver la diversité biologique ». Dans le cadre de cette convention, la zone protégée désigne « toute zone géographiquement délimitée qui est désignée ou réglementée, et gérée en vue d'atteindre des objectifs spécifiques de conservation ». L'article laisse par conséquent aux États le choix des moyens. En outre, l'expression « dans la mesure du possible » laisse entendre que l'État dispose d'une grande liberté pour mettre en place et délimiter ces espaces protégés. L'établissement de zones protégées au sens de la Convention peut permettre une certaine protection des communautés autochtones, puisque cet instrument invite plus loin les États à prendre en compte les modes de vie traditionnels des communautés autochtones, lorsque ceux-ci présentent un intérêt pour la conservation et l'utilisation durable de la diversité biologique.

On retrouve l'expression en 1994, de l'Union internationale pour la conservation de la nature (UICN) qui est spécialisée dans l'établissement des aires protégées avec un programme développé en la matière, qui a élaboré six catégories d'aires protégées. La catégorie I rassemble les réserves naturelles intégrales ou zones de nature sauvage qui sont des aires protégées gérées principalement à des fins scientifiques, ou de protection des ressources sauvages. La catégorie II se compose de parcs nationaux, des aires établies principalement en vue de sauvegarder des écosystèmes et à des fins récréatives. La catégorie III vise les monuments naturels des aires protégées, et a surtout pour but de préserver des éléments naturels spécifiques. La catégorie IV désigne les aires de gestion des habitats ou des espèces, gérées essentiellement à des fins de conservation avec une intervention au niveau de la gestion. La catégorie V renvoie aux paysages terrestres ou marins, gérés principalement dans le but d'assurer la conservation de ces paysages et à des fins récréatives. La catégorie VI concerne les aires protégées de ressources naturelles gérées principalement à des fins d'utilisation durable des écosystèmes naturels[356].

Ces zones ou aires protégées ont été créées en vue de préserver et de conserver la biodiversité qui tendait à disparaître ces dernières années, comme c'est le cas au Brésil avec la déforestation de la forêt amazonienne. C'est un outil important dans la gestion des ressources naturelles, faisant barrage aux menaces considérables que représentent les entreprises multinationales. En effet, une étude sur les mines et les écosystèmes en danger du World Resources Institute montre par exemple que « *[m]ore than one quarter of active mines and exploration sites overlap with or are within a 10-kilometers radius of a strictly protected area (IUCN I-IV). Nearly one third of all active mines and exploration sites are located within intact areas if high conservation value* »[357]. Il est également précisé que « *[o]f the 138 natural World Heritage sites, more than one quarter are threatened by mining or oil and gas development* »[358]. On voit par là que, dans la pratique, la protection dont certaines aires bénéficient n'est pas suffisante pour empêcher l'intrusion des entreprises et l'exploitation incontrôlée des ressources naturelles (charbon, gaz, pétrole, minerais).

En Amérique latine, il n'existe pas moins de dix-huit parcs bénéficiant du statut de réserve naturelle ou de parc national. En Équateur par exemple, la Constitution de 2008 prévoit dans l'article 47 que « toute activité extractive de ressources non renouvelables dans les aires protégées et dans les zones déclarées comme intangibles, dont l'exploitation forestière est interdite.

---

356 Voir la fiche résumé sur les catégories d'aires protégées sur le site : http://www.uicn.fr/IMG/pdf/Categories_UICN_aires_protegees.pdf (consulté le 25 janvier 2011). Pour plus d'informations, voir : N. DUDLEY (éd), *Lignes directrices pour l'application des catégories de gestion aux aires protégées*, Gland, Suisse, UICN, 2008, X-96 p. Disponible sur : http://data.iucn.org/dbtw-wpd/edocs/PAPS-016-Fr.pdf (consulté le 26 janvier 2011).

357 WORLD RESOURCES INSTITUTE, op. cit., p. 16.

358 Ibid., p. 17.

Exceptionnellement, lesdites ressources peuvent être exploitées sur la demande de la Présidence de la République et sur une déclaration d'intérêt général préalable par l'Assemblée nationale, qui peut organiser un référendum si elle l'estime opportun »[359].

Pourtant, dans au moins sept États, ces parcs sont l'objet d'une exploitation pétrolière[360]. Ces faits semblent en contradiction avec le but recherché par l'attribution du statut de zone protégée ou de réserve naturelle. Nous pouvons nous interroger sur l'intérêt d'attribuer un tel statut, s'il n'empêche ni ne limite l'exploitation des ressources du sol ou du sous-sol.

Les raisons juridiques de cette incohérence peuvent être trouvées dans la faiblesse ou l'ambiguïté des lois nationales, ou dans leur non-application. C'est pourquoi, dans un séminaire d'experts sur la souveraineté permanente des peuples autochtones sur les ressources naturelles et sur leur relation à la terre organisé en janvier 2006, « *[e]xperts call upon States to address inconsistencies in their national laws, ensuring that laws recognizing indigenous peoples' rights over their land and resources are not overridden or extinguished by other legislation, in particular in relation to extractive industries, natural resource use and the creation of 'protected areas'* ».

---

[359] Cette interdiction n'est pas absolue et dans certains cas, l'État peut décider d'autoriser une concession dans le but de l'intérêt public. Voir : L. WESTRA, *Environmental justice and the rights of indigenous peoples : international and domestic legal perspectives*, Londres/Sterling, Earthscan, 2008, p. 31. S'agissant du Costa Rica, la loi n°6797 sur l'exploitation minière prévoit l'interdiction d'exploitation dans toutes les aires déclarées comme des parcs nationaux ou des réserves biologiques à moins d'une autorisation de la Direction forestières, voir : M. V. CAJIAO JIMENEZ, *Guía Legal para reconocer el derecho de los Pueblos Indígenas al aprovechamiento y manejo de los recursos naturales en los territorios Indígenas de Costa Rica : los derechos de los Pueblos Indígenas a sus recursos naturales*, Serie Guías Legales – Derechos Indígenas n°2, OIT, 2002, p. 19.

[360] Les aires protégées concernées par une activité pétrolière sont la Réserve de la Biosphère Maya, la Lagune du Tigre (Guatemala), la Réserve de la Biosphère Pantanos de Centla, la Lagune de Carmen, le Parc national El Vizcaino (Mexique), Tambopata-Tandamo, le Parc national Manú (Pérou), le Parc national Carrasco, le Parc national Isodoro Sécure, le territoire autochtone Weenayek (Bolivie), le Parc national Yasuní, la Réserve faunique de Cuyabeno, la Réserve biologique Limoncocha, le Bois Protector Pañacocha, la Réserve écologique Cayambe Coca (Équateur), la Réserve Miskito (Nicaragua), le Parc National Darien et le Parc national Amistad (Panama). Voir Oilwatch, op. cit., p. 3. Disponible en ligne sur : http://www.biodiversidadla.org/Portada_Principal/Documentos/Impacto_ambiental_de_la_explotacion_petrolera_en_America_Latina (consulté le 2 juin 2011).

Le laxisme des législations nationales et de leur application va de pair avec le caractère non-contraignant des dispositions contenues dans la Convention sur la diversité biologique. Celui-ci ne favorise pas le développement d'un cadre permettant d'empêcher les activités de prospection et d'extraction du pétrole, du gaz ou des minerais, et plus largement, des ressources naturelles.

Pour remédier à l'ineffectivité de ces règles nationales et internationales, l'UICN propose de développer le « critère de zone 'interdite' »[361] à l'exploitation pour les espaces relevant des catégories I à IV[362]. L'UICN a d'ailleurs, lors du Congrès mondial de la nature qui s'est déroulé à Amman en 2000, adopté la recommandation 2.82. Destinée à protéger la diversité biologique des effets dommageables des activités de prospection et d'exploitation minière, ce texte recommande aux États membres de l'UICN d'interdire toute exploitation minière dans les aires protégées de catégorie I à IV, et d'encadrer très strictement ces activités dans les aires de catégorie V à VI. Cet effort a été prolongé en 2008 par la résolution 4.136, adoptée au Congrès mondial de la nature qui s'est tenu à Barcelone. Cette dernière résolution, relative à la diversité biologique, aux aires protégées, aux populations autochtones et aux activités minières encourage les États membres à procéder à des évaluations environnementales stratégiques avant toute exploitation. Elle s'adresse également aux entreprises en leur demandant d'éviter toute activité mettant en danger les écosystèmes, la sécurité alimentaire et les peuples autochtones. La question de la mise en place d'un système de catégories qui évalue les conséquences en matière de gestion des ressources naturelles est primordiale. Une gestion durable doit être recherchée afin de permettre la conservation de la diversité biologique.

Dans le même sens, la Revue sur les industries extractives (RIE) a recommandé à la Banque mondiale de ne pas financer un projet qui « pourrait nuire aux propriétés du Patrimoine mondial »[363]. Suivant ce conseil, la Banque mondiale précise dans sa directive opérationnelle 4.04 relative aux

---

361 REVUE DES INDUSTRIES EXTRACTIVES DE LA BANQUE MONDIALE, *Vers un nouvel équilibre…*, op. cit., p. 35.

362 UICN, *Industries extractives dans les zones arides et semi-arides…*, op. cit., p. 72 : « faire en sorte que le développement d'industries extractives ne soit pas autorisé dans les catégories d'aires protégées les plus strictes (Catégories UICN I à IV) et que des mesures de protection appropriées soient en place lorsque les sites de développement sont limitrophes d'aires protégées, ou qu'ils soient maintenus dans des zones restreintes dans des aires moins strictement protégées ».

363 REVUE DES INDUSTRIES EXTRACTIVES DE LA BANQUE MONDIALE, *Vers un nouvel équilibre…*, op. cit., p. 64.

Habitats naturels qu'elle ne financera pas de projets qui « impliquent une modification ou une dégradation significative d'habitats naturels critiques ». Établissant sa ligne de conduite, elle ajoute que « [p]artout où c[e sera] possible, les projets financés par la Banque [seront] situés sur des territoires dont l'état naturel a déjà été modifié (à l'exclusion de toutes zones naturelles converties, aux yeux de la Banque, en prévision du projet). La Banque ne prête[ra] son concours aux projets impliquant une dégradation significative d'habitats naturels que s'il n'existe aucune alternative réaliste au projet et à son emplacement, et qu'à condition qu'une analyse exhaustive ait démontré que les bénéfices tirés du projet seront substantiellement supérieurs aux coûts environnementaux. Si l'évaluation environnementale montre qu'un projet va modifier ou dégrader de manière significative des habitats naturels, le projet en question incorpore[ra] des mesures d'atténuation acceptables par la Banque »[364].

Ces documents destinés au personnel de la Banque mondiale manquent de précision quant aux termes employés, aux méthodes employés pour quantifier les « coûts environnementaux », et notamment lorsque les enjeux portent sur les peuples autochtones. Tiré des annexes qui ont vocation à définir les termes employés, l'extrait suivant est significatif à cet égard :

> « (c) Une conversion significative est l'élimination ou une diminution importante, sous l'effet d'un changement majeur et à long terme dans l'utilisation des ressources en terres ou en eau, de l'intégrité d'un habitat naturel, qu'il soit considéré critique ou autre. Le défrichement, le remplacement de la végétation naturelle (par des cultures ou des plantations arboricoles, entre autres), la submersion permanente (par une retenue d'eau, par exemple), le drainage, le dragage, le remblayage, la rectification des cours d'eau en zones humides ou **encore l'exploitation minière à ciel ouvert peuvent, par exemple, être considérés comme une conversion significative**. Qu'il s'agisse d'écosystèmes terrestres ou aquatiques, la conversion des habitats naturels peut intervenir du fait d'une pollution importante. La conversion peut résulter directement des activités d'un projet ou être le fruit d'un mécanisme indirect (implantation humaine induite le long d'une route, par exemple).

---

364 BANQUE MONDIALE, *Procédures de la Banque PO 4.04*, Manuel opérationnel de la Banque mondiale, juin 2001, 3 p. Disponible en ligne sur : http://siteresources.worldbank.org/OPSMANUAL/Resources/op404French.pdf (consulté le 5 janvier 2012).

(d) La dégradation est une modification d'un habitat naturel critique ou autre réduisant substantiellement la capacité à maintenir des populations viables d'espèces indigènes »[365].

Dans ce passage, il est explicitement reconnu que l'exploitation minière à ciel ouvert a des conséquences graves pour l'environnement, et de ce fait, il serait plus acceptable et satisfaisant d'interdire tout financement de ce type d'exploitation.

L'interdiction d'exploiter le pétrole est plus difficile à concrétiser en l'absence d'alternative équivalente aux énergies fossiles. Malgré l'intérêt apparent de la Banque mondiale pour l'impact environnemental des activités extractives, il paraît improbable qu'elle mette en œuvre de manière stricte l'orientation qu'elle s'est elle-même fixée.

B. La conciliation de la préservation de la biodiversité et des droits des peuples autochtones

Si le souci étatique de préserver la biodiversité peut sembler à première vue favorable à la protection des peuples autochtones, l'attribution du statut d'aire protégée, comme par exemple la réserve de la biosphère au Venezuela, a surtout permis la « mainmise »[366] des autorités nationales sur des terres auparavant essentiellement gérées par des peuples autochtones. Dans certains cas, la création des aires protégées fait partie de la stratégie adoptée par les gouvernements pour expulser les communautés autochtones, sans passer par une procédure légale d'expropriation, qui pourrait se révéler compliquée. Les États tenus par la Convention n°169 de l'OIT peuvent ainsi essayer de contourner l'obligation qui leur est faite de consulter les peuples autochtones pour toute décision qui affecte leurs territoires, ou pour les délimiter.

De plus, il arrive que l'attribution du statut d'aire protégée entraîne l'interdiction de se livrer à certaines activités traditionnelles telles que la pêche ou la chasse, ou que les peuples autochtones se voient empêcher de traverser ces terres alors qu'ils vivent à proximité. Ce type de difficulté révèle l'importance de la prise en compte de la périphérie, lors de la création

---

365 Non surligné dans le texte original. BANQUE MONDIALE, Annexe de Procédures de la Banque PO 4.04, Manuel opérationnel de la Banque mondiale, juin 2001, p. 3. Disponible en ligne sur : http://siteresources.worldbank.org/OPSMANUAL/Resources/op404AnnexAFrench.pdf (consulté le 5 janvier 2012).

366 P. BIRRAUX-ZIEGLER, « Culture, nature, nationalisme et internationalisme », *Civilisations*, 1997, n°44, mis en ligne le 29 juin 2009, pp. 126-137, par. 21-24.

d'une aire protégée, et en particulier des modes de vie traditionnels des populations locales et autochtones[367]. En Équateur par exemple, des terres ayant des statuts juridiques différents, se chevauchent, de sorte que plusieurs régimes différents (loi sur l'environnement, loi agraire, loi forestière, loi sur la biodiversité, les aires protégées, loi sur les eaux, loi sur les minerais, loi sur les hydrocarbures…) sont parfois applicables à un même espace[368].

Toutefois, la préservation de la biosphère et la protection efficace des peuples autochtones ne s'opposent pas nécessairement. Les recommandations émises par l'UICN constituent, pour les peuples autochtones, un moyen de démontrer que leurs modes de vie peuvent être bénéfiques pour la protection et la conservation des ressources naturelles. L'UICN insiste notamment sur l'accès, l'utilisation, la gestion, la gouvernance et le contrôle des peuples autochtones sur leurs terres. Ils sont des acteurs importants qui devraient jouer, à l'avenir, un rôle plus actif dans la détermination des meilleurs moyens de préserver la faune et la flore se trouvant sur leurs terres[369].

Comme il a été dit plus haut, certaines terres qualifiées d'aires protégées sont habitées par des peuples autochtones. Dans le but de parvenir à une gouvernance partagée et d'éviter des conflits, l'UICN recommande que « [l]es aires protégées établies sur des terres, des territoires et des ressources autochtones (…) [respecte] les droits de leurs propriétaires, gardiens ou utilisateurs traditionnels » et que « [l]a gestion des aires protégées (…) [respecte] les institutions et le droit coutumier des populations autochtones. C'est pourquoi les aires protégées doivent reconnaître les propriétaires ou les gardiens autochtones comme les détenteurs des pouvoirs statutaires dans

---

367 G. FONTAINE, *Gaz et pétrole en Amazonie : conflits en territoires autochtones*, Paris, L'Harmattan, 2010, p. 49 : « Les partisans d'une approche strictement biologique de la conservation montrent une préoccupation particulière pour la préservation de toutes les espèces et leurs variations génétiques dans un ensemble d'écosystèmes, ce qui exclut toute activité humaine 'significative'. Selon eux, les communautés autochtones sont irrésistiblement absorbées par l'économie de marché, et le changement social conduit à une modification des pratiques traditionnelles qui ne sont plus nécessairement adaptées à la préservation de l'environnement, en dépit de la rhétorique et des bonnes intentions qui caractérisent les déclarations de la Conférence de Paris ou encore le rapport 'Amazonie sans mythes' publié par le TCA en 1991 ».

368 C.ROMERO BONIFAZ, « La Gestión integrada de los Recursos Naturales como Fundamento de la Territorialidad Indígena », *Derechos Humanos y Acción Defensorial*, 2006, n°1, pp. 151-181.

369 E. DANNENMAIER, op. cit., pp. 106-110.

leurs aires, et donc respecter et appuyer les populations autochtones qui exercent l'autorité et le contrôle sur de telles aires »[370].

Plusieurs législations nationales suivent cette recommandation. En droit mexicain par exemple, des aires naturelles initialement protégées en tant que zones touristiques l'ont également été afin de préserver leur biodiversité. Cette protection a également été étendue aux peuples autochtones, qui ont obtenu le droit de s'autogérer. La gestion des terres confiée aux peuples autochtones inclut la participation des propriétaires, occupants, organisations sociales, publiques ou privées, des gouvernements locaux, des peuples autochtones et des personnes intéressées. L'obtention de ces droits de gestion est conditionnée à la tenue d'études démontrant son opportunité. Les peuples autochtones doivent en faire la demande auprès du Secrétariat de l'environnement, des ressources naturelles et de la pêche, chargé de l'identification de ces zones et de la gestion de celles-ci. Parallèlement à ce régime, la loi forestière attribue uniquement des droits aux propriétaires[371].

En Bolivie, l'administration des aires protégées est gérée par le Service National des Aires Protégées (SERNAP) au niveau départemental, par le biais d'un décret suprême du Ministère du développement durable, ou encore par une entité privée avec l'approbation préalable de ce ministère.

Plusieurs catégories d'espaces protégés coexistent en général (parcs, sanctuaires, monuments naturels, réserves de vie sauvage, aires protégées, réserves naturelles), et pour certains de ces espaces, l'extraction de ressources naturelles n'est pas autorisée[372].

On voit par là que des espaces peuvent bénéficier d'un statut protégeant l'environnement et protégeant de ce fait les populations indigènes, ou que des statuts visant explicitement à concilier ces deux types de protection sont

---

[370] N. DUDLEY (ed), op. cit., p. 36. Voir également : A. PERRAULT, K. HERBERTSON, O. J. LYNCH, « Partnerships for Success in Protected Areas: The Public Interest and Local Community Rights to Prior Informed Consent (PIC) », *Georgetown International Environmental Law Review*, 2007, vol. 19, pp. 515-520, not. p. 520 : « Recognizing PIC in the co-management context increases the likelihood that communities otherwise predisposed to saying 'no' might be willing to work toward co-management-type solutions. Additionally, for most local communities, it is likely to encourage greater participation toward, and enthusiasm for, protected area objectives. It is also likely to diminish the potential for conflict. In other words, the right to PIC increases chances that communities will be willing to work with governments and project proponents to establish protected areas and meet public interest objectives ».

[371] F. LOPEZ BARCENAS, op. cit., pp. 133-138.

[372] C. ROMERO BONIFAZ, op. cit., pp. 176-181.

envisageables. Bien souvent toutefois, des espaces bénéficient simplement d'un régime destiné à réaliser les droits des peuples autochtones.

§ 2. Les territoires autochtones

La création de réserves et le respect particulier dont bénéficient certains territoires autochtones déroge au droit commun applicable sur le reste des territoires étatiques. L'attribution d'un tel statut territorial consiste en pratique à accorder une réelle autonomie aux peuples autochtones.

Ce type de statuts territoriaux s'est initialement développé au Canada, aux États-Unis, en Australie[373]. Au Canada, les différentes décisions relatives aux titres de la terre octroyés aux aborigènes ont permis de préciser leur contenu, lequel, au départ, était considéré uniquement comme un droit d'occupation décidé et protégé par le Royaume qui pouvait mettre fin au droit d'occupation pour d'autres fins. L'objet de ces droits était alors uniquement l'usufruit et l'occupation des terres. Les aborigènes n'avaient pas la possibilité de participer aux décisions prises par l'État pour le commerce des terres et leur aliénation. La Cour suprême canadienne a cependant affirmé dans son arrêt de 1988, *Canadian Pacific Ltd. v. Paul*, que « *Indian interest in land is truly sui generis. It is more than the right to enjoyment and occupancy although* »[374]. D'une manière relativement comparable aux États-Unis d'Amérique, l'État avait créé une réserve indigène dans le but de protéger des peuples indiens et leurs cultures, mais ne leur avait pas octroyé des droits de propriété, et notamment pas celui de céder leur bien.

Ce type de situation pose un réel problème, puisque, dans ces cas, l'attribution d'un statut protecteur ne permet pas aux autochtones de contester les projets entrepris par des entreprises sur les terres concédées par l'État.

C'est au regard de ce type de problème qu'il faut examiner statuts similaires mis en place par différents États latino-américains, notamment l'Équateur (A), le Panama (B), la Bolivie (C) et la Colombie (D).

---

[373] F. VAN LANGENHOVE, op. cit., p. 375 : « Il est un moyen plus radical de protéger les populations aborigènes: c'est de les reléguer dans des réserves. Plusieurs pays, principalement en Amérique, y ont eu recours ».

[374] R. BARTLETT, *Resource development and aboriginal land rights*, Calgary, Canadian Institut of Resource Law, 1991, p. 10.

A. La réserve Yasuni en Équateur

Dans la réserve Yasuni, en Équateur, on distingue plusieurs territoires différents qui se superposent et s'entremêlent à certains endroits[375]. Elle englobe notamment des territoires indigènes et des aires protégées[376]. Cette réserve est également découpée en six blocs[377] pour les activités pétrolières[378]. Les décrets présidentiels n°551 et 552 de 1999 ont défini comme zones intangibles « des espaces protégés d'importance culturelle et biologique exceptionnelle dans lesquels aucune activité extractive peut être mise en œuvre en raison de la valeur qu'ils possèdent pour les générations présentes et futures. Par conséquent, ce sont des zones qui ne peuvent être destinées à une quelconque activité minière, forestière, ou d'activité qui peut mettre en danger tant pour la diversité culturelle que biologique qui s'est développé en son sein »[379].

Le décret n°552 déclare comme zones intangibles les territoires des peuples en isolement volontaire, comme ceux des Tagaeri ou des Taromenae[380] du groupe Huaorani. L'article 57 alinéa 21 de la Constitution équatorienne de 2008 réitère l'obligation pour l'État d'adopter « des mesures

---

[375] Voir les zones de découpage de l'Amazonie équatorienne : M. FINER, C. N. JENKINS, S. L. PIMM, *Los proyectos petroleros y gasíferos en la Amazonia occidental : Amenazas a tierra virgen, biodiversidad y pueblos indígenas*, Save America's Forests, PloS ONE, 2008, p. 7.

[376] Pour comprendre l'enchevêtrement des différents espaces dans la région amazonienne en Équateur, voir les cartes à disposition sur le site : http://www.amazoniaporlavida.org/es/Mapas/mapas.html (consulté le 24 janvier 2011).

[377] Dans le cadre de l'exploitation pétrolière, le bloc est une division du territoire à exploiter.

[378] Par exemple, le projet Yasuni ITT concerne le bloc 31. Voir : L. ROMMEL, « La política indigenista del Estado y el territorio huao », in G. FONTAINE, I. NARVÁEZ (coord.), *Yasuní en el siglo XXI : el Estado ecuatoriano y la conservación de la Amazonía*, Quito, Abya Yala, FLACSO 2007, p. 176.

[379] PROGRAMME DES NATIONS UNIES POUR DÉVELOPPEMENT, *Proyecto Conservación y Manejo Sostenible del Patrimonio Natural y Cultural de la Reserva de Biósfera Yasuní*, mars 2009, pp. 4-5. Disponible en ligne sur : http://projetitt.vacau.com/wordpress/wp-content/uploads/2010/04/Estudio-de-los-aspectos-juridicos-constitucionales-de-la-propuesta-ITT.pdf (consulté le 30 janvier 2011).

[380] Les Tagaeri sont les membres du clan Tagae, guerrier du groupe Huaorani qui a décidé de s'isoler à la suite de l'intrusion des représentants d'entreprises pétrolières. Les Tagaeri sont les personnes qui ont décidé de le suivre. Le nombre des membres composant les groupes Taromenae et Tagaeri sont estimé à environ 80 à 300 personnes.

pour garantir leur vies et faire respecter leur autodétermination et volonté de rester en isolement et de sauvegarder l'application de leurs droits[381]. La violation de ces droits constitue le crime d'ethnocide, qui sera établi par la loi. L'État veille à la mise en œuvre de ces droits collectifs, sans discrimination, en termes d'égalité et d'équité entre les femmes et les hommes ».[382] Cette zone, qui s'étend sur approximativement 760 000 hectares, n'a connu cependant aucune délimitation précise jusqu'à janvier 2007[383]. Si dès le début du XXème siècle, les Tagaeri et les Taromenae ont empêché l'intrusion de représentants d'entreprises venus prospecter les terres le commerce illégal du bois provoque aujourd'hui la déforestation et la diminution progressive de l'espace de vie de ces communautés.

En 1990, une partie du parc Yasuni déclarée comme aire protégée a changé de statut pour devenir territoire autochtone. Cette modification a permis d'autoriser l'exploitation pétrolière du bloc 16 par les entreprises *Conoco*, filiale de *Dupont* puis de *Maxus*, entreprise étatsunienne, *Repsol*, entreprise espagnole, et *Ypf*, compagnie argentine. Cette modification du statut avait pour effet d'éviter toute confrontation avec le mouvement écologiste[384]. Toutefois, malgré le décret qui consacre l'intangibilité de la zone des Tagaeri et les Taromenae, l'Organisation de la nationalité huaorani de l'Amazonie équatorienne (ONHAE) – qui représente les intérêts de l'ethnie Huaraoni auprès de toute institution qui souhaite entrer sur son territoire – refuse de prendre en compte la volonté de la majorité des communautés Tagaeri et Taromenae de rester sans contact, et s'attache à la partie des Huaorani autorisant l'exploitation forestière dans la zone intangible. Des conflits interethniques ont éclaté du fait de cette dissension au sein des Huaorani, et ils subsistent entre les groupes Tiguino et Tagaeri. Une quinzaine de personnes de Tagaeri ont ainsi trouvé la mort en mai 2003, à la suite d'une attaque perpétrée par les Tiguino, pourtant de la même ethnie Huaorani.

Les représentants de l'ONHAE qui négocient avec les entreprises d'extractions pétrolière ou forestière n'étant pas reconnus par certaines

---

381 Voir l'article 21 de la Constitution équatorienne. Selon la définition donnée par le dictionnaire Larousse, est intangible ce à quoi l'on ne peut toucher et qui doit rester intact.

382 Voir la Constitution équatorienne sur le site : http://pdba.georgetown.edu/Constitutions/Ecuador/ecuador08.html (consulté le 2 février 2011).

383 Décret exécutif n°2187 de délimitation de la zone intangible tagaeri et taromenae, Quito, le 3 janvier 2007.

384 L. ROMMEL, « La política indigenista del Estado y el territorio huao », op. cit., p. 194.

familles Huaorani[385], le problème est d'identifier les autorités reconnues au sein du peuple Huaorani, et ainsi légitimes pour les représenter. Des entreprises pétrolières obtiennent le consentement des représentants de l'ONHAE alors que celle-ci agit à l'encontre des intérêts de la communauté. Ce consentement leur est nécessaire pour répondre à l'exigence de consultation et de participation des peuples autochtones à toutes les mesures affectant leurs terres[386]. Bien qu'une grande partie des terres ait été reconnue au peuple Huaorani, ces derniers sont propriétaires du sol tandis que l'État équatorien reste propriétaire sur les produits du sous-sol.

B. Les *comarcas* du Panama

Selon un recensement de l'ONG Groupe international de travail sur les peuples autochtones (GIPTA) de 2000, la population autochtone au Panama représente environ 10% de la population totale[387]. Le Panama a présenté son rapport national soumis à l'examen périodique universel des Nations Unies en novembre 2010. Dans celui-ci, il mentionne les cinq régions autochtones ou *comarcas indígenas* dont la création a été autorisée par l'article 5 de la Constitution. Le peuple Kuna bénéficiait d'une autonomie reconnue appelée *comarca Tulenega* lorsque le Panama était sous la domination colombienne au XIXème siècle. Cette autonomie fut remise en cause lorsque le Panama prit son indépendance en 1821, puis reconnue par une loi de 1953 créant la *comarca de San Blas*[388]. Actuellement, les cinq *comarcas,* créées par une loi fixant leur organisation sociale et politique, sont *Emberá de Darién ou Emberá - Wounaan*[389], *Ngöbe-Buglé*[390], *Kuna Yala*[391], *Kuna de Madungandí*[392] et *Kuna de Wargandí*[393]. Elle couvre environ 20% du territoire panaméen[394]. L'article 123 de la Constitution dispose que « [l]'État garantit aux communautés indigènes la réserve des terres nécessaires et la propriété collective de ces communautés pour la réalisation de leur bien-être

---

385 Ibid., pp. 200-202.

386 Voir infra Partie I, Titre II, Chapitre I, Section II.

387 Voir : http://www.iwgia.org/sw31737.asp (consulté le 10 février 2011).

388 Rapport du séminaire sur les traités, accords et autres arrangements constructifs entre les États et les peuples autochtones, E/CN.4/Sub.2/AC.4/2004/7, 1er juin 2004, pp. 10-11.

389 Créée par la loi n°22 de 1887.

390 Créée par la loi n°10 du 7 mars 1997.

391 Créée par la loi n°16 de 1953.

392 Créée par la loi n°24 du 12 janvier 1996.

393 Créée par la loi n°34 de 2000.

394 R. ROLDÁN ORTEGA, *Models for Recognizing…*, op. cit., p. 8.

économique et social ». Le statut de *comarca* reconnaît donc la propriété collective et accorde une autonomie aux peuples autochtones qui y vivent. Ce sont par exemple des autorités autochtones traditionnelles qui administrent la justice.

Malgré la création de ces réserves, des problèmes de démarcation du territoire persistent, notamment s'agissant de la *comarca* de *Ngöbe-Buglé* et de *Kuna Yala*. La reconnaissance juridique des terres n'a pas abouti à une démarcation explicite, et cela porte atteinte à l'intégrité du groupe.

De plus, bien que ces espaces soient en principe exclusivement administrés par des peuples autochtones, des concessions minières ont été accordées par l'État à des entreprises, au détriment du statut de *comarca* des peuples d'*Embera*, de *Ngöbe-Buglé*, de *Kuna Yala* et de *Madungandi*. L'Institut national des ressources naturelles (INRENARE), agence gouvernementale chargée de la gestion des ressources naturelles, a quant à lui octroyé des concessions forestières sans consulter les peuples autochtones vivant sur un territoire bénéficiant d'un statut protecteur, alors que l'article 44 du code du travail[395] prévoit que ces autorisations doivent être données par l'INRENARE conjointement avec le Congrès général des communautés autochtones[396]. Le décret relatif à l'organisation de la *comarca* indique d'ailleurs que le Congrès général en est l'autorité suprême[397] en ce qui concerne la gestion de ces terres.

Un exemple récent illustre le manque de cohérence entre la reconnaissance de l'autonomie des peuples autochtones, et l'attribution de concession minière sur les mêmes terres. Après avoir attribué un statut protecteur aux terres de la communauté de Ngöbe-Buglé, le Panama avait exprimé, en novembre 2010, le souhait d'extraire l'or situé sur ses terres. Suite à des protestations de la communauté, un accord les concernant a été trouvé en février 2011, et le président de la République, Ricardo Martinelli, a décidé de renoncer par décret à toute promotion ou approbation d'exploitation minière dans les *comarcas* pendant la durée de son mandat[398]. Si le dénouement de l'affaire paraît plutôt positif, on doit noter que, à sa lumière, il semble que la reconnaissance des terres collectives à usage exclusif ne

---

[395] Loi n°1du 3 février 1994.

[396] Les Congrès représentent les autorités de la communauté selon le système Kuna. Pour un descriptif, voir : F. DEROCHE, *Les peuples autochtones et leur relation originale à la terre*, Paris, L'Harmattan, 2008, pp. 310-311.

[397] Voir le décret exécutif n°194 du 25 août 1999 sur la comarca de Ngöbe-Buglé. Disponible en ligne sur :
http://www.iadb.org/Research/legislacionindigena/leyn/docs/Pan-Pan-DecretoEje-194-99-CartaOrgan-Ngobe-Bugle1081.pdf (consulté le 8 mai 2015).

[398] Décret présidentiel n°30 du 23 février 2011.

constitue aucunement l'assurance, pour les peuples autochtones, que les ressources naturelles se trouvant sur leurs terres ne seront pas exploitées.

Les expériences passées poussent en outre les peuples autochtones panaméens à rester attentifs et vigilants aux décisions du gouvernement relatives à leurs terres et à leurs ressources naturelles. De plus, leurs protestations portent assez souvent leurs fruits. On peut citer la lutte des autochtones contre l'exploitation du Cerro Colorado par la compagnie *Rio Tinto Zinc* qui aboutit à l'abandon du projet dans les années 1970, ou plus tard, en 2009, l'exploitation du Cerro Chorcha par la compagnie minière *Dominion Minerals* qui fut suspendue par la Cour suprême de Justice[399] sur des terres s'étendant sur 24 000 hectares, et chevauchant la *comarca Ngöbe-Buglé*, la réserve forestière Fortuna et le bois Palo Seco.

C. Les terres communautaires d'origine en Bolivie

Selon le recensement national de 2001, la population bolivienne se compose de 8,2 millions d'habitants dont 3,1 millions s'identifient comme étant autochtone (dont 49,5% de Quechuas, 40,6% d'Aymaras, 3,6% de Chiquitanos, 2,5% de Guaranies, 1,4% de Mojeños). En Bolivie, le mouvement autochtone a connu un développement considérable avec la Marche pour le territoire et la dignité, en mars 1990, organisée par un grand nombre d'autochtones en vue d'obtenir la reconnaissance de leur identité et de leur propriété sur les terres de leurs ancêtres. À la suite de cet événement, le Parlement adopta des mesures législatives, dont la loi n°1257, qui incorpore le texte de la Convention n°169 au droit interne. Ultérieurement, le président d'alors, Jaime Paz Zamora reconnut, par le décret suprême n°22610 de 24 septembre 1990, huit territoires indigènes dont par exemple celui du Parc national Isiboro-Secure (TIPNIS)[400] comme « *inalienable, indivisible, imprescribable and unencumberable property held collectively* »[401]. Par la suite, sur la base de l'article 171 de la Constitution de 1994, le gouvernement créa les Terres communautaires d'origine (TCO), des espaces concrétisant la propriété des peuples autochtones et des paysans. La loi agraire de 1996 reconnut quant à elle les TCO[402], comme de nature

---

[399] Voir infra Partie II, Titre I, Chapitre I, Section I, par. 1.

[400] L. SARGENT, « The Indigenous Peoples of Bolivia's Amazon Basin Region and ILO Convention N°169: Real Rights or Rhetoric », in L.WATTERS, *Indigenous Peoples, Environment and Law : an Anthology*, Durham, North Carolina, Carolina Academic Press, 2004, pp. 179-199.

[401] Ibid., p. 185.

[402] Loi n°1715 du 18 octobre 1996. Pour plus d'informations sur la réforme agraire et l'accès à la terre des peuples autochtones, voir : CEPAL, *El acceso de los*

collective, inaliénables et imprescriptibles. Depuis l'adoption de cette loi, de nombreuses demandes[403] ont émané des communautés indigènes pour que leurs terres soient reconnues en tant que telles. Depuis l'élection du président Evo Morales, 81 terres communautaires d'origine ont été créées[404].

Tandis que ce cadre juridique offre une protection et des garanties conséquentes à l'égard des peuples autochtones, au regard de la législation existante, il semblerait qu'il existe des chevauchements de plusieurs terres de statuts distincts (propriétaires terriens, paysans, TCO)[405].

Il ressort également que leurs droits semblent diminués lorsqu'il est question de ressources naturelles. En effet, la Bolivie considère les biens du sous-sol, du sol, les eaux fluviales, les mines, les puits d'hydrocarbures entre autres comme du domaine public de l'État. Sur la base de ce droit, l'État justifie alors parfois l'expropriation ou l'expulsion des peuples autochtones de leurs terres pour l'exploitation de ces ressources. En 1995, une compagnie pétrolière, *REPSOL*, a par exemple obtenu une concession sur des terres appartenant à des communautés autochtones dans la région amazonienne bolivienne, abritant environ 60 000 personnes réparties en trente groupes ethniques. Elle a effectué des études sismologiques sur le terrain sans que l'État ne se livre à la consultation des peuples autochtones. Ces études ont constaté les effets destructeurs de l'exploitation pétrolière sur l'environnement (contaminations des eaux, des rivières et des sols) et sur la santé des habitants (cancers, problèmes intestinaux, augmentation de la mortalité infantile). Après avoir vainement tenté d'invoquer la Convention n°169, et

---

indígenas a la tierra en los ordenamientos jurídicos de América Latina : un estudio de casos, CEPAL, août 2002, volumes 1-2, 64 p. et 84 p.
Disponible en ligne sur : http://www.eclac.cl/publicaciones/xml/3/11303/LCL1767-II.pdf (consulté le 20 février 2011). Voir également : J. AYLWIN, *El Derecho de los Pueblos Indígenas a la Tierra y al Territorio en América Latina : Antecedentes Históricos y Tendencias Actuales*, document, pour la session du groupe de travail sur la 5ème section du projet de Déclaration organisé par l'Organisation des États américains, Washington, les 7 et 8 novembre 2002, p. 9. Disponible en ligne sur : http://ibcperu.org/doc/isis/12328.pdf (consulté le 20 février 2012).

[403] Environ 54 demandes pour les Basses terres et 174 demandes pour les Hautes Terres, pour plus d'informations, se reférer aux tableaux se trouvant pp. 160-161 in C. ROMERO BONIFAZ, op. cit.

[404] J. AYLWIN, *Derechos territoriales de pueblos indígenas en América latina : situation juridica y politica publica*, Observatorio cuidadano, document pour le Séminaire sur la situation juridique, politiques publiques, bonnes pratiques et actions affirmatives, Washington, 21 janvier 2011, p. 18. Disponible en ligne sur : http://www.observatorio.cl/sites/default/files/biblioteca/presentacion_jose_aylwin.pdf (consulté le 10 août 2011).

[405] Ibid., pp. 18-21.

notamment l'obligation de consultation qui y est formulée, devant la Cour suprême des États-Unis et différents tribunaux boliviens, les communautés ont menacé d'empêcher le travail d'exploration de l'entreprise. Alerté par *REPSOL*, le gouvernement bolivien refusa de céder, au motif que la nouvelle législation relative aux opérations portant sur les hydrocarbures adoptée en 1996 ne mentionnait pas l'obligation de consultation comme condition préalable. Toutefois, en 2010, des discussions sur l'élaboration d'une nouvelle loi sur les hydrocarbures ont eu lieu. Les organisations autochtones sont alors parvenues à obtenir qu'y figure l'obligation de consultation préalable, lorsque les activités pétrolifères affectent les territoires autochtones.

D. Les réserves en Colombie

En Colombie, les peuples autochtones pouvaient se voir reconnaître jusqu'en 1991 des droits territoriaux[406] à travers cinq formes légales de possession des terres : réserves d'origine coloniale, réserves républicaines, réserves créées par l'INCORA (Institut colombien de réforme agraire) après 1961, réserves autochtones[407], et titres individuels au nom de la communauté ou « *parcialidades* ».

De toutes ces formes de droits territoriaux autochtones, la plus courante est la réserve. D'après un recensement effectué en 2001, il existe 638 réserves – dont les deux tiers ont été légalisées par l'INCORA en vertu d'un décret de 1995 – pour 785 356 individus représentant 86,90% de la population autochtone[408]. Le statut des réserves est prévu à l'article 329 de la Constitution, auquel il faut ajouter l'article 2 du décret n°2164 du 7 décembre 1995[409]. À côté des réserves, un processus mis en place en 1991 tend à la création d'Entités Territoriales Indigènes (ETI), qui permet l'harmonisation des territoires autochtones. Les ETI ont le même statut que les collectivités territoriales et sont, par conséquent, dotées d'une autonomie

---

406 Pour plus d'informations, voir : DEPARTAMENTO NACIONAL DE PLANEACIÓN DE COLOMBIA, op. cit., XIV-426 p.

407 F. SEMPER; « Los derechos de los pueblos indígenas de Colombia en la jurisprudencia de la Corte constitucional », *Anuario de Derecho constitucional latinoamericano*, 2006, pp. 767-770.

408 DEPARTAMENTO NACIONAL DE PLANEACIÓN DE COLOMBIA, op. cit., pp. 103-128.

409 Décret n°2164 du 7 décembre 1995. Disponible en ligne sur : http://www.presidencia.gov.co/prensa_new/decretoslinea/1995/diciembre/07/dec2164071995.pdf (consulté le 24 février 2011).

réelle. Malgré ces textes, « [d]ès lors que l'on rapproche ces règles du cadre réglementant les activités pétrolières sur les terres autochtones, on peut en déduire que, dans tous les cas, les communautés ne peuvent jamais avoir le dernier mot, c'est-à-dire que leur avis n'est juridiquement pas contraignant, ni même vraiment déterminant »[410]. D'une manière comparable, le Comité des DH a constaté dans ses observations finales de 2010 que « [b]ien que leur droit à la propriété collective des terres soit reconnu par la loi, dans les faits, ces communautés sont en butte à de grands obstacles pour exercer le contrôle sur leurs terres et territoires »[411].

Malgré les apports considérables de la constitution colombienne, l'exploitation du pétrole sur les territoires indigènes U'wa et Kofán fait état de politiques pétrolières confuses et la protection qui leur est accordée n'est pas toujours suffisante[412].

Si l'on compare les statuts spécifiques attribués par le droit des différents États que l'on a étudiés, on peut distinguer plusieurs niveaux de protection. Roque Roldán Ortega en observe trois : un niveau de protection élevé est par exemple garanti en Bolivie, au Brésil, en Colombie, au Costa Rica, au Panama, au Paraguay et au Pérou, un niveau de protection intermédiaire en Argentine, au Guatemala, au Honduras, au Mexique, au Nicaragua et au Venezuela et un niveau de protection faible ou insuffisant au Salvador, au Guyana, au Suriname et en Uruguay[413]. Il justifie cette distinction tripartite en fonction de critères bien précis. Pour le niveau le plus élevé, il y rattache un changement constitutionnel reconnaissant par exemple le caractère pluriculturel de l'État, et la ratification de la Convention n°169 de l'OIT accompagné d'un cadre législatif. Pour le deuxième niveau, il dénote l'absence de mesures permettant la mise en œuvre de la reconnaissance des peuples autochtones sur le territoire. Le troisième niveau ne présente aucun de ces deux critères. Il est toutefois possible de contester la pertinence de cette division, ou les exemples choisis par l'auteur. En effet, la protection connaît des limites car même dans les États où la protection est forte, au Brésil, tout comme en Argentine ou en Colombie, plusieurs homicides relatifs à la question de la terre touchant la population autochtone ont par exemple été constatés dans le rapport 2010 d'Amnesty International.

---

410 G. FILOCHE, *Ethnodéveloppement, développement durable*…, op. cit., p. 356.

411 Observations finales du Comité des droits de l'Homme sur la Colombie, CCPR/C/COL/CO/6, 4 août 2010 par. 25.

412 G. MUYUY JACANAMEJOY, op. cit., p. 286.

413 R. ROLDÁN ORTEGA, *Models for Recognizing*…, op. cit., p. 3.

Une évaluation de la protection accordée par un État aux terres autochtones devrait ainsi prendre en compte les différents statuts octroyés par chaque État, qui peuvent être plus ou moins protecteurs. En outre, il faudrait s'attacher au cas particulier de certains peuples d'Amérique latine, comme ceux qui ont décidé d'être isolés. Cette situation difficile empêche l'État de disposer d'informations précises les concernant, et donc de les protéger efficacement[414]. Il existerait environ 64 peuples de ce type dans le monde. Or, plusieurs de ces peuples vivent dans la forêt amazonienne[415] et se trouvent aujourd'hui menacés en raison de la détérioration et de la disparition de leur espace naturel[416]. Ils s'enfoncent toujours plus dans la forêt afin de fuir le contact, en particulier avec les exploitants forestiers comme c'est le cas au Brésil, en Bolivie, en Équateur ou au Pérou[417]. Ces peuples peuvent être menaçants à l'égard de ceux qui tentent de rentrer en contact avec eux. Dans le parc Yasuni en Équateur, des membres du peuple *Tagaeri* ont par exemple tué deux personnes chargées de les convaincre d'autoriser l'entrée des extracteurs de pétrole sur leur territoire en 1987. Mais récemment, en novembre 2010, le gouvernement péruvien a découvert, dans l'Amazonie péruvienne le peuple Nanti composé d'environ 500 individus[418] dont la moitié est déjà entrée en contact avec des personnes

---

414 On appose l'adjectif « volontaire » sur la terminologie de ces « groupes en isolement volontaire » lorsque le peuple ou la communauté en question l'a clairement revendiqué, ou lorsqu'il a empêché par la force l'entrée de personnes étrangères à la communauté. Les peuples en isolement volontaire sont des peuples qui ont décidé délibérément d'être coupés du monde.

415 Pour plus d'informations sur les peuples en isolement volontaire, consulter le site de l'ONG Survival ou voir les tableaux et la carte sur le site : http:// www.ulb.ac.be/soco/apft/GENERAL/TEXTE/RPDGXI/prfr32.htm (consulté le 20 janvier 2011).

416 Pour plus d'informations, consulter le site de l'ONG Survival : www.survival.org. En février 2008, lors d'une prospection, une équipe de l'entreprise canadienne Petrolifera aurait découvert des habitations d'un groupe autochtone isolé (http://www.survivalfrance.org/actu/3068). En novembre 2010, d'autres groupes en isolement volontaire ont été aperçus dans la partie péruvienne de la forêt amazonienne (http://www.survivalfrance.org/actu/6701). Au Paraguay, un refuge d'un groupe autochtone aurait été révélé par des images satellites en 2007 (http://www.survivalfrance.org/actu/archives/2007).

417 En Bolivie, le groupe Toromona est menacé d'extinction. Les Tagaeri, les Huaorani, les Taromenae, les Corubo, les Amamhuaca, les Mascho, les Kineri, les Nanti, les Nahua et les Kugapakori sont considérés comme en isolement volontaire.

418 Voir l'entretien José Carlos dos Reis Meirelles Júnior, coordinateur de la Fondation nationale de l'Indien (FUNAI) qui a survolé en avionnette la forêt amazonienne pour rendre compte de la présence de groupes autochtones non

travaillant dans le commerce du bois[419]. Les conséquences de ces contacts pour ces peuples sont souvent très néfastes. Les maladies que transportent les personnes étrangères au groupe peuvent aisément être transmises à un autochtone, et causer sa mort. C'est pourquoi le gouvernement du Brésil a décidé de créer des réserves territoriales afin de protéger ces groupes en interdisant l'accès de leurs terres aux entreprises. D'autres pays tels que la Colombie, l'Équateur ou le Pérou, pourraient suivre la même voie.

Malgré les efforts des États pour créer et délimiter les territoires des peuples autochtones, la lenteur dans les procédures administratives caractérise le long combat des autochtones pour la reconnaissance des terres. De nombreux rapports du Haut-Commissariat aux droits de l'Homme soulignent l'importance de la question de l'effectivité des procédures créées. En effet, la promulgation de lois, et de décrets, en vue d'appliquer les recommandations des différents organes de traités et des procédures spéciales des droits de l'Homme des Nations Unies, n'est pas suffisante pour assurer la mise en œuvre effective des droits des peuples autochtones. S'agissant des conflits relatifs aux ressources naturelles, les droits de ces peuples sont rarement respectés. Les objectifs d'interdiction de tout type d'exploitation dans les zones habitées par des peuples autochtones sans consultation préalable, et décision favorable de leur part, sont donc toujours d'actualité. Parmi les différents moyens d'atteindre ces buts, l'initiative Yasuni ITT paraît spécialement innovante.

SECTION III – LE PROJET YASUNI ITT EN ÉQUATEUR : VERS UNE PROTECTION EFFECTIVE DE L'ENVIRONNEMENT

Créé en 1979[420] sur le champ pétrolier Ishpingo Tambococha Tiputini, le Parc national Yasuni est situé dans une partie de la forêt amazonienne qui concentre la plus grande biodiversité de la planète[421]. Classé « réserve

---

contactés afin de demander leur protection : http://www.co.terra.com/terramagazine/interna/0,,OI2909999-EI8862,00.html (consulté le 8 février 2011).

[419] Voir les nouvelles sur les peuples en isolement volontaire de l'ONG Survival : http://www.survival.es/noticias/6702 (consulté le 8 février 2011).

[420] Décret ministériel n°322 publié au journal officiel du 20 novembre 1979 reconnaissant le Parc Yasuni comme aire protégée. Le Parc Yasuni s'étend sur 678 000 hectares.

[421] Selon l'étude effectuée par l'ONG Plosone, le parc Yasuni abrite sur un hectare 655 espèces d'arbres, et 100 000 insectes. L'étude est disponible sur°: http://www.plosone.org/article/info:doi/10.1371/journal.pone.0008767 (consulté le 20 janvier 2010).

mondiale de la biosphère » par l'Unesco, le Parc intègre dans le même temps le territoire d'une communauté autochtone, les Huaorani[422]. Il combine ainsi trois caractéristiques : il recèle une biodiversité de grande valeur, il fournit un habitat à une communauté autochtone relativement nombreuse, et il est très riche en pétrole (les réserves pétrolières étant estimées à 846 millions de barils[423] pour une durée d'exploitation d'environ de treize ans).

Face à cette situation, le gouvernement équatorien a avancé l'idée de faire de ce Parc une réserve naturelle empêchant toute activité minière ou pétrolière. Les entreprises extractives font naturellement pression sur le gouvernement, soulignant la perte que représenterait la protection de cette zone, au regard des revenus à long terme qui pourraient être générés, et qui pourraient contribuer au développement économique du pays. Et de fait, l'exploitation du parc Yasuni, et en particulier du bloc 31, pourrait représenter des revenus très importants pour l'État équatorien. De leur côté, les populations locales et les organisations gouvernementales et non-gouvernementales chargées de la protection de l'environnement s'inquiètent des conséquences que pourrait avoir l'extraction massive de pétrole dans cette zone, à la fois sur la vie des communautés vivant sur place, et sur la biodiversité[424].

Le droit national est pour l'instant plutôt favorable à ces derniers acteurs : la nouvelle constitution équatorienne garantit un plan de sauvegarde de la biodiversité et le respect de modes de vie des autochtones en isolement volontaire dans le Parc. Et c'est en leurs noms que l'actuel Président équatorien Rafael Correa a émis une proposition devant l'Assemblée générale des Nations Unies le 24 septembre 2007[425]. Cette proposition consiste à interdire l'exploitation pétrolière de la zone, en échange du versement par la communauté internationale de la moitié des gains que l'État aurait perçu en l'exploitant. Cette initiative est novatrice et ambitieuse par plusieurs de ses aspects (§ 1). Toutefois, l'Équateur n'est toujours pas

---

422 OILWATCH, *Exploitation pétrolière…*, op. cit., p. 15.

423 Le montant représenterait plus de 3,5 milliards de dollars sur 13 ans.

424 G. FONTAINE, « ITT: un problema degobernanza para el Ecuador », G. FONTAINE, A. PUYANA (coord.), *La guerra del fuego: políticas petroleras y crisis energética en América Latina*, Quito, FLACSO, Ministerio de Cultura del Ecuador, 2008, pp. 185-188.

425 Voir le discours prononcé le 24 septembre 2007 devant l'Assemblée générale des Nations Unies sur : http://www.sosyasuni.org/fr/index.php?option=com_content &view=article&id=134:discours-du-prdent-correa-assembldes-nations-unies&catid =1: nouvelles&Itemid=34 (consulté le 20 janvier 2010).

parvenu à réunir le montant nécessaire pour mettre en œuvre la proposition[426] (§ 2).

§ 1. Une proposition innovatrice et audacieuse

L'ampleur et le caractère « historique » de la proposition du Président équatorien doivent être soulignés : celle-ci consiste à abandonner l'exploitation de champs pétrolifères d'une taille considérable, « en échange d'une compensation financière internationale représentant (au minimum) la moitié du manque à gagner », c'est-à-dire plus de 3,5 milliards de dollars[427].

Estimant que la préservation de la zone ne relève pas uniquement de la responsabilité de l'Équateur, mais que ce dernier la partage avec l'ensemble de la communauté internationale Rafael Correa espère recueillir des propositions concrètes des organisations internationales, des États, des entreprises et des organisations non-gouvernementales pour financer son projet. Toutefois, en parallèle, il a également lancé un appel d'offres en juillet 2008 aux entreprises susceptibles d'être intéressées par cette exploitation. Le comportement du gouvernement équatorien est donc à la fois favorable et défavorable à la concrétisation du projet. Plus largement, la conjoncture est de la même manière à la fois favorable (intérêt grandissant pour la protection de l'environnement) et défavorable (fond de crise économique) à cette initiative (A). C'est probablement pour ces raisons qu'une campagne acharnée en vue de concrétiser ce projet a eu lieu (B).

A. Le contexte

L'initiative Yasuni ITT s'inscrit dans une orientation politique équatorienne favorable aux peuples autochtones et à la protection de leurs terres. Au plan international, l'Équateur a ratifié la Convention n°169 de l'OIT et s'est exprimé lors de son vote en faveur de l'adoption de la Déclaration des droits des peuples autochtones. En 2006, l'actuel président Rafael Correa a remporté les élections avec le soutien de la plupart des

---

[426] Faute d'avoir réuni les fonds, Rafael Correa a abandonné l'initiative en 2013 et le Congrès équatorien a voté en faveur de l'exploitation du pétrole

[427] A. ACOSTA, E. GUDYNAS, E. MARTINEZ, J. VOGEL, *Leaving the Oil in the Ground: A Political, Economic, and Ecological Initiative in the Ecuadorian Amazon*, Washington, Center for International Policy, Americas Program, août 2009, 14 p. Disponible sur°: http://dspace.africaportal.org/jspui/handle/123456789/26343 (consulté le 8 mai 2015).

peuples autochtones. Il s'était fermement engagé à faire respecter leurs droits, et particulièrement ceux des communautés en isolement volontaire. Notamment en vue de défendre les droits des communautés autochtones, le gouvernement de Rafael Correa a signé en 2007 un décret instituant un moratoire à l'exploitation des champs pétroliers[428]. Une loi sur les Minerais a été adoptée, et selon les membres de la Commission législative, cette loi dispose que l'exploitation ne pourra se faire sur les lieux de vie des communautés en isolement volontaire, ainsi que dans les espaces considérés comme étant des aires ou réserves écologiques[429]. Dans le même sens, la Confédération des Nationalités indigènes (CONAIE) propose qu'il soit interdit d'extraire le pétrole dans les zones protégées, voire que le gouvernement mette en place un mécanisme prévoyant une déclaration de caducité des concessions en cas de dommage causé à l'environnement. On voit par là que, d'une manière très générale, l'Équateur connaît un contexte de réformes de la loi minière et de la loi sur les hydrocarbures défavorable aux entreprises étrangères[430]. Le contexte social comme politique des années 2000 favorisait ainsi des initiatives protégeant les terres autochtones, comme celle de Yasuni ITT.

La prise en compte de plus en plus forte des considérations environnementales explique également cette initiative. Au plan international, l'Équateur a ratifié la Convention sur la biodiversité. Mais surtout, au plan interne, la préoccupation de la biodiversité en général et spécialement dans le Parc Yasuni, la déforestation de la forêt amazonienne, la dégradation de l'environnement, les conséquences de la pollution des eaux et des sols sur la faune et la flore par l'entreprise *Texaco*, ont poussé un très grand nombre de militants écologistes à soutenir fortement l'initiative. Divisée en plusieurs blocs, chacun étant exploité par des entreprises pétrolières[431], la Forêt amazonienne a largement souffert de ces exploitations. Mais l'initiative Yasuni ITT s'inscrit plus particulièrement dans le contexte du célèbre procès *Texaco c. Équateur*, dont le jugement en première instance a été rendu le 14

---

[428] G. FONTAINE, « Le mouvement écologiste contre l'exploitation d'hydrocarbures en Équateur », *Problèmes d'Amérique latine*, 2008, n°70, pp. 41-60.

[429] El Comercio, « El dialogo sobre la ley se rompió », article du 9 janvier 2009.

[430] Voir pour plus de détails sur la politique énergétique de l'Équateur : G. FONTAINE, « Un nationalisme anticapitaliste : Le renouveau de l'État dans la gouvernance énergétique équatorienne », in A.-L. AMHILAT SZARY (coord.), op. cit., p. 63. Disponible en ligne sur : http://www.institut-gouvernance.org/docs/dossier_acteursprives.pdf (consulté le 16 février 2012).

[431] OILWATCH, *Exploitation pétrolière…*, op. cit., pp. 16-26.

février 2011, après une décennie de lutte acharnée[432]. Ce fond de scandale écologique, et en même temps humain, ne pouvait rendre l'initiative Yasuni ITT que populaire, à la fois en Équateur et dans les États occidentaux où la préoccupation écologique est chaque jour plus forte.

Il n'est donc pas étonnant qu'en plus d'être soutenue par le gouvernement équatorien (sachant que les ressources provenant du projet pourraient financer de nombreux projets sociaux, cela conforterait certainement l'image du président), cette proposition recueille l'avis favorable de la majorité de la population équatorienne : 75% des personnes interrogées se disent prêtes à répondre en faveur du projet s'il venait à être soumis au référendum.

Une telle initiative est pourtant à la fois audacieuse et critiquable. En premier lieu, il s'agit d'une initiative proposée par un pays du Sud dont le PIB est basé principalement sur les revenus du pétrole. Selon les chiffres révélés par le Ministère équatorien des mines et du pétrole, le pétrole rapporterait à l'État 222,6 milles millions de dollars[433]. En second lieu, bien qu'audacieuse, l'initiative semble également critiquable puisque l'Équateur, souverain sur ses ressources naturelles et sur son territoire, demande l'aide de la communauté internationale pour faire vivre un projet élaboré par et pour lui-même. Il justifie cette proposition, qui selon certains relève du « chantage écologique », pour solliciter des financements sur une opération qui devrait relever uniquement de la compétence de l'État. En effet, Rafael Correa justifie sa proposition novatrice sur le fondement de la responsabilité partagée de protéger l'environnement, alors qu'il est du ressort de l'État de veiller à respecter ses obligations internationales, y compris en matière environnementale.

Toutefois, il est également possible de justifier la proposition de Rafael Correa par le fait que la forêt amazonienne tient un rôle de régulatrice des précipitations, par l'importance de la biodiversité de la forêt amazonienne (elle représente à elle seule un tiers des réserves tropicales de la planète) et sa fonction de « poumon de la planète ». Parce qu'elle s'étend sur huit pays (le Brésil, le Pérou, l'Équateur, la Bolivie, la Colombie, le Venezuela, le Suriname et les Guyanes), et que son état a un impact mondial, on peut penser que les atteintes qui lui sont portées intéressent la planète toute entière. Sa préservation et donc sa protection de toute déforestation, exploitations pétrolière et minière, agriculture intensive, ou construction de

---

[432] Voir l'article du 14 février 2011 sur : http://www.chevron.com/ecuador/ (consulté le 20 février 2011).

[433] Hoy, « El temor a las actividades a cielo abierto », article du 28 décembre 2009.

routes, nécessiterait alors le soutien de la communauté internationale dans son ensemble[434].

À l'heure où le faible contenu des accords de Kyoto et les résultats peu concluants des sommets successifs sur le changement climatique révèlent un réel manque de volonté politique des États en matière environnementale, l'initiative équatorienne pourrait s'inscrire dans une dynamique positive, visant à encourager les États qui s'engagent réellement pour la réduction des émissions de dioxyde de carbone[435]. La réalisation du projet empêcherait en effet l'émission de 407 millions de tonnes de dioxyde de carbone, soit environ l'émission produite par la France en un an, ce qui n'est pas négligeable.

Le projet Yasuni ITT a suscité d'autres initiatives similaires dans la région. Toutefois, la communauté internationale ne sera sans doute pas en mesure de financer la non-exploitation de gisements pétroliers. Au lieu de parler de responsabilité, il serait donc plus correct de parler de mécanismes incitatifs. Ce type d'incitation ressemble à l'échange de créances contre nature (*debt-for-nature swap*) que Thomas Lovejoy avait élaboré et développé en 1984, lorsqu'il travaillait au Fonds mondial pour la nature (WWF). Il proposait alors de convertir les titres de la dette extérieure en projets d'investissement dans les pays débiteurs, afin que ces derniers puissent conserver et protéger leurs ressources naturelles tout en bénéficiant d'un abattement de leurs dettes[436].

---

434 En effet, « Regionally, tropical forests are rain machines that recycle water back to the atmosphere, […]. Globally forests are biodiversity 'reserves' and carbons sinks. If the balance between the uptake and release of carbon is altered, more carbon may be released into atmosphere than is stored, and global warming would accelerate », voir°: D. TARLOCK A., « Exclusive Sovereignty Versus Sustainable Development of a Shared Resource : The Dilemma of Latin America Rainforest Management », *Texas International Law Journal*, 1997, p. 47.

435 Voir l'article du 12 août 2010 sur : http://johannesvandeven .blogspot.com/2010/08/ecuadors-yasuni-national-park.html (consulté le 20 janvier 2011).

436 Voir : http://www.fao.org/docrep/t0670f/T0670F05.htm (consulté le 21 janvier 2011). En Amérique latine, l'échange de créances contre nature a bénéficié au Guatemala, au Belize, au Panama pour la conservation de la nature. Pour plus d'informations sur ce mécanisme, voir : http://www.nature.org/where wework/centralamerica/tropicalforests/news/news2113.html (consulté le 25 janvier 2011) ; D. VISSER et G. MENDOZA, « Debt for Nature Swaps in Latin America », *Journal of Forestry*, 1992, pp. 13-16 ; A. LEWIS, « The Evolving Process of Swapping Debt for Nature », *Colorado Journal of International and Environmental Law and Policy*, 1999, pp. 432-435. Des exemples en Amérique latine sont consultables sur le site : http://www.nature.org/wherewe

La proposition Yasuni ITT n'en reste pas moins novatrice, et si elle parvenait à recueillir les financements nécessaires, susciterait des bouleversements contribuant au changement du système économique de l'Équateur, dont le tiers des revenus provient du pétrole.

B. La campagne

Après avoir émis sa proposition, le président Correa s'est vu contraint de reporter à plusieurs reprises la création de ce fonds parce qu'il n'est pas parvenu à recueillir les contributions nécessaires à sa mise en œuvre. Plusieurs États ont manifesté leur intérêt pour le projet, sans toutefois être en mesure de s'engager à verser une contribution sur 13 ans. Dans un contexte mondial de crise, le Président Correa a en outre été accusé de jouer un double jeu lui permettant d'accueillir des entreprises pétrolières parallèlement au lancement de l'initiative. Il pouvait ainsi invoquer, en cas d'échec, le manque d'intérêt de la communauté internationale comme si celle-ci devait répondre aux exigences du gouvernement équatorien et à son incapacité à assumer pleinement ce projet.

Dans le cadre du lancement de l'Initiative Yasuni ITT, une grande campagne a été lancée dès 2008 pour répondre aux attentes des investisseurs potentiels, et à l'intérêt grandissant pour le projet. En mai 2008, le président Correa a présenté l'initiative aux représentants du Vème Sommet Union européenne – Amérique latine et Caraïbes. Quelques jours après, le 21 mai, il a reçu la visite du Secrétaire général de l'Organisation des pays exportateurs de pétrole (OPEP), Abdala Salem El-Badri. En 2009, il a rencontré des représentants de la Grande-Bretagne et de l'Italie. Un certain nombre d'États ont exprimé leur soutien à ce projet sans exprimer d'engagement ferme en termes financiers. L'Autriche, la Belgique, la Hongrie, l'Italie et la Norvège restent dans l'attente d'informations sur les conditions précises de gestion du fonds. En 2008, le Parlement allemand a voté une résolution soutenant le projet Yasuni ITT appelant les parlements européens à faire de même. Le gouvernement allemand a d'ores et déjà contribué à hauteur de 300 000 euros dans l'élaboration de quatre études destinées à faire état de la proposition, et à étudier sa faisabilité afin de prévoir sur le long terme la mise à disposition d'une assistance technique. L'Espagne s'est quant à elle engagée à hauteur de quatre millions de dollars pour la préservation du parc. L'organisation des États américains (OEA) ainsi que la Communauté andines des Nations (CAN) ont quant à elles exprimé leur soutien à cette

---

work/centralamerica/tropicalforests/news/news2113.html (consulté le 25 janvier 2011) ; D. TARLOCK A., op. cit., pp. 64-65.

initiative, tout comme de nombreuses organisations de la société civile, d'associations écologiques.

Cependant, la plupart de ces manifestations d'intérêt ne restent que des déclarations d'intention sans valeur contraignante et sans engagement financier. Des organismes tels que le Parlement européen, la Banque interaméricaine de développement (BID) et la Banque mondiale (BM) étudient toujours la proposition. Le principal obstacle reste le manque de contours définis du projet, que ce soit dans les conditions de l'aide ou dans l'utilisation des fonds. Le fonctionnement semble peu clair, et le délai de récolte de fonds, reporté à plusieurs reprises[437], reflète un manque de conviction du gouvernement équatorien dans la mise en place réelle du projet. En outre, en février 2009, le président a estimé qu'aucune date limite n'était finalement fixée à la récolte de fonds. Il a expliqué cette décision par la crise économique et financière, et le fait que le prix du baril de pétrole a considérablement diminué au deuxième semestre 2008.

Malgré un contexte en partie favorable à sa réalisation, et l'intérêt qu'elle a suscité, notamment chez les mouvements écologistes, les ONG et les organisations internationales, l'initiative rencontre de nombreux obstacles, tant politiques et économiques que juridiques. De nombreux techniciens de domaines variés ont aidé à la définition du projet, à l'évaluation de sa faisabilité, et des mécanismes ont été créés pour garantir au mieux sa viabilité, indispensable à la confiance des investisseurs publics et privés.

§ 2. Une proposition difficile à mettre en œuvre

Les obstacles à la mise en œuvre du fonds Yasuni ITT sont nombreux et découlent notamment de l'instabilité politique qui règne en Équateur, du manque de garantie apportée par le gouvernement en place, et à la volonté de celui-ci de contrôler les opérations. Ces obstacles tiennent essentiellement aux incertitudes relatives aux formes et usages qu'aurait la compensation des

---

[437] En juin 2008, le président Correa a annoncé que le délai pour récolter les 350 millions de dollars était fixé à septembre 2008. Ce délai fut une nouvelle fois reporté à décembre 2008. Pour plus d'informations sur la campagne, voir : P. L. MARTIN, *Global Governance from the Amazon : Leaving Oil Underground in Yasuní National Park*, Ecuador, Document présenté à la 51ème Convention de l'Association des études internationales, Nouvelle Orléans, Louisiane, 16-21 février 2010, 47 p. Disponible sur : http://www.sosyasuni.org/en/files/global_governance_from_the_amazon_pamela_martin_isa_2010.pdf (consulté le 27 janvier 2011).

investissements de la « communauté internationale » (A), et quant au fonctionnement technique du fonds (B).

A. Les formes et les usages de la compensation

Au départ, avant la signature de l'accord avec le PNUD[438], le gouvernement équatorien ne souhaitait pas ouvrir un fonds fiduciaire spécifique mais souhaitait accepter tout type de contributions. Les compensations qu'il aurait versées auraient également pu prendre la forme de dons, de remise de dettes et d'achats de « bons sur le pétrole non-exploité », de taxe sur les exportations pétrolières, et d'émissions de titres sur le marché volontaire du carbone dans le cadre du protocole de Kyoto. La diversité des formes de la compensation représentait alors un obstacle à la transparence du fonds.

L'idée d'une variété de compensation a par la suite été abandonnée au profit de la remise, à chacun des contributeurs, d'un certificat de garantie de maintenir indéfiniment le pétrole sous terre. Ce certificat, basé sur le prix du carbone non-émis, serait nominatif et reprendrait la valeur de la contribution en dollars. Une autre garantie est fournie aux investisseurs : l'instabilité politique étant une des caractéristiques de l'Équateur (les élections, les référendums et les changements dans les fonctions gouvernementales y étant incessants), il est prévu qu'en cas de rupture d'accord, c'est-à-dire si un gouvernement équatorien décide dans le futur de revenir sur l'accord et d'exploiter le pétrole, toutes les sommes perçues par l'Équateur seront remboursées, à moins que les contributeurs n'aient mentionné expressément le contraire. Cette garantie devrait dissuader tout gouvernement équatorien de revenir sur les promesses du gouvernement précédent, puisque le nouveau pourrait difficilement rembourser les sommes déjà investies.

Le fonds Yasuni ITT, composé d'un fonds de capital et d'un fonds de revenus, est destiné à conserver et à protéger l'écosystème de ce territoire (représentant 20% du territoire équatorien), et plus précisément à investir dans les énergies renouvelables et dans la reforestation, et à améliorer les systèmes de santé, d'éducation et de l'emploi dans cette zone (en particulier des peuples autochtones), conformément au plan national pour le développement[439]. À ce jour, l'Espagne s'est engagée à hauteur de 1 308 901 dollars, et le Chili de 100 000 dollars pour alimenter le fonds de capital

---

438 Voir le site internet du PNUD sur l'Initiative Yasuni ITT : http://mdtf.undp.org /yasuni (consulté le 2 mars 2012).

439 Pour plus d'informations, voir le site : http://yasuni-itt.gob.ec/Inicio.aspx.

destiné à financer des projets portant sur les énergies renouvelables : projets hydroélectriques, géothermiques, solaires, éoliennes, marines et de biomasse. Le PNUD a mis en place un site internet qui permet de contrôler l'ensemble des dons et des contributions[440].

B. Le fonctionnement du fonds Yasuni ITT

En 2010, soit trois ans après que la proposition ait été émise devant l'Assemblée générale des Nations Unies, le gouvernement équatorien a signé un accord avec le PNUD pour administrer et gérer les fonds monétaires pour l'exécution du projet. Les contributions financières au fonds Yasuni ITT prennent ainsi la forme d'un fonds de fiducie[441] administré et géré par le PNUD. La décision de confier cette responsabilité au PNUD a renforcé la crédibilité de l'initiative. Toutefois, le président Correa avait initialement exprimé son désaccord à voir intervenir un organisme multilatéral pour gérer les fonds et, selon lui, porter atteinte à la souveraineté de l'Équateur sur ses ressources naturelles. Il souhaitait que le gouvernement équatorien ait une voix prépondérante dans la prise de décision quant à l'utilisation des fonds. Le projet a failli être abandonné et de longues négociations se sont tenues entre le président Correa et un groupe composé de personnalités internationales. Le président Correa était alors accusé de vouloir mettre fin au projet. Mais l'opinion très positive des citoyens équatoriens à l'égard du projet l'incita à poursuivre ses efforts pour la mise en œuvre du fonds[442].

Selon les termes de référence du projet[443], le comité de direction est composé de six représentants : trois du gouvernement, deux des contributeurs, et un de la société civile travaillant dans les secteurs du développement et du développement durable. Après avoir consulté l'ensemble des projets et les avis transmis au préalable par le secrétariat technique, le comité de direction décide des projets exécutés par l'État équatorien suivant sa

---

[440] Voir le site : http://mdtf.undp.org/yasuni (consulté le 20 janvier 2011).

[441] Voir G. CORNU, *Vocabulaire juridique*, Paris, P.U.F., 1ère édition, 2000, p. 382 : Fidéicommis ou fiducie est défini comme « un acte juridique (contrat ou dans certains cas legs) par lequel une personne nommée fiduciant, transfère la propriété d'un bien corporel ou incorporel à une autre personne, nommé fiduciaire, soit à titre de garantie de créance (fiducie à fin de sûreté) sous l'obligation de rétrocéder le bien au constituant de la sûreté lorsque celle-ci n'a plus lieu de jouer ».

[442] Voir l'article de Matt FINER et Pamela MARTIN, « The Current State of the Yasuni-ITT Initiative (Part III) », publié le 25 juin 2010 dans le Globalist.

[443] Voir le portail du gouvernement crée pour le projet pour plus d'informations : http://yasuni-itt.gob.ec (consulté le 21 janvier 2011).

politique, le Plan national pour le « bien-vivre »[444]. Il est prévu que les fonds soient versés trimestriellement sur la base des justificatifs de l'usage des fonds des mois précédents. Les bénéficiaires de fonds devraient en effet communiquer des descriptifs des activités menées, et les documents comptables conformément aux standards internationaux fournis par le PNUD. Le comité de direction est assisté d'un secrétariat technique, composé de membres du personnel du PNUD. Il informe le comité de direction de toutes les données qu'il sollicitera en assurant le suivi et l'évaluation des projets.

Bien que l'initiative Yasuni ITT apparaisse comme novatrice, elle pose de sérieuses questions. L'Équateur demande l'aide internationale pour pouvoir conserver le pétrole sous terre, mais il ne semble pas enclin à accepter de partager le pouvoir de décision quant à l'utilisation des ressources du fonds. L'initiative pose la question de la contribution de la communauté internationale à l'économie de l'Équateur. La dépendance de l'État équatorien, porteur d'une initiative qu'il ne peut supporter en termes financiers, à l'égard du reste du monde peut paraître gênante[445]. Quand bien même la somme demandée pour constituer le fonds ne serait pas réunie, l'Équateur reste tenu de respecter ses engagements internationaux en matière de droits des peuples autochtones et de protection de l'environnement, en particulier la Convention-cadre des Nations Unies sur les Changements climatiques ratifiée et entrée en vigueur le 21 mars 1994. En effet, alors que l'article 57 alinéa 21 de la Constitution équatorienne dispose que « [l]es territoires des peuples en isolement volontaire sont des possessions ancestrales insaisissables et intangibles sur lesquels tout type d'activité extractive sera interdit. L'État adoptera des mesures pour garantir la vie de ces peuples, veiller au respect de leur autodétermination et à leur volonté de vivre dans l'isolement, et sauvegarder la réalisation de leurs droits. La violation de leurs droits constituera le délit d'ethnocide, qui sera précisé par la loi »[446]. Or, si l'État équatorien choisit d'exploiter le pétrole, et même si la

---

[444] Traduction du Plan nacional del Buen vivir.

[445] T. C. DAVIS, « Breaking Ground without Lifting a Shovel: Ecuador's Plan to Leave its Oil in the Ground », *Houston Journal of International Law*, 2007-2008, vol. 30, p. 254 : « Ecuador itself is proposing the trade and has called for international partners to contribute capital to its economy on Ecuador's own terms. Thus, the proposal may raise fewer concerns about the infringement of Ecuador's national sovereignty ».

[446] Traduction libre de l'alinéa 21 de l'article 57 de la Constitution équatorienne : « Los territorios de los pueblos en aislamiento voluntario son de posesión ancestral

disposition constitutionnelle vise *a priori* les personnes privées, ne pourrait-on pas accuser le gouvernement d'écocide ou d'ethnocide, ou de complicité dans ces crimes ? En effet, les études menées en faveur du projet font état que les peuples vivant dans l'isolement volontaire se trouvent menacés d'extinction.

Malgré différentes formes de protection des terres autochtones, les conflits relatifs à la terre sont courants en Amérique latine. Des réformes agraires sont mises en place en raison d'un déséquilibre flagrant du partage des terres entre les propriétaires terriens et les peuples autochtones. Mais les principaux facteurs de conflit persistent. Il s'agit notamment de la coexistence entre les droits de ceux qui occupent les terres et ceux qui les possèdent, et l'absence ou l'insuffisance des politiques de redistribution et d'acquisition des terres. Les peuples autochtones, souvent discriminés et exclus sont victimes de la corruption, de l'absence de mécanisme permettant de protéger leurs intérêts ou bien d'absence de volonté d'y parvenir[447].

Les conséquences des violations du droit à la terre sont graves. D'importantes tensions apparaissent dans le milieu rural engendrant des situations de violence extrême. En Bolivie, la résistance peut être fatale ; elle cause régulièrement des blessés et des morts suite à des affrontements violents entre les populations locales, les groupes armés financés par les entrepreneurs et l'intervention policière et militaire.

***

Les conflits de terre sont courants en Amérique latine, des réformes agraires sont élaborées et, remises en cause en raison d'un déséquilibre flagrant du partage des terres entre les propriétaires terriens et les peuples autochtones. Les facteurs de conflit sont notamment la coexistence entre les droits de ceux qui occupent les terres et ceux qui les possèdent, et l'absence de politique de redistribution et d'acquisition des terres. Les peuples

---

irreductible e intangible, y en ellos estará vedada todo tipo de actividad extractiva. El Estado adoptará medidas para garantizar sus vidas, hacer respetar su autodeterminación y voluntad de permanecer en aislamiento, y precautelar la observancia de sus derechos. La violación de estos derechos constituirá delito de etnocidio, que será tipificado por la ley ».

447 A. D. VILLANUEVA I., « Derechos Indígenas a la Tierra y Territorio. Un Lustro de Luchas, Conflictos y Demandas », *Derechos Humanos y Acción Defensorial*, 2006, n°1, pp. 134-142.

autochtones souvent discriminés et exclus sont victimes de la corruption, de l'absence de mécanisme permettant de protéger leurs intérêts ou bien d'absence de volonté d'y parvenir[448]. Au Guatemala, il n'existe pas de régime spécial de protection des terres autochtones bien qu'il soit énoncé à l'article 67 de la Constitution[449], les terres traditionnellement occupées par les peuples autochtones sont soumises au régime de droit commun des coopératives agricoles. La difficulté réside principalement dans l'articulation et la conciliation entre les différents intérêts et attentes comme l'a noté Alain Rochegude « [l]e droit de la terre se situe en effet au carrefour des attentes locales privées (besoins de vie), des attentes locales publiques (développement et autonomie des collectivités décentralisées), des attentes nationales […] voire attentes internationales (préservation de la biosphère, débat sur les « biens publics mondiaux naturels »). Chaque niveau d'attentes apparaît comme ayant tout à la fois des droits et des responsabilités, sinon des obligations »[450].

---

[448]A. D. VILLANUEVA I., op. cit., pp. 134-142.

[449] Traduction libre. Article 67 de la Constitution énonce que : « Les terres des coopératives, des communautés autochtones ou toute autre forme de possession communale ou collective de la propriété agraire, comme le patrimoine familial ou le logement populaire, bénéficieront d'une protection spéciale de l'État […] afin d'assurer à l'égard de l'ensemble des habitants une meilleure qualité de vie ». En espagnol, « Las tierras de las cooperativas, comunidades indígenas o cualesquiera otras formas de tenencia comunal o colectiva de propiedad agraria, así como el patrimonio familiar y vivienda popular, gozarán de protección especial del Estado, asistencia crediticia y de técnica preferencial, que garanticen su posesión y desarrollo, a fin de asegurar a todos los habitantes una mejor calidad de vida ».

[450] A. ROCHEGUDE, op. cit., pp. 59-60.

CONCLUSION DU TITRE I

Les peuples autochtones ont acquis peu à peu la reconnaissance de droits qui leur étaient jusqu'alors refusés. L'une des principales luttes qu'ils ont menées a consisté à faire reconnaître leur droit à la terre. Mais les conflits relatifs à la terre semblent sans fin[451], particulièrement en Amérique latine où les peuples autochtones entretiennent un lien particulier et évidemment antérieur à celui des colonisateurs[452] avec leurs terres, mais ne disposent souvent d'aucun titre permettant de le prouver. C'est pourquoi l'État les expulse bien souvent, afin de délivrer des permis de concessions minière, minérale, pétrolière, forestière etc. Ainsi que l'a notamment montré l'ONG *International Alert*, ce type d'expulsion lorsque les peuples autochtones disposent d'un titre de propriété engendre lui-même de nombreux conflits au sein des communautés autochtones[453].

Pour atténuer les conflits relatifs à la terre en Amérique latine, plusieurs réactions peuvent être envisagées. En premier lieu, il faut encourager les gouvernements à prendre en compte l'attachement historique des peuples autochtones à leurs terres, notamment en leur reconnaissant le droit à l'autodétermination « interne ». Ce faisant, l'État reconnaît à ces peuples la capacité de se gouverner dans un cadre légal qu'il détermine. Les droits territoriaux revendiqués par les peuples autochtones sont en effet liés à leur droit de disposer librement de leurs terres, et d'établir des règles qui leur sont propres à l'intérieur de l'espace qu'ils occupent. Si l'autodétermination ne peut être reconnue du point de vue externe, l'État doit créer des régimes spéciaux pour les terres des peuples autochtones, afin que ceux-ci puissent participer à l'utilisation, à la gestion et à la conservation de ces ressources comme en dispose la Convention n°169 relative aux peuples indigènes et tribaux[454].

---

451 A. R. RILEY, « Indian Remains, Human Rights: Reconsidering Entitlement under the Native American Graves Protection and Repatriation Act », *Colombia Human Rights Review*, 2002, vol. 34, p. 56.
452 L. SWEPSTON, « A New Step in the International Law… », op. cit., p. 697.
453 INTERNATIONAL ALERT, *Conflict-Sensitive Business Practice : Guidance for Extractive Industries*, Londres, Royaume-Uni, International Alert, mars 2005, pp. 134-135. Disponible en ligne sur : http://www.international-alert.org/pdfs /conflict_sensitive_business_practice_all.pdf (consulté le 12 mars 2011).
454 Notamment des ressources du sous-sol, voir : G. P. NEUGEBAUER, op. cit., pp. 1255-1260.

En second lieu, il serait nécessaire de définir le contenu du droit à la terre, distinct du droit de propriété. À la lumière des développements tenus plus haut, qui montrent notamment le lien entre droit à la terre et autodétermination, nous pouvons conclure que le droit à la terre est *sui generis*[455] ou « hybride »[456].

La réalisation du droit à la terre peut passer par la reconnaissance des territoires de ces communautés comme « zone intangible », la création d'un registre cadastral pour éviter le chevauchement des terres, ou l'attribution de titres de propriété. « Il reste toujours essentiel que les territoires autochtones soient dotés de dispositions légales qui permettent leur protection et leur gestion. Les clauses d'imprescriptibilité, d'insaisissabilité et d'inaliénabilité sont classiques. Mais il en est d'autres qui pourraient renforcer l'intégrité territoriale. Quant à l'exclusivité du pouvoir de décision des autochtones en matière d'usage des sols, l'exercice de leurs droits territoriaux devrait être assorti de l'autonomie, dans toutes ses dimensions concrètes »[457]. « *While it is impossible and undesirable to imprison indigenous peoples in a living museum of their culture, the world community at large ought to support their choice to live according to the codes of their inner worlds* »[458].

La question se pose alors tout de même de savoir si un traitement aussi favorable aux citoyens autochtones n'est pas contraire au principe d'égalité censé prévaloir entre tous les citoyens d'un État.

C'est parce que la réalisation du droit à la terre des peuples autochtones nécessite la reconnaissance de leur autonomie, que la participation des communautés autochtones aux décisions qui affectent leurs terres est si importante. Les droits qui leur sont reconnus, les titres qui leur sont octroyés ne prennent tout leur sens que si ces peuples participent de plein droit aux délibérations aboutissant aux décisions relatives à leurs territoires.

---

[455] J. ANAYA, « Indigenous Peoples' Participatory Rights in Relation to Decisions about Natural resource Extraction : the more Fundamental Issue of what Rights Indigenous Peoples have Lands and resources », *Arizona Journal of International and Comparative Law*, 2005, vol. 22, p. 9.

[456] G. FILOCHE, *Ethnodéveloppement, développement durable*…, op. cit., p. 344.

[457] P. GARCIA HIERRO, op. cit., p. 20.

[458] Ibid., p. 1174.

TITRE II – LA QUESTION DE LA PARTICIPATION DES PEUPLES AUTOCHTONES

En dépit des obligations internationales qui incombent aux États en la matière, particulièrement au regard de la Convention n°169 de l'OIT, les entreprises se voient accorder sans trop de difficulté des concessions pétrolières ou minières sur les terres indigènes. Bien souvent, cette décision d'octroi est prise sans l'accord, et même sans la consultation des peuples autochtones les plus directement concernés. C'est pourquoi, à côté d'une exploitation des terres peu respectueuse des peuples autochtones et de leurs ressources, l'absence de consultation et de participation des communautés dans l'octroi de concessions constitue en elle-même une cause de conflit. Au Pérou par exemple, un mouvement indigène a pris part en 2009 à un large conflit, à l'initiative de l'Association interethnique de la jungle péruvienne (AIDESEP), une association qui représente tous les autochtones de l'Amazonie péruvienne comptant 1350 communautés soit 350 000 personnes. Pendant deux mois[459], les communautés autochtones ont bloqué des routes, et manifesté dans les rues de Bagua pour exprimer leur opposition aux projets de décrets relatifs aux projets d'exploitations minière et pétrolière de la forêt amazonienne[460]. Ces textes ne prévoyaient en effet pas de consultation préalable, et les communautés visées ont donc demandé l'abrogation des décrets relatifs à cette exploitation, qu'ils jugeaient contraires aux dispositions de la Convention n°169 de l'OIT. Face à la crise, le 10 juin 2009, le Parlement en session extraordinaire a décidé la suspension des deux décrets les plus controversés[461]. À la suite de ces événements, le Rapporteur spécial sur les droits des peuples autochtones des Nations Unies, James Anaya a effectué une visite pour déterminer les raisons du conflit au regard des peuples autochtones et de leurs droits[462]. Ces récents événements

---

[459] Voir l'article : http://nantes.indymedia.org/article/17484 (consulté le 11 février 2011).

[460] Le gouvernement péruvien a décrété l'état d'urgence, ce qui a poussé la police et l'armée à agir avec violence. Ces affrontements ont provoqué la mort de 33 individus.

[461] Voir l'article du Monde sur : http://www.lemonde.fr/ameriques/article/2009/06/10/le-perou-suspend-un-decret-conteste-par-les-indiens-d-amazonie_1205357_3222.html et l'article du Point sur : http://www.lepoint.fr/actualites-monde/2009-06-10/perou-le-parlement-fait-marche-arriere-pour-calmer-les-indiens-d/924/0/351395 (consultés le 10 février 2011).

[462] HCDH, Rapport final du Rapporteur spécial James Anaya, Observaciones sobre la situación de los pueblos indígenas de la Amazonia y los sucesos del 5 de junio y días posteriores en las provincias de Bagua y Utcubamba, Perú,

montrent que les revendications des peuples autochtones portent sur leur autonomie[463] et leur participation aux décisions qui les affectent, autant que sur la propriété collective des terres[464]. On ne peut donc être surpris, par exemple, qu'un rapport sur la prévention des conflits sociaux produit par l'Office de médiation péruvien, indique que sur 121 plaintes déposées, 92 soient liées à l'absence de participation des peuples autochtones dans les

---

A/HRC/12/37/Add.8 du 18 août 2009. Disponible en ligne sur : http://unsr.jamesanaya.org/special-reports/observaciones-sobre-la-situacion-de-los-pueblos-indigenas-de-la-amazonia-y-los-socesos-del-5-de-junio-y-dias-posteriores-en-las-provincias-de-bagua-y-utcubamba-peru-2009 (consulté le 11 février 2011).

463 C. J. FROMHERZ, « Indigenous People's Courts : Egalitarian Juridical Pluralism, Self-Determination, and the United Nations Declaration on the Rights of Indigenous Peoples », *University of Pennsylvania Law Review*, 2008, vol. 156, n°5, pp. 1341-1381.

464 Reports of the Meeting of Experts, par. 53, reprinted in report VI (1), (L. SWEPSTON, « A New Step in the International Law… », op. cit., p. 691). « The Director of the Inter-American Indian Institute read out to the Meeting Resolution N°4 of the IXth Inter-American Indian Congress (Santa Fé, New Mexico, United States 1985), which called group upon States to ensure the organised participation of these peoples in taking decision on development; to recognise the multi-ethnic and pluricultural nature of national societies (…) ». Les demandes incessantes des peuples autochtones ont poussé le groupe de travail sur les droits des peuples autochtones à incorporer des dispositions dans la Déclaration sur les droits des peuples autochtones consacrant l'autonomie dans la gestion des affaires internes et locales, c'est-à-dire demandant à l'État d'attribuer aux peuples autochtones le libre choix de leurs priorités en matière de développement. Voir l'article 23 de la Déclaration sur les droits des peuples autochtones. Voir par exemple, le cas Miskitos c. Nicaragua dans lequel il est rappelé que de nombreuses communautés telles que les Miskitos, les Sumo et les Ramas ont été déplacées pendant la révolution sandiniste dans les années 1980 et qu'elles demandent au gouvernement la reconnaissance de leurs territoires en totalité, l'autodétermination ou l'autonomie et la libre disposition des ressources naturelles. Dans ses conclusions, la Commission IDH ne se prononce pas sur le droit à l'autodétermination en se fondant sur l' « état actuel du droit international », mais uniquement sur la préservation des cultures et des langues des peuples autochtones, puis sur les détentions arbitraires, les déplacements et disparitions forcés et sur l'absence de participation dans les décisions qui les concernent. Disponible en ligne sur : http://www.cidh.oas.org/countryrep/Miskitosesp/Indice.htm (consulté le 1 février 2010) et sur : http://www.cidh.org/countryrep/miskitosesp/PrimeraPartea.htm#K.%20%20%20%20%20%20La%20Comisión%20adopta%20su%20Informe%20Especial%20sobre%20la%20Situación%20de%20los%20Derechos%20Humanos%20de%20los%20Indios%20Miskitos%20en%20Nicaragua (consulté le 1er février 2010).

décisions relatives aux activités extractives[465]. La manière la plus simple d'éviter les conflits à court terme paraît ainsi d'établir des mécanismes de participation des peuples autochtones aux décisions affectant leurs terres[466].

En droit international des droits de l'Homme, une exigence de participation est formulée pour deux raisons. Tout d'abord, elle l'est en vue d'encourager la participation politique de certains groupes marginalisés tels que les femmes, les minorités, etc., qui sont sous-représentés dans les organes de décision[467]. Les dispositions relatives à la participation ont alors vocation à contribuer à la consolidation de la démocratie[468] et de la gouvernance. Conçue comme un droit civil et politique, la participation politique garantit la démocratie[469] et accroît la légitimité des décisions publiques.

---

465 Voir le rapport de la Defensoria du Pérou sur les conflits sociaux : http://www.defensoria.gob.pe/conflictos-sociales/conflictosportipo.php (consulté le 1er février 2010).

466 Rapport du comité chargé d'examiner la réclamation alléguant l'inexécution par le Guatemala de la convention (n°169) relative aux peuples indigènes et tribaux, présentée par la Fédération des travailleurs des campagnes et des villes (FTCC), n°162007GTM169, Genève, le 4 juin 2007, par. 53.

467 Rapport du Haut-Commissariat aux droits de l'Homme, Contribution à l'étude sur les peuples autochtones et le droit de participer à la prise de décision, A/HRC/EMRIP/2010/3, Genève, 7 mai 2010, p. 5. On constate souvent : « la sous-représentation marquée des peuples autochtones aux postes de décisions et leur faible participation à la vie politique », par exemple, au Mexique, au Guatemala, en Colombie, au Nicaragua et à El Salvador dans le cadre de l'examen du Comité chargé de suivre la mise en œuvre de la Convention sur l'élimination de toutes les formes de discrimination à l'égard des femmes (CEDEF). Des constats semblables ont été relayés par le Comité chargé de suivre la mise en œuvre de la Convention sur l'élimination de toutes les formes de discrimination raciale (CERD) pour le Nicaragua, l'Équateur et le Chili.

468 C. M. AYALA CORAO, « El derecho a la participación de los pueblos indígenas », *Revista I.I.D.H.*, 1997, n°26, p. 108 et pp. 122-130. Disponible en ligne :
http://www.juridicas.unam.mx/publica/rev/indice.htm?r=iidh&n=26 (consulté le 7 mars 2012). Voir également : V. H. CARDENAS, « Los Pueblos Indígenas, derechos humanos y democracia en América Latina », *Contribuciones*, 1998, n°4, p. 111.

469 Plusieurs auteurs font référence à Vattel, à la légitimité conférée par des élections respectueuses du droit de participer aux affaires publiques, au droit à des élections libres (tel que garantit par le Pacte des droits civils et politiques), à la Convention européenne des droits de l'Homme, etc. Le droit à la participation politique a été développé par G. H. FOX, dans « The Right to Political Participation In

L'exigence de participation est également formulée afin de pousser les États à reconnaître et à garantir la participation des peuples autochtones dans certains domaines. Leur participation est en effet systématiquement encouragée par différents organes chargés des droits de l'Homme au sein des Nations Unies, tels que le Rapporteur spécial sur les droits des peuples autochtones, les organes conventionnels des droits de l'Homme (qui examine les rapports nationaux élaborés par les États parties), ou le mécanisme d'experts sur les Droits des Peuples Autochtones des Nations Unies[470] créé par le Conseil des droits de l'Homme.

En droit de l'environnement, la participation publique ou la participation du public est également prévue[471] lors de l'élaboration de l'étude d'impact environnemental que doit fournir l'État pour tout projet de grande ampleur, ce qui pourra également contribuer à renforcer la participation des peuples autochtones.

La participation fait partie des droits politiques que les peuples autochtones souhaitent exercer pleinement[472], et qui pourtant leur échappe souvent. D'un point de vue technique, l'émergence de nouvelles normes en matière de participation en droit international permet aux peuples autochtones d'être considérés comme des acteurs ou « *players* »[473] dans la mise en œuvre de projet de développement d'exploitation des ressources naturelles.

Il ne s'agit pas, dans le cadre de cette étude, d'approfondir le thème de la représentation et de la participation politiques des groupes autochtones, bien

---

International Law », *Yale Journal of International Law*, 1992, vol. 17, pp. 539-608 (qui cite toutes les conventions sur les droits politiques de participation).

470 Ce groupe d'experts, composé de cinq membres, est un organe subsidiaire du Conseil des droits de l'Homme. Il poursuit les travaux du Groupe de travail sur les populations autochtones (précédemment chargé de travailler sur le projet de Déclaration). Il est chargé d'élaborer des études et des recherches sur des thématiques sollicitées par le Conseil en lui présentant des propositions. Trois sessions se sont tenues sur des thèmes variés dont la dernière, en juillet 2010, portait sur la participation des peuples autochtones à la prise de décision.

471 Par exemple, principe 10 de la Déclaration de Rio.

472 Voir pour la situation des peuples autochtones au Québec : A. LAJOIE, *Conceptions autochtones des droits ancestraux au Québec*, Paris, L.G.D.J., 2008, 177 p.

473 G. (ROCK) PRING, S. Y. NOE, « The Emerging International Law of Public Participation Affecting Global Mining,Energy, and Resources Development », in D. ZILLMAN, A. LUCAS, G. PRING, *Human Rights in Natural Resource Development : Public Participation in the Sustainable Development of Mining and Energy Resources*, New York, Oxford University Press, 2002, p. 12.

qu'il soit intimement lié à leur participation à la création de normes internationales, ou à leur présence dans la sphère internationale. Il s'agit plutôt de comprendre dans quelle mesure et par quels moyens la pleine participation des peuples autochtones au processus de décision est juridiquement garantie lorsqu'il est question de leurs terres et des ressources qu'elles recèlent (Chapitre I). Même si de nombreux textes internationaux et parfois nationaux garantissent la participation, son respect rencontre de nombreux obstacles en pratique (Chapitre II).

CHAPITRE I – L'EXIGENCE DE PARTICIPATION

L'exigence de participation peut être remplie de manières différentes, suivant l'importance conférée à l'implication des peuples autochtones dans la prise de décision. Leur participation, qui implique qu'ils soient considérés comme des acteurs et non comme de simples observateurs, peut prendre plusieurs formes : vote, consultation, présence aux tables des négociations pour influencer les décisions, voire, en amont, choix du type d'organisation indigène qui représentera les intérêts des communautés dans les relations avec l'État et les entreprises étrangères.

De manière progressive, l'exigence de participation a été reconnue (Section I), et son contenu s'est étoffé (Section II).

SECTION I – LA RECONNAISSANCE DE L'EXIGENCE DE PARTICIPATION

La revendication autochtone d'une exigence de participation a trouvé un écho croissant en droit international : après avoir fait l'objet d'une reconnaissance implicite ou indirecte, via le droit à l'autodétermination (§1), le droit à la participation a été explicitement consacré (§ 2).

§ 1. La reconnaissance implicite de l'exigence de participation

C'est la reconnaissance, ou du moins la revendication, de l'autodétermination ou du droit des peuples à disposer d'eux-mêmes qui a été l'élément déclencheur de l'attention portée à la question de la participation des peuples autochtones. L'autodétermination renvoie en effet au pouvoir de se déterminer soi-même, et par conséquent à la faculté de participer aux décisions qui peuvent affecter ses droits.

« Comme tout principe fondamental, le droit des peuples à disposer d'eux-mêmes se caractérise par le haut degré d'abstraction de sa formulation »[474]. Il est donc particulièrement aisé de fonder sur lui une revendication particulière, spécialement dans le domaine des droits de

474 M. G. KOHEN, « Sur quelques vicissitudes du droit des peuples à disposer d'eux-mêmes » in *Mélanges offerts à Jean Salmon, Droit du pouvoir, pouvoir du droit*, Bruxelles, Bruylant, 2007, p. 963.

l'Homme[475]. En outre, parce qu'il renvoie à l'identité des groupes, il est fortement mobilisateur d'un point de vue politique, et sert à canaliser les aspirations autonomistes et nationalistes. Il n'est donc pas surprenant que dans le contexte particulier de l'après Seconde Guerre mondiale et de la décolonisation, ce droit ait été revendiqué par les peuples autochtones, et qu'il le soit toujours régulièrement pour justifier un droit plus spécifique à la participation. « Ainsi, à la vingtième session du Groupe de travail sur les populations autochtones, 'la quasi-totalité des participants autochtones ont déclaré que le droit à l'autodétermination était le préalable à la réalisation de leurs autres droits fondamentaux (...) et qu'il était le fondement de leur autonomie', les habilitant à participer au processus de prise de décisions sur les politiques qui les touchent directement »[476]. Irène Bellier soutient que ce principe pourrait permettre aux peuples autochtones de préserver leur mode de vie en protégeant leurs valeurs, leurs relations avec la communauté et avec la terre[477]. Jose Martinez Cobo souligne également, dans son étude sur la discrimination à l'encontre des peuples autochtones, que le principe d'autodétermination est le fondement de leurs revendications, et qu'il est indispensable à la pleine jouissance de leurs droits civils et politiques, économiques et culturels. Mais ce principe est-il applicable aux peuples autochtones (A), et si tel est le cas qu'implique-t-il exactement (B) ?

---

475 S. J. ANAYA, *Los pueblos indígenas en el derecho internacional*, op. cit., p. 141 : « La autodeterminación no puede separarse de otras normas de derechos humanos, sino que, más bien, la autodeterminación es un principio marco o informador que se complementa con las normas derechos humanos que, en sus conjunto, rigen el orden institucional estatal ».

476 Voir le rapport E/CN.4/2003/90 du 21 janvier 2003.

477 I. BELLIER, « Le développement et les peuples autochtones : conflits de savoirs et enjeux de nouvelles pratiques politiques », in V. GERONIMI, I. BELLIER, J.-J. GABAS, M. VERNIERES, Y. VILTARD, *Savoirs et politiques de développement. Questions en débat à l'aube du XXIe siècle*, Paris, Karthala, 2008, p. 136 : « Au plan normatif, l'activisme autochtone se focalise sur l'autodétermination – comme moyen de garantir la diversité des modes d'organisation sociale, économique et politique et, par voie de conséquence, de protéger les droits culturels, éducatifs, linguistiques – et sur le droit au consentement libre, préalable et informé par lequel les membres des communautés donnent ou non leur accord aux projets de développement les concernant. Si ces deux points sont loin d'être acquis, ils constituent le fil conducteur de la dynamique autochtone ». C'est également la position de Frédéric Deroche, voir à ce sujet : F. DEROCHE, op. cit., p. 234.

A. La difficulté initiale de reconnaître un droit des peuples autochtones à l'autodétermination

Outre son énonciation dans la Charte des Nations Unies, le principe du droit des peuples à disposer d'eux-mêmes est inscrit dans plusieurs instruments internationaux[478] comme un droit de l'Homme[479], notamment à l'article premier au Pacte international relatif aux droits civils et politiques adopté le 16 décembre 1966, et entré en vigueur le 23 mars 1976 :

> 1. Tous les peuples ont le droit de disposer d'eux-mêmes[480]. En vertu de ce droit, ils déterminent librement leur statut politique et assurent librement leur développement économique, social et culturel.
> 2. Pour atteindre leurs fins, tous les peuples peuvent disposer librement de leurs richesses et de leurs ressources naturelles, sans préjudice des obligations qui découlent de la coopération économique internationale, fondée sur le principe de l'intérêt mutuel, et du droit international. En aucun cas, un peuple ne pourra être privé de ses propres moyens de subsistance.
> 3. Les États parties au présent Pacte, y compris ceux qui ont la responsabilité d'administrer des territoires non autonomes et des territoires sous tutelle, sont tenus de faciliter la réalisation du droit des peuples à disposer d'eux-mêmes, et de respecter ce droit, conformément aux dispositions de la Charte des Nations Unies.

L'article 5 apporte cependant une limitation au principe[481] :

---

[478] Ce principe figure également dans les documents suivants : Reunión Internacional sobre el tema Etnodesarrollo y Etnocidio en América Latina, San José, 1981, sur l'importance d'exercer leur autodétermination; Tratado de Cooperación amazónica 1989.

[479] R. McCORQUODALE, « Human Rights and Self-Determination », in M. SELLERS, *The New world order: Sovereignty, Human Rights and the Self-Determination of Peoples*, Oxford, BERG (éd.), 1996, pp. 13-15.

[480] Non souligné dans le texte original.

[481] Cette limitation sera également reprise dans la Déclaration des Nations Unies sur les droits des peuples autochtones. C'est sur la base des textes internationaux que les peuples autochtones ont exprimé leur besoin de se voir reconnaître le droit de disposer d'eux-mêmes. Toutefois, dans la Convention n°169 de l'OIT, il est clairement explicité que ce droit ne peut justifier la violation de l'intégrité territoriale et les revendications territoriales de se séparer de l'État. Bien que cette disposition apporte une précision quant à la mise en œuvre de ce droit, il semble aller dans le sens de l'acceptation pour les peuples autochtones d'exercer ce droit.

1. Aucune disposition du présent Pacte ne peut être interprétée comme impliquant pour un État, un groupement ou un individu un droit quelconque de se livrer à une activité ou d'accomplir un acte visant à la destruction des droits et des libertés reconnus dans le présent Pacte ou à des limitations plus amples que celles prévues audit Pacte.
2. Il ne peut être admis aucune restriction ou dérogation aux droits fondamentaux de l'homme reconnus ou en vigueur dans tout État partie au présent Pacte en application de lois, de conventions, de règlements ou de coutumes, sous prétexte que le présent Pacte ne les reconnaît pas ou les reconnaît à un moindre degré.

Le droit à l'autodétermination est également proclamé dans plusieurs résolutions de l'Assemblée générale des Nations Unies, notamment la résolution 1188/1957, et dans la résolution 1514 relative à l'indépendance des peuples et des pays colonisés de 1960[482].

La doctrine a largement débattu de l'existence et du contenu du droit à l'autodétermination, et a peiné à s'accorder sur sa définition. Historiquement liée à la décolonisation, l'application du droit des peuples à disposer d'eux-mêmes en dehors de ce contexte a toujours été difficile[483].

Si les peuples autochtones revendiquent ce droit depuis longtemps, il ne leur a pas été reconnu nettement jusqu'à l'adoption de la Déclaration sur les droits des peuples autochtones des Nations Unies. Certains restreignaient l'application du droit d'autodétermination, à la décolonisation et désignaient par le mot « peuple », un groupe d'individus soumis à un régime de colonisation « classique ». Cette position stricte, qui avait vocation à délégitimer les régimes de colonisation[484], consistait à considérer l'autodétermination comme quasiment équivalente à la décolonisation (retrait des occupants et des colons). Cependant, d'autres auteurs étaient favorables à

[482] Le droit à l'autodétermination figure dans plusieurs résolutions ultérieures de l'Assemblée générale des Nations Unies telles que la Résolution 2625 de 1970, la Résolution 2787 en 1971, la Résolution 2955 en 1972.

[483] C'est le propre des qualifications dont la constitution est intimement liée à un contexte historique particulier, que d'être difficilement applicable en dehors de ce contexte. Par exemple, nous pourrions nous référer au crime de génocide, difficilement reconnu à d'autres situations postérieures à la Seconde guerre mondiale.

[484] S. J. ANAYA, *Los pueblos indígenas en el derecho internacional*, op. cit., pp. 142-152.

une interprétation plus large du droit à l'autodétermination et à son application à d'autres situations. Ils estimaient que la *ratio legis* du principe revêtait quelque pertinence en dehors des situations de colonisation, par exemple lorsqu'une communauté, une minorité ou un peuple résidait depuis très longtemps sur un territoire, et se trouvait aujourd'hui au sein d'un État. Effectuant un parallèle avec le contexte de décolonisation, Ludovic Hennebel se demande par exemple dans quelle mesure les peuples autochtones peuvent être assimilés à des peuples colonisés : « [l]es peuples autochtones ne sont-ils pas 'des peuples soumis à une subordination et à une exploitation étrangère' ? Si oui, comment justifie-t-on l'exclusion des peuples autochtones du champ d'application de l'autodétermination externe ayant encadré la décolonisation ? (…) »[485].

Dans les textes proclamant le droit des peuples à disposer d'eux-mêmes, le terme « peuples » n'est pas défini. Ce dernier désigne généralement un groupe socialement organisé correspondant à une entité politique. Ainsi, il est parfois défini comme « l'ensemble des individus qui composent l'État »[486]. « Au cours des débats déjà anciens, on a évoqué la définition donnée du mot peuple par G. Scelle : 'un groupe quelconque de ressortissants étatiques' fondé sur 'la cohésion des volontés des individus qui en font partie' »[487].

En droit international, la qualification juridique « peuple » n'est pas aisément reconnue à des groupes d'individus car cette reconnaissance emporte des conséquences juridiques importantes. « Reconnaître qu'une collectivité humaine revêt juridiquement la qualité de « peuple » équivaut aujourd'hui à lui reconnaître automatiquement son droit à choisir de constituer un État indépendant. Elle pourra suivre ce choix ou non, mais cette collectivité aura *le droit* de décider la constitution d'un nouvel État »[488]. Or, « [l]a pratique des cinquante dernières années montre que le critère de base pour déterminer juridiquement ce qu'est un peuple est l'élément territorial. C'est le territoire qui définit le peuple et non le contraire »[489]. Les États craignent donc, en reconnaissant ce droit, de faire surgir des revendications territoriales et c'est la raison pour laquelle une limite a été

---

485 L. HENNEBEL, « Le droit des peuples autochtones à disposer d'eux-mêmes » in T. BERNS (dir.), *Le droit saisi par le collectif*, Bruxelles, Bruylant, 2004, p. 179.
486 J. RINGELHEIM, op. cit., p. 235.
487 G. FISCHER, op. cit., p. 520, qui cite Ass. Gén., 7ème session, 3ème Commission, 443ème, 444ème, 445ème séances. Voir aussi : Rapport de la Commission des droits de l'Homme sur sa 8ème session, 1952.
488 M. G. KOHEN, op. cit., pp. 965-966.
489 Ibid., p. 967.

apportée dans la Convention n°169 de l'OIT[490] et la Déclaration des Nations Unies sur les droits des peuples autochtones. Cette limite est la suivante : « L'emploi du terme ***peuples*** dans la présente convention ne peut en aucune manière être interprété comme ayant des implications de quelque nature que ce soit quant aux droits qui peuvent s'attacher à ce terme en vertu du droit international »[491].

Certains auteurs de doctrine s'opposent à une reconnaissance du droit à l'autodétermination en faveur des peuples autochtones alors que d'autres y sont favorables. Pour Benedict Kingsbury, « *[i]f 'all peoples' have the legal right to self-determination, it is argued strongly that it is unjustifiable discrimination to treat indigenous peoples differently from other 'peoples'* »[492]. Pourtant, si d'un point de vue sociologique, les groupes autochtones peuvent être considérés comme des peuples, ce n'est pas nécessairement le cas d'un point de vue politique ou juridique. James Anaya affirme que « ce sont des peuples dans la mesure où ils constituent des communautés différenciées avec une continuité d'existence et d'identité reliées aux communautés, tribus ou nations de leur passé ancestral »[493]. Mais il faut confronter cette assertion avec le constat de la pratique fait plus haut par Marcelo Kohen. Le principe est qu'« un État = un peuple ». Toutefois, « [l]'exception qui confirme la règle existe lorsque l'État reconnaît lui-même son caractère multinational, ce qui implique la reconnaissance d'une pluralité de peuples à l'intérieur d'un État de structure fédérale ou

---

490 Dans la Convention n°107, le terme de populations était employé alors qu'une des différences majeures entre cette convention et la Convention n°169 de l'OIT est que cette dernière emploie le terme de peuple. Voir : R. BARSH, « Revision of ILO… », op. cit., p. 760.

491 Article 1 de la Convention n°169 de l'OIT.

492 B. KINGSBURY, « Reconciling… », op. cit., p. 219. Voir également : A. HUFF, op. cit., p. 314 : « The right of self-determination is a right of peoples, not a right of States »; B. CLAVERO, « The Indigenous Rights of Participation and International Development Policies », *Arizona Journal of International and Comparative Law*, 2005, pp. 41-45. Voir aussi : E.-I. A. DAES, « Some Considerations on the Right of Indigenous Peoples to Self-Determination », *Transnational Law & Contemporary Problems*, 1993, vol. 3, p. 8 : « Self-determination has consequently taken on a new meaning in the post-colonial era. Ordinarily, it is the right of the citizens of an existing, independent State to share power democratically. However, a State may sometimes abuse this right of its citizens so grievously and irreparably that the situation is tantamount to classic colonialism, and may have the same consequences ».

493 Traduction libre. S. J. ANAYA, *Los pueblos indígenas en el derecho internacional*, op. cit., p. 24.

confédérale »[494]. En Amérique latine, de nombreux États ont intégré des dispositions constitutionnelles reconnaissant la diversité culturelle en utilisant des termes comme « multiculturel », « pluriculturel », « multiethnique ».

La formule selon laquelle « tous les peuples ont droit à disposer d'eux-mêmes » « apporte un démenti à la thèse selon laquelle seuls les peuples soumis à domination coloniale, raciste ou étrangère sont bénéficiaires de ce droit à l'autodétermination. Les peuples, ne se trouvant pas dans ces situations, sont eux aussi titulaires de ce même droit. Les situations de domination coloniale, raciste ou étrangère constituent tout simplement les cas flagrants de violations du droit des peuples à disposer d'eux-mêmes. Il ne faut pas être victime de la violation d'un droit pour en devenir son titulaire »[495].

On peut donc estimer que les peuples autochtones disposent d'un droit à l'autodétermination au regard du droit international général, et que les États sur le territoire desquels ils se trouvent devraient le leur reconnaître. Toutefois, il est bien évident que le principe a besoin d'être adapté pour s'appliquer à la situation particulière des peuples autochtones, et que son contenu doit donc être précisé.

B. Le contenu du droit à l'autodétermination des peuples autochtones

Le droit à l'autodétermination comprend deux aspects : un aspect interne et un aspect externe[496]. Dans sa face interne, le principe exige des États qu'ils autorisent et organisent la participation d'une minorité à la vie politique nationale, voire qu'il reconnaisse la spécificité de cette minorité et lui accorde une forme d'autonomie politique, sociale, et culturelle. Dans sa face externe, le principe autorise les groupes nationalistes à faire sécession

---

494 M. G. KOHEN, op. cit., p. 968. « Il est cependant nécessaire d'être prudent et de ne pas forcément voir de contradiction entre diversité et unité. L'approche française, plutôt atypique, en révèle les travers puisque l'État est unitaire et par conséquent, refuse de reconnaître la diversité de peuples internes à la société française, par exemple, l'existence d'un peuple corse. Le refus de consacrer le droit à l'autodétermination provient de la peur des représentants de l'État de la division. À défaut d'employer le terme peuple, le gouvernement français utilise le terme de 'populations intéressées' et effectue ainsi une distinction ».

495 Ibid., pp. 964-965.

496 L. HENNEBEL, « Le droit des peuples autochtones à disposer d'eux-mêmes », op. cit., pp. 173-186.

ou à exercer des pressions pour obtenir l'indépendance[497]. La pleine mise en œuvre du droit à l'autodétermination combine l'aspect interne et l'aspect externe, tandis que la mise en œuvre partielle consiste à ne reconnaître que le niveau interne.

Or, les résolutions de l'Assemblée générale des Nations Unies précisent que le droit des peuples à disposer d'eux-mêmes ne peut être employé à l'égard d'États indépendants et souverains. Ludovic Hennebel soutient que « la pratique n'a nullement consacré l'autodétermination externe des peuples mais bien l'obligation de décoloniser »[498], et remet en cause ainsi l'aspect externe du droit dans son application aux peuples autochtones.

À la question de savoir si la distinction est justifiée ou si le droit à l'autodétermination peut être scindé ou fragmenté, ou peut être appliqué partiellement, la doctrine est partagée[499]. Selon Carlos Mares de Souza, le

---

[497] Comité pour l'élimination de la discrimination raciale, Recommandation générale n°21 : le droit à l'autodétermination, 48ème session, 23 août 1996, par. 9. Disponible en ligne sur : http://www.unhchr.ch/tbs/doc.nsf/(Symbol)/256afe510e83aeac80256524004c370a?Opendocument (consulté le 10 juillet 2011) : « En ce qui concerne l'autodétermination des peuples, deux aspects doivent être distingués. Le droit à l'autodétermination comporte un aspect intérieur, qui est le droit de tous les peuples de poursuivre librement leur développement économique, social et culturel sans ingérence extérieure. À cet égard, il existe un lien avec le droit de tout citoyen de prendre part à la conduite des affaires publiques à tous les échelons, conformément au paragraphe c) de l'article 5 de la Convention internationale sur l'élimination de toutes les formes de discrimination raciale. En conséquence, les gouvernements doivent représenter l'ensemble de la population, sans distinction de race, de couleur, d'origine ou d'appartenance nationale ou ethnique. L'aspect extérieur de l'autodétermination est que tous les peuples ont le droit de déterminer librement leur statut politique et leur place dans la communauté internationale sur la base du principe de l'égalité des droits et ainsi que l'illustrent la libération des peuples du colonialisme et l'interdiction de la soumission des peuples à la sujétion, la domination et l'exploitation étrangères ».

[498] L. HENNEBEL, « Le droit des peuples autochtones à disposer d'eux-mêmes », op. cit., p. 174.

[499] F. DEROCHE, op. cit., p. 245 : « Selon certains courants doctrinaux analysant le droit positif, il existerait, donc un droit à l'autodétermination qui se manifeste par des aspects externes et des aspects internes. Cependant, cela ne signifie pas forcément qu'il existe d'un côté, un droit à l'autodétermination externe et de l'autre, un droit à l'autodétermination interne. Il n'est pas concevable de fragmenter le droit à l'autodétermination car il est indivisible (…) Cette approche est défendue par les peuples autochtones et par plusieurs juristes soutenant les revendications des peuples autochtones. En effet, défendre un droit à l'autodétermination interne repose sur une

droit international ne prévoit pas une telle hypothèse. Pourtant, il fait remarquer que les peuples autochtones n'ont pas la volonté de se séparer de l'État dans lequel ils vivent[500], et n'entendent pas s'organiser en une structure étatique distincte de l'État qui l'héberge[501]. Alors que le droit à l'autodétermination était initialement employé par des peuples soumis à une occupation ou à une domination coloniale afin de s'en défaire[502], les peuples autochtones revendiquent plutôt une application du principe qui n'implique pas la création d'un nouvel État. Ils perçoivent la réalisation de ce droit dans leur participation active à la politique nationale[503] et à la prise des décisions qui les concernent et en particulier à la prise de décisions relatives à leurs terres[504], dans leur liberté de choisir leur développement économique, social et culturel[505], ainsi que dans la prise en compte de leur identité et de leurs coutumes par l'État. Erica-Irene Daes soutient que « *[t]he right to self-determination is best viewed as entitling a people to choose its political allegiance, to influence the political order under which it lives, and to preserve its cultural, ethnics, historical or territorial identity* »[506].

En vertu de l'article 3 de la Déclaration des Nations Unies, « [l]es peuples autochtones ont le droit à l'autodétermination. En vertu de ce droit, ils déterminent librement leur statut politique et recherchent librement leur développement économique, social et culturel ». Cette Déclaration, tout en reconnaissant le droit des peuples autochtones à disposer d'eux-mêmes sans

---

assimilation entre le droit à l'autodétermination et la sécession et plus globalement sur une confusion entre la substance du droit et une modalité d'exercice de ce droit. Il ne paraît pas opportun d'associer un droit à un contexte historique particulier. C'est la raison pour laquelle les peuples autochtones et plusieurs juristes défendent une autre conception du droit à l'autodétermination ».

500 C. F. MARES de SOUZA, op. cit., p. 316.

501 J. FIRESTONE, J. LILLEY, I. TORRES DE NORONHA, « Cultural Diversity, Human Rights, and the Emergence of Indigenous Peoples in International and Comparative Environmental Law », *American University International Law Review*, 2005, vol. 20, p. 234.

502 Résolution de l'Assemblée générale relative à la « Réalisation universelle du droit des peuples à l'autodétermination » du 19 décembre 2001 (A/RES/56/141).

503 C. H. DURAND ALCANTARA, « Los pueblos Indios hacia el Nuevo Milenio », *Altamirano Revista del H. Congreso del estado de Guerrero*, 2001, n°19, pp. 26-27.

504 J. GILBERT, *Indigenous Peoples' Land Rights under International Law : From Victims to Actors*, Ardsley, Transnational Publishers, Martinus Nijhoff, 2006, pp. 214-219.

505 J. GILBERT, « Indigenous Rights... », op. cit, p. 220 : « self-determination is about free control, choice and way of life, and not only about secession ».

506 E.-I. A. DAES, « Some considerations... », op. cit., pp. 4-5.

reconnaître le droit de sécession, a pour but de défendre l'idée d'une autodétermination interne. C'est la raison principale pour laquelle les États-Unis, le Canada, et l'Australie n'ont pas voté en faveur de la Déclaration des droits des peuples autochtones en 2007[507]. La plupart des États d'Amérique latine ont voté en faveur du texte, tout en interprétant le droit à l'autodétermination comme un droit ne pouvant être revendiqué pour faire sécession. Plus généralement, les opposants à ce principe font valoir qu'il incite au nationalisme et à la division au lieu d'unir[508]. La menace de la division du territoire explique effectivement pourquoi certains États refusent de reconnaître ce droit et qu'il reste généralement, chez ceux qui le reconnaissent, un principe général auquel aucun régime concret n'est attaché[509].

Aucune difficulté ne s'oppose désormais à son affirmation prochaine dans la Déclaration interaméricaine dont le projet d'articles ne mentionne pas expressément le droit à l'autodétermination mais l'aspect interne de ce dernier qu'est l'autonomie (à l'artice XV). Celui-ci dispose que :

> 1. Les États reconnaissent que les populations indigènes ont droit à déterminer librement leur situation politique et à promouvoir librement leur développement économique, social et culturel et ont par conséquent droit à l'autonomie ou au gouvernement indépendant en ce qui concerne leurs affaires internes et locales, y compris la culture, la religion, l'éducation, l'information, les moyens de communication, la santé, le logement, l'emploi, le bien-être social, les activités économiques, l'administration des terres et des ressources, l'environnement et l'admission de non membres ; ainsi que les ressources et les moyens pour financer ces fonctions autonomes.
> 2. Les populations indigènes ont le droit de participer sans discrimination, si elles en décident ainsi, à la prise de décision, à tous les niveaux, à propos d'affaires susceptibles d'affecter

---

507 C. J. FROMHERZ, op. cit., pp. 1341-1350.

508 M. SAAD BENTAQUET, « El derecho de la autodeterminación, vino Nuevo en odres viejo? », in J. PEREZ ROYO, J. P. URIAS MARTINEZ, M. CARRASCO DURAN (éd.), *Derecho Constitucional para el Siglo XXI*, Actas VIII Congreso Iberamericano de Derecho Constitucional, Navarra, Espagne, éd. Aranzadi, 2006, t. 2, p. 4899.

509 B. CLAVERO, « Multiculturalismo Constitucional con perdón, de veras y en frío », in F. M. MARIÑO MENÉNDEZ, *Avances en la protección de los derechos de los pueblos indígenas*, Dykinson, 2004, p.169.

leurs droits, leur existence et leur destin. Elles pourront le faire par l'intermédiaire de représentants élus par eux conformément à leurs propres procédures. Elles auront également le droit de conserver et développer leurs propres institutions indigènes de décision ; et à l'égalité des chances pour leur accès à toutes les enceintes nationales.

L'application du droit à l'autodétermination peut revêtir diverses formes, comme par exemple, selon Mohamed Saad Benatquet, le référendum, et les décisions prises par les représentants du peuple[510]. Dans la pratique, la Cour internationale de Justice a rendu des avis se référant au droit à l'autodétermination dans le cadre de sa fonction consultative[511]. Dans l'avis sur le *Sahara occidental* du 16 octobre 1975, la Cour spécifie dans quelle mesure elle perçoit ce droit d'autodétermination comme : « intégration, libre association et indépendance »[512].

---

510 M. SAAD BENTAQUET, op. cit., p. 4902.

511 Dans l'avis sur les Conséquences juridiques pour les États de la présence continue de l'Afrique du Sud en Namibie (Sud-Ouest africain) nonobstant la résolution 276 (1970) du Conseil de sécurité, avis consultatif, CIJ Rec. 1971, notamment p. 31, par. 52 : « En outre l'évolution ultérieure du droit international à l'égard des territoires non autonomes, tel qu'il est consacré par la Charte des Nations Unies, a fait de l'autodétermination un principe applicable à tous ces territoires ». Dans l'arrêt sur le Timor oriental (Portugal c. Australie), CIJ Rec. 1995, p. 102, par. 29 : « La Cour considère qu'il n'y a rien à redire à l'affirmation du Portugal selon laquelle le droit des peuples à disposer d'eux-mêmes, tel qu'il s'est développé à partir de la Charte et de la pratique de l'organisation des Nations Unies, est un droit opposable erga omnes. Le principe du droit des peuples à disposer d'eux-mêmes a été reconnu par la Charte des Nations Unies et dans la jurisprudence de la Cour ». Dans l'avis sur les Conséquences juridiques de la construction d'un mur en territoire palestinien occupé, avis consultatif, CIJ Rec. 2004, p. 171, par. 88 : « L'article 1er commun au Pacte international relatif aux droits économiques, sociaux et culturels et au Pacte international relatif aux droits civils et politiques réaffirme le droit de tous les peuples à disposer d'eux-mêmes et fait obligation aux États parties de faciliter la réalisation de ce droit et de le respecter, conformément aux dispositions de la Charte des Nations Unies. La Cour rappellera qu'en 1971 elle a souligné que l'évolution actuelle du « droit international à l'égard des territoires non autonomes, tel qu'il est consacré par la Charte des Nations Unies, a fait de l'autodétermination un principe applicable à tous ces territoires) ».

512 CIJ, Sahara occidental, avis consultatif du 16 octobre 1975, CIJ Rec. 1975, p. 32, par. 57 : « La résolution 1514 (XV) de l'Assemblée générale a été la base du processus de décolonisation qui s'est traduit, depuis 1960, par la création de nombreux États, aujourd'hui Membres des Nations Unies. Elle est complétée sous certains aspects par la résolution 1541 (XV) de l'Assemblée générale, qui a été

Conçu comme une modalité interne d'exercice du droit des peuples à disposer d'eux-mêmes, le droit à l'autonomie permet aux peuples autochtones de préserver leurs coutumes propres[513]. D'un point de vue politique, l'État est garant de la réalisation de ce droit, et celui qui en choisit les modalités, même si les peuples autochtones soutiennent qu'il s'agit d'un droit inhérent à leur statut de peuple. Le respect de ce droit garantit aux peuples les conditions pour vivre en accord avec leur vision du monde.

Selon James Anaya, « [l]'autodétermination donne lieu à des formes de réparations qui abandonnent l'héritage de l'impérialisme, la discrimination, la suppression de la participation démocratique et de l'assujettissement culturel »[514]. Ana Luisa Izquierdo y de la Cueva affirme que « [l]a libre détermination pourra consister en effet à décider des formes internes d'organisation sociale, économique, politique, sociale et culturelle, qui puissent permettre de choisir des formes d'autogouvernement ; pour parvenir à la participation et la représentation politiques ; appliquer des systèmes

---

invoquée au cours de la procédure. Selon cette résolution, il y a plus d'une manière pour un territoire non autonome d'atteindre la pleine autonomie ; il peut a) devenir un État indépendant et souverain ; b) s'associer librement à un État indépendant ; c) s'intégrer à un État indépendant. De plus certaines dispositions de la résolution 1541 (XV) donnent effet à l'élément essentiel du droit à l'autodétermination tel que l'établit la résolution 151 4 (XV). C'est ainsi qu'en vertu du principe VI1 de la résolution 1541 (XV) : « La libre association doit résulter d'un choix libre et volontaire des populations du territoire en question, exprimé selon des méthodes démocratiques et largement diffusées ». Suivant le principe IX : « L'intégration devra s'être faite dans les conditions suivantes : b) L'intégration doit résulter du désir librement exprimé des populations du territoire, pleinement conscientes du changement de leur statut, la consultation se faisant selon des méthodes démocratiques et largement diffusées, impartialement appliquées et fondées sur le suffrage universel des adultes. L'Organisation des Nations Unies pourra, quand elle le jugera nécessaire, contrôler l'application de ces méthodes » ».

513 S. WIESSNER, « Indigenous self-determination, culture, and land : a reassessment in light of the 2007 UN Declaration on the Rights of Indigenous Peoples », in E. PULITANO (éd), *Indigenous Rights : in the Age of the UN Declaration*, Cambridge, Cambridge University Press, 2012, pp. 44-46. Sur ce point, voir également: V. RUDNITSKY, « Self-Determination in a Modern World: Conceptual Devlopment and Practical Application », in M. SELLERS, *The New world order : Sovereignty, Human Rights and the Self-Determination of Peoples*, Oxford, BERG (éd.), 1996, pp. 76-79.

514 Traduction libre. S. J. ANAYA, *Los pueblos indígenas en el derecho internacional*, op. cit., pp. 151-152 : « La autodeterminación da lugar a formas de reparación que rompen con los legados del imperialismo, la discriminación, la supresión de la participación democrática y la subyugación cultural ».

normatifs internes de manière autonome »[515]. Elle poursuit en précisant que « l'autonomie est la faculté d'élaborer ses propres normes à l'intérieur de la communauté, accéder de manière collective à l'utilisation et à la jouissance des ressources naturelles des terres et territoires, préserver et enrichir ses langues et acquérir et exploiter des médias de communication »[516].

L'autodétermination implique des changements profonds de la législation et des institutions[517]. Sa réalisation peut par exemple passer par la reconnaissance du caractère pluriethnique, multiculturel de l'État dans la constitution. L'article 2 inséré dans la Constitution mexicaine de 2001 dispose par exemple que « la Nation est une et indivisible. La Nation a une composition pluriculturelle soutenue originairement par les peuples autochtones descendants des peuples qui habitaient sur le territoire actuel du pays au commencement de la colonisation et qui conservent ses propres institutions sociales, économiques, culturelles et politiques ou en partie »[518]. Mais ce type de consécration du pluralisme juridique au niveau constitutionnel n'a pas toujours beaucoup d'effets. Le Rapporteur spécial des Nations Unies sur les peuples autochtones a ainsi pu souligner que cette réforme constitutionnelle mexicaine de 2001 n'avait pas eu de grandes conséquences sur les pratiques[519].

La réalisation du droit à l'autodétermination des peuples autochtones peut également passer par la création d'institutions nouvelles ou de niveaux de gouvernement, comme cela a été fait, par exemple, au Nicaragua[520].

---

515 A. L. IZQUIERDO Y DE LA CUEVA, op. cit., p. 47. « La libre determinación podría consistir entonces en decidir formas internas de organización social, económica, política, social y cultural; que puedan llegar a elegir formas de autogobierno; lograr la participación y representación políticas; aplicar sistemas normativos internos una manera autónoma ».

516 Ibid. « la autonomía es la facultad de darse sus propias normas al interior de la comunidad, acceder de manera colectiva al uso y disfrute de los recursos naturales de tierras y territorios; preservar y enriquecer lenguas y adquirir y operar medios de comunicación ».

517 S. J. ANAYA, *Los pueblos indígenas en el derecho internacional*, op. cit., p. 137.

518 Traduction libre. Cette reconnaissance a un intérêt particulier pour les peuples indigènes du Mexique, dans la mesure où ce dernier État s'est constitué à partir de la volonté des criollos et des métisses de s'imposer aux populations autochtones minoritaires.

519 R. STAVENHAGEN, « Derechos humanos y cuestiones indígenas », op. cit., p. 215.

520 A. L. IZQUIERDO Y DE LA CUEVA, op. cit., p. 47.

L'intérêt des peuples autochtones de se voir reconnaître un droit d'autodétermination interne est certain du point de vue de la maîtrise de leurs ressources naturelles. L'autodétermination implique en effet pour ces peuples la reconnaissance d'autres droits tels que le droit de gérer et de contrôler les ressources naturelles sur leurs territoires[521], et notamment de consentir ou non à des projets qui visent leurs terres[522]. Il s'agit cependant d'un aménagement, voire d'une limitation des pouvoirs souverains de l'État, puisque le respect du droit à l'autodétermination exigerait l'octroi de compétences territoriales à une entité décentralisée, et obligerait l'État à obtenir le consentement des peuples autochtones avant toute intervention sur leurs terres. Cette exigence particulière issue du droit à l'autodétermination n'a pas fait l'objet d'une consécration propre mais des avancées sont particulièrement perceptibles en matière de participation des peuples autochtones.

§ 2. La consécration explicite de l'exigence de participation

Le principe général de la participation des peuples autochtones dans la mise en œuvre de projets de développement liés aux ressources naturelles a été consacré progressivement[523]. Il l'a d'abord été dans des instruments directement relatifs à leurs droits (A). Mais des instruments de protection de l'environnement la prévoient également, que ce soit en vue d'articuler la préservation de la biosphère avec les droits des peuples autochtones, ou en vue de profiter de leurs pratiques et de leurs savoirs concernant la flore et la faune présentes sur leurs terres, et ainsi d'assurer efficacement leur protection (B).

---

[521] A. PERRAULT, K. HERBERTSON, O. J. LYNCH, « Partnerships for Success… », op. cit., p. 490.

[522] H. HANNUM, « Indigenous Rights » in G. LYONS M., J. MAYALL (éd.), *International Human Rights in the 21st Century : Protecting the Rights of Groups*, Lanham, Rowman and Littlefields publishers, 2003, p. 78. Voir également : S. WIESSNER, « Indigenous self-determination, culture, and land: a reassessment in light of the 2007 UN Declaration on the Rights of Indigenous Peoples », in E. PULITANO (éd), op. cit., pp. 60-61.

[523] G. TRIGGS, « The Rights of Indigenous Peoples to Participate in Resource Development : An international Legal Perspective », in D. ZILLMAN, A. LUCAS, G. PRING, *Human Rights in Natural Resource Development: Public Participation in the Sustainable Development of Mining and Energy Resources*, New York, Oxford University Press, 2002, pp. 124-138.

A. La consécration de l'exigence de participation dans les instruments directement relatifs aux droits des peuples autochtones

S'inspirant largement des conventions relatives aux droits de l'Homme, et des Conventions sur les droits des peuples indigènes et tribaux n°107 de 1957 et n°169 de 1989 de l'OIT qui sont les seuls instruments internationaux juridiques et contraignants spécifiquement consacrés aux droits des peuples autochtones. Aussi, au-delà des droits internes qui peuvent prévoir une protection des peuples autochtones présents sur le territoire des États concernés, la Convention n°169 de l'OIT joue un rôle d'une importance considérable[524] dans l'affirmation de leurs droits au niveau international. Elle reprend d'un côté, en les complétant et en les précisant, les règles posées par la Convention n°107, et elle consacre, de l'autre, des droits nouveaux comme le droit de participation, le droit de contrôler leurs terres, ou encore le droit d'exprimer leur consentement en cas de déplacement forcé.

La Convention n°169 est née d'un besoin et d'un contexte qui a permis l'émergence de la question autochtone. « *It was not until the mid-1970s that the indigenous and tribal peoples began to voice their concerns on the international stage. A 1977 UN meeting in Geneva was the first large international gathering of indigenous organizations* »[525]. Et c'est également avec la création d'un groupe de travail sur les peuples autochtones en 1982 au sein du Haut-Commissariat des droits de l'Homme que les circonstances devinrent propices à l'émergence de cet acteur politique, et social sur les scènes nationale et internationale[526].

Il est intéressant de remarquer que le droit des peuples autochtones à la participation dans la prise de décisions affectant leur territoire, donc au niveau local, a été reconnu au niveau international dans un instrument juridique à la réalisation duquel ils ont pleinement participé[527]. Les peuples

524 L. RODRIGUEZ-PINERO, « Historical Anomalies… », op. cit., p. 56. Voir aussi : P. STAELENS G., « El Convenio 169 de la OIT de una política integracioncita al reconocimiento del derecho a la identidad de los pueblos indígenas », in INSTITUTO DE INVESTIGACIONES JURIDICAS, *Derechos indígenas en la actualidad*, México, UNAM, 1994, pp. 193-194.
525 L. SWEPSTON, « Indigenous Peoples' Voices : Indigenous Participation in ILO Convention N°169 », *Law and Anthropology*, 2005, vol. 12, pp. 114-115.
526 R. STAVENHAGEN, *Derechos Humanos de los Pueblos Indígenas*, op. cit., p. 8.
527 J. R. HERNANDEZ PULIDO, « La OIT y los Pueblos Indígenas y Tribales », *Boletin Mexicano de Derecho Comparado*, Nueva Serie, 1995, n°82, p. 160. Disponible en ligne :

autochtones se sont en effet pleinement investis dans l'élaboration et l'adoption du texte de la Convention n°169, et par la suite dans le contrôle de son application par les États parties afin de renforcer l'efficacité du mécanisme. Même s'ils ne bénéficiaient pas du droit de vote pour l'adoption du texte final, leur participation à ce processus peut être considéré comme un progrès important dans leur reconnaissance comme acteur politique[528], alors qu'aucun représentant des peuples autochtones n'était présent en tant qu'expert, ou même en tant qu'observateur lors de l'élaboration de la Convention n°107.

La participation telle qu'énoncée dans la Convention s'entend comme une obligation générale. Elle implique la participation d'acteurs non gouvernementaux aux différents stades de la prise de décision concernant les terres autochtones, c'est-à-dire « depuis la conception des mesures prévues dans la convention jusqu'à leur évaluation »[529].

Pourtant, dans les rapports des comités d'experts chargés de veiller à l'application de la Convention, les experts soutiennent que la participation et la consultation constituent « la pierre angulaire de la convention »[530], ce qui s'explique par le fait que le droit de participer est nécessaire à la réalisation des autres droits reconnus aux peuples autochtones[531]. La participation des peuples autochtones est en effet prévue pour « développer une action coordonnée et systématique en vue de protéger les droits de ces peuples et de garantir le respect de leur intégrité » (art. 2), et pour « aplanir les difficultés que ceux-ci éprouvent à faire face à de nouvelles conditions de vie et de travail » (art. 5). Les peuples autochtones doivent être invités à participer « à tous les niveaux à la prise de décisions dans les institutions électives et les

---

http://www.juridicas.unam.mx/publica/rev/indice.htm?r=boletin&n=82 (consulté le 18 septembre 2008).

[528] La considérant comme une limite à leur participation, le Conseil mondial des peuples indigènes, une ONG amérindienne a déploré cette impossibilité de voter le texte.

[529] Rapport du comité chargé d'examiner la réclamation alléguant que le Brésil n'a pas respecté les dispositions de la Convention (n°169) relative aux peuples indigènes et tribaux, présentée par le Syndicat des ingénieurs du District fédéral (SENGE/DF), n°162006BRA169, Genève, le 17 mars, 2009, par. 43.

[530] Rapport du comité chargé d'examiner la réclamation alléguant que le Brésil n'a pas respecté les dispositions de la convention (n°169) relative aux peuples indigènes et tribaux, présentée par le Syndicat des ingénieurs du District fédéral (SENGE/DF), n°162006BRA169, Genève, le 17 mars, 2009, par. 44.

[531] E. B. BLUEMEL, « Separating Instrumental from Intrinsic Rights : Toward an Understanding of Indigenous Participation in International Rule-making », *American Indian Law Review*, 2006, vol. 30, pp. 92-93.

organismes administratifs et autres qui sont responsables des politiques et des programmes qui les concernent » (art. 6), « à l'élaboration, à la mise en œuvre et à l'évaluation des plans et programmes de développement national et régional susceptibles de les toucher directement ». Ils doivent participer à l'élaboration des « plans de développement économique d'ensemble des régions qu'ils habitent » (art. 7), « à l'utilisation, à la gestion et à la conservation de ces ressources », et « aux avantages découlant de [programme de prospection ou d'exploitation des ressources] » (art. 15). Enfin, la participation des peuples autochtones est prévue dans des domaines ne relevant pas directement de l'exploitation des ressources naturelles, tels que les programmes de formation professionnelle, la promotion de l'artisanat, les industries rurales et communautaires, ou l'éducation.

Dans la Déclaration des droits des peuples autochtones, l'importance de la participation est rappelée à quatre reprises, dans les articles 5, 18, 27 et 41. Les peuples autochtones doivent participer à « la vie politique, économique, sociale et culturelle de l'État » (art. 5), et à « la prise de décision sur des questions qui peuvent concerner leurs droits » (art. 18). Ce processus de décision doit être « équitable, indépendant, impartial, ouvert et transparent », et doit être poursuivi en « prenant dûment en compte les lois, traditions, coutumes et régimes fonciers des peuples autochtones, afin de reconnaître les droits des peuples autochtones en ce qui concerne leurs terres, territoires et ressources » (art. 27). Il est également rappelé que « [l]es organes et les institutions spécialisées du système des Nations Unies et d'autres organisations intergouvernementales contribuent à la pleine mise en œuvre des dispositions de la présente Déclaration par la mobilisation, notamment, de la coopération financière et de l'assistance technique. Les moyens d'assurer la participation des peuples autochtones à l'examen des questions les concernant doivent être mis en place » (art. 41).

Les emplois du terme « participation » dans la Déclaration font écho aux dispositions de la Convention n°169. Cette dernière est toutefois plus restrictive, puisqu'elle prévoit que la participation doit être organisée par l'État, quand un projet touche *directement* les peuples autochtones[532], alors que la Déclaration estime que c'est le cas pour *toute mesure* qui les concerne. Mais dans un texte comme dans l'autre, l'obligation de faire participer les peuples autochtones apparaît surtout comme un principe général devant guider toute prise de décision concernant les terres autochtones.

Dans ces deux textes, l'objectif est principalement de préserver l'autonomie de gestion des terres autochtones par leurs occupants les plus

---

[532] Article 7 de la Convention n°169 de l'OIT.

anciens ; c'est ce qui justifie qu'ils consacrent la participation des peuples indigènes. Mais d'autres instruments, dont les finalités sont différentes, prévoient également la participation d'acteurs privés, qui sont ou peuvent être les peuples autochtones. C'est notamment le cas de plusieurs textes relatifs à la protection de l'environnement.

B. La consécration de l'exigence de participation dans les instruments relatifs à l'environnement

Ce sont essentiellement la Déclaration de Rio (1) et la Convention sur la diversité biologique (2) qui font référence à la participation des peuples autochtones dans la gestion de leurs terres.

1. La Déclaration de Rio

Dans la Déclaration de Rio sur l'environnement et le développement adoptée en 1992 par la Conférence des Nations Unies sur l'environnement et le développement, la notion de participation est consacrée au principe 10 :

> « [l]a meilleure façon de traiter les questions d'environnement est d'assurer la participation de tous les citoyens concernés, au niveau qui convient. Au niveau national, chaque individu doit avoir dûment accès aux informations relatives à l'environnement que détiennent les autorités publiques, y compris aux informations relatives aux substances et activités dangereuses dans leurs collectivités, et avoir la possibilité de participer aux processus de prise de décision. Les États doivent faciliter et encourager la sensibilisation et la participation du public en mettant les informations à la disposition de celui-ci. Un accès effectif à des actions judiciaires et administratives, notamment des réparations et des recours, doit être assuré ».

La participation visée au principe 10 est celle de tous les citoyens sans discrimination, ce qui inclut – mais ne privilégie pas particulièrement – celle des autochtones. Le principe invite notamment au partage d'informations qu'elles soient positives ou négatives sur les activités dangereuses[533], à la

---

[533] Le droit de savoir est un corollaire du droit de participation et d'information. Voir : N. A. F. POPOVIC, « The Right to Participate in Decisions That Affect the Environment », *Pace Environmental Law Review*, 1993, vol. 10, pp. 697-698 : « The right-to-know provisions have four basic functions : (1) to ensure that people know

concertation dans le processus décisionnel, et à la garantie de l'accès à un recours effectif devant les institutions administratives ou judiciaires, pour contester les décisions prises en l'absence de concertation[534].

Certaines dispositions de la Déclaration se réfèrent explicitement aux peuples autochtones. En effet, le principe 22[535] qualifie de « vital » le rôle joué par les communautés autochtones et locales dans la gestion des ressources naturelles, la protection de l'environnement et le développement – l'État pouvant notamment tirer avantage des savoirs traditionnels. Cette valorisation très nette de la participation des peuples autochtones au processus décisionnel dans la gestion de leur terre avalise, et donc renforce les dispositions de la Convention n°169 qui y sont relatives. En outre, parce qu'elle évoque systématiquement une participation *efficace*, la Déclaration laisse à penser que les États parties à la Convention ne mettent pas ce droit correctement en œuvre.

Selon la Déclaration, l'exploitation des forêts doit se faire dans le souci de la conservation de l'identité culturelle[536] des populations autochtones qui font usage de ces forêts depuis des siècles. Le fait de gérer la forêt selon les croyances et les pratiques autochtones a permis aux communautés de subsister jusqu'à aujourd'hui, et a également permis une gestion durable de la forêt. En consacrant la nécessité de la participation des peuples autochtones à la prise de décision, l'État protège ces groupes tout en ayant accès à ses

---

about hazardous substances that might affect them ; (2) to reduce risks from hazardous substances – by (publicity-induced) self-regulation and by government action ; (3) to allow the public to participate in decisions about hazards in their communities ; (4) to empower the public by providing it with the data it needs to challenge industry and government. To accomplish these functions, the right has to guarantee government-initiated dissemination of three types of information : (1) information about the state of the environment ; (2) information about potential sources of environmental damage or danger along the contingency planning therefore ; and (3) notification/warning of environmental emergencies or other imminent dangers ».

534 G. (ROCK) PRING, S. Y. NOE, op. cit., pp. 28-50.

535 Le principe 22 de la Déclaration de Rio énonce que : « Les populations et communautés autochtones et les autres collectivités locales ont un rôle vital à jouer dans la gestion de l'environnement et le développement du fait de leurs connaissances du milieu et de leurs pratiques traditionnelles. Les États devraient reconnaître leur identité, leur culture et leurs intérêts, leur accorder tout l'appui nécessaire et leur permettre de participer efficacement à la réalisation d'un développement durable ».

536 Article 5 a) de la Déclaration.

savoirs dans la préservation de l'environnement[537]. L'article 12 d) de l'annexe III de la Déclaration de Rio ajoute que « [l]es capacités autochtones et les connaissances locales appropriées en matière de conservation et d'exploitation écologiquement viable des forêts devraient, grâce à un appui institutionnel et financier et en collaboration avec les populations des collectivités locales intéressées, être reconnues, respectées, enregistrées, perfectionnées et, le cas échéant, utilisées dans l'exécution des programmes. Les avantages découlant de l'utilisation des connaissances locales devraient en conséquence être équitablement partagés avec ces populations »[538]. La Déclaration n'est toutefois pas extrêmement contraignante sur ce point. Elle indique simplement que cette participation doit être « appropriée »[539], ce qui laisse une grande liberté d'interprétation à l'État, qui risque naturellement de le faire au détriment des peuples autochtones. Les critères de mise en œuvre de la participation ne sont pas non plus clairement définis.

2. *La Convention sur la diversité biologique*

Dans le cadre du Programme des Nations Unies pour l'environnement, un groupe d'experts a été constitué en 1989 pour travailler sur l'élaboration d'une Convention portant sur la diversité biologique[540]. Celle-ci est entrée en vigueur le 29 décembre 1993[541] et reprend certains principes de la Déclaration de Rio.

---

[537] Des conflits en matière de propriété intellectuelle ont notamment éclos, du fait de l'usage de savoirs autochtones à des fins commerciales par les États ou les entreprises commerciales pharmaceutiques, sans que les peuples à l'origine de ces savoirs n'aient reçu les bénéfices de ces échanges.

[538] Rapport de la Conférence des Nations Unies sur l'Environnement et le Développement (Rio de Janeiro, 3-14 juin 1992), Déclaration de principes, non juridiquement contraignante mais faisant autorité, pour un consensus mondial sur la gestion, la conservation et l'exploitation écologiquement viable de tous les types de forêts. Disponible sur :
http://www.un.org/documents/ga/conf151/french/aconf15126-3annex3f.htm
(consulté le 19 mars 2012).

[539] Article 5 d) de la Déclaration.

[540] C. REDGWELL, « The International Law of Public Participation : Protected Areas, Endangered Species, and Biological Diversity », in D. ZILLMAN, A. LUCAS, G. PRING, *Human Rights in Natural Resource Development : Public Participation in the Sustainable Development of Mining and Energy Resources*, New York, Oxford University Press, 2002, pp. 207-214.

[541] Les États parties d'Amérique latine sont : Argentine, Belize, Bolivie, Brésil, Chili, Colombie, Costa Rica, El Salvador, Équateur, Guatemala, Haïti, Honduras, Mexique, Nicaragua, Panama, Paraguay, Pérou, Uruguay, Venezuela.

La Convention sur la diversité biologique consacre la participation des peuples autochtones à différents niveaux.

En premier lieu, elle indique, dans son préambule, qu'il est « souhaitable d'assurer le partage équitable des avantages découlant de l'utilisation des connaissances, innovations et pratiques traditionnelles intéressant la conservation de la diversité biologique et l'utilisation durable de ses éléments »[542]. La Convention sur la diversité biologique encourage ainsi les États à sauvegarder les connaissances et les pratiques des communautés autochtones et locales basées sur des modes de vie traditionnels, qui ont pour fins le développement durable pour la conservation et l'utilisation de la diversité biologique[543]. Elle met en évidence le rôle actif que doivent jouer les peuples autochtones, en considérant leurs comportements en matière de ressources naturelles comme des modèles pour leur gestion et leur utilisation durables.

En deuxième lieu, selon l'article 17 de la Convention, l'obligation de participation comprend le partage d'informations, et doit aboutir à une association entre les connaissances autochtones et les technologies modernes. Pour certains, le partage d'informations implique l'obligation d'un consentement libre et d'un échange préalable d'informations[544]. Le Groupe de travail spécial intersessions de la Convention sur la diversité biologique a apporté de nombreuses précisions sur les implications de l'obligation de participation, et sur les informations qui doivent être divulguées pour que le consentement obtenu des peuples autochtones soit considéré comme libre et éclairé[545]. Pour que le consentement à un projet d'aménagement du territoire soit libre et éclairé, les informations suivantes doivent être transmises aux peuples autochtones : la nature, la taille, la portée et le champ d'application du projet d'aménagement proposé, la durée de ce projet, les localités qui en seraient affectées, les motifs ou objectifs du projet d'aménagement, le nom des personnes susceptibles d'intervenir dans les phases de construction et d'exploitation (y compris les populations locales, instituts de recherche, sponsors, intérêts commerciaux et partenaires au titre de tierces parties ou bénéficiaires) du projet d'aménagement, les procédures particulières dont l'aménagement entraînerait l'application, les risques potentiels (par exemple la limitation de l'accès à des sites sacrés, la destruction partielle d'un site important, la perturbation d'une aire de

---

[542] Article 8 j) de la Convention sur la diversité biologique. Voir pour plus d'informations sur la notion de bénéfices partagés et sur les mécanismes de participation : E. B. BLUEMEL, op. cit., pp. 110-113.

[543] Article 8 j) de la Convention sur la diversité biologique.

[544] E. B. BLUEMEL, op. cit., pp. 114-116.

[545] Voir : UNEP/CBD/WG8J/2/6/Add.1, 27 § 14-5 (2001).

reproduction animale). Afin d'apprécier toutes les implications prévisibles (notamment commerciales, économiques, environnementales et culturelles), une évaluation préliminaire de l'impact éventuel de l'aménagement doit être effectuée.

En dernier lieu, le Plan stratégique, adopté lors de la dixième réunion de la Conférence des Parties en 2010, par la décision X/2, fait état des objectifs pour la biodiversité pour la période 2011-2020. L'objectif IV alinéa 3 se réfère à la participation des peuples autochtones pour le suivi de la mise en œuvre de la Convention, et dispose que « les communautés autochtones et locales participent effectivement à l'application et aux processus de la Convention, aux niveaux national, régional et international ».

SECTION II – LE CONTENU DE L'EXIGENCE DE PARTICIPATION

Le contenu de l'exigence de participation des peuples autochtones est assez incertain. Dans la Convention n°169, l'obligation est énoncée de façon générale « en vue de protéger les droits de ces peuples et de garantir le respect de leur intégrité »[546]. Mais il est possible de dégager différents degrés de participation, qui rendent l'obligation plus ou moins contraignante pour l'État. « *It is important to consider a continuum of levels of participation in projects. A tentative ordering of the continuum spans the following concepts from least to greatest participation ; information-sharing, meaningful consultation, prior and informed consent, participation in decision-making, co-management, and self-management. The level of participation depends on the type of projects and its purposes* »[547].

Le niveau de participation le plus contraignant est celui qui consiste à attribuer aux peuples autochtones un droit de véto dans l'adoption des projets susceptibles d'affecter leurs terres. Dans ce cadre, les peuples autochtones, par l'intermédiaire de leurs représentants, peuvent accepter ou refuser la prospection ou l'exploitation de ressources naturelles se trouvant sur leurs terres[548]. Le droit de veto aux décisions susceptibles d'affecter la vie des peuples autochtones peut être limité à certains domaines (projet d'extraction par exemple, ou dans un autre registre, projet d'éducation

---

[546] Article 2 de la Convention n°169 de l'OIT.

[547] A. DERUYTTERE, « Perceived Challenges to Recognition of Prior and Informed Consent of Indigenous Peoples and Other Local Communities : The Experiences of the Inter-American Development Bank », *Sustainable Development Law and Policy*, 2004, p. 41.

[548] Voir le cas des États nations dans E. B. BLUEMEL, op. cit., p. 102.

bilingue), à certaines ressources ou à certaines terres, ou au contraire être général et prévu pour tous les projets affectant les terres autochtones.

Le niveau de participation le moins contraignant est celui qui veut que le droit de négociation oblige l'État ou le gouvernement à négocier avec les peuples autochtones afin de trouver un accord sur le projet, et pour les projets d'exploitation des ressources, sur chacune de leurs étapes. Le droit de consultation constitue alors un moyen de participer à la vie politique. Les peuples autochtones sont consultés en tant qu'intervenants, ou observateurs sans pouvoir de décision. Ils peuvent seulement, grâce à la consultation, tenter d'influencer les acteurs dans le processus décisionnel.

Enfin, le niveau de participation le moins contraignant veut que le droit à la participation se réduise à un droit à une information préalable. Bien qu'il s'agisse là d'une exigence minimale, elle a longtemps été violée s'agissant de l'exploitation de ressources naturelles[549]. Cela vient notamment du fait que, si la « nécessité d'un accès à des informations pertinentes et actualisées » est fréquemment soulignée[550], sa mise en œuvre est difficile. Elle implique en effet de remettre des documents préalablement traduits en langue locale à des autochtones, dans des zones souvent peu accessibles. En outre, pour ce genre de projet, les informations pertinentes sont très techniques, très nombreuses, et elles doivent donc être simplifiées et compilées, sans que cette « traduction » particulière ne soit le prétexte à une mise à l'écart ou une minimisation des informations relatives aux dommages probables, et aux risques encourus.

Les différents documents internationaux relatifs aux peuples autochtones établissent que l'obligation de participation implique au moins la consultation des peuples autochtones (§ 1). De manière progressive, le principe de la nécessité de leur consentement préalable, libre et éclairé semble également s'imposer (§ 2).

§ 1. L'exigence de consultation

Dans le cadre du suivi de la mise en œuvre de la Convention n°169 de l'OIT, toutes les réclamations déposées concernant les pays d'Amérique latine ont principalement trait à la non-conformité des dispositions nationales relatives à l'exigence de consultation sur les décisions affectant les terres

[549] J. A. BARBERIS, *Los recursos naturales...*, op. cit, p. 156.

[550] Voir par exemple : REVUE DES INDUSTRIES EXTRACTIVES DE LA BANQUE MONDIALE, *Vers un nouvel équilibre…*, op. cit., p. 25.

occupées par les peuples autochtones. L'exigence de consultation est donc tout à fait fondamentale.

Si elle a principalement pour fonction de prévenir les tensions sociales et les conflits, elle peut être plus généralement comprise, du point de vue de la protection des peuples autochtones, comme un moyen parmi d'autres de réaliser leurs droits, tout comme l'est, par exemple, le droit d'accès à la justice. Son rapport avec le principe de participation doit toutefois être précisé : si la consultation est « un véritable instrument de participation »[551], et si elle est parfois confondue avec elle, elle n'en est qu'une expression[552]. Elle doit donc être simplement interprétée « à la lumière du principe fondamental de la participation »[553].

Consacrée sous des formes légèrement différentes (A), l'exigence de consultation comprend plusieurs éléments (B), et doit être remplie par l'État lorsqu'il légifère ou agit dans différents domaines (C).

A. Les dispositions relatives à l'exigence de consultation

La consultation, d'abord consacrée par la Convention n°169 de l'OIT, s'est vue complétée par des dispositions de la Déclaration des Nations Unies sur les droits des peuples autochtones. Selon l'article 6.1 de la Convention, la consultation est obligatoire et a pour objectif d'informer les personnes intéressées des changements qui pourraient les affecter. L'État ne peut se soustraire à cette obligation. Toutefois, il est précisé que l'État n'est pas tenu de suivre les positions autochtones connues grâce à la consultation, de sorte que seule l'organisation de la consultation est obligatoire.

Dans la Convention n°169 de l'OIT, plusieurs dispositions précisent les objectifs en vue desquels la consultation doit être organisée : « dans le but de déterminer si et dans quelle mesure les intérêts de ces peuples sont menacés avant d'entreprendre ou d'autoriser tout programme de prospection ou

---

551 Rapport du comité chargé d'examiner la réclamation alléguant que le Brésil n'a pas respecté les dispositions de la convention (n°169) relative aux peuples indigènes et tribaux, présentée par le Syndicat des ingénieurs du District fédéral (SENGE/DF), n°162006BRA169, Genève, le 17 mars, 2009, par. 42.

552 Voir notamment : R. GUTIERREZ RIVA, *Derecho a la consulta de los pueblos indígenas en México : Un primer acercamiento*, México, Instituto de Investigaciones Jurídicas, 2007, p. 7, pour lequel il s'agit de deux obligations différentes.

553 Rapport du comité chargé d'examiner la réclamation alléguant l'inexécution par l'Équateur de la convention (n°169) relative aux peuples indigènes et tribaux, 1989, présentée par la Confédération équatorienne des syndicats libres (CEOSL), n°162000ECU169, Genève, le 14 novembre 2001, par. 32.

d'exploitation des ressources dont sont dotées leurs terres » (art. 15), afin de permettre « le droit de ces peuples de créer leurs propres institutions et moyens d'éducation » (art. 27) ; « en vue de l'adoption de mesures permettant d'atteindre cet objectif » qui est de donner un enseignement dans la langue du groupe (art. 28). Certaines dispositions précisent dans quelles circonstances ou dans quels domaines la consultation doit avoir lieu : « chaque fois que l'on envisage des mesures législatives ou administratives susceptibles de (…) toucher directement [les peuples autochtones] » (art. 6), « lorsque l'on examine leur capacité d'aliéner leurs terres ou de transmettre d'une autre manière leurs droits sur ces terres en dehors de leur communauté » (art. 17), « au sujet de l'organisation et du fonctionnement de[s programmes de formation professionnelle d'application générale] » (art. 22).

Ainsi que le Comité d'experts de l'OIT a eu l'occasion de le rappeler dans une réclamation soumise à l'encontre du Guatemala, le titulaire du droit à la consultation au regard de la Convention n'est pas celui qui détient un titre de propriété sur les terres visées par la mesure litigieuse, mais celui qui est susceptible d'être affecté par cette mesure[554]. Ce qui importe est donc d'associer les peuples autochtones concernés au processus de décision, qu'ils soient ou non propriétaires des terres visées. Toutefois, afin de déterminer si la mesure administrative ou législative touche des terres autochtones, il est indispensable de les identifier clairement, ce qui implique la délimitation des terres avec lesquelles les peuples autochtones entretiennent un lien particulier.

Dans la Déclaration des Nations Unies sur les droits des peuples autochtones, le terme de « consultation » est employé à six reprises (art. 15, 17, 30, 32, 36, 38). De manière relativement similaire à la Convention n°169, elle y fait référence en vue de préciser dans quels buts la consultation doit être organisée : « pour combattre les préjugés et éliminer la discrimination et pour promouvoir la tolérance, la compréhension et de bonnes relations » (art. 15), pour « protéger les enfants autochtones contre l'exploitation économique et contre tout travail susceptible d'être dangereux ou d'entraver leur éducation ou de nuire à leur santé ou à leur développement physique, mental, spirituel, moral ou social » (art. 17), « pour faciliter

[554] Rapport du comité chargé d'examiner la réclamation alléguant l'inexécution par le Guatemala de la convention (n°169) relative aux peuples indigènes et tribaux, présentée par la Fédération des travailleurs des campagnes et des villes (FTCC), n°162007GTM169, Genève, le 4 juin 2007, par. 48 : « les ressources naturelles appartenant à l'État qui se trouvent sur les terres que les peuples intéressés occupent ou utilisent d'une autre manière, qu'ils détiennent un titre de propriété ou non ».

l'exercice [du droit d'entretenir et de développer, à travers ses frontières, des contacts, des relations et des liens de coopération avec leurs propres membres ainsi qu'avec les autres peuples, notamment des activités ayant des buts spirituels, culturels, politiques, économiques et sociaux] et en assurer l'application » (art. 36) ; « pour atteindre les buts de la présente Déclaration » (art. 38). Certaines dispositions indiquent quand et dans quels domaines elle doit avoir lieu : « avant d'utiliser leurs terres et territoires pour des activités militaires » (art. 30), « avant l'approbation de tout projet ayant des incidences sur leurs terres ou territoires et autres ressources, notamment en ce qui concerne la mise en valeur, l'utilisation ou l'exploitation des ressources minérales, hydriques ou autres » (art. 32). S'agissant spécifiquement des ressources naturelles, la consultation est requise avant toute décision affectant les droits à la terre des populations autochtones (art. 32 de la Déclaration[555]).

Hormis la Convention n°169 de l'OIT et la Déclaration des Nations Unies, certains articles de conventions internationales ont été interprétés par des organes de suivi en vue de protéger les peuples autochtones, ou d'encourager les États à mettre en œuvre des mécanismes de consultation. Le Comité des DH s'est par exemple exprimé plusieurs fois à ce sujet. En tant qu'organe chargé de superviser l'application du Pacte international relatif aux droits civils et politiques, il examine les rapports des États parties sur la mise en œuvre du Pacte en formulant ses conclusions et ses recommandations à l'État, qui se charge ensuite de répondre aux questions soulevées ou de fournir les éclaircissements sollicités. Dans le cadre des affaires impliquant des peuples autochtones, le Comité se fonde principalement sur l'article 1er, relatif au droit des peuples à disposer d'eux-

---

[555] Article 32 :
1. Les peuples autochtones ont le droit de définir et d'établir des priorités et des stratégies pour la mise en valeur et l'utilisation de leurs terres ou territoires et autres ressources.
2. Les États consultent les peuples autochtones concernés et coopèrent avec eux de bonne foi par l'intermédiaire de leurs propres institutions représentatives, en vue d'obtenir leur consentement, donné librement et en connaissance de cause, avant l'approbation de tout projet ayant des incidences sur leurs terres ou territoires et autres ressources, notamment en ce qui concerne la mise en valeur, l'utilisation ou l'exploitation des ressources minérales, hydriques ou autres.
3. Les États mettent en place des mécanismes efficaces visant à assurer une réparation juste et équitable pour toute activité de cette nature, et des mesures adéquates sont prises pour en atténuer les effets néfastes sur les plans environnemental, économique, social, culturel ou spirituel.

mêmes, et sur l'article 27, qui porte plus spécialement sur les droits des minorités. Sur ces bases, il recommande aux États d'adopter des mesures positives visant à supprimer les inégalités existantes entre les peuples autochtones et la population du pays dans lequel ils se trouvent, et de protéger leur intégrité et leur identité culturelle[556]. Le Comité des DH encourage également, dans le cadre des rapports périodiques, des États comme la Colombie, le Costa Rica et El Salvador, à développer les mécanismes de consultation, et à consulter des représentants des peuples autochtones pour toute décision affectant leurs modes de vie. En 2010, dans l'ensemble des recommandations du Comité des DH visant les pays d'Amérique latine dans le cadre de leurs rapports, la consultation a été mentionnée plusieurs fois comme réponse adéquate aux discriminations fréquentes dont les peuples autochtones sont victimes, notamment en matière d'éducation et de travail. Le Comité a encore recommandé au Mexique de réviser les dispositions de la Constitution de 2001 en consultation avec les peuples autochtones, et de « prendre toutes les mesures nécessaires pour assurer que les peuples autochtones soient effectivement consultés au stade de la prise de décision dans les domaines ayant une incidence sur leurs droits »[557].

D'une manière comparable et en se fondant généralement sur la Convention n°169 de l'OIT, le Comité des DESC recommande aux États de garantir la participation des peuples autochtones aux décisions qui affectent leur vie et d'obtenir leur consentement avant l'exécution des projets d'exploitation des ressources. Constatant également l'absence de consultation dès le premier examen du Mexique en 1999 s'agissant de l'application de la loi agraire, le Comité rappelle de manière plus précise que les États doivent consulter les peuples autochtones, et que l'objectif de la consultation

---

[556] Observations finales du Comité des droits de l'Homme sur El Salvador, CCPR/C/SLV/CO/6, 18 novembre 2010, par. 18 : « L'État partie devrait promouvoir la reconnaissance pleine et entière de tous les peuples autochtones et envisager de ratifier la Convention n° 169 de l'OIT relative aux peuples indigènes et tribaux dans les pays indépendants (1989) ; après consultation et avec le consentement libre et informé de tous les peuples autochtones, prévoir pour le prochain recensement de population des questions en vue de l'identification de ces peuples, concevoir et mettre en œuvre des politiques publiques pour progresser dans la réalisation effective de leurs droits et adopter des mesures spéciales pour remédier à la situation de marginalisation qu'ils ont connue. Après consultation avec tous les peuples autochtones, l'État partie devrait également adopter des mesures pour redonner de la vitalité à leurs langues et à leurs cultures ».

[557] Observations finales du Comité des droits de l'Homme sur le Mexique, CCPR/C/MEX/CO/5, 7 avril 2010, par. 22.

devant être de « protéger les droits de ces peuples et de garantir le respect de leur intégrité »[558]. De même, lors de l'examen du rapport de l'Équateur, il a relevé que malgré la reconnaissance de la propriété communautaire, l'exigence de consultation pour un projet d'exploitation des ressources naturelles était souvent ignorée. Il a donc invité l'État équatorien à respecter cette exigence aussi bien dans les textes que dans la pratique de ses fonctionnaires[559], et à prendre des mesures législatives en matière d'environnement pour encadrer les actions parfois dangereuses des entreprises.

B. Le contenu de l'exigence de la consultation telle que prévue par la Convention n°169

Selon l'article 6 de la Convention n°169 de l'OIT, l'exigence de consultation est remplie :

- si des procédés adaptés sont mis en place et effectivement employés (1) ;
- si l'État consulte les institutions représentatives des peuples autochtones (2) ;
- si la consultation est menée de bonne foi par l'État (3) ;
- si elle s'accompagne d'une recherche réelle d'un accord (4) ;
- si elle est antérieure à la prise de décision (5).

1. La nécessité de procédés adaptés

L'exigence de mise en place de procédés de consultation adaptés répond au souci d'éviter les consultations factices ou fictives. Lors des discussions

---

[558] Rapport du comité chargé d'examiner la réclamation alléguant que le Brésil n'a pas respecté les dispositions de la convention (n°169) relative aux peuples indigènes et tribaux, présentée par le Syndicat des ingénieurs du District fédéral (SENGE/DF), n°162006BRA169, Genève, le 17 mars, 2009, par. 43.

[559] Observations finales du Comité pour les droits économiques, sociaux et culturels sur l'Équateur, E/C.12/1/Add./100, 7 juin 2004, par. 12 : « le Comité constate avec inquiétude que, malgré la Constitution, qui reconnaît les droits des communautés autochtones de détenir des biens à titre communautaire et d'être consultées avant toute mise en exploitation des ressources des terres communautaires, les droits en question n'ont malheureusement pas été pleinement appliqués dans la pratique. Il est vivement préoccupé par le fait que des concessions d'extraction de ressources naturelles ont été accordées à des sociétés internationales sans le plein consentement des communautés concernées. Il s'inquiète aussi des effets négatifs qu'ont sur l'environnement les activités menées par ces sociétés au détriment de l'exercice des droits fonciers et culturaux des communautés autochtones touchées et de l'équilibre des écosystèmes ».

relatives à l'approbation du texte de la Convention, plusieurs États ont formulé des réserves sur l'obligation de consultation (comme expression de la participation) et plus généralement sur l'exigence de participation. Ils ont interprété l'obligation comme étant une obligation de moyens plutôt qu'une obligation de résultats. En d'autres termes, l'État aurait l'obligation de faire participer les peuples autochtones au processus décisionnel, mais pas celle d'aboutir à un accord avec les peuples autochtones[560], ni celle d'accepter leurs revendications. D'autres États sont particulièrement réticents à reconnaître ce droit dont pourraient découler de nouvelles obligations[561]. Ils adoptent alors parfois des stratégies consistant à l'ignorer. C'est par exemple ce que fait le Guatemala[562].

Le Comité d'experts de l'OIT interprète en effet ce principe en définissant la procédure adaptée ou appropriée comme « une procédure qui engendre les conditions propices à la conclusion d'un accord ou à l'obtention d'un consentement au sujet des mesures envisagées, indépendamment du résultat atteint »[563]. L'exigence découle ainsi du fait que la finalité n'est pas l'organisation même de la consultation mais la recherche de l'obtention d'un accord entre les parties intéressées. La consultation est ainsi « comprise par rapport à l'objectif de la consultation ».

L'exigence de moyens « adaptés » peut également signifier une mise à l'écart des mécanismes de droit commun dans la consultation des peuples autochtones, et donc une dérogation au principe d'égalité des citoyens. La dérogation vise alors à prendre en compte, dans la consultation des peuples autochtones, les coutumes qui leur sont propres. C'est la raison pour laquelle la Convention ne fournit « pas de modèle unique de procédure appropriée », et que l'État doit au contraire « tenir compte des circonstances nationales et

---

[560] L. SWEPSTON, « A New Step in the International Law… », op. cit., p. 691.

[561] FUNDACION RIGOBERTA MENCHU, « La ratificación y aplicación del Convenio 169 de la OIT en Guatemala », in J. E. R. ORDONEZ CIFUENTES (coord.), *Análisis interdisciplinario del Convenio 169 de la OIT*, IX Jornadas Lascasianas, México, UNAM, 2000, p. 49.

[562] R. ROHRMOSER VALDEAVELLANO, « La operatividad del Convenio 169 de la OIT en el derecho interno guatemalteco », *Anuario de Derecho Constitucional Latinoamericano*, 2006, t. 2, n°20062, pp. 791-795.

[563] Rapport de comité chargé d'examiner la réclamation alléguant l'inexécution par le Mexique de la convention (n°169) relative aux peuples indigènes et tribaux, présentée par le Syndicat des travailleurs de l'Université autonome du Mexique (STUNAM) et le Syndicat indépendant des travailleurs de la Jornada (SITRAJOR), n°162004MEX169A, Genève, le 19 mars 2004 par. 89.

des peuples indigènes ainsi que de la nature des mesures faisant l'objet de la consultation »[564].

Pour répondre à la nécessité de procédés adaptés, le Comité, au fur et à mesure des réclamations qu'il a eues à traiter, a confirmé que certaines pratiques répondaient au principe. Sans trop de surprise, il a estimé que l'information d'un « certain nombre de communautés » était nécessaire à une consultation adaptée[565]. Mais il a aussi estimé que la traduction des documents en langue locale pouvait être nécessaire lorsque les peuples autochtones maîtrisaient mal la langue officielle. En prenant en compte cette réalité, les procédés adaptés étaient ainsi la traduction des informations pertinentes afin qu'elles puissent être comprises par les intéressés[566]. D'autres pratiques ont été considérées comme des procédés adaptés, par exemple l'usage de la radio. Ce moyen de communication a en effet été jugé adapté dans la mesure où il est très utilisé par certains peuples autochtones, et où de nombreux autochtones souffrent d'illettrisme, ce qui implique de privilégier l'oral d'une manière générale[567]. Si une consultation est prévue, les organisateurs peuvent ainsi envisager la diffusion de l'information sur la date et le lieu de la rencontre par le biais de la radio communautaire. D'une manière comparable, parce qu'il n'est pas rare que les peuples autochtones ne disposent pas de moyens suffisants pour se déplacer et participer à une consultation, l'entreprise ou l'État doit être en mesure de mettre à disposition des véhicules pour le transport des personnes.

Les facteurs à prendre en compte pour déterminer les procédés adaptés (caractéristiques du groupe visé, de ses coutumes, etc.) sont donc variés, et ils sont susceptibles d'impliquer la modification de nombreuses pratiques, comme l'organisation de la consultation, ou la traduction dans leur langue des documents devant être distribués. Il est évident que la connaissance et la

---

[564] Rapport du comité chargé d'examiner la réclamation alléguant que le Brésil n'a pas respecté les dispositions de la convention (n°169) relative aux peuples indigènes et tribaux, présentée par le Syndicat des ingénieurs du District fédéral (SENGE/DF), n°162006BRA169, Genève, le 17 mars, 2009, par. 41.

[565] Rapport du comité chargé d'examiner la réclamation alléguant l'inexécution par l'Argentine de la convention (n°169) relative aux peuples indigènes et tribaux, présentée l'Union des travailleurs de l'enseignement du Rio Negro (UNTER), syndicat de base de la Confédération des travailleurs de l'éducation de la République argentine (CTERA), n°162008ARG169, Genève, le 12 novembre 2008, par. 65.

[566] SURVIVAL INTERNATIONAL, *Draft of Code of Conduct : Indigenous Peoples and the Rights to Participate in Decision-Making*, février 2010, p. 10.

[567] Ibid., p. 11.

compréhension approfondies des peuples susceptibles d'être affectés sont un atout pour mettre en place des procédés adaptés.

2. *Les institutions représentatives*

D'une manière générale, « [l]e critère de la représentativité » des institutions autochtones consultées « est (...) une condition essentielle des procédures de consultation et de participation prévues par la convention »[568]. Les institutions autochtones doivent être représentatives du groupe au regard des lois internes au groupe, qui ne sont pas nécessairement celles de la majorité. Ainsi, selon le Comité d'experts chargé de l'application de la Convention, « [v]u la diversité des peuples indigènes, la convention n'impose pas un modèle d'institutions représentatives, l'important étant que celles-ci soient le résultat d'un processus propre et interne à chaque peuple indigène »[569]. La seule exigence paraît alors être que les représentants soient désignés par les autochtones, quitte à ce que plusieurs institutions soient représentatives[570].

Certes, il est également « indispensable de s'assurer que les consultations ont lieu avec les institutions représentatives des peuples intéressées »[571]. Mais ces institutions sont considérées comme représentatives si elles ont été désignées par les autochtones visés par la mesure qui

---

568 Rapport du comité chargé d'examiner la réclamation alléguant l'inexécution par l'Argentine de la convention (n°169) relative aux peuples indigènes et tribaux, présentée par l'Union des travailleurs de l'enseignement du Rio Negro (UNTER), syndicat de base de la Confédération des travailleurs de l'éducation de la République argentine (CTERA), n°162008ARG169, Genève, le 12 novembre 2008, par. 76.

569 Rapport de comité chargé d'examiner la réclamation alléguant l'inexécution par le Mexique de la convention (n°169) relative aux peuples indigènes et tribaux, présentée par le Syndicat des travailleurs de l'Université autonome du Mexique (STUNAM) et le Syndicat indépendant des travailleurs de la Jornada (SITRAJOR), n°162004MEX169A, Genève, le 19 mars 2004, par. 102.

570 Rapport du comité chargé d'examiner la réclamation alléguant l'inexécution par l'Argentine de la convention (n°169) relative aux peuples indigènes et tribaux, présentée par l'Union des travailleurs de l'enseignement du Rio Negro (UNTER), syndicat de base de la Confédération des travailleurs de l'éducation de la République argentine (CTERA), n°162008ARG169, Genève, le 12 novembre 2008, par. 78.

571 Rapport de comité chargé d'examiner la réclamation alléguant l'inexécution par le Mexique de la convention (n°169) relative aux peuples indigènes et tribaux, présentée par le Syndicat des travailleurs de l'Université autonome du Mexique (STUNAM) et le Syndicat indépendant des travailleurs de la Jornada (SITRAJOR), n°162004MEX169A, Genève, le 19 mars 2004, par. 102.

doit faire l'objet d'une consultation, ou si elles ont été choisies selon le mode traditionnel d'élection ou processus interne de sélection de ses représentants. Aucun modèle prédéfini n'est proposé par la Convention.

Souvent, les institutions représentatives sont les autorités traditionnelles locales qui jouent un rôle important au sein de la communauté. Dans certaines d'entre elles, il s'agit de chamanes ; dans d'autres, il s'agit d'un conseil d'anciens. Elles sont désignées, en vertu de traditions millénaires, comme les autorités compétentes pour prendre des décisions pour le bien collectif. Ces figures de pouvoir ne sont pas forcément reconnues par l'État en dehors de la situation particulière de la consultation, et ne bénéficient pas de statut officiel particulier. Elles ont cependant parfois une légitimité incontestée au sein des communautés qu'elles représentent. Ces institutions représentatives sont alors les interlocuteurs que doit privilégier l'État pour nouer des relations de confiance.

Dans de nombreux États, les organisations autochtones sont structurées et disposent d'organes – parfois élus – pour les représenter. Au Panama, par exemple, c'est l'Institut national des ressources naturelles (INRENARE) qui est en charge de la gestion des ressources naturelles, notamment en matière de concessions, et qui doit procéder aux consultations. Cependant, lorsque les ressources naturelles se trouvent sur des terres occupées par des peuples autochtones ou dans des réserves autochtones ou *comarcas*, il revient à l'Institut colombien de réforme agraire (INCORA) d'assurer la participation effective de ses habitants[572].

Le respect de l'obligation de consultation fait parfois l'objet de conflit et source de tension. Pour le projet Yanacocha au Pérou, l'association FEROCAFENOP représentant les communautés visées par un projet d'octroi de concession, soutient qu'elle n'a pas été informée de la tenue d'une consultation et qu'elle n'a reçu aucune documentation relative au projet. Pourtant, la municipalité et l'entreprise prétendent avoir organisé deux consultations en 1998. Dans les faits, la première avait un seul invité, et l'autre s'est tenue sans aucun paysan alors que ces derniers sont les principaux touchés par le projet puisque des terres qu'ils cultivent leur seront confisquées. En outre, il semble que la consultation se soit déroulée dans un

---

[572] Loi n°21du 16 décembre 1986. Article16. Regular y garantizar las reglas para el desarrollo, aprovechamiento, manejo y conservación de los recursos naturales renovables en las Comarcas y Reservas Indígenas, con la participación efectiva de sus habitantes. Disponible sur le site internet : http://200.46.254.138/legispan/PDF_NORMAS/1980/1986/1986_015_0053.pdf (consulté le 11 février 2011).

hôtel quatre étoiles bien loin des terres affectées[573], sans aucune documentation traduite et distribuée en langue quechua. Cette situation est un exemple flagrant de violation de l'exigence de consultation selon des procédés adaptés, et en dialogue avec des institutions représentatives.

Inversement, le Comité d'experts a salué l'initiative de l'Argentine qui a créé par la loi n°23 302 et le décret d'application n°155/89, une instance de participation et de consultation indigène, le Conseil de participation indigène (CPI). La création de cette instance est le début intéressant d'un processus de mise en place d'un espace de dialogue. Elle sera consultée pour étudier tous les projets de loi qui pourraient affecter les peuples autochtones. Toutefois, comme l'a déploré le Comité d'experts de l'OIT[574], le niveau de représentativité des autochtones est assez faible au sein de cette instance. En effet, le CPI comprend, à côté des représentants autochtones, plusieurs représentants du gouvernement central et des gouvernements locaux. Sur la base de « l'impact de l'exploration et de l'exploitation forestières pour les peuples indigènes » et des « effets à long terme que pourrait avoir cette loi sur les peuples indigènes de l'Amazonie »[575], le Comité a donc conclu au non-respect de l'article 6 de la Convention n°169 de l'OIT par l'État argentin. « En effet tout en observant qu'un représentant de la COIAB qui participe à la commission consultative prévue dans le décret 5795 du 5 juin 2006 représente une possibilité de consultation, le Comité réitère que toutes les consultations ou participations ne sont pas forcément conformes aux dispositions de la Convention en matière de consultation et de participation ». En effet, « dans la consultation et la participation prévues aux articles 6, 7, et 15 (2) de la convention, les interlocuteurs, les objectifs et les méthodes vont bien au-delà de la participation d'un représentant indigène à une vaste commission »[576]. La place des représentants indigènes a ainsi été considérée comme insuffisante.

---

573 Voir sur le site de Mine and communities : http://www.minesandcommunities.org/article.php?a=1311&l=1 (consulté le 11 février 2011).

574 Rapport du comité chargé d'examiner la réclamation alléguant l'inexécution par l'Argentine de la convention (n°169) relative aux peuples indigènes et tribaux, présentée l'Union des travailleurs de l'enseignement du Rio Negro (UNTER), syndicat de base de la Confédération des travailleurs de l'éducation de la République argentine (CTERA), n°162008ARG169, Genève, le 12 novembre 2008, par. 70.

575 Rapport du comité chargé d'examiner la réclamation alléguant que le Brésil n'a pas respecté les dispositions de la convention (n°169) relative aux peuples indigènes et tribaux, présentée par le Syndicat des ingénieurs du District fédéral (SENGE/DF), n°162006BRA169, Genève, le 17 mars, 2009, par. 42.

576 Ibid., par. 58.

L'examen du respect de ce critère par le Comité montre que ce dernier entend contrôler les critères mentionnés dans la Convention, d'un point de vue fonctionnel et global.

3. *La bonne foi*

La bonne foi est définie dans le *Dictionnaire de droit international public* comme un « comportement que les parties sont juridiquement tenues d'observer, dans l'exécution et l'interprétation de leurs droits et obligations, quelle qu'en soit la source, en vertu d'un principe général de droit dont la force obligatoire est rappelée par une pratique et une jurisprudence constante »[577]. Dans le cadre de la protection des peuples autochtones, la bonne foi figure aux articles 19, 32 et 46 de la Déclaration des Nations Unies et à l'article 6 de la Convention n°169, et constitue une exigence dans la tenue des consultations entre États et peuples autochtones.

La formulation de cette exigence s'explique par le fait que les relations entretenues par les États et les peuples autochtones lorsque l'exploitation des ressources des seconds est en cause, sont généralement faites de conflits et de méfiance. Il en résulte souvent, du côté de l'État, l'organisation de consultations factices qui servent de prétexte à une exploitation décidée d'avance, et, du côté des autochtones, une méfiance qui les fait parfois rejeter la pertinence même d'une consultation et la recherche d'un compromis. Même lorsqu'ils acceptent la consultation, les peuples autochtones et les organisations qui les représentent allèguent fréquemment la mauvaise foi du gouvernement, et soutiennent par exemple que la consultation a été organisée dans l'urgence, sans préparation, en associant un nombre insuffisant de personnes, ou en violation des procédures nationales en la matière.

Pour qu'une consultation se déroule dans de bonnes conditions, celle-ci doit être active et non simplement « formelle ». Parce qu'elle n'a pas uniquement un but informatif, qu'elle ne doit pas être comprise comme une simple formalité, elle doit fournir aux peuples autochtones un temps nécessaire à la réflexion, et ne pas consister en la tenue d'une seule réunion. Afin de parvenir à une consultation effective, il est en effet indispensable que les parties prenantes à la discussion créent des liens de confiance. Or, lorsque des tensions ont déjà existé entre eux, voire que des affrontements ont déjà eu lieu, la confiance entre l'État et les peuples autochtones ne peut

---

577 J. SALMON, op. cit., p. 134.

être rétablie que par un travail de longue haleine, consistant à réinstaurer le lien disparu. C'est la raison pour laquelle la bonne foi de l'État se mesure en partie par le temps laissé aux peuples autochtones pour réfléchir, en vue d'étudier les conséquences et les enjeux d'un projet, ou de trouver des solutions de compromis. Elle est le gage du bon déroulé d'une consultation.

En pratique, il est courant que les consultations soient organisées avec peu de publicité, et que seules quelques personnes y participent.

4. *La volonté de parvenir à un accord*

Au regard de l'article 6 de la Convention, la volonté sincère de parvenir à un accord doit être la motivation principale de la tenue de la consultation. Le Comité d'experts de l'OIT rappelle ainsi que « l'établissement d'un dialogue véritable entre deux parties désireuses de communiquer et de s'entendre, dans un esprit de respect mutuel et de bonne foi, et dans le but sincère de parvenir à un accord conjoint »[578] doit être recherché. Autrement dit, la volonté de parvenir à un accord implique des échanges réels et un dialogue approfondi en vue d'instaurer un climat de confiance mutuelle.

À cet égard, plusieurs indices précisent de quelle manière est analysé le comportement de l'État qui doit démontrer sa volonté de parvenir à un accord. Selon le Comité d'experts, les éléments objectifs les plus déterminants sont le nombre de rencontres et le temps consacré à la recherche de l'accord. Dans la réclamation relative à l'absence de consultation des peuples autochtones lors de la réforme constitutionnelle au Mexique en matière de droits et de cultures autochtones, le Comité d'experts estime que le fait d'avoir entendu les personnes intéressées une seule fois, sur un sujet qui les intéresse directement, n'est pas suffisant. Il aurait ainsi été nécessaire d'instaurer « un véritable échange continu dans le temps pour pouvoir parvenir à un accord »[579]. Une telle consultation étalée dans le temps

[578] Rapport du comité chargé d'examiner la réclamation alléguant l'inexécution par la Colombie de la convention (n°169) relative aux peuples indigènes et tribaux, 1989, présentée par la Centrale unitaire des travailleurs (CUT), n°161999COL169A, Genève, le 14 novembre 2001, par. 90.

[579] Rapport de comité chargé d'examiner la réclamation alléguant l'inexécution par le Mexique de la convention (n°169) relative aux peuples indigènes et tribaux, présentée par le Syndicat des travailleurs de l'Université autonome du Mexique (STUNAM) et le Syndicat indépendant des travailleurs de la Jornada (SITRAJOR), n°162004MEX169A, Genève, le 19 mars 2004, par. 94.

aurait eu pour but de permettre aux « parties [de] coopérer à la recherche de solutions appropriées »[580].

Si certains gouvernements estiment suffisante la tenue d'une réunion d'information, le Comité estime qu'il est impossible de parvenir à un accord sur la base d'une seule réunion. « Une simple réunion d'information ne peut être considérée comme étant conforme aux dispositions de la convention »[581]. C'est particulièrement le cas pour les projets d'octroi de concession d'extraction et d'exploitation de ressources naturelles. En effet, ce type de projet (qui se réalise en général sur plusieurs années) comprend une multitude d'informations qui ne peuvent être résumées, même en quelques heures. Les informations transmises doivent ainsi comprendre une présentation du projet, de ses enjeux économiques, une étude d'impact environnemental, l'indication des bénéfices apportés, et les différentes étapes du projet. Plus le projet est ambitieux et compliqué, plus le temps imparti aux négociations et aux dialogues doit être long. Certains États et certaines entreprises le comprennent, et peuvent même estimer qu'un accord constitue une garantie de stabilité à long terme de leurs projets. Ainsi, suite à de nombreuses plaintes relatives au projet de l'entreprise *BHP Billiton* dans l'exploitation de la mine Tintaya, cette entreprise a initié en 2004 une démarche saluée. Pendant trois ans, des dialogues – appelés *Mesa de Dialogo* – se sont tenus régulièrement, et ont abouti à un accord avec les communautés autochtones[582].

5. L'antériorité de la consultation

Dans les articles qui prévoient le contenu de la consultation, son caractère préalable est toujours rappelé[583]. En effet, pour qu'un État respecte

---

[580] Rapport du comité chargé d'examiner la réclamation alléguant l'inexécution par l'Équateur de la convention (n°169) relative aux peuples indigènes et tribaux, 1989, présentée par la Confédération équatorienne des syndicats libres (CEOSL), n°162000ECU169, Genève, le 14 novembre 2001, par. 40.

[581] Rapport du comité chargé d'examiner la réclamation alléguant l'inexécution par la Colombie de la convention (n°169) relative aux peuples indigènes et tribaux, 1989, présentée par la Centrale unitaire des travailleurs (CUT), n°161999COL169A, Genève, le 14 novembre 2001, par. 90.

[582] Voir : https://peru.oxfam.org/sites/peru.oxfam.org/files/file_attachments/mesa-de-dialogo-Espinar.pdf (consulté le 8 mai 2015).

[583] Comme le rappelle J. Barberis, elle est également exigée pour le droit à une information préalable pour les peuples autochtones pour l'exploitation de ressources

l'article 6 alinéa 1 de la Convention n°169, et l'article 19 de la Déclaration sur les droits des peuples autochtones, la consultation doit intervenir en amont de la réalisation du projet les concernant. La règle vaut évidemment en particulier lorsqu'il s'agit d'un projet d'exploration ou d'exploitation des ressources naturelles.

À première vue, l'exigence d'une consultation *préalable* est consubstantielle d'une consultation efficace et de bonne foi, avec des représentants autochtones informés. Cependant, l'État parvient souvent difficilement à apprécier le stade où la consultation doit se tenir, et donc le degré d'anticipation qui doit être le sien : faut-il organiser une consultation dès le dépôt d'une demande par une entreprise, ou lorsque le projet est considéré comme recevable au regard des critères que la loi prévoit pour ce type de projet ? Dans le premier cas, le risque est que les autochtones ne puissent pas se prononcer dans la mesure où la documentation n'est pas encore disponible ; dans le second, il est possible que la consultation soit envisagée comme une formalité, l'État ayant déjà pris sa décision.

Le Comité d'experts rappelle aux États qu'ils doivent anticiper « suffisamment pour que la consultation soit efficace et significative »[584]. Dans les cas Shuar et Uwa's, le Comité a estimé que la consultation devait avoir lieu durant la réalisation de l'étude d'impact sur l'environnement. Dans d'autres cas, il a estimé qu'elle devait être antérieure à l'étude d'impact et le plan de gestion de l'environnement[585], ce qui semble contradictoire avec l'exigence d'informations des populations autochtones, au moment de leur consultation. Quoiqu'il en soit, il est certain que la consultation doit être antérieure à l'adoption de mesures législatives susceptibles d'affecter directement les populations, à la signature d'un contrat, à l'émission de licences d'exploration et/ou d'exploitation forestières[586], aux activités de

---

naturelles partagées. Les Résolutions de l'Assemblée générale des Nations Unies 2995 (XXVII), 2996 (XXVII), 3129 (XXVIII), 3281 (XXIX) « précisent le régime de le principe d'information et de consultation préalable ». Voir : J. A. BARBERIS, *Los recursos naturales*..., op.cit, p. 156, pp. 164-165.

[584] Rapport du comité chargé d'examiner la réclamation alléguant l'inexécution par l'Argentine de la convention (n°169) relative aux peuples indigènes et tribaux, présentée par l'Union des travailleurs de l'enseignement du Rio Negro (UNTER), syndicat de base de la Confédération des travailleurs de l'éducation de la République argentine (CTERA), n°162008ARG169, Genève, le 12 novembre 2008, par. 64.

[585] Rapport du comité chargé d'examiner la réclamation alléguant l'inexécution par l'Équateur de la convention (n°169) relative aux peuples indigènes et tribaux, 1989, présentée par la Confédération équatorienne des syndicats libres (CEOSL), n°162000ECU169, Genève, le 14 novembre 2001, par. 39.

[586] Rapport du comité chargé d'examiner la réclamation alléguant que le Brésil n'a pas respecté les dispositions de la convention (n°169) relative aux peuples indigènes

développement[587], et à « l'exécution des projets d'extraction de ressources naturelles »[588].

Sans adopter une position extrêmement claire, le Comité paraît essentiellement guidé par le souci que « [l]'adoption de décisions rapides ne [se fasse pas] au détriment d'une consultation effective, pour laquelle il faut prévoir le temps nécessaire pour que les peuples indigènes du pays puissent mener à bien leur processus de prise de décision et participer effectivement aux décisions prises d'une manière adaptée à leurs valeurs culturelles et sociales »[589]. Faisant l'objet des revendications autochtones de manière récurrente, l'exigence d'une consultation *préalable* est considérée par le Comité d'experts comme « une condition fondamentale »[590], et un facteur essentiel de prévention des conflits.

Au terme de cette revue des éléments de l'exigence de consultation, on peut être surpris du fait que toutes les conditions se recoupent : la consultation n'est évidemment de bonne foi que si l'État a la volonté de parvenir à un accord ; s'il a la volonté de parvenir à une véritable solution de compromis avec les peuples autochtones, il est clair que ses interlocuteurs doivent être légitimes, se prononcer avant le début du projet faisant l'objet de la consultation, détenir des informations pertinentes, etc.

---

et tribaux, présentée par le Syndicat des ingénieurs du District fédéral (SENGE/DF), n°162006BRA169, Genève, le 17 mars, 2009, par. 62.

[587] Rapport du comité chargé d'examiner la réclamation alléguant l'inexécution par le Mexique de la convention (n°169) relative aux peuples indigènes et tribaux, présentée par le Syndicat des travailleurs de l'industrie des métaux, de l'acier, du fer et des industries connexes et similaires (STIMAHCS), n°162006MEX169, Genève, 7 juin 2006, par. 40.

[588] Observations finales du Comité pour l'élimination de la discrimination raciale sur le Chili, CERD/C/CHL/CO/15-18, 7 septembre 2009, par. 22.

[589] Rapport du comité chargé d'examiner la réclamation alléguant l'inexécution par la Colombie de la convention (n°169) relative aux peuples indigènes et tribaux, 1989, présentée par la Centrale unitaire des travailleurs (CUT), n°161999COL169A, Genève, le 14 novembre 2001, par. 74.

[590] Rapport du comité chargé d'examiner la réclamation alléguant l'inexécution par le Guatemala de la convention (n°169) relative aux peuples indigènes et tribaux, présentée par la Fédération des travailleurs des campagnes et des villes (FTCC), n°162007GTM169, Genève, le 4 juin 2007, par. 50.

C. Le champ d'application de l'exigence de consultation telle que prévue par la Convention n°169

Selon la Convention n°169, l'État a l'obligation de consulter les peuples autochtones dans différentes circonstances : préalablement à l'adoption de mesures législatives ou administratives (art. 6), avant l'élaboration, la mise en œuvre et l'évaluation des plans et programmes de développement national et régional (art. 7 al. 1), lors de la tenue d'études pour évaluer l'incidence sociale, spirituelle, culturelle et sur l'environnement (art. 7 al. 3), avant d'entreprendre ou d'autoriser les programmes de prospection ou d'exploitation des ressources dont sont dotées leurs terres (art. 15. al. 2), avant le déplacement exceptionnel et la réinstallation desdits peuples (art. 16 al. 2), avant l'examen par l'État de la capacité des autochtones d'aliéner leurs terres ou de transmettre d'une autre manière leurs droits sur ces terres en dehors de leur communauté (art. 17 al. 2), avant d'autoriser toute entrée non préalablement autorisée sur les terres des peuples intéressés, ou toute utilisation de ces terres (art. 18), au cours de la détermination des programmes spéciaux de formation des autochtones (art. 22 al. 3), ou en vue de dispenser un enseignement aux enfants des peuples intéressés pour leur apprendre à lire et à écrire dans leur propre langue indigène ou dans la langue qui est la plus communément utilisée par le groupe (art. 28. al. 1).

D'une manière plus synthétique, et uniquement lorsqu'il s'agit de projets d'exploitation des ressources naturelles, on peut dégager quatre grands domaines d'application de l'exigence de consultation, quatre grandes activités de l'État, dans lesquelles il se doit de consulter les peuples autochtones :

- Les mesures législatives ou administratives qui touchent directement les autochtones (1) ;
- Les plans et programmes de développement national et régional (2) ;
- Les études d'impact relatives aux exploitations projetées (3) ;
- Les programmes de prospection ou d'exploitation des ressources des terres (4).

1. Les mesures législatives ou administratives qui touchent directement les autochtones

La consultation est exigée pour les mesures législatives ou administratives c'est-à-dire les mesures émanant du Parlement, du gouvernement et de toutes entités administratives capables d'édicter des actes touchant directement les autochtones. L'exigence semble avoir un champ d'application très vaste, et cela est exact au moins de deux points de vue.

Tout d'abord, l'obligation s'applique à l'adoption de tout acte créant une situation juridique ayant des conséquences sur la vie des peuples autochtones. Le Comité d'experts a confirmé cette interprétation en indiquant de façon systématique que les États ont l'obligation de consulter les peuples autochtones pour toute mesure qui les touche, c'est-à-dire à chaque fois qu'une décision ou mesure administrative ou législative est prise dans le cadre d'un projet, et non seulement lorsqu'un projet dans son ensemble les touche significativement.

Une conséquence importante de ce large champ d'application est qu'il ne suffit pas à l'État de consulter les peuples concernés pour la signature d'une autorisation de concession, mais également pour toutes les décisions qui en découlent. Le Comité estime par exemple que la consultation est obligatoire pour « une nouvelle autoroute ou de travaux de réfection ou de modernisation ». Cette interprétation extensive n'est pas toujours retenue par les États. L'Équateur, par exemple, avait consulté des peuples autochtones lors de la construction d'une autoroute, mais n'envisageait pas une nouvelle consultation pour des travaux de modernisation, en avançant qu'il s'agissait du même projet. Le Comité a considéré au contraire que « l'obligation de consulter les peuples intéressés ne s'applique pas uniquement à la signature de contrats »[591]. L'obligation de consultation pèse ainsi sur l'État lorsqu'il adopte des règles générales, mais également lorsqu'il prend des actes d'application et d'exécution. Il s'agit donc, comme le rappelle le Comité d'experts, d'une obligation ayant « un caractère général dans le contexte de l'application de la convention »[592].

---

[591] Rapport du comité chargé d'examiner la réclamation alléguant l'inexécution par l'Équateur de la convention (n°169) relative aux peuples indigènes et tribaux, 1989, présentée par la Confédération équatorienne des syndicats libres (CEOSL), n°162000ECU169, Genève, le 14 novembre 2001, par. 30. Suite à ce rapport, le cadre normatif de l'Équateur, qui est un pays riche en pétrole et dont l'économie repose largement sur son exploitation, a intégré dès 1998 une loi sur la gestion environnementale et une loi sur les hydrocarbures consacrant l'obligation de consulter les populations locales.

[592] Rapport du comité chargé d'examiner la réclamation alléguant l'inexécution par le Guatemala de la convention (n°169) relative aux peuples indigènes et tribaux, présentée par la Fédération des travailleurs des campagnes et des villes (FTCC), n°162007GTM169, Genève, le 4 juin 2007, par. 54.

Ensuite, comme l'a notamment souligné le Comité pour l'élimination de la discrimination raciale (Comité ERD) dans le cas du Nicaragua[593], tout comme dans celui du Chili[594], une obligation de consultation pèse sur l'État même lorsqu'il adopte des dispositions générales, ou prend des mesures d'application qui affectent les peuples autochtones de manière indirecte. À ce propos, la Convention n°169 de l'OIT utilise le verbe « affecter » tandis que la Déclaration des Nations Unies emploie le verbe « concerner ». La distinction entre ces deux verbes a son importance puisque dans un cas, la consultation est requise pour des mesures ayant un impact direct sur les peuples autochtones tandis que dans le deuxième cas, plus flou, elle est requise si la mesure intéresse les peuples autochtones.

Bien entendu, dans le cadre de l'OIT, les États tentent de justifier l'absence de consultation lorsque les mesures ne touchent pas *directement* les peuples autochtones. Pourtant, une décision n'affectant pas directement les terres des peuples autochtones peut avoir des effets sur eux. Par exemple, la construction d'une autoroute près des terres occupées par les peuples autochtones peut polluer l'air, et le passage de véhicules peut faire fuir les animaux généralement chassés pour les besoins alimentaires de la communauté. Ainsi, de nombreuses mesures qui ne « concernent » pas directement les peuples autochtones peuvent les « affecter » de manière importante, en touchant leur environnement, les cours d'eau, la possibilité pour des personnes étrangères de transiter par les lieux qu'ils occupent, etc. Le strict respect de l'obligation de consultation requerrait alors une étude

---

593 Observations finales du Comité pour l'élimination de la discrimination raciale sur le Nicaragua, A/50/18, 22 septembre 1995, par. 536.

594 Observations finales du Comité pour l'élimination de la discrimination raciale sur le Chili, CERD/C/CHL/CO/15-18, 7 septembre 2009, par. 16 : « Tout en prenant note des efforts de l'État partie pour entreprendre une réforme constitutionnelle en relation avec les droits des peuples autochtones ainsi que des consultations autochtones qui ont eu lieu, le Comité est préoccupé par la lenteur du processus et par le fait que tous les peuples autochtones n'ont pas été suffisamment consultés pour la prise des décisions sur les questions affectant leurs droits (art. 2 et 5). Le Comité recommande à l'État partie : a) d'intensifier ses efforts pour accélérer le processus de reconnaissance constitutionnelle des droits des peuples autochtones et, à cette fin, de procéder à des consultations effectives avec tous les peuples autochtones, conformément à la Convention internationale sur l'élimination de toutes les formes de discrimination raciale et à la Convention n°169 de l'OIT ; b) de prendre les mesures nécessaires pour créer un climat de confiance propice au dialogue avec les peuples autochtones ; et c) de prendre des mesures efficaces pour faire participer les peuples autochtones à l'élaboration du plan d'action en matière de droits de l'Homme et aux travaux dans tous les domaines, y compris les projets de lois, pouvant affecter leurs droits ».

systématique relative à l'impact que chaque mesure gouvernementale pourrait avoir sur les peuples autochtones.

La question de l'exigence de la consultation prend une tournure particulièrement délicate pour toutes les décisions relatives au domaine sensible des terres et des ressources naturelles. C'est donc en premier lieu l'éventualité qu'une mesure étatique porte atteinte à ces terres et ces ressources de manière significative, que ce soit de manière directe ou indirecte, qui doit faire l'objet du plus d'attention, et rendre la consultation obligatoire.

2. Les plans et programmes de développement national et régional

Ainsi que le mentionne l'article 7 alinéa 1 de la Convention n°169, l'obligation de consulter s'applique aux actes normatifs, mais également aux plans et programmes de développement nationaux et régionaux, qui ne sont généralement pas contraignants et prennent la forme d'orientations sur les politiques de développement. En effet, « [l]es projets ou programmes en faveur des citoyens en général, sans distinction aucune, doivent protéger le patrimoine culturel des peuples autochtones qui peuvent y être associés. Les initiatives à cet effet doivent s'appuyer sur la connaissance, la compréhension et la valorisation des cultures particulières et de mécanismes efficaces d'information, de consultation et de participation des communautés autochtones et de leurs organisations, pour le moins aux moments décisifs de leur cycle de conception et de gestion »[595].

Selon le Comité ERD, la consultation doit concerner l'ensemble des étapes d'un projet, c'est-à-dire son élaboration, sa mise en œuvre et son évaluation. Le champ d'application de l'obligation de consultation est donc très large, et intéresse tous les secteurs du développement, par exemple les domaines économique, agricole, éducatif, ou culturel. Dans ces domaines, l'action de l'État est nécessairement ralentie par la consultation, et peut être considérablement compliquée, puisqu'il n'est évidemment pas maître des résultats d'une consultation menée de bonne foi.

Notamment pour ces raisons, l'obligation de consultation est souvent violée lorsqu'elle devrait avoir pour objet un plan ou un programme de développement. Au Mexique[596] par exemple, le projet de développement

---

[595] Rapport présenté par le Chili au Comité pour l'élimination de la discrimination raciale, 13 mars 2009, (CCPR/C/21/Rev.1/Add.13) CERD/C/CHL/15-18, par. 157.

[596] L'obligation de consulter n'est que rarement appliquée, et les peuples autochtones en font le constat régulièrement. Voir : V. ZUNIGA « La liturgia del dialogo. Foro de consulta sobre la cultura y derechos indígenas », *Trayectorias Revista de Ciencias Sociales*, 2000-2001, n°4-5, pp. 74-82.

social durable dans la forêt lacandonienne (PRODESIS), élaboré par le gouvernement du Chiapas et cofinancé par la Commission européenne, n'a pas fait l'objet d'une consultation des communautés autochtones affectées par ce projet. Celui-ci, partie du Plan national de développement (2000-2006) et du Plan de l'État pour le développement (2001-2006), concerne une zone fragile qui recèle une biodiversité importante, du bois tropical, et des espèces en voie de disparition. Plusieurs ONG ont donc dénoncé le non-respect des dispositions de la Convention n°169 de l'OIT et, plus précisément, l'obligation de consultation pour l'élaboration du projet et l'absence d'informations[597].

3. Les études d'impact relatives aux projets projetés

Selon l'article 7 al. 3 de la Convention n°169,

> « Les gouvernements doivent faire en sorte que, s'il y a lieu, des études [d'impact relatives aux projets projetés] soient effectuées en coopération avec les peuples intéressés, afin d'évaluer l'incidence sociale, spirituelle, culturelle et sur l'environnement que les activités de développement prévues pourraient avoir sur eux. Les résultats de ces études doivent être considérés comme un critère fondamental pour la mise en œuvre de ces activités »[598].

Ainsi qu'il ressort du texte de cet article, ce n'est pas tant une « consultation » des peuples autochtones qu'une « coopération » avec les populations concernées qui est prévue lorsqu'une étude d'impact est réalisée,

---

[597] Les ONG (DESMI, CIEPAC, COMPITCH, CAPISE, FRAYBA, MADERAS, RED de défenseurs communautaires et SIPAZ etc.). L. AGUILAR CUBELLS, « El convenio 169 de la OIT : reflexiones alrededor del « desarrollo » en la Selva Lacandona y el iris de la resistencia », in J. E. R. ORDONEZ CIFUENTES, I. ZARAGOZA ANGELES (coord.), *Pueblos Indígenas y Tribales. Respeto, Participación y Consulta*, México, éd. Plaza y Valdes, 2008, pp. 3-23.

[598] Voir également le Rapport du comité chargé d'examiner la réclamation alléguant l'inexécution par le Guatemala de la convention (n°169) relative aux peuples indigènes et tribaux, présentée par la Fédération des travailleurs des campagnes et des villes (FTCC), n°162007GTM169, Genève, le 4 juin 2007, par. 52 et le Rapport du comité chargé d'examiner la réclamation alléguant que le Brésil n'a pas respecté les dispositions de la convention (n°169) relative aux peuples indigènes et tribaux, présentée par le Syndicat des ingénieurs du District fédéral (SENGE/DF), n°162006BRA169, Genève, le 17 mars, 2009, par. 54.

relativement à une mesure susceptible de les affecter. Cette précision implique une participation des peuples autochtones relativement indéfinie.

Globalement, cette exigence de coopération renvoie à l'obligation ou la recommandation, courante en droit de l'environnement, consistant à préconiser la systématisation des études d'impact, et l'organisation d'une participation publique à ces dernières. Cette obligation apparaît dans plusieurs instruments internationaux tels que la Convention sur l'évaluation de l'impact sur l'environnement dans un contexte transfrontière entrée en vigueur le 10 septembre 1997, ou la Convention d'Aarhus sur l'accès à l'information, la participation du public au processus décisionnel et l'accès à la justice en matière d'environnement, entrée en vigueur le 30 octobre 2001. En droit de l'environnement comme dans le domaine de la protection des peuples autochtones, les études d'impact sont indispensables à la démonstration du caractère dangereux d'un projet (contamination excessive des eaux par exemple), et permet de faire la balance entre les inconvénients constatés et les avantages tirés. Leurs résultats ont une fonction très importante et peuvent dans certains cas être déterminants pour autoriser un projet. La participation des personnes concernées à la réalisation des études d'impact constitue quant à elle à la fois une garantie de sérieux de l'étude, un moyen d'orienter les recherches à partir d'expériences individuelles, et une manière de rapprocher le citoyen de la prise de décision, en vue d'accroître sa légitimité.

La réalisation même d'études d'impact ne dispense pas de consulter les peuples autochtones ou de les faire participer aux décisions[599]. Ils doivent être consultés ou participer à la réalisation d'études d'impact, et être associés aux décisions politiques qui sont prises sur la base des informations collectées grâce aux études d'impact. Le fait qu'une étude d'impact ait été commanditée par le gouvernement ne suffit donc pas pour que l'exigence de consultation soit respectée.

Les études d'impact ne se limitent pas au seul champ de l'environnement et peuvent être exigées afin d'évaluer, par exemple, l'incidence culturelle de certains projets (ce qu'une entreprise ne peut évidemment pas faire elle-même et exige l'intervention d'experts indépendants[600]). Cette recommandation de consultation en matière culturelle a par exemple été formulée dans les Lignes directrices facultatives pour la conduite d'études sur les impacts culturels, environnementaux et sociaux des projets d'aménagement ou des

---

599 Rapport du comité chargé d'examiner la réclamation alléguant l'inexécution par le Guatemala de la convention (n°169) relative aux peuples indigènes et tribaux, présentée par la Fédération des travailleurs des campagnes et des villes (FTCC), n°162007GTM169, Genève, le 4 juin 2007, par. 51.

600 L. SARGENT, « The indigenous Peoples of Bolivia's… », op. cit., pp. 502-503.

aménagements susceptibles d'avoir un impact sur des sites sacrés et sur des terres ou des eaux occupées ou utilisées traditionnellement par des communautés autochtones ou locales Akwé : Kon[601], qui ont été adoptées en 2004 par la Conférence des Parties à la Convention sur la diversité biologique lors de sa septième réunion. Ce document très détaillé décrit des méthodologies et des procédures intéressantes pour prévenir les conflits en la matière. Il est expressément indiqué que pour des projets affectant les peuples autochtones, les règles de droit commun ne peuvent s'appliquer, et il est conseillé de recourir à des règles prenant en considération leurs spécificités. Ces lignes directrices prévoient des études d'impact culturel, environnemental, social, et aussi des études sur le patrimoine naturel, le droit coutumier, les sites sacrés, et les connaissances traditionnelles. Elles indiquent même très précisément quelles doivent être les étapes d'une étude d'impact lorsqu'elle concerne des terres occupées ou utilisées par des autochtones :

a) Notification et consultation publique du projet proposé par l'entrepreneur ;

b) Identification des communautés autochtones et locales et des parties prenantes susceptibles d'être affectées par le projet proposé ;

c) Mise en place de mécanismes efficaces de participation des communautés autochtones et locales, y compris pour la participation des femmes, des jeunes, des personnes âgées et d'autres groupes vulnérables, au processus de prise de décision ;

d) Mise au point d'un mécanisme convenu pour recueillir les opinions et les préoccupations des populations autochtones et locales dont les intérêts pourraient être affectés par l'aménagement proposé ;

e) Mise au point d'un processus grâce auquel les communautés autochtones et locales pourraient approuver ou opposer un projet d'aménagement qui est susceptible d'avoir des répercussions négatives sur leur communauté ;

f) Identification et fourniture de ressources humaines, financières, techniques, et juridiques suffisantes pour garantir la

---

[601] Disponible en ligne sur : http://www.cbd.int/doc/publications/akwe-brochure-fr.pdf ou Akwé : Kon directives pour la conduite d'évaluations d'impact culturel, environnemental et social concernant les développements proposés, ou qui peuvent avoir un impact, sur les sites sacrés et les terres et eaux traditionnellement occupées ou utilisées par les communautés indigènes et locales (disponible sur : www.biodiv.org/doc/ref/tk-akwe-en.pdf).

participation effective de la population autochtone et locale à toutes les étapes de l'étude d'impact ;
g) Mise au point d'un plan d'aménagement de l'environnement (PAE), comprenant des plans d'urgence en cas de provocation, par le projet d'aménagement, d'impacts négatifs éventuels sur le plan culturel, environnemental et social ;
h) Identification des acteurs responsables de la réparation, de la responsabilité, l'assurance et de l'indemnisation ;
i) Conclusion d'accords ou de plans d'action, selon le cas, et à des conditions convenues mutuellement, entre les entrepreneurs du projet et la communauté autochtone ou locale affectée, en vue de mettre en œuvre les mesures de prévention ou d'atténuation des impacts négatifs du projet d'aménagement ;
j) Mise en place d'un mécanisme de révision et de recours.

Comme on peut le voir, la première phase consiste à organiser une consultation publique, et à identifier les parties prenantes et les populations autochtones qui pourraient être affectées par le projet. L'entrepreneur doit s'assurer de l'existence de mécanismes de participation effectifs des populations autochtones durant tout le processus de décision, afin de recueillir leurs opinions et leurs préoccupations. Une des étapes consiste à mettre au point un processus permettant à la communauté de répondre en faveur ou contre le projet. Cette étape est la plus difficile à respecter pour les États.

Globalement, ces directives donnent des indications claires et détaillées pour mettre en œuvre des consultations conformes à l'esprit du texte. Quoique non contraignantes, ces directives fournissent des outils utiles à la mise en œuvre de la consultation et du principe de consentement libre, préalable et informé[602]. Plus globalement, elles donnent des indications précieuses sur la manière de mener les études d'impact pour atténuer les effets négatifs des projets sur les peuples autochtones et prévenir les conflits qui pourraient surgir du manque de consultation.

Très largement méconnues, ces directives ne sont toutefois pas mises en œuvre en pratique, à l'exception de certains États et organismes financiers. Dans le rapport d'activités sur la mise en œuvre de l'article 8 j)[603] de la

[602] A. PERRAULT, K. HERBERTSON, O. J. LYNCH, « Partnerships for Success… », op. cit., pp. 530-532.

[603] Il s'énonce comme suit : « Sous réserve des dispositions de sa législation nationale, [chaque État partie] respecte, préserve et maintient les connaissances, innovations et pratiques des communautés autochtones et locales qui incarnent des modes de vie traditionnels présentant un intérêt pour la conservation et l'utilisation

Convention sur la diversité biologique par exemple, aucun État d'Amérique latine « n'a fait de rapport sur la mise en œuvre effective de ces lignes directrices »[604].

Toutefois, l'intérêt exprimé au niveau international pour les études d'impact a des répercussions en droit national. Dans les législations nationales, l'obligation de procéder à une étude d'impact environnemental est de plus en plus répandue. Elle n'est en revanche pratiquement jamais formulée dans le domaine socio-culturel, où elle est souvent considérée comme moins nécessaire, voire comme inutile. Elle est en outre très onéreuse, ce qui explique qu'il soit rare que les États mettent en concurrence des cabinets de consultance dans ces domaines, et payent des études complètes. Lorsque la réalisation d'un projet exige la tenue de telles études d'impact, les entreprises proposent alors généralement d'effectuer ou de financer elles-mêmes ces études, mais l'objectivité de leurs résultats est alors inévitablement sujette à caution.

4. *Les programmes de prospection ou d'exploitation des ressources des terres*

L'obligation de consulter avant d'autoriser ou de mener un programme de prospection ou d'exploitation des ressources sur les terres indigènes est formulée à l'article 15 alinéa 2 de la Convention n°169. Le Comité d'experts de l'OIT a précisé à cet égard que « [l]es droits des peuples intéressés sur les ressources naturelles dont sont dotées leurs terres (...) comprennent ceux de participer à l'utilisation, à la gestion et à la conservation de ces ressources »[605]. Afin de contrebalancer les pouvoirs et les abus commis par les entreprises et les États, les gouvernements doivent donc « établir ou maintenir des procédures pour consulter les peuples intéressés dans le but de déterminer si et dans quelle mesure les intérêts de ces peuples sont menacés

---

durable de la diversité biologique et en favorise l'application sur une plus grande échelle, avec l'accord et la participation des dépositaires de ces connaissances, innovations et pratiques et encourage le partage équitable des avantages découlant de l'utilisation de ces connaissances, innovations et pratiques ».

604 Note du Secrétaire exécutif, Rapport d'activités sur la mise en œuvre du programme de travail sur l'article 8 j) et les dispositions connexes au niveau national, UNEP/CBD/WG8J/4/2, 1er décembre 2005, par. 9.

605 Rapport du comité chargé d'examiner la réclamation alléguant l'inexécution par l'Équateur de la convention (n°169) relative aux peuples indigènes et tribaux, 1989, présentée par la Confédération équatorienne des syndicats libres (CEOSL), n°162000ECU169, Genève, le 14 novembre 2001, par. 34-1.

avant d'entreprendre ou d'autoriser tout programme de prospection ou d'exploitation de ces ressources dont sont dotées les terres »[606].

En pratique, l'exigence de consultation est rarement respectée dans ce domaine. Dans une réclamation mettant en cause la Colombie par exemple, le Comité d'experts de l'OIT rappelle qu'il est « essentiel de veiller à l'application des dispositions, non seulement dans le cas soumis mais pour tout projet de prospection et d'exploitation pétrolières ». De même, examinant la plainte pour violation des dispositions de la Convention n°169 de l'OIT, déposée par la Centrale unitaire des travailleurs de Colombie (CUT), le Comité reproche au gouvernement de ne pas avoir consulté le peuple Awa avant d'accorder une licence d'exploitation pétrolière. « Le Comité observe, à cet égard, comme l'a reconnu le ministre de l'environnement dans sa directive technique n°30599, que la construction d'un puits de prospection 'nécessite la mise à disposition d'un terrain suffisamment vaste pour accueillir les infrastructures et installations nécessaires au chantier'. Étant donné que le puits Gibraltar 1 est situé dans une zone qui se trouve sur les terres ancestrales des Awa et, en tout état de cause, à approximativement 1,7 km des limites de la Réserve unie Awa, le Comité a estimé qu'il était évident que la zone directement affectée par le projet « puits de prospection Gibraltar 1 » avait une incidence sur les communautés de la région, y compris les communautés Awa. En conséquence, conformément à l'article 15, paragraphe 2, le gouvernement avait obligation de consulter les Awa avant le début des activités de prospection afin de déterminer si leurs intérêts pouvaient être lésés »[607].

Les organes conventionnels des droits de l'Homme des Nations Unies font fréquemment référence à la Convention n°169 de l'OIT, pour souligner que l'obligation de consultation préalable à la prospection et à l'exploitation des ressources a été violée. Dans ses observations finales sur le rapport du Chili, le Comité ERD, « [t]out en prenant acte des mesures appliquées par l'État partie pour réglementer les investissements sur les terres autochtones et dans les zones de développement autochtone, (…) note avec préoccupation que les peuples autochtones sont affectés par l'exploitation des ressources du sous-sol de leurs territoires traditionnels et que dans la

---

[606] Rapport du comité chargé d'examiner la réclamation alléguant que le Brésil n'a pas respecté les dispositions de la convention (n°169) relative aux peuples indigènes et tribaux, présentée par le Syndicat des ingénieurs du District fédéral (SENGE/DF), n°162006BRA169, Genève, le 17 mars, 2009, par. 45.

[607] Rapport du comité chargé d'examiner la réclamation alléguant l'inexécution par la Colombie de la convention (n°169) relative aux peuples indigènes et tribaux, 1989, présentée par la Centrale unitaire des travailleurs (CUT), n°161999COL169A, Genève, le 14 novembre 2001, par. 87.

pratique le droit des peuples autochtones d'être consultés avant que les ressources naturelles de leurs territoires ne soient exploitées n'est pas pleinement respecté »[608]. En l'espèce, le Comité ERD rappelle les obligations incombant à l'État partie au titre de la Convention dont il a spécialement pour mission d'assurer le respect, mais également celles que l'État a au titre d'autres instruments qu'il a ratifiés, et notamment la Convention n°169 de l'OIT sur les droits des peuples indigènes et tribaux. D'une manière comparable, dans ses recommandations sur la situation de la discrimination raciale au Guatemala[609], en 2010, le Comité ERD fait état des graves tensions qui existent entre les populations autochtones et l'État en raison de l'exploitation de ressources naturelles sur les terres autochtones, et de l'absence de toute consultation préalable à leur exploitation. Il encourage donc le Guatemala à instaurer des mécanismes adaptés pour consulter le peuple autochtone concerné « à chaque étape du processus et d'obtenir son consentement avant l'exécution des projets d'extraction de ressources naturelles »[610].

Dans le même sens, le Comité des DH encourage l'État du Panama à « mener à bien des consultations dans les communautés autochtones avant de délivrer des permis autorisant des activités économiques sur les terres qu'ils occupent et garantir qu'en aucun cas ces activités ne porteront atteinte aux

---

608 Observations finales du Comité pour l'élimination de la discrimination raciale sur le rapport présenté par le Chili, « Examen des rapports présentés par les États parties conformément à l'article 9 de la Convention », Soixante-quinzième session, 3-28 août 2009, par. 22.

609 Observations finales du Comité pour l'élimination de la discrimination raciale sur le Guatemala, CERD/C/GTM/CO/12-13, 19 mai 2010, par. 10-11, spéc. par. 11 : « Bien que l'État partie ait ratifié la Convention nº 169 de l'Organisation internationale du Travail (OIT) et qu'il ait apporté son appui à la Déclaration des Nations Unies sur les droits des peuples autochtones, le Comité est gravement préoccupé par les tensions croissantes entre les populations autochtones en ce qui concerne l'exploitation des ressources naturelles, et il insiste sur la situation grave qu'a engendrée l'installation d'une cimenterie à San Juan Sacatepéquez. Le Comité se dit une fois de plus préoccupé par le fait que l'État partie continue de permettre que les populations autochtones soient dépossédées des terres qui historiquement leur appartiennent, alors que celles-ci sont dûment inscrites sur les registres publics correspondants, et que, dans la pratique, le droit des populations autochtones d'être consultées avant qu'il ne soit procédé à l'exploitation des ressources naturelles sur leur territoire n'est pas pleinement respecté ».

610 Observations finales du Comité pour l'élimination de la discrimination raciale sur le Guatemala, CERD/C/GTM/CO/12-13, 19 mai 2010, par. 11.

droits reconnus dans le Pacte »[611]. En des termes tout à fait semblables, il exprime également sa préoccupation quant à la situation des Mapuches au Chili, face aux projets d'énergie hydraulique et de développement qui pourraient affecter le mode de vie de ces peuples. Il rappelle l'obligation pour l'État de préserver leur culture et d'inclure leur participation dans les prises de décisions qui pourraient les affecter. Il recommande ainsi au Chili de « consulter les communautés autochtones avant d'accorder des licences pour l'exploitation économique des terres litigieuses et garantir qu'en aucun cas cette exploitation ne porte atteinte aux droits reconnus dans le Pacte »[612]. Le Chili a répondu à cette recommandation en avançant l'existence de procédures distinctes de consultation et de participation des peuples autochtones, en fonction du « type de licence ou de concession » sollicitée. Il a ajouté que de telles procédures sont mises en œuvre avec l'autorisation de la Corporation nationale de développement indigène (CONADI) et ce conformément à la législation applicable, notamment le code minier ou la loi-cadre sur l'environnement[613]. D'une manière encore assez proche, le Comité exprime son inquiétude quant à « l'incidence des projets d'extraction pétrolière » en Équateur, « sur la jouissance des droits des membres des groupes autochtones »[614]. Tout en félicitant le Venezuela des nouvelles dispositions constitutionnelles (articles 120 et 123) consacrant l'information préalable et la consultation des peuples autochtones en cas d'exploitation de ressources naturelles se trouvant sur leurs terres, il demande des informations complémentaires sur la mise en œuvre de ces dispositions dans la pratique[615], informations qui n'ont pas été apportées par le Venezuela.

Se prononçant sur le respect de l'article 1 du Pacte international relatif aux droits économiques, sociaux et culturels (Pacte international des DESC) relatif au droit des peuples à disposer d'eux-mêmes, le Comité des DESC déplore également souvent que les peuples autochtones ne soient pas toujours consultés préalablement à la prospection et à l'octroi de concessions minières, pétrolières, hydrauliques et forestières. S'agissant du respect des

---

611 Observations finales du Comité des droits de l'Homme sur le Panama, CCPR/C/PAN/CO/3, 17 avril 2008, par. 21.

612 Observations finales du Comité des droits de l'Homme sur le Chili, CCPR/C/CHL/CO/5, 17 avril 2007, par. 19.

613 Informations fournies par le Chili au sujet de l'application des observations finales du Comité des droits de l'Homme, CCPR/C/CHL/CO/5/Add.1, 22 janvier 2009, par. 24-25.

614 Observations finales du Comité des droits de l'Homme sur l'Équateur, CCPR/C/79/Add.92, 18 août 1998, par. 19.

615 Observations finales du Comité des droits de l'Homme sur le Venezuela, CCPR/CO/71/VEN, 26 avril 2001, par. 28.

droits économiques, sociaux et culturels en Colombie, le Comité relève ainsi en 2010 que « les mégaprojets d'infrastructure, de développement et d'extraction minière sont exécutés sans le consentement préalable, libre et éclairé des communautés autochtones et afro-colombiennes concernées »[616], et que la Directive présidentielle n°001 n'est pas suffisante pour « établir un cadre général pour la tenue de consultations préalables »[617]. Bien qu'il admette que l'État reste souverain sur les ressources naturelles de son sol et de son sous-sol, le Comité d'experts insiste ainsi sur le respect de l'exigence de consultation telle qu'énoncée dans la Convention n°169 de l'OIT et dans d'autres instruments internationaux.

Ainsi que le montrent les développements qui précèdent, l'obligation de consultation est clairement formulée, et pèse sur les États dans un très grand nombre de situations. Mais si l'on admet qu'elle a le champ d'application

---

[616] Observations finales du Comité pour les droits économiques, sociaux et culturels sur la Colombie, E/C.12/COL/CO/5, 7 juin 2010, par. 9 : « Le Comité est préoccupé par le fait que les mégaprojets d'infrastructure, de développement et d'extraction minière sont exécutés sans le consentement préalable, libre et éclairé des communautés autochtones et afro-colombiennes concernées. Il est également préoccupé par le fait que, d'après la Cour constitutionnelle, les représentants légitimes des communautés afro-colombiennes n'ont pas participé au processus de consultation et que les autorités ne les ont pas correctement informés de la portée et de l'impact du mégaprojet minier du Chocó et d'Antioquia. Le Comité relève aussi avec préoccupation que la Directive présidentielle n°001 visant à établir un cadre général pour la tenue de consultations préalables risque de ne pas être suffisante et que les peuples autochtones et afro-colombiens n'avaient pas été consultés au sujet du projet de loi élaboré par le Groupe de travail sur la consultation préalable du Ministère de l'intérieur, projet qui ne crée donc pas le cadre voulu pour une véritable consultation (art. premier) ». Le Comité recommande à l'État partie de prendre des mesures concrètes pour revoir tous les processus concernant les projets d'infrastructure, de développement et d'extraction minière, et d'appliquer pleinement les décisions de la Cour constitutionnelle à ce sujet. Il recommande également à l'État partie de revoir la Directive présidentielle n° 001 et le projet de loi élaboré par le Groupe de travail sur la consultation préalable du Ministère de l'intérieur. Il recommande en outre à l'État partie d'adopter une loi – en consultant et en y associant les communautés autochtones et afro-colombiennes – qui établisse clairement le droit au consentement préalable, libre et éclairé, conformément à la Convention n°169 de l'Organisation internationale du Travail relative aux peuples indigènes et tribaux dans les pays indépendants, et aux arrêts de la Cour constitutionnelle.

[617] Observations finales du Comité pour les droits économiques, sociaux et culturels sur la Colombie, E/C.12/COL/CO/5, 7 juin 2010, par. 9.

très large qu'elle est censée avoir, on doit observer qu'elle est très souvent violée.

L'examen des textes consacrant l'obligation de consultation et le principe de la participation montre quant à lui la diversité des moyens par lesquels cette obligation peut être remplie, et ce principe réalisé. Mais parmi les modes de participation prévus dans les instruments internationaux, le consentement libre, préalable et informé, en constitue certainement la forme la plus intéressante et la plus contraignante pour l'État.

§ 2. L'émergence du principe de consentement libre, préalable et informé

Le principe de consentement libre, préalable et informé est inscrit dans certaines dispositions de la Convention n°169 ou de la Déclaration des Nations Unies (A). Ce principe revêt des caractéristiques intéressantes (B) car il s'agit d'obtenir l'accord des intéressés pour certaines décisions. Cependant, il faut reconnaître la réticence des États à le mettre en œuvre malgré une promotion assurée par les organisations internationales (C).

A. Les dispositions relatives au consentement libre, préalable et informé

Considéré dès la Convention n°169 de l'OIT comme l'objectif de toute consultation et négociation (art. 6), le consentement libre, préalable et informé des peuples autochtones était surtout requis, dans cette Convention, pour la réinstallation des peuples autochtones (art. 16)[618]. En faisant également de ce consentement l'objectif des consultations et négociations avant l'adoption de mesure administrative ou législative (art. 19)[619], la

[618] Il dispose :
« 1. Sous réserve des paragraphes suivants du présent article, les peuples intéressés ne doivent pas être déplacés des terres qu'ils occupent.
2. Lorsque le déplacement et la réinstallation desdits peuples sont jugés nécessaires à titre exceptionnel, ils ne doivent avoir lieu qu'avec leur consentement, donné librement et en toute connaissance de cause. Lorsque ce consentement ne peut être obtenu, ils ne doivent avoir lieu qu'à l'issue de procédures appropriées établies par la législation nationale et comprenant, s'il y a lieu, des enquêtes publiques où les peuples intéressés aient la possibilité d'être représentés de façon efficace ».
[619] Il s'énonce comme suit : « Les États se concertent et coopèrent de bonne foi avec les peuples autochtones intéressés – par l'intermédiaire de leurs propres institutions représentatives – avant d'adopter et d'appliquer des mesures législatives ou

Déclaration des Nations Unies sur les peuples autochtones tente d'élargir son champ d'application. Certes, cette Déclaration n'est pas contraignante. Toutefois, elle donne de nouvelles pistes de réflexion sur les domaines dans lesquels un tel consentement devrait être exigé.

L'applicabilité du principe du consentement libre, préalable et informé à la réinstallation involontaire a été affirmée dans plusieurs instruments internationaux : la Convention n°169, la directive opérationnelle de la Banque mondiale sur les peuples autochtones, et la Déclaration des Nations Unies sur les droits des peuples autochtones. Dans la Déclaration des Nations Unies, l'article 10 dispose que « [l]es peuples autochtones ne peuvent être enlevés de force à leurs terres ou territoires. Aucune réinstallation ne peut avoir lieu sans le consentement préalable – donné librement et en connaissance de cause – des peuples autochtones concernés et un accord sur une indemnisation juste et équitable et, lorsque cela est possible, la faculté de retour ».

Appliqué au cas des déplacements forcés, le principe du consentement libre, préalable et informé répond au besoin exprimé par les peuples autochtones de ne pas rompre de manière brutale et unilatérale le lien particulier qui les relie à leurs terres. Les conséquences particulièrement graves qui résultent de ce déracinement, et que traduit en termes juridiques la méconnaissance de leurs droits les plus fondamentaux (notamment le droit à la terre, ou le droit au respect de l'identité culturelle), explique que l'État ne puisse pas se contenter de *consulter* les peuples autochtones en cas de déplacement forcé, mais qu'il doive obtenir leur *consentement.* C'est la raison pour laquelle une distinction est faite entre les domaines où la consultation ou la participation des autochtones est suffisante (par exemple pour définir un programme éducatif), et celle où elle ne l'est pas (par exemple un déplacement forcé ou une relocalisation).

Au regard de la Déclaration des Nations Unies, le consentement libre, préalable et informé des peuples autochtones est indispensable avant de stocker ou décharger des matières dangereuses sur leurs terres et territoires (art. 29)[620], et « avant l'approbation de tout projet ayant des incidences sur leurs terres ou territoires et autres ressources, notamment en ce qui concerne

---

administratives susceptibles de concerner les peuples autochtones, afin d'obtenir leur consentement préalable, donné librement et en connaissance de cause ».

[620] Il s'énonce comme suit : « Les États prennent des mesures efficaces pour veiller à ce qu'aucune matière dangereuse ne soit stockée ou déchargée sur les terres ou territoires des peuples autochtones sans leur consentement préalable, donné librement et en connaissance de cause ».

la mise en valeur, l'utilisation ou l'exploitation des ressources minérales, hydriques ou autres » (art. 32). En outre, selon la Déclaration, une réparation est due aux communautés autochtones lorsque leurs terres, territoires et ressources « ont été confisqués, pris occupés, exploités ou dégradés sans leur consentement » (art. 28[621]), ou encore lorsque « les biens culturels, intellectuels, religieux et spirituels [...] leur ont été pris sans leur consentement préalable, donné librement et en connaissance de cause, ou en violation de leurs lois, traditions et coutumes » (art. 11 al. 2).

Il existe un principe similaire en droit de l'environnement qui est le consentement préalable en connaissance de cause[622].

B. Les caractéristiques du consentement exigé

Les caractéristiques du consentement recherché correspondent en grande partie aux traits, déjà vus, que doivent revêtir la consultation des autochtones : en premier lieu, le consentement doit être libre, ce qui signifie que les autochtones ne doivent pas faire l'objet de pression, d'intimidations, ou de manipulation ; en deuxième lieu, le consentement doit être « préalable », ce qui implique du gouvernement qu'il procède à la consultation avant l'exécution du projet, au moment de l'élaboration du projet ; enfin, en troisième lieu, le consentement doit être « informé » (ou « en toute connaissance de cause ») et exige du gouvernement qu'il informe correctement ses interlocuteurs, c'est-à-dire leur fournisse tous les renseignement utiles accessibles, et qu'il permette leur bonne compréhension de manière à ce qu'ils soient mesure de consentir ou non au projet. Cette dernière condition suppose généralement la traduction des informations et leur présentation dans les langues parlées par les peuples concernés. L'information doit porter sur des éléments objectifs du projet, et si possible être fournie par des experts ayant des compétences dans les domaines visés.

---

[621] Il s'énonce comme suit : « Les peuples autochtones ont droit à réparation, par le biais, notamment, de la restitution ou, lorsque cela n'est pas possible, d'une indemnisation juste, correcte et équitable pour les terres, territoires et ressources qu'ils possédaient traditionnellement ou occupaient ou utilisaient et qui ont été confisqués, pris, occupés, exploités ou dégradés ».

[622] Directives de Londres applicables à l'échange de renseignements sur les produits chimiques qui font l'objet du commerce international, 25 mai 1989, (Décision 15/30 du Conseil d'administration du PNUE, première partie relatives aux dispositions générales) : « On entend par 'consentement préalable donné en connaissance de cause' le principe selon lequel le transport international d'un produit chimique interdit ou strictement réglementé en vue de protéger la santé de l'homme ou l'environnement ne doit pas s'effectuer sans le consentement de l'autorité nationale compétente du pays importateur ».

Comme on le voit, les caractères que doit revêtir le consentement rappellent le contenu de l'exigence de consultation que nous avons vu précédemment ; on peut notamment en conclure que le consentement doit également être obtenu suite à une consultation menée « suivant des procédés adaptés », avec des « institutions représentatives », etc.

On peut s'interroger sur l'importance de la reconnaissance d'un tel principe lorsque l'État a déjà l'obligation de consulter et de faire participer les peuples autochtones au processus décisionnel. Pourtant, le « *FPIC [free, prior and informed consent] differs importantly from consultation in the way decision-making authority is exercised and legitimated. Whereas consultation processes require only that extractive industry companies hear the views of those potentially affected by a project and take them into account when engaging in decision-making processes, consent processes require that host communities actually participate in decision-making processes* »[623]. C'est pourquoi le consentement libre, préalable et informé est « *[a] key principle that has emerged over a very long history in order to ensure [the] relations [entre l'État et les peoples autochtones] remain, as far as possible, equitable and amicable* »[624]. Même s'il est la forme la plus contraignante des modalités de la participation, ce principe est considéré par les peuples autochtones comme : « *a requirement, prerequisite and manifestation of the exercise of their right to self-determination as defined in international human rights law* »[625].

Dans un sens comparable, certains auteurs affirment que la reconnaissance du principe du consentement libre, préalable et informé suppose « le droit à l'autodétermination des peuples autochtones et la reconnaissance de leurs droits territoriaux et de leur souveraineté permanente sur les ressources naturelles se trouvant sur leurs territoires »[626]. Du point de vue des textes, le droit à l'autodétermination des peuples autochtones est reconnu dans la Déclaration sur les droits des peuples autochtones à l'article

---

623 L. J. LAPLANTE, S. A. SPEARS, « Out of the Conflict Zone: The Case for Community Consent Processes in the Extractive Sector », *Yale Human Rights & Development Law Journal*, 2008, p. 87.

624 M. COLCHESTER, F. MACKAY, op. cit., p. 8. Toute l'introduction est consacrée aux relations nouées entre les peuples autochtones et les colons au moment de la colonisation, lorsque celles-ci reposaient sur le consentement mutuel.

625 Rapport intermédiaire du comité d'experts sur les droits des peuples autochtones, Étude sur les peuples autochtones et le droit de participer à la prise de décisions, A/HCR/EMRIP/2010/2, 17 mai 2010, p. 9, par. 34.

626 F. DESMARAIS, « Consentement Préalable, Libre et Éclairé des Peuples Autochtones en Droit international : La Nécessaire Redéfinition de son cadre conceptuel », *Revue québécoise de droit international*, 2006, vol. 19, p. 163.

3[627], et le consentement libre, préalable et informé y apparaît à six reprises. Il ressort de ces dispositions une forme de reconnaissance du droit au consentement libre, préalable et informé, mais il « *may be recast as a component of underlying substantive rights – to ownership of land, to sovereignty, and to self-determination – rather than being conceived of as a stand-alone right* »[628].

C. La promotion du principe par les organisations internationales

Bien que le principe du consentement libre, préalable et éclairé ou informé ne soit pas réellement effectif dans la pratique, les organisations internationales et certains organes nationaux s'y réfèrent de plus en plus.

Le principe est par exemple mentionné par le Comité sur l'élimination de la discrimination raciale ou la Commission interaméricaine des droits de l'Homme dans des documents relatifs aux peuples autochtones. En outre, la collaboration des représentants des peuples autochtones avec des organisations internationales aboutit parfois à promouvoir le principe. Ainsi par exemple, le Programme des Nations Unies pour le Développement (PNUD) a choisi de s'associer aux organisations de la société civile et notamment aux organisations autochtones, dans le cadre de ses programmes de développement (droits de l'Homme, développement, gouvernance démocratique) afin de les intégrer au processus d'élaboration des politiques. Trois années de consultations ont permis au PNUD, en 2001, de formuler une politique d'engagement envers les peuples autochtones[629]. Le 1er février 2008, le PNUD a adopté des lignes directrices pour assister les bureaux pays des Nations Unies pour les pays dans lesquels sont mis en œuvre des politiques et des programmes de développement sur des problématiques autochtones[630]. Ces lignes directrices sont divisées en trois sections. En

---

[627] Il s'énonce comme suit : « Les peuples autochtones ont le droit à l'autodétermination. En vertu de ce droit, ils déterminent librement leur statut politique et assurent librement leur développement économique, social et culturel ».

[628] M. SATTERHWAIT, D. HURWITZ, « The Right of Indigenous Peoples to Meaningful Consent in Extractive Industry Projects », *Arizona Journal of International and Comparative Law*, 2005, pp. 1-3.

[629] Le PNUD et les peuples autochtones: une politique d'engagement. Disponible en ligne sur : http://www.undp.org/content/dam/undp/documents/partners/civil_society/publications/policies_and_strategic_documents/UNDP_and_Indigenous_Peoples_A_Practice_Note_On_Engagement_FR_2001.pdf (consulté le 16 mars 2011).

[630] PROGRAMME DES NATIONS UNIES POUR DÉVELOPPEMENT, *Guidelines on Indigenous Peoples' Issues*, février 2008, 53 p. Disponible en ligne

premier lieu, elles offrent un aperçu des principaux problèmes des peuples autochtones et des principales normes de droit international dans ces domaines. En deuxième lieu, elles présentent, dans un tableau, les thèmes clés que sont l'autodétermination, les terres, les ressources naturelles et les droits qui leur sont associés. Ce tableau montre quelles réponses peuvent être apportées aux revendications autochtones, en s'appuyant sur des normes et standards internationaux. En troisième et dernier lieu, les lignes directrices font état des principes directeurs de la coopération des bureaux pays des Nations Unies dans le domaine de la coopération pour assurer la pleine participation des peuples autochtones. Suite à cette collaboration, et en se fondant essentiellement sur la Convention n°169 de l'OIT et la Convention sur la diversité biologique[631], le PNUD entend promouvoir la participation et le droit au développement des peuples autochtones[632] à travers le droit au consentement libre, préalable et informé de ces peuples. Il a par exemple organisé une rencontre au Paraguay le 9 novembre 2009 sur le principe. Il a

---

sur : http://www2.ohchr.org/english/issues/indigenous/docs/guidelines.pdf (consulté le 13 octobre 2010).

[631] PNUD, *UNDP and Indigenous Peoples : A Practice Note on Engagement*, 12 p. Disponible en ligne sur : http://europeandcis.undp.org/files/uploads/Povertyr%20reduction/UNDP%20and%20indogenous%20peoples.pdf (consulté le 14 mars 2011).

[632] Projet HURIST de renforcement des droits de l'Homme pour les peuples autochtones en Amérique latine. Voir : F. CABRERO, *Programa de Fortalecimiento de los Derechos Humanos para los Pueblos Indígenas en América Latina*, PNUD, janvier 2008, 80 p. Disponible en ligne sur : http://www.pnud-gobernabilidaddemocratica.org/index.php/component/content/article/13-proyectos/249-iniciativa-indigena (consulté le 16 mars 2011). En collaboration avec le Haut-Commissariat des Nations Unies aux droits de l'Homme (HCDH), le PNUD a mis en œuvre un programme pilote en Équateur en 2003-2004. Ce programme fut étendu à la Bolivie et au Guatemala en 2006 pour encourager la création de mécanismes de consultation entre l'ONU et les peuples autochtones. Le programme HURIST de renforcement des droits de l'Homme pour les peuples autochtones en Amérique latine a permis d'organiser des ateliers pour renforcer la participation des peuples autochtones afin que les fonctionnaires des Nations Unies aient une meilleure connaissance et une meilleure compréhension des problèmes autochtones. Voir également : M. TOMEI, « Pueblos indígenas, Derecho y Desarrollo. El convenio número 169 », in L. van de FLIERT, *Guía para los Pueblos Indígenas; sobre Políticas, proyectos, asistencia financiera y técnica de Organizaciones Internacionales Gubernamentales y No Gubernamentales en América Latina*, México, CNDH, 1997, p. 62. Dans le cadre du programme national pour le développement participatif et harmonisé des peuples indigènes de l'Orient, du Chaco et de l'Amazonie financé par le PNUD, l'OIT a formé les dirigeants et les représentants des organisations autochtones.

aussi élaboré un protocole sur la consultation et le consentement libre, préalable et informé[633].

Le Conseil de l'Organisation de coopération et de développement économiques (OCDE) énonce également ce principe depuis très longtemps[634]. Il en va de même du récent programme de l'ONU-REDD (programme de collaboration des Nations Unies sur la réduction des émissions liées à la déforestation et à la dégradation des forêts dans les pays en développement) financé par le gouvernement norvégien, dont les directives qui sont adoptées font référence au consentement libre, préalable et informé des autochtones. Ce programme regroupe plusieurs programmes des Nations Unies (PNUE, PNUD, FAO) et est piloté par le Paraguay[635]. Pour pouvoir bénéficier des fonds, le programme doit appliquer les directives de l'ONU-REDD. Il doit également associer la FAO, le PNUD et le PNUE, dans la mesure où ce « sont des organismes et des parties prenantes possédant une expérience et des compétences pertinentes et vastes dans les domaines de la gestion des forêts, de la gouvernance, de la réduction de la pauvreté, du financement, de la politique environnementale et des normes. En œuvrant ensemble dans le cadre du Programme de collaboration ONU-REDD, ces trois organismes sont en mesure de donner les assurances décisives voulues pour parvenir à un consensus en faveur d'un cadre de REDD transparent et efficace, tout en appuyant et en complétant les activités du Fonds de partenariat pour le carbone forestier (FPCF) de la Banque mondiale »[636]. « Si le consentement est accordé, un protocole d'entente écrit,

---

633 Federación por la Autodeterminación de los Pueblos Indígenas, Propuesta de protocolo para un Proceso de Consulta y Consentimiento con los Pueblos Indigenas del Paraguay, disponible en ligne sur : http://www.forestpeoples.org/sites/fpp/files/publication/2011/05/fapi-protocols-fpic.pdf (consulté le 15 mai 2015).

634 Document 14.XI.1974, Principe d'information et de consultation dans le titre E de l'annexe de l'ouvrage de J.A. BARBERIS, *Los recursos naturales...*, op. cit, p. 165

635 REDD+ y los derechos de los pueblos indígenas, Informes de dos talleres sobre « REDD+ y los derechos de los pueblos indígenas » organizados y realizados por la Coordinadora por la Autodeterminación de los Pueblos Indígenas (CAPI) con el apoyo del FPP. Disponible sur : http://www.forestpeoples.org/es/topics/redd-and-related-initiatives/publication/2010/paraguay-redd-y-los-derechos-de-los-pueblos-ind (consulté le 5 octobre 2010).

636 Voir un descriptif de l'ONU-REDD : http://www.un-redd.org/Portals/15/documents/events/20090309Panama/Documents/UN-REDD%20Strategic%20Overview%20(Fr)%2010Mar09.pdf (consulté le 5 octobre 2010).

signé par le promoteur du projet, le ou les peuple(s)/communauté(s) autochtone(s) concernés et la Commission nationale des peuples autochtones (NCIP), est exigé. Cette entente doit être rédigée dans la ou les langues des peuples autochtones concernés et stipuler, entre autres : (1) les bénéfices revenant au peuple/à la communauté autochtone concernée ; (2) les mesures envisagées pour protéger les systèmes de droits et de valeurs des peuples autochtones ; (3) les responsabilités du promoteur, du peuple ou de la communauté autochtone et de la NCIP ; (4) que l'entente s'applique *mutatis mutandis* à toute nouvelle partie résultant d'un partenariat, d'une coentreprise, d'une fusion, d'un transfert de droits, etc. ; et (5) les sanctions en cas de non-respect et/ou de violation de l'entente »[637].

Les règles qui doivent être appliquées dans le cadre du Programme sont intéressantes car elles montrent ce que peut, et probablement ce que doit être la mise en pratique du principe énoncé dans les instruments internationaux relatifs aux peuples autochtones. Dès lors, elles permettent de clarifier le contenu de ce principe. En outre, elle incite les États à le respecter dans la mesure où celui qui entend bénéficier de fonds pour des projets de développement doit le respecter, et donc respecter les règles qui le mettent en œuvre.

Cette mise en œuvre progressive de la pratique pourrait l'inscrire progressivement dans les politiques des États latino-américains. « *The reality that FPIC is being discussed and elaborated at numerous international and national political arenas in recent years underscores the evolution and crystallization of this right as a norm and a standard to be applied in relation to indigenous peoples in pursuit of social and environmental justice, and human rights for all* »[638]. Toutefois, en pratique, de nombreux obstacles poussent les États à ne pas rechercher le consentement libre, préalable et informé des peuples autochtones, et plus généralement à ne pas les consulter ou les faire participer aux décisions.

---

[637] F. MACKAY, « Le droit des peuples autochtones au libre consentement préalable et éclairé et la Revue des industries extractives de la Banque mondiale », *Sustainable Development Law & Policy*, Journal du Collège de droit de l'Université Américaine de Washington et du Centre pour le droit international de l'environnement (CIEL), vol. 4, n°2, p. 26.

[638] Rapport des travaux de Antonoanella-Iulia Motoc et la Fondation Tebtebba dans le cadre du groupe de travail sur les peuples autochtones, Legal commentary on the concept of free, prior and informed consent, E/CN.4/Sub.2/AC.4/2005/2, 21 juin 2005, p. 3, par. 6.

CHAPITRE II – LA MISE EN ŒUVRE DU PRINCIPE DE PARTICIPATION

Les obstacles au respect de l'exigence générale de participation sont multiples.

Du point de vue de la formulation des règles tout d'abord, le terme de « participation » est très général, tandis que celui de « consultation », plus précis, implique des contraintes que les États latino-américains sont peu enclins à accepter. Les résultats des consultations n'étant pas obligatoires, les gouvernants ont des difficultés à reconnaître à l'obligation de consultation de bonne foi une réelle portée pratique, et donc à comprendre l'utilité de son respect.

Nous pouvons constater que, d'une part les instruments internationaux obligent les États à prendre des mesures pour faire participer les peuples autochtones aux décisions affectant leurs droits (Section I) et que, d'autre part, les organisations financières internationales ont mis en place des politiques visant à promouvoir cette participation pour une gouvernance démocratique renforcée et un développement local visible (Section II). Si plusieurs instruments internationaux rappellent la nécessité d'informer, de consulter et de faire participer les peuples autochtones dans le cadre de projet les concernant, cette recommandation est très peu suivie par les États qui voient en elle une limitation à leur souveraineté.

C'est pourquoi plusieurs textes internationaux encouragent cette participation à travers des dispositions précises.

SECTION I –LA MISE EN ŒUVRE DU PRINCIPE DE PARTICIPATION PAR L'ÉTAT

Dans de nombreux rapports des organes conventionnels et des mécanismes de droits de l'Homme des Nations Unies, la nécessité de garantir pleinement la participation effective des peuples autochtones est rappelée. Ce principe de participation se justifie par le fait qu'il est nécessaire, de manière directe ou indirecte, à l'exercice de tous les autres droits politiques, civils, économiques, sociaux et culturels des autochtones, lorsque leurs ressources naturelles sont en jeu. De manière plus concrète encore, sans participation, les peuples autochtones sont bien souvent dans l'incapacité totale de faire valoir leurs intérêts. C'est à la lueur de cet enjeu majeur (§ 1) qu'il faut étudier la mise en œuvre du principe de participation en droit interne (§ 2).

§ 1. L'enjeu de la participation des peuples autochtones

Le degré de participation est difficilement quantifiable, car ce qui est requis dépend de facteurs multiples, comme la durée du projet soumis à consultation ou le contexte culturel et politique de l'État dans lequel la consultation est menée. Même si des indices ou indicateurs peuvent aider à « mesurer » la mise en œuvre de l'obligation de consultation, l'enjeu majeur de la participation des peuples autochtones est en réalité celui de la négociation du partage des avantages (A). Une solution juridique visant à remédier à l'absence de fait de partage équitable des avantages, serait d'ajouter au principe de participation, et à l'obligation de consultation, un véritable conditionnement de la mise en œuvre des projets au consentement libre, préalable et informé des peuples autochtones (B).

A. L'enjeu de la participation : la négociation du partage des avantages

Limitée, l'obligation de partager les avantages ou les bénéfices d'une exploitation, en compensation de l'expropriation ou du déplacement des autochtones, n'est globalement pas respectée. La raison principale en est que les peuples autochtones ne disposent généralement pas, avant l'autorisation des projets et durant leur mise en œuvre, d'une écoute sérieuse de la part de l'État et des entreprises, ou d'un rapport de force favorable. En pratique, les peuples affectés ne bénéficient que d'une très faible partie des bénéfices de l'exploitation de leurs ressources, même lorsqu'il s'agit de mégaprojets (1). Toutefois, différentes initiatives visant à assurer un partage équitable ont été lancées (2).

1. L'obligation de partage des avantages et son irrespect

À côté de dispositions plus spécifiques[639], c'est l'article 15 alinéa 2 de la Convention n°169 qui énonce l'obligation de faire participer les peuples

[639] L'article 8 j) de la Convention sur la diversité biologique fait mention du partage des avantages spécifiquement à propos de la question de l'exploitation des ressources naturelles au regard de la propriété intellectuelle : « [l'État partie] Sous réserve des dispositions de sa législation nationale, respecte, préserve et maintient les connaissances, innovations et pratiques des communautés autochtones et locales qui incarnent des modes de vie traditionnels présentant un intérêt pour la conservation et l'utilisation durable de la diversité biologique et en favorise l'application sur une plus grande échelle, avec l'accord et la participation des

autochtones aux avantages qui découlent des programmes d'exploitation des ressources naturelles. Cette obligation est une obligation de moyens :

> « dans les cas où l'État conserve la propriété des minéraux ou des ressources du sous-sol ou des droits à d'autres ressources dont sont dotées les terres, les gouvernements doivent établir ou maintenir des procédures pour consulter les peuples intéressés dans le but de déterminer si et dans quelle mesure les intérêts de ces peuples sont menacés avant d'entreprendre ou d'autoriser tout programme de prospection ou d'exploitation des ressources dont sont dotées leurs terres. Les peuples intéressés doivent, chaque fois que c'est possible, participer aux avantages découlant de ces activités et doivent recevoir une indemnisation équitable pour tout dommage qu'ils pourraient subir en raison de telles activités »[640].

Si l'on comprend bien la logique de l'obligation – le partage des bénéfices apparaît comme une contrepartie au préjudice causé par la perte des terres, et comme un moyen d'améliorer la vie des communautés et d'assurer leur développement –, elle comporte des limites.

À première vue, il est clair que l'obligation de partager les avantages d'une exploitation avec les peuples autochtones comporte deux tempéraments : premièrement, c'est uniquement « chaque fois que c'est possible » que l'État doit organiser la participation des autochtones aux avantages découlant des activités de prospection et d'exploitation, et deuxièmement, si c'est l'État qui estime qu'un tel partage est possible, c'est à lui d'estimer (même si c'est suite à la consultation des peuples concernés) quels avantages découlent de ces activités. L'État décide ainsi lui-même du contenu de ces avantages, et conserve la possibilité – pour des motifs et dans des circonstances dont la Convention ne dit rien – de ne pas mettre en œuvre le partage. En pratique, ces éléments de flexibilité sont bien entendu exploités par les États afin de s'exonérer de l'obligation, purement et simplement. Le gouvernement guatémaltèque a par exemple estimé inconstitutionnel de prévoir des dispositifs de participation des peuples autochtones à l'exploitation des ressources naturelles, en avançant l'argument de la pleine souveraineté de l'État sur ses ressources naturelles.

---

dépositaires de ces connaissances, innovations et pratiques et encourage le partage équitable des avantages découlant de l'utilisation de ces connaissances, innovations et pratiques » (les italiques sont ajoutées).

[640] Non souligné dans le texte original. Article 15, alinéa 2. Voir également sur ce point : L. SWEPSTON, « A New Step in the International Law… », op. cit., p. 710.

Dans la pratique des activités extractives, la création d'emplois, ou la construction de routes aidant à la circulation des biens sont généralement considérés comme des avantages découlant de ces activités. Le cahier des charges doit par conséquent comprendre un certain nombre de dispositions et une liste énumérant de manière non limitative des propositions visant de manière effective et durable à profiter aux communautés locales. Les bénéfices promis consistent le plus souvent en une contrepartie matérielle.

Mais bien souvent, les contreparties ne sont jamais versées aux autochtones. Au Mexique par exemple, le gouvernement avait promis aux Chinantecos déplacés la construction d'une route goudronnée, la réalisation de projets de développement pour améliorer leurs conditions de vie et la situation sanitaire dans la vallée d'Uxpanapa. Ces promesses n'ont jamais été tenues. Le Comité d'experts chargé de l'application de la Convention n°169 a ainsi pu constater que « [l]a communauté Chinanteca ne dispose ni de logements adaptés au climat tropical et pluvieux d'Uxpanapa, ni d'un système d'évacuation des eaux usées, ni d'un hôpital, ni même d'une route goudronnée »[641]. Bien que, comme l'affirme Alexandra Xanthaki, le partage des bénéfices soit « au cœur du droit au développement »[642], « [l]e fait est que les minéraux, le pétrole et le gaz sont actuellement extraits dans des conditions où, bien souvent, seule une partie infime des bénéfices découlant de ces activités profitent aux populations pauvres »[643]. De même, dans le cadre du groupe de la Banque mondiale, la Revue des industries extractives a conclu que « [l]'analyse de plusieurs projets et des études de cas sur les perspectives de la communauté en matière d'investissements et de garanties de la SFI et de la MIGA (…) ont indiqué que le financement de projets dans les industries extractives n'avait pas eu pour objectif principal ou pour résultats la réduction de la pauvreté. Des recherches qualitatives révèlent que les plus pauvres ne tirent pas profit des industries extractives »[644].

La question se pose également de savoir dans quelle mesure les contreparties proposées constituent réellement des « bénéfices », avantageant les peuples autochtones à long terme. En général, la construction d'infrastructures permettant l'accès à l'eau, la construction d'écoles ou de

---

641 Rapport du comité chargé d'examiner la réclamation alléguant l'inexécution par le Mexique de la convention (n°169) relative aux peuples indigènes et tribaux, présentée par le Syndicat radical des travailleurs de la métallurgie et assimilés, n°161999MEX169, Genève, 1999.

642 A. XANTHAKI, *Indigenous Rights…*, op. cit., p. 242.

643 OXFAM, *Lever la malédiction des ressources...*, op. cit., p. 19.

644 REVUE DES INDUSTRIES EXTRACTIVES DE LA BANQUE MONDIALE, *Vers un nouvel équilibre…*, op. cit., p. 21.

centres de santé ne sont pas contestées. En revanche, la construction de routes ou d'infrastructures pour les travailleurs sur les chantiers ne profitent souvent aux communautés que pour un temps déterminé, qui se limite à la durée de l'exploitation des ressources. En outre, la construction d'une route n'est pas une garantie de développement, et peut entraîner l'entrée régulière de personnes étrangères, la contamination de l'air par le passage fréquent de transport de marchandises, et ainsi accentuer le bouleversement du mode de vie des peuples se trouvant à proximité.

La création d'emplois, généralement présentée comme le bénéfice le plus visible de l'exploitation des ressources, est un argument souvent utilisé par les entreprises pour obtenir le soutien des communautés autochtones à leur projet. Ces entreprises promettent en effet fréquemment que des postes seront réservés aux populations locales[645]. Cependant, dans la pratique, la création d'emploi est presque toujours nettement inférieure à ce que les entreprises promettent initialement et à ce que la population attend. Ce faisant, les entreprises ne respectent pas leur engagement. En outre, sur le long terme, l'avantage du taux d'emploi élevé cesse dès la fin de la concession et ne s'inscrit pas dans la durée. Plus encore, les personnes s'investissant dans les activités d'exploitation abandonnent généralement la culture de la terre et se retrouvent sans ressource, sans terre et sans emploi lorsque l'activité cesse[646].

Enfin, l'activité d'exploitation entrave parfois les activités agricoles qui sont celles du plus grand nombre, et sont indispensables à la survie de la

---

[645] G. McMAHON, F. REMY (éd.), *Large Mines and the Community : Socioeconomic and Environmental Effects in Latin America, Canada, and Spain, Ottawa-Washington,* Banque mondiale et International Development Research Centre, 2001, p. 14. Disponible en ligne sur : http://www.idrc.ca/EN /Resources/Publications/Pages/IDRCBookDetails.aspx?PublicationID=247 (consulté le 19 juin 2012). Les auteurs affirment toutefois que les emplois indirects créés sont très nombreux, par exemple, pour la mine Yanacocha, 3885 emplois ont été créés, pour la mine Escondida, 6200 emplois indirects.

[646] Voir : MOUVEMENT MONDIAL POUR LES FORETS TROPICALES, *L'industrie minière : Impacts sur la société et l'environnement*, Montevideo, Uruguay, mars 2004, p. 26 : « L'industrie minière débarque dans un lieu en promettant de générer des richesses et des emplois, mais ceux qui peuvent témoigner des hauts coûts sociaux à payer sont des millions dans le monde entier : l'appropriation des terres des communautés locales, les impacts sur la santé, la modification des rapports sociaux, la destruction des moyens de subsistance et des modes de vie des populations, la désagrégation sociale, les changements brusques et radicaux dans les cultures régionales, le déplacement d'autres activités économiques locales, actuelles ou futures. Sans compter les conditions de travail, dangereuses et insalubres, de ce genre d'activité ».

communauté, de sorte qu'elle met directement son existence en danger, malgré les emplois procurés par ailleurs. Au Pérou par exemple, pour la mine de Tambogrande, le nombre d'emplois créés avait été estimé à un nombre oscillant de 6000 à 8000, mais le fonctionnement de la mine mettait en danger 36 000 agriculteurs[647] lorsque l'agriculture constituait le principal moyen de subsistance des communautés locales.

Ces derniers développements montrent que l'obligation de partager les avantages varie dans son contenu en fonction de la conception de « l'avantage » qu'on retient. Même si l'on écarte les conceptions réductrices ou erronées de « l'avantage », et bien entendu les conceptions qui sont délibérément de mauvaise foi, il peut y avoir un décalage entre les interprétations « autochtones » et les interprétations « occidentales » du terme « avantage ». Dans bien des cas, les avantages tels qu'ils sont conçus par les entreprises ou les États ne sont pas ceux attendus par les peuples autochtones. Ces derniers ne souhaitent pas troquer leur mode de vie traditionnel, leur santé et leur environnement qui n'ont pas de prix, contre des routes ou des installations éphémères.

2. *Les initiatives visant à remédier à l'absence de partage équitable des avantages*

Bien que, de son côté, l'État perçoive des revenus des activités d'exploitation, il est courant qu'il remette en question le principe du partage des bénéfices. À l'inverse, les peuples autochtones n'observent aucune amélioration significative de leurs conditions de vie, alors qu'ils sont les premiers concernés et affectés par les projets de grande envergure (perte de leurs terres, modification de leur mode de vie traditionnel). Au départ, les États qui acceptent les projets pétroliers et miniers invoquent généralement l'intérêt public, et déclarent que les revenus tirés de ces activités seront utilisés en partie pour financer des projets locaux. Mais cela n'est en réalité que très rarement le cas. Le cas du Guatemala est parlant à cet égard : fortement encouragé à élaborer des politiques favorisant les investissements étrangers pour contribuer au développement du pays, cet État a élaboré une « Loi sur l'activité minière » qui « offre des conditions optimales aux

647 REVUE DES INDUSTRIES EXTRACTIVES DE LA BANQUE MONDIALE, *Latin America and Caribbean Regional Workshop : Testimonials and Consultation Report*, Rio de Janeiro, 15-19 avril 2002, p. 6. Disponible en ligne sur : http://documents.worldbank.org/curated/en/2002/04/18868566/extractive-industries-review-eir-latin-america-caribbean-regional-workshop-testimonials-consultation-report (consulté le 15 mai 2015).

entreprises afin que ces dernières viennent investir au Guatemala. De toutes ces conditions, la question des redevances a fait l'objet des critiques les plus virulentes, puisque n'importe quelle entreprise exploitant des minéraux ne doit payer à l'État qu'un impôt de 1% sur la production, pourcentage ensuite divisé également entre la municipalité et les autorités nationales, à savoir 0,5% respectivement »[648]. Aujourd'hui, seul 1% des revenus des exploitations minières revient ainsi à l'État, et aucun revenu n'est reversé au profit des projets de développement local.

Le problème s'accompagne aussi assez souvent de celui de la corruption. De ce point de vue, l'Initiative pour la transparence dans les Industries Extractives (ITIE)[649] apparaît comme prometteuse[650]. En effet, elle « établit une norme internationale permettant aux entreprises de publier combien elles paient et aux gouvernements de divulguer leurs revenus »[651], ce qui permet de comparer les deux sommes. Mais parce qu'elle repose sur la seule volonté des entreprises et des États, cette initiative visant à renforcer la transparence et la gouvernance a une portée limitée. Toutefois, son mécanisme tend à se développer et de nombreux États et entreprises y adhèrent progressivement[652].

Dans le même sens, les organisations financières internationales ont élaboré des politiques pour encourager les États emprunteurs à un partage plus équitable des revenus issus de l'exploitation des ressources. Dans la politique opérationnelle sur les peuples autochtones de la Banque mondiale

---

648 COLLECTIF GUATEMALA, op. cit., p. 26.

649 OXFAM, *Lever la malédiction des ressources...*, op. cit., p. 32 : « L'EITI [en anglais Extractive Industries Transparency Initiative] est née suite à la campagne Publiez Ce Que Vous Payez (PCQVP), lancée en 2002 par une coalition d'ONG britanniques et qui compte désormais des partisans dans des pays des hémisphères Nord et Sud. PCQVP a élargi ses objectifs initiaux (publication des paiements effectués par les sociétés), en fournissant le détail des pays et des questions en présence, pour englober désormais Publiez Ce Que Vous Gagnez (bénéfices obtenus par les sociétés), PCQV Dépensez (manière dont les gouvernements dépensent les revenus du secteur extractif) et PCQV Devriez Payer et Ne Payez Pas (transparence dans l'octroi de licences et dans les négociations de contrats entre sociétés et gouvernements). Comme un ensemble d'outils de lobbying, la campagne PCQVP soutient l'EITI et exerce une pression sur les pays pour qu'ils approuvent des lois en vue de rendre la transparence obligatoire pour les sociétés ».

650 G. CARBONNIER, « Comment conjurer la malédiction des ressources naturelles », *Annuaire suisse de politique de développement*, 2007, vol. 26, n°2, pp. 83-98.

651 Voir le site internet de l'Initiative pour la transparence dans les Industries Extractives : http://eiti.org/fr/litie

652 Ibid.

comme de la BID, un mécanisme de distribution pour un partage équitable des bénéfices est prévu. La mise en place de la politique opérationnelle de la BID a pour objectif de promouvoir le développement et de « sauvegarder les droits des peuples autochtones » dans le cadre de toutes les activités qu'elle appuie[653]. La politique opérationnelle 7.10 de la BID prévoit, au stade de la préparation du projet, d'étudier les priorités dégagées par les peuples autochtones et les bénéfices que le projet susciterait. Selon cette politique, ces bénéfices doivent répondre à des besoins réels exprimés par les populations locales. Ils peuvent par exemple consister dans l'accroissement de la disponibilité ou de la qualité des services sociaux (santé et éducation), l'appui à la culture et aux arts traditionnels, la démarcation des terres, la gestion des aires protégées, le développement d'un mécanisme de consultation et de participation[654]. Toujours dans le même sens, la Revue des industries extractives recommande à la Banque mondiale d'« aider les gouvernements à élaborer des cadres réglementaires et des politiques modernes (...) qui doivent inclure des systèmes cadastraux et juridiques transparents », et d'exiger que « [l]es revenus [soient] partagés entre les autorités locales, régionales et nationales »[655].

Ces politiques trouvent parfois des relais dans les droits internes des États concernés. Selon l'article 357 de la Constitution colombienne par exemple, et à propos des peuples autochtones dont les terres sont exploitées, « *[t]hey also will receive transfers from the national budget and from oil and mineral resources exploitation royalties* »[656]. De même, en Argentine, l'impact économique et social des mines de cuivre et d'or Bajo de Alumbrera (pour lequel les résultats économiques se sont révélés positifs) a été compensé par la création de plus de 700 emplois, la construction d'écoles, d'hôpitaux et l'extension de la couverture en électricité[657]. En Bolivie également, 92% de la population a voté en faveur d'une réforme en matière de revenus des hydrocarbures. « En 2004, les Boliviens ont voté lors d'un référendum sur de nouvelles réglementations pour la distribution des revenus des hydrocarbures, 92 pour cent de la population se déclarant favorable à ce que

---

653 BANQUE INTERAMÉRICAINE DE DÉVELOPPEMENT, *Operational Policy on Indigenous Peoples (IPP)...*, op. cit., p. 2.

654 Ibid., pp. 10-11.

655 REVUE DES INDUSTRIES EXTRACTIVES DE LA BANQUE MONDIALE, *Vers un nouvel équilibre...*, op. cit., p. 59.

656 S. WIESSNER, « The Rights and Status of Indigenous Peoples : A Global Comparative and International Legal Analysis », *Harvard Human Rights Journal*, 1999, p. 80.

657 REVUE DES INDUSTRIES EXTRACTIVES DE LA BANQUE MONDIALE, *Latin America and Caribbean Regional Workshop...*, op. cit., pp. 20-21.

l'‘État bolivien récupère la propriété de tous les hydrocarbures à la source’. La division antérieure de 82 pour cent des revenus pétroliers pour les sociétés et 18 pour cent pour l'État est devenue un partage 50-50, avec la promulgation d'un impôt direct sur les hydrocarbures (IDH) de 32 pour cent. (...) Les mesures de 2005 ont défini les priorités sur la manière de dépenser les revenus de l'impôt IDH : « éducation, santé, développement de la production et création d'emplois ». Les revenus devaient être partagés entre le gouvernement central, les autorités locales et les autorités gouvernementales provinciales. (...) En conséquence, les recettes publiques de la Bolivie issues du pétrole et du gaz sont passées de 448 millions de dollars en 2004 à 1,53 milliard de dollars en 2006, et représentent 34 pour cent du total des recettes publiques pour l'année (par rapport à 8 pour cent en 1997) »[658]. Dans le rapport de juillet 2011 du Rapporteur spécial, James Anaya sur les industries extractives, il semble que le gouvernement bolivien « attribue directement un pourcentage considérable des impôts des hydrocarbures aux principales organisations autochtones du pays ou au Fonds de développement pour les peuples autochtones et communautés paysannes »[659]. Cet exemple montre à quel point, si les bénéfices liés à ces activités sont équitablement partagés, avec en particulier une partie reversée aux populations locales, un investissement dans les secteurs permettant le développement peut avoir un impact réel sur la population.

Le cas des *impact benefits agreements* dans l'industrie minière au Canada[660] est également intéressant. Ces accords sont « *generally negotiated directly by aboriginal groups and companies and can address a wide range of issues such as employment, training, environmental protection and monitoring, social and housing programs, the protection of burial and sacred sites, and other matters. The purpose of these agreements is [en partie] to reduce the harmful impacts that such projects can have on*

658 OXFAM, *Lever la malédiction des ressources...*, op. cit., p. 23.

659 Traduction libre. Rapport du Rapporteur spécial sur les droits des populations autochtones, Industrias extractivas que realizan operaciones dentro de territorios indígenas o en proximidad de ellos, 18ème session, A/HCR/18/35, 11 juillet 2011, par. 53.

660 Pour des informations sur l'Australie, la Papouasie Nouvelle Guinée, l'Afrique du Sud, ou le Timor oriental, voir : L. GODDEN, M. LANGTON, O. MAZEL, M. TEHAN, « Accommodating Interest in Resource Extraction: Indigenous Peoples, Local Communities and the Role of Law in Economics and Social Sustainability », *Journal of Energy and Natural resources Law*, 2008, vol. 26, n°1, pp. 1-30.

aboriginal communities and interests »[661]. Ces accords représentent un outil qui pourrait être promu par les gouvernements en vue d'assurer la participation effective et obligatoire des peuples autochtones aux bénéfices découlant de ces activités. Les avantages de ces accords sont multiples et bénéficient non seulement aux autochtones, mais également aux États et aux entreprises. À côté de l'atténuation de l'impact social et environnemental du projet, ou de l'amélioration des conditions de vie des peuples autochtones, qui est l'objectif premier de tels accords[662], ces derniers ont également vocation à donner aux autochtones un sentiment de considération et de justice. Du point de vue de l'entreprise, l'absence de résistance des peuples autochtones, qui a généralement pour effet de provoquer des retards dans l'exécution des projets, pourrait être un atout. En outre, les entreprises extractives pourraient améliorer leur image. Du point de vue des États, s'il était démontré que ces accords permettent des investissements stables à long terme, l'attrait des investisseurs s'accroîtrait très certainement[663]. À court terme cependant, il est clair que la conclusion de tels accords prévoyant la compensation des dommages soufferts par les autochtones, sont pour l'État autant de royalties qu'il n'engrange pas, et donc des sommes qui ne seront pas directement injectées dans le budget de l'État[664].

Compte tenu du fait que la participation est difficile à imposer, pour améliorer les conditions des peuples autochtones, la doctrine a développé le principe de consentement libre, préalable et informé contenu dans la Convention n°169 ainsi que dans la Déclaration des Nations Unies.

---

[661] S. MATIATION, « A Model for Natural Resource Developments Affecting Indigenous Groups in Latin America », *Great Plains Natural Resources Journal*, 2002-2003, vol. 7, p. 204.

[662] L'ONG Oxfam souligne que des négociations pour l'établissement d'un contrat plus juste dans le partage des avantages et la création de taxes sur les revenus du pétrole par exemple seraient un moyen de parvenir à un juste équilibre entre l'exploitation des ressources d'une part, et le développement et l'amélioration des conditions de vie de la population d'autre part. Incorporer les avantages des peuples autochtones dans un accord permettrait une formalisation des demandes issues des consultations.

[663] S. MATIATION, op. cit., pp. 227-228.

[664] L. SARGENT, « The indigenous Peoples of Bolivia's… », op. cit., pp. 507-508.

B. Une solution juridique à l'absence de partage des avantages ? Le principe de consentement libre, préalable et informé

Dans tous les instruments internationaux relatifs aux peuples autochtones, le principe de consentement libre, préalable et informé est requis dans les cas de déplacement et de relocalisation des peuples autochtones. S'il était consacré et respecté, ce principe aurait une portée pratique déterminante. Toutefois, les textes et l'interprétation qui en est faite par les États atténuent sa portée.

Dans la Déclaration sur les droits des peuples autochtones, tout comme dans la Convention n°169 de l'OIT, le principe fait l'objet d'une interprétation restrictive. Le terme de « consentement » a été choisi pour exiger du gouvernement la recherche d'un accord ou d'un consensus. Mais il s'agit plutôt d'une obligation de moyens, et la réalisation d'un projet n'est pas clairement interdite en cas d'absence de consentement des peuples autochtones concernés. Le « consentement » n'est pas entendu, en particulier par les États, de manière à accorder un droit de véto aux peuples autochtones. Lors du vote de la Déclaration, la Colombie a par exemple retenu une interprétation du « consentement » qui en dénature même le principe. En effet, le représentant colombien entend par ce terme la « participation pleine, libre et en connaissance de cause dans les décisions adoptées pour autoriser ces exploitations sur leurs territoires »[665]. Et il ajoute que l'État « n'est pas tenu de parvenir à un accord ou une concertation. Le droit des peuples autochtones à être consultés n'est pas un droit absolu. Aussi bien la Cour constitutionnelle que le Comité d'experts de l'OIT ont établi que les consultations préalables n'impliquaient pas un droit à opposer son veto aux décisions prises par l'État, mais qu'il s'agissait d'un mécanisme idoine pour que les peuples autochtones et tribaux aient le droit de s'exprimer et d'influencer le processus de prise de décisions »[666]. On retombe alors tout simplement sur les principes de l'information, de consultation et de la participation des communautés autochtones, principes

---

[665] Voir : Assemblée générale, le PV du vote sur la Déclaration sur les droits des peuples autochtones, 61ème session, 13 septembre 2007, A/61/PV.107, p. 19 : « Le droit de ces peuples autochtones à être consultés préalablement est défini dans notre constitution et dans la Convention 169 de l'OIT. Dans ce contexte, la Cour constitutionnelle colombienne a réitéré dans sa jurisprudence que l'exploitation des ressources naturelles doit être compatible avec la protection de l'intégrité sociale, culturelle et économique des peuples autochtones. C'est la raison pour laquelle il est nécessaire de garantir leur participation pleine, libre et en connaissance de cause dans les décisions adoptées pour autoriser ces exploitations sur leurs territoires ».

[666] Ibid., p. 19.

auxquels celui du consentement n'ajoute rien. Si le consentement ne signifie pas accord ou droit de véto, sa valeur ajoutée est nulle.

L'opposition des États vient de ce qu'ils estiment que l'intérêt public doit dans certains cas primer sur la volonté des personnes privées, quelle que soit l'autonomie qu'ils leur reconnaissent par ailleurs. Là encore, le discours du représentant colombien est révélateur : « [l]a façon dont cette Déclaration aborde le consentement préalable est différente et pourrait équivaloir à refuser que des ressources naturelles se trouvant sur le territoire de peuples autochtones soient exploitées, faute d'accord, ce qui pourrait freiner des projets d'intérêt général »[667]. L'État se présente ainsi comme le protecteur de l'intérêt général. De ce point de vue, on comprend que « *FPIC [free, prior, informed consent] balances the national interest if an extraordinary lucrative mine, for example, was held hostage by one absentee family with a house on the Iode. In such a case, eminent domain could rightly be used* »[668]. Mais surtout, les États démocratiques se veulent généralement l'expression de la volonté générale de leurs citoyens, qui ne doit pas pouvoir être confisquée de manière unilatérale et illimitée par une minorité de citoyens, même particulièrement concernés[669].

---

[667] Ibid., p. 12 et p. 13. Le Canada a exprimé une position similaire : « [n]ous avons publiquement exprimé nos préoccupations quant à la formulation du texte actuel, notamment en ce qui concerne les dispositions sur les terres, territoires et ressources ; la notion de consentement préalable, libre et informé qui peut être utilisée comme droit de veto ; la question de l'autodétermination qui ne reconnaît pas l'importance des négociations; la propriété intellectuelle ; les questions militaires ; la nécessité de trouver un bon équilibre entre les droits et les obligations des peuples autochtones, des États Membres et des tierces parties ».

[668] R. GOODLAND, « Free, Prior and Informed Consent and the World Bank Group », *Sustainable Development Law and Policy*, 2004, vol. 4, p. 72. Voir aussi : D. BARSTOW MAGRAW, L. BAKER, op. cit., p. 422.

[669] Telle était notamment la position de l'Australie : « concernant le consentement préalable, donné librement et en connaissance de cause, l'Australie craint que la déclaration n'étende excessivement le droit à un tel consentement. Ainsi, il y est énoncé que les États doivent préalablement obtenir le consentement libre et éclairé des peuples autochtones avant d'adopter ou d'appliquer des mesures susceptibles de les affecter. La définition du droit proposé est trop vaste. Elle pourrait signifier, pour les États, l'obligation de consulter les peuples autochtones sur le moindre aspect des lois susceptibles de les concerner. Non seulement cela serait irréalisable, mais, en outre, il en résulterait que certains critères s'appliqueraient exclusivement aux peuples autochtones et pas au reste de la population. L'Australie ne saurait approuver un droit permettant à un sous-groupe de la population d'opposer son veto aux décisions légitimes d'un gouvernement représentatif et démocratique. Les

Contrairement à ce que laissent apparaître les déclarations des États, une partie de la doctrine estime que la réticence des gouvernants provient de leur peur de perdre le contrôle d'un domaine (l'exploitation des ressources naturelles) relevant de la souveraineté de l'État. Les États affirment que « [l]es opposants au libre consentement préalable et éclairé soutiennent qu'il va à l'encontre du droit d'expropriation (domaine éminent) des États et qu'il est de ce fait inacceptable ». Selon eux « [c]ependant, le domaine éminent est assujetti à la législation en matière de droits humains, comme l'est toute prérogative gouvernementale, et ne devrait donc pas jouir d'un statut ou d'une exemption particuliers pour justifier, dans le cas qui nous intéresse, le refus du droit au libre consentement préalable et éclairé »[670]. Le raisonnement tenu ici revient à affirmer que le droit au consentement, libre, préalable et éclairé est contraire au droit d'expropriation de l'État puisqu'il lui empêcherait d'exercer ses prérogatives. L'essentiel de la jurisprudence relative aux expropriations, y compris celle des Cours régionales des droits de l'Homme montre au contraire que la principale protection de l'individu à l'égard de l'arbitraire étatique en la matière réside dans la légalité de l'expropriation, dans sa justification au regard de l'intérêt public, et dans son application égalitaire, c'est-à-dire exactement ce que le principe du consentement empêcherait puisqu'il ferait reposer l'expropriation sur une volonté privée.

Quoi qu'il en soit, la traduction juridique du problème politique de l'opposition des États au principe de consentement libre, préalable et informé ou *free, prior, informed consent* en anglais, est qu'il n'est pas accompagné de standards d'application, ni de dispositif ou mécanisme clair qui aiderait les décideurs politiques à l'utiliser de manière effective. Il n'est pas transposé dans la plupart des droits nationaux latino-américains, et donc pas considéré comme une condition de légalité des projets en droit national. Certains auteurs proposent toutefois de le considérer comme un processus[671] au terme duquel les États doivent s'efforcer d'intégrer les peuples autochtones à leurs décisions. Un tel processus permettrait de modifier l'approche des deux acteurs : l'État en évitant qu'il promeuve aveuglément

---

dispositions relatives au consentement préalable, donné librement et en connaissance de cause, risquent par ailleurs de contredire et d'outrepasser le principe de consentement libre et éclairé en cours d'élaboration dans d'autres instances internationales ».

670 F. MACKAY, « Le droit des peuples autochtones au libre consentement préalable et éclairé… », op. cit., p. 32.

671 A. PERRAULT, K. HERBERTSON, O. J. LYNCH, « Partnerships for Success… », op. cit., p. 522.

l'exploitation des ressources naturelles, et les peuples autochtones en les empêchant d'opposer un refus systématique des projets de peur d'être lésés. Dans la plupart des cas, les peuples autochtones refusent d'emblée les projets en raison du manque d'informations qui leur sont fournis à son propos, et des mauvaises relations qu'ils ont longtemps entretenues avec des gouvernements souvent totalement indifférents à leur point de vue, et à leurs intérêts. « *Despite the clear standard that free, prior and informed consent provides, consultations have not always been carried out in this way, and have been manipulated as public relations tools to endorse proposals regarding development projects, by demonstrating so-called support from the community by citing irrelevant comments and downplaying dissenting voices* »[672]. Le manque de confiance des parties respectives révèle la nécessité, avant toute chose, d'établir les conditions d'un dialogue, d'empêcher chaque acteur de rester sur une position prédéfinie, ce qui implique de prendre du temps et d'admettre par avance la possibilité de compromis. Cela implique aussi de la part des États, des politiques visant à imposer aux entreprises la prise en compte du point de vue autochtone, et par exemple un partage plus équitable des bénéfices. Toutefois, compris comme un processus, le principe du consentement revient encore plus ou moins à celui de la consultation.

Dans les textes internationaux et régionaux, les références au principe se répandent : « on peut voir que le libre consentement préalable et éclairé s'est imposé dans les normes internationales en matière de droits humains et dans les activités de normalisation relatives aux peuples autochtones »[673] sans toutefois consacrer un contenu différent à celui évoqué plus haut (ce libre consentement ne signifie pas droit de veto). C'est sans doute en insistant sur sa mise en œuvre que les organes conventionnels des droits de l'Homme ainsi que d'autres organes entendent promouvoir le principe de consentement libre, préalable et informé. Certains organes conventionnels des droits de l'Homme des Nations Unies y font explicitement référence pour encourager l'État à rechercher le consentement des peuples autochtones avant d'autoriser des projets de développement. Le principe a également été utilisé par l'Organisation des États américains dans son rapport sur la situation des droits de l'Homme d'une partie de la population

---

672 Rapport intermédiaire du Comité d'experts sur les droits des peuples autochtones, Étude sur les peuples autochtones et le droit de participer à la prise de décisions, A/HCR/EMRIP/2010/2, 17 mai 2010, p. 22, par. 89.

673 F. MACKAY, « Le droit des peuples autochtones au libre consentement préalable et éclairé… », op. cit., p. 32.

nicaraguayenne d'origine Miskito[674]. Rodolfo Stavenhagen, ancien Rapporteur spécial des Nations Unies sur les droits des peuples autochtones a constaté dans son rapport annuel de 2003, que « [l]'exigence d'un consentement préalable donné librement et en connaissance de cause par les peuples autochtones reste une question essentielle, car trop de décisions importantes relatives à des projets de développement à grande échelle dans les territoires des peuples autochtones ont été prises au mépris de cette obligation »[675]. En 2001, le Comité sur les droits économiques, sociaux et culturels des Nations Unies a constaté « avec regret[,] que les terres traditionnelles des communautés autochtones ont été réduites ou occupées sans leur consentement par des sociétés forestières, minières et pétrolières, au détriment de la pratique de la culture de ces communautés et de l'équilibre de l'écosystème »[676]. Sur la base de la Convention n°169 de l'OIT, il recommande donc aux États de « faire en sorte que les communautés autochtones participent à la prise des décisions qui les touchent. Il demande, en particulier, instamment, à l'État partie de consulter les communautés autochtones et d'obtenir leur consentement »[677].

Quelques États ont reconnu le principe dans leur droit interne. C'est le cas du Panama qui va au-delà de la simple reconnaissance du principe, en consacrant un droit au consentement préalable, libre et éclairé. Il élargit son champ d'application aux projets hydroélectriques, aux mines, et aux projets financés par des organismes internationaux sur des terres indigènes[678]. De même, au Pérou, un projet de 2000 consacrait l'obligation du consentement libre, préalable et informé, pour les recherches scientifiques, l'héritage

---

674 Rapport de l'OEA sur la situation des droits de l'Homme d'une partie de la population nicaraguayenne d'origine Miskito, OEA/Ser.L/V/II.62, doc. 26, 1984, par. 120.

675 Rapport du Rapporteur spécial sur la situation des droits de l'Homme et des libertés fondamentales des populations autochtones, M. Rodolfo Stavenhagen, E/CN.4/2003/90, 21 janvier 2003, par. 13.

676 Observations finales du Comité pour les droits économiques, sociaux et culturels sur la Colombie, E/C.12/Add. 74, 14 novembre 2001, par. 12.

677 Compilación de observaciones finales del Comité de Derechos Económicos, Sociales y Culturales sobre países de América Latina y el Caribe (1989-2004), p. 83. Disponible en ligne sur :
http://www2.ohchr.org/english/bodies/cescr/docs/publications/CESCR-Compilacion(1989-2004).pdf (consulté le 30 août 2010).

678 Contribution du Panama au Rapport intermédiaire du Comité d'experts sur les droits des peuples autochtones des Nations Unies à l'Étude sur les peuples autochtones et le droit de participer à la prise de décisions, p. 4.

culturel et l'exploitation commerciale des ressources en tenant compte des systèmes traditionnels[679].

De leur côté, les entreprises incluent dans leurs documents l'importance d'avoir le soutien de la communauté. Sur le principe du consentement libre, préalable et informé, les entreprises membres du Conseil international des mines et des métaux « *commit to :*

> *'engaging and consulting with Indigenous Peoples in a fair, timely and culturally appropriate way throughout the project cycle... based on honest and open provision of information' in accessible forms (Commitment 3). This is consistent with the 'Free, Prior and Informed' elements of FPIC. Members recognize the importance of engaging affected Indigenous Peoples in project decision-making processes, with the objective of achieving mutually beneficial project outcomes (Commitments 6 and 7). Furthermore, members commit to seeking 'broad community support for new projects or activities', and recognize that 'following consultation with local people and relevant authorities, a decision may sometimes be made not to proceed with developments or exploration even if this is legally permitted' (Commitment 9)* »[680].

---

679 Voir : http://www.un.org/esa/socdev/unpfii/documents/workshop_FPIC_tamang.doc (consulté le 15 octobre 2010).

680 CONSEIL INTERNATIONAL DES MINES ET DES METAUX, *Good Practice Guide Indigenous Peoples and Mining*, Londres, ICMM, 2010, pp. 24, 33. Quelques entreprises qui méconnaissaient le principe de consentement libre, préalable et informé ont reçu des réponses à leurs questions sur sa mise en œuvre (notamment la question de savoir si le principe s'appliquait uniquement aux peuples autochtones ou également à toutes les populations locales, la question de savoir quelles étaient les structures représentatives, celle de savoir comment ce principe s'évaluait, et à quel stade il était mis en œuvre, etc.). En effet, « [i]ndustry respondents and others have raised various questions about the difficulty of putting the concept of FPIC into operation :
• Is FPIC to be applied just to Indigenous peoples or to all 'local communities' ?
• In complex local situations where there are different communities and decision-making structures, which ones are to be included in the consent process, and who determines this ?
• How is it to be specifically defined in operational terms, so that it can be evaluated (that is, when do you know that you have it, and when do you know that you have lost it) ?
• Who would evaluate whether FPIC has been achieved ?

Malgré ces initiatives bienvenues, c'est la nature même de la relation entre entreprises et peuples autochtones, et entre États et peuples autochtones qui doit être changée en profondeur pour éviter les conflits en matière de ressources naturelles. Même si une entreprise est légalement autorisée à exploiter des ressources, même si un État peut mener ou autoriser un projet, ces deux acteurs doivent d'eux-mêmes souhaiter et organiser la coopération avec les peuples autochtones. On peut penser que tant que ces derniers n'auront pas véritablement le droit d'accepter ou non un projet, ils ne seront pas en mesure de négocier des conditions favorables à leur développement et au respect de leur mode de vie.

Si le principe du consentement libre, préalable et informé est consacré, il n'en demeure pas moins difficile de rechercher une application réelle. C'est pourquoi, dans un premier temps, les efforts se sont concentrés sur l'exigence de consultation comme niveau moins contraignant que le principe de consentement mais moins vague que le principe de participation.

§ 2. La mise en œuvre du principe de participation en droit interne

De nombreux obstacles entravent la mise en œuvre du principe de participation en droit interne (A). Les conséquences de l'absence de consultation sont pourtant très négatives, pour les peuples autochtones comme pour les États et les entreprises (B).

A. Les difficultés de mise en œuvre de la participation en droit interne

La mise en œuvre en droit interne du principe de participation exige d'agir dans un cadre juridique déterminé, qui est celui de la Convention n°169. Elle implique donc la ratification et l'intégration de la Convention

---

• Does it refer only to recognized decision-making structures ? What if the rest of the community is of a different opinion than the governing body ?
• At what stages must consent be sought ? Just exploration, or through different stages of project life ?
• What aspects of the project are to be open for community decision-making ?
• What operational parameters does the industry work under if the affected communities refuse to support the project, and yet the national government decides to move forward ?
• What are the ramifications for the industry if certain companies move forward without community support ? ».

n°169 (1). En pratique, elle nécessite également l'adoption d'une loi interne spécifiquement consacrée à la participation ou à la consultation (2).

1. Les difficultés de ratification et d'intégration de la Convention n°169 de l'OIT

La plupart des États latino-américains[681] ont ratifié la Convention n°169 et ont donc consenti au principe de la participation : le Mexique a ratifié la Convention le 5 septembre 1990 sans grandes difficultés en reconnaissant le droit aux communautés autochtones de jouir de leur territoire[682]. Contrairement au Mexique, le Guatemala a recontré certains obstacles pour ratifier la Convention. Les opposants à la ratification ont renvoyé la loi autorisant la ratification devant la Cour Constitutionnelle pour contrôler la constitutionnalité de la Convention, mais ont aussi multiplié les manœuvres dilatoires afin de retarder ou d'éviter sa ratification[683]. Pour s'y conformer, des réformes constitutionnelles ont été entreprises aboutissant à la reconnaissance dans la Constitution du caractère pluriethnique et plurilingue de la Nation guatémaltèque[684]. Dans le cadre du contrôle de constitutionnalité, la Cour Constitutionnelle a estimé que les dispositions de la Convention n'étaient pas incompatibles avec la Constitution et que, sans nuire à l'unité du pays, elles étaient même en conformité avec l'article 66 de la Constitution qui consacre la protection des groupes ethniques[685]. Suite à l'avis conforme de la Cour Constitutionnelle, le Guatemala a ratifié la Convention le 5 juin 1996.

Les organes des droits de l'Homme des Nations Unies encouragent les États, sur le territoire desquels sont présents des groupes autochtones, à ratifier la Convention. C'est notamment les cas du Comité des DH lors de

---

[681] 14 des 18 États d'Amérique latine.

[682] J. DEL VAL, op. cit., pp. 130-139.

[683] J. E. R. ORDONEZ CIFUENTES, « El Convenio 169 de la OIT en México y Guatemala », in J. E. R. ORDONEZ CIFUENTES (coord.), *Análisis interdisciplinario de la Declaración Americana de los Derechos de los Pueblos Indígenas*, X Jornadas Lascasianas, México, UNAM, 2001, p. 95.

[684] Pour des informations concernant la ratification de la Convention par le Guatemala, voir : V. A. LEARY, op. cit., pp. 61-73.

[685] I.I.D.H., « Jurisprudencia Nacional de América Latina en Derechos Humanos, Incorporación al ordenamiento interno del Convenio 169 de OIT, para garantizar derechos de los indígenas », *Iudicium et Vita*, 1996, n°4, p. 192. Voir aussi : J. E. R. ORDONEZ CIFUENTES, « El Convenio 169 de la OIT en México y Guatemala », op. cit., pp. 94-95.

l'examen d'El Salvador[686] qui invite également l'État à consulter davantage les peuples autochtones. C'est aussi par exemple le cas du Comité sur les droits économiques, sociaux et culturels des Nations Unies s'agissant du Panama. Ce Comité n'hésite pas à reprendre les termes de la Convention en faisant référence explicitement au consentement préalable, libre et informé, qui s'impose aux États ayant ratifié la Convention, et encourage le Panama à assurer une protection effective des droits des peuples autochtones. Certes, si l'État n'a pas ratifié la Convention n°169, rien ne l'oblige en principe à consulter les peuples autochtones pour toute décision affectant leurs droits. Mais certaines juridictions ont affirmé l'existence coutumière d'un tel droit[687]. D'une manière générale, les multiples références à la Convention par les organes des Nations Unies et les juridictions montrent d'ailleurs que les droits à la consultation et la participation des peuples autochtones à la prise de décision sont fondamentaux.

Mais la décision de ratifier la Convention n°169 ne résout pas tous les problèmes liés à l'insuffisance de la participation autochtone au processus décisionnel. L'État doit assurer la diffusion de la Convention ou des décrets d'application au sein de son gouvernement auprès des décideurs politiques et de la société civile. Si on procède à l'analyse des plaintes déposées auprès du Comité d'experts de la Convention de l'OIT, on remarque que seules 15 plaintes concernant l'Amérique latine (dont 7 visant le Mexique) ont été déposées et suivies de recommandations par le Comité d'experts chargé de surveiller la mise en œuvre de la Convention dans les États parties, alors que de multiples situations de violation des droits protégés par la Convention sont rapportées. Le peu de réclamations soumises est révélateur, soit d'un manque de diffusion de la Convention, soit du peu de maîtrise du mécanisme de réclamations prévu à l'article 24 de la Constitution de l'OIT, soit d'un

---

686 Observations finales du Comité des droits de l'Homme sur El Salvador, CCPR/C/SLV/CO/6, 18 novembre 2010, par. 18 : « L'État partie devrait promouvoir la reconnaissance pleine et entière de tous les peuples autochtones et envisager de ratifier la Convention n° 169 de l'OIT relative aux peuples indigènes et tribaux dans les pays indépendants (1989) ; après consultation et avec le consentement libre et informé de tous les peuples autochtones, prévoir pour le prochain recensement de population des questions en vue de l'identification de ces peuples, concevoir et mettre en œuvre des politiques publiques pour progresser dans la réalisation effective de leurs droits et adopter des mesures spéciales pour remédier à la situation de marginalisation qu'ils ont connue. Après consultation avec tous les peuples autochtones, l'État partie devrait également adopter des mesures pour redonner de la vitalité à leurs langues et à leurs cultures ».

687 Voir infra Partie II.

manque de suivi des recommandations émises par le Comité, qui découragent les organisations syndicales de relayer les plaintes. Ce dernier point peut faire l'objet d'une illustration. Le 15 mars 2005, la Fédération guatémaltèque des travailleurs des campagnes et des villes (FTCC) a présenté une réclamation en vertu de l'article 24 de la Constitution de l'OIT. Le Conseil d'Administration de l'OIT a jugé la réclamation recevable. Le FTCC y fait valoir que le Ministère de l'énergie et des mines, sans consultation préalable, a délivré le 13 décembre 2004 un permis d'exploration minière à la société *Exploraciones y Explotaciones Mineras Izábal*, S.A. (EXMIBAL). Cette exploration concerne le territoire du peuple Maya Q'eqchi, dans la commune d'El Estor (département d'Izábal) dans laquelle sont établies 19 communautés autochtones menacées[688]. Selon le Comité d'experts, le Guatemala n'a pas respecté l'obligation de consulter, portant ainsi atteinte aux droits de ces communautés. Il invite donc le gouvernement guatémaltèque à lui présenter ses observations. Le Guatemala répond en février 2006 en niant l'ensemble des allégations présentées par le FTCC. Le Comité clôt la procédure s'estimant satisfait des réponses apportées par le gouvernement guatémaltèque. Il conclut en prenant note de l'inquiétude des communautés et en invitant le gouvernement à poursuivre des efforts de dialogue pour une meilleure garantie des droits des peuples autochtones[689]. Cette conclusion a un goût d'inachevé, et apparaît largement inconsistante au regard des allégations soumises pour examen. À la lumière de son caractère lacunaire et peu satisfaisant du point de vue du suivi de l'application effective de la Convention, les peuples autochtones ne peuvent qu'être dissuadés d'invoquer des violations de la Convention devant le Comité.

Il résulte des développements qui précèdent que si la ratification de la Convention apparaît comme un premier pas vers la concrétisation du droit des peuples autochtones à participer pleinement à toutes les décisions qui peuvent les affecter, il n'est pas suffisant. Les organes de suivi doivent donc pousser les États ayant déjà ratifié la Convention à agir de manière efficace, et faire preuve de persévérance, en veillant à adopter des positions à la fois

---

[688] Il s'agit des communautés Esperanza, Sarabia Chacalté, Tambul se Guamó, Lote 4 Agua Caliente, Nueva Jerusalén, El Chorro, Semuc Lote 5, Searanx, San Luis Chakpaila, Lote 9 Agua Caliente, Santo Domingo, Sexán, Río Sauce Sexán, Selich, Semuy, Sechina, Las Nubes, Sakarilá et Nueva Sakarilá.

[689] Voir le rapport du Comité chargé d'examiner la réclamation alléguant l'inexécution par le Guatemala de la convention (n°169) relative aux peuples indigènes et tribaux, présentée par la Fédération des travailleurs des campagnes et des villes (FTCC), n°162007GTM169, Genève, le 4 juin 2007.

exigeantes et pragmatiques. Après la ratification, c'est donc à l'adoption de règles nationales adaptées spécifiquement relatives à la participation que les organes doivent veiller.

2. *L'adoption de règles nationales spécifiquement relatives à la participation*

L'adoption d'une loi relative à la consultation est encouragée par les comités des Nations Unies chargés de l'application des conventions en matière de droits de l'Homme et par le Rapporteur spécial sur les droits des peuples autochtones, James Anaya. L'adoption de ce type de loi a pour effet de donner un cadre légal interne à l'obligation de consulter et d'offrir des recours possibles aux personnes affectées pour faire respecter ses dispositions. Elle fixe les contours de l'obligation et assure également la mise en œuvre par des dispositions concrètes dans des domaines variés : environnement, mines, pétrole, agriculture, forêts etc.

En ce sens, le Comité pour l'élimination de la discrimination raciale a par exemple exprimé sa grave préoccupation s'agissant de la situation des peuples autochtones au Panama, notamment en raison de « l'absence de mécanisme de consultation véritable avec les peuples autochtones ». Il a souligné à cet égard « la nécessité d'obtenir leur consentement libre, préalable et éclairé pour les projets de développement, d'exploitation des ressources et de développement touristique susceptibles d'avoir une incidence sur leur mode de vie »[690]. De même, il s'est inquiété « des effets nocifs sur la santé et l'environnement » des peuples autochtones péruviens « des activités d'extraction menées par des entreprises au mépris des droits fonciers et culturels des peuples autochtones concernés »[691]. Afin de rendre effectives les mesures régissant l'obligation de consultation à chaque étape des projets d'exploitation, il a recommandé « d'approuver la loi relative à la consultation et participation dans le domaine de l'environnement »[692].

À la suite des organes de suivi des Conventions des Nations Unies, les États eux-mêmes prennent conscience que la participation des peuples autochtones doit être organisée et encadrée. Dans sa contribution à l'étude du mécanisme d'experts des Nations Unies sur les peuples autochtones, le

---

690 Observations finales du Comité pour l'élimination de la discrimination raciale sur le Panama, CERD/C/PAN/CO/15-20, 19 mai 2010, par. 14.

691 Observations finales du Comité pour l'élimination de la discrimination raciale sur le Pérou, CERD/C/PER/CO/14-17, 3 septembre 2009, par. 14.

692 Ibid., par. 14.

Mexique a relevé, dans les défis en matière de participation, que la consultation devait être encadrée par un dispositif législatif, coordonnée avec le gouvernement, et diffusée au préalable dans les médias et en plusieurs langues autochtones, au niveau communautaire, municipal, régional, étatique et national, avec l'appui du personnel des institutions spécialisées. Ses résultats devaient également être transmis et connus[693].

Il n'est donc pas étonnant que des États comme le Mexique ou la Bolivie aient adopté des règles internes relatives à la participation et à la consultation des communautés autochtones concernées par les projets d'exploitation des ressources. Afin de mettre en œuvre diverses dispositions de la Convention, le gouvernement mexicain a ainsi adopté de nombreux décrets et mesures législatives[694]. La Bolivie a fait de même[695]. En Bolivie, la loi n°3058 du 17 mai 2005 portant sur les hydrocarbures comporte une modification importante en matière de consultation des peuples autochtones puisqu'il y est exigé « l'application aux peuples autochtones d'un processus de consultation opportun, de bonne foi et autonome sur les opérations pétrolières [et] le suivi environnemental avec la participation autochtones »[696]. L'Équateur a également inséré des informations sur l'importance de la consultation dans l'article 57 alinéa 7 de la Constitution[697]. Il était d'ailleurs déjà prévu dans la Constitution équatorienne de 1998 que « [t]oute décision étatique qui peut affecter l'environnement, devra prendre en compte au préalable, des critères de la communauté, qui doit être dûment informée. La loi garantira sa participation »[698]. En 2002, un décret fixant les

---

693 Contribution du Mexique au Rapport intermédiaire du Comité d'experts sur les droits des peuples autochtones à l'Étude sur les peuples autochtones et le droit de participer à la prise de décisions, p. 11.

694 J. M. LASTRA LASTRA, op. cit., pp. 57-67.

695 L. RODRÍGUEZ-PIÑERO, « Historical Anomalies… », op. cit., pp. 78-79.

696 Traduction libre. C. ROMERO BONIFAZ, op. cit., pp. 179-180.

697 Traduction libre. Disponible en ligne sur le site : http://pdba.georgetown.edu/Constitutions/Ecuador/english08.html (consulté le 31 mai 2011) : « To free prior informed consultation, within a reasonable period of time, on the plans and programs for prospecting, producing and marketing nonrenewable resources located on their lands and which could have an environmental or cultural impact on them; to participate in the profits earned from these projects and to receive compensation for social, cultural and environmental damages caused to them. The consultation that must be conducted by the competent authorities shall be mandatory and in due time. If consent of the consulted community is not obtained, steps provided for by the Constitution and the law shall be taken ».

698 Traduction libre. Disponible en ligne sur le site :

modalités de la consultation a été adopté[699]. En Colombie, l'article 330 de la Constitution mentionne la participation des peuples autochtones[700], tout comme la loi de ratification de la Convention n°169 de 1991, puis le décret n°1320 du 13 juillet 1998 paru dans le journal officiel n°43340 du 15 juillet 1998[701]. Ce dernier a trait à la consultation dans le domaine environnemental en particulier sur l'élaboration de l'étude d'impact socio-environnemental[702]. Encore de la même manière, au Pérou, par exemple, une obligation de consultation est formulée, au moins lorsque le projet est susceptible d'affecter l'environnement.

L'adoption d'une loi organisant le cadre et les modalités de la consultation n'est pourtant pas systématique en pratique. Au Pérou, elle a été l'aboutissement d'un processus long et mouvementé. En juin 2009, des peuples autochtones demandaient au gouvernement de retirer des décrets qui avaient des incidences sur leurs modes de vie et pour lesquels ils n'avaient pas été consultés au préalable. Constatant que l'absence de consultation constituait une violation de la Convention n°169 de l'OIT, ils ont organisé des manifestations qui ont conduit à la mort de 33 personnes dont 23 policiers. Ces décrets législatifs promulgués en 2008, considérés comme trop souples par les autochtones, favorisaient la privatisation des exploitations et les investissements étrangers. Face à la crise, le 10 juin 2009, le Parlement péruvien en session extraordinaire a décidé la suspension des deux décrets considérés comme étant les plus controversés. Ces événements ont contribué à faire émerger la nécessité pour l'État d'adopter une loi sur la consultation

---

http://pdba.georgetown.edu/Constitutions/Ecuador/ecuador98.html (consulté le 31 mai 2011). Sur cette question, voir aussi : Rapport du Haut-Commissariat aux droits de l'Homme, Contribution à l'étude sur les peuples autochtones et le droit de participer à la prise de décision, A/HRC/EMRIP/2010/3, Genève, 7 mai 2010, 11 p.

699 Décret exécutif n°3401 de 2002, Reglamento de consulta y participación para la realización de actividades hidrocarburíferas, Journal Officiel n°728.

700 Article 330 de la Constitution : « Exploitation of natural resources in the indigenous (Indian) territories will be done without impairing the cultural, social, and economic integrity of the indigenous communities. In the decisions adopted with respect to the said exploitation, the government will encourage the participation of the representatives of the respective communities ».

701 Décret présidentiel 1320 du 13 juillet 1998.

702 L. BARRERA-HERNANDEZ, « The Legal Framework for Indigenous Peoples' and other Public's Participation in Latin-America : The Cases of Argentina, Colombia and Peru », in D. ZILLMAN, A. LUCAS, G. PRING, *Human Rights in Natural Resource Development : Public Participation in the Sustainable Development of Mining and Energy Resources*, New York, Oxford University Press, 2002, pp. 604-611.

et la participation des peuples autochtones. Cette loi a été déposée en 2009 et approuvée par l'Assemblée nationale le 19 mai 2010. L'élaboration de cette loi faisait suite aux recommandations contenues dans le rapport dans le cadre du Comité ERD[703] puisque le Comité d'experts, tout comme le Rapporteur spécial sur la situation des droits de l'Homme et des libertés fondamentales des peuples autochtones lors de sa visite en juin 2009, avaient recommandé l'adoption au plus vite de cette mesure législative[704]. Toutefois, le pouvoir

---

[703] Observations finales du Comité pour l'élimination de la discrimination raciale sur le Pérou, CERD/C/PER/CO/14-17, 3 septembre 2009, par. 15-21. « 15). Dans les recommandations énoncées suite à la présentation du rapport national le 20 avril 2009, le Comité pour l'élimination de la discrimination raciale a examiné le cas du Pérou. « Le Comité exprime sa profonde préoccupation face aux violences suscitées par certains conflits nés de l'opposition entre des projets d'exploitation des ressources naturelles et les droits des peuples autochtones, par exemple les incidents survenus à Bagua, les 5 et 6 juin 2009. Il prend note des mesures prises par le Gouvernement péruvien pour désamorcer les violences à Bagua, notamment en abrogeant les décrets 1081 et 1094, et de l'ouverture d'une enquête sur ces incidents. Il se félicite de la visite au Pérou du Rapporteur spécial des Nations Unies sur la situation des droits de l'Homme et des libertés fondamentales des peuples autochtones, James Anaya, du 17 au 19 juin 2009, et des recommandations qu'il a formulées. Le Comité engage l'État partie à donner suite aux recommandations faites par le Rapporteur spécial des Nations Unies sur la situation des droits de l'Homme et des libertés fondamentales des peuples autochtones, M. James Anaya, à l'issue de sa mission dans le pays, et à instituer d'urgence une commission indépendante, comptant des représentants autochtones, chargée de mener une enquête exhaustive, objective et impartiale. Il recommande aussi que les conclusions de cette commission viennent alimenter le débat en cours au Pérou sur le projet de loi relatif à la consultation et à la participation des peuples autochtones dans le domaine de l'environnement et sur les règlements en vigueur en la matière applicables aux sous-secteurs minier et pétrolier, présentés par le Ministère de l'énergie et des mines. Le Comité souhaite être informé des travaux de la commission, de sa composition, de ses résultats, de ses conclusions et de ses recommandations. En outre, il soutient l'appel lancé par le Rapporteur spécial aux personnes et peuples autochtones concernés pour que leurs réclamations et leurs manifestations se fassent toujours dans un esprit pacifique et le respect des droits des autres ». 21) Le Comité prend note des informations fournies par l'État partie au sujet de l'application de l'Accord de Dorissa concernant le peuple Achuar, victime de la pollution du fleuve Corrientes provoquée par l'exploitation d'hydrocarbures. Le Comité encourage l'État partie à faire tout son possible pour assurer l'application sans délai de l'Accord de Dorissa et éviter qu'à l'avenir des projets d'exploitation d'hydrocarbures n'aboutissent à des cas similaires ».

[704] Rapport du Rapporteur spécial sur la situation des droits de l'Homme et des libertés fondamentales des peuples autochtones, James Anaya, 18 août 2009, A/HRC/12/34/Add.8, 17 p.

exécutif a transmis un nouveau projet de loi à l'Assemblée nationale avec des modifications dont la principale consistait à ne pas accorder le droit de veto aux peuples autochtones pour un projet d'intérêt national. Cette loi n'a été approuvée par le Parlement à l'unanimité que le 24 août 2011 puis promulguée par le Président le 6 septembre 2011[705]. Elle consacre le caractère préalable de la consultation pour toute mesure administrative ou législative affectant les droits collectifs (identité culturelle, existence physique) des peuples autochtones, en particulier avant tout projet d'exploitation minière ou d'hydrocarbures[706].

Même lorsque la Convention n°169 est ratifiée et que des mesures nationales d'application ont été adoptées, il n'est pas rare que des autorisations d'exploitation soient délivrées en l'absence de toute consultation. Ainsi par exemple, malgré les modifications de la Constitution et l'adoption d'un décret relatif aux consultations devant être menées, le gouvernement équatorien a autorisé de nombreuses concessions sans en avoir informé les communautés locales[707]. « *This (...) agreement confirmed that the government would not accept the indigenous peoples' demand to be consulted prior to the granting of any contractual rights to third parties for petroleum and gas activities affecting their lands* »[708]. L'absence de force

---

[705] Loi sur la consultation, adoptée au Pérou à l'unanimité le 24 août 2011. Disponible en ligne sur : http://www.politicaspublicas.net/docs/2010_05_19_ley_de_consulta_peru.pdf (24 août 2011).

[706] Disponible en ligne sur : www.servindi.org/pdf/Peru_LeyConsulta_aprobada.pdf (consulté le 13 octobre 2010). Sa finalité est la recherche d'un accord ou d'un consentement en parvenant à des mesures respectueuses des droits des peuples autochtones. Les principes directeurs de cette obligation sont l'opportunité, l'interculturalité (c'est-à-dire dans le respect des cultures), la bonne foi (c'est-à-dire dans un climat de confiance et de respect mutuel), la flexibilité, l'absence de condition, l'information opportune et adéquate. La loi énumère les étapes de la prise de décision qui sont l'identification des mesures pour lesquelles il est nécessaire de procéder à la consultation, l'identification des peuples autochtones à consulter, la publicité de la mesure, l'information, l'évaluation interne aux organisations autochtones, le processus de dialogue entre les deux parties et la décision.

[707] Les dispositions sur la consultation en Équateur sont disponibles dans N. WRAY, « La consulta como un derecho político de los pueblos indígenas », Estudio jurídico Tributarium, 2002, vol. 6, pp. 44-46.

[708] Rapport du Haut-Commissariat aux droits de l'Homme, Contribution à l'étude sur les peuples autochtones et le droit de participer à la prise de décision, A/HRC/EMRIP/2010/3, Genève, 7 mai 2010, 11 p. Voir : L. SARGENT, « The

contraignante des résultats de la consultation n'encourage pas le gouvernement à les organiser, d'autant qu'il est le seul à décider de l'acceptation du projet.

On assiste également à des contournements du droit par le gouvernement. Par exemple, selon Rafael Quispe Flores, chef de la Commission des industries extractives du Conseil national des Ayllus et Markas Qullasuyu, la Bolivie a contourné l'obligation de consulter les peuples en octroyant un permis d'explorer et d'exploiter le cuivre en avril 2009 à l'entreprise *Korea Resource Corporation* pour motif que l'agence gouvernementale chargée d'organiser les consultations n'était pas encore fonctionnelle faute de moyens financiers[709]. S'il existait une obligation dans un texte juridique fixant les modalités de la consultation, aucune administration ne pourrait justifier l'absence de consultation par l'absence de moyens financiers car elle pourrait se voir condamner pour non-respect de la loi en cas de recours administratif contre la décision octroyant le permis de concession.

Les spécificités des lois prévoyant la consultation, et les modalités dans lesquelles cette dernière doit avoir lieu sont donc essentielles au respect effectif de l'obligation de consultation et du principe de participation. C'est donc souvent sur ces points que se focalisent les organes de suivi, ainsi que le montre l'exemple du Guatemala. Il semble que la ratification de la Convention n°169 ait eu un impact considérable sur l'amélioration des conditions de vie des peuples autochtones au Guatemala[710]. Pour promouvoir les droits garantis dans la Convention, et dans le cadre de l'examen de la réclamation de la Fédération guatémaltèque des travailleurs des campagnes et des villes, le Comité d'experts a proposé au Bureau de l'OIT de « poursuivre les activités d'assistance et de coopération technique avec le gouvernement afin de favoriser la réalisation du processus de consultation [et] à prêter assistance au gouvernement aux fins de l'élaboration de la législation [sur la consultation des peuples indigènes à tenir quand des ressources naturelles (minérales, forestières, hydrauliques, entre autres), auxquelles il est fait référence à l'article 15 de la Convention, sont

---

Indigenous Peoples of Bolivia's Amazon Basin Region and ILO Convention N°169: Real Rights or Rhetoric », in L.WATTERS, op. cit., p. 192.

[709] Voir : « L'industrie minière en Amérique du Sud menace les collectivités autochtones ». Disponible en ligne sur : http://www.indianlaw.org/content/mining-industry-south-america-threatens-indigenous-communities (consulté le 10 octobre 2010).

[710] C. S. ORDONEZ MAZARIEGOS, « Tres casos de estudio en el municipio Totonicapan », in J.E.R. ORDONEZ CIFUENTES, I. ZARAGOZA ANGELES (coord.), *Pueblos Indígenas y Tribales. Respeto, Participación y Consulta*, México, éd. Plaza y Valdes, 2008, pp. 83-104.

prospectées ou exploitées] ». Il ajouta que « cela contribuera au développement d'instruments adéquats de consultation et de participation qui ainsi atténueront les conflits liés aux ressources naturelles et à jeter les bases nécessaires à la mise en place de processus de développement inclusifs »[711].

Dans un autre cas, toujours relatif au Guatemala, un rapport alternatif du Conseil des Organisations mayas du Guatemala (COMG) souligne que la pratique de l'État diffère de la Convention n°169 et des articles 63 et 64 de la loi municipale relative à l'obligation de consulter ses voisins pour des affaires générales qui peuvent les affecter. Les résultats de la consultation telle que prévue dans cette loi doivent être suivis[712]. L'article 65 qui dispose que pour toute affaire qui affecte les droits des peuples autochtones, le Conseil municipal doit réaliser des consultations des communautés ou des autorités indigènes selon leurs propres traditions et coutumes[713]. En effet, les communautés autochtones n'ont pas été consultées pour le projet d'exploitation du pétrole de la *Petrolera Basic Resources International*. De même, le gouvernement guatémaltèque n'a pas consulté les peuples autochtones lors de l'élaboration de la loi minière adoptée le 15 mai 1997 qui a pourtant eu des incidences sur leurs terres. Cette loi disposait en effet que les ressources naturelles du sous-sol appartiennent à l'État, ce qui revenait implicitement à nier la nécessité de consulter pour des domaines relevant de la compétence

---

[711] Rapport du comité chargé d'examiner la réclamation alléguant l'inexécution par le Guatemala de la convention (n°169) relative aux peuples indigènes et tribaux, présentée par la Fédération des travailleurs des campagnes et des villes (FTCC), n°162007GTM169, Genève, le 4 juin 2007, par. 60.

[712] « Artículo 63 Consulta a los Vecinos : Cuando la trascendencia de un asunto aconseje la conveniencia de consulta la opinión de los vecinos, el Concejo Municipal, con el voto de las dos terceras (2/3) partes del total de sus integrantes, podrá acordar que tal consulta se celebre tomando en cuanta las modalidades indicadas en los artículos siguientes.
Artículo 64 Consulta a Solicitud de los vecinos : Los vecinos tienen el derecho de solicitar al Concejo Municipal la celebración de consultas cuando se refiera a asuntos de carácter general que afectan a todos los vecinos del municipio. La solicitud deberá contar con la firma de por lo menos. Los resultados serán vinculantes si participan en la consulta al menos el veinte por ciento (20%) de los vecinos empadronados. Y la mayoría vota favorablemente el asunto consultado ».

[713] « Artículo 65. Consultas a las comunidades o autoridades indígenas del municipio : Cuando la naturaleza de un asunto afecte en particular los derechos y los intereses de las comunidades indígenas del municipio o de sus autoridades propias, el Concejo Municipal realizará consultas a solicitud de las comunidades o autoridades indígenas, inclusive aplicando criterios propios de las costumbres y tradiciones indígenas ».

exclusive de l'État. La loi fixait des conditions de concession très favorables aux entreprises en leur reconnaissant des avantages considérables[714].

En 2010, le Comité pour l'élimination de la discrimination raciale a donc recommandé au Guatemala de « réformer le cadre juridique régissant l'exploitation des ressources naturelles de manière à ce que soient mis en place des mécanismes de consultation préalable avec les populations touchées au sujet de l'impact des exploitations en question sur leurs communautés ; d'accélérer le processus d'adoption de la loi sur la consultation des populations autochtones présentée par les populations autochtones, ainsi que la réforme de la loi sur l'exploitation minière, qui comporte un chapitre consacré à la consultation préalable à l'octroi de licences d'exploitation minière »[715]. Le 7 février 2011, le Rapporteur spécial sur les droits des peuples autochtones des Nations Unies a répondu au gouvernement guatémaltèque, en transmettant ses observations et commentaires sur le projet de loi relative à la consultation que le gouvernement lui avait soumis. Il relève que, dans l'état actuel du projet, il est nécessaire de réviser certaines dispositions du texte. Le champ d'application de la consultation est en effet largement restreint dans la loi, puisqu'il vise uniquement les mesures qui ont une incidence directe et exclusive sur les peuples autochtones. Dans la Convention n°169 au contraire, est visée toute mesure qui affecte d'une quelconque manière les peuples autochtones et qui doit faire l'objet d'une consultation. De plus, le Rapporteur spécial fait remarquer que le caractère préalable de la consultation n'est pas pleinement respecté puisque, dans la loi, elle est censée intervenir durant la phase de développement du projet et après l'étude environnementale et non durant la phase d'élaboration ou de planification du projet. Le gouvernement semble enfin indiquer qu'afin de fournir les informations suffisantes et précises (une des composantes de la consultation), le projet doit avoir été précisé au préalable, ce qui n'est pas l'avis du Rapporteur spécial. Celui-ci recommande, dans le cas des industries extractives, que la consultation s'effectue immédiatement après la demande de licence d'explorer ou d'exploiter les ressources naturelles du sous-sol. Il propose de faire dépendre le choix d'une consultation directe (qui vise toutes

---

714 Traduction libre de l'article 63 du code minier : « Les pourcentages de redevances à payer par l'exploitation des minerais seront d'un demi pourcent pour l'État et d'un demi pourcent pour les municipalités ». Disponible en ligne sur : http://www.mem.gob.gt/wp-content/uploads/2012/05/1._Ley_de_Mineria_y_su_Reglamento.pdf (consulté le 2 janvier 2013).

715 Observations finales du Comité pour l'élimination de la discrimination raciale sur le Guatemala, CERD/C/GTM/CO/12-13, 19 mai 2010, par. 11.

les personnes affectées) ou d'une consultation indirecte (qui vise à consulter les organes représentatifs appropriés) de la situation géographique de la zone affectée par la mesure, notamment de sa dimension et du caractère reculé de certaines régions. Sur le consentement libre, préalable et informé, le gouvernement a repris les termes de la Convention. Néanmoins, James Anaya propose de préciser et d'incorporer des mesures qui démontrent une réelle volonté de rechercher un accord, de créer un dialogue constructif et d'établir une confiance mutuelle. Il suggère que le gouvernement motive sa décision selon le scénario qui se présente : dans une première hypothèse, un accord entre les organes représentatifs et le gouvernement est conclu ; dans une deuxième hypothèse, en l'absence d'accord, les raisons objectives du refus de consacrer la position de la population affectée doivent être indiquées, et dans une troisième hypothèse, si le gouvernement décide de mettre en œuvre sa mesure contre l'avis de la population consultée, il doit prévoir un plan pour garantir la protection des droits et des intérêts des peuples autochtones. Il note également l'absence de disposition s'agissant du partage des bénéfices dans la loi, alors qu'il est mentionné dans la Convention. Enfin, il invite le gouvernement à consulter les personnes susceptibles d'être affectées par ce projet de loi[716]. Aucune information sur la suite des recommandations formulées par le Rapporteur spécial n'est disponible pour le moment.

L'ensemble de ces développements montrent les difficultés de mise en œuvre du principe de la participation en droit interne (en particulier la résistance des États à donner un cadre légal à l'obligation de consultation) et les encouragements des organes de suivi des Nations Unies. Ces difficultés doivent impérativement être surmontées car les conséquences de l'absence de participation sont très négatives pour les acteurs impliqués dans l'exploitation des ressources naturelles.

B. Les conséquences de l'absence de mise en œuvre de la participation

L'irrespect du principe de la participation, et de l'obligation de consultation par l'État est dénoncé de manière récurrente par les organisations représentatives des intérêts des peuples autochtones. Celles-ci s'investissent chaque jour davantage dans l'élaboration de rapports alternatifs mettant en évidence le manque de volonté politique des États. La

716 La version n'est que provisoire et accessible sur : http://www.scribd.com/doc/50065808/Informe-del-Relator-Especial-de-Naciones-Unidas-sobre-los-derechos-de-los-pueblos-indigenas-James-Anaya (consulté le 6 mars 2011).

médiatisation de cette lutte trouve un écho favorable auprès de la communauté internationale qui relève ces irrégularités et force les États à réagir. Mais elle fait surtout connaître certains faits aux premiers intéressés. Bien souvent, ces derniers réagissent directement, émettent des protestations et organisent des manifestations qui sont parfois violentes (1). Dans bien des États, ces violences entraînent une criminalisation des mouvements contestataires, de sorte que les organisations indigènes préfèrent généralement organiser des consultations non officielles, en marge de celles qui devraient être tenues (2). Mais même dans ce cas, l'absence de cadre légal laisse un champ d'action aux entreprises impliquées dans les projets d'exploration et d'exploitation des ressources naturelles. En dehors d'une réglementation stricte et d'un contrôle étatique étroit, la plupart des pratiques des entreprises sont dommageables, même lorsqu'elles consistent apparemment en l'organisation de consultations (3).

1. La résistance des communautés autochtones

Les communautés autochtones s'opposent fréquemment aux projets d'exploitation de ressources naturelles mettant en péril leurs modes de vie, leur environnement ou leur santé. Elles sont alors généralement assistées d'ONG, dans leur confrontation aux entreprises et à l'État qui avance communément l'argument du développement et fait prévaloir l'intérêt économique. Dans certains cas, les peuples autochtones ne sont pas informés de l'arrivée d'une entreprise sur leurs terres et se retrouvent devant le fait accompli. Dans d'autres cas, ils sont informés, mais n'ont pas été consultés et tentent sans succès de négocier avec l'entreprise, qui répond dans certains cas par des actions violentes. Pressions et intimidations (licenciements des membres de la famille des protestataires, mandats d'arrêts pour blocage) sont le lot commun de ceux qui protestent.

Pour créer un espace de dialogue ou pour attirer l'attention du gouvernement, les peuples autochtones usent de moyens tels que les manifestations ou le blocage des routes. Plusieurs exemples démontrent que cette résistance peut porter des fruits. En Bolivie, la mobilisation de la communauté Guarani de Cumandaroti[717] (dont la terre bénéficie du statut de terre communautaire d'origine (TCO)) à l'encontre de l'extraction du gaz par l'entreprise espagnole *Repsol YPF*, a abouti à des changements significatifs. En effet, cette communauté a accusé l'entreprise de polluer l'air et l'eau, et de diminuer ainsi la qualité des cultures et de détériorer la santé du bétail. En mai 2004, quelques protestations pacifiques ont permis le

[717] Les Guarani représentent la troisième ethnie la plus importante de Bolivie.

versement par le gouvernement de 2% des revenus issus de l'extraction du gaz au bénéfice de projets guaranis. En 2006, les Guarani ont réclamé davantage de fonds en raison du passage d'un nouveau pipeline sur leurs terres[718]. De même, au Pérou, la résistance Achuar s'est conclue par une victoire partielle de la communauté. Dans cette affaire, le gouvernement de Fujimori avait concédé en 1995 l'exploitation d'un bloc autochtone, le bloc 64 comprenant le territoire Achuar, à l'entreprise étasunienne *Arco.* Mais suite à l'opposition autochtone au projet, *Arco* a décidé de céder sa concession à l'entreprise *Occidental Petroleum Co. (OXY)* en septembre 1999. Cette dernière reprit les activités en tant qu'opérateur en 2002, avec l'entreprise *Burlington.* Mais en raison de la résistance tenace de la communauté Achuar, *Burlington* décida en 2003 de se retirer à son tour, transférant ses parts à *OXY* qui demeure encore aujourd'hui dans la forêt péruvienne[719]. *OXY* fait actuellement l'objet d'une poursuite judiciaire pour pollution des eaux et des sols[720]. Toujours au Pérou, un autre exemple montre que la résistance directe des peuples autochtones aboutit à parfois à un meilleur respect de leurs droits. Suite à une étude de 2004 selon laquelle le Cerro Quilish contiendrait plus de 3,7 millions d'onces d'or, l'entreprise *Yanacocha* (dont le principal propriétaire était l'entreprise étasunienne *Newmont Mining*) a souhaité étendre son exploitation d'or, qui ne concernait jusque-là que la vallée de Yanacocha. Or, deux cours d'eau prennent source dans le Cerro Quilish et alimentent en eau les communautés alentours. En outre, le Cerro Quilish constitue un lieu sacré pour les communautés qui y vivent. Ils ont donc opposé une farouche résistance à l'entreprise, qui a abouti à la révocation par le Ministère de l'énergie et des mines de l'autorisation d'exploiter[721]. Le motif de cette révocation n'est cependant pas

[718] T. PERREAULT, *Natural Gas, Indigenous Mobilization and the Bolivian State*, Institut de recherche sur le développement social des Nations Unies, juillet 2008, 36 p. Disponible en ligne sur : http://www.unrisd.org/80256B3C005BCCF9/(httpAuxPages)/D96F71885FB60F74C1257512002F471E/$file/Perr-paper.pdf (consulté le 15 mai 2015).

[719] Voir les articles suivants : Burlington Resources Pulls Out of Peru Block 64, http://goliath.ecnext.com/coms2/gi_0199-1176693/Burlington-Resources-Pulls-Out-of.html ; Nativos de Perú dicen « no » a la exploración petrolera, http://www.biodiversidadla.org/Principal/Contenido/Noticias/Nativos_de_Peru_dicen_no_a_exploracion_petrolera ; Pétrole auPérou, RESISTANCE n° 44, Bulletin du réseau OILWATCH, mars 2004, 7 p. Disponible en ligne sur : http://www.oilwatch.org/doc/paises/peru/peru2004fra.pdf (consulté le 3 mars 2011)

[720] Voir infra Partie II, Titre I, Chapitre I, Section I, par. 2.

[721] M. LAFORCE, « Intérêts miniers étrangers et mobilisations communautaires au Pérou : Une nouvelle poudrière », Risal info, 2 mars 2005. Disponible en ligne sur : http://risal.collectifs.net/spip.php?article1271#nb5 (consulté le 15 février 2012).

uniquement la résistance. Elle est également due au classement de la montagne par le gouvernement local comme aire protégée[722].

La résistance directe apparaît ainsi comme un outil, qui permet aux peuples autochtones de se faire entendre[723] en l'absence de consultation, et lorsque les voies légales sont inexistantes ou inefficaces. En bloquant les routes pour le transport des ressources ou l'accès du personnel sur les chantiers, ils imposent des moyens de pression efficaces pour exiger des négociations avec l'entreprise et le gouvernement.

Dans ce type de situation, les entreprises usent fréquemment de la force, c'est-à-dire de leurs propres agents de sécurité ou, parfois, bénéficient du soutien de la police et de l'armée. Le Comité des DH relève le climat de tensions qui existe dans ce type de situation et s'inquiète, dans ses observations relatives au Panama, de « l'absence de processus de consultation visant à recueillir [le] consentement préalable, formulé librement et en toute connaissance de cause [de la part des autochtones], en ce qui concerne l'exploitation des ressources naturelles qui se trouvent sur leurs territoires, les mauvais traitements, les menaces et le harcèlement dont les membres de ces communautés auraient fait l'objet lorsqu'ils ont manifesté contre la construction d'ouvrages hydroélectriques, l'exploitation de ressources minières ou le développement de centres touristiques sur leurs territoires ; et le refus de reconnaissance d'un statut spécial aux

[722] OXFAM AMERICA (Chris Hufstader), « Conflicts surrounds expansion of Peru gold mine : Local communities turn to legal measures to protect land, water », 15 janvier 2009. Disponible en ligne sur : http://www.oxfamamerica.org /articles/conflict-surrounds-expansion-of-peru-gold-mine (consulté le 16 février 2012). Voir aussi : L. J. LAPLANTE, S. A. SPEARS, op. cit., p. 105.

[723] Deux cas de résistance non-autochtone ont abouti. C'est le cas de Tambogrande au Pérou, où l'activité minière est très contestée et où les communautés exigent d'exprimer leur consentement au projet. L'entreprise Manhattan Minerals Corporation a reçu l'autorisation d'exploiter l'or et d'autres minerais sur les terres de Tambogrande dans le nord du pays en 1999. Des conséquences néfastes, comme le déplacement de 8000 personnes, et la contamination de l'eau, ont conduit les habitants à organiser des manifestations massives avec le soutien du Front de défense de Tambogrande. Une consultation à l'initiative du Front de défense, en juin 2002, sous l'égide de nombreux observateurs de la société civile, s'achève avec 98% de voix à l'encontre du projet. Malgré ces résultats dont la force n'est pas contraignante, l'entreprise persiste à poursuivre ces activités. L'entreprise nationale Centromin Perú décide de mettre un terme au contrat en 2003. Voir : L. J. LAPLANTE, S. A. SPEARS, op. cit., p. 103. Le deuxième cas est le projet minier Esquel en Argentine où le projet a été suspendu. Voir : COMITÉ POUR LES DROITS DE L'HOMME EN AMÉRIQUE LATINE, op. cit.

communautés autochtones qui se trouvent en dehors des zones autochtones ('comarcas') »[724].

Si des voies légales d'urgence, par exemple sous la forme de référés, pouvaient être utilisées de manière efficace, et surtout si des consultations régulières et équitables étaient obligatoires, et donc prévues et organisées de manière systématique, il est clair que la résistance autochtone directe serait moins légitime et moins fréquente. Mais dans un grand nombre de cas, ils sont contraints d'user de la force ou d'actions de grande ampleur pour être entendus, de sorte que cet usage peut difficilement leur être reproché.

Cette résistance n'est pas sans risque car certains membres des communautés, en particulier leurs dirigeants, font l'objet de menaces et d'actes d'intimidation. Lors des manifestations, plusieurs blessés et morts sont souvent constatés. Les problèmes issus de l'absence de consultation et de l'usage de la force pour y remédier ont donné l'idée aux représentants des organisations autochtones d'organiser des consultations non-officielles, ou informelles.

2. L'organisation de consultations informelles

Face au refus fréquent des États d'organiser des consultations relatives à des projets susceptibles d'affecter les peuples autochtones, des membres de la société civile organisent de plus en plus des *consulta*s non formelles. Ils souhaitent par-là montrer pacifiquement au gouvernement que leur choix n'a pas été pris en compte lorsqu'ils s'opposent à ce type de projets. Le processus de *consulta* s'avère dans certains cas un bon moyen de faire participer activement les communautés autochtones aux décisions qui les affectent, et d'inciter les États à agir pour prévenir tout conflit.

De nombreux exemples de consultations informelles peuvent être fournis. Au Guatemala par exemple, des centaines de consultations ont été organisées en 2007. Elles répondent à l'absence de consultation des populations autochtones, qui aurait dû avoir lieu avant la délivrance de permis d'explorer les sols et d'en extraire les minerais attribués alors à des entreprises extractives. En février 2004, la Defensoria Q'echi avait en effet souligné que des centaines d'autorisations avaient été octroyées par le Ministère de l'énergie et mines, et que celles-ci n'avaient été précédées d'aucune consultation des populations concernées, mettant ainsi en péril la survie de

[724] Observations finales du Comité des droits de l'Homme sur le Panama, op. cit., 17 avril 2008, par. 21.

ces communautés[725]. Le rapport rédigé par plusieurs organisations d'Europe et d'Amérique du Nord fait état des effets nocifs de l'activité minière sur la santé, et particulièrement ceux des mines à ciel ouvert. 350 concessions ont été octroyées et environ 40 projets hydroélectriques débuteront prochainement. Les consultations informelles organisées par la société civile en partenariat avec les communautés autochtones pourront viser différents projets (par exemples, dans la municipalité de San Juan Sicatepéquez, l'installation d'une cimenterie par l'entreprise *Cementos Progreso*, dans la municipalité de San Miguel d'Ixtuhuacan (San Marcos) la mine Marlin par l'entreprise *Montana Exploradora*, dans la municipalité d'Ixcan (Quiché) la construction du barrage hydroélectrique *Xalala*[726] ou encore dans la municipalité d'El Estor (Izabal), le projet *Fenix* (extraction de nickel) de l'entrprise *Skye Resources*[727].

L'exemple de *Sikapaka* a été le point de départ de la mise en route du processus de consultations communautaires dans tout le pays. Les peuples Mam et Sipakapense, n'ayant pas été informés ni consultés pour l'exploitation minière concédée par l'État en 2003 à l'entreprise *Montana Exploradora*, filiale de la *Goldcorp Inc.* sur leur territoire, ont décidé d'organiser eux-mêmes des consultations[728] le 16 juin 2005 en se fondant sur la Convention n°169 et sur le Code municipal. La Cour constitutionnelle a jugé que la consultation était légale mais non contraignante juridiquement. Pourtant, elle note que le résultat reflète « le sentiment de la communauté ». Les communautés ont alors déposé une plainte auprès de la Commission IDH. Il faudra voir dans quelle mesure la Commission IDH analysera cette demande compte tenu du fait que ces communautés se sont fondées principalement sur la Convention n°169. Ces consultations communautaires

---

[725] FORO DE ONGs INTERNACIONALES - FONGI, « Marco jurídico nacional e internacional que sustentan las consultas comunitarias de pueblos indígenas », août 2006, p. 32.

[726] Voir pour plus d'informations : SERVICIO JURÍDICOS Y SOCIALES, « Estrategias para la defensa del territorio y de los recursos naturales » in CIDSE, *América latina : Riqueza privada, pobreza públic*a, 2009, Quito, pp. 34-49. Disponible en ligne sur : http://www.territorioindigenaygobernanza.com/estrategiasdedefensa.html (consulté le 14 février 2012).

[727] Voir le site internet : http://www.indianlaw.org/enews/april08/skye ou p. 8 du rapport.

[728] OFFICE OF THE COMPLIANCE ADVISOR/OMBUDSMAN, *Assessment of a complaint submitted to CAO in relation to the Marlin Mining Project in Guatemala*, Washington, 7 septembre 2005, p. 5. Disponible en ligne sur : http://www.cao-ombudsman.org/cases/document-links/documents/CAO-Marlin-assessment-English-7Sep05.pdf (consulté le 9 février 2012).

ont inspiré plusieurs communautés, notamment dans le département de Huehuetenango (en 2006, 24 consultations se sont déroulées, dont les résultats – le rejet par les communautés locales des explorations et exploitations effectuées sur leurs territoires – n'ont pas été pris en compte).

Le rapport du Forum des ONG internationales au Guatemala (FONGI) en 2006 donne les éléments de la législation prévoyant la participation des populations locales. Il explique également le mécanisme de consultation communautaire mis en œuvre par ces populations. Il distingue ainsi quatre types de consultations : la consultation populaire encadrée par la Constitution guatémaltèque sur un sujet spécifique ; la consultation de bonne foi encadrée par la Convention n°169 de l'OIT, et spécifiquement consacrée aux peuples autochtones ; la consultation des habitants encadrée par le Code municipal sur un sujet intéressant la municipalité ; la consultation communautaire des peuples autochtones, encadrée également par le Code municipal et concernant un sujet précis.

Le phénomène de consultations non formelles en protestation contre des activités d'exploitation des ressources naturelles est très intéressant puisqu'il révèle l'appropriation par les peuples autochtones des instruments internationaux, et plus largement des outils juridiques susceptibles d'être employés pour faire respecter leurs droits. Dans la mesure où elles poussent l'État à prendre en compte les positions de ses citoyens sur des sujets qui les affectent particulièrement, ces consultations informelles participent au renforcement de la démocratie. Les *consultas* sont organisées par des dirigeants autochtones avec l'appui de certaines ONG, mais suivant les coutumes autochtones. Elles n'ont donc pas de valeur juridique au regard du droit national[729], mais ont une valeur politique certaine au regard des communautés. Elles tendent à avertir le gouvernement qu'en acceptant un projet, il le fait sans prendre en considération l'opinion des communautés intéressées.

Massive dans certains États, ce type de consultation invite à réfléchir à la création de principes formalisant la valeur de ces *consultas*, et encadrant peut-être leur déroulement. Aujourd'hui, des observateurs d'ONG locales et internationales sont généralement présents pour contrôler le bon déroulement de ces consultations, et pour dissuader toute réaction violente de la part du gouvernement ou des dirigeants d'entreprises multinationales.

En l'absence de consultation organisée par l'État, et en l'absence ou parallèlement à des consultations informelles, les entreprises organisent

[729] Les consultations organisées par les populations locales sont généralement transmises par le biais du médiateur pour les droits de l'Homme, à la municipalité, à l'Assemblée nationale, à la présidence de la République. Elles ne sont pas pour autant nécessairement prises en compte.

parfois des consultations suivant leurs propres règles, afin d'obtenir le consentement des peuples autochtones. Plus généralement, et dans le même but, elles adoptent toute sorte de pratiques contestables.

3. Des mauvaises pratiques adoptées par les entreprises

Les entreprises ne sont pas directement concernées par l'obligation de consulter les peuples autochtones, celle-ci incombant à l'État. En effet, il n'existe généralement pas de devoirs et d'obligations des entreprises à l'égard des peuples autochtones car les dispositions relatives à ces derniers ne sont pas contraignantes pour les entreprises. Néanmoins, lorsque l'État n'a pas les moyens d'organiser une consultation ou lorsqu'il refuse de le faire et que l'obligation est imposée à l'entreprise par les bailleurs de fonds, celle-ci peut organiser elle-même une consultation. Dans de nombreux cas, le gouvernement, ne souhaitant pas s'acquitter de l'organisation des « consultations » proposées par les entreprises, leur demande tout simplement de se substituer à lui dans cette fonction.

Cette attitude de la part de l'État ne peut être admise. D'un point de vue purement juridique, il est évidemment difficile de penser qu'il suffise à l'État de se défausser sur des personnes privées pour satisfaire à son obligation de consultation. Et d'un certain point de vue, on peut même estimer que l'obligation de consulter les peuples autochtones telle qu'elle résulte de la Convention n°169 implique que les consultations menées par les entreprises, lorsqu'elles ont lieu, soient soumises à certaines règles.

Certes, comme nous l'avons vu précédemment, certains projets d'exploitation ont dû être abandonnés ou reportés à raison de recours juridictionnels déposés par les peuples autochtones, ou de la résistance qu'ils ont directement opposée. Les entreprises ont donc tout intérêt à obtenir le soutien de leurs projets par les communautés locales.

Mais « *it is neither honest nor reasonable for the government to expect private corporations to carry out the social and public interest functions that are inherent part of the decision to open lands for development in a way which adequately balances the multiple rights and interests at stake* »[730]. Il est évident que si elles sont menées par les entreprises intéressées, les consultations viseront davantage à obtenir l'assentiment des communautés autochtones à un projet déjà défini, et dont seule l'entreprise sortirait bénéficiaire, qu'à connaître la véritable position de ces communautés, une

---

[730] L. SARGENT, « The Indigenous Peoples of Bolivia's Amazon Basin Region and ILO Convention N°169 : Real Rights or Rhetoric », in L.WATTERS, op. cit., p. 194.

fois parfaitement informées des avantages et des effets nocifs qui pourraient résulter du projet.

Pour cette raison, les consultations menées par les entreprises sont généralement loin des standards exigés des États par les textes internationaux. Pour le projet hydroélectrique *Chan 75* par exemple, une consultation ne répondant pas aux exigences prévues dans les instruments internationaux a été menée par une entreprise[731]. Mais en l'absence d'un contrôle par l'État de la bonne exécution de l'obligation, les entreprises usent même parfois de pratiques malhonnêtes pour faire aboutir leurs projets. On peut par exemple trouver de nombreuses personnes affirmant avoir été payées en échange de leur vote en faveur du projet. Il faut également ajouter à cela les manœuvres employées par les entreprises pour diviser les membres des communautés. Au Guatemala par exemple, la mine Marlin exploitée par l'entreprise *Montana* a suscité un mécontentement général. En violation du droit à la propriété collective réaffirmé par les communautés autochtones, l'entreprise a mené des négociations individuelles pour acquérir des parcelles de terres. Celle-ci a, par exemple, prétendu avoir obtenu le consentement de plusieurs autochtones et acquis ainsi une parcelle de terre ; et elle en a menacé d'autres, créant de véritables tensions au sein même de la communauté. Certaines entreprises ont extorqué des signatures en faisant signer un bon de réception d'un cadeau pour l'utiliser à d'autres fins, en prétendant établir une liste de participants à une consultation. L'entreprise *CGC* argentine ou l'entreprise *Sarayaku*, ont encore recherché le consentement des communautés voisines afin d'isoler le groupe visé[732].

Les entreprises créent également des fondations ou des associations afin de proposer des projets de développement susceptibles d'attirer la sympathie des populations locales, et semer la confusion parmi les membres des communautés. Ces fondations directement financées par les entreprises ont pour but de convaincre les communautés d'adhérer au projet d'exploitation, tout en leur promettant la mise en œuvre de projets éducatifs, sanitaires, etc., et en leur fournissant des biens divers (fournitures scolaires, aliments, médicaments). L'entreprise *Perenco* a par exemple fourni 50 bidons d'eau par jour pour obtenir la signature d'un accord de la communauté Kichwa Balzayacu, et être autorisée à user de la force en cas d'obstacle à la construction d'un oléoduc[733].

---

731 Observations finales du Comité pour l'élimination de la discrimination raciale sur le Panama, CERD/C/PAN/CO/15-20, 19 mai 2010, par. 14.

732 I. FIGUEROA, « Indigenous Peoples Versus Oil Companies : Constitutional Control within Resistance », *SUR – International Journal on Human Rights*, 2006, vol. 4, pp. 58-59.

733 Ibid., pp. 60-61.

Toutes ces stratégies (de division du groupe, de rumeurs, de promesses, de tromperies, de menaces) ont pour effet d'obtenir le consentement des membres de la communauté. Les entreprises recherchent uniquement à convaincre par tous les moyens, et elles usent de mensonges et de subterfuges pour obtenir un accord écrit des peuples autochtones. C'est pourquoi, il est extrêmement important d'encadrer et de légiférer sur le processus de consultation, et de prévoir qu'il soit intégralement mis en œuvre par l'État et non par des personnes privées. La présence d'observateurs étrangers ou issus d'organisations internationales pourrait également contribuer à assurer le bon déroulement de ces consultations en toute transparence. Un tel progrès rejoindrait la préoccupation des peuples autochtones d'être protégés contre tout abus et contre les intérêts économiques des entreprises, qui confortent la défiance qu'ils ont déjà tant à l'égard de l'État que des entreprises[734]. En effet, « *[c]onflict with communities (...) increases reputation and legal risks for extractive industry companies. Reputation in an extractive industry company's lifeblood, as it is the key to attracting quality partners, gaining the opportunity to extract and distinguishing one company form another. Reputations can be tarnished by media reports, NGO investigations, lawsuits and activists campaigns* »[735].

Face au constat de telles pratiques, il n'est pas surprenant que plusieurs associations ou organisations internationales encouragent les entreprises à respecter les droits des peuples autochtones et les droits de l'Homme. C'est le cas de l'Association internationale pour l'industrie pétrolière et la conservation de l'environnement (IPIECA) créée en 1974 suite à la mise en place du Programme des Nations Unies pour l'Environnement (PNUE). « *IPIECA helps the oil and gas industries improve its environmental and social performance by : developing, sharing and promoting good practices and solutions; enhancing and communicating knowledge and understanding; engaging members and others in the industry; working in partnership with key stakeholders* »[736]. L'Association est composée de 31 entreprises dont

[734] Les abus des entreprises dans des pays où les législations sont plus permissives pourront être limités grâce à l'Initiative pour la Transparence dans les Industries Extractives (ITIE).

[735] L. J. LAPLANTE, S. A. SPEARS, op. cit., p. 73.

[736] Voir le site internet : http://www.ipieca.org/about-ipieca (consulté le 10 octobre 2011). Dans le cadre de ses domaines d'intervention, l'IPIECA étudie, parmi de nombreux thèmes, les peuples autochtones, le FPIC, la réinstallation volontaire et involontaire. L'étude de ces thèmes vise à donner des outils aux entreprises pour une meilleure prise en compte des droits de l'Homme, et en particulier du principe de non-discrimination, du respect des peuples autochtones et des populations locales, et

Exxon Mobil, BP, Chevron, Repsol, Oxy, Petrobras, Total et 12 associations telles que l'Union internationale pour la Conservation de la Nature (IUCN), Living Earth et World Resource Institute. Ce partenariat a pour but de renforcer l'importance d'une participation des communautés autochtones qui est largement soutenue par les ONG. Un autre exemple est celui du Conseil international des mines et des métaux (ICMM), créé en 2001. L'ICMM, organisme composé de 18 entreprises et de 30 associations du secteur des mines et des métaux[737] a dégagé, à travers son étude sur l'activité minière et les peuples autochtones, deux axes auxquels, selon lui, les entreprises ne prêtent pas suffisamment attention qui sont la réinstallation et l'environnement, deux domaines intimement liés à celui de la terre. Dans le cadre de son mandat[738] et en collaboration avec la Banque mondiale, l'ICMM a considéré que les entreprises « *[c]an also play an active role to support community development, but they should not assume the role of government at the local level. Where government capacity is insufficient, companies may be forced to take a leadership role but to the extent possible it should be shared with NGOs and community organizations. In the longer-term, however, they should focus on ensuring that local initiatives work constructively alongside regional government development programs and on building partnerships to help develop sustainable community capacities and resources. Most importantly, they should foster skills transfer and encourage*

---

de leur participation à la prise de décisions, ainsi que du partage des bénéfices. Il publie des manuels et des guides notamment sur les droits de l'Homme, et sur l'éthique pour encourager ses membres à les appliquer en les illustrant de cas d'études. Il cite le cas du projet Cira en Colombie mis en œuvre par OXY et ECOPETROL (l'entreprise pétrolière nationale) qui ont créé un partenariat en 2006 avec deux ONG, International Alert et la Fondation Idées pour la Paix afin de mener une étude d'impact social d'un projet en impliquant les communautés locales. Voir par exemple : ASSOCIATION INTERNATIONALE POUR L'INDUSTRIE PÉTROLIÈRE ET LA CONSERVATION DE L'ENVIRONNEMENT (IPIECA), *Improving social and environmental performance : Good practice guidance for the oil and gas industry*, Londres, IPIECA, 2010, 8 p.

[737] Pour plus d'informations, voir le site internet du Conseil international des Mines et des Métaux : http://www.icmm.com/.

[738] L'ICMM fournit un cadre d'action sur les questions de développement durable et développe dans ce sens des documents sur les droits de l'Homme, les mines et les peuples autochtones dont un guide, un papier de positionnement et un guide de bonnes pratiques. Malgré les documents de plus en plus nombreux élaborés pour mettre en œuvre par l'État la consultation telle que définie dans les instruments internationaux, en pratique ces conseils ou boîte à outils ne sont pas utilisés dans l'intérêt du développement local et dans le respect des droits des peuples autochtones.

the development of small businesses »[739]. Les industries extractives, membres de l'ICMM, s'engagent en faveur du respect des communautés locales et de leurs cultures en obtenant leur consentement libre, préalable et informé. Par exemple, « *[t]he following policy guides a Chilean mining company in its relationships with indigenous communities. The Company' commit[s] to : Respect Indigenous peoples' rights, customs and beliefs in all aspects of operations under national and international law ; Ensur[e] prior knowledge and to keep them informed ; Contribute to economic development of Indigenous communities ; Cooperate in preserving and disseminating Indigenous knowledge and culture ; to encourage Indigenous employees to join* »[740]. Généralement, ces industries extractives s'engagent largement à organiser des consultations en matière de santé, de culture et d'environnement conformément aux standards internationaux (en l'absence de consultation organisée par l'État). Une entreprise étasunienne procède par exemple à des études sociales et culturelles pour comprendre la culture des communautés locales[741], ce qui vise à renforcer la compréhension entre les communautés locales et le personnel des entreprises et leurs relations.

Malgré toutes les propositions destinées à prévenir les conflits, plusieurs membres de l'ICMM ne respectent pas les engagements pris. Tel est le cas de *Goldcorp* ou encore de *Rio Tinto*. En effet, la bonne volonté n'est souvent qu'apparente.

En résumé, il est extrêmement important que l'État organise lui-même les consultations. Mais dans la mesure où il n'a pas les moyens de le faire, les entreprises, si elles sont sensibilisées aux « bonnes pratiques » de l'organisation des consultations et si elles en comprennent les enjeux, pourront organiser des consultations conformes aux procédures et critères prévus dans les instruments internationaux et cela pourra atténuer les pratiques négatives rencontrées ainsi que les oppositions violentes entre ces deux acteurs. Les organisations financières internationales en tant que bailleurs de fonds pourraient en revanche permettre l'organisation de consultations conformes à l'esprit de la Convention n°169.

---

739 BANQUE MONDIALE, ICMM, *Community Development Toolkit*, London, Banque mondiale et ICMM, 2005, p. 10. Disponible en ligne sur: https://www.icmm.com/community-development-toolkit (consulté le 15 mai 2015).

740 Rapport du Représentant spécial du Secrétaire général chargé de la question des droits de l'Homme et des sociétés transnationales et autres entreprises : Additif Reconnaissance des droits de l'Homme par les entreprises: tendances mondiales, et variations régionales et sectorielles, A/HRC/4/35/Add.4, 8 février 2007, par. 60-61.

741 Ibid., par. 65.

SECTION II – LA MISE EN ŒUVRE DU PRINCIPE DE PARTICIPATION PAR LES ORGANISATIONS FINANCIÈRES INTERNATIONALES

La mise en œuvre de l'exigence de participation est assurée principalement par l'État, mais certains projets d'exploitation pétrolière ou minière bénéficient du soutien d'organisations internationales qui interviennent indirectement dans la mise en œuvre de cette exigence. Ces organisations sont principalement des organisations financières qui investissent dans les projets d'exploitations de ressources naturelles : la Banque mondiale (BM), le Fonds monétaire international (FMI) et la Banque interaméricaine du développement (BID). Nouant souvent des relations privilégiées avec les États et les entreprises et parfois avec les peuples autochtones, les organisations financières internationales peuvent en effet apparaître comme un acteur clé dans la mise en œuvre de la participation. Dans les faits, ces organismes ont progressivement inclus la participation des peuples autochtones dans leurs politiques (§ 1), mais leur implication dans la mise en œuvre du principe peut paraître encore insuffisant (§ 2).

§ 1. L'élaboration progressive de stratégies relatives aux peuples autochtones consacrant la nécessité de les faire participer aux projets financés

Si la reconnaissance de l'exigence de participation des peuples autochtones est affirmée dans les instruments internationaux que nous avons préalablement étudiés, les organisations financières internationales ont concouru, parallèlement aux États, à l'élaboration de règles *internes* relatives aux peuples autochtones. C'est notamment le cas du groupe de la Banque mondiale (A) et de la Banque interaméricaine de développement (B).

A. Le groupe de la Banque mondiale

Le Groupe de la Banque mondiale (GBM) se compose de plusieurs institutions : la Banque internationale pour la reconstruction et le développement (BIRD), l'Association internationale de développement (IDA), la Société financière internationale (SFI), l'Agence multilatérale de garantie des investissements (MIGA) et le Centre international pour le règlement des différends relatifs aux investissements (CIRDI). La Banque mondiale (qui regroupe la BIRD et l'IDA) a pour mission de lutter contre la pauvreté en appuyant financièrement et techniquement les pays en développement. Lorsqu'un État est fortement endetté ou qu'il traverse une crise économique, le Fonds monétaire international (FMI) ainsi que la Banque mondiale peuvent proposer, en contrepartie d'une aide financière, un programme ou plan d'ajustement structurel dont le but est de réformer les politiques économiques de l'État aidé, et de le rendre plus performant. Dans ce cadre, le Fonds monétaire international est généralement chargé de restructurer la dette extérieure tandis que la Banque mondiale finance des mesures nationales pour lutter contre l'endettement.

Au cours de la période 1970-1990, la Banque mondiale a surtout contribué à la privatisation et à la libéralisation des marchés[742]. Elle a également contribué à l'élaboration de nouveaux codes miniers (dans 70 États) favorisant ainsi les investissements étrangers dans le secteur des industries extractives[743]. Ce secteur est très convoité car il permet de générer des revenus importants pour l'État qui en dispose. Néanmoins, les opposants à l'exploitation des ressources naturelles ont été et sont toujours nombreux ; et d'aucuns considèrent que les politiques de la Banque mondiale en sa faveur constitue une « malédiction » ayant un impact très négatif sur l'environnement et les populations locales. « *Ample evidence demonstrates that in many cases Bank policies and operations have had a negative impact on not only civil and political rights, but also on the enjoyment of economic, social, and cultural rights* »[744]. Face à ces critiques, la Banque mondiale semble avoir modifié son orientation, et tenter désormais de répondre à l'endettement des États sans y sacrifier les droits des populations locales et notamment des peuples autochtones.

Du point de vue de ses statuts, la Banque mondiale doit promouvoir le développement des populations de manière démocratique et complète. Afin de ne pas retenir une idée du développement tout à fait contraire à la conception que s'en font les populations et leurs représentants, elle devrait faire participer les peuples autochtones à ces programmes et à la détermination des avantages qui en découlent[745]. C'est en tous les cas ce que

---

742 F. DEROCHE, op. cit., pp. 158-162. Voir également : BANQUE MONDIALE, *Extractive Industries and Sustainable Development. An Evaluation of World Bank Group Experience*, OED/OEG/OEU, Washington, Banque mondiale, 2003, p. 22.

743 En 1991, le Pérou a mené une réforme de la loi minière qui a permis, en 1996, de hisser le pays dans les dix premiers pays en voie de développement accueillant des investissements étrangers. Voir : M. LAFORCE, op. cit. : « L'industrie minière contribue pour plus de 45 % des revenus d'exportation du Pérou ».

744 F. MACKAY, « Universal rights… », op. cit., p. 530.

745 I. BELLIER, « Le développement et les peuples autochtones… », op. cit., p. 126. Dans le même sens, d'autres écrivent que le droit au développement ne peut être

semblent revendiquer aujourd'hui les organisations autochtones : « Alberto Pizango, leader de la centrale AIDESEP des peuples indigènes de l'Amazonie déclare : '[n]ous ne sommes pas contre le développement, mais nous voulons que le développement se fasse suivant notre vision' ». Un tel constat est d'ailleurs partagé par le Département d'évaluation des opérations de la Banque mondiale puisque ce département estime que les consultations des peuples autochtones réalisées par la Banque mondiale sont actuellement insuffisants : « *[a]n internal review of seventy-two Bank projects in Latin America, for instance, found over one-third of the projects failed to incorporate the required Indigenous Peoples Development Plan and only half of the projects involved consultation with indigenous authorities about project design and implementation* »[746].

La politique de développement de la Banque mondiale a été lourdement contestée par les organisations de la société civile et par le gouvernement de certains États. Selon eux, la Banque mondiale financerait des projets portant massivement atteinte à l'environnement et aux droits de l'Homme[747]. Elle

---

réalisé que si les personnes intéressées participent aux décisions qui modifient profondément leurs conditions ou leur style de vie. Voir : R. McCORQUODALE, R. FAIRBROTHER, « Globalization and Human Rights », *H.R.Q.*, 1999, vol. 21, n°3, p. 747.

[746] F. MACKAY, « Universal rights… », op. cit., pp. 584-585.

[747] L. FORGET, « Le 'panel d'inspection' de la Banque mondiale », *A.F.D.I.*, 1996, vol. 42, pp. 646-647. Voir par exemple : C. ZORRILLA, « The Role of the World Bank in Promoting Sustainable Development in Latin America », *Michigan State Journal of International Law*, 2006, vol. 14, pp. 541-556 ; G. URIZ HERNANDEZ, « To Lend or Not to Lend : Oil, Human Right, and the World Bank's Internal Contradictions », *Harvard Human Rights Journal*, 2001, vol. 14, pp. 197-204 ; M. LADOUCEUR, « La légalisation du pillage des terres autochtones en Amérique latine », Centre de recherche sur la mondialisation, 14 juin 2002, sur http://www.globalresearch.ca/articles/LAD206A.html (consulté le 13 janvier 2011). « Dès son entrée en fonction, M. James Wolfensohn, avait promis de « révolutionner la Banque Mondiale » par des réformes économiques et 'sociales'. 4 Ces réformes furent marquées par l'accroissement de l'aide aux grandes sociétés, leaders dans l'économie du pétrole et du gaz. Par conséquent, la Banque Mondiale a multiplié son financement aux projets les plus controversés, notamment les gazoducs GASBOL (Bolivie-Brésil), Yadana (Thaïlande-Myanmar) et l'oléoduc Cameroun-Tchad. Les bailleurs de fonds ainsi que les banques privées ont également octroyé des prêts pour le financement de ces grands projets d'infrastructures gérés par des transnationales pétrolières. 5 Le Groupe de Banque Mondiale incluant sa Société financière internationale (SFI) chargée des opérations dans le secteur privé, ainsi que la Banque interaméricaine de développement (BID) avaient financé, par l'octroi de prêts au consortium, le tiers des montants requis au développement du gazoduc Bolivie-Brésil (Santa-Cruz-Porto Alegre 1997-1999) ».

serait ainsi complice des effets néfastes des exploitations des ressources naturelles sur les populations locales. De fait, ses crédits ont permis à plusieurs États de subventionner des exploitations qui nécessitaient des investissements financiers importants, et dont les activités ont été polluantes. La privatisation d'entreprises publiques, et en particulier la reprise de marchés pétroliers par des entreprises transnationales a globalement engendré des effets négatifs sur les populations locales.

Très critiquée pour ses projets, la Banque mondiale a élaboré plusieurs instruments – politiques, directives opérationnelles, manuels, guides – visant apparemment à réduire l'impact nuisible sur les populations locales et l'environnement, en consacrant l'importance de la consultation et de la participation des peuples autochtones[748]. Selon la directive opérationnelle 4.20 (OD 4.20)[749], « [l]a position de la Banque est que la stratégie utilisée pour résoudre les problèmes liés aux populations autochtones doit être fondée sur la participation éclairée de celles-ci. Par conséquent, pour chaque

---

748 F. MAUPAIN, op. cit., p. 379 : « Dans ce contexte, l'accent mis sur la participation de la société civile au développement – notamment celle des personnes qui pourraient être affectées par les projets de la Banque –, devrait logiquement s'étendre aux partenaires sociaux et à leurs organisations, en particulier lorsque ces derniers peuvent être affectés par des avis touchant à leurs droits (…). [Or,] si la nouvelle stratégie ne renie évidemment pas l'obligation pour la Banque mondiale et les autres banques multilatérales de se laisser exclusivement guider par des considérations économiques, elle retient une conception beaucoup plus large des facteurs qui apparaissent pertinents pour cette évaluation et parmi lesquels les considérations d'ordre historique, culturel ou sociologique semblent désormais recevables ». Voir un exemple de plan élaboré par la Banque pour mettre en place un processus de consultation : J. MARTINEZ, I. BANNON, *Guatemala Consultation for the Indigenous Development Plan : Listening to the Mayan Elders*, Washington, Banque mondiale, juin 1997, 45 p. Disponible en ligne sur : http://www-wds.worldbank.org/external/default/WDSContentServer/WDSP/IB/1997/06/01/000009265_3971229180601/Rendered/PDF/multi_page.pdf (consulté le 15 mars 2011).

749 F. MACKAY, « Le droit des peuples autochtones au libre consentement préalable et éclairé… », op. cit., p. 11. Voir aussi : E. CARUSO, M. COLCHESTER, F. MACKAY, N. HILDYARD, N. NETTLETON, *Extracting Promises : Indigenous Peoples, Extractive Industries and the World Bank*, Synthesis Report, Moreton-in-Marsh, Royaume-Uni, Forest Peoples Programme et Tebtebba Foundation, 2003, 111 p. Disponible en ligne sur : http://www.forestpeoples.org/topics/extractive-industries/publication/2010/extracting-promises-indigenous-peoples-extractive-indu (consulté le 2 janvier 2013). Le constat est que « seuls 38 pour cent d'un échantillon de projets (…) appliquaient la politique de sauvegarde sur les peuples autochtones ont atténué les incidences négatives de façon satisfaisante et assuré des bénéfices aux peuples autochtones ».

projet touchant des populations autochtones et leurs droits sur les ressources naturelles et économiques, il est essentiel de déterminer les préférences locales par la concertation directe, d'incorporer les savoirs autochtones à la conception du projet et de recourir dès le début à des spécialistes expérimentés »[750].

Mais les rapports de la Banque mondiale ont eux-mêmes rapporté l'absence de bénéfices tirés des projets de développement par les peuples autochtones. Une évaluation a permis de rendre compte du fait que seulement deux projets sur 33 satisfaisaint à la directive 4.20[751]. Cette application tout à fait inégale de la directive a pour cause principale le manque de connaissances et de formation du personnel de la Banque[752]. L'absence de mécanisme de contrôle capable de superviser la mise en œuvre de cette politique manquait donc cruellement et invitait à émettre des doutes sur le sérieux de l'engagement de la Banque. C'est pourquoi le Panel d'inspection de la Banque[753] a été créé en 1993. Il constitue « *an innovative*

---

750 Voir : http://www.ifc.org/wps/wcm/connect/835cc50048855270ab94fb6a6515bb18/OD420_IndigenousPeoples.pdf?MOD=AJPERES (consulté le 5 août 2010).

751 F. MACKAY, « The Draft World Bank Operational Policy 4.10 on Indigenous Peoples: progress or more of the same », *Arizona Journal of International and Comparative Law*, 2005, vol. 22, p. 66.

752 B. KINGSBURY, « Operational Policies of International Institutions as Part of the Law-Making Process : The World Bank and Indigenous Peoples », in G. S. GOODWIN, S. TALMON, *The Reality of International Law : Essays in Honour of Ian Brownlie*, Clarendon Press Oxford, 1999, p. 328.Voir également : G. A. SARFATY, « The World Bank and the Internalization of Indigenous Rights Norms », *Yale Law Journal*, 2005, vol. 114, n°7, pp. 1812-1817.

753 Voir : B. KINGSBURY, « Operational Policies of International... », op. cit., pp. 323-342. Voir aussi le rapport n°25332 de la Direction des opérations et de l'évaluation, Implementation of Operational Directive 4.20 on Indigenous Peoples : An Independent Desk Review, 10 janvier 2003, 63 p. Disponible en ligne sur : http://lnweb90.worldbank.org/oed/oeddoclib.nsf/DocUNIDViewForJavaSearch/472DE0AEA1BA73A085256CAD005CF102/$file/IP_evaluation.pdf (consulté le 12 mars 2011). « The evaluation reviewed 234 projects appraised after January 1992 and closed before May 31, 2001. It found that application of the OD has positively influenced the design of Bank-financed projects. Overall, projects that applied the OD had better ratings for outcome than those that did not, perhaps because the quality of stakeholder participation is higher in the former. This said, at the project-level, the OD was applied in 55 of the 89 projects that could have affected IP. Twenty-nine out of the 55 projects had IPDPs or elements thereof ; in three, the bulk of the beneficiaries were IP, and the OD applied to the project design in its entirety. The remaining 23 projects (out of the 55 that applied the OD) had only one of the measures required by the OD. This does not mean that the other 34 out of the 89

means of introducing a degree of independent scrutiny and public accountability for compliance by an international agency with its own policies »[754]. Le Panel d'inspection formule des recommandations pour rendre effective les lignes directrices, les politiques et les procédures prescrites dans la directive relative aux peuples autochtones. Il a également le pouvoir de recevoir des plaintes et de procéder à des enquêtes[755].

La première politique du GBM concernant les peuples autochtones – la *Directive 4.20 du Manuel opérationnel 2.34 – Populations tribales dans les projets financés par la Banque* – a été adoptée en réponse à « la condamnation, de l'intérieur et de l'extérieur, des expériences des groupes autochtones au sein de projets financés par la Banque en Amazonie »[756]. La directive opérationnelle 4.20 de 1991 a été remplacée par la politique opérationnelle 4.10 en 2005. Cette dernière[757] est désormais le document de référence qui précise les procédures en la matière. Il prévoit qu'avant tout financement, la présence ou le rattachement de peuples autochtones au lieu d'exécution du projet doit être vérifié. La Banque mondiale se fait alors assister par des experts anthropologues, ou scientifiques spécialisés sur les groupes sociaux et culturels présents sur le territoire visé. Lorsque la présence de peuples autochtones est confirmée, la Banque mondiale assiste l'entreprise soutenue par elle dans la tenue des consultations libres, préalables et informées des peuples autochtones susceptibles d'être affectés par le projet[758]. Cette consultation doit évidemment se faire sans corruption

---

projects have in fact adversely affected or did not benefit IP, but it does suggest insufficient attention to IP interests during loan preparation and implementation ».

754 B. KINGSBURY, « Operational Policies of International Institutions as Part of the Law-Making Process : The World Bank and Indigenous Peoples », in G. S. GOODWIN, S. TALMON, *The Reality of International Law : Essays in Honour of Ian Brownlie*, Clarendon Press Oxford, 1999, p. 330.

755 Pour plus d'informations sur le mécanisme, voir : L. FORGET, op. cit., pp. 653-660.

756 Traduction non officielle. Rapport du Rapporteur spécial sur la situation des droits de l'Homme et des libertés fondamentales des populations autochtones, M. Rodolfo Stavenhagen, présenté en application de la résolution 2001/57 de la Commission. Doc ONU E/CN.4/2002/97, par. 56. Voir également : F. MACKAY, « Universal rights… », op. cit., pp. 583-587.

757 Voir :
http://web.worldbank.org/WBSITE/EXTERNAL/PROJECTS/EXTPOLICIES/EXTOPMANUAL/0,,contentMDK:20553664~menuPK:4564187~pagePK:64709096~piPK:64709108~theSitePK:502184~isCURL:Y~isCURL:Y~isCURL:Y~isCURL:Y,00.html (consulté le 8 août 2010).

758 Le par. 2 du BP : Free, Prior, and Informed Consultation indique : « When a project affects Indigenous Peoples, the TT [the Bank's task team] assists the

ni manipulation, dans la transparence, en garantissant un accès à l'information concernant les raisons et le cadre du projet (dans un format qui puisse être compris par les intéressés), et la participation des organes représentatifs tels que le conseil des anciens dans certaines communautés autochtones.

La politique opérationnelle exige ainsi de l'emprunteur d'initier des consultations libres, préalables et informées, avec les peuples autochtones qui pourraient être affectés par le projet.

« Pour ce faire, l'emprunteur :

a) établit un cadre approprié intégrant les aspects genre et inter-générations qui fournit à l'emprunteur, aux communautés de populations autochtones affectées, aux organisations de populations autochtones (OPA), s'il en est, et à d'autres organisations de la société civile locale identifiées par les communautés autochtones concernées l'occasion de se concerter à chaque étape de la préparation et de l'exécution du projet ;
b) recourt à des méthodes de consultation adaptées aux valeurs sociales et culturelles des communautés autochtones affectées ainsi qu'aux réalités locales et porte une attention particulière, lors de la conception de ces méthodes, aux préoccupations des femmes, des jeunes et des enfants et de leur accès aux opportunités de développement et aux bénéfices qu'elles procurent ; et
c) fournit aux communautés autochtones affectées toutes les informations pertinentes relatives au projet (y compris une évaluation des répercussions négatives potentielles du projet sur

---

borrower in carrying out free, prior, and informed consultation with affected communities about the proposed project throughout the project cycle, taking into consideration the following :
(a) « free, prior, and informed consultation » is consultation that occurs freely and voluntarily, without any external manipulation, interference, or coercion, for which the parties consulted have prior access to information on the intent and scope of the proposed project in a culturally appropriate manner, form, and language ;
(b) consultation approaches recognize existing Indigenous Peoples Organizations (IPOs), including councils of elders, headmen, and tribal leaders, and pay special attention to women, youth, and the elderly ;
(c) the consultation process starts early, since decision making among Indigenous Peoples may be an iterative process, and there is a need for adequate lead time to fully understand and incorporate concerns and recommendations of Indigenous Peoples into the project design ; and
(d) a record of the consultation process is maintained as part of the project files ».

> lesdites populations) d'une manière culturellement adaptée, à chaque stade de la préparation et de l'exécution du projet »[759].

Parallèlement, depuis 2006, la SFI a élaboré des critères de performance dans le cadre de la gestion des aspects sociaux, et environnementaux pour orienter et accompagner ses politiques dans une approche axée sur les résultats. Elle a adopté en 2006 le critère de performance 7, selon lequel les peuples autochtones et ses organisations représentatives peuvent demander des informations sur le projet, exiger l'organisation de consultations et leur participation à l'évaluation sociale[760]. Les critères de performance élaborés par la SFI sont des règles permettant de définir les conditions que doivent remplir leurs clients pour se voir accorder un appui financier. Ces règles permettent de « gérer les risques et impacts sociaux et environnementaux et [d']améliorer les opportunités de développement du financement du secteur privé chez ses membres admissibles au financement »[761]. Relative aux peuples autochtones, la norme de performance 7 a pour objectif de :

> « [v]eiller à ce que le processus de développement favorise le plein respect des droits de l'Homme, de la dignité, des aspirations, des cultures et des moyens de subsistance fondés sur des ressources naturelles des populations autochtones.
>
> Anticiper et éviter les impacts négatifs des projets sur les communautés de populations autochtones ou, si cela n'est pas possible, réduire, restaurer et/ou compenser ces impacts.

---

759 Voir : http://web.worldbank.org/WBSITE/EXTERNAL/PROJECTS/EXTPOLICIES/EXTOPMANUAL/0,,contentMDK:20553653~menuPK:4564187~pagePK:64709096~piPK:64709108~theSitePK:502184~isCURL:Y~isCURL:Y~isCURL:Y~isCURL:Y~isCURL:Y~isCURL:Y~isCURL:Y,00.html (consulté le 8 août 2010).

760 FOREST PEOPLES PROGRAMME, *Peuples autochtones et Projets de la Banque mondiale : un guide du Critère de performance 7 (CP 7) de la Société financière internationale sur les peuples autochtones à l'attention des communautés*, octobre 2008, p. 9. Ce guide donne des indications précises sur la mise en œuvre du critère de performance 7 en détaillant les questions que les peuples autochtones peuvent soulever afin d'avoir toutes les informations nécessaires pour donner leur consentement.

761 SOCIÉTÉ FINANCIÈRE INTERNATIONALE, *Politiques et Critères de Performance en matière de Durabilité Sociale et Environnementale*, Washington, SFI, 30 avril 2006, 46 p. Disponible en ligne sur : http://www.ifc.org/wps/wcm/connect/e115310049800a62aa7cfa336b93d75f/Phase2_SustPolicy_French_Trackedchanges.pdf?MOD=AJPERES (consulté le 15 mai 2015).

Fournir aux populations autochtones des possibilités de tirer parti des avantages et des résultats du développement durable, d'une manière qui soit appropriée sur le plan culturel.
Établir et maintenir avec les populations autochtones affectées par un projet pendant toute la durée de vie du projet une relation permanente fondée sur la consultation et la participation en connaissance de cause.
Obtenir le consentement préalable libre et éclairé des populations autochtones lorsque les circonstances décrites dans la présente Note de performance existent.
Respecter et préserver la culture, le savoir et les pratiques des populations autochtones »[762].

« La **Consultation** devrait être libre (exempte de toute manipulation, d'interférence ou de mesure de coercition ou d'intimidation), préalable (communication de l'information en temps opportun) et éclairée (information pertinente, compréhensible et accessible), couvrir l'ensemble du processus du projet et ne pas se limiter à ses premières phases. L'emprunteur adaptera le processus de consultation au choix linguistique des communautés affectées, à leur mode de prise de décision et aux besoins des groupes défavorisés ou vulnérables. Les consultations des populations autochtones doivent répondre aux exigences spécifiques détaillées par le Critère de Performance n°7. En outre, les droits spéciaux des populations autochtones reconnus par la législation du pays d'accueil doivent être pris en compte ».

Ce critère de performance a par exemple été utilisé par le GBM lors de la mise en œuvre d'un programme d'investissement social en Bolivie. À cette occasion, il a permis de prendre en considération les priorités et les questions des peuples autochtones, de « consulter des experts des questions autochtones et de faire procéder à un examen indépendant du degré de soutien du projet chez les autochtones »[763].

---

762 Non souligné dans le texte original. Norme de performance 7 Populations autochtones, 1er janvier 2012. Disponible en ligne sur : http://www1.ifc.org/wps/wcm/connect/38fb14804a58c83480548f8969adcc27/PS_French_2012_Full-Document.pdf?MOD=AJPERES (consulté le 19 avril 2012).

763 Rapport du Haut-Commissariat des Nations Unies aux droits de l'Homme dans le cadre de la deuxième session du Mécanisme d'experts sur les droits des peuples autochtones, Mécanisme d'experts sur les droits des peuples autochtones, 10-14 août 2009, Moscou, Atelier international sur les sociétés exploitant les ressources naturelles, les peuples autochtones et les droits de l'Homme : Mise en place d'un

Les standards ou critères de performance de la SFI forment « les Principes d'Équateur », « un ensemble de standards volontaires auxquels de nombreuses banques du secteur privé ont souscrit. Par conséquent, des améliorations dans les politiques et standards de la SFI peuvent avoir des impacts qui iront bien au-delà des projets de la SFI »[764]. Ces principes sont des lignes directrices adoptées initialement en juin 2003, par les dix plus grandes banques mondiales[765] sur la base du volontariat. Elles permettent de moraliser les activités des établissements financiers pour intégrer la dimension des droits de l'Homme dans les projets qu'ils financent.

On peut observer des démarches relativement similaires dans le secteur bancaire. En 2002 par exemple, un groupe d'établissements financiers a, en collaboration avec le GBM, lancé des discussions autour des principes relatifs à la participation des peuples autochtones aux projets d'exploitation des ressources. L'idée était d'effectuer un suivi et un meilleur contrôle des risques liés aux projets financés par ces établissements. Un an plus tard, en 2003, ces principes ont été adoptés et doivent être observés pour tout projet dont le montant du financement par les établissements financiers est égal ou supérieur à 10 millions de dollars. Chaque projet se voit étudié et catégorisé. En fonction de la catégorie dans laquelle il se range, le projet doit faire l'objet d'une évaluation des risques et impacts sociaux et environnementaux. Suivant la catégorie du projet et le pays dans lequel il est implanté (dans ou en dehors de la zone de l'OCDE), l'évaluation des risques peut être suivie de l'élaboration d'un plan d'action permettant de remédier ou d'atténuer ces risques, et incluant des mesures adaptées aux spécificités culturelles de la zone. Le principe 5 est spécialement consacré à la consultation et la communication. Il dispose que « [p]our les projets présentant des impacts négatifs importants sur les communautés affectées, ce processus [de financement de projet] devra assurer la consultation libre, préalable et éclairée de ces communautés et faciliter leur participation en connaissance de cause afin de déterminer, à la satisfaction de l'EFPI [*Equator Principles Financial Institutions*], si leur préoccupations ont été prises en compte de manière adéquate par le projet ». Or, « *[b]y establishing environmental and social standards in the finance industry, Equator Banks have the impressive*

---

cadre pour les consultations, le partage des bénéfices et le règlement des différends, A/HRC/EMRIP/2009/5, 3 juillet 2009, p. 8, par. 27.

764 Communiqué du 14 octobre 2010, sur le site de : http://www.forest peoples.org/fr/topics/international-finance-corporation-ifc/news/2010/10/la-sfi-prolonge-l-examen-de-ses-standards (consulté 1er novembre 2010).

765 P. WOICKE, op. cit., p. 329.

ability to positively affect sustainable development and human rights principles at the international, national, and local levels »[766].

Les principes d'Équateur sont « un référentiel du secteur financier pour l'identification, l'évaluation et la gestion du risque social et environnemental en matière de financement de projet »[767]. Différents établissements financiers prêtant aux États s'engagent à les observer, ce qui implique pour eux qu'ils ne se contentent pas de vérifier ou d'évaluer la capacité de l'État de rembourser son prêt, mais qu'ils « évitent » les impacts négatifs des projets « dans la mesure du possible », et qu'ils consultent les populations locales à cet égard.

Une des questions qui se pose est de savoir dans quelle mesure la Banque mondiale peut imposer l'organisation de consultations aux États demandant des fonds, voire rendre obligatoires les résultats de ces consultations. Dit autrement, on peut se demander dans quelle mesure la Banque se rend complice d'un État, lorsqu'elle persiste à le financer alors qu'il ne respecte pas son obligation de consultation, par exemple telle qu'elle résulte de la Convention n°169. La question se pose évidemment pour la Banque mondiale, mais elle se pose tout autant pour la Banque interaméricaine de développement.

B. La Banque interaméricaine de développement

La Banque interaméricaine de développement (BID), tout comme la Banque mondiale, a été très souvent critiquée. Elle a toutefois été jugée peut-être un peu moins sévèrement en raison de son caractère fortement multilatéral, ou moins favorable aux États du nord. Depuis les années 1990, l'inclusion des peuples autochtones dans les normes établies par la BID s'est développée avec l'élaboration de normes sur l'environnement, visant notamment à diminuer l'impact négatif des projets financés sur les peuples autochtones, puis en 2001, avec une norme relative à l'exclusion sociale pour motifs raciaux et ethniques[768]. Bien que cette dernière règle ne soit pas directement relative aux peuples autochtones, elle les vise à titre principal

---

766 M. KAMIJYO, « Equator Principles : Improved Social Responsibility in the Private Finance Sector », *Sustainable Development Law & Policy*, 2004, vol. 4, p. 35.

767 Pour plus d'informations, voir : http://www.equator-principles.com/resources/equator_principles_french.pdf (consulté le 2 janvier 2013).

768 Norme CS-3362-3.

puisque les autochtones font partie des personnes les plus pauvres, les plus marginalisés et discriminés de la zone d'intervention de la Banque[769].

Les deux types de règle évoqués rappellent la nécessité d'assurer des « consultations significatives et une participation des intervenants autochtones ». Soulignant leur compatibilité avec d'autres textes internationaux, elles se réfèrent implicitement à la Convention n°169 de l'OIT, à la Déclaration des Nations Unies sur les peuples autochtones et à différentes conventions des droits de l'Homme. Tentant de dégager quelle pourrait être une politique opérationnelle de la Banque spécialement relative aux peuples autochtones, le Comité des Politiques et de l'Évaluation du Conseil de la Banque a approuvé en 2004 un document indiquant que :

> « [l]a politique stipulerait que les peuples autochtones devraient participer de façon significative à la prise de décisions pertinentes qui les affectent au cours du cycle du projet, et ne devraient pas intentionnellement ou par inadvertance être exclus de projets qui ont le potentiel de leur être bénéfiques. La politique aborderait également la question des exigences adéquates en matière de consultation et de participation, de création de consensus et de mécanismes de résolution de conflits, et elle examinerait le principe du consentement libre, préalable et informé des intervenants autochtones, d'une façon compatible avec les accords internationaux en la matière »[770].

La BID a justifié en ces termes l'importance de l'organisation de la consultation et de la participation des peuples autochtones dans la prévention des conflits : « [l]orsque la consultation communautaire est continue, volontaire, soutenue et solide, et s'applique à la prise de décisions dans toutes les phases du cycle du projet, elle se transforme en un modèle pour le renforcement de la société civile, démocratique, qui est en même temps une condition préalable pour le développement économique »[771]. La consultation a différentes finalités : informer, obtenir des avis, participer et dialoguer. Les

---

[769] BANQUE MONDIALE, *Indigenous Peoples, Poverty and Human Development in Latin America : 1994-2004*, Washington, Banque mondiale, 2005, pp. 4-5.

[770] http://idbdocs.iadb.org/wsdocs/getdocument.aspx?docnum=1481575 p. 6, par. 2.7 (consulté le 15 mars 2011).

[771] Traduction libre. N. SCHWARTZ, A. DERUYTTERE, *Consulta comunitaria, desarrollo sostenible y el Banco Interamericano de Desarrollo : Un marco conceptual*, Washington, BID, 1996, p. 3. Disponible en ligne sur : http://idbdocs.iadb.org/wsdocs/getdocument.aspx?docnum=362168 (consulté le 15 mars 2011).

évaluations des projets de la BID démontrent que la consultation produit des effets positifs et qu'au contraire, « le manque de consultation peut produire des résultats coûteux et parfois dangereusement négatifs comme l'illustre le cas du Guatemala »[772]. En effet, la réserve biosphère Maya au Guatemala a été délimitée sans la consultation des populations affectées, ce qui a provoqué des conflits importants entre le gouvernement, le personnel des parcs, les ONG et les populations autochtones. La BID tente donc de convaincre les États et les entreprises qu'elle aide à recourir à la consultation des peuples autochtones[773].

§ 2. L'implication insuffisante ou inefficace des organisations financières internationales dans la mise en œuvre de l'exigence de participation

Dans le cadre des projets de grande ampleur financés et soutenus par les organisations financières internationales, l'exigence de consultation est insuffisamment respectée (A). Pourtant, les organisations financières internationales sont particulièrement susceptibles de convaincre les États à appliquer le principe de participation de manière effective. La difficulté de la Banque mondiale d'appliquer le principe de consentement libre, préalable et informé des peuples autochtones dans sa politique interne peut apparaître comme un manque d'engagement de cet organisme, qui invite implicitement les États et les entreprises à prêter peu d'importance à la position des autochtones sur leurs projets. Tout comme la Banque mondiale, la BID se réfère au principe du consentement autochtone, elle ne confère pas, toutefois, une pleine effectivité à ce principe (B).

---

772 Ibid. p. 7.

773 A. DERUYTTERE, *Pueblos indígenas, recursos naturales y desarrollo con identidad: riesgos y oportunidades en tiempos de globalización*, Banco interamericano de Desarrollo, Washington, p. 12 :
« En el área de ordenamiento territorial, manejo de recursos naturales, catastro y titulación de tierras, y fortalecimiento de áreas protegidas, el BID está haciendo avances importantes en aplicar la normatividad internacional y nacional para avanzar en el reconocimiento de los regímenes colectivos de tenencia y titulación de reservas, resguardos y comarcas indígenas, cada vez más con procesos sistemáticos de consulta y participación de los beneficiarios indígenas no sólo en la ejecución de planes y proyectos, sino en la toma de decisiones, mecanismos de monitoreo y vigilancia, y procesos de evaluación de impactos ».

A. Le contrôle insuffisant du respect du principe de participation dans les projets financés par la Banque mondiale

Dans la mise en œuvre du principe de participation sur le terrain, le principal acteur demeure l'État. Intervenant à travers le financement de projets, les organismes financiers internationaux n'ont donc qu'un rôle indirect. Ce rôle est toutefois non négligeable dans la mesure où les projets de grande ampleur nécessitent des financements très importants.

Les documents de la Banque mondiale qui régissent les projets relatifs aux peuples autochtones font désormais mention de l'exigence de consultation imposée aux États[774]. La Banque mondiale évoque l'obligation de faire participer les peuples autochtones dans le cadre des études d'impact social et environnemental des projets qu'elle soutient, et dans celui des projets qu'elle finance, et dont les autochtones sont en principe les bénéficiaires directs[775].

Toutefois, la Banque mondiale n'impose pas d'obligation aux États mais leur donne des indications et des propositions qu'ils accepteront ou non. C'est ainsi que la consultation ne constitue pas une obligation pour l'État emprunteur, qui peut se contenter d'indiquer quelles mesures différentes il a prises.

En outre, les documents de la Banque se révèlent imprécis sur le processus même de la consultation et ils ne prévoient pas de consultation dans la phase d'identification du projet. Selon ces documents, les consultations ont d'abord lieu entre la Banque mondiale qui informe l'emprunteur des règles en matière de peuples autochtones et qui se renseigne elle-même sur le cadre légal et institutionnel en vigueur dans le pays d'accueil. La préparation d'un projet s'effectue via une étude d'impact social demandée par la Banque mondiale à l'emprunteur. Les termes de référence de cette étude sont précisés dans un document. Une fois que l'emprunteur prétend avoir recueilli le soutien des peuples autochtones, il doit communiquer à la

---

[774] Cette exigence est plus ou moins respectée par la Banque. Voir également : P. GARZÓN, « La política petrolera frente al derecho de información, consulta y participación : El rol de las Instituciones Financieras Internacionales », in M. MELO, J. SOTOMAYOR (éd.), TARIMIAT : *Firmes en Nuestro Territorio*, Quito, Centro de Derechos Económicos y Sociales (CDES) et Confederación de Nacionalidades Indígenas del Ecuador (CONAIE), 2ème édition, pp. 71-81.

[775] G. WHITEMAN, K. MAMEN, « Meaningful Consultation and Participation in the Mining Sector? A Review of the Consultation and Participation of Indigenous Peoples Within the International Mining Sector », *The North-South Institute*, 2002, p. 30. Disponible en ligne sur : http://idl-bnc.idrc.ca/dspace/bitstream/10625/35236/1/127249.pdf (consulté le 7 mars 2012).

Banque les résultats de l'étude d'impact social, un document attestant d'une procédure de consultation, les mesures additionnelles qu'il mettra en œuvre par exemple pour atténuer les effets négatifs du projet sur les peuples autochtones, des recommandations de l'emprunteur pour la consultation libre, préalable et informé, tout accord conclu avec les peuples autochtones, et ce pendant toute la durée du projet[776]. L'emprunteur communique des documents tels que le Plan sur les peuples autochtones, le cadre planifiant les activités relatives au projet concernant les peuples autochtones et le plan de réinstallation volontaire. Ces documents fournis par l'emprunteur, la Banque se charge de vérifier le soutien de la communauté au projet. Une fois que tous les documents sont prêts, il reste les étapes suivantes régies par la politique opérationnelle relative aux peuples autochtones : une évaluation de projet, les négociations et la décision publique, le suivi, et le rapport d'exécution du projet. Dans le Plan sur les populations autochtones, doivent être indiquées des conditions qui favorisent et renforcent la participation des peuples autochtones et la prise en compte de leurs spécificités. Le Plan, qui doit être « adapté à la culture et fondé sur une étude complète des préférences des populations autochtones intéressées constitue l'étape clé de l'élaboration du projet [et anticipe] les tendances négatives que le projet risque de provoquer (...). Le programme [c'est-à-dire le Plan] tiendra compte de l'organisation sociale, des convictions religieuses et des modes d'utilisation des ressources propres à la population locale ».

En pratique, de multiples exemples démontrent l'insuffisance des mécanismes de participation prônés par la Banque mondiale, et le non-respect pratique des règles relatives à la consultation.

Bien entendu, la mise en œuvre des mécanismes prévus a parfois de bons résultats. En 1997 par exemple, un rapport relatif à la consultation des représentants Mayas sur un plan de développement les concernant a été produit par la Banque mondiale. Cette consultation, menée en conformité avec les normes mayas (suivies par le Conseil des Ainés, l'organe représentatif des intérêts des Mayas) a abouti à des recommandations très nettes de la part de tous les groupes autochtones interrogés. Le rapport va dans leur sens et recommande le renforcement du Conseil des Ainés, la préservation et le respect du droit coutumier autochtone, et des cultures, la conservation de la nature selon les traditions et les connaissances ancestrales (interdiction de déforestation), la légitimation des terres appartenant aux

---

[776] Voir : http://web.worldbank.org/WBSITE/EXTERNAL/PROJECTS/EXTPOLICIES/EXTOPMANUAL/0,,contentMDK:20553653~menuPK:4564187~pagePK:64709096~piPK:64709108~theSitePK:502184~isCURL:Y~isCURL:Y~isCURL:Y~isCURL:Y~isCURL:Y~isCURL:Y~isCURL:Y,00.html (consulté le 8 août 2010).

communautés autochtones par l'obtention de titres de propriété et de droits territoriaux, et le renforcement du droit de participer au processus décisionnel[777].

Mais il arrive, également, que des désaccords fassent jour sur l'efficacité des mécanismes employés, ou sur le respect des règles de consultation dans le cadre des projets financés par la Banque mondiale. C'est par exemple le cas du projet d'Administration des terres au Panama, approuvé en janvier 2001. En vue de moderniser le système d'administration des terres, il prévoyait la démarcation du territoire autochtone, la *Comarca Ngöbe-Buglé,* et des provinces de Chiriquí et de Veraguas, la proposition d'un projet de loi sur la création de la *Comarca Naso*, la délimitation du territoire *Naso* et la précision du registre cadastral. Suite à des plaintes enregistrées les 11 et 20 mars 2009 sur ce projet, le Panel d'inspection de la Banque mondiale a conclu que des consultations significatives avaient été menées de bonne foi, conformément aux normes de la Banque mondiale en la matière pour la délimitation du territoire *Naso*. Mais le *Comarca Ngöbe-Buglé* a jugé les consultations inadéquates, et le gestionnaire du projet, fonctionnaire de la

---

777 J. MARTINEZ, I. BANNON, *Guatemala Consultation for the Indigenous Development Plan : Listening to the Mayan Elders*, Washington, Banque mondiale, juin 1997, 45 p. Disponible en ligne sur :
http://www-wds.worldbank.org/external/default/WDSContentServer/WDSP/IB/1997/06/01/000009265_3971229180601/Rendered/PDF/multi_page.pdf (consulté le 15 mars 2011). Voir : DÉPARTEMENT DES OPERATION ET DE L'ÉVALUATION, *Guatemala Country Assistance Evaluation*, 11 décembre 2002, 52 p., par. 3.27. Disponible en ligne sur :
http://lnweb90.worldbank.org/oed/oeddoclib.nsf/DocUNIDViewForJavaSearch/39E1B378AE3C3EC885256DB2007EBF3F/$file/Guatemala_CAE.pdf (consulté le 15 mars 2011) : « Participation and Consultation 27 The Bank's efforts to encourage participation and consultation have sometimes been hampered by the mutual distrust of different groups within Guatemala as well as (Guatemalan suspicions that representatives of external agencies may be acting as undesirable agents of foreign governments or NGOs. In addition, Bank staff have sometimes ignored, or been unaware of, political realities and local sensitivities. In one instance, the Bank consulted with Mayan towns without informing the Government, which saw the activity as an attempt by foreigners trying to dictate Guatemala's cultural policy. As a result of this incident, the Bank and the Government adopted guidelines for consultations during project preparation : the Bank informs communities, conducts consultations, provides technical assistance to indigenous organizations, and informs communities about the resources allocated to the regions where the project will be carried cut. Subsequently, coordination with Government and local communities has improved ».

Banque, a demandé le remboursement par l'État des fonds dépensés dans le cadre de cette consultation. Il est indiqué dans le projet que son gestionnaire doit être présent pour vérifier le déroulement et la qualité des dernières consultations en novembre 2010 et transmettra ses recommandations au gouvernement[778].

D'une manière relativement similaire, dans la synthèse de l'atelier régional sur la zone Amérique latine et Caraïbes, le projet Prodeminca en Équateur a été pointé du doigt : l'étude d'impact n'avait pas été réalisée de manière satisfaisante et les peuples affectés par le projet n'avaient pas été consultés[779]. On peut aussi rappeler le cas de la mine d'or Marlin au Guatemala, une mine exploitée par une entreprise canadienne, la *Glamis Gold*, et qui a bénéficié du soutien financier de la SFI à hauteur de 45 millions de dollars. L'entreprise avait prévu de produire 250 000 onces d'or et 3,6 millions d'onces d'argent pendant une période de 10 ans (mine à ciel ouvert et mine souterraine)[780] et elle s'est vue accorder une concession en 2004. S'opposant à cette concession, les communautés autochtones de Sipakapa ont organisé des manifestations[781] et ont déposé, notamment via le collectif environnemental Madre Selva, une plainte auprès du Conseiller-médiateur de la Banque mondiale appelé CAO. Le CAO est « un mécanisme indépendant qui sert de recours pour les problèmes que peuvent soulever des projets recevant l'appui des deux institutions du Groupe de la Banque mondiale spécialisées dans le secteur privé, à savoir la Société financière internationale (SFI ou en anglais IFC) et l'Agence multilatérale de garantie des investissements (MIGA) »[782]. Une fois la plainte déposée, et si elle satisfait aux conditions de recevabilité, elle fait l'objet d'une enquête par le

---

[778] Pour plus d'informations, voir : BANQUE MONDIALE, *Management Report and Recommendation in Response to the Inspection Panel Investigation Report, Panama Land Administration Project (Loan n°7045-PAN)*, 28 octobre 2010, VII-28 p. Disponible en ligne sur :
http://www-wds.worldbank.org/external/default/WDSContentServer/WDSP/IB/2010/11/02/000334955_20101102025728/Rendered/PDF/576010IPR0P0501official0use0only191.pdf (consulté le 15 mars 2011).

[779] REVUE DES INDUSTRIES EXTRACTIVES DE LA BANQUE MONDIALE, *Latin America and Caribbean Regional Workshop…*, op. cit., p. 26.

[780] L'entreprise a également prévu, en termes de déchets, 44 millions de tonnes de roches et 14 millions de tonnes de résidus.

[781] Voir : COMISIÓN PASTORAL PAZ Y ECOLOGÍA (COPAE), « La consulta comunitaria: Estrategia de lucha contra el atropello y la imposición » in CIDSE, *América latina : Riqueza privada, pobreza pública*, 2009, Quito, pp. 19-33.

[782] Pour plus d'information, voir le site du CAO : http://www.cao-ombudsman.org/languages/french/.

CAO. Ce dernier propose ensuite des solutions pour que les parties trouvent un accord. Dans cette affaire, le collectif environnemental Madre Selva avait fondé sa plainte sur quatre allégations principales : un accès à l'eau limité pour les communautés, la pollution de l'environnement et des cours d'eau par l'exploitation minière, l'absence de consultation des peuples autochtones sur le projet, et la naissance de conflits et de tensions[783]. Sur la base de ces allégations, le CAO a demandé à la SFI d'interrompre son financement. Dans le cadre de la Mine Marlin, il a rendu une évaluation, basée sur des entretiens avec des représentants des parties concernées, le 7 septembre 2005[784]. Il a constaté qu'il existait des risques d'un traitement insuffisant de l'eau provenant des bassins de lixiviation, de défaillances techniques des digues, et une limitation possible de la disponibilité de l'eau pour les habitants alentours. Il a notamment recommandé la diffusion d'informations plus techniques sur la digue contenant les déchets de roches ainsi que sur les différents plans de gestion et de construction, la réalisation d'études actualisées sur la qualité de l'eau. En revanche, il a estimé que le nombre et les modalités des consultations étaient satisfaits. Il a toutefois établi l'absence de consultation préalable à l'autorisation d'exploitation, et recommandé la tenue de consultations des groupes autochtones sur des thèmes spécifiques[785]. Le Collectif Madre Selva a contesté certains points de cette évaluation. Il a en particulier estimé que les consultations n'ont pas été menées sur la base d'informations suffisantes relatives à l'impact environnemental et social du projet, de sorte que les communautés n'étaient pas réellement informées des conséquences de l'activité.

Parfois, les dispositions de la Banque relatives à la participation et à la consultation ne sont tout simplement pas mises en œuvre. C'est par exemple le cas d'un projet concernant le barrage BioBio au Chili, ainsi que le montre le rapport d'un consultant de la SFI[786]. Dans cette affaire, le Chili avait

[783] OFFICE OF THE COMPLIANCE ADVISOR/OMBUDSMAN, *Assessment of a complaint submitted to CAO in relation to the Marlin Mining Project in Guatemala*, Washington, 7 septembre 2005, p. 1. Disponible en ligne sur : http://www.cao-ombudsman.org/cases/document-links/documents/CAO-Marlin-assessment-English-7Sep05.pdf (consulté le 9 février 2012).

[784] Ibid., V-42 p.

[785] Ibid., pp. 15-32.

[786] Rapport de T. Downing : http://www.derechos.org/nizkor/espana/doc/endesa/aaa.html (consulté le 10 février 2011). Voir également pour plus d'informations sur ce cas : L. NESTI, « Indigenous Peoples' Rights to Land and their Link To Environmental Protection : The Case of Mapuche-Pehuenche », in R. KUPPE, R. POTZ (éd.), *Law and Anthropology*,

élaboré un plan de construction de six barrages. La construction des deux premiers barrages, Pangue et Ralco, suscitèrent de vives oppositions. Ces derniers mettaient en effet en péril la communauté Pehuenche de l'ethnie des Mapuche. La SFI a engagé en 1995 l'anthropologue Théodore Downing pour évaluer le projet de la Fondation Pehuen créée par l'entreprise *ENDESA*. Celui-ci rendit son rapport en 1996, après plusieurs missions sur place. Son rapport fait état de violations graves des droits de l'Homme et de l'environnement, mais n'a pas été publié. En 1997, la SFI a engagé l'écologiste Jay Hair, président émérite de National Wildlife Federation pour qu'il produise un rapport sur la même question, mais ce rapport a été diminué des deux tiers par la SFI. L'entreprise de production d'électricité espagnole *ENDESA*, bénéficiaire du projet, a estimé qu'entre les intérêts énergétiques de centaine de milliers de citoyens et les droits de quelques centaines d'autochtones, les droits des seconds ne pouvaient primer. Le gouvernement chilien suivant ce raisonnement, la terre de la communauté Pehuenche a par conséquent été en partie inondée. Le projet Pangue, financé par la SFI, et dont la construction s'est achevée en 1997, a déplacé plus de 600 membres de cette communauté.

Si la Banque mondiale et la SFI font apparemment des efforts pour améliorer la participation des peuples autochtones[787], ils tentent et parviennent parfois à contourner certaines de leurs obligations. Par exemple pour le projet Yanacocha au Pérou, la SFI a refusé de reconnaître que les communautés rurales étaient indigènes alors que la majorité de leurs membres ne parle que le quechua. Plus largement, elles peuvent adopter une terminologie moins contraignante que celle des textes internationaux. En remplaçant le terme « réinstallation » par « relocalisation »[788], la Banque mondiale tente par exemple d'exonérer l'État de son obligation d'obtenir le

---

International Yearbook for Legal Anthropology, Boston, London, The Hague Martinus Nijhoff Publishers, 2001, vol. 11, pp. 122-137.

787 Par exemple, pour la SFI, le guide destiné aux professionnels comme constituant des règles internes, voir : SFI, « Améliorer les projets et leurs résultats par la consultation et l'information du public », SFI, novembre 1998, 109 p. Disponible en ligne sur : http://www1.ifc.org/wps/wcm/connect/c29bbc00488559bc83fcd36a6515bb18/DoingBetterBusiness_French.pdf?MOD=AJPERES&CACHEID=c29bbc00488559bc83fcd36a6515bb18 (consulté le 3 octobre 2012).

788 Pour une telle remarque, voir : E. CARUSO, M. COLCHESTER, F. MACKAY, N. HILDYARD, G. NETTLETON, *Extrayendo Promesas...*, op. cit., p. 80. Disponible en ligne sur : http://www.forestpeoples.org/sites/fpp/files/publication/2010/10/eirinternatwshopsynthesisrepmay03sp.pdf (consulté le 11 février 2012).

consentement libre, préalable et informé en cas de réinstallation forcée. Plus généralement, les organisations financières internationales rencontrent des difficultés à appliquer le principe de consentement libre, préalable et informé.

B. La difficulté d'appliquer le principe de consentement libre, préalable et éclairé

À l'issue des consultations régionales menées par la Revue des industries extractives (RIE ou en anglais EIR), un des principaux constats est la faible participation des peuples autochtones dans la prise de décision[789]. Dans son rapport final de 2003 relatif à la Banque mondiale, la RIE « conclut que les populations autochtones et autres parties affectées ont le droit de participer au processus de prise de décision et de donner leur consentement libre, préalable et éclairé tout au long de chaque phase du déroulement d'un projet. Ce consentement doit être considéré comme le principal déterminant de l'existence d'un permis social d'exploitation, ce qui en fait un outil essentiel dans la décision d'accorder un appui à une opération »[790]. Le rapport décrit ce consentement comme étant « un processus par lequel les populations autochtones, les communautés locales, les gouvernements et les compagnies peuvent aboutir à des accords mutuels dans le forum qui donne aux communautés affectées assez de poids pour négocier les conditions dans lesquelles elles s'engagent et une conclusion claire pour la communautés. Les compagnies doivent proposer une offre assez intéressante pour les compagnies hôtes pour que celles-ci acceptent sa réalisation, et négocier des accords sur les moyens de mettre en place le projet et, par conséquent, de donner un 'permis social' à la compagnie pour opérer »[791].

Toujours dans son rapport final en 2003, la RIE estime que la Banque mondiale ne doit plus financer de projets qui ne respectent pas le consentement libre, préalable et informé des peuples autochtones, et qui

---

789 REVUE DES INDUSTRIES EXTRACTIVES DE LA BANQUE MONDIALE, *Latin America and Caribbean Regional Workshop…*, op. cit., p. 4.

790 REVUE DES INDUSTRIES EXTRACTIVES DE LA BANQUE MONDIALE, Vers un nouvel équilibre…, op. cit., p. 24. Voir aussi : ENVIRONMENTAL LAW INSTITUTE, *Prior Informed Consent and Mining : Promoting the Sustainable Development of Local Communities*, 2004, Washington, Environmental Law Institute, p. 2. Disponible en ligne sur : www.elistore.org/reports_detail.asp?ID=10965 (consulté le 18 mars 2012).

791 REVUE DES INDUSTRIES EXTRACTIVES DE LA BANQUE MONDIALE, *Vers un nouvel équilibre…*, op. cit., p. 59.

aboutissent à des déplacements forcés[792]. Elle recommande aux entreprises de rechercher l'accord des peuples autochtones pour les projets susceptibles d'affecter leurs droits. En outre, la Revue recommande la fin progressive du financement des exploitations pétrolières pour 2008, afin de mieux respecter l'environnement et en vue de pouvoir promouvoir la « transition vers des énergies renouvelables »[793] – cette dernière proposition étant également portée par l'ONG Amis de la Terre[794]. Dans le rapport, la RIE préconise enfin l'abandon de l'usage de certains produits toxiques dans les mines, par exemple le cyanure. Selon elle, « [l]e principe de réparation a pris une ampleur progressive ces dernières années au sein de diverses instances nationales comme internationales. **La RIE a mentionné la possibilité pour la Banque de mettre en place un système de compensation des retombées négatives des projets sur les plans environnemental et social, qui permettrait à la fois de remettre les lieux en état et d'indemniser les populations ayant subi les conséquences du projet**. La réponse du Management évite de prendre une position tranchée en remettant cette question entre les mains des gouvernements locaux et en se référant à leur bonne volonté et à leur capacité d'y répondre »[795].

Cependant, en août 2004, le GBM a répondu au rapport de 2003 en rejetant, parmi les recommandations de la RIE, l'interruption des activités dans le secteur pétrolier, et l'obligation du consentement libre et éclairé des peuples autochtones. Selon lui, les investissements dans le secteur pétrolier constituent un moyen de lutter contre la pauvreté dans les pays en voie de développement. Quant à l'obligation du consentement des autochtones, les Directeurs du GBM ont été nombreux à la rejeter, par peur d'instituer des

---

792 Le rapport posait pourtant trois conditions (le respect des droits de l'Homme, le développement durable) pour améliorer les politiques du GBM dans le cadre des industries extractives.

793 Ibid., p. 13.

794 Voir l'article des Amis de la Terre, autour du slogan « World Bank Get Your Ass out of Oil and Gas » sur le site : http://www.foei.org/en/media /archive/2000/18_nov_world_bank.html : L'ONG les Amis de la Terre estime primordial que le GBM adopte le principe du consentement préalable, libre et éclairé, et retient la recommandation qui vise à ne pas intervenir dans des pays où la démocratie n'est pas observée dans ses conditions minimales, les Amis de la Terre recommande également que 20% du budget énergétique soient alloués aux énergies renouvelables, et propose qu'il soit également impossible d'initier des projets dans des lieux précis tels que des sites répertoriés par l'UICN, les sites classés Patrimoine commun de l'Humanité ou des Aires protégées dans le cadre des Nations Unies.

795 Voir : http://www.amisdelaterre.org/Points-cles-du-rapport-final-de-la.html (consulté le 15 mai 2015).

droits de veto qui pourraient ralentir le déroulement des projets[796]. Le GBM poursuit donc actuellement son financement dans ces secteurs. Il soutient toutefois s'assurer que les bénéfices soient destinés aux populations locales et que le consentement des populations au projet reste un élément primordial pris en considération. De même, il affirme « renforcer ses procédures relatives à la participation des communautés locales aux projets intéressant les industries extractives. Il ne soutiendra que les projets qui ont donné lieu à des consultations préalables, libres et sérieuses, permettant aux communautés de se sentir concernées, et qui bénéficient de ce fait d'un large soutien des populations locales »[797].

Les efforts entrepris par le GBM pour approfondir ses réflexions sur la stratégie à adopter sont encourageants[798]. Le rôle du Panel d'inspection pourra contribuer à la reconnaissance de ce principe puisqu'il est en mesure d'examiner si un projet bénéficie d'un « *broad community support* »[799]. Toutefois, la Banque mondiale est régulièrement critiquée pour ne pas suivre ses propres directives en matière de consultation. La coordination pour l'autodétermination indigène du Paraguay par exemple fait état de l'absence de consultation libre et éclairée dans une lettre datée du 29 octobre 2008[800]. Benedict Kinsbury affirme cependant que « *[o]f the first dozen complaints registered by the panel, the majority invoked violations of Bank policy on involuntary resettlement, indigenous peoples, environmental assessment, and participation* »[801].

Depuis 2009, la SFI révise les politiques et les normes sociales et environnementales qui réglementent les prêts de la Banque mondiale. Ce

---

[796] Voir la réponse finale au rapport par le GBM : http://siteresources.worldbank.org/INTOGMC/Resources/eirmgmtresponsefinalfrench.pdf (consulté le 15 mai 2015). Voir aussi : R. GOODLAND, op. cit., pp. 66-74 et F. MACKAY, « Indigenous Peoples' Right to Free, Prior and informed Consent and the World Bank's Extractive Industries Review », *Sustainable Development Law and Policy*, 2004, vol. 4, pp. 48-49. Voir l'analyse de Fergus Mackay sur le refus de la Banque mondiale de consacrer le FPIC : F. MACKAY, « The Draft World Bank Operational Policy 4.10 on Indigenous Peoples : progress or more of the same », *Arizona Journal of International and Comparative Law*, 2005, vol. 22, pp. 77-80.

[797] Voir le communiqué de presse du 3 août 2004 de la Direction du Groupe de la Banque mondiale.

[798] Voir l'article du 27 janvier 2005 disponible en ligne sur : http://www.noticiasaliadas.org/articles.asp?art=4107 (consulté le 4 août 2010).

[799] D. BARSTOW MAGRAW, L. BAKER, op. cit., p. 424.

[800] Voir : http://www.forestpeoples.org/documents/s_c_america/paraguay_capi_wb_redd_oct08_sp.pdf (consulté le 24 août 2010).

[801] B. KINGSBURY, « Operational Policies of International… », op. cit., p. 336.

processus, qui devait initialement durer 18 mois, se prolonge pour organiser une troisième phase à cet examen permettant une plus large participation de la société civile. Cette participation comprend des ateliers thématiques, visant à obtenir un texte en adéquation avec les attentes et les diverses propositions formulées durant toutes les consultations précédentes. Un atelier s'est tenu le 29 juillet 2010 sur la possible adoption du principe de « consentement libre, préalable et éclairé » pour garantir la survie culturelle et économique des peuples autochtones. Cet atelier n'a cependant pas impliqué des représentants des peuples autochtones choisis par eux.

Les politiques relatives aux peuples autochtones de la Banque mondiale ont des effets sur les pratiques des autres organisations. « *In almost case, the adoption of a policy in one international institution has been affected by developments in others, even while the agency's own experience and operating procedures shape each document* »[802]. C'est notamment le cas de la création du Panel d'inspection de la Banque mondiale, dont le modèle a été repris par la Banque interaméricaine de développement.

La BID se réfère fréquemment au principe de consentement libre, préalable et éclairé, sans toutefois donner une pleine effectivité à ce principe[803]. Elle fait notamment référence au principe lorsqu'elle invite des experts à établir des diagnostics et des évaluations sur le caractère de bonne foi des consultations organisées, et sur les spécificités des peuples autochtones, lorsqu'elle évalue les bénéfices, ou lorsqu'elle pousse les États à faire participer les représentants autochtones et à user de mécanismes appropriés.

La BID exige le consentement des peuples autochtones pour les opérations qui les concernent directement. Dans certains cas, la Banque a décidé de financer des consultations organisées par les peuples autochtones eux-mêmes. Cette politique doit être saluée dans la mesure où elle écarte les risques de consultations factices, et paraît globalement conforme aux standards issus des instruments internationaux.

Dans la phase d'évaluation des projets, il est également prévu des indicateurs *sui generis* quantitatifs et qualitatifs. Ces indicateurs ont pour objet de mesurer l'effectivité de la politique menée, et sont utiles pour mesurer l'amélioration des conditions de vie des peuples autochtones[804]. Parmi les indicateurs, on trouve l'existence d'un plan d'action, la prise en

---

[802] Ibid., p. 341.

[803] BANQUE INTERAMÉRICAINE DE DÉVELOPPEMENT, *Política operativa sobre pueblos indígenas y Estrategia para el desarrollo indígena*, Washington, BID, février 2006, pp. 12, 38, 43, 47.

[804] Ibid., pp. 50-51.

compte des dispositions relatives à la consultation dans les stratégies-pays, la décision d'octroyer des fonds non remboursables à des projets relatifs aux peuples autochtones, et l'augmentation de la participation autochtone dans les organes de consultation dans la conception et la mise en œuvre des projets. Sont également considérés comme des indicateurs les références à l'obligation d'information contenues dans les documents relatifs au projet, et la présentation détaillée de l'impact négatif qu'il est susceptible d'avoir sur les peuples autochtones.

Au sein des documents de la BID, on trouve donc le principe du consentement, préalable, libre et informé dans les instruments d'évaluation, ainsi que dans les textes relatifs à la réinstallation involontaire des autochtones. Mais si les références à la consultation et au principe de consentement libre, préalable et informé sont nombreuses dans les documents de la BID, en pratique, plusieurs exemples démontrent que ces principes ne sont pas respectés dans les faits.

Bien entendu, comme la Banque mondiale, la BID paraît faire des efforts en vue d'intégrer pleinement les peuples autochtones aux décisions prises : en 2004, elle a par exemple décidé d'adopter une politique opérationnelle sur les peuples autochtones. Cette politique prévoit des orientations et des mécanismes visant à améliorer l'effectivité de la participation des communautés autochtones, et, indirectement, à améliorer leurs conditions de vie (accès aux soins et à l'éducation) en tant que bénéficiaires des projets[805]. La BID a ainsi soutenu des projets au Guatemala (DECOPAZ), en Argentine (CAPI), au Venezuela (PROPAIS), au Panama (Darien et Bocas del Toro), en Équateur (Corredor Biologico Mesoamericano, FISE III), au Honduras (PAPIN) et au Chili (Origenes). Cette stratégie poursuit plusieurs objectifs : renforcer la sécurité juridique des terres (par exemple en octroyant des titres de propriété) et la gouvernance, réduire la marginalisation et l'exclusion des autochtones en milieu urbain, améliorer le taux d'emploi, et généralement aider les peuples autochtones à améliorer eux-mêmes leurs conditions de vie[806]. Ces finalités impliquent une bonne connaissance et compréhension des peuples autochtones (nombre, coutumes, et droits coutumiers, etc.) que les fonctionnaires de la BID entendent acquérir en faisant appel à des experts, des anthropologues, des juristes et des historiens.

Mais comme souvent, ces politiques ne paraissent pas respectées dans les faits, et elles ne semblent pas même influencer les pratiques de manière

---

[805] Ibid., 55 p.

[806] BANQUE INTERAMÉRICAINE DE DÉVELOPPEMENT, *Política operativa sobre pueblos indígenas y Estrategia para el desarrollo indígena*, Washington, BID, février 2004, p. 34.

significative. Le projet Camisea peut illustrer cette situation. Ce projet consistait à exploiter les réserves en gaz de San Martin et de Cashiriari (bloc 88 Camisea), une zone du Pérou habitée par des peuples en isolement volontaire et comprenant des aires protégées. Ce projet a été très controversé en raison des problèmes environnementaux qu'il a causés et a incité plusieurs ONG à rédiger des rapports critiques à l'encontre de la BID et du gouvernement. Ceux-ci reproduisent notamment des documents produits par des experts, qui constatent l'état problématique des habitats et de l'environnement de la zone, ainsi que des irrégularités dans le déroulement du projet. Dans plusieurs communautés affectées par le projet, les consultations préalables n'ont pas eu lieu ; d'autres ont été trop rapides pour qu'un accord soit trouvé. Certains membres ont subi des intimidations, et l'étude d'impact social et environnemental a révélé de graves problèmes[807] qui n'ont pas été résolus. Les nombreuses critiques émises à l'encontre du projet Camisea I n'ont pas empêché la BID[808] de financer le projet Camisea II à hauteur de 800 millions de dollars en juillet 2006. Suite à ces événements, la BID a commandé une évaluation du projet Camisea en 2007. Cette évaluation a permis de révéler que l'obligation de consulter n'a effectivement pas été pleinement mise en œuvre. Elle indique en effet que l'entreprise *Pluspetrol* a seulement organisé des consultations dans sept des quinze communautés visées par le projet, et que trois n'ont pas été visitées pendant plus d'un an. Les experts consultés regrettent que, bien que l'entreprise distribue régulièrement des bulletins d'informations et des documents sur le projet, les rapports sur l'impact social et environnemental ne soient pas publiés sur le site du projet Camisea[809]. Ils recommandent que les comptes rendus, et les actes des ateliers et consultations soient bien conservés, et que le mécanisme d'enregistrement des plaintes soit effectif[810]. Mais plusieurs ONG dénoncent ces évaluations, et soutiennent qu'elles n'ont

---

807 T. GRIFFITHS, *Exigiendo Responsabilidad al BID y la CFI en Camisea II : Una Revisión de Estándares Internacionales Aplicables, y Diligencia y Conformidad Debidas*, Washington, Amazon Watch, septembre 2007, 63 p. Disponible en ligne sur : http://www.finanzaseticas.org/pdf/Amazon%20WatchCamiseaII.pdf (consulté le 15 mars 2011).

808 Sur le rôle de la BID, voir : G. FONTAINE, « Après Camisea : Le rôle du secteur privé dans la gouvernance énergétique péruvienne », in A.-L. AMHILAT SZARY, (coord.), op. cit., p. 80.

809 MATRIX SOLUTIONS INC., *Informe de Supervision ambiental y social del proyecto Camisea*, Segundo semestre 2007, p. 79. Disponible en ligne sur : http://idbdocs.iadb.org/wsdocs/getdocument.aspx?docnum=1906028 (consulté le 15 mars 2011).

810 Ibid.

pas été réalisées en toute indépendance, et visent uniquement à conforter les activités d'exploitation financées par la BID.

Dans d'autres affaires, on constate cependant plutôt le respect des pratiques préconisées dans les études de la BID. Pour le projet Darien de construction d'une route au Panama par exemple, les bonnes pratiques en matière de consultation ont été consolidées dans un document[811].

La BID a ainsi initié une évaluation sur la mise en œuvre de sa politique relative aux peuples autochtones et a dégagé les critères d'une consultation efficace[812]. Pour qu'une consultation soit efficace, il est nécessaire d'obtenir des informations sur la méthodologie suivie, le chronogramme, les modalités de la consultation (traduction des documents, représentation des acteurs, etc.), son opportunité étant donné la date de sa tenue, le budget (qui doit permettre la participation de tous les acteurs importants), le caractère coordonné et évalué de la consultation[813]. Tous ces critères sont considérés comme extrêmement importants pour que la consultation ne demeure pas simplement une formalité. Le temps de préparation et les moyens financiers alloués sont également des indices de la bonne foi de l'État, et de sa volonté de parvenir à un accord.

---

811 Pour plus d'informations, voir : C. PERAFÁN, N. HELI, *Community Consultation : The Case of Darien*, Panama, Washington, BID, décembre 2002, 70 p. Disponible en ligne sur :
http://idbdocs.iadb.org/wsdocs/getdocument.aspx?docnum=361987 (consulté le 16 mars 2011).

812 Par exemple au Panama et au Pérou, voir : R. PLANT, S. HVALKOF, op. cit., pp. 57-58.

813 BID, *Socialización de Principales Resultados : Estrategia para el Desarrollo Indígena y Política Operativa sobre Pueblos Indígenas*, Washington, BID, 3 p. Disponible en ligne sur :
http://idbdocs.iadb.org/wsdocs/getdocument.aspx?docnum=765236 (consulté le 15 mars 2011).

CONCLUSION DU TITRE II

Au terme du titre II, il apparaît que, eu égard à l'impact considérable des projets d'exploitation des ressources naturelles sur les peuples autochtones, les faire participer à la prise de décisions relatives à leurs terres est la meilleure manière de sauvegarder leurs droits, leur environnement, et – du point de vue de l'État et des entreprises – d'assurer le bon déroulement des projets dont les effets ne sont pas excessivement nocifs[814]. Si au premier abord, l'exigence de consultation n'apparaît pas comme une obligation essentielle à respecter, analyser les conséquences positives d'une telle mise en œuvre mène à comprendre les enjeux que sous-tend cette exigence[815]. En effet, le non-respect de l'exigence de consultation porte atteinte aux droits fondamentaux des peuples autochtones et en particulier à leur identité spécifique[816]. C'est ainsi que la Cour constitutionnelle colombienne a pu considérer qu'un processus d'autorisation de concession était irrégulier en

[814] Pour un tel raisonnement dans le domaine minier, voir : P. WOICKE, op. cit., p. 344 : « Given the considerable impacts mines have on surrounding communities, extensive and ongoing consultation is becoming best practice in the mining sector ».

[815] FONDATION CANADIENNE POUR LES AMERIQUES (FOCAL), *Sustainable Communities : Mining and Indigenous Governance*, policy document, mars 2008, pp. 4-5. Disponible en ligne sur : http://www.focal.ca/pdf/indigenous_FOCAL_sustainable%20communities%20mining%20indigenous%20governance_March%202008.pdf (consulté le 5 octobre 2012).

[816] Cour constitutionnelle, recours en inconstitutionnalité contre la loi 1021 de 2006, Carlos Humberto García Guzmán, Luis Alfredo García Gómez, Alejandra Azuero Quijano y Daniel Bonilla Maldonado, C-030/08, 23 janvier 2008 : « Para la Corte, existe un nexo muy claro entre la consulta como mecanismo de participación y la defensa de la integridad cultural de las comunidades étnicas. Hay una afectación directa cuando la ley altera el estatus de la persona o de la comunidad, bien sea porque le impone restricciones o gravámenes, o, por el contrario, le confiere beneficios. Es claro, que lo que debe ser objeto de consulta son aquellas medidas susceptibles de afectar específicamente a las comunidades indígenas en su calidad de tales, y no aquellas disposiciones que se han previsto de manera uniforme para la generalidad de los colombianos. Este criterio surge no solo de la calidad de directa que se predica de la afectación que produzca una medida legislativa para que sea imperativa la consulta, sino también del hecho de la misma procede cuando se trate de aplicar las disposiciones del Convenio. Así por ejemplo, cuando se vaya a regular a través de una ley la manera como se hará la explotación de yacimientos petroleros ubicados en territorios indígenas, sería imperativa la consulta con los pueblos indígenas susceptibles de ser afectados, porque hay una afectación directa que impone al Estado aplicar para el efecto las disposiciones del convenio ».

raison de l'absence de participation d'un groupe autochtone, le groupe U'wa. De ce fait, le projet portait atteinte à l'intégrité du groupe.

Lorsque l'État manque à son devoir, les entreprises organisent des consultations, ou les peuples autochtones se livrent eux-mêmes à des consultations informelles. Mais les premières de ces consultations risquent évidemment d'être des manipulations ou des simulacres, et elles sont de toute façon toujours suspectes étant donné les intérêts des entreprises extractives. Quant aux consultations informellement tenues par les peuples autochtones eux-mêmes, elles ne sont jamais obligatoires, elles peuvent également faire l'objet de manipulations et leur bonne tenue est difficilement vérifiable. En outre, la prise en compte de leur résultat n'est pas garantie, et elle est même peu probable puisque l'organisation des consultations répond en creux à une défaillance qu'un gouvernement est généralement peu enclin à admettre. C'est donc à l'État qu'il revient d'organiser les consultations, et c'est de son engagement en la matière que dépend essentiellement la mise en œuvre correcte du principe de participation.

En pratique, un premier niveau de difficulté tient à l'absence totale de consultation pour certains projets. Mais il arrive également – et on se situe alors à un deuxième niveau –, que des consultations soient bien organisées, mais que leurs modalités soient inadéquates : les autochtones sont mal informés (voire délibérément mal informés), les consultations ne concernent qu'une partie des autochtones, ou sont menées très rapidement, ou des pressions sont exercées sur les contestataires, etc. Enfin, dans un grand nombre de cas – et on se situe alors au troisième niveau –, des consultations sont bien organisées, mais leur résultat n'est manifestement pas ou peu pris en compte.

C'est à ce dernier niveau qu'intervient la question du consentement libre, préalable et éclairé des peuples autochtones consultés. Le droit à la consultation énoncé dans les instruments internationaux et nationaux ne permet pas d'exiger d'un État qu'il se soumette aux résultats d'une consultation. Une telle obligation n'est pas formulée au plan international, et les tribunaux constitutionnels du Guatemala, de la Bolivie et de la Colombie ont précisé qu'il n'existait en aucun cas une obligation de leur État de s'en remettre aux résultats d'une consultation.

Toutefois, si on peut comprendre que le consentement d'un peuple autochtone, surtout s'il ne compte que quelques dizaines ou centaines de membres, ne conditionne pas systématiquement la tenue d'un projet décidé par un État tout entier, il est clair qu'est nécessaire un mécanisme juridique ou institutionnel garantissant que la consultation ne soit pas une formalité administrative ou une simple obligation formelle, et que la participation autochtone au projet mené soit réelle. Il faut donc trouver des modalités de consultation ou, mieux, trouver des « processus » ou des « partenariats » entre les représentants autochtones et les autorités étatiques, qui n'entraînent ni la soumission de l'État aux blocages des autochtones, ni (ce qui est plus fréquent) les autochtones à ceux de l'État. « Pour la plupart des acteurs (dont les organisations autochtones se font écho), il ne s'agit plus de penser en termes de 'participation' mais en termes de 'partenariat' [...] la simple participation apparaît comme une forme molle d'inscription des acteurs marginalisés dans des procédures qu'ils contrôlent mal »[817]. On peut aussi imaginer un mécanisme selon lequel, lorsqu'une consultation est menée et n'aboutit pas au consentement d'une communauté autochtone, un organe étatique composé d'experts et de représentants dispose du pouvoir de décider si la mise en œuvre du projet doit impérativement être suspendue, et si la suspension n'est pas décidée, de la mission de fournir une explication détaillée.

Afin de mettre fin à la relation conflictuelle qui perdure entre l'État et les peuples autochtones, et de « redéfinir les relations entre peuples autochtones et l'État national »[818], différentes solutions ont été envisagées. D'ordinaire, l'organisation de la participation des peuples autochtones à des projets particuliers s'inscrit dans une évolution générale du droit national, qui reconnaît les spécificités propres aux autochtones, par exemple via une modification de la constitution favorable au multiculturalisme ou au pluralisme juridique. Mais c'est peut-être vers des cas particuliers qu'il faut chercher des solutions. À cet égard, on peut par exemple remarquer le cas du Parc national indigène Indiwasi et Pacifico Vallecauno en Colombie, qui est une réussite sur le plan de la concertation entre les acteurs indigènes et non-indigènes pour résoudre les différends. Les acteurs ont su adopter des codes locaux d'éthiques, ce qui a permis de prendre en compte les enjeux territoriaux pour les communautés, suite à un long processus de concertation avec la commission intersectorielle pour la gestion intégrée de la zone côtière Vallecaucana[819].

---

[817] I. BELLIER, « Le développement et les peuples autochtones… », op. cit., p. 143.

[818] R. STAVENHAGEN, « El sistema internacional de los derechos indígenas », in J. E. R. ORDONEZ CIFUENTES (coord.), *Análisis interdisciplinario de la Declaración Americana de los Derechos de los Pueblos Indígenas*, X Jornadas Lascasianas, México, UNAM, 2001, p. 121.

[819] I. RODRÍGUEZ, H. DARIO CORREA, « Lecciones, Enfoques y Retos en la transformación de conflictos socio-ambientales en América Latina : La experiencia del Programa « CyC » », in *Encrucijadas Ambientales en América Latina : Entre el manejo y la transformación de conflictos por recursos naturales*, pp. 63-66.

Si seuls les États sont à même de mettre correctement en œuvre le principe de participation des peuples autochtones, ils ne sont évidemment pas les seuls à blâmer lorsque le principe n'est pas mis en œuvre, et d'autres acteurs peuvent fortement accélérer ou améliorer son application. Les organisations financières internationales sont de celles-ci, puisque leur concours est souvent nécessaire, et en tous les cas sollicité pour la mise en œuvre de mégaprojets, dont l'impact sur les peuples autochtones est généralement très important. La Banque mondiale, la BID et le FMI doivent ainsi veiller à ne pas encourager indirectement des pratiques particulièrement attentatoires aux droits des peuples autochtones, en finançant et soutenant les projets qui les violent ou sont susceptibles de leur faire[820]. Ils devraient annoncer plus clairement qu'ils refusent leur aide à ce type de projet, et la conditionner au respect des droits autochtones. S'ils n'adoptent pas une telle démarche, ils encourent le même reproche que le FMI lorsqu'il impose des plans d'ajustement structurel, et prescrit des mesures telles que la privatisation de l'eau ou de l'électricité, dont les effets s'avèrent finalement contraire à son objectif premier, qui est de réduire la pauvreté[821].

Disponible sur : http://www.upeace.org/cyc/libro/index.htm (consulté le 23 décembre 2010).

[820] J.W. HEAD, « Protecting and Supporting Indigenous Peoples in Latin America : Evaluating the Recent World Bank and IDB Policy Initiatives », *Journal of International Law and Practice*, 2006, vol. 14, pp. 400-413.

[821] S. PEREIRA LEITE, « Los derechos humanos y el FMI », *Finanzas y Desarrollo*, 2001, vol. 38, n°4, pp. 44-47.

CONCLUSION DE LA PREMIÈRE PARTIE

Il a été démontré que les deux droits des peuples autochtones les plus aptes à les protéger dans le cadre des différends relatifs à l'exploitation des ressources naturelles sont le droit à la terre ou le droit de propriété autochtone et le droit à la participation[822]. Sur le court terme, la reconnaissance de la conception autochtone de la propriété ainsi que la mise en place de procédures permettant la titularisation des terres sont primordiales dans ce type de conflit. Sur le long terme, il semble important que la participation des peuples autochtones aux décisions affectant leurs terres soit effective, de manière à atténuer les tensions existant fréquemment dans les relations qu'ils entretiennent avec l'État.

L'influence du droit international a contribué au respect des droits des peuples autochtones. Au départ, les Convention n°107 et n°169 étaient particulièrement innovantes. Et les peuples autochtones « virent [dans la] convention [n°169] un instrument pour traduire leurs demandes et aspirations dans un langage compréhensible et accepté par les États »[823]. En outre, la Convention influença progressivement les actions des organisations internationales impliquant des peuples autochtones, et les États dans leur politique interne. Mais si ceux-ci furent réceptifs aux obligations portant sur des domaines tels que l'éducation et la culture[824], ils le furent beaucoup moins lorsqu'il s'agit de mettre en œuvre les dispositions relatives aux domaines où elles se heurtent aux fonctions régaliennes de l'État ou à ses intérêts. En ce qu'elle touche la question des ressources naturelles, de la terre et de la consultation obligatoire des peuples autochtones, la Convention n°169 n'est donc pas toujours appliquée. La difficulté se situe principalement dans l'application des normes pertinentes de la Convention dans l'ordre interne. Bien que les limites de cette convention et de son application soient bien connues, elle reste le principal instrument contraignant relatif aux peuples autochtones.

---

822 International Alert a travaillé sur ce type de conflit en mettant en avant plusieurs pratiques qui pourraient atténuer les effets néfastes de ces exploitations à l'égard des peuples autochtones, en particulier à l'égard de ces deux droits. Voir : INTERNATIONAL ALERT, op. cit., pp. 153-154.

823 Traduction libre : L. RODRÍGUEZ-PIÑERO, « La OIT y los pueblos indígenas… », op. cit., p. 74.

824 Les États latino-américains ont par exemple peu de difficulté à créer des écoles bilingues, ou à mettre en place des institutions autochtones chargées de la promotion de la culture autochtone. Voir : INTERNATIONAL ALERT, op. cit., pp. 153-154.

C'est donc à son application, et en particulier à son application par le juge, qu'il faut maintenant s'attacher, ainsi qu'à celle de tous les instruments permettant de protéger les peuples autochtones dans leur rapport à la terre et à ses ressources.

PARTIE II – LA PROTECTION DES AUTOCHTONES PAR LE JUGE EN CAS D'EXPLOITATION DES RESSOURCES NATURELLES

Le règlement juridictionnel doit être impérativement étudié. En effet, ainsi qu'en atteste la doctrine massive qui y est consacrée, ce mode de règlement des différends est de loin celui qui éclaire le plus les violations dont font l'objet les droits des peuples autochtones, et surtout celui qui leur est le plus utile dans la protection de leurs droits. Plus précisément encore, c'est le règlement juridictionnel interne, et la jurisprudence de la Cour IDH qui sont les plus instructifs de ces points de vue. Inversement, le règlement judiciaire ou arbitral international et transnational n'est presque toujours relatifs aux droits des peuples autochtones que de manière indirecte. Nous n'examinerons donc pas spécialement ces mécanismes. Les procédures de suivi des conventions des Nations Unies en matière des droits de l'Homme ne le seront pas non plus. En effet, les différentes réponses apportées par les plaintes déposées devant le médiateur de l'OIT ou devant les organes des droits de l'Homme des Nations Unies n'apportent pas davantage d'informations sur le règlement de ce type de conflit[825].

Le règlement juridictionnel est tout d'abord le signe de l'existence de violations des droits autochtones : si le droit à la terre – ou de propriété autochtone – et la consultation – ou la participation – étaient respectés, les litiges, et par conséquent les recours, seraient moins fréquents. Les contentieux sont également le signe de l'absence ou des carences d'un système de règlement négocié ou gracieux des litiges. Souvent, sa mise en œuvre témoigne de l'absence de médiateur chargé de résoudre les différends relatifs à l'exploitation des ressources naturelles, ou aux exigences procédurales d'un règlement équitable et juste. L'étude de l'usage des voies de droit par les autochtones montre également l'organisation toujours plus structurée des autochtones et leur maîtrise des instruments internationaux pour faire valoir leurs droits. Ces mouvements se renforcent avec l'appui et l'assistance technique des ONG sensibles à leur sort, ou à la dégradation de l'environnement due à l'activité de certaines entreprises.

Dans l'étude des règlements juridictionnels des différends relatifs aux droits des peuples autochtones issus de l'exploitation de leurs ressources,

---

[825] En effet, dans le cadre des mécanismes internationaux de plaintes (pour la plupart dans le cadre des Nations Unies), les comités chargés de l'examen ne peuvent que formuler des recommandations dont le suivi n'engendre pas forcément de réponses claires du gouvernement.

nous nous concentrerons sur l'interprétation de leurs droits, et sur la motivation des décisions. Le choix d'étudier spécialement ces aspects nous semble se justifier par l'importance qu'ils revêtent en pratique. Comme le fait remarquer Emmanuelle Jouannet :

> « [s]i un acteur ou un professionnel du droit veut être efficace, il doit pouvoir atteindre ses objectifs et donc adopter une position en fonction de toutes les informations dont il peut disposer par le biais de la motivation et des obstacles possibles à l'accomplissement de son objectif. Suivant un calcul familier à tous les praticiens du droit, la motivation est le lieu à partir duquel vont s'élaborer les stratégies futures en fonction de la constance et de la visibilité des motivations successives, de ce qu'elles dévoilent de la politique judiciaire des juridictions internationales (y compris bien entendu les opinions séparées), mais aussi parce qu'elle est le lieu privilégié de la jurisprudence en constante élaboration de toute juridiction. Ici l'apport de la motivation dépasse les seules stratégies juridictionnelles des professionnels du droit pour une anticipation plus générale du sens et de la signification des normes internationales à appliquer ou à interpréter »[826].

À cet égard, l'étude de la motivation des juridictions internes et régionales permet d'identifier les arguments soulevés et les interprétations retenues, et ainsi de dégager les outils les plus efficaces dans la défense des droits des peuples autochtones. Ce choix méthodologique est donc fondé sur une démarche éthique assez largement partagée par la doctrine travaillant sur la question.

Comme le rappelle le Rapporteur spécial sur les droits des peuples autochtones des Nations Unies :

> « la *problématique* autochtone aujourd'hui a aussi un aspect éthique. Il pense que l'humanité a contracté une dette envers les peuples autochtones par suite des méfaits historiques dont elle s'est rendue coupable à leur égard, et leur doit donc réparation au nom de l'équité et de la justice historique. Il est parfaitement conscient par ailleurs de l'impossibilité de ramener les choses à l'état où elles étaient à l'époque où les peuples autochtones et

---

[826] E. JOUANNET, « Remarques conclusives », in H. RUIZ FABRI, J.-M. SOREL (dir.), *La motivation des décisions des juridictions internationales*, Paris, Pedone, 2008, p. 275.

> les autres se sont rencontrés, il y a cinq siècles. Certes, il n'est pas possible d'effacer tout ce qui a été fait de positif ou de négatif depuis, mais cela n'enlève rien à l'impératif éthique d'effacer (même s'il faut pour cela se défaire du carcan que constitue le respect rigide de la 'légalité [non autochtone]') les torts causés, aux peuples autochtones sur le plan spirituel et matériel »[827].

Nous nous intéresserons dans un premier temps à l'interprétation des droits autochtones par les juridictions internes (Titre I). Bien qu'elle joue un rôle prééminent dans ce domaine, la Cour IDH ne peut être saisie qu'après l'épuisement des voies de recours internes. C'est la raison pour laquelle nous étudierons l'interprétation des droits qu'elle retient, uniquement dans un second temps (Titre II).

---

827 A. MARTINEZ, *Étude sur les traités, accords…*, op. cit., par. 255.

TITRE I – LA PROTECTION DES AUTOCHTONES PAR LES JUGES NATIONAUX

La diversité des pays d'Amérique latine reflète la complexité de chaque État, qui dispose de son propre ensemble de règles applicables aux peuples autochtones. Même s'il existe des règles semblables dans plusieurs États, il faut évidemment se garder d'uniformiser à l'excès des règles et des pratiques souvent différentes. Toutefois ce que nous souhaitons montrer, c'est de donner un aperçu de l'ensemble des interprétations juridiques retenues par les juges latino-américains en vue d'assurer la protection des peuples autochtones. Il s'agit ainsi de systématiser, dans la mesure du possible, les problèmes rencontrés par eux dans la poursuite de cet objectif, et des moyens mobilisés pour les résoudre.

Les recours nationaux constituent généralement la première et la seule étape du règlement juridictionnel des différends opposant les peuples autochtones au gouvernement ou aux entreprises. Toutefois, l'analyse de la jurisprudence interne ne permet pas de rendre compte de toutes les difficultés rencontrées[828], puisque peu de cas sont portés devant les juridictions nationales[829]. La raison en est que les États n'offrent pas suffisamment de garanties à l'accès à la justice[830] ou que des obstacles

---

[828] Face aux atteintes à leurs droits, les peuples autochtones n'ont que très peu de recours possibles. Ils agissent le plus souvent en exerçant une action de protection de leurs droits fondamentaux appelée recours d'amparo. Mais en principe, ces recours ne visent pas directement les entreprises régies par la législation nationale, qui ne peuvent voir leur responsabilité engagée pour des violations des droits de l'Homme. Dans plusieurs pays, le recours administratif est plus difficile que le recours d'amparo, et le recours devant le juge judiciaire est long.

[829] La difficulté pour les peuples autochtones d'accéder à la justice découle par exemple, de « la dispersion géographique », de « l'incompréhension de la langue espagnole », du « droit coutumier autochtone », et de « la méconnaissance de la loi ». Pour le Mexique, voir : M. del P. HERNANDEZ MARTINEZ, op. cit., pp. 53-63, et particulièrement pp. 57-58.

[830] Dans certains États d'Amérique latine, la communauté autochtone en tant que groupe n'a pas qualité pour agir, et la défense ne peut passer que par l'intervention du Défenseur des droits de l'Homme et du peuple. La reconnaissance de la qualité des communautés à agir a donc été l'une des premières revendications des peuples autochtones. Ils souhaitaient que les requêtes portées au nom de leur groupe soient admises, de manière à faire valoir des droits collectifs. Dans le cas contraire, ils se voyaient obligés d'exercer des recours individuels, ou de se faire indirectement protéger par le ministère public. Le fait de ne pas leur reconnaître de personnalité juridique a donc été un obstacle important à leur accès à la justice. Par exemple, les

structurels ou politiques empêchent son bon fonctionnement. Ces obstacles structurels sont par exemple l'insuffisance des recours existants ou les conditions de recevabilité des requêtes. À tous ces éléments s'ajoutent la lenteur des procédures, résultat de la surcharge de travail des juges, le désistement parfois successif des juges ou des procureurs sous pression, la tâche ardue pour la police de récolter les preuves et d'enquêter, la nature confidentielle des documents sollicités, les manœuvres dilatoires des avocats des entreprises, la difficulté de trouver des interprètes en langue autochtone[831], etc. De ce point de vue, il faut souligner que les entreprises disposent souvent de moyens économiques et financiers considérables, qui leur permettent de faire pression sur les gouvernements, ou de corrompre des agents de l'État[832]. Enfin, le pouvoir judiciaire manque généralement

---

communautés Liviara et Orosmayo n'ont pas pu présenter en 2002 une action d'amparo pour éviter la contamination de la rivière Orosmayo (qui fournit traditionnellement de l'eau potable à ces communautés) par une entreprise d'extraction d'or, au motif que ces communautés ne bénéficiaient pas de la personnalité juridique, et que leur requête était donc irrecevable. Symétriquement, dans les États où il a été admis qu'une communauté puisse disposer de droits, celle-ci a pu accéder à la justice en tant que telle. Par exemple, en reconnaissant la personnalité juridique des communautés autochtones, la Cour constitutionnelle colombienne leur a offert la possibilité de solliciter une protection globale, non-dépendantes de requêtes individuelles. La reconnaissance de la personnalité juridique du groupe pour défendre ses intérêts collectifs aura sans doute à l'avenir des conséquences sur leurs demandes. Voir : ENDEPA – LEDH, Informe alternativo sobre el cumplimiento del Estado argentino a las obligaciones asumidas por la ratificación del Convenio numero 169 de la OIT relativo a Pueblos Indígenas y Tribales en países independientes, juillet 2003, 105 p.

[831] Au Mexique, la ratification de la Convention n° 169 de l'OIT a entraîné des modifications législatives du code de procédure pénale, comme l'obligation de procurer un traducteur dans la langue d'un autochtone, dans le cas où ce dernier ne maîtrise pas suffisamment l'espagnol. L'article 12 de ce code prévoit que l'autochtone doit également comprendre la procédure légale. Voir : Y. ESCALANTE BETANCOURT, « El reconocimiento de la diferencia cultural a partir de la aprobación del convenio 169 », in CNDH, *Los derechos humanos y la globalización*, México, CNDH, 2003, p. 38.

[832] Le Rapporteur spécial des Nations Unies sur la situation des défenseurs des droits de l'Homme, tout comme celui sur l'indépendance des magistrats, soulignent le manque d'indépendance du pouvoir judiciaire et le manque de mesures prises à l'égard des actes illégaux commis à l'encontre des peuples autochtones. Par exemple, au Costa Rica, dans l'affaire Crucitas, l'un des motifs développés par la Cour consistait en l'absence d'étude d'impact environnemental. La Cour mît en cause l'administration tout comme les agissements de l'entreprise. Elle employa,

d'indépendance à l'égard de l'exécutif, et ce dernier ne manque pas de faire pression sur les juges lorsque des entreprises multinationales sont impliquées.

À côté de l'illustration de ces difficultés, l'intérêt d'analyser des situations soumises aux juridictions nationales est de comprendre dans quelle mesure le juge, dans son activité d'interprétation, parvient à concilier l'exigence du respect des droits de l'Homme et du droit international d'un côté, et les priorités de l'État et de son droit de l'autre.

En motivant leur décision, les juges nationaux aident également la doctrine et les requérants éventuels à déterminer dans quelle mesure l'État risque d'être condamné par les juridictions ou organes internationaux dans certaines situations[833]. L'étude de la motivation des décisions nationales, permet d'envisager les différents moyens permettant à une requête d'aboutir. Une telle étude est facilitée par le fait que les juridictions latino-américaines étayent de manière développée leurs décisions, probablement dans le souci de désengorger les juridictions et de décourager les recours qui iraient dans un sens contraire à celui d'une jurisprudence constante. Mais au-delà de cette raison, les juges, par peur d'être désavoués en appel, tentent d'expliquer leurs choix de façon didactique. La motivation des décisions nationales répond également à des exigences d'opportunité et d'équité. En effet, elle reflète un contexte propre à l'État, ainsi que la sensibilité du juge à l'égard des questions qu'il lui revient d'examiner. L'étude de la motivation des décisions permet ainsi une meilleure compréhension des raisons qui ont poussé les juges à prononcer leurs décisions.

Les décisions juridictionnelles nationales font systématiquement référence aux instruments internationaux. Les références à ces instruments, et aux changements législatifs qu'ils exigent, constituent autant de rappels, par le juge, des obligations qui pèsent sur l'État au titre de ces instruments. Ces rappels sont importants dans la mesure où ils sont souvent indispensables au respect par l'État de ses propres engagements. La référence systématique des juges aux instruments internationaux va dans le sens d'une plus grande cohérence entre les normes internationales de protection. Par exemple, dans l'affaire *Entreprise Petrolera Piedra del Aguila SA contre Curruhuinca Victorino et autres*, le juge cite le Pacte

---

pour les qualifier, de termes sévères comme « procédés malicieux », « atteinte flagrante », etc.

833 Ils rappellent par là que « [l]'acte de juger c'est l'acte d'évaluer, de peser, de réfléchir, c'est aussi l'acte de motiver et l'acte de décider. Le jugement est donc une motivation/décision et non pas seulement une décision ». Voir : E. JOUANNET, « Remarques conclusives », in H. RUIZ FABRI, J.-M. SOREL (dir.), op. cit., p. 266.

international des droits économiques, sociaux et culturels (en particulier le droit à la libre détermination des peuples et de ses moyens de subsistance) et le Pacte international des droits civils et politiques qui vise spécifiquement les droits des minorités ethniques, religieuses ou linguistiques. Il indique que « cette série d'instruments internationaux des droits de l'Homme conserve une grande importance politique, dans la mesure où elle unifie les orientations qui prévalent au niveau régional. Ces traités multilatéraux qui définissent les niveaux juridiques (standards) qui seront assurés dans chaque État partie dans son droit interne, finissent par fixer des orientations générales à travers un intense développement normatif uniforme et unificateur »[834]. Les références à toutes les sources de droit international que font les juges, leur permettent également d'asseoir leur légitimité et à résister aux pressions exercées sur eux par les entreprises et les gouvernements.

Les juridictions nationales ont tout d'abord recours à des règles applicables à tous (Chapitre I). Cela s'explique essentiellement par le fait qu'il est important de considérer les autochtones comme de simples citoyens, tout en marquant leur différence par quelques dispositions qui garantissent leurs caractéristiques en tant que groupe distinct du reste de la population. Bien que des textes généraux s'appliquent à ces groupes, il n'en demeure pas moins que des instruments spécifiques leur sont consacrés, et qu'ils leur reconnaissent des droits propres (Chapitre II).

---

[834] Traduction libre. Tribunal civil n°2 de Cutral (en lo civil y comercial), recours d'amparo, Petrolera Piedra del Aguila SA contre Curruhuinca Victorino et autres, 16 février 2011, I : « esta serie de instrumentos internacionales de derechos humanos guarda una enorme trascendencia política, a los fines de la unificación de pautas regionales. Es que estos acuerdos multilaterales definen pisos jurídicos (estándares) que por el nivel interno que poseen esas normas en cada uno de los países signatarios, luego terminarán influyendo en un intenso desarrollo normativo uniforme y unificante, de las pautas e institutos acordados en esas instancias ».

CHAPITRE I – LA PROTECTION DES AUTOCHTONES FONDÉE SUR DES RÈGLES À CARACTÈRE GÉNÉRAL

En principe, l'indépendance des juges nationaux est garantie juridiquement. Néanmoins, dans certains cas, le cadre juridique national mis en place les empêche d'aborder en toute impartialité la question de la protection des peuples autochtones, et celle de l'exploitation des ressources naturelles – des ressources souvent considérées comme stratégiques par l'État. Les juges nationaux sont ainsi souvent confrontés à des situations très politiques où leur indépendance est mise à l'épreuve[835]. Les juges jouent donc un rôle ambigu et sont tantôt des protecteurs des droits des peuples autochtones, tantôt des complices de l'État. Une législation en matière environnementale de plus en plus contraignante (Section I), et la réaffirmation constante de l'importance des droits de l'Homme (Section II) poussent cependant de plus en plus fréquemment, les juges à atténuer l'automaticité des autorisations d'exploitation de ressources naturelles octroyées par le gouvernement au profit d'entreprises[836].

SECTION I – LA PROTECTION DES AUTOCHTONES FONDÉE SUR LES RÈGLES RELATIVES À LA PROTECTION DE L'ENVIRONNEMENT

Il existe une interdépendance entre les domaines de la protection de l'environnement et de la protection des peuples autochtones. Dans les différends relatifs à l'exploitation des ressources naturelles, il est fréquent que les ONG de protection de l'environnement assistent juridiquement les peuples autochtones (par exemple, en faisant appel à des avocats spécialisés dans leur cause), qui entretiennent une relation très étroite avec leur

---

835 « Poor Countries, Rich Resources », New York Times, 1er août 2004 : http://www.nytimes.com/2004/08/01/opinion/poor-countries-rich-resources.html (consulté le 2 juin 2011) : « It has become clear that plenty of poorly governed nations, including Nigeria, Angola, Ecuador and Venezuela, would probably have been better off had they never discovered oil or other valuable minerals. The discovery of these resources usually foments corruption, prevents the development of a diversified economy, props up dictators and fuels wars ».

836 Voir : J. P. KASTRUP, « The Internationalization of Indigenous Rights from the Environmental and Human Rights Perspective », *Texas International Law Journal*, 1997, p. 106. L'auteur soutient que « [p]erhaps indigenous rights came as a result of both human rights and environmental protection, and have become a part of today's priorities for the international agenda ».

environnement et dont ils dépendent pour vivre. Les peuples autochtones en effet, avec leurs savoirs traditionnels et ancestraux et leurs connaissances approfondies de la Nature et de ses composantes, disposent de méthodes permettant le respect de la diversité et la protection des espèces. Les ONG, qui soutiennent les peuples autochtones trouvent ainsi en eux des personnes habilitées à agir en justice en tant que victimes directes de l'activité des entreprises destructrices de l'environnement[837].

Afin d'empêcher la réalisation d'un dommage environnemental, le recours d'*amparo* (il existe un recours d'*amparo* environnemental dans certains États) est le recours le plus souvent exercé parce que la preuve d'un dommage déjà réalisé n'est pas requis, et que celle d'un dommage imminent est suffisante[838]. Une décision favorable de la part du juge revêt l'autorité de la chose jugée, et peut prendre la forme d'une ordonnance (*résolution*) ou d'un arrêt accompagné par des mesures provisoires (sans pour autant prononcer d'indemnisation dont la compétence relève du juge civil). Dans le cadre de ce type de recours, le juge peut suspendre ou annuler un acte portant atteinte à un droit constitutionnellement protégé. Si le nombre des recours d'*amparo* ne cesse d'augmenter, il n'en demeure pas moins difficile pour les peuples autochtones de voir leur requête aboutir. Dans le cas où leur demande est rejetée, ils peuvent en déposer une autre auprès du juge civil, bien que la procédure soit souvent très longue et le résultat incertain. Dans le cadre de ces deux recours, la principale difficulté technique à laquelle le juge est confronté vient du fait qu'il ne dispose pas de toutes les informations lui permettant d'aboutir à une réponse claire sur le caractère dangereux pour l'environnement de l'exploitation des ressources naturelles (§ 1). Mais dans certains cas, les requérants estiment par avance que les chances de réussite d'un recours devant les juges latino-américains sont très faibles, parce que la place que ces juges font au droit de l'environnement est limitée. Les requérants décident alors parfois de saisir un juge de la nationalité de l'entreprise étrangère principalement en cause. Cela s'est notamment produit devant les juridictions étasuniennes, sur la base de l'*Alien Tort Claims Act* (*ATCA*), pour une entreprise dont le siège était situé aux États-Unis (§ 2).

---

[837] G. FONTAINE, *Gaz et pétrole en Amazonie*…, op. cit., pp. 47-48.

[838] Au Guatemala, l'article 19 de la Loi d'amparo prévoit que pour exercer ce recours, il est nécessaire d'avoir épuisé les voies ordinaires ou de démontrer qu'un dommage irréparable et particulièrement grave est susceptible d'être causé. En Colombie et en Équateur, ce recours vise à éviter tout préjudice ayant des conséquences irréparables.

§ 1. L'appréciation, par les juges latino-américains, des effets néfastes de l'exploitation des ressources naturelles sur l'environnement

L'appréciation par le juge des effets néfastes de l'exploitation des ressources naturelles sur l'environnement se fait généralement au regard de la législation en vigueur (sur les règles relatives à la qualité de l'eau et à sa gestion, à la qualité de l'air, à la protection de la faune, etc.). Or, les industries extractives tirent avantage du manque de législation ou de leur faible mise en œuvre dans les pays en voie de développement pour exercer librement des activités très polluantes. En effet, lorsque les entreprises mènent leurs activités aux États-Unis ou au Canada, elles doivent respecter une règlementation plus stricte, et elles sont soumises à des contrôles plus importants. D'une manière générale, « *there still appears to be a gap between local and home country performance which is reflected in a failure to introduce new technologies to affiliated plants in developing countries* »[839]. Cette situation mène évidemment à penser que l'élaboration de standards au niveau international devrait être sérieusement envisagée[840].

Le juge national se trouve dans une situation complexe, car il lui revient de rechercher un équilibre entre les atteintes portées à l'environnement et les avantages tirés de l'exploitation en effectuant un contrôle de proportionnalité. Il faut tout d'abord noter que l'appréciation des dommages causés à l'environnement par l'exploitation des ressources naturelles (par exemple par l'exploitation pétrolière ou minière) fait systématiquement l'objet de controverses, sauf lorsque ces dommages sont apparents et facilement vérifiables. De même, l'ampleur de l'investissement déjà réalisé par l'entreprise, et les gains estimés font presque toujours l'objet de controverses, puisque l'entreprise ou l'État a tendance à les surestimer et les peuples autochtones à les sous-estimer.

La crainte de perdre ou de diminuer leurs gains pousse les entreprises à empêcher les recours d'aboutir. En amont, le fait que des méthodes très pointues doivent être utilisées, qu'il s'agisse de l'extraction d'or, de cuivre, de pétrole ou de gaz, les dissuade également à prêter une attention suffisante à l'environnement dont la protection engendre souvent aussi des coûts

---

839 R. J. FOWLER, « International Environnemental Standards for Transnational Corporations », *Environnemental Law*, 1995, n°25, p. 14.

840 Ibid., p. 18 : « An example of performance standards is guidelines for acceptable practices in environmental auditing, environmental accounting, and environmental management programs. Differentiating these various types of environmental standards may be crucial in considering whether and how standards could operate in particular circumstances ».

importants. Afin d'empêcher les exploitations pétrolières et minières de causer des préjudices irréparables sur l'environnement (fuites, évacuations, traitements des déchets)[841], les juges disposent principalement de deux outils : le premier est le principe de précaution (A), et le second l'obligation de mener une étude d'impact environnemental pour tout projet d'exploitation des ressources naturelles (B).

A. Le principe de précaution et la prévention des dommages

Laura Westra soutient que « *the operation of chemical industries and related corporate activities, even in the most advanced countries, is not safe for all stakeholders, even when all possible precautions, legislated by regulatory regimes of Western nations, are implemented* »[842]. En droit international, le principe de précaution apparaît dans plusieurs instruments[843]

---

[841] De nombreux cas sont répertoriés sur le site http://www.noalamina.org/descargas/section/1-impactos-de-la-mineria (consulté le 29 août 2011). Voir par exemple, pour la mine de Tambogrande : Robert E. MORAN, Una Mirada Alternativa a la Propuesta de Minería en Tambogrande, Perú, août 2001. Disponible en ligne : http://www.idrc.ca/iipm ou Instituto Nacional de Recursos Naturales, Observación Técnica No. 019-03-INRENA-OGATEIRN-UGAT, Estudio de Impacto Ambiental Proyecto Tambogrande, avril 2003. Disponible en ligne : http://www.inrena.gob.pe/dgaa/tambo....

[842] L. WESTRA, Environmental justice and the rights of indigenous peoples : international and domestic legal perspectives, Londres/Sterling, Earthscan, 2008, p. 17.

[843] Z. DRNAS de CLEMENT (dir.), *El principio de precaución ambiental : la práctica argentina*, Córdoba, Lerner, 2008, p. 33 ; voir également, L. LUCCHINI, « Le principe de précaution en droit international de l'environnement : ombres plus que lumières », *A.F.D.I.*, 1999, vol. 45, p. 712 : « L'important est qu'il commence à être retenu dans des conventions internationales de la fin des années 80 et du début des années 90 (entre autres, Protocole de Montréal du 16 septembre 1987 relatif aux substances qui appauvrissent la couche d'ozone, préambule ; Convention de Bamako du 30 septembre 1991 sur l'interdiction d'importer des déchets dangereux et le contrôle de leurs mouvements transfrontières en Afrique, article 4 ; Traité de Maastricht sur l'Union européenne du 7 février 1992, article 130 R paragraphe 2 ; Convention d'Helsinki du 17 mars 1992 sur la protection et l'utilisation des cours d'eau transfrontières et des lacs internationaux, article 2. 5. a, etc.), avant de recevoir consécration de la Conférence de Rio ainsi que du bloc de textes qui escorte celle-ci (notamment Convention de New York du 9 mai 1992 sur les changements climatiques, article 3) et d'être repris par une sorte de clause de style dans la plupart des conventions ultérieures ».

mais ses composantes[844] ne sont pas homogènes. Une des composantes la plus souvent évoquée demeure celle de l'incertitude de l'existence ou de l'ampleur d'un risque qui s'explique par le manque de connaissances scientifiques[845] à un moment donné. Ce principe garantit la protection de l'environnement en cas de danger pour la santé humaine, animale ou végétale et « implique (…) de surdimensionner les mesures de protection au regard du risque suspecté »[846].

Il est indispensable que le juge national applique le principe de précaution afin d'éviter la survenance de dommages graves ou irréparables sur l'environnement. L'environnement est un ensemble de ressources limitées qui ne sont pas systématiquement remplacées, et c'est pour empêcher des dommages irrémédiables, irréversibles ou irréparables que le principe de précaution doit être imposé, malgré les pertes économiques qui peuvent s'ensuivre. En effet, « [c]'est également le souci de l'avenir et l'aspiration à ne pas transmettre une terre plus meurtrie qu'elle ne l'est actuellement qui justifient la volonté de tenir compte des intérêts des générations futures et de réaliser ce que l'on désigne parfois dans une élégante expression (!) l'équité intergénérationnelle »[847].

Il arrive que le principe de précaution soit directement appliqué. Dans l'affaire *Crucitas*, la Cour costaricienne prononce la nullité absolue de décrets octroyant la concession minière à l'entreprise *Industrias Infinito* et déclarant le projet d'intérêt public, en se fondant sur les nombreuses irrégularités constatées dans le cadre de la procédure. Mais les juges costariciens se sont également fondés sur le principe de précaution et ont cité la Déclaration de Rio de 1992 et son principe 15. Celui-ci énonce que « [p]our protéger l'environnement, des mesures de précaution doivent être largement appliquées par les États selon leurs capacités. En cas de risque de dommages graves ou irréversibles, l'absence de certitude scientifique absolue ne doit pas servir de prétexte pour remettre à plus tard l'adoption de

---

[844] Ibid., p. 723 : « absence de certitude scientifique absolue ; - risques de dommages graves ou irréversibles ; - mesures de précaution respectant un bon rapport coût/efficacité ».

[845] Ibid., p. 715 : « La singularité de la précaution réside également dans cet autre élément qu'évoque Alexandre Kiss : l'insuffisance des connaissances qui conduit parfois à l'incertitude scientifique ».

[846] M. A. HERMITTE, « Santé, Environnement, pour une deuxième révolution hygiéniste », in M. PRIEUR, C. LAMBRECHTS (dir.), *Les hommes et l'environnement : quels droits pour le vingt-et-unième siècle ? études en hommage à Alexandre Kiss*, Paris, Frison Roche, 1998, p.40.

[847] Ibid., p. 713.

mesures effectives visant à prévenir la dégradation de l'environnement ». Dans sa décision, la Cour costaricienne n'hésite pas à mentionner la loi sur la biodiversité qui reprend le principe, tout comme la doctrine ou encore la jurisprudence française, et à renverser la charge de la preuve : il revient ainsi à l'entreprise de démontrer que l'une de ces activités n'est pas risquée. Au total, selon la Cour, le principe de précaution « constitue un paramètre de légalité des conduites administratives »[848].

C'est une décision très significative du point de vue de la protection de l'environnement. Par la suite, une nouvelle loi a été publiée, le 10 février 2011, dans le journal officiel. Celle-ci déclare le Costa Rica « pays libre d'exploitation minière métallique à ciel ouvert »[849]. Le 1er avril 2011, la présidente du Costa Rica, Laura Chinchilla, a ainsi pu déclarer que l'État renonçait à l'exploitation des mines à ciel ouvert. Cette décision relative à une activité polluante particulièrement visible s'explique notamment par le fait que l'écotourisme est très développé au Costa Rica et que le tourisme constitue l'une de ses principales ressources.

Un autre arrêt consacre la portée du principe de précaution. En effet, dans l'affaire *Jaime Hans Bustamante Johnson contre la décision de la Cour supérieure de justice de San Martin*, le juge de la Cour supérieure de justice de San Martin au Pérou s'interroge sur la compatibilité d'activités d'exploration dans une zone protégée, avec le principe de précaution (qu'il assimile au principe de prévention). Le requérant Jaime Hans Bustamante Johnson demandait une protection de ses droits (droit de vivre dans un environnement sain, droit à la vie, droit à santé etc.) contre les entreprises *Occidental Petrolera*, *Repsol* et *Petrobras*. Le juge péruvien s'est prononcé alors en sa faveur et « [a] interdit la réalisation de la dernière phase de l'étape d'exploration et de l'étape d'exploitation dans l'aire de conservation régionale *Cordillera Escalera* »[850] jusqu'à ce que la compatibilité entre ces

[848] Tribunal administratif, section 4, Association conservatrice de la flore et de la faune sauvages (Apreflofas) et Association Note por la Vida c. l'État du Costa Rica, l'entreprise Industrias Infinito SA, le Système national des aires de conservation, l'association solidaire aux employés de l'entreprise Industrias Infinito (Asocrucitas), n°4399-2010, 14 décembre 2010, X Sobre el principio precautorio y la carga de la prueba.

[849] Loi n°8904 du 10 février 2011. Disponible en ligne sur : http://www.gaceta.go.cr/pub/2011/02/10/alca11.pdf (consulté le 6 juin 2011).

[850] Tribunal Constitutionnel, recours constitutionnel de Jaime Hans Bustamante Johnson contre la décision de la Cour supérieure de justice de San Martin, exp.n°03343-2007-PA/TC, 19 février 2009. Disponible en ligne sur :

activités et les objectifs de la création de cette aire ait été confirmée dans un plan. Pour la Cour supérieure, comme ensuite pour le Tribunal constitutionnel, cette zone revêt une importance essentielle du fait de sa biodiversité et des cours d'eau qu'elle comprend[851]. Cette position paraît évidente et c'est plutôt le fait de s'interroger sur la question de savoir si des exploitations de ressources naturelles peuvent être menées dans des aires protégées qui est surprenante, puisque ces aires ont pour vocation de sauvegarder la biodiversité et que mener une activité d'exploration et d'exploitation a dans tous les cas un impact sur celle-ci. Il faut savoir, par exemple, que quand bien même une exploitation répond à toutes les normes en matière environnementale, la construction d'installations est nécessaire et implique par conséquent de raser des arbres ou au moins de détruire un paysage. Même partielle, une telle destruction entraîne des bouleversements de la faune et de la flore.

Dans l'affaire historique *Chevron Texaco*[852], le principe de précaution n'est pas directement soulevé mais de nombreux éléments permettent de relever l'existence de règles préventives. Plus largement, l'affaire *Texaco* a sensibilisé l'opinion publique aux conséquences des exploitations pétrolières et minières[853], et poussé les experts scientifiques à inviter sans relâche les

---

http://www.tc.gob.pe/jurisprudencia/2009/03343-2007-AA.html (consulté le 20 mai 2012).

851 Ibid. : « Esta área constituye una porción de la selva alta donde nacen importantes ríos que abastecen de agua a la población humana de las ciudades más importantes de la Región San Martín y alberga una singular diversidad biológica cuya conservación, a través de su protección y uso sostenible, constituye una prioridad regional y nacional (…) En su conjunto la Cordillera Escalera origina cinco cuencas que tributan a las cuencas del Huallaga y el Marañón. La creación de la Cordillera Escalera tiene por finalidad garantizar el mantenimiento de servicios ambientales como el agua, la reserva de biodiversidad, la belleza paisajística y la captura del carbono (...). Cordillera Escalera alberga 3 especies endémicas (…) considerando que en el Perú se han reportado 18 especies (…) Por otro lado, debe mencionarse que de las 14 especies de ranas venenosas (…) registradas para Perú 3 se encuentran en Cordillera Escalera (…) También, en Cordillera Escalera se encuentran especies en peligro de acuerdo a la categorización de especies amenazadas aprobada mediante Decreto Supremo N° 034-2004-AG ».

852 L'affaire est par exemple commentée par M. LYONS, « A Case Study in Multinational Corporate Accountability : Ecuador's Indigenous Peoples Struggle for Redress », *Denver Journal of International Law and Policy*, 2004 vol. 32, n°4, pp. 701-732.

853 R. J. FOWLER, op. cit., pp. 9-10.

États à protéger la biodiversité contre les activités d'extraction[854]. Après des décennies de lutte pour faire reconnaître la responsabilité de l'entreprise pour tous les dommages causés à l'environnement dans la partie équatorienne de l'Amazonie, l'entreprise a été condamnée à verser 9,3 milliards de dollars pour réparer le préjudice subi. Elle a interjeté appel, mais a une nouvelle fois été déboutée le 3 janvier 2012 et condamnée à verser un montant encore plus élevé au titre de la réparation des préjudices causés. Dans cette affaire, l'entreprise rappelle qu'au moment des faits, la technologie ne permettait pas de traiter de manière conforme l'évacuation des eaux toxiques découlant de l'exploitation pétrolière suivant les standards internationaux[855], et que le niveau de pollution acceptable n'avait pas été fixé par la loi selon des paramètres précis. Le juge estime cependant que l'entreprise n'a pas rempli ses obligations, et que la législation mettait la détermination du niveau adéquat à la charge de l'entreprise et exigeait au moins de sa part une attitude raisonnablement soucieuse de la préservation de l'environnement. Il souligne que l'absence de paramètre n'exclut pas l'applicabilité des lois en vigueur[856], et que le fait qu'aucun paramètre n'ait été fixé pour déterminer le niveau de pollution acceptable n'empêchait pas le respect des lois protégeant l'environnement.

> « *As can be seen the effective Legislation at the time when Texaco operated by means of Texpet in Ecuador did not establish tolerable parameters, standards or maximum limits, but in environmental matter asked using the pertinent measures in order to protect the flora and fauna, prohibiting the contamination of waters (Art. 12 and 17 of the water Law) ;*

---

[854] Sur les conséquences néfastes de l'exploitation des ressources naturelles, voir en particulier pour l'exploitation minière : MINEO (Monitoring and assessing the environmental impact of mining in Europe), Review of potential environmental and social impact of mining, EC DG INFSO/B4, 21 juin 2000, 28 p. Disponible en ligne sur : http://www2.brgm.fr/mineo/UserNeed/IMPACTS.pdf (consulté le 6 juin 2012). Voir également : UICN, Industries extractives dans les zones arides et semi-arides…, op .cit., 122 p. Voir aussi : ENVIRONMENTAL LAW ALLIANCE WORLDWIDE (ELAW), op .cit., 118 p. ou WORLD RESOURCES INSTITUTE, op. cit., p. 6-9.

[855] Cour de justice provinciale de Sucumbíos, Maria Aguinda et autres contre Entreprise Chevron Texaco, 2003-002, 14 février 2011, pp. 68-70. À ce propos, Robert Fowler fait remarquer que les environnementalistes s'inquiètent de la confusion entre standard et règle minimale. R. J. FOWLER, op. cit., pp. 26-29.

[856] Cour de justice provinciale de Sucumbíos, Maria Aguinda et autres contre l'entreprise Chevron Texaco, 2003-002, 14 février 2011, pp. 60-67, 92.

additionally to the dispositions of the [Civil Code] that establish the sources of obligations as we will see further on. The effective laws then established obligations in accordance with the Law of Hydrocarbons of 1971 that in its Art. 71 imposed the obligation of 'adopting the necessary measures for the protection of the flora and fauna and other natural resources', and 'avoiding the contamination of waters, atmosphere and lands' (see Article 29, letters s) and t) ; Article 41 of the Regulation of Exploration and Hydrocarbon Operation, in the Supreme Decree of 1185, published in R.O. 530 of April 9, 1974, that established that it is obligation of the operator 'To take all the measures and precautions of the case when undertaking its activities in order to avoid damages or dangers to people, properties, natural resources and to archaeological, religious or touristic interest sites' ; Article 16 of the Water Law that establishes that 'All person has to protect the hydrographic sources or river basins that are used for the water supply subjected to the dispositions as this Code, special laws and its regulations" the contract concluded in 1964, in its Thirty second clause letter g stipulates that the concessionaire is forced to operate the concession by using suitable and efficient machinery for the object' »[857].

Malgré ces affaires, le principe de précaution est rarement utilisé par les juges, notamment en raison des incertitudes entourant ses implications, et donc de l'atteinte qu'il peut constituer à la sécurité juridique. Dans bien des cas, les juges préfèrent annuler ou suspendre une autorisation d'exploitation, si la condition formelle d'élaborer une étude d'impact environnemental n'est pas satisfaite.

B. La nécessité de procéder à une étude d'impact environnemental

Souvent imposée en droit interne, l'exigence de procéder à une étude d'impact environnemental apparaît au principe 17 de la Déclaration de Rio qui énonce qu'« [u]ne étude d'impact sur l'environnement, en tant qu'instrument national, doit être entreprise dans le cas des activités envisagées qui risquent d'avoir des effets nocifs importants sur l'environnement et dépendent de la décision d'une autorité nationale compétente ».

L'obligation de procéder à une étude d'impact environnemental est devenue systématique dans les droits internes latino-américains concernant

[857] Ibid., p. 70.

les projets d'exploitation des ressources naturelles. « Le processus de l'Étude d'Impact Environnemental (EIE) est une procédure interdisciplinaire et en plusieurs étapes pour s'assurer que les considérations environnementales sont prises en compte dans les décisions concernant les projets qui peuvent avoir un impact sur l'environnement. En termes simples, le processus EIE permet d'identifier les possibles effets environnementaux d'une activité proposée et la manière d'atténuer ces effets »[858]. Reprenant ce raisonnement, la résolution de la Cour constitutionnelle équatorienne n°1457 du 18 août 2009, « *defines the ENVIRONMENTAL IMPACT as any positive or negative alteration of the environment provoked directly or indirectly by a project or activity in a determined area, meaning the environmental impact is any human action that produces alterations over the physical and human environment* »[859].

L'étude d'impact environnemental vise à protéger l'environnement pour une gestion durable des ressources naturelles. « [E]n exploitant une ressource, on recherche un rendement maximal, [...] ce rendement doit pouvoir être maintenu dans l'avenir, c'est-à-dire que les ressources non renouvelables (minerais, pétrole, espace) doivent être utilisées avec mesure pour pouvoir continuer à les exploiter dans les mêmes proportions et que les ressources renouvelables [...] doivent pouvoir garder leur capacité de remplacer ce qui a été prélevé et d'absorber les pollutions »[860].

L'obligation de mener cette étude d'impact environnemental (EIE) est souvent intégrée en droit interne, dans un code de l'environnement par exemple. Dans ce cas, des juges peuvent ordonner la suspension d'un projet qui ne comprend pas une telle étude. Tel fut le cas en Argentine. Dans cet État, l'obligation de mener une EIE figure à l'article 6 de la loi provinciale n°4032. En outre, l'article 1er de la loi n°5001 interdit l'exploitation minière à ciel ouvert (dont une des méthodes d'extraction est l'usage du cyanure, produit désormais interdit). Sur la base de ces textes, la Cour suprême de la Nation a rejeté, le 17 avril 2007, le recours de l'entreprise minière *El*

---

858 ENVIRONMENTAL LAW ALLIANCE WORLDWIDE (ELAW), op .cit., p. 21. Voir également : E. BASTIDA, op. cit., p. 17-24. L'auteure considère « [t]he EIA as the main regulatory instrument to integrate sustainability. EIAs are rather developed in local legal systems, being conceived as a process rather than as a document and their goal is 'continuous improvement' ».

859 Cour de justice provinciale de Sucumbíos, Maria Aguinda et autres contre l'entreprise Chevron Texaco, 2003-002, 14 février 2011, p. 95.

860 A.-C. KISS, « La notion de patrimoine commun de l'humanité », *R.C.A.D.I.*, 1982, vol. 175, p. 241.

Desquite S.A., filiale de l'entreprise canadienne *Meridian Gold*[861] contre la décision qui suspendait l'exécution de l'exploitation d'une mine à ciel ouvert pour en extraire de l'or dans la province de l'Esquel. Cette décision fut prise en attendant que l'entreprise procède à l'évaluation de l'impact environnemental. Les juges ont rappelé que l'évaluation ou l'étude de l'impact environnemental est requise pour tout projet ou activité susceptible de causer un dommage à l'environnement. En l'espèce, l'État avait autorisé le projet sans avoir au préalable pris le soin de procéder à cette étude.

Au Panama, l'étude d'impact environnemental pour le projet Cerro Chorcha (dans la comarca Ngöbe-Buglé) n'avait pas été menée conformément au texte avant l'acceptation du projet. Elle fut déposée ultérieurement mais fut rejetée par l'Autorité nationale de l'environnement. Le Tribunal a donc suspendu temporairement les activités de la compagnie en 2009. Puis, l'entreprise a exercé un recours pour lever la mesure, mais la Cour suprême a considéré que celle-ci n'avait pas apporté de nouveaux éléments permettant de se prononcer sur sa demande[862].

L'importance conférée par le juge national à l'obligation de mener une EIE peut également être illustrée par une affaire un peu différente concernant le Pérou. L'entreprise *Yanacocha* (dont le principal propriétaire est l'entreprise étasunienne *Newmont Mining*) a initié des explorations en 2004 sur le Cerro Quilish, non loin de la vallée de Yanacocha, pour étendre son exploitation d'or qui concernait jusque-là la vallée de Yanacocha. Une étude commandée par le gouvernement avait révélé que cette montagne (où deux cours d'eau prennent leur source et alimentent en eau les communautés alentour) contenait plus de 3,7 millions d'onces d'or. Mais le Cerro Quilish est, pour les communautés autochtones vivant à proximité, un lieu sacré. Une farouche résistance a été menée par les communautés locales et a abouti, en 2004, à la révocation par le Ministère de l'énergie et des mines de l'autorisation d'exploiter[863]. Le motif de cette révocation n'est pas

[861] Cour suprême, recours d'amparo, Villivar Silvana Noemo et autres contre Province de Chubut et autres, 17 avril 2007.

[862] Cour suprême de Justice, contentieux administratif en nullité, Cesar Salazar Serrano contre le contrat n°006 du 16 février 2005 entre l'entreprise Cuprum Resources Corp. et le Ministère du Commerce et de l'Insdustrie, exp. N°579-09, 1er mars 2011. Voir : http://burica.wordpress.com/2010/01/07/corte-ordena-suspension-de-explotacion-minera-en-cerro-chorcha/ (consulté le 4 juin 2012).

[863] M. LAFORCE, op. cit. Voir également pour plus d'information sur le contexte de cette résistance : I. Salas Rodríguez, *Quilish Hora Cero : Cajamarca la lucha de un pueblo que defiende su vida y dignidad*, février 2006, 218 p. Disponible en ligne sur : http://www.voltairenet.org/Quilish-Hora-Cero-Cajamarca-la (20 septembre 2012).

uniquement à rechercher dans la résistance autochtone mais aussi dans le classement de la montagne par le gouvernement local comme aire protégée[864]. Toutefois, l'entreprise avait déposé une requête auprès du Tribunal Constitutionnel qui avait remis en cause la légitimité du gouvernement provincial à établir une zone protégée au motif que l'établissement d'une telle zone relevait de la compétence de l'État et qu'il ne pouvait être porté atteinte au droit à la liberté du travail de l'entreprise. Cependant, le tribunal a rappelé, à cette occasion, la nécessité de procéder à une étude d'impact environnemental (qui n'avait pas été réalisée), afin d'éviter tout dommage à la vie et à la santé physique des populations locales[865].

Au Costa Rica, un tribunal s'est montré plus pointilleux, et a exigé une nouvelle étude d'impact environnemental en raison de la modification d'un projet d'exploitation. En effet, le 13 décembre 1999, après avoir présenté un permis d'exploiter l'or dans une zone située dans la province d'Alajuela accompagné d'une étude de faisabilité, l'entreprise *Industrias Infinito SA* s'est vue concéder par le Ministère de l'environnement, de l'énergie et des télécommunications (MINAET) une concession, le 17 décembre 2001, par la résolution n°R-578-2001. Les textes prévoyaient qu'une étude d'impact environnemental devait être réalisée puis approuvée[866] par le Secrétariat technique national de l'environnement (SETENA) dans un délai de six mois, et présentée à la Direction de Géologie et des Mines avec l'approbation du Département des sols et de l'évaluation des terres du Ministère de l'agriculture et de l'élevage. Cette étude fut présentée le 12 mars 2002 par l'entreprise *Deppat SA*. et approuvée par la Direction de géologie et des mines le 30 mai 2007. L'entreprise soumît par la suite son projet d'exploitation à des modifications, qui furent approuvées par le SETENA, le 4 février 2008, sans que l'entreprise ait procédé à une nouvelle étude d'impact environnemental. Invité à statuer sur la légalité de l'autorisation de mener à bien le projet, le tribunal administratif rendit sa décision le 14 décembre 2010. Il annula le décret présidentiel n°34801 qui déclarait d'intérêt public le projet Crucitas et rejeta l'étude d'impact sur l'environnement qui ne

---

[864] OXFAM AMERICA (Chris Hufstader), op. cit. Voir aussi : L. J. LAPLANTE, S. A. SPEARS, op. cit., p. 105.

[865] Tribunal Constitutionnel, Sala segunda, Minas Conga S.R.L., Sociedad Minera de Responsabilidad Limitada Chaupiloma Dos de Cajamarca, Minera Yanacocha S.R.L., contre les décisions de la Cour supérieure de Cajamarca, exp. n°301-2002-AA/TC et n°302-2002-AA/TC, 7 avril 2003. Disponible en ligne sur : http://www.tc.gob.pe/jurisprudencia/2003/00300-2002-AA%2000301-2002-AA%2000302-2002-AA.html (consulté le 5 juin 2012).

[866] Le 12 décembre 2005, le SETENA a approuvé le document relatif à la viabilité environnementale.

correspondait plus au projet modifié. Le tribunal estima par ailleurs que le SETENA n'avait pas étudié les détails des modifications proposées par l'entreprise[867]. Cette décision s'inscrit dans un contexte défavorable aux projets d'exploitation des ressources naturelles, puisque le 12 juin 2002, le gouvernement avait déjà décrété un moratoire national sur l'activité des mines à ciel ouvert. En outre, la société civile a aussi réagi très rapidement au projet de l'entreprise, et le SETENA a classé le projet Crucitas de type A parmi les projets ayant un impact environnemental important.

La Cour d'appel de Puerto Montt au Chili est quant à elle allée plus loin : elle a étendu l'obligation de procéder à une étude d'impact environnemental pour la construction d'un bassin de stockage, alors que la législation applicable ne la prévoyait pas. Dans sa décision du 27 juillet 2010 en l'affaire n°36-2010[868], la Cour statuait sur la requête soumise par Manuel Secundino Vera Millaguen, un lonko (autorité traditionnelle du peuple mapuche) agissant au nom de la communauté Mapuche Huilliche Pepiukelen à l'encontre de l'entreprise *Pesquera Los Fiordos Ltda.* Cette communauté se plaignait de ne pas avoir été consultée pour un projet qui affectait ses droits, notamment celui de vivre dans un environnement sain et libre de pollution, et qui portait plus largement atteinte à l'environnement. En effet, la communauté Mapuche Huilliche Pepiukelen s'est rapidement opposée à la construction d'un bassin de stockage d'eau contaminée, en soutenant qu'elle portait atteinte à son projet d'ethno-tourisme, à ses lieux de vie spirituelle et culturelle. Elle soutint que la construction du bassin était menée en violation de son droit à la consultation, à la vie et à la terre. La Cour s'est prononcée en faveur de la communauté, en prenant en considération les dispositions de la Convention n°169 de l'OIT entrée en vigueur en 2009 au Chili[869].

C'est en s'appuyant essentiellement sur le principe de précaution et sur l'obligation de procéder à une étude d'impact environnemental que le juge national veille à la protection de l'environnement des communautés

---

867 Tribunal administratif, section 4, Association conservatrice de la flore et de la faune sauvages (Apreflofas) et Association Note por la Vida, c. l'État du Costa Rica, l'entreprise Industrias Infinito SA, le Système national des aires de conservation, l'association solidaire aux employés de l'entreprise Industrias Infinito (Asocrucitas), n°4399-2010, 14 décembre 2010.

868 Voir : http://www.politicaspublicas.net/panel/jp/668-rol-36-2010.html (consulté le 4 avril 2011).

869 Cour d'appel de Puerto Montt, Manuel Secundino Vera Millaquen por la Comunidad Mapuche Huilliche Pepiukelen c. Empresa Pesquera Los Fiordos Ltda., n°5757-2010, 27 juillet 2010, point 7. Disponible en ligne sur : http://www.poderjudicial.cl/

autochtones. D'autres règles devraient être édictées en la matière. En particulier, des règles précises devraient porter sur la dernière phase d'un projet (pétrolier ou minier), qui est la phase de fermeture de la mine ou d'un puits de pétrole. Bien souvent, les opérations d'exploration et d'exploitation achevées, les entreprises négligent la phase de fermeture. Cette phase comprend le nettoyage, le traitement des déchets toxiques, la reforestation et la remise en l'état du site[870].

Le rôle du juge dans la protection de l'environnement est important, mais lorsqu'une affaire mettant en cause une grande entreprise multinationale lui est soumise, le juge est confronté à des intérêts divergents, et une forte pression s'exerce sur lui. La méfiance des victimes à son égard et à l'égard de leur système judiciaire en général les pousse ainsi parfois à soumettre leur affaire à des juridictions étrangères, garantes d'une « bonne justice »[871].

§ 2. L'appréciation, par les juridictions étasuniennes, des effets néfastes de l'exploitation des ressources naturelles : l'*Alien Tort Claims Act*

Les relations entre un État et les entreprises étrangères sont intéressées car le premier a besoin de l'investissement des secondes, « et cela vise [à] l'encourager à rechercher l'investissement privé en offrant des avantages toujours plus importants, ce qui implique [...] progressivement, des risques plus élevés et moins de bénéfices »[872].

---

[870] S. VÁSCONEZ, S., I. FIGUEROA, *La influencia de la actividad extractiva en el ordenamiento territorial : El caso de la Amazonía ecuatoriana*, Hablemos de Políticas n° 7, Quito, Ecuador, Grupo FARO. 2010, p. 14. Disponible en ligne sur : http://extrayendotransparencia.grupofaro.org/wp-content/uploads/2012/06/La-influencia-de-la-actividad-extractiva-en-el-ordenamiento-territoriall.pdf (consulté le 15 mai 2015).

[871] Les peuples autochtones estiment également souvent qu'ils ne feront pas l'objet de discrimination devant de telles juridictions. La discrimination à leur encontre s'exprime dans certains cas par l'indifférence ou l'inaction des pouvoirs publics. Les communautés autochtones souhaitent également éviter ainsi toute corruption.

[872] Traduction libre. M. MELO, « El caso bloque 24 : Los Derechos de los Pueblos Indígenas en el contexto del modelo extractivista petrolero », in M. MELO, J. SOTOMAYOR (éd.), *TARIMIAT : Firmes en Nuestro Territorio*, Quito, Centro de Derechos Económicos y Sociales (CDES) et Confederación de Nacionalidades Indígenas del Ecuador (CONAIE), 2ème édition, 2002, p. 84 : « El Estado no está en capacidad de realizar dichas inversiones, por lo que busca incentivar la inversión privada transnacional ofreciéndole prebendas cada vez mayores, lo que implica que, paulatinamente, asuma más riesgos y reciba menos beneficios ».

Or, tandis que la responsabilité des entreprises ne peut être recherchée directement devant une juridiction internationale, elle peut l'être devant les juridictions d'un État. Le choix de rechercher la responsabilité de l'entreprise devant la juridiction d'un État ou d'un autre est pour le moins stratégique, puisqu'il permet de demander une réparation considérable lorsque l'imputation du dommage est clairement établie. Lorsque l'entreprise en cause est de nationalité étasunienne, le recours qui offre le plus de garanties aux peuples autochtones est celui de l'*Alien Tort Claims Act* (*ATCA*) (A). Les conditions de recevabilité des requêtes dans ce cadre sont cependant difficilement prévisibles (B).

A. L'action sur le fondement de l'*Alien Tort Claims Act*

Édicté en 1789 par le premier Congrès américain[873], l'*ATCA* a été transposé à l'article 28 de l'*United States Code* sous les termes suivants : « *[t]he district courts shall have original jurisdiction of any civil action by an alien for a tort only, committed in violation of the law of nations or a treaty of the United States* »[874]. Il s'agit d'une action « en réparation [...] intentée [...] devant les tribunaux fédéraux, par des victimes de nationalité étrangère (non américaine) pour des violations du droit international commises à leur encontre, sur le territoire d'un État tiers, par des étrangers »[875]. C'est sur ce fondement que, dans un premier temps, les individus ont exercé un recours devant les juridictions étasuniennes pour des violations graves des droits de l'Homme qui se sont déroulées en dehors du territoire[876].

À partir des années 1990, les premiers recours[877] à l'encontre d'une entreprise ont été intentés sur cette base. Une cinquantaine de requêtes ont suivi. La première entreprise poursuivie a été *Unocal*, qui fut accusée de complicité de travail forcé, de viols et de meurtres pour avoir engagé, afin d'assurer la sécurité des travailleurs lors de la construction d'un gazoduc, des soldats birmans ayant perpétré ces crimes. Après une procédure de plus

---

[873] Judiciary Act of September 24, 1789, ch. 20, par. 9 (b), 1 Stat. 73, 77 (1789), cité par A.-M. BURLEY, « The Alien Tort Statute and the Judiciary Act of 1789 : A Badge of Honor », *A.J.I.L.*, 1989, p. 461.

[874] 28 U.S.C par. 1350 (1994) cité par I. MOULIER, « Observations sur l'Alien Tort Claims Act et ses implications internationales », *A.F.D.I.*, 2003, vol. 49, p. 131. Jusqu'à présent, les violations du droit international admises concernaient principalement les actes de torture, les détentions arbitraires et les crimes de guerre.

[875] Ibid., p. 129.

[876] Ibid., p. 130 : « Aux Philippines, en Argentine, en Éthiopie, au Rwanda ou encore en ex-Yougoslavie ».

[877] Affaire John Doe I v. Unocal Corp., 963 F. Supp. 880 (CD Cal. 1997).

de huit ans, en 2005, l'entreprise a accepté de dédommager les victimes pour mettre fin au procès. Selon de nombreux auteurs, la volonté initiale du législateur était d'éviter le déni de justice. Le choix du juge étasunien de se reconnaître compétent se situe dans la même optique. Cette extension de sa compétence a toutefois été critiquée en raison du flou de sa mise en œuvre. Profitant de ce flou, les ONG et les peuples autochtones déposent aujourd'hui des requêtes à l'encontre d'entreprises multinationales en « se fondant sur le 'droit à un environnement sain' ou sur le 'droit à la conservation de l'environnement' en tant que droit de l'Homme de la troisième génération »[878]. Leur recevabilité n'est cependant pas certaine. Les critères de recevabilité des requêtes déposées sur le fondement de l'*ATCA* ne sont pas clairement établis. C'est pourquoi « *[t]he difficulties of implementting such a mechanism lie in gaining international consensus on the many procedural necessities such as standards, complaint procedures, enforcement (particularly binding authority of an international court on national governments), and defining remedies* »[879]. Les règles relatives à la recevabilité de ces requêtes paraissent se forger au fur et à mesure des affaires jugées recevables[880]. Jenny Bounngaseng distingue trois situations : « *an alien plaintiff may sue a foreign state actor such as a foreign government or its officials for human rights violations committed in that foreign state [;] an alien plaintiff may sue a foreign non-state actor such as an individual or a corporation for human rights violations committed in a foreign state [;] an alien plaintiff may sue a multinational corporation for human rights violations committed by a foreign host government, of which the multinational corporation had knowledge* »[881].

---

[878] I. MOULIER, op. cit., p. 141.

[879] M. LYONS, op. cit., p. 730.

[880] H. M. OSOFSKY, « Environmental Human Rights under the Alien Tort Statute: Redress for Indigenous Victims of Multinational Corporations », *Sufforlk Transnational Law Review*, 1997, pp. 348-351.

[881] J. BOUNNGASENG, « Adjudication of International Human Rights Claims in the European Court of Human Rights and the Inter-American Court of Human Rights : Why ATCA Suits U.S. Courts are the Better Alternative for Claims against American Multinational Corporations », *Georgia Journal of International and Comparative Law*, 2005, vol. 33, pp. 494-495. Voir également pp. 474-475 : « In the first category, cases parallel original ATCA litigation : an alien plaintiff sues a state actor such as a foreign government or its officials for human rights violations that have occurred in the foreign state. Additional litigation under the ATCA gave rise to a second category of claims, in which an alien plaintiff sues an alien non-state actor for human rights violations that have occurred in the foreign state. Recent ATCA claims have led to the introduction of a third category ».

La recevabilité de l'action est conditionnée à la présence d'un individu de nationalité étrangère, une violation du droit international et une action civile en réparation. Le champ de la violation du droit international n'est pas très précis, puisqu'il n'est pas mentionné si la règle peut être coutumière, ou dans quel domaine elle doit se déployer. En pratique, il n'est pas simple de poursuivre une entreprise pour un dommage environnemental[882], mais il est possible de faire le lien entre la violation du droit à la santé et du droit à la vie avec les dommages environnementaux pour démontrer que les peuples autochtones, très dépendants de l'environnement dans lequel ils vivent, subissent les dommages causés à l'environnement et que cela constitue une violation de leurs droits individuels[883]. Toutefois, à la suite de récents développements, et notamment de l'affaire *Doe v. Unocal*, les juridictions étasuniennes ont jugé qu'il était opportun d'accueillir un recours en vue de mettre en cause la responsabilité d'une entreprise pour ce type de dommage.

Une des critiques adressées à la procédure fondée sur l'*ACTA* est le délai de procédure très long. Toutefois, le recours devant le système inter-américain l'est également alors qu'un recours fondé sur l'*ATCA* permet par la suite d'exercer un recours devant la juridiction régionale. Dans bien des cas, ce recours permet aux victimes de se tourner vers une juridiction indépendante.

L'*ATCA* a également été souvent critiqué au motif qu'il porte atteinte à la souveraineté nationale des autres États. Il faut toutefois rappeler que ce recours est d'ordre civil et les compensations rares. C'est uniquement lorsqu'une entreprise est en cause que le juge n'hésite pas à prononcer des réparations importantes pour les dissuader d'adopter de mauvaises pratiques. Il estime en effet que « *punitive damages are necessary to ensure that U.S. corporations take responsibility for the full social costs of the environmental damage and threats to human health and wellbeing caused by the corporations' operations in developing countries* »[884]. Il ressort que les

---

882 A. KOECHER, « Corporate Accountability for Environmental Human Rights Abuse in Developing Nations : Making the Case for Putative Damages under the Alien Tort Claims Act », *Journal of Transnational Law & Policy*, 2007, vol. 17, pp. 162-166, p. 163 : « In Sosa, the Supreme Court held that the statute's purpose was not simply to provide jurisdiction, but to implicitly provide a right of action for a limited number of claims ». L'auteur fait référence à l'arrêt Sosa v. Alvarez-Machain, 542 U.S. 692 (2004) et démontre également les conséquences des dommages environnementaux sur les peuples autochtones.

883 Sur ce point, R. L. HERZ, « Litigating Environmental Abuses under the Alien Tort Claims Act : a Practical Assessment », *Virginia Journal of International Law*, 2000, vol. 40, pp. 545-638.

884 A. KOECHER, op. cit., p. 159.

entreprises qui ont des filiales à l'étranger les contrôlent en général très peu, et que même si ces filiales sont soumises au droit du pays dans lequel elles exercent leurs activités, elles ne s'y plient que si leurs propres juridictions y veillent. Ce constat explique en grande partie le choix du juge étasunien de se reconnaître compétent dans certaines affaires qui nous concernent. C'est ainsi que *« courts must examine the level of involvement of parent companies in the operations of their foreign subsidiaries in order to assess whether joint action sufficient to constitute complicity in unlawful activity exists. The first step, then, is to show the defendant/parent corporation is directly or indirectly liable for the unlawful actions of its subsidiary »*[885].

B. Une question d'opportunité

Le choix du juge de se reconnaître compétent pour les dommages environnementaux causés par une entreprise est bien souvent une décision prise en opportunité plutôt qu'en droit. Le principe du *forum non conveniens*[886] est donc manipulé par lui en fonction de son souhait de se reconnaître compétent[887]. Nous illustrerons ce point à travers deux affaires : l'une dans laquelle le juge s'est déclaré incompétent (1) et l'autre qu'il a accepté de juger (2).

1. Les Communautés autochtones (Équateur) contre l'entreprise Chevron-Texaco (États-Unis)

De 1964 à 1992, différentes entreprises ont exploité le pétrole de la forêt amazonienne équatorienne et causé des dommages importants à l'environnement. En 1964, une concession a été accordée à *Texas Petroleum Company (Texpet)* qui a ensuite cédé ses droits à *Texaco Petroleos del Ecuador* et *Gulf Ecuatoriana*, qui formaient alors un consortium. Les concessionnaires avaient confié, dès le début, les opérations à *Texpet*, filiale

---

885 L. LONDIS, « Corporation Face of the Alien Tort Claims Act: How an Old Statute Mandates a New Understanding of Global Interdependence », *Maine Law Review*, 2005, vol. 57, pp. 170-171 ; pp. 172-178 pour les cas Doe c. Unocal et Sarei c. Rio Tinto.

886 « Théorie selon laquelle le juge compétent en vertu de la loi, ou même d'une convention, pourrait décliner cette compétence, estimant qu'il serait plus opportun qu'un autre for juge la cause » (glossaire de droit international privé, p. 164). Pour plus d'informations sur cette règle, voir B. SCHNEIDER, « Le forum conveniens et le forum non conveniens (en droit écossais, anglais et américain) », *Revue internationale de droit comparé*, 1975, vol. 27, n°3, pp. 601-642.

887 M. KOEBELE, op. cit., pp. 333-345.

de *Texaco Inc.* C'est pourquoi plus tard, « *Texaco Petroleum Company '[will be considered] as technical responsible and executor of the operations for the consortium' and as in charge of 'the design, construction, installation and operation of the infrastructure and needed equipment for the exploration and exploitation of oil'* »[888]. En 1974, l'entreprise nationale *Petroecuador* (connue à l'époque sous le nom de *Corporation étatique pétrolière équatorienne* (CEPE)) a acquis 25% des actions du consortium puis a racheté les parts de l'entreprise *Gulf Oil* amenant sa participation à 62,5%. *Texaco* est cependant resté l'opérateur des activités jusqu'en 1990. Celui-ci fut remplacé par *Petroamazonas*, filiale de *Petroecuador* jusqu'en 1992. Entre temps, en 1979, la démocratie fût rétablie en Équateur. Puis en 1992, la concession prit fin. Elle avait permis l'extraction de plus de 1,4 milliard de barils de pétrole. Pendant l'extraction, l'entreprise déversa plusieurs millions de gallons d'eau toxiques[889] dans la rivière amazonienne, provoquant des problèmes de santé[890] chez les résidents de la zone. Le taux de produits toxiques dans leur sang s'est révélé bien supérieur aux standards

---

[888] Cour de justice provinciale de Sucumbíos, Maria Aguinda et autres contre l'entreprise Chevron Texaco, 2003-002, 14 février 2011, p. 94. Voir aussi : http://www.business-humanrights.org/Categories/Lawlawsuits/Lawsuitsregulatoryaction/LawsuitsSelectedcases/TexacoChevronlawsuitsreEcuador (consulté le 4 juin 2012).

[889] Voir : J. KIMERLING, « Transnational operations, bi-national injustice… », *American Indian Law Review*, 2006, vol. 31, n°2, p. 457 : « They also generated more than 3.2 million gallons of toxic water (produced water) every day, virtually all of which was dumped into the environment via unlined, open-air earthen waste pits, without treatment or monitoring – a practice that has been generally banned in the United States by federallaw since 1979 ».

[890] Les conséquences sur la santé sont multiples : des maladies de peau, des problèmes de fécondité et neurologiques, des cancers, etc. Ces conséquences sont notamment citées, à titre d'exemples, dans J. KIMERLING, « Environmental Adult of Texaco's Amazon Oil Fields : Environmental Justice or Business as Usual », *Harvard Human Rights Journal*, 1994, vol. 7, p. 209 ; L. LAMBERT, « At the Crossroads of Environmental and Human Rights Standards: Aguinda v. Texaco, Inc. Using the Alien Tort Claims Act to Hold Multinational Corporate Violators of International Laws Accountable in U.S. Courts », *Journal of Transational Law & Policy*, 2000, vol. 10, p. 113. Il semblerait que 83% de la population de cette région souffre d'un de ces maux ou de plusieurs (selon L. DHOOGE, « Aguinda v. Chevron Texaco : Discretionary Grounds for the Non-Recognition of Foreign Judgments for Environmental Injury in the United States », *Virginia Environmental Law Journal*, 2010, vol. 28, p. 248).

internationalement admis[891]. En effet, les installations vétustes (et en particulier l'absence de doublure dans les espaces de stockage de produits toxiques), l'absence de contrôle des effets produits sur l'environnement, la combustion du pétrole brut et la poussière soulevée ont fortement contribué à la dégradation de l'environnement. L'entreprise n'avait prévu aucune installation permettant d'empêcher le déversement des produits toxiques dans la rivière et dans les terres, et n'avait pas procédé au nettoyage des installations et à la décontamination des sites conformément aux standards internationaux. À cela s'ajoute l'exclusion des communautés autochtones du processus de décision d'exploitation, et du partage des bénéfices réalisés par la compagnie pétrolière. Les poissons ayant quasiment disparu de la rivière et le sol s'étant nettement appauvri, les communautés autochtones se sont vues contraintes d'abandonner leurs activités traditionnelles de subsistance telles que la pêche ou l'agriculture[892].

Dès 1992, l'activité pétrolière est très contestée par les peuples autochtones et une étude est commandée à un cabinet de consultance canadien BHT Agra Limited pour analyser l'impact environnemental et socio-économique du projet[893]. Un comité de haut niveau est mis en place par *Texaco*, *Petroecuador* et le Ministère de l'énergie et des mines équatorien pour procéder à des vérifications sur les éventuels dommages causés par l'activité pétrolière. Cette initiative est largement saluée par les ONG et les peuples autochtones. Pourtant, ces derniers déchantent assez vite lorsqu'ils s'aperçoivent qu'ils ne sont pas consultés et que le cabinet s'entretient en privé avec les entreprises *Texaco* et *Petroecuador*. L'indépendance du cabinet est alors mise en cause par les peuples autochtones et l'on apprend que le contrat des auditeurs prévoit que 40% du montant de l'étude est versé après approbation de l'étude par le comité. Alors que les résultats de l'étude n'ont jamais été rendus publics, *Texaco* affirme que ledit rapport établit qu'il n'y a pas d'impact significatif sur l'environnement. « *Although the Criteria claim to be 'definitive', they fail to specify how to evaluate many of the matters that explicitly fall within the scope of the audit contract. For example, the Criteria do not explain how to*

---

[891] L. LAMBERT, « At the Crossroads of Environmental and Human Rights Standards: Aguinda v. Texaco, Inc. Using the Alien Tort Claims Act to Hold Multinational Corporate Violators of International Laws Accountable in U.S. Courts », *Journal of Transnational Law & Policy*, 2000, vol. 10, p. 113.

[892] L. DHOOGE, op. cit., p. 248 : « According to the Plaintiffs, seventy-five percent of Oriente residents had suffered a total or partial loss of their crops, and ninety-four percent suffered the loss of animals as a result of hydrocarbon contamination ».

[893] J. KIMERLING, « Environmental Adult of Texaco's Amazon Oil Fields… », op. cit., p. 200.

evaluate the handling of radioactive materials, the disposal of chemical drums, the impact of applying tank bottom and crude oil wastes to road surfaces, deforestation and reforestation, oil spill response and contingency plans, [...] »[894].

Texaco et *Petroecuador* étant copropriétaires de la concession, *Texaco* a exigé que les coûts financiers et la responsabilité soient à la charge des deux entreprises[895].

Souhaitant éviter les pressions de *Texaco*, de *Petroecuador* et du gouvernement équatorien sur les juridictions équatoriennes, 74 Équatoriens (représentant plus de 30 000 personnes) ont déposé en novembre 1993 une *class-action* devant une juridiction du District de New-York. La plainte a tout d'abord été déposée devant la Cour fédérale de New-York (*Aguinda v. Texaco*) sur le fondement de l'*ATCA*. Ils ont fondé la compétence de la juridiction et la recevabilité de la requête sur le fait que l'entreprise défenderesse a son siège à New-York[896]. L'entreprise a, pour sa défense, invoqué le principe du *forum non conveniens* pour rejeter la compétence de la juridiction. Arguant que les principales activités, victimes et preuves de l'affaire se trouvent en Équateur, et que l'ensemble des documents sont en espagnol, elle a considéré l'action devant des juridictions étasuniennes irrecevable.

Une des difficultés de la question qui se posait au juge new-yorkais était les liens existant entre les filiales et les maisons-mères (et le contrôle effectif des secondes sur les premières). En outre, *Chevron* avait racheté *Texaco* en 2001 et était tenu de répondre aux agissements de *Texaco* et de ses filiales. En 2002, la Cour d'appel de New York a renvoyé l'affaire devant les juridictions équatoriennes en estimant, sans juger sur le fond, que la juridiction équatorienne était la mieux placée pour juger cette affaire selon le principe *forum non conveniens*[897]. Plusieurs motifs ont guidé la position du

---

894 Ibid., p. 215. L'auteure entreprend de citer les nombreuses dispositions violées pour conclure au manquement de Texaco à ses obligations.

895 Ibid., p. 212.

896 H. M. OSOFSKY, op. cit., p. 394 : « The jurisprudence to date thus suggests that private actors can be held accountable for their behavior under the Alien Tort Statute. For certain violations, such as genocide or war crimes, the mere commission of them creates liability for any perpetretor ». Voir : Southern District of New-York, Aguinda v. Texaco, Inc. 945 F. Supp. 625 (S.D.N.Y.12 novembre 1996).

897 M. KOEBELE, *Corporate Responsibility under the Alien Tort Statute: Enforcement of International Law through US Torts Law*, Leiden-Boston, Martinus Nijhoff Publishers, 2009, pp. 158-159. Voir : Second Circuit of New-York, Aguinda v. Texaco Inc., 16 août 2002303 F.3d 470.

juge. Il en est notamment allé ainsi de l'absence de texte juridique formellement rattaché à la violation de droit international invoquée dans le domaine de l'environnement[898]. Dans ce domaine, « *[h]ow skeptical one is of the court's reasoning depends on how views international environmental law. If one is of the view that the preponderance of soft law, declarations, and abstract principles is mainly due to lack of political will on the part of States to submit themselves to binding obligations enshrined in international convention, the court's reasoning seems sound* »[899].

Étant donné le caractère flou de nombreuses règles de protection de l'environnement, il pourrait être judicieux d'invoquer dans ce type de contentieux, une violation du droit à la vie ou de la liberté de circuler, puisque ceux-ci figurent dans la Déclaration universelle des droits de l'Homme, et que les obligations correspondantes sont aujourd'hui considérées comme coutumières[900]. Cela peut cependant ne pas être suffisant. En effet, des considérations politiques et notamment la courtoisie internationale à l'égard des juridictions de pays étrangers empêchent souvent le juge de se reconnaître compétent pour des dommages survenus à l'étranger[901]. Dans l'affaire *Texaco*, il faut ajouter qu'en 1995, le gouvernement équatorien avait conclu un accord avec *Texaco*, qui libérait l'entreprise de toute responsabilité pour les dommages causés si des travaux d'assainissement étaient entrepris, afin de reboucher et restaurer 161 puits, et assainir les sols de 36 sites[902]. En septembre 1998, le gouvernement équatorien et *Petroecuador* avaient ensuite signé un acte reconnaissant que *Texaco* avait mis en œuvre les mesures demandées dans l'accord, et qui le libérait définitivement

---

[898] N. L. BRIDGEMAN, « Human Rights Litigation Under the ATCA as a Proxy for Environmental Claims », *Yale Human Rights & Development Law Journal*, 2003, vol. 6, p. 21 : « As noted by Armin Rosencranz and Richard Campbell, '[l]ack of international consensus on environmental norms is one reason why courts have been reluctant on environmental abuses, absent accompanying human rights violations, as causes of action the ATCA'. ». Voir également : H. M. OSOFSKY, op. cit., p. 354 : « The court's ruling with respect to this claim suggests that environmental harm can be included as part of human rights under the Alien Tort Statute », et p. 368 : « In order for a norm to be part of the law of nations within this jurisprudence, widespread declaratory recognition of it must exist ».

[899] M. KOEBELE, op. cit., p. 163.

[900] L. LAMBERT, op. cit., p. 122.

[901] Ibid., p. 129 : « The issue of deference to Ecuador has been frustrated by the state's changing opinions on the pending litigation. Initially, the lawsuit was thought to be a grave violation of its sovereignty. Ecuador filed motions with the court demanding dismissal so adjudication could be rightly pursued in its court system ».

[902] L. DHOOGE, op. cit., p. 249.

de toute responsabilité[903]. Il aurait été délicat que le juge new-yorkais interfère directement dans la politique gouvernementale portant sur l'affaire.

En échappant à la justice états-unienne, l'entreprise espérait gagner aisément un procès devant les juridictions équatoriennes. En effet, elle avait toujours bénéficié du soutien du gouvernement militaire de l'époque, qui avait encouragé les mesures en faveur d'entreprises souhaitant mener des activités sur son territoire[904]. C'est d'ailleurs grâce aux investissements de *Texaco* que l'Équateur put rejoindre l'Organisation des pays exportateurs de pétrole (OPEP)[905]. Les choses ont cependant changé lorsque Rafael Correa est devenu président de la République de l'Équateur. En effet, celui-ci s'était fortement engagé, lors de sa campagne, à poursuivre l'entreprise *Chevron Texaco*. Et c'est pourquoi, en 2003, 48 plaignants plein d'espoir ont déposé un recours devant la Cour supérieure de Nueva Loja, dans la province de Sucumbíos Ainsi que nous le verrons, leur requête aboutira finalement en 2011.

2. *La Communauté Achuar (Pérou) contre l'entreprise Occidental Petroleum (OXY) (États-Unis)*

Avant l'arrivée de l'entreprise *OXY*, aucune activité industrielle n'était établie dans le bassin amazonien péruvien, habité alors par les communautés autochtones Achuar et dont l'accès était très difficile. *OXY* est une des plus grandes entreprises des États-Unis et exploite le pétrole dans trois régions du monde. Sa filiale *OXY Pérou* a exercé des activités dans le bloc 1 AB au Pérou à la frontière avec l'Équateur pendant une trentaine d'années à partir de 1971, date à laquelle elle a obtenu une autorisation de prospecter dans cette zone. En 1972, des réserves de pétrole très importantes ont été découvertes. De 1972 à 2000, le lot 1 AB représentait 68% de la production pétrolière nationale. Cette forte production a nécessité des installations importantes comme des routes, des pipelines sur des centaines de kilomètres, des puits de pétrole (110 puits actifs en 2000), des pistes d'atterrissage et des

---

903 Ibid., p. 250.

904 J. KIMERLING, « Environmental Adult of Texaco's Amazon Oil Fields... », op. cit., p. 203.

905 L'Équateur dépend des exploitations pétrolières dont l'activité représente 40% de ses recettes d'exportation. Voir : J. KIMERLING, « Environmental Adult of Texaco's Amazon Oil Fields... », op. cit., p. 210 ou M. LE CALVEZ, « El rediseno de los sistemas de gobernanza en el Ecuador y Venezuela », G. FONTAINE, A. PUYANA (coord.), *La guerra del fuego*, op. cit., p. 59.

fosses permettant la dissociation du pétrole et des autres composants[906]. Dans le cas soumis, les plaignants ont accusé l'entreprise d'avoir contaminé les eaux des rivières Corrientes et Macusari, en aval desquelles les communautés Achuar vivent traditionnellement depuis des siècles, peut-être des millénaires. En 2000, *OXY* a concédé son autorisation d'exploiter le pétrole à *Pluspetrol*, une entreprise argentine. Depuis, *OXY* ne s'estime pas responsable de la contamination des rivières après 2000 ; et il soutient qu'aucune preuve n'a été apportée, d'un lien de causalité entre son activité et l'émergence concomitante de maladies dans la population autochtone. En octobre 2006, le peuple Achuar a entrepris des actions pacifiques à l'encontre de l'entreprise *Pluspetrol* en empêchant l'accès aux puits. Cette situation a obligé l'entreprise ainsi que le gouvernement péruvien à entamer un dialogue. Celui-ci a abouti à des accords consistant à « réduire la pollution, à consacrer des millions de dollars au nettoyage et à établir un plan de santé sur dix ans »[907]. Le procès récent des Achuar contre *Occidental Petroleum* (*OXY*) en 2010 a démontré l'ampleur des dommages causés par les entreprises pétrolières sur les populations locales péruviennes.

Représenté devant les tribunaux par les ONG EarthRights International et Amazon Watch, le peuple Achuar (dont Tomas Mayna est l'autorité spirituelle) a déposé une plainte devant les juridictions péruviennes, en vue d'obtenir réparation de la pollution causée par l'entreprise, en particulier dans les rivières de la région amazonienne péruvienne. Les requérants ont ensuite esté en justice en 2007 devant les juridictions des États-Unis, accusant l'entreprise de plusieurs infractions : fraude, fausses déclarations, négligence, homicides, pollution et empoisonnement. Cette *class action* a été déposée devant les tribunaux de Los Angeles, ville du siège de l'entreprise *OXY*. La Cour d'appel a reconnu la compétence des juridictions étasuniennes pour connaître l'affaire dans sa décision du 6 décembre 2010. Elle a considéré que la justice péruvienne était inefficace, puisqu'elle n'avait pas réparé les dommages subis par les victimes.

---

[906] Voir la plainte déposée par EarthRights International, par. 40-44. Disponible sur : http://www.earthrights.org/sites/default/files/legal/final-oxy-state-complaint-does-signed.pdf (consulté le 6 avril 2011) et EarthRights International, Racimos de Ungurahui, et Amazon Watch, A Legacy of Harm: Occidental Petroleum in Indigenous Territory in the Peruvian Amazon, avril 2007, 62 p. Disponible en ligne sur : http://www.earthrights.org/sites/default/files/publications/A-Legacy-of-Harm.pdf (consulté le 6 avril 2011).

[907] Traduction libre. Article de Dan Collyns, Perú: tribu vs. Corporación, BBC Pérou, 24 mars 2008. Disponible en ligne sur : http://news.bbc.co.uk/hi/spanish /latin_america/newsid_7311000/7311263.stm (consulté le 4 avril 2011).

L'entreprise était notamment accusée d'avoir déversé quotidiennement et pendant trente ans, 850 000 barils d'eaux usées toxiques dans les fleuves et dans des fosses, qui n'étaient pas imperméables et ne répondaient pas aux standards de construction exigés pour ce type d'activité. La pollution causée par son activité est grave, et semble avoir provoqué un grand nombre d'atteintes sur la population Achuar vivant aux abords des deux fleuves contaminés. Les membres de ce peuple utilisant l'eau de la rivière pour tous leurs besoins en eau, ils ont connu de graves problèmes intestinaux et respiratoires, ainsi que des cancers. Il a en effet été prouvé que leur santé s'est détériorée depuis l'installation de l'entreprise sur leurs terres. Le taux de plomb et de cadmium dans leur sang est en particulier très élevé par rapport à celui du reste de la population nationale[908]. Cette pollution a également entraîné la disparition de nombreuses espèces et l'infertilité des terres.

La Cour supérieure de Los Angeles a renvoyé l'affaire au Tribunal de District qui a renvoyé l'affaire devant les juridictions péruviennes selon la règle *forum non conveniens*. En appel, la Cour a cependant reconnu la compétence des juridictions des États-Unis, rejetant les considérations du Tribunal. La Cour affirme en effet que le Tribunal n'a pas pris en compte le choix des plaignants de soumettre l'affaire devant les juridictions étasuniennes, qu'il a méconnu le choix des parties aux contrats d'investissements de renvoyer à la compétence du juge étasunien en cas de différends, qu'il existait une présomption d'adéquation de la juridiction compte tenu du fait que le siège du défendeur se situe sur le territoire étasunien. En outre, la Cour reproche au Tribunal de ne pas avoir tenu compte des preuves de corruption du système juridictionnel péruvien et de la discrimination dont les communautés autochtones font l'objet. La Cour rappelle qu'il y a un abus de pouvoir si avant de rejeter la demande, le Tribunal ne s'est pas assuré que la requête des plaignants pouvait aboutir à un jugement au Pérou, et si le Tribunal n'a pas exigé que le défendeur renonce à une prescription extinctive, compte tenu du délai de procédure qui courait devant les juridictions étasuniennes[909].

---

[908] Voir la plainte déposée par EarthRights International, par. 61. Disponible sur : http://www.earthrights.org/sites/default/files/legal/final-oxy-state-complaint-does-signed.pdf (consulté le 6 avril 2011) : « [e]pidemiological studies in José Olaya and Nueva Jerusalen have shown that approximately 99% of the individuals tested show higher than 0.1 ug/dL of cadmium in their blood, the established value for safeguarding human health ».

[909] Voir la décision de la Cour d'appel p. 13. Disponible sur : http://www.earthrights.org/sites/default/files/documents/Oxy-plaintiffs-opening-brief.pdf (consulté le 6 avril 2011).

L'arrêt de la Cour détaille les arguments démontrant l'erreur du Tribunal dans l'application de la règle du *forum non conveniens*. Elle estime, au fond, qu'il faut faire primer l'intérêt de la justice sur les considérations de forme.

L'affaire *Chevron-Texaco* et l'affaire *OXY* sont emblématiques et sans précédent, d'une part, en raison de la longueur de la procédure et d'autre part, en raison du montant des réparations exigées. La seconde affaire est peut-être encore plus importante, dans la mesure où elle représente une ouverture exceptionnelle du juge étasunien, à connaître d'affaires analogues.

Comme nous l'avons dit plus haut, les violations du droit de l'environnement commises par les entreprises d'exploitation ont des répercussions directes sur les droits de l'Homme des populations locales. C'est pourquoi, comme le fait remarquer Judith Kimerling en 1994, à propos de l'affaire *Chevron Texaco*, « *there is a growing tendency in the international human rights community to link environmental quality with human rights and to recognize a number of rights violations in the human impacts of environmental destruction* »[910]. En effet, dans cette affaire, « *the environmental damage should be considered in all its complexity including the different forms and derivatives this might have in its environmental components because we understand that this cannot be considered isolated but in linkage with other rights as the right to health* »[911].

SECTION II – LA PROTECTION DES AUTOCHTONES FONDÉE SUR LES DROITS DE L'HOMME

En vue de protéger les droits fondamentaux des peuples autochtones face aux industries extractives, le recours d'*amparo* constitue une action rapide. Le recours d'*amparo* en Amérique latine est une institution relativement récente puisqu'elle date du début du XXème siècle[912]. Son apparition coïncide

---

[910] J. KIMERLING, « Environmental Adult of Texaco's Amazon Oil Fields… », op. cit., p. 199.

[911] Cour de justice provinciale de Sucumbíos, Maria Aguinda et autres contre l'entreprise Chevron Texaco, 2003-002, 14 février 2011, p. 95. Dans le cadre d'un recours ATCA, il sera important de fonder l'action sur la violation des droits de l'Homme, voir sur ce point : N. L. BRIDGEMAN, « Human Rights Litigation Under the ATCA as a Proxy for Environmental Claims », *Yale Human Rights & Development Law Journal*, 2003, vol. 6, pp. 35-40.

[912] C. LANDA, « El proceso de amparo en América latina », VIIIème Congrès mondial de l'Association internationale de droit constitutionnel, Mexico, sept. 2010, p. 1. Disponible en ligne sur :

avec les Constitutions nouvellement rédigées et vise à protéger les droits fondamentaux qu'elles proclament ou qui appartiennent au bloc de constitutionnalité. Les juridictions constitutionnelles sont ainsi devenues de véritables gardiennes de leurs droits[913]. Ce système contribue à renforcer l'État de droit. L'éventail des actes qui peuvent faire l'objet d'un recours d'*amparo* est large : acte administratif, décret, loi, etc. D'autres recours peuvent cependant être exercés pour demander la réparation d'un dommage.

Les droits fondamentaux bénéficiant aux membres des peuples autochtones au titre des droits de l'Homme sont garantis par le droit international. Dans certains cas, ils peuvent également être invoqués par les autochtones devant les juridictions nationales. Les droits à caractère général qui bénéficient aux membres des peuples autochtones sont généralement des droits de l'Homme de deuxième génération, et aux peuples eux-mêmes, de « troisième génération ». Ces deux types de droit constituent « des prolongements d'anciens concepts ou alors des interprétations des aspects nouveaux de l'ordre social »[914], parmi lesquels figurent le droit à la santé (§

---

http://www.juridicas.unam.mx/wccl/ponencias/13/354.pdf (consulté le 7 juin 2011) : Le recours d'amparo est apparue au Mexique en 1917, au Brésil en 1934, au Pérou en 1979, en Colombie en 1992, en Argentine en 1994. Voir aussi : G. ROLLA, « La Tutela directa de los derechos fundamentales por los Tribunales constitucionales en América latina » in E. FERRER MAC-GREGOR, A. ZALDIVAR LELO de LARREA (coord.), *La ciencia del derecho procesal constitucional : estudios en homenaje a Héctor Fix-Zamudio en sus cincuenta años como investigador del derecho*, UNAM, 2010, t. 2, pp. 545-568.

[913] La juridiction compétente est l'instance chargée de contrôler le respect de la Constitution c'est-à-dire généralement la Cour et/ou le tribunal constitutionnels. Bien entendu, les compétences de chaque juridiction sont définies par la Constitution de chaque État. Le champ d'application du recours d'amparo peut être limité aux droits fondamentaux établis par la Constitution ou viser également tout droit dérivé. La protection accordée par la Constitution est donc relative. César Landa distingue une protection forte, comme en Argentine ou au Pérou (habeas corpus et habeas data), une protection intermédiaire comme en Colombie, au Venezuela ou en Équateur (qui protège les droits de la Constitution et les traités auxquels elle fait référence), et une protection limitée comme au Brésil (où le recours nommé mandado de segurança vise à protéger un droit qui n'est pas susceptible d'interprétation).

[914] D. URIBE VARGAS, « La troisième génération des droits de l'Homme », *R.C.A.D.I.*, 1984, vol. 184, p. 362. L'auteur reconnaît comme faisant partie de la troisième génération les droits de solidarité suivants : droit à la paix, droit au développement, droit à l'environnement et droit au respect du patrimoine commun de l'humanité. Le droit à la santé et les droits culturels sont en revanche des droits de deuxième génération.

1) et le droit de vivre dans un environnement sain (§ 2). Les droits culturels sont également particulièrement mis en avant dans toutes les affaires impliquant les communautés autochtones (§ 3).

§ 1. Le droit à la santé

La pollution engendrée par les industries extractives entraîne des conséquences néfaces sur l'environnement et par conséquent sur la santé des communautés locales. Le droit à la santé est donc l'un des plus concernés. Un tel droit est consacré dans des conventions internationales autant que dans des législations internes (A), mais prouver sa violation est difficile (B).

A. Le contenu du droit à la santé

« Le droit à la santé est [...] reconnu comme 'un droit fondamental' depuis l'adoption de la Constitution de l'Organisation mondiale de la Santé (O.M.S.) les 19-22 juin 1946, à New York, entrée en vigueur le 7 avril 1948 »[915]. Celle-ci soutient que « [l]e droit à la santé suppose que les pouvoirs publics créent des conditions telles que chacun puisse jouir du meilleur état de santé possible. Ceci implique notamment l'existence de services de santé, des conditions de travail sûres et saines, un logement adéquat et une alimentation nutritive. Il ne faut pas confondre le droit à la santé et le droit d'être en bonne santé »[916]. Conformément à la conception retenue par l'OMS, « le droit à la santé se compose de quatre éléments :

- **Disponibilité.** Il doit exister suffisamment d'installations, de biens et de services ainsi que des programmes fonctionnels en matière de santé publique et de soins de santé.
- **Accessibilité.** Les installations, biens et services en matière de santé doivent être accessibles à toute personne relevant de la juridiction de l'État partie. L'accessibilité comporte quatre dimensions qui se recoupent mutuellement :
    - non-discrimination
    - accessibilité physique
    - accessibilité économique (abordabilité)

[915] P. LAMBERT, « Le droit de l'homme à un environnement sain : Propos introductifs », *Annuaire international des droits de l'Homme*, 2006, vol. 1, p. 29.

[916] OMS, *Le droit à la santé*, Aide-mémoire n°323, août 2007. Disponible en ligne sur internet : http://www.who.int/mediacentre/factsheets/fs323/fr/index.html (consulté le 11 septembre 2011).

- o accessibilité de l'information.
- **Acceptabilité.** Les installations, biens et services en matière de santé doivent être respectueux de l'éthique médicale, appropriés sur le plan culturel et réceptifs aux exigences spécifiques liées au sexe et aux différents stades de la vie.
- **Qualité.** Les installations, biens et services en matière de santé doivent également être scientifiquement et médicalement appropriés et de bonne qualité »[917].

Plus tard, le droit à la santé a été consacré dans plusieurs instruments internationaux, en particulier à l'article 12 du Pacte international des droits économiques, sociaux et culturels (PIDESC) en vigueur depuis 1976 qui prévoit que : « [l]es États parties [...] reconnaissent le droit à toute personne de jouir du meilleur état de santé physique et mentale qu'elle soit capable d'atteindre »[918].

À travers ces éléments, il apparaît que l'État est obligé de tout mettre en œuvre pour que chaque individu présent sur son territoire puisse 'jouir du meilleur état de santé physique et mentale'. L'OMS, dont le but consiste à « amener tous les peuples au niveau de santé le plus élevé possible »[919], établit qu'il incombe à l'État trois sortes d'obligations : « respecter, protéger et satisfaire»[920]. Dans le droit de la plupart des États d'Amérique latine, ces trois sortes d'obligations ne sont pas reprises, et le droit à la santé n'est pas clairement défini, car il est plutôt considéré comme un objectif.

Plusieurs observations méritent d'être faites.

Tout d'abord, la réalisation de ce droit exige l'établissement de conditions matérielles. Suivant la richesse de l'État et les difficultés

---

917 Ibid.

918 Le terme « santé » apparaît également aux articles 10, 11, 12, 14 de la Convention sur l'élimination de toutes les formes de discrimination à l'égard des femmes, et aux articles 3, 10, 13, 14, 15, 17, 23, 24, 32, 39 de la Convention relative aux droits de l'enfant. Le droit à la santé est énoncée à l'article 5 de la Convention internationale sur l'élimination de toutes les formes de discrimination raciale : « Conformément aux obligations fondamentales énoncées à l'article 2 de la présente Convention, les États parties s'engagent à interdire et à éliminer la discrimination raciale sous toute ses formes et à garantir le droit de chacun à l'égalité devant la loi sans distinction de race, de couleur ou d'origine nationale ou ethnique, notamment dans la jouissance des droits suivants : (...) iv. Droit à la santé, aux soins médicaux, à la sécurité sociale et aux services sociaux ».

919 Article 1er de la Constitution de l'OMS.

920 OMS, Le droit à la santé, Aide-mémoire n°323, août 2007.

sanitaires rencontrées, cette exigence particulière est susceptible de varier dans le temps. Selon l'OMS, le droit à la santé repose sur les « installations, biens et services » établis dans ce domaine. Or, dans beaucoup d'États, les infrastructures, les soins, et les médicaments sont insuffisants. Dans ce cas, la réalisation du droit à la santé exige d'abord par un accès effectif aux soins. L'État doit répondre à cette exigence, même si sa réussite dépend de ses moyens financiers, en particulier dans le domaine de la recherche sur les maladies, dans les nouvelles technologies, etc. et nécessite une adaptation constante.

Ensuite, l'état de « santé » (qui s'oppose à l'état de « maladie ») est un état incertain, fluctuant, dont les critères sont relativement impalpables, même si l'OMS a tenté de les définir.

Enfin, une des difficultés dans la réalisation du droit à la santé est le fait qu'il dépende largement des conditions de vie. Il est étroitement lié au droit à l'alimentation et à l'eau. Par exemple, la malnutrition a des conséquences sur la santé et le bien-être des individus. De même, l'eau est source de maladies si elle n'est pas traitée correctement. Le droit à la santé est aussi indissociable du droit au logement, puisque les conditions sanitaires de logement, lorsqu'elles sont mauvaises, peuvent entraîner la propagation de virus et être sources d'infections. Enfin, lorsque les atteintes portées au droit à la santé peuvent entraîner un décès, la réalisation de ce droit rejoint celui du droit à la vie, qui peut alors être invoqué de manière combinée.

S'agissant spécifiquement des peuples autochtones, le droit à la santé peut être invoqué par eux devant des juridictions nationales dans de nombreux cas. C'est par exemple le cas lorsque l'entrée de personnes étrangères dans des zones habitées par des peuples autochtones qui n'ont jamais été en contact avec le monde extérieur, leur fait contracter des maladies contre lesquelles ils ne sont pas immunisés. Les personnes étrangères véhiculent des maladies et sont porteuses de virus qui peuvent rapidement causer la mort des autochtones. Ce phénomène s'est produit dès la colonisation au XVème siècle et il se produit aujourd'hui encore. Au Brésil, par exemple, l'arrivée des orpailleurs transportant des maladies a conduit au décès d'un grand nombre de membres du peuple Yanomami. Ce peuple a vu sa population largement décimée dans les années 1980. On estime qu'a disparu 15% de sa population entre 1987 et 1990[921]. À la suite de ce constat,

---

921 Voir la rubrique sur les Yanomami du site de Survival International : http://www.survivalfrance.org/peuples/yanomami (consulté le 1 février 2012). Voir également : B. ALBERT, P. DE ROBERT, A.-E. LAQUES, F. M. LE TOURNEAU, « Territorialités amérindiennes et terres indigènes en Amazonie

le gouvernement a pris des mesures visant à empêcher l'accès des terres par des étrangers. Il a notamment procédé à une démarcation des terres et a établi un plan de santé. De même, en Colombie, « [a]u cours des cinq premières années après leur premier contact massif avec l'extérieur, les Nukak perdirent environ 40% de leur population par suite des maladies respiratoires qu'ils avaient contractées et qui, au départ, se manifestaient par une grippe »[922].

Les incertitudes entourant le contenu du droit à la santé et les faibles ressources des États latino-américains sont autant d'obstacles à sa justiciabilité. Une autre difficulté est la suivante : lorsque le droit à la santé est invoqué lors de litiges sur l'exploitation des ressources naturelles, le juge est confronté à des informations très techniques ne permettant pas avec certitude de lier l'usage de certains produits ou la poussière à l'apparition de maladies ou de problèmes respiratoires.

B. La difficulté d'établir le lien de causalité entre les activités de l'entreprise et les dommages

Des constats alarmants sur l'état de santé des personnes habitant à proximité de projets d'exploitations pétrolières et minières sont également dressés et justifient des requêtes devant les juridictions nationales. Saisi de tels recours, le juge national recherche si l'activité des entreprises est néfaste pour la santé des populations vivant à proximité, c'est-à-dire, techniquement parlant, si le lien de causalité entre les activités et les troubles de la santé des autochtones est établi (1). Dans cette recherche, le juge mais aussi les parties ont souvent recours à des experts (2).

1. La recherche du lien de causalité par le juge

On a souvent constaté que la mortalité infantile, le nombre de cancers ou de problèmes respiratoires sont plus élevés chez les personnes vivant à proximité de zones d'exploitations pétrolière ou minière que chez le reste des populations.

Par exemple, en Équateur, la population vivant près de la zone exploitée par *Chevron Texaco* souffre d'un taux 'anormalement' élevé de cancer : de 4

brésilienne : continuité ou rupture ? », in C. AUBERTIN, E. RODARY (éd.), *Aires protégées : espaces durables ?*, Marseille, IRD, 2008, pp. 187-214.

922 MOUVEMENT MONDIAL POUR LES FORETS TROPICALES, *Les peuples indigènes : leurs forêts…*, op. cit., p. 100.

à 5 fois plus élevé que dans d'autres régions[923]. Selon l'étude de l'impact environnemental menée dans le cadre des activités pétrolières de *Repsol* en Argentine, les membres de la communauté Mapuche Paynemil y Kaxipayiñ présentent dans leurs organismes 700 fois plus de métaux lourds que le niveau admis par la législation nationale[924]. Certes, ce constat ne permet pas d'affirmer avec certitude que de tels préjudices sont directement causés par les exploitations pétrolières et minières, mais il constitue un élément important que le juge doit prendre en considération.

Dans le cas *des mineurs de la communauté Paynemil* en Argentine[925], les enfants et les jeunes membres de la communauté Paynemil ont été contaminés par la consommation d'eau contenant du mercure et du plomb. Depuis 1970, la zone a été régulièrement exploitée par diverses entreprises. En 1995, en raison du manque d'eau, les membres de la communauté ont creusé un puits, d'où sont sortis des hydrocarbures. En novembre 1996, des examens de sang et d'urine ont été réalisés sur des enfants et des personnes âgées, et ont corroboré la présence importante de mercure et de plomb[926]. La communauté avait, dès lors, par le biais de son représentant légal, envoyé une demande à l'autorité administrative compétente afin que des mesures soient prises pour remédier au plus vite à la situation qui menaçait de s'aggraver. Aucune réponse ne leur a été adressée. Une autre demande avait également été envoyée au Sous-secrétariat à la santé pour un approvisionnement en eau potable.

La Défenseure des enfants[927] est alors intervenue sur cette question et a fondé son action[928] sur l'article 287 de la Constitution provinciale qui

---

[923] Voir l'article de W. GUARANDA MENDOZA, Apuntes sobre la explotación petrolera en el Ecuador, 14 p. Disponible en ligne sur : http://inredh.net/index.php?option=com_content&view=article&id=288%3Aexplotacion-petrolera-en-el-ecuador&Itemid=126 (consulté le 22 février 2011).

[924] OILWATCH, Impacto ambiental de la explotación petrolera…, op. cit., p. 18.

[925] Voir le résumé de l'affaire sur : http://www.escr-net.org/caselaw/caselaw_show.htm?doc_id=405963 (consulté le 5 juin 2012).

[926] La preuve de l'exposition au plomb se révèle par la diminution de l'activité d'une enzyme dans l'organisme qui engendre l'augmentation de l'acide delta aminolévulinique.

[927] En espagnol, defensor del Pueblo désigne l'équivalent d'un Ombudsman. Il a pour fonction de protéger les droits fondamentaux des individus. Le « Défenseur du peuple » est un acteur important en Amérique latine. Dans certains pays, le ministère public peut également saisir les juridictions constitutionnelles, mais cela reste rare.

[928] Le recours d'amparo prévu à l'article 120 de la Constitution argentine permet à la Défenseure des enfants de soumettre une requête en vue de protéger les intérêts collectifs des enfants sur le fondement de l'article 43 de la Constitution, et de

attribue au gouvernement provincial la charge de « veiller à la santé et à l'hygiène publique », sur la Convention internationale relative aux droits de l'enfant (alors transposée dans l'ordre interne), et sur l'article 41 de la Constitution relatif au droit de vivre dans un environnement sain. Selon elle, il s'agit d'une « grave omission manifeste » du Ministère de la santé et du pouvoir exécutif provincial qui n'a pas mis en œuvre les moyens nécessaires pour garantir la santé publique en fournissant de l'eau potable à cette communauté. La Défenseure expose les conséquences de la présence du plomb et du mercure dans le sang et dans les urines, en se référant à une experte en toxicologie infantile. L'experte explique que « le plomb attaque le système nerveux, et [que] les symptômes neurologiques augmentent en fonction du degré d'intoxication, évoluant de paresthésies, de crampes, de troubles du comportement et de l'apprentissage, à des symptômes graves tels que l'encéphalopathie, le déficit intellectuel, ou l'hypertension intracrânienne »[929]. Cette contamination pourrait compromettre l'avenir de ces enfants. Dans le cadre de son action, la Défenseure soutient que le droit à la santé est le « corolaire du droit à la vie » et demande à l'État de prendre toutes les mesures nécessaires pour fournir une assistance médicale à ces enfants, et pour empêcher la contamination du sol et de l'eau provoquée par les résidus toxiques de l'exploitation pétrolière. Répondant positivement à la requête de la Défenseure des enfants, la Cour d'appel de Neuquen conclut au manquement de l'État. Celui-ci n'a en effet pas pris les mesures adéquates face à la « gravité et aux conséquences de la contamination de l'eau », et il a pris « du retard pour fournir les recours et adopter des mesures nécessaires afin de remédier à la situation »[930]. En l'espèce, les conséquences graves de l'activité pétrolière sur la santé humaine ont été expressément reconnues par le juge. D'une manière similaire, une étude menée sur la population vivant

---

l'article 3 de la loi n°23849 sur la Convention des droits de l'enfant. Dans les autres États, la saisine peut être directe ou indirecte. Par exemple, en Colombie, il est permis à toute personne juridique de demander un contrôle de la constitutionnalité d'une loi, si elle estime que cette loi porte atteinte à ses droits fondamentaux. Dans ce cadre, les communautés autochtones ont la possibilité d'exercer un recours directement. Dans d'autres États comme en Bolivie, au Chili, au Paraguay, en Uruguay ou au Venezuela, le Défenseur du peuple ou toute autorité publique peut peut effectuer un tel recours en vue de protéger les peuples autochtones.

[929] Traduction libre. Cour d'appel de Neuquen, recours d'amparo du 24 mars 1997, Défenseure des enfants, Mineurs de la Communauté Paynemil, n°311-CA-1997, 19 mai 1997, p. 11. Disponible en ligne sur : http://www.escr-net.org/caselaw/caselaw_show.htm?doc_id=405963 (consulté le 22 mai 2011).

[930] Ibid., p. 1.

près de l'industrie minière La Oroya au Pérou[931] a révélé que la poussière de plomb affecte la santé des habitants alentours et contamine l'environnement[932]. Ces décisions sont cependant relativement isolées.

Dans l'affaire *Chevron Texaco*, le juge ne s'est pas, par exemple, prononcé sur le droit à la santé. Il aurait pu pourtant se fonder sur la position du Fonds des Nations Unies pour l'enfance (UNICEF) qui considère que la présence des services publics de la santé n'est pas satisfaisante dans la zone équatorienne concernée, que le taux de mortalité ainsi que de maladies constatés dans cette zone représentent 17% du nombre au niveau national alors que ces résidents ne représentent que 9% de la population. En outre, plusieurs études auxquelles le juge fait référence rapportent que les populations qui s'exposent aux activités pétrolières sont sujettes à des effets graves et non réversibles sur leur santé[933]. Il est impossible d'ignorer la grande différence entre l'état de santé de ces populations et celle du reste de la population nationale. Au surplus, plusieurs témoins ont affirmé qu'après avoir bu l'eau de cette zone, ils avaient souffert de problèmes intestinaux et qu'après s'y être baignés, ils avaient eu des problèmes épidermiques. Toutefois, le juge ne disposait pas d'informations certaines sur le lien de causalité entre le cancer et les activités pétrolières, bien qu'il soit probable que l'usage des produits toxiques en soit une cause importante.

Le juge a donc estimé que les preuves apportées n'étaient pas suffisantes pour démontrer le lien de causalité recherché. Il a néanmoins indirectement constaté une atteinte au droit à la santé, en reprochant à l'entreprise de ne pas avoir utilisé de meilleures installations, qui auraient permis le traitement des déchets toxiques. La décision du 14 février 2011 (totalisant un peu moins de 200 pages) est très détaillée à cet égard. Afin de parer aux éventuelles critiques de sa décision par *Chevron-Texaco*, le juge a entendu asseoir toutes ses conclusions sur une jurisprudence abondante, équatorienne comme étasunienne ou espagnole ainsi que sur la doctrine et sur des définitions juridiques précises[934].

---

[931] Voir infra Partie II, Titre II, Chapitre II, Section II, par. 2, B. L'affaire a été soumise à la Commission IDH.

[932] Voir l'article de Keith SLACK de Oxfam, Efectos de la Extracción Minera y Petrolera en la Salud y en el Medio Ambiente. Disponible en ligne sur : http://fr.oxfamamerica.org/es/archive/notis_holding/art5788.html (consulté le 22 février 2011).

[933] Cour de justice provinciale de Sucumbíos, Maria Aguinda et autres contre l'entreprise Chevron Texaco, 2003-002, 14 février 2011, p. 133.

[934] Ibid., pp. 85-91. Certains développements s'apparentent à des cours de droit assez théoriques. Nous pouvons citer, à titre d'exemple, l'argumentation du juge sur la théorie de la causalité, qui fait référence à la doctrine française ou australienne.

La question du lien de causalité peut se poser de manière différente lorsque les dommages sont issus d'accidents et non d'une exploitation régulière des ressources. Nous pouvons rappeler à cet égard le déversement accidentel, le 2 juin 2000, près de San Sebastián de Choropampa, de 151 kilos de mercure lors de son transport depuis la mine d'or de Yanacocha jusqu'à une raffinerie[935]. Le nettoyage du produit hautement toxique ne s'est pas organisé de manière responsable par l'entreprise ou les autorités : une première partie du mercure a été récupérée par les agents de la compagnie de transport (à mains nues) tandis qu'une deuxième partie s'est évaporée, qu'une troisième a imprégné le sol, et qu'une quatrième a été récupérée par les habitants. Ces derniers se sont vus proposer de ramasser le mercure en échange de 100 soles (monnaie péruvienne, soit environ 30 euros) par kilo et se sont exposés à des évaporations provoquant notamment des maux de tête, et des douleurs aux reins et au foie[936]. Ce type d'accident n'est pas rare puisque des fuites sont souvent constatées, lors du transport de pétrole par exemple. Il existe alors un lien de causalité indirecte entre les accidents et l'activité ordinaire d'une entreprise d'exploitation pétrolière ou minière.

---

[935] Voir le rapport du Défenseur du peuple n°62, El Caso del Derrame de Mercurio que afecto a las localidades de San Sebastian de Choropampa Magdalena y San Juan, en la Provincia de Cajamarca, 149 p. Disponible en ligne sur : http://www.cepal.org/dmaah/noticias/paginas/7/27987/Caso_choropampa.pdf (consulté le 5 juin 2012). Un accord extra-judiciaire a été conclu entre une centaine de victimes et l'entreprise Newmont Mining, principale actionnaire de l'entreprise Yanacocha fixant l'indemnisation à 3 millions de dollars.

[936] Le mercure est un produit dangereux à manier avec précaution, voir à ce sujet : PROGRAMME DES NATIONS UNIES POUR L'ENVIRONNEMENT, *Évaluation mondiale du Mercure*, Genève, décembre 2002, p.iii. Disponible en ligne sur : http://www.unep.org/newscentre/Default.aspx?DocumentID=2702&ArticleID=9366&l=fr (consulté le 30 mai 2012) : « Dans le monde entier, le mercure a divers effets nocifs, importants et documentés sur la santé humaine et l'environnement. Le mercure et ses composés sont hautement toxiques, en particulier pour le système nerveux en développement. Le niveau de toxicité pour l'homme et d'autres organismes dépend de la forme chimique, de la quantité, de la voie d'exposition et de la vulnérabilité de la personne exposée. Les humains peuvent être exposés au mercure de diverses façons, notamment, mais pas seulement, via la consommation de poissons, les utilisations professionnelles et ménagères, les amalgames dentaires et les vaccins contenant du mercure ». Voir aussi : http://www.cepal.org/dmaah/noticias/paginas/7/27987/Caso_choropampa.pdf (consulté le 2 juin 2012).

Malgré ces constats préoccupants, il est souvent difficile de prouver le lien entre les maladies présentées par les victimes, les pollutions causées par les activités des entreprises et l'utilisation de produits chimiques. Dans la recherche de ce lien de causalité, les parties et le juge recourent fréquemment à des experts.

2. Le recours aux experts

La question du recours aux experts et des effets juridiques à donner à des constatations scientifiques parfois imprécises, partielles ou douteuses se pose de manière récurrente dans ce type de différend.

La preuve du lien de causalité entre un dommage subi par un autochtone et les agissements d'une entreprise est très délicate. Afin de convaincre d'un lien entre les troubles de la santé et l'utilisation excessive de mercure et de cyanure, le déversement de déchets toxiques dans les cours d'eau, ou la pollution de l'air, les victimes peuvent faire appel à des organismes scientifiques indépendants. Le coût de tels organismes est cependant particulièrement élevé, ce qui crée un déséquilibre entre les parties puisque les entreprises ont systématiquement plus de fonds que les communautés autochtones. En outre, les entreprises savent que le montant des réparations, si le dommage est constaté et le lien de causalité établi, sera particulièrement élevé et ils tentent donc souvent de corrompre les experts pour qu'ils modifient leurs conclusions.

De leur côté, les peuples autochtones peuvent se prévaloir des travaux de nombreux instituts de recherche scientifiques et universitaires, et d'ONG spécialisées dans l'environnement, qui ne cessent de démontrer, dans des rapports scientifiques et des études d'impact, la corrélation entre l'exploitation des ressources naturelles, plus spécialement l'exploitation pétrolière, et les maladies contractées par la population locale[937]. Mais leur travail est souvent considéré comme partisan.

Dans le cadre de l'action judiciaire, indépendamment des expertises sollicitées par les parties, le juge a souvent recours à des experts pour

---

[937] INSTITUTO DE EPIDEMIOLÓGICO Y SALUD COMUNITARIA MANUEL AMUNARRIZ », *Informe Yana Curi : Impacto de la actividad petrolera en poblaciones rurales de la Amazonia ecuatoriana*, Coca, 2000, pp. 10-14. Disponible en ligne sur :
http://www.inredh.org/archivos/documentos_ambiental/yanacuri_impacto_petroleo_amazonia_ecuador.pdf (consulté le 2 juin 2011).

l'éclairer sur les conséquences des activités des entreprises d'extraction. La raison en est que, précisément, les travaux scientifiques sur des questions comme les effets de l'exploitation pétrolière sur la santé sont généralement très partisans et donc peu crédibles[938]. En ayant recours à des expertises propres, le juge est amené à analyser des données relativement complexes, et des informations techniques approfondies et diverses. Ces expertises peuvent cependant être contradictoires. Bien souvent, il n'existe aucun consensus sur la dangerosité de l'utilisation de certains produits chimiques, ou encore sur les effets à long terme sur la santé de l'exposition à la pollution de l'air et du sol. Le lien de causalité n'est donc pas évident pour les experts invités à identifier ou à prévoir des dommages sur le long terme. En revanche, différentes études ont révélé la toxicité de l'utilisation du mercure pour les exploitations aurifères. Elles confirment que le produit, s'il est présent en grande quantité dans l'eau, peut avoir des incidences sur la santé. Dans ce cas-là, le juge peut demander aux victimes de faire des analyses lui permettant de vérifier le niveau de produit dans le sang. Mais cette analyse ne sera pas nécessairement fiable car certaines personnes assimilent mieux certains produits que d'autres. Les incidences sur la santé d'un produit présent en grande quantité dans l'organisme peuvent donc beaucoup varier. La position du juge s'avère alors compliquée car son rôle consiste à établir une sorte de « vérité officielle »[939] sur la base d'un faisceau d'indices, et à déterminer la responsabilité de l'entreprise et le montant des réparations à partir de cette vérité officielle.

La décision des *Communautés autochtones contre l'entreprise Chevron-Texaco*, rendue le 14 février 2011 par le Tribunal équatorien de Sucumbíos, illustre par exemple toute la complexité du recours aux expertises.

---

[938] Ce problème est soulevé par Laura Westra pour le cas Lubicon dans les termes suivants : « Surprisingly, or perhaps as expected, it is hard to find any credible scientific literature outlining the health results of the oil wells in Alberta » in L. WESTRA, op. cit., p. 190.

[939] V. REBEYROL, *L'affirmation d'un « droit à l'environnement » et la réparation des dommages environnementaux*, Paris, Défrenois, 2010, pp. 169-170. « Le risque est dès lors grand de voir émerger une 'vérité officielle', d'autant moins convaincante qu'elle sera généralement forgée par ceux qui ont les moyens de financer la recherche, c'est-à-dire, on s'en doute, par les pollueurs plus que par les victimes. En tout état de cause, si le juge accepte de s'affranchir du discours dominant, il le fera alors avec une extrême prudence, en exigeant une preuve tangible du lien causal ou au moins un fort degré de probabilité. La victime, sur laquelle pèse la charge du lien causal, risque donc bien souvent d'être déboutée faute de justifier d'un degré de probabilité suffisamment élevé ».

Dans cette affaire, les parties ont mutuellement mis en cause la validité des rapports d'expertises[940] en faisant état de leurs contradictions. En s'appuyant sur le code de procédure civile, le juge a donc dû clarifier la place des experts et de leurs rapports dans la prise de décision du juge. Il a affirmé que « *[t]he very purpose of the expert, to assist the judge, and the expert pronouncement, as a sub-statement in the file, is that of offering greater qualities of ruling in the field of science or art with which the judge is unfamiliar, to aid the resolution and thus can be of help at the moment of sentencing, the Judge is not obliged to conform to their pronouncement against his own ruling, that is to say what an expert does or does not say does not bind the Judge's hands, as he has the powers to appreciate the evidence according to the rules of sound ruling* »[941]. Selon le juge, « *the file contains abundant information from which to make a ruling and any person could see that the evidence provided from both parties (56 judicial inspections with their respective expert reports, 6 independent experts, testimony, documents and statements), even given the apparent contradictions – and the consequent debates they have begun – have all served to better illustrate the truth in the eyes of the judge* »[942]. La défense assurée par une équipe d'avocats acharnés a sans doute provoqué l'agacement du juge qui a, à maintes reprises reproché les manœuvres dilatoires de l'entreprise (mauvaise foi dans la collaboration et non-respect des délais en particulier). Plus de 200 000 folios de preuves ont été apportés dans ce cas, 100 demandes d'inspection judiciaire ont été sollicitées et le juge a reçu 97 rapports d'expertises[943].

Selon le code de procédure civil équatorien, il revient au juge de décider si de réelles contradictions existent entre les rapports d'expertises et si un troisième expert doit être désigné par la Cour. Dans l'affaire *Chevron-Texaco*, *Chevron* alléguait que les rapports d'experts de la partie adverse contenaient des erreurs substantielles, telles que la non-utilisation de la méthodologie énoncée dans les termes de référence ainsi que le renvoi à des lois qui n'étaient plus en vigueur. Le juge a considéré que ces erreurs n'étaient pas essentielles, et constituaient seulement un moyen pour la défense de contester la validité des rapports des plaignants. Il a donc nommé

---

[940] Par exemple, un laboratoire qui a procédé à certaines analyses n'a été qu'ultérieurement accrédité par l'Organisme d'accréditation équatorien, et un des laboratoires a été accrédité par un organisme étranger. Le juge a décidé de ne pas prendre en considération le problème de l'accréditation pour refuser une expertise.

[941] Cour de justice provinciale de Sucumbíos, Maria Aguinda et autres contre l'entreprise Chevron Texaco, 2003-002, 14 février 2011, p. 38.

[942] Ibid.

[943] Ibid., p. 106.

un troisième expert en la personne de Richard Cabrera. En juillet 2006, celui-ci a procédé à l'analyse de 48 sites en vue de déterminer l'existence d'un dommage environnemental et ses causes les plus probables. Celui-ci a conclu que « *eighty percent of waste pits and one hundred percent of the production station pits needed to be remediated* »[944].

Les conséquences néfastes de l'activité pétrolière ont souvent été dénoncées en Équateur[945]. À la lumière de l'ensemble des résultats des expertises réalisées dans l'affaire *Chevron-Texaco*, le juge décrit les composantes qui sont apparues dans plus de 2 000 échantillons analysés provenant des experts de chaque partie et de ceux de la Cour. Certaines de ces composantes sont présentes à l'état naturel mais en plus petite quantité que celles retrouvées dans les échantillons (feuilles d'arbre, poissons, sols, eaux). Il s'appuie également sur les conclusions des experts sur les effets possibles sur la santé de ces composants lorsque leurs niveaux sont trop élevés. En l'espèce, les taux de mercure, de plomb et de cadmium se sont révélés élevés, et susceptibles d'affecter la santé des personnes qui s'y exposent. Toutefois, les prélèvements effectués par les deux parties différaient dans leur méthode et donc dans leurs résultats : les défendeurs ont procédé à un prélèvement sur des sites éloignés de la zone d'exploitation et leurs résultats ont largement diminué la moyenne du taux des produits toxiques, les demandeurs ont prélevé uniquement sur les sites pollués, ce qui n'est pas, pour les défendeurs, représentatif de la zone. De même, le détail

---

944 L. DHOOGE, op. cit., pp. 259-263. L'expert estima le préjudice à 16,3 milliards de dollars en avril 2008, puis à 27,3 milliards en novembre de la même année, en y incluant des réparations en raison des décès provoqués par des cancers, par la contamination des eaux souterraines, par la dépollution du sol et par l'enrichissement injuste de l'entreprise. Ces estimations ont bien évidemment été contestées par Texaco. Celle-ci a soutenu que l'expert avait outrepassé son mandat, qui l'empêchait d'examiner les décès par cancer et d'estimer l'enrichissement injuste. Chevron a, dans un enregistrement vidéo, accusé le président et le gouvernement équatorien d'influencer le juge et saisi le procureur de la République. Le juge s'est retiré de l'affaire en septembre 2009.

945 INSTITUTO DE EPIDEMIOLÓGICO Y SALUD COMUNITARIA « MANUEL AMUNARRIZ », *Informe Yana Curi : Impacto de la actividad petrolera en poblaciones rurales de la Amazonia ecuatoriana*, Coca, 2000, 63 p.
Voir aussi : C. MARTIN BERISTAIN, D. PÁEZ ROVIRA, I. FERNÁNDEZ, *Las palabras de la selva : Estudio psicosocial del impacto de las explotaciones petroleras de Texaco en las comunidades amazónicas de Ecuador*, Bilbao, Espagne, Hegoa, 2009, 231 p.
Disponible en ligne sur :
http://www.hegoa.ehu.es/articles/text/las_palabras_de_la_selva (consulté le 2 juin 2011).

des conséquences des activités de l'entreprise *Texaco* en Équateur décrit de manière significative l'ensemble des dommages causés à l'aide de témoignages[946].

Sur la pollution de l'eau, le représentant légal de *Texaco* avait lui-même reconnu, dans une déclaration publique, que 15 834 millions de galons de pétrole avaient été déversés dans les cours d'eau de 1972 à 1990, entraînant ainsi une contamination des eaux en surface. Le juge conclut que « *[t]he contamination of the licensing area reaches 7,392,000 m3, figure obtained considering we have 880 pools (proved by aerial photographs certified by the Military Geographic Institute included in the file, analyzed together with the official documents from Petroecuador provided by the parties and especially by the expert Gerardo Barros, and aggravated by the fact that the defendant has not provided the historical archives informing the number of pool, its construction criterion, use or abandonment) of 60 x 40 meters, given the possibility of leaks and spills, at least 5 meters around the pools must be repaired and the pools are 2.40 meters deep (which is a reasonable estimate, since pools are of different measures and, as we stated before, the defendant has not provided a file or historical archive informing the quantity or size of the pools)* »[947]. Enfin, le juge a également étudié des informations objectives en s'appuyant sur un ouvrage élaboré par l'Institut américain du Pétrole, intitulé *Primer of Oil and Gas Production*, afin de comprendre au mieux les principes techniques de l'activité pétrolière[948] : les déchets toxiques générés par l'activité, les émissions de gaz à effet de serre, le processus de décantation qui se déroule dans des piscines ayant pour but de séparer les composantes – sédiments, huile – par exemple, ou encore le traitement de l'eau de production. La Cour reproche à l'entreprise de ne pas avoir pris les mesures nécessaires pour empêcher certains dommages, en particulier de ne pas avoir eu la vigilance requise au regard de la dangerosité de son activité (déversement de déchets toxiques dans les cours d'eau). Des installations plus sophistiquées (des piscines imperméables par exemple) étaient disponibles sur le marché et auraient pu éviter les dommages constatés. Compte tenu de la demande des requérants, qui consiste en la décontamination du site et le traitement des résidus de déchets toxiques, le juge exige des défendeurs les mesures suivantes :

> « *(1) principal measures, focused on returning the natural resources to their basic state to the extent possible and in the*

[946] Ibid., pp. 41-107.

[947] Cour de justice provinciale de Sucumbíos, Maria Aguinda et autres contre l'entreprise Chevron Texaco, 2003-002, 14 février 2011, p. 125.

[948] Ibid., pp. 160-161.

shortest possible amount of time; (2) supplementary measures, created recognizing that the principal measures could take time or might not be completely effective; their objective is to offset the fact that the primary remediation might not obtain the full restoration of the natural resources and to compensate for the time that is passing without remediation; and (3) mitigation measures, aimed at decreasing and mitigating the effect of damage whose remediation is impossible »[949].

Si les effets sur la santé des pratiques des entreprises d'extraction pétrolière sont encore contestés, ceux qui sont causés par d'autres produits dans le cadre d'autres types d'extraction sont désormais parfaitement prouvés. Pour ce qui est du cyanure[950], du plomb ou de l'arsenic utilisés dans l'exploitation de mines à ciel ouvert, leur dangerosité n'est plus à prouver. Les entreprises tentent néanmoins d'affirmer le contraire. Par exemple, au Guatemala, l'entreprise *Montana* a expliqué que l'arsenic était présent à l'état naturel dans les sols et qu'elle ne l'utilisait à aucun moment dans le processus d'extraction. L'ONG COPAE (Commission pastorale paix et

---

[949] Ibid., p. 177.

[950] Voir : INSTITUT INTERNATIONAL DE GESTION DU CYANURE, *Code international de gestion du cyanure*, janvier 2011, 11 p. Disponible en ligne sur : http://www.cyanidecode.org/sites/default/files/frenchpdf/TheCode_FR.pdf (consulté le 21 mai 2011), spécialement p. 1 : « Le Code porte exclusivement sur la gestion en toute sécurité du cyanure produit, transporté et utilisé pour la récupération de l'or dans les résidus de la cyanuration et les solutions de lixiviation. Le Code fut élaboré initialement pour les sociétés d'extraction de l'or et de traite de la production, du transport, du stockage et de l'utilisation du cyanure et du déclassement des unités de cyanuration. Il comprend également les obligations liées aux garanties financières, à la prévention des accidents, aux secours d'urgence, à la formation, à la communication des informations, à l'implication des parties prenantes et aux procédures de vérification de la conformité. Les producteurs et les transporteurs de cyanure sont soumis aux parties du Code qui sont identifiées dans leurs protocoles de conformité respectifs ». Voir la Résolution du Parlement européen du 5 mai 2010 sur l'interdiction générale de l'utilisation des technologies à base de cyanure dans l'industrie minière de l'Union européenne. Disponible en ligne sur : http://www.europarl.europa.eu/sides/getDoc.do?pubRef=-//EP//TEXT+TA+P7-TA-2010-0145+0+DOC+XML+V0//FR (consulté le 10 juin 2012) : « considérant que le cyanure est une substance chimique extrêmement toxique utilisée dans l'industrie de l'extraction de l'or, qui a été inscrite sur la liste des principaux polluants à l'annexe VIII de la directive-cadre sur l'eau et dont les effets sur l'environnement ainsi que sur la santé humaine, et, partant, sur la diversité biologique, sont potentiellement catastrophiques et irréversibles ».

écologie) a répondu que les explosifs utilisés pour extraire la roche libéraient de l'arsenic affectant les nappes d'eau souterraines et que le lien entre l'exploitation et la présence de l'arsenic dans les sols était donc évident. Pour citer un autre exemple, la communauté Achuar a dénoncé en 2006 les compagnies pétrolières *OXY* et *Pluspetrol* qui, pendant une trentaine d'années, ont contaminé les sols de cette communauté. Des analyses ont démontré en effet que les habitants proches de la rivière avaient un haut niveau de plomb et de cadmium dans le sang[951].

Comme on le voit dans les développements précédents, prouver une atteinte au droit à la santé devant un juge national est souvent assez difficile. C'est l'une des raisons pour lesquelles, dans ce type de litige, le droit à la santé est fréquemment invoqué en combinaison avec le droit à un environnement sain.

§ 2. Le droit à un environnement sain

Le droit à un environnement sain n'est pas formellement garanti dans les instruments internationaux[952] et son statut de droit de l'Homme est incertain (A). Toutefois, certains juges nationaux reconnaissent ce droit (B).

A. Un nouveau droit de l'Homme ?

Le droit à un environnement sain prend son origine dans le principe 1 de la Déclaration de Stockholm, qui affirme que :

> « L'homme a un droit fondamental à la liberté, à l'égalité et à des conditions de vie satisfaisantes, dans un environnement dont la qualité lui permette de vivre dans la dignité et le bien-être. Il a le devoir solennel de protéger et d'améliorer l'environnement pour les générations présentes et futures. À cet égard,

[951] R. F. WUILLE M., « El Convenio 169 OIT : Derecho a la consulta y participación en el aprovechamiento de los recursos naturales », Seminario : Gobernabilidad y las Industrias Extractivas en Territorios Indígenas Fundación Canadiense para las Américas – FOCAL, février 2007, p. 9. Disponible en ligne sur :
http://www.focal.ca/pdf/indigenous_derecho%20a%20consulta_Wuille%20Figueroa_Paz%20y%20Esperanza%20Feb%202007.pdf (consulté le 18 mai 2008).

[952] J. DHOMMEAUX, « Le droit de l'Homme à un environnement sain dans les principaux instruments des Nations Unies relatifs aux droits de l'Homme », *Annuaire international des droits de l'Homme*, 2006, vol. 1, pp. 74-80.

les politiques qui encouragent ou qui perpétuent l'apartheid, la ségrégation raciale, la discrimination, les formes, coloniales et autres, d'oppression et de domination étrangères sont condamnées et doivent être éliminées ».

La construction de cette nouvelle norme se justifie par l'intérêt de protéger l'environnement, les hommes en ce qu'ils dépendent de celui-ci, et spécialement les personnes dont les conditions de vie peuvent être très rapidement altérées par la pollution de l'environnement. Dans ce cas au moins, le droit à un environnement sain apparaît comme « *an 'extension' of the right to life* »[953].

La reconnaissance d'un tel droit en droit positif serait « générateur d'obligations négatives à charge de l'État, mais également d'obligations positives »[954]. Il « sera[it] soumis à des limitations légitimes (expresses ou implicites) et devra[it], entre autres, être concilié avec les exigences d'intérêt public ou/et avec d'autres droits »[955].

Certains pays d'Amérique latine ont déjà reconnu le droit à un environnement sain dans leur constitution. C'est notamment le cas de la Colombie (article 79 de la Constitution), de l'Équateur (dont l'article 19 de la Constitution porte sur le droit de vivre dans un environnement libre de toute pollution et de contamination[956], et l'article 86 sur le rôle de l'État dans la protection du droit du peuple équatorien à vivre dans un environnement sain et « écologiquement équilibré ») et de l'Argentine (article 41 de la Constitution)[957].

---

953 J. P. KASTRUP, op. cit., p. 110.

954 J.-F. FLAUSS, « Le droit de l'Homme à un environnement sain, entre juridiction et justiciabilisation », *Annuaire international des droits de l'Homme*, 2006, vol. 1, p. 538.

955 Ibid.

956 D. SHELTON, « The Environmental Jurisprudence… », op. cit., p. 23.

957 Pour un panorama plus large, voir : M. FITZMAURICE, International Protection of the Environment, *R.C.A.D.I.*, 2001, vol. 293, p. 312 : « Over 50 constitutions now include the right to a clean environment. The formulations of a right to a clean environment are slightly different. For example, they impose the duty on a State to preserve and protect the environment (the Netherlands, Panama, Romania), or they declare the duty to be the responsibility of the State and of the citizens (Albania, Ethiopia, Sweden), or of the citizens (Algeria, Russian Federation), or declare that the individual has a substantive right to the clean environment (Burkina Faso), or provide for a combination of State and citizen duties to an individual right (Chile, Colombia, Vietnam) ».

Au plan international, certains pensent qu'il faudrait ériger ce droit en norme de *jus cogens*[958]. D'autres ont une position plus réservée sur l'émergence du droit à un environnement sain en tant que droit de l'Homme[959]. Le droit à un environnement sain apparaît *a priori* comme une combinaison de droits individuels visant à protéger le droit de l'environnement et le droit à la santé. Indirectement protégé par d'autres droits, ou le recoupant, ce droit est ainsi remis en cause comme droit autonome. Jean-François Flauss soutient ainsi que « la protection du droit à un environnement sain n'est envisagée – et d'ailleurs n'est envisageable – qu'au travers d'autres droits de l'Homme : ce droit est réputé ne pouvoir exister à titre autonome, car revêtant nécessairement un caractère second »[960]. Jean Dhommeaux affirme, d'une manière un peu différente mais largement comparable, qu'« il existe une pluralité d'autres droits inclus dans ce droit global »[961]. Dans le cadre du système européen des droits de l'Homme, un tel droit est rattaché au droit au respect de la vie privée et familiale. En effet, la Cour EDH « privilégie désormais le 'domicile' comme base juridique principale pour garantir le droit de vivre dans un environnement sain. Elle appréhende le domicile comme le 'lieu, l'espace physiquement déterminé où se développe la vie privée et familiale' »[962]. Selon l'interprétation du Comité chargé du suivi du PIDESC, ce droit est spécifiquement rattaché aux droits à la santé, à l'alimentation et à l'eau[963].

On le voit, le droit à un environnement sain se situe au croisement de plusieurs droits : droit à la santé, droit à la vie[964], et de manière plus surprenante droit au respect de la vie privée et familiale. Toutefois, l'émergence de ce nouveau droit présente plusieurs intérêts du point de vue de la protection des peuples autochtones.

Tout d'abord, le droit à un environnement sain a spécifiquement trait à l'environnement. Pour cette raison, les recours des victimes fondés sur un tel droit pourraient se multiplier. En effet, ce droit permet d'établir un lien direct entre l'individu et l'environnement, et donc entre la pollution de l'environnement et la santé de l'homme. Ce lien pourrait permettre d'alléger les exigences de preuve d'un lien entre les maladies telles que le cancer, et

---

958 L. LAMBERT, op. cit., p. 121.
959 J.-F. FLAUSS, op. cit., p. 531.
960 Ibid., p. 532.
961 J. DHOMMEAUX, op. cit., p. 71.
962 F. SUDRE, *Droit européen et international des droits de l'Homme*, Paris, PUF, 8ème édition, 2006, pp. 451-452.
963 J. DHOMMEAUX, op. cit., pp. 80-83.
964 M. FITZMAURICE, op. cit., pp. 306-309.

les effets polluants de l'usage de produits toxiques. Apporter la preuve de la pollution (déversement de déchets toxiques, piscines perméables contenant les eaux toxiques, etc.) pourrait ainsi suffire.

Ensuite, les peuples autochtones dépendent largement de leur environnement et le droit à un environnement sain comprend un aspect collectif (puisque ce n'est pas un droit simplement individuel), qui pourrait pousser à une prise de conscience collective de l'importance de l'enjeu environnemental. En pratique, les peuples autochtones sont les premiers concernés par la détérioration massive de l'environnement, mais il est clair que le problème qui les touche nous concerne tous. Ces peuples expriment d'ailleurs, dans leurs déclarations, le lien qui les unit à la nature et le respect qu'ils ont pour elle et pour toutes les générations futures.

Sur le plan interne, le droit à un environnement sain a été invoqué à de multiples reprises, et les juges nationaux ont déjà constaté sa violation dans les différends opposant les peuples autochtones à des entreprises, ou à des autorités nationales ayant concédé une exploitation.

B. Le rôle du juge dans l'interprétation du droit à un environnement sain

Jean-François Flauss estime que la justiciabilité du droit à un environnement sain a été « collectivisé[e] » et « extraterritorialisé[e] »[965]. La forme de la *class action* et l'« extraterritorialisation » visent cependant principalement l'*ATCA*, selon lequel les atteintes au droit à un environnement sain ne font pas partie du « *Law of Nations* », et ne relève donc pas de son champ d'application. Même si le droit à un environnement sain n'est pas reconnu au plan international, les juridictions nationales et régionales s'y réfèrent de plus en plus. Toutefois, il est rare qu'il constitue le principal moyen des recours. Il apparaît seulement dans quelques affaires. Dans l'affaire *Crucitas*, le tribunal s'est par exemple, appuyé sur l'article 50 de la Constitution du Costa Rica, qui fait référence au droit à un environnement sain :

> « *The State shall procure the greatest welfare of all inhabitants of the country, organizing and promoting production and the most adequate distribution of wealth.*
> *Every person has the right to a healthy and ecologically balanced environment, being therefore entitled to denounce any*

---

[965] J.-F. FLAUSS, op. cit., p. 544.

acts that may infringe said right and claim redress for the damage caused.
The State shall guarantee, defend and preserve that right. The Law shall establish the appropriate responsibilities and penalties. (As amended by Article 1°, Law No. 7412, June 3, 1994.) ».

De même, dans l'affaire *Bustamante*, le Tribunal constitutionnel péruvien a réaffirmé le droit à un environnement équilibré et adéquat et le droit à la préservation d'un environnement sain et équilibré en tant que droit fondamental[966]. Sur cette base, le juge a annulé l'autorisation d'exploiter des hydrocarbures dans une aire protégée. Il a choisi de prendre en compte ce droit et a indiqué qu'il :

> « implique que les personnes jouissent d'un environnement dans lequel les éléments se développent et interagissent de manière naturelle et harmonieuse. L'intervention de l'être humain ne suppose pas, par conséquent, une modification substantielle de cette interaction. En résumé, le droit à un environnement adéquat doit être protégé pour le développement de la personne et de sa dignité (article 1er de la Constitution). Dans le cas contraire, [...] le droit serait dépourvu de contenu »[967].

Le Tribunal péruvien a ajouté que :

> « le droit à la préservation d'un environnement sain et équilibré implique l'obligation incontournable des pouvoirs publics de maintenir les biens environnementaux dans les conditions adaptées à leur jouissance. Il est entendu qu'une telle obligation s'impose aux personnes privées, spécialement celles dont

---

[966] Tribunal Constitutionnel, recours constitutionnel de Jaime Hans Bustamante Johnson contre la décision de la Cour supérieure de justice de San Martin, exp.n°03343-2007-PA/TC, 19 février 2009.

[967] Traduction libre. Ibid. : « comporta la facultad de las personas de poder disfrutar de un medio ambiente en el que sus elementos se desarrollan e interrelacionan de manera natural y armónica. La intervención del ser humano no debe suponer, en consecuencia, una alteración sustantiva de la indicada interrelación. En suma, se debe tutelar del ambiente adecuado para el desarrollo de la persona y de su dignidad (artículo 1° de la Constitución). De lo contrario, [...] el derecho quedaría, así, carente de contenido ».

l'activité économique affecte, directement ou indirectement, l'environnement »[968].

Ces passages sont critiquables. D'une part, le juge tire une obligation pesant sur les entreprises d'une obligation qui n'existait initialement que pour l'État. D'autre part, formuler de telles obligations très générales de prévention ou de précaution (les deux termes sont confondus dans la décision) à la charge des personnes privées peut sembler discutable du point de vue de la sécurité juridique.

Dans l'affaire *Oscar Carupia Domicó et autres*, la Cour constitutionnelle colombienne est allée moins loin. Elle s'est contentée d'affirmer que « l'environnement sain et équilibré est absolument nécessaire à de nombreux producteurs agro-alimentaires dont l'activité se déploie actuellement dans une région reconnue mondialement pour sa pureté et sa durabilité qui ne peut être menacée par des projets miniers qui continuent d'échapper au contrôle de la loi »[969].

Dans ces affaires, on voit aisément que la violation du droit à un environnement sain peut difficilement être prouvée sans que ce soit également une atteinte au droit à la santé ou à l'environnement. Les dommages causés à l'environnement et à la santé par les activités des industries extractives restent les mêmes. Par exemple, les pollutions de l'activité de l'industrie minière dans les zones arides et semi-arides se

[968] Ibid. : « el derecho a la preservación de un ambiente sano y equilibrado entraña obligaciones ineludibles para los poderes públicos de mantener los bienes ambientales en las condiciones adecuadas para su disfrute. Evidentemente, tal obligación alcanza también a los particulares, particularmente a aquellos cuya actividad económica incide, directa o indirectamente, en el ambiente ».

[969] Traduction libre. Cour constitutionnelle, Sala Quinta de Revisión, Oscar Carupia Domicó et autres représentant des réserves Chidima-Tolo y Pescadito de l'ethnie Embera-Katío contre les Ministère du transport, de l'environnement, du logement et du développement territorial, de l'intérieur, de la justice, des mines et de l'énergie, de l'agriculture, de la défense, du département national de planification, des maires de Unguía et Acandí, de la société autonome régional du Chocó (Codechocó), l'armée nationale, la brigade XVII et de l'agence logistique des forces militaires, T-129/11, 3 mars 2011. Disponible en ligne sur : http://www.corteconstitucional.gov.co/relatoria/2011/t-129-11.htm#_Toc286831872 (consulté le 20 août 2011) : « la condición de Ambiente Sano y Equilibrado es absolutamente necesaria para numerosos emprendimientos productivos agro-alimentarios que actualmente se llevan a cabo en una Región reconocida mundialmente por su pureza, y que la sustentabilidad de los mismos se vería gravemente amenazada en caso de que Proyectos Mineros tengan continuidad, fuera del control de la Ley ».

répercutent sur l'environnement, et entraînent la dégradation de la qualité de l'air, des sols, la destruction et la modification des paysages (compactage physique du sol à cause du passage régulier de véhicules, construction de routes, installation de puits de forage, excavations, etc.), du milieu biologique (faune et flore), de même qu'elles influent sur la santé des populations locales qui respirent les émissions de poussière et de particules de gaz de combustion[970]. Cet entremêlement des effets sur la santé et sur l'environnement peut être illustré par un exemple. On peut prendre celui du Pérou, où les Shipibos Konibos de la communauté de Canaan de Cachiyacu ont déposé une plainte en 2010 auprès de l'ombudsman de la Banque mondiale, au motif que l'activité de l'entreprise *Maple Gas* au Pérou avait des conséquences néfastes sur l'environnement et sur la santé des habitants. En l'espèce, ces conséquences étaient la disparition progressive de poissons dans les rivières, la mort d'animaux domestiques, la baisse de la production des cultures et une contamination de l'eau provoquant des problèmes digestifs et épidermiques[971]. Nous pouvons nous interroger, dans ce cas comme dans d'autres, sur ce qui relève d'une atteinte au droit à la santé, à l'environnement ou au droit à un environnement sain. C'est la raison pour laquelle ces droits sont souvent invoqués ensemble, et pour laquelle il dépend du juge d'axer sa décision sur un droit ou un autre, selon les circonstances ou les droits invoqués.

Il pourra aussi se fonder sur ces droits en les combinant avec des droits culturels. Le lien qu'il est possible d'établir entre ces droits a par exemple été rappelé par la Cour constitutionnelle équatorienne dans sa résolution n°1457 du 18 août 2009 citée dans la decision *Chevron-Texaco*. Selon la Cour, « *the collective environmental rights are those rights shared by the community to enjoy a healthy and pollution-free environment and involves aesthetic, scenic, recreational, cultural, physical and mental integrity and in general, quality of life* »[972].

---

970 UICN, *Industries extractives dans les zones arides et semi-arides…*, op. cit., pp. 33-49.

971 N. WEEMAELS, *Fact Finding Mission Report : Oil impacts in the Territory of Native Community Canaan de Cachiyacu*, Peru, EarthRights International, juin 2005, 14 p. Disponible en ligne sur : http://www.resourcegovernance.org/sites/default/files/Earth%20Rights-Oil%20Impacts.pdf (consulté le 22 février 2011).

972 Cour de justice provinciale de Sucumbíos, Maria Aguinda et autres contre l'entreprise Chevron Texaco, 2003-002, 14 février 2011, p. 95.

§ 3. Les droits culturels

Les droits culturels sont fondamentalement liés à l'identité de leurs titulaires. Selon Patrice Meyer-Bisch, « [l]es droits culturels désignent les droits, libertés et responsabilités pour une personne, seule ou en commun, avec et pour autrui, de choisir et d'exprimer son identité ; cela implique les capacités d'accéder aux références culturelles, comme à autant de ressources qui sont nécessaires à son processus d'identification »[973]. L'auteur explique que « [s]i le culturel est fondamental, c'est parce qu'il se situe au niveau des capacités. L'estime de la dignité se retrouve dans *la reconnaissance de l'identité* (plus exactement, de l'acte d'identification) qui constitue l'intégrité de la personne, sa subjectivité, y compris dans sa capacité de se lier et de se délier ; c'est l'objet de chacun de ses droits culturels »[974]. Dans le même sens, une récente résolution du Conseil des droits de l'Homme souligne que « le respect des droits culturels est essentiel pour le développement, la paix et l'élimination de la pauvreté, ainsi que le renforcement de la cohésion sociale et la promotion du respect mutuel, de la tolérance et de la compréhension entre les individus et les groupes, dans toute leur diversité »[975]. La reconnaissance de leur identité étant l'une des principales revendications des peuples autochtones, on ne sera pas surpris que les droits culturels leur soient applicables (A), même si plusieurs obstacles s'opposent à leur mise en œuvre (B).

A. L'applicabilité des droits culturels aux peuples autochtones

Une multitude d'instruments internationaux consacrés aux droits culturels paraissent applicables aux peuples autochtones (1). L'interprétation de ces droits par les juges nationaux le confirme, et permet de dégager leur portée (2).

1. La multiplication d'instruments internationaux sur les droits culturels

Les droits culturels sont particulièrement importants pour les peuples autochtones qui construisent leur identité autour de leur culture, de leur

[973] P. MEYER-BISCH, « Analyse des droits culturels », *Droits fondamentaux*, janvier 2008 – décembre 2009, n° 7, p. 6.
[974] Ibid., p. 8.
[975] Résolution 1715 adoptée le 14 juillet 2011 par le Conseil des droits de l'Homme des Nations Unies, sur la « Promotion de la jouissance effective des droits culturels pour tous et [le] respect de la diversité culturelle », A/HRC/RES/17/15, par. 7.

langue et de leurs rites. Il existe un lien particulièrement important entre ces droits et l'identité des groupes autochtones[976]. L'expression de cette culture est un moyen de transmission aux générations futures.

C'est essentiellement à travers la notion de diversité culturelle et le travail de l'UNESCO[977], que les droits culturels des peuples autochtones font l'objet d'une protection au plan international. Le travail de l'UNESCO a permis de consacrer, dans un premier temps, une déclaration sur la diversité culturelle et dans un second temps, l'adoption d'une convention ratifiée aujourd'hui par 122 États[978]. La Déclaration universelle de l'UNESCO sur la diversité culturelle, adoptée le 2 novembre 2001, fait référence aux savoirs des peuples autochtones pour préserver et sauvegarder la diversité, et consacre la diversité culturelle comme étant l'« héritage commun de l'humanité ». Les peuples autochtones sont visés à plusieurs reprises dans ce document, notamment à l'article 4 qui dispose que :

> « [l]a défense de la diversité culturelle est un impératif éthique, inséparable du respect de la dignité de la personne humaine. Elle implique l'engagement de respecter les droits de l'Homme et les libertés fondamentales, en particulier les droits des personnes appartenant à des minorités et ceux des peuples autochtones. […]
>
> Il est également rappelé dans ce texte qu'il est indispensable de « respecter et protéger le[ur]s savoirs traditionnels […] particulièrement en matière de protection de l'environnement et de gestion des ressources naturelles »[979].

Quant à la Convention sur la protection et la promotion de la diversité des expressions culturelles, entrée en vigueur le 18 mars 2007, elle « vise à créer un environnement favorable dans lequel la diversité des expressions culturelles puisse s'affirmer et se renouveler dans l'intérêt de toutes les sociétés ». Dans son préambule, elle fait référence, à l'instar de la

---

976 E. JOUANNET, *Qu'est-ce qu'une société internationale juste?*, op. cit., p. 183.

977 Pour plus d'informations sur le travail effectué par l'UNESCO, voir : J. D. OLIVA MARTINEZ, « Acerca de la proteccion de la diversidad cultural y los derechos de los pueblos indígenas en el derecho internacional », *R.Q.D.I.*, n°21.1, 2010, pp. 280-302.

978 En date du 13 juin 2012.

979 Article 14 de la Déclaration universelle sur la diversité culturelle. Disponible en ligne sur : http://unesdoc.unesco.org/images/0012/001271/127160m.pdf (consulté le 13 octobre 2010).

Déclaration, à « l'importance des savoirs traditionnels en tant que source de richesse immatérielle et matérielle, et en particulier des systèmes de connaissance des peuples autochtones, et [à] leur contribution positive au développement durable, ainsi que la nécessité d'assurer leur protection et promotion de façon adéquate ». Les droits culturels contenus dans la Convention de l'UNESCO sur la diversité culturelle sont notamment le droit à la formation, le droit à la participation de la vie culturelle, le droit à l'expression culturelle et le droit à la rémunération des créations culturelles ayant une valeur économique[980].

L'article 2 alinéa 3 précise que « [l]a protection et la promotion de la diversité des expressions culturelles impliquent la reconnaissance de l'égale dignité et du respect de toutes les cultures, y compris celles des personnes appartenant aux minorités et celles des peuples autochtones », tandis que l'article 3 rappelle la nécessaire égalité entre les cultures et notamment celles des peuples autochtones. Cette convention incite aussi les États parties à encourager la promotion, la création et la diffusion des expressions culturelles des peuples autochtones. À cette fin, l'UNESCO développe des partenariats avec les peuples autochtones (représentant 350 millions d'individus dans plus de 70 pays du monde) pour promouvoir et protéger la diversité culturelle de ces peuples qui « occupent une place importante dans le paysage culturel mondial »[981]. L'UNESCO, dans le cadre des missions qui lui sont confiées et dans sa stratégie, « mentionne les peuples autochtones parmi les segments les plus vulnérables de la société dont les besoins doivent être traités en priorité et s'engage à renforcer la prise de conscience de l'importante contribution culturelle des peuples autochtones au développement durable ». En outre, les peuples autochtones « ont souvent connu l'oppression ou des tentatives d'assimilation à la culture dominante, ce qui justifie une vigilance accrue des parties contractantes à leur égard »[982]. « La convention de l'UNESCO reconnaît le caractère interactif du phénomène culturel, mais n'attribue pas de droits collectifs ou de droits conditionnés par l'appartenance à un groupe social. Elle enrichit la perspective des traités des

---

980 D'après T. SCOVAZZI, « La notion de patrimoine culturel de l'humanité dans les instruments internationaux », in J. A. R. NAFZIGER et T. SCOVAZZI, *Le patrimoine culturel de l'humanité*, Leiden, Martinus Nijhoff Publishers, 2008, pp. 10-11.

981 Voir le texte de la Convention sur le site : http://portal.unesco.org/culture/fr/ev.php-URL_ID=35393&URL_DO=DO_TOPIC&URL_SECTION=201.html

982 A. KOLLIOPOULOS, « La convention de l'UNESCO sur la protection et la promotion de la diversité des expressions culturelles », *A.F.D.I.*, 2005, vol. 51, p. 496.

droits de l'Homme en ce qui concerne les droits culturels, mais elle ne peut, à l'inverse, être invoquée pour porter atteinte aux droits de l'Homme »[983].

La Conférence générale de l'UNESCO, réunie en octobre 2003 en sa 32ème session, a adopté une autre convention, la Convention pour la sauvegarde du patrimoine culturel et immatériel. En son sein, les États parties s'engagent à sauvegarder, respecter et faire respecter la diversité culturelle, ainsi que sensibiliser à son importance aux niveaux local, national et international.

Le patrimoine culturel et immatériel est défini à l'article 2, comme :

> « les pratiques, représentations, expressions, connaissances et savoir-faire – ainsi que les instruments, objets, artefacts et espaces culturels qui leur sont associés – que les communautés, les groupes et, le cas échéant, les individus reconnaissent comme faisant partie de leur patrimoine culturel. Ce patrimoine culturel immatériel, transmis de génération en génération, est recréé en permanence par les communautés et groupes en fonction de leur milieu, de leur interaction avec la nature et de leur histoire, et leur procure un sentiment d'identité et de continuité, contribuant ainsi à promouvoir le respect de la diversité culturelle et la créativité humaine ».

En 2006, le Directeur général de l'UNESCO, Koïchiro Matsuura a affirmé, lors de la Journée internationale des populations autochtones, que les cultures autochtones sont un apport considérable à la richesse de la diversité culturelle constituante du patrimoine commun de l'humanité[984]. « Afin de préserver et de sauvegarder le patrimoine culturel, il est indispensable de considérer l'accès au patrimoine culturel et la jouissance de ce patrimoine comme un droit fondamental. Une telle démarche, au-delà du simple fait de préserver ou de sauvegarder un objet ou une pratique, oblige à tenir compte des droits des personnes et des communautés en rapport avec cet objet ou cette pratique et, en particulier, d'établir un lien entre le

---

983 Ibid., p. 495.

984 Voir le message de Koïchiro Matsuura sur le site internet de l'Unesco : http://portal.unesco.org/culture/fr/ev.php-URL_ID=36861&URL_DO=DO_TOPIC&URL_SECTION=201.html (consulté le 18 janvier 2011) : « En effet, les cultures autochtones sont un atout pour les générations futures et une source potentielle de régénération. En soulignant la force des liens qui unissent culture et nature, tradition et modernité, elles offrent une vision du monde inclusive et véritablement globale ».

patrimoine culturel et sa source de production »[985]. On voit par là que la protection de la diversité culturelle implique celle des peuples autochtones, de sorte que les textes protégeant cette diversité peuvent être inutilement invoqués par les autochtones dans leurs différends avec les entreprises exploitantes.

Les droits culturels énoncés dans les différents instruments internationaux sont interprétés par les juges nationaux afin de protéger les peuples autochtones et leurs spécificités. Ces droits appaissent comme un ensemble de droits très différents définis dans plusieurs instruments internationaux : Déclaration universelle des droits de l'Homme (article 27), Pacte internationale des droits civils et politiques (article 27), Pacte international des droits économiques, sociaux et culturels (article 15), Déclaration des Nations Unies sur les droits des peuples autochtones (préambule et articles 3, 5, 8, 11, 12, 14, 15, 16, 31).

2. *Une adaptation des droits culturels par les juges nationaux*

Dans les décisions de juridictions internes, plusieurs termes sont utilisés de manière indifférenciée : identité culturelle, diversité culturelle, intégrité culturelle et religieuse, patrimoine culturel, mode de vie traditionnel, etc. Cette indétermination terminologique s'explique par le fait que les juges nationaux « adaptent » les droits culturels pour les appliquer à la situationa autochtone. Mais elle tient aussi à l'indétermination de ce qu'englobe le mot culture lui-même, ainsi qu'à une certaine confusion entre les mots « patrimoine », « héritage », « identité », « intégrité » etc. auxquels l'adjectif « culturel » est accolé afin de justifier une protection différenciée des peuples autochtones.

Globalement, on reconnaît que « le droit à la culture englobe en réalité tous les droits qui permettent à chacun d'accéder aux ressources nécessaires à son processus d'identification, les droits qui lui permettent de donner et de recevoir. Dit en raccourci : les droits à l'identité »[986]. Appliqués aux peuples autochtones, les droits culturels visent donc tout ce qui permet aux peuples autochtones de « jouir de leur propre culture ». « 'Jouir de leur propre culture' signifie que la minorité a le droit de protéger et promouvoir ce qui la

---

[985] Rapport de l'experte indépendante dans le domaine des droits culturels, Mme Farida Shaheed au Conseil des droits de l'Homme, 21 mars 2011, A/HRC/17/38, par. 3.

[986] P. MEYER-BISCH, « Analyse des droits culturels », op. cit., p. 5.

distingue du groupe majoritaire ou des autres minorités en ce qui concerne tous les aspects possibles de sa culture, tels que la littérature, la musique, l'artisanat, l'architecture, les modes de la vie pratique, les traditions folkloriques, les mœurs, etc. »[987]. Mais cette protection vise aussi la jouissance, par un groupe, de leurs terres et leurs ressources naturelles. C'est notamment ce qu'a affirmé le Comité des droits de l'Homme chargé du suivi de l'application du Pacte international des droits civils et politiques dans l'examen des observations du Mexique. Il a en effet estimé que, malgré la reconnaissance constitutionnelle de la composition pluriculturelle du Mexique, les droits des peuples autochtones étaient souvent violés. Il a invité le Mexique à prendre les mesures nécessaires pour respecter les coutumes, les cultures et les formes de vie traditionnelle « en leur permettant de jouir de leurs terres et de leurs ressources naturelles »[988].

Ce lien entre jouissance de la terre et des ressources, et exercice des droits culturels est également confirmé par la décision argentine récente, rendue dans l'affaire *Entreprise Petrolera Piedra del Aguila S.A. contre Curruhuinca Victorino et autres.* Dans celle-ci, en se fondant sur la Convention n°169 de l'OIT (transposée en droit argentin par la loi n°24071 qui protège le droit à l'identité culturelle et le droit à la participation), le juge Tommasi estime que la méconnaissance des dispositions constitutionnelles et des instruments internationaux par le gouvernement provincial constituent des discriminations à l'égard des peuples autochtones. Un témoin précise que « la communauté occupe le territoire qu'elle revendique, développe des activités culturelles comme les cérémonies religieuses, la médecine mapuche, le palin qui est un jeu mapuche. Ses membres ont des maisons, vivent de leurs animaux, et tout ce que développe la Communauté est en relation avec l'espace qu'occupent ses membres qui ont une relation

---

987 Y. BEN ACHOUR, op. cit., p. 426.

988 Observations finales du Comité des droits de l'Homme sur le Mexique, par. 19. « Pese al reconocimiento que la Constitución hace en su artículo 4 de la composición pluricultural de la nación mexicana, sustentada originalmente en sus pueblos indígenas y la voluntad del Estado Parte de dirimir la cuestión de la autodeterminación de las comunidades indígenas, el artículo 27 de la Constitución parece proteger únicamente ciertas categorías de derechos respecto de las tierras indígenas y continúa dejando expuestas a las poblaciones indígenas a amplias violaciones de derechos humanos. El Estado Parte debería tomar las medidas necesarias para garantizar a las comunidades indígenas el respeto a los derechos y libertades que les corresponde individualmente y como grupo, erradicar los abusos a que se les somete, respetar sus costumbres y cultura, así como sus formas tradicionales de vida permitiéndoles el disfrute de sus tierras y recursos naturales ».

culturelle avec chaque élément qui se situe dans cet espace territorial »[989]. Selon le président de la Confédération Mapuche, Jorge Nahuel, cette décision constitue un précédent important du point de vue de la protection des cultures autochtones en Amérique latine.

La décision *Défenseur du peuple représentant le groupe ethnique U'wa*, rendue par la Cour constitutionnelle colombienne, fait encore plus nettement le lien entre usage des ressources naturelles et exercice des droits culturels. Selon cette dernière, l'exploitation des ressources naturelles doit être compatible avec l'intégrité physique et culturelle de la communauté autochtone[990]. La Cour insiste sur le fait que la décision de l'autorité doit être « dépourvue d'arbitrariété et d'autoritarisme [et] doit être objective, raisonnable, et proportionnelle avec la finalité constitutionnelle [qui est] la protection de l'identité sociale, *culturelle* et économique de la communauté autochtone »[991]. Elle se réfère également à la diversité ethnique et culturelle qu'elle définit comme « la diversité au regard de la race, la culture, c'est-à-dire la non-adéquation entre d'un côté l'origine, la couleur de peau, la langue, le mode de vie, les traditions, les coutumes, les connaissances et représentations, et d'un autre côté les caractères de la majorité des Colombiens. Cette diversité est reconnue dans la Constitution de 1991 lorsqu'est déclarée la structure pluraliste de l'État colombien, qui admet et qui protège 'la diversité ethnique et culturelle de sa population' et 'les richesses culturelles et naturelles de la nation' »[992]. La Cour constitutionnelle

---

989 Traduction libre. Tribunal civil n°2 de Cutral (en lo civil y comercial), recours d'amparo, Petrolera Piedra del Aguila SA contre Curruhuinca Victorino et autres, 16 février 2011.

990 Cour constitutionelle, Sala octava de Revisión, Pueblo Indígena Motilón Barí contra el Ministerio del Interior y de Justicia y otros, T-880/06, 26 octobre 2006, point 3.2. Disponible en ligne sur : http://www.corteconstitucional.gov.co/relatoria/2006/T-880-06.htm (consulté le 30 mai 2012).

991 Traduction libre. Les italiques sont ajoutés. Cour constitutionnelle, Sala Plena, Defensor del Pueblo, doctor Jaime Córdoba Triviño, en representación de varias personas integrantes del Grupo Etnico Indígena U'WA, contra el Ministerio del Medio Ambiente y la empresa Occidental de Colombia, Inc., SU-039/97, 21 février 1997. Disponible en ligne sur : http://www.corteconstitucional.gov.co/relatoria/1997/SU039-97.htm (consulté le 2 avril 2011).

992 Traduction libre. Ibid., point 3.1 : « La diversidad en cuanto a la raza y a la cultura, es decir, la no coincidencia en el origen, color de piel, lenguaje, modo de vida, tradiciones, costumbres, conocimientos y concepciones, con los caracteres de la mayoría de los colombianos, es reconocida en la Constitución de 1991, al declarar la estructura pluralista del Estado Colombiano, reconocer y proteger 'la diversidad

va même plus loin en affirmant qu'il est possible de considérer les peuples autochtones comme patrimoine naturel et culturel de la Nation[993], « [d]e telle manière que la population autochtone et son environnement naturel constituent un système ou univers qui mérite la protection intégrale de l'État[994] ».

Certaines décisions nationales soulignent également le fait que le plein exercice des droits culturels implique la participation des peuples autochtones aux décisions susceptibles d'affecter leur culture et leur mode de vie. Le Tribunal constitutionnel péruvien reconnaît par exemple le droit à l'identité ethnique qu'il définit comme « une sous-catégorie du droit à l'identité culturelle [qui] consiste en la faculté de toute personne appartenant à un groupe ethnique déterminé d'être respectée dans ses coutumes et les traditions propres à l'ethnie à laquelle elle appartient »[995]. Or, au nom de la diversité (affirmée dans la constitution), le tribunal estime que des mesures constitutionnelles spécifiques doivent être prises pour protéger les minorités ethniques[996]. Le contenu de l'identité ethnique est détaillé dans une résolution à laquelle le juge se réfère, qui précise que c'est :

étnica y cultural de su población' y las 'riquezas culturales y naturales de la nación' ».

993 Ibid. : « Es más, no sería aventurado afirmar que el reconocimiento de la diversidad étnica y cultural de la población indígena guarda armonía con los diferentes preceptos de la Constitución Nacional relativos a la conservación, preservación y restauración del ambiente y de los recursos naturales que la conforman, si se considera que las comunidades indígenas constituyen igualmente un recurso natural humano que se estima parte integral del ambiente, más aún cuando normalmente la población indígena habitualmente ocupa territorios con ecosistemas de excepcionales características y valores ecológicos que deben conservarse como parte integrante que son del patrimonio natural y cultural de la Nación. De esta manera, la población indígena y el entorno natural se constituyen en un sistema o universo merecedor de la protección integral del Estado ».

994 Traduction libre. Ibid., point 3.1.

995 Traduction libre. Tribunal Constitutionnel, recours constitutionnel de Jaime Hans Bustamante Johnson contre la décision de la Cour supérieure de justice de San Martin, exp. n°03343-2007-PA/TC, 19 février 2009 : « el derecho a la identidad étnica es una especie del derecho a la identidad cultural (sentencia del Expediente 0006-2008-PI/TC, fundamento 21). Aquel consiste en la facultad que tiene la persona que pertenece a un grupo étnico determinado de ser respetada en las costumbres y tradiciones propias de la etnia a la cual pertenece, evitándose con ello que desaparezca la singularidad de tal grupo ».

996 Ibid. : « Del el artículo 2, inciso 2, de la Constitución, se infiere un reconocimiento de la tolerancia a la diversidad como valor inherente al texto

« 'un ensemble de valeurs, de croyances, d'institutions, de styles de vie qui permettent d'identifier un Peuple autochtone, une Communauté paysanne ou une Communauté native' et qu'un tel droit comprend 'a. Le droit de décider de son propre développement. b. Le respect de ses formes d'organisation. c. Le droit à être entendu et consulté préalablement à toute action ou mesure adoptée susceptible de nous affecter. d. Le droit de participer à la formulation, la conception, l'exécution, le suivi et l'évaluation de plans, programmes et projets de développement nationaux, régionaux ou locaux. e. Le droit de ne pas être discriminé pour des motifs de nature ethnico-culturelle. f. Le droit de s'exprimer dans sa langue. g. Le respect de son appartenance à un groupe ethnique déterminé. h. Le respect de ses modes de vie. i. Le respect de ses coutumes et traditions, et cosmovision. Le droit à la reconnaissance, à la mise en valeur, et au respect de ses connaissances traditionnelles et pratiques ancestrales. j. Le respect de ses biens, travail et environnement dans lequel on vit. k. Le droit à la reconnaissance et à la mise en valeur des activités économiques qui sont importantes pour le maintien de sa culture. l. Le respect des terres que la communauté se partage. m. Le respect de ses modes de vie traditionnels de résolution de conflits, dans la limite du respect des droits de l'Homme énoncés dans les instruments juridiques internationaux. n. Le droit à ce qu'on respect sa condition d'isolement volontaire »[997].

---

constitucional, lo que debe comprenderse, a su vez, como una aspiración de la sociedad peruana. En tal sentido, los individuos no pueden ser arbitrariamente diferenciados perjudicándoseles por motivos basados, entre otros, por su opinión, religión o idioma. Así, toda fuerza homogeneizadora que no respete o que amenace las singularidades de las personas identificables bajo algún criterio de relevancia constitucional debe ser erradicada. Esto es, reconocer a la unidad dentro de la diversidad y a la igualdad como un derecho a la diferencia. Si bien este tipo de cláusulas proponen una tutela adecuada al individuo, lo específico y complejo de la protección de los grupos minoritarios ha significado que se planteen medidas constitucionales específicas para la defensa de las minorías étnicas ».

[997] Traduction libre. Ibid. : « A propósito de lo expuesto, es interesante tomar en cuenta la Resolución Ministerial N.° 159-2000-PROMUDEH, que enumera una serie de manifestaciones de tal derecho. Así, se reconoce que el derecho a la identidad étnica es : 'el conjunto de valores, creencias, instituciones y estilos de vida que identifican a un Pueblo Indígena, Comunidad Campesina o Comunidad Nativa' y que tal derecho comprende : 'a. El derecho a decidir sobre su propio desarrollo. b. El respeto a sus formas de organización. c. El derecho a ser escuchados y

Cette décision fournit une liste complète des droits culturels des peuples autochtones, et donne donc une vision globale du droit à l'identité ethnique, qui s'ajoute aux droits traditionnels en intégrant d'autres droits importants propres aux peuples autochtones tels que la consultation et la participation.

B. Les difficultés de la mise en œuvre des droits culturels des peuples autochtones

L'équilibre recherché par le juge dans ses décisions a pour effet de réparer les injustices subies par les peuples autochtones, en affirmant leur droit à la différence (1), et en ôtant tout paternalisme à la prise en compte de leur spécificité (2).

1. La protection de la différence des peuples autochtones

La protection des droits culturels relève d'un exercice pour le moins délicat. Il implique de prendre en compte des éléments distinctifs d'un peuple, et de reconnaître l'importance de cette diversité/différence (qui implique la nécessité de prendre des mesures pour les conserver, les promouvoir) tout en les replaçant et en les appréciant au regard du cadre universel des droits de l'Homme. Un équilibre doit également être trouvé entre les spécificités de ces groupes et l'unité de l'État[998].

Malgré ces difficultés, rappeler la différence ou plutôt le droit d'être différent est indispensable à la protection des droits culturels, car c'est cette

---

consultados en forma previa a toda acción o medida que se adopte y que pueda afectarles. d. El derecho a participar en la formulación, diseño, ejecución, monitoreo y evaluación de los planes, programas y proyectos de desarrollo nacional, regional o local que pueda afectarles. e. El derecho a no ser discriminados por razones de índole étnico-cultural. f. El derecho a expresarse en su propia lengua. g. El respeto a su pertenencia a un determinado grupo étnico. h. El respeto a sus estilos de vida. i. El respeto a sus costumbres y tradiciones, y cosmovisión. El derecho al reconocimiento, revaloración y respeto de sus conocimientos tradicionales y prácticas ancestrales. j. El respeto a sus bienes, trabajo y ambiente en que viven. k. El derecho a que se reconozcan y valoren las actividades económicas que son relevantes para el mantenimiento de su cultura. l. El respeto a las tierras que comparten en comunidad. m. El respeto a sus formas tradicionales de resolución de conflictos, siempre que no vulneren los derechos humanos enunciados por los instrumentos jurídicos internacionales. n. El derecho a que se respete su condición de aislamiento voluntario ».

[998] B. ROMERO VASQUEZ, « La autonomía de los pueblos indígenas y los derechos humanos, desde la óptica de un derecho alternativo », *Alegatos*, 1999, n°41, p. 141.

différence qui constitue l'identité des titulaires de ces droits. La défense de ces droits participe même d'une certaine manière à la construction de leur identité : l'identité culturelle « est partiellement formée par la reconnaissance ou par son absence, ou encore par la mauvaise perception qu'en ont les autres : une personne ou un groupe de personnes peuvent subir un dommage ou une déformation réelle si les gens de la société qui les entourent leur renvoient une image limitée, avilissante ou méprisable d'eux-mêmes. [...] La reconnaissance n'est pas simplement une politesse que l'on fait aux gens : c'est un besoin humain vital »[999].

D'un point de vue juridique, la reconnaissance d'une culture propre à un groupe peut passer par la reconnaissance de sa qualité de sujet de droit, et notamment de sa capacité à ester en justice. Dans l'affaire *Défenseur du peuple représentant le groupe ethnique U'wa,* la Cour constitutionnelle colombienne reconnaît que l'Organisation des Peuples autochtones d'Amazonie colombienne (OPIAC) a la personnalité juridique lui permettant d'exercer un recours de *tutela*. En introduction, la juridiction annonce que la communauté autochtone est sujet de droit en tant que communauté et interprète l'article de la Constitution sur la reconnaissance de la diversité ethnique et culturelle de la Nation. Elle s'exprime dans ce sens pour justifier sa compétence sur le cas qui lui est soumis sur la base de la personnalité juridique de la communauté. À ce titre, dans *Entreprise Petrolera Piedra del Aguila S.A. contre Curruhuinca Victorino et autres*, la communauté Wentru Trawel Leufu a demandé en 2004 la reconnaissance de sa personnalité juridique au gouvernement, qu'elle a obtenue par la résolution n°154.

La protection des droits culturels peut passer par la reconnaissance du caractère plurinational de l'État, c'est-à-dire admettre l'existence d'histoires et de cultures variées au sein de la population et de l'État. Cette reconnaissance de la multiculturalité ou de la pluriculturalité peut être comprise comme une revanche de ces peuples, sur la discrimination subie par eux, lorsque leur culture était considérée comme inférieure[1000], et cette

---

999 C. TAYLOR, *Multiculturalisme. Différence et démocratie*, Paris, Aubier, 1994, pp. 41-42.

1000 Il faut cependant préciser qu'il existe une distinction entre l'État multinational de tradition européenne et la nation multiculturelle issue du modèle nord-américain, et dont la population est issue de l'immigration (donc initialement sans attache au territoire d'émigration). En effet, certaines populations souhaitent être reconnues comme étant des nations avec une histoire et une culture propres, tandis que d'autres mettent l'accent sur leur reconnaissance sur un plan politique.

infériorité considérée comme la raison de leur différence[1001]. Dans le cas des peuples autochtones, cela signifie que « *respect for indigenous peoples presupposes respect for their culture. Kymlicka puts forward two specific kinds of respect for individuals : respect for them as members of a distinct community, in which case society must recognise the legitimacy of claims made by them for the protection of the culture; and respect for them as citizens of the common political community, in which case society should recognise the importance of being able to claim rights of equal citizenship* »[1002].

La protection de la diversité culturelle prend tout son sens dans un contexte marqué par la peur de l'homogénéisation de la culture[1003]. « [La libéralisation grandissante des échanges], véhiculée par le phénomène de la mondialisation, a accru les contacts entre les peuples et généré de ce fait de nouvelles opportunités d'interaction entre les cultures. Mais elle est en même temps porteuse de risques pour la préservation de la diversité des identités culturelles, car elle peut être la source d'une homogénéité culturelle animée par une culture de masse dans sa version marchande et dominée par les géants mondiaux de l'industrie culturelle »[1004].

C'est pourquoi, il est dangereux de faire preuve d'indifférence à l'égard des peuples autochtones qui ont subi des politiques d'assimilation et qui tentent aujourd'hui de valoriser leurs différences. Et la reconnaissance de ces différences peut aller jusqu'à celle de leur droit à décider de leur avenir.

2. *Entre conservation et paternalisme*

Les juges doivent protéger les cultures autochtones sans pour autant les figer ou effacer leur diversité et leurs éventuelles évolutions. Réaliser cet équilibre permet seul d'éviter une politique paternaliste.

1001 S. BASTOS, « De la nación-Estado a la nación multicultural. Una reflexión histórica critica », Trayectorias Revista de Ciencias Sociales, 2000-2001 n°4-5, p. 114. Voir H. DIAZ-POLANCO, « Autonomía, territorialidad y comunidad indígena. Perspectivas del Estado multiétnico en México » in P. GONZALEZ CASANOVA, M. ROITMAN ROSENMANN (coord.), op. cit., p. 150 : « Puede plantearse que es la vía que mejores perspectivas ofrece a la etnias indígenas para su permanencia y florecimiento. Si la comunidad es el núcleo actual de la etnicidad india, las amenazas contra la primera ponen en peligro a la segunda ».

1002 A. XANTHAKI, *Indigenous Rights…*, op. cit., p. 14.

1003 E. JOUANNET, *Qu'est-ce qu'une société internationale juste?*, op. cit., p. 185-186.

1004 A. KOLLIOPOULOS, op. cit., p. 487.

Il y a un cas intéressant, à cet égard, où l'action en justice a été initiée par des personnes extérieures aux peuples autochtones concernés, et sans être habilitées par eux. Il s'agit de l'affaire *Communauté Nukak-Maku c. Association des nouvelles tribus colombiennes*. Dans cette affaire, un recours d'*amparo* a été exercé par deux personnes, Ariel Uribe Orozco et Jorge Alberto Restrepo González, qui prétendaient représenter les intérêts de la communauté Nukak-Maku, mais qui n'en faisaient pas partie. Cette communauté autochtone est un sous-groupe du peuple Maku. Ce peuple est composé de chasseurs-cueilleurs qui vivent dans la forêt amazonienne colombienne entre les rivières Guaviare et Inirida. Nomades, les membres de la communauté se déplacent par groupe de 6 à 30 individus. Découvert très récemment, en 1988, le peuple Maku a été contraint de quitter ses terres par les Forces armées révolutionnaires colombiennes (FARC). Ils ne comptent actuellement qu'environ 500 membres, dont une partie vit dans un campement d'Aguabonita près de San José del Guaviare. La survie de ce peuple est aujourd'hui menacée, notamment du fait que le contact de ses membres avec les colons a entraîné chez eux l'apparition de maladies. Un appel a été adressé, en décembre 2010, par un leader Nukak en vue de permettre un retour de ce peuple sur ses terres[1005].

En l'espèce, le recours fondé sur l'article 42 du décret n°2591 n'était pas initié par la communauté elle-même en raison de son « isolement géographique, de sa méconnaissance juridique, de son incapacité économique et de ses limites à parler l'espagnol [...] qui justifient le fait qu'elle n'est pas en mesure d'assurer sa propre défense »[1006]. Cette situation est pour le moins compréhensible puisque l'accès au droit des peuples autochtones nécessite une organisation autochtone très structurée, appuyée par des organisations de la société civile. D'ailleurs, certaines communautés autochtones très isolées sont susceptibles d'être manipulées par des étrangers. En l'espèce, le recours exercé « au nom de » a été jugé recevable mais peut être critiqué car il met le juge dans une position de protecteur des intérêts d'un groupe de personnes qui n'a pas agi lui-même. Les communautés constituent des groupes de personnes vulnérables qui nécessitent une protection renforcée. Toutefois le fait de laisser d'autres personnes agir en leur nom ne peut que conforter l'image selon laquelle ils sont incapables, ou

---

[1005] Voir le site de l'ONG Survival : http://www.survivalfrance.org/peuples/nukak et http://www.survivalfrance.org/actu/6805 (consulté le 22 mai 2011).

[1006] Cour constitutionnelle, Sala segunda, Ariel Uribe Orozco et Jorge Alberto Restrepo González, contre l'Asociación Nuevas Tribus de Colombia, T-342-94, 27 juillet 1994.

selon laquelle ils sont assimilables à des personnes sous tutelle[1007]. Il est difficilement admissible que des personnes étrangères à la communauté puissent agir dans son intérêt, dans la mesure où cela suppose qu'elle n'a pas la capacité d'apprécier ce qui est bon pour elle. Dans l'affaire précitée, il est probable, et encore plus choquant, que les requérants aient tenté de convaincre les membres de la communauté de porter plainte et, devant leur refus, l'aient initié malgré tout. Ce type de recours peut conduire à des dérives et à des manipulations. Les particuliers et les ONG devraient se contenter d'informer et d'assister les peuples autochtones dans les recours qu'ils souhaitent eux-mêmes déposer.

L'affaire *Communauté Nukak-Maku c. Association des nouvelles tribus colombiennes* révèle la complexité de la mise en œuvre de la protection de l'intégrité culturelle. En effet, la communauté Nukak-Maku a changé radicalement de mode de vie à la suite de sa rencontre avec l'association évangéliste des nouvelles tribus colombiennes. La communauté Nukak-Maku s'est sédentarisée en raison du confort dispensé par l'association qui leur a fourni une assistance alimentaire, éducative et médicale. Le recours exercé par les particuliers au nom de la communauté était dirigé à l'encontre de cette association qui avait pour objectif, d'une part de faire constater la violation de la diversité ethnique et culturelle, de la liberté de culte, des droits des peuples autochtones et, d'autre part, de faire reconnaître la défaillance de l'État dans la mesure où ce dernier n'assurait pas les services publics de santé au profit de la communauté. Les plaignants demandaient le retrait de la personnalité juridique à l'association, au motif qu'elle méconnaîtrait les objectifs de sa création, en pratiquant le prosélytisme religieux et que ses actions auraient pour effet de créer une dépendance des membres de cette communauté. En l'espèce, les juges de la Cour constitutionnelle ont rappelé que selon la Constitution colombienne « les communautés autochtones constituent une ressource naturelle humaine qui est partie intégrante de l'environnement, d'autant plus que normalement la population autochtone occupe traditionnellement des territoires dont les écosystèmes

---

[1007] Ce qui rappelle les politiques paternalistes qui ont suivi l'époque de la colonisation. Voir : W. KYMLICKA, *La citoyenneté multiculturelle*..., op. cit., p. 39 : « Historiquement, ce refus de reconnaître l'existence de minorités nationales est inextricablement lié, chez les colons d'origine européenne, à la conviction que les peuples indigènes qui occupaient les territoires avant eux leur sont inférieurs. Jusqu'à une période récente, ces peuples étaient considérés comme des 'races soumises', à placer sous tutelle, n'atteignant pas un niveau suffisant de développement politique pour pouvoir être définis comme des 'nations', incapables de se gouverner eux-mêmes et ayant, de ce fait, besoin de la protection paternaliste de ces Blancs qui constituent la race supérieure ».

ont des caractéristiques exceptionnelles et une valeur écologique telles qu'elles doivent être conservées comme partie intégrante du patrimoine naturel et culturel de la Nation »[1008]. Estimant que des doutes sur les motivations de l'association évangélique étaient légitimes, la Cour a accordé la protection sollicitée en faveur des peuples autochtones, dans le cadre du recours d'*amparo*. Répondant ensuite à l'argument selon lequel l'Association Nuevas Tribus de Colombia encourage la sédentarisation de la communauté et l'empêche de vivre selon son mode de vie traditionnel, la Cour constitutionnelle a en revanche estimé que les membres de la communauté étaient libres de décider de leur mode de vie. Elle a affirmé qu'il n'a pas été prouvé que l'association porte atteinte au principe de la diversité ethnique et culturelle. Selon ses statuts, les objectifs de l'association sont de « promouvoir et veiller sur l'enseignement et la culture des autochtones du pays, en traduisant les œuvres et les écrits des langues et dialectes autochtones, en coopérant autant que possible avec les autorités gouvernementales et les institutions scientifiques afin de fournir les informations anthropologiques et ethniques relatives aux coutumes et croyances des tribus obtenues par la Mission, publier et distribuer de la littérature, établir des entités autonomes, établir des écoles ou collèges, et octroyer une aide sociale, médicale, et économique aux pauvres et nécessiteux. Le partenariat sera dirigé et orienté suivant la philosophie évangélique »[1009]. Les juges ajoutent que ses objectifs ne portent pas directement atteinte à la liberté religieuse et que le fait d'inscrire dans ses statuts que ses activités seront en accord avec la philosophie évangélique ne peut justifier en tant que telle l'atteinte à un droit fondamental. En rejetant toutes les allégations des demandeurs sur le fond, la Cour a entendu éviter tout paternalisme. Elle a rappelé que les membres de la communauté sont des hommes libres et raisonnables et qu'ils peuvent choisir librement ce qui « convient le mieux pour leur subsistance et leur épanouissement personnel »[1010].

Cette affaire met en lumière les limites de la position consistant à agir au nom d'une communauté autochtone sans son accord, tout comme celles de la position, peut-être naïve, selon laquelle cette communauté est nécessairement consciente des dangers qui la guettent et spécialement des associations et entreprises étrangères. Les représentants agissant au nom de la communauté sans en faire partie peuvent en effet démontrer, à travers leur

---

[1008] Traduction libre. Cour constitutionnelle, Sala segunda, Ariel Uribe Orozco et Jorge Alberto Restrepo González, contre l'Asociación Nuevas Tribus de Colombia, T-342-94, 27 juillet 1994, p. 14.

[1009] Traduction libre. Ibid., p. 16.

[1010] Traduction libre. Ibid., p. 15, par. 5.1.

action, ce qu'ils pensent être le mieux pour la communauté. Or, un tel comportement est clairement perçu comme parternaliste par les peuples autochtones. La communauté peut vouloir changer de mode de vie en s'intégrant dans le monde moderne, si elle estime que ce nouveau mode de vie lui offre des conditions de vie meilleures. Même si l'on écarte ce problème du paternalisme, il reste que, d'une manière générale, un recours effectué au nom d'une communauté sans son accord peut être exercé dans n'importe quel but. Néanmoins, il est également vrai qu'une communauté peut être manipulée par des étrangers, et que ses membres peuvent ne pas être au fait des recours dont ils disposent ou des effets qu'ils peuvent engendrer.

Dans la décision précitée, la Cour constitutionnelle décide d'accorder la protection sollicitée à l'égard du peuple Nukak-Maku en vertu des doutes qu'elle émet sur les intentions de l'association qui pourraient amener à des dérives, et non sur le fondement de la protection de la diversité culturelle. La protection qu'elle accorde s'apparente à celle qu'on accorderait à des mineurs considérés comme vulnérables et influençables. Bien sûr, il est important de relever le manque de connaissance du monde moderne par nombre de communautés, en raison de leur isolement. Elles peuvent avoir du mal à percevoir avec suffisamment de discernement les intentions réelles des associations qui exercent des activités chez eux. En effet, sous couvert d'une aide médicale ou éducative, une association pourrait profiter de cette dépendance matérielle pour importer son message religieux comme elle l'entend, ce qui rappelle bien évidemment l'époque de la colonisation et de l'envoi des missionnaires. En fin de compte, il aurait été regrettable que la Cour n'eût pas pris note des dérives potentielles de l'association en prévenant d'éventuels abus. Un rapport de la Direction générale des affaires autochtones du Ministère de l'intérieur démontre que l'Association, en raison de sa capacité à communiquer avec cette communauté « est dans la possibilité de [la] contraindre à admettre un message idéologique qui peut s'opposer à ses usages et coutumes et désarticuler la culture »[1011]. Plusieurs éléments contenus dans ce rapport démontrent la possibilité d' « une menace concrète de violation des droits fondamentaux de la communauté autochtone Nukak-Maku à la liberté, au libre développement de la personnalité et des libertés de conscience et de culte, et principalement de ses droits culturels »[1012]. La Cour rappelle qu'il revient à la Direction générale des

[1011] Traduction libre. Ibid., p. 19 : « están en posibilidad de coaccionar la disposición de los indígenas frente a un mensaje ideológico que se opone a sus usos y costumbres y desarticula la cultura ».

[1012] Traduction libre. Ibid. : « se encuentra ante la amenaza concreta de violación de los derechos fundamentales de la comunidad indígena 'Nukak-Maku' a la libertad,

affaires autochtones de veiller et de contrôler de manière « opportune et effective » que les activités de l'association soient en adéquation avec les objectifs contenus dans ses statuts. À travers les informations reçues du gouvernement (les activités de l'association ont pour effet de couper la communauté de tout contact avec l'extérieur[1013]), la Cour semble se rattacher à des indices qui permettraient de déceler les mauvaises intentions de l'association, qui pourrait mettre en danger la survie du groupe.

En vertu de sa liberté et du droit à l'autodétermination[1014] dudit peuple, les juges ne pouvaient édicter des mesures visant à interdire les relations entre l'association et le peuple Nukak-Maku. La Cour ajoute que les services publics de l'éducation et de la santé incombent à l'État qui ne peut s'en décharger en laissant à l'association les prodiguer. Il doit également effectuer un réel contrôle sur cette association accréditée par le gouvernement. La Cour indique enfin que pour prouver la violation de la diversité culturelle, il aurait fallu démontrer l'usage de la violence ou du mensonge par l'Association pour obtenir les changements dans le mode de vie des autochtones, ce qui n'a pas été le cas en l'espèce.

Dans le passé, l'influence négative d'associations religieuses sur les peuples autochtones a pu être observée. Le cas du groupe Huaorani en Équateur illustre les violations du droit à la terre et des droits culturels commises par l'État, les entreprises pétrolières mais aussi par des associations religieuses. En effet, pendant plusieurs décennies, le peuple Huaorani a subi des transformations profondes issues de l'entrée d'étrangers sur leurs terres. Les missionnaires évangélistes de l'Institut linguistique d'été furent les premiers à entrer en contact avec le peuple Huaorani et, selon plusieurs auteurs comme Judith Kimerling, le firent afin de favoriser les activités des entreprises nord-américaines, en particulier l'entreprise *Texaco*. Pour pouvoir rassembler et contrôler au mieux la vie des membres du peuple Huaorani dans un espace limité, l'Institut mît en place un véritable système de protectorat de 1958 à 1971. L'organisation sociale et le mode de vie des Huaorani connurent des bouleversements profonds[1015] tels que la disparition des sites sacrés, la dépendance aux biens alimentaires et aux médicaments

---

libre desarrollo de la personalidad y libertades de conciencia y de cultos, y principalmente de sus derechos culturales ».

[1013] Ibid., par. 7.1.

[1014] Ibid., par. 5.1 : « dentro de un marco de respeto a su libertad y capacidad de autodeterminación, del conocimiento de las alternativas que le ofrecen otras comunidades en lo cultural, social y económico ».

[1015] J. E. BRADY, « The Huaoroni tribe of Ecuador : a study in self-determination for indigenous peoples », *Harvard human rights journal*, 1997, vol. 10, pp. 295-297.

fournis par les entreprises pétrolières, et l'introduction de maladies telles que l'hépatite B. Aujourd'hui sédentarisé, le peuple est sujet à l'alcoolisme et à la pauvreté[1016].

Les deux exemples du peuple Nukak-Maku et du peuple Huaorani montrent que l'intrusion d'étrangers sur leurs terres peut modifier radicalement le mode de vie des autochtones, et notamment pour le pire. À côté de mutations dont l'intérêt pour les autochtones peut être débattu – par exemple la multiplication des échanges monétaires –, on en trouve d'évidemment négatives, comme la génération de tensions et d'actes de violence, ou l'apparition de l'alcoolisme et de la prostitution. S'il ne peut évidemment pas être question d'interdire à ces peuples de décider de modifier, même de manière radicale, leur mode de vie ou leurs croyances, il est indispensable de les protéger des personnes mal intentionnées, et de veiller à ce que, s'ils décident de changer, il s'agisse bien de leur décision et d'une décision adoptée selon leurs procédures et modes de gouvernance. Il ne s'agit donc pas seulement de l'autodétermination ou du consentement des peuples autochtones, mais d'un consentement libre, éclairé, et informé, dont l'expression ne résulte pas d'un dol, et surtout auquel le système autochtone lui-même accorde de la valeur. C'est ainsi que dans l'arrêt *Fédération Indépendante du Peuple Shuar d'Équateur (FIPSE) contre Arco Oriente* (*Burlington Ressources*), le Tribunal constitutionnel équatorien a considéré que l'entreprise *Arco Oriente* avait porté atteinte à l'intégrité culturelle du groupe Shuar, en particulier en raison des méthodes qu'elle avait employées pour obtenir le consentement des membres de ce groupe. Qu'il s'agisse de prises de contact individuel ou de propositions séparées de rachat des terres, l'entreprise cherchait à convaincre de l'importance de son projet en rencontrant chaque membre de manière isolée[1017]. Cette stratégie eût pour conséquence la division d'un groupe jusque-là uni, créant un climat de tension entre les différentes communautés et associations représentatives de ce groupe. Profitant de leur ignorance pour remettre en question les autorités représentatives de la communauté, l'entreprise méconnut délibérément les règles d'une culture établie. À la suite de ces événements, la FIPSE interdit tout contact, toute négociation et toute approche de l'entreprise avec ses

---

1016 OILWATCH, *Exploitation pétrolière dans la réserve de la biosphère Yasuni*, op. cit., pp. 6-9.

1017 G. CHÁVEZ, « Derechos indígenas y Justicia Constitucional : Un estudio de caso », in M. MELO, J. SOTOMAYOR (éd.), *TARIMIAT: Firmes en Nuestro Territorio*, Quito, Centro de Derechos Económicos y Sociales (CDES) et Confederación de Nacionalidades Indígenas del Ecuador (CONAIE), 2002, 2ème édition, pp. 40-42.

membres. Quant au Tribunal, il estima que le droit au respect de l'identité ou de l'intégrité culturelle est un droit collectif reconnu aux peuples autochtones en tant que groupe. Tout en garantissant ce droit, le Tribunal ne s'opposa pas aux relations interpersonnelles sans enjeu social ni communautaire entre le personnel de l'entreprise et les membres du groupe. Cette décision est bienvenue dans la mesure où elle protège l'intégrité et l'identité culturelle du peuple Shuar, tout en lui laissant le soin de décider de son futur, et d'autoriser ou non l'entrée des colons. Toutefois, il sera difficile de distinguer les contacts interdits entre l'entreprise et le peuple, et les relations interpersonnelles autorisées parce qu'elles sont sans enjeu.

D'un point de vue général, le compromis devant être opéré par les juridictions nationales, entre conservation et protection d'une part, et liberté et autodétermination d'autre part n'est pas aisé. Ce point est d'ailleurs expressément souligné par le Tribunal civil n°2 de Cutral, en Argentine, qui devait statuer sur le recours de l'entreprise *Petrolera Piedra del Aguila SA*, tout en assurant sa mission de protection de l'identité culturelle des peuples autochtones[1018].

3. *La survie des peuples autochtones*

Dans de nombreux cas, la violation de droits liés à l'identité s'entremêle à celle de droits plus traditionnels comme le droit à la vie, ou elle provoque leur violation. On constate ainsi en pratique une forte interdépendance des droits généraux bénéficiant aux peuples autochtones. Toutefois, d'un point de vue formel et malgré l'affirmation constante de l'indivisibilité des droits de l'Homme, les droits culturels sont souvent relayés au second plan[1019] par les juridictions nationales, qui ne les mentionnent que de manière subsidiaire.

Bien entendu, il arrive que la violation de ces droits via des activités d'exploitation des ressources naturelles soit explicitement constatée. C'est ainsi par exemple que lors de l'examen de l'Équateur, le Comité des droits

---

1018 Tribunal civil n°2 de Cutral (en lo civil y comercial), recours d'amparo, Petrolera Piedra del Aguila SA contre Curruhuinca Victorino et autres, 16 février 2011.

1019 Patrice Meyer-Bisch décrit les droits culturels comme une catégorie sous-développée des droits de l'Homme. Voir : P. MEYER-BISCH (dir.), *Les droits culturels : une catégorie sous-développée de droits de l'Homme*, Actes du VIIIe Colloque interdisciplinaire sur les droits de l'Homme, Suisse, Éditions de l'Université de Fribourg, 1993, 360 p.

de l'Homme a relevé que les activités pétrolifères empêchaient les peuples autochtones de jouir pleinement des droits énoncés à l'article 27 du Pacte des droits civils et politiques[1020].

Mais bien souvent, les activités d'extraction portent atteinte à la vie même des autochtones, à travers les changements de mode de vie qu'elles leur imposent, par exemple, du fait de la contamination de l'eau qu'ils boivent ou des animaux dont ils se nourrissent[1021]. Ainsi que le juge le souligna dans l'affaire *Chevron-Texaco*, « *a relationship of the environmental impacts as a direct agent responsible for certain forced alterations in the indigenous cultures that based their social system, culture and existence on a close bond with nature, causing a cultural impact suffered by this indigenous people* »[1022]. Toutefois, dans le cadre de ce procès, les droits culturels et plus largement les droits des peuples autochtones n'ont été que très peu évoqués, puisque la requête stigmatisait surtout l'impact environnemental des activités pétrolières menées par *Texaco*. Le juge a toutefois voulu rattacher le dommage environnemental à l'atteinte à l'identité culturelle de ces communautés, qui ont été contraintes de se déplacer et de modifier leur alimentation[1023].

Du point de vue des droits des peuples autochtones, le juge a semblé ennuyé à l'idée de reconnaître la violation du droit à l'identité culturelle face à des atteintes plus graves. C'est ainsi qu'il a préféré fonder sa décision sur le droit à la vie tandis que les requérants évoquaient également leur déplacement forcé, et la perte de leur identité culturelle. Mais si le juge a

---

1020 Observations finales du Comité des droits de l'Homme sur l'Équateur, CCPR/C/79/Add.92, 18 août 1998, par. 19 : « Le Comité est inquiet de l'incidence des projets d'extraction pétrolière sur la jouissance des droits des membres des groupes autochtones, tels qu'ils sont consacrés à l'article 27 du Pacte. Il est préoccupé de constater, qu'en dépit de l'adoption de lois autorisant sans réserve l'utilisation communale par les communautés autochtones de leurs terres traditionnelles, des obstacles continuent de s'opposer à la pleine jouissance des droits garantis en vertu de l'article 27 du Pacte. Le Comité recommande que de nouvelles mesures soient prises afin de protéger les membres des groupes autochtones des effets néfastes de l'extraction du pétrole et de leur permettre de jouir pleinement de leurs droits en vertu de l'article 27 du Pacte, en particulier en ce qui concerne la préservation de leur identité culturelle et de leurs moyens traditionnels de subsistance ».

1021 B. E. HERNANDEZ-TRUYOL, S. J. POWELL, *Just Trade : A New Covenant Linking Trade and Human Rights*, New-York, New York University Press, 2009, pp. 224-225.

1022 Cour de justice provinciale de Sucumbíos, Maria Aguinda et autres contre l'entreprise Chevron Texaco, 2003-002, 14 février 2011, p. 171.

1023 Ibid., p. 154.

analysé la situation des peuples autochtones au regard du droit à la vie, il l'a fait sur la base de la conception large de ce dernier, incluant notamment le droit à une vie digne. Dans la décision, le juge équatorien semble reconnaître que les dommages causés à l'environnement, en particulier à la faune et à la flore, ont participé à altérer les moyens de subsistance (la pêche et la chasse) des peuples autochtones, portant atteinte à leur droit à la vie (le juge se réfère ici à la conception du Rapporteur spécial des Nations Unies sur le droit à l'alimentation, Jean Ziegler). En outre, les plaignants ont insisté sur le décès inhabituel de leurs animaux, notamment de porcs et de vaches dont les foies, reins et intestins portaient des traces de pétrole. S'attachant aux témoignages, le juge a reconnu que l'activité pétrolière semblait avoir affecté le droit à l'alimentation des habitants de la zone en raison de la perte des animaux sauvages et d'élevage.

Des problèmes comparables ont été anticipés dans d'autres États, par exemple en Colombie où la Cour constitutionnelle colombienne a indiqué que l'exploitation des ressources naturelles devait être compatible avec la protection des peuples autochtones par l'État :

> « L'exploitation des ressources naturelles en territoires autochtones rend nécessaire l'harmonisation d'intérêts contradictoires : la nécessité de planifier la gestion et l'exploitation des ressources naturelles dans ces territoires pour garantir leur développement durable, leur conservation, leur restauration ou leur substitution (...) et celle d'assurer la protection de l'intégrité ethnique, culturelle, sociale et économique des communautés autochtones qui occupent ces territoires, c'est-à-dire des éléments basiques qui constituent leur cohésion en tant que groupes sociaux et par conséquent un élément clef de leur subsistance. Ce qui signifie qu'un équilibre ou une balance entre le développement économique du pays qui exige l'exploitation de ces ressources et la préservation de cette intégrité, qui est la condition pour la survie du groupe humain autochtone, doit être recherché »[1024].

1024 Cour constitutionnelle, Sala Plena, Defensor del Pueblo, doctor Jaime Córdoba Triviño, en representación de varias personas integrantes del Grupo Etnico Indígena U'WA, contra el Ministerio del Medio Ambiente y la empresa Occidental de Colombia Inc., SU-039/97, 21 février 1997, par. 3.2 : « La explotación de los recursos naturales en los territorios indígenas hace necesario armonizar dos intereses contrapuestos: la necesidad de planificar el manejo y aprovechamiento de los recursos naturales en los referidos territorios para garantizar su desarrollo sostenible, su conservación, restauración o sustitución (...) y la de asegurar la protección de la integridad étnica, cultural, social y económica de las comunidades indígenas que

Cet extrait fait bien ressortir la spécificité de la situation des peuples autochtones et des litiges qui les opposent aux personnes exploitant les ressources naturelles de leurs terres. Cette spécificité explique que, pour assurer la défense des peuples autochtones, les juges nationaux se fondent, à côté de la réglementation relative à l'environnement et des droits de l'Homme, sur des règles directement relatives à ces peuples.

ocupan dichos territorios, es decir, de los elementos básicos que constituyen su cohesión como grupo social y que, por lo tanto, son el sustrato para su subsistencia. Es decir, que debe buscarse un equilibrio o balance entre el desarrollo económico del país que exige la explotación de dichos recursos y la preservación de dicha integridad que es condición para la subsistencia del grupo humano indígena ».

CHAPITRE II – LA PROTECTION DES AUTOCHTONES FONDÉE SUR DES DROITS QUI LEUR SONT SPÉCIFIQUES

C'est pour l'essentiel dans le droit international qu'il faut rechercher les sources premières des règles nationales relatives à la protection des peuples autochtones. L'influence du droit international sur les règles internes relatives à la protection des peuples autochtones est en effet incontestable[1025]. Cela transparaît notamment dans la motivation des juges nationaux, lorsqu'ils statuent dans ce domaine. Si, jusqu'à récemment, les juridictions nationales préféraient trancher les litiges concernant les peuples autochtones sur la base de règles qui ne leur étaient pas spécifiquement applicables, une évolution s'est amorcée avec l'intégration en droit interne des instruments internationaux relatifs aux droits de l'Homme[1026], puis à la protection des peuples autochtones, en particulier dans des États ayant une certaine influence dans la région, comme la Colombie.

Théoriquement, les juges nationaux peuvent presque toujours se référer aux règles internationales relatives à la protection des peuples autochtones, dans la mesure où les États d'Amérique latine sont très nombreux à avoir ratifié la Convention n°169 de l'OIT. En pratique, le manque de

---

1025 S. KORMAN, « The Protection of Indigenous Lands in Domestic Legal Regimes: The Importance of International Influences », *Northwestern Interdisciplinary Law Review*, 2010, vol. 3, pp. 152-154. Cet article analyse l'apport du droit international en droit interne, sur la question du droit à la terre, principalement en Australie, au Belize, au Canada, au Nicaragua et en Nouvelle Zélande. Pour certains cependant, cette influence doit être relativisée dans la mesure où le droit international ne peut, par définition, prendre en compte les contextes particuliers. Voir not. : Y. BEN ACHOUR, op. cit., p. 433 : « Il va sans dire que le droit international n'impose pas de règles précises. En fait, comme pour l'identité culturelle, la question dépend du contexte particulier à chaque État. Tout ce que le droit international peut faire, à ce niveau, c'est de définir un standard minimum. En dehors de ce standard nous retrouvons le terrain de la souveraineté. C'est pour cette raison que le droit international est mieux à même de saisir et contrôler les obligations de ne pas faire qui s'imposent à l'État ».

1026 L. BURGORGUE-LARSEN, « Les nouvelles tendances dans la jurisprudence de la Cour interaméricaine des droits de l'Homme », *Cursos de Derecho Internacional y Relaciones y Internacionales de Vitoria-Gasteiz*, 2008, Bilbao, Universidad del Pais Vasco, 2009, p. 171 : « Aujourd'hui, les systèmes nationaux latino-américains sont de plus en plus perméables au droit international et plus spécifiquement au droit international des droits de l'Homme. Il suffit d'opérer un tour d'horizon constitutionnel pour prendre la mesure de la place relativement privilégiée des droits de l'Homme au sein des systèmes internes ».

connaissance de cet instrument par les juges nationaux entrave parfois son application en droit interne[1027]. Toutefois, cette Convention est de plus en plus connue, ce qui s'explique notamment par le fait que ses dispositions se trouvent confortées par la Déclaration des Nations Unies de 2007. Désormais, les juridictions latino-américaines se réfèrent souvent à la Convention n°169 de l'OIT comme instrument de protection des droits des peuples autochtones[1028], même si elles renvoient également à d'autres sources, par exemple à la jurisprudence de la Cour interaméricaine des droits de l'Homme[1029]. La Cour constitutionnelle colombienne, très avancée en

---

[1027] Ils peuvent pourtant se référer à un manuel relatif au droit de la Convention n°169 établi par l'OIT elle-même : ORGANIZACIÓN INTERNACIONAL DEL TRABAJO, *Convenio Número 169 sobre Pueblos Indígenas y Tribales : Un Manual*, Genève, 2003, IV-105 p. Pour diverses raisons, de nombreuses juridictions nationales ne semblent pas informées ou encore formées au contenu de la convention, et à l'interprétation de ses dispositions. Des formations destinées aux juges nationaux, et portant sur les instruments de droit international sont néanmoins parfois mises en place. La compréhension des instruments internationaux de protection, et l'interprétation correcte de leurs dispositions sont indispensables à une protection efficace et adaptée des peuples autochtones par le juge.

[1028] Dans sa décision Entreprise Petrolera Pieda del Aguila S.A. contre Curruhuinca Victorino et autres, la Cour constitutionnelle argentine constate par exemple la violation de plusieurs articles de la Constitution (l'article 75 al. 17 de la Constitution argentine et l'article 53 de la Constitution provinciale), mais aussi de la Convention n°169 de l'OIT (intégrée en droit interne par la loi n°24071) (articles 6, 7 et 15) et de la Déclaration des Nations Unies sur les droits des peuples autochtones (articles 10, 19, 29 al. 2, 30 al. 2 et 32 al. 2).

[1029] J. AYLWIN, Derechos territoriales de pueblos indígenas en América latina..., op. cit., p. 16 : « los tribunales de justicia (Corte Suprema) y órganos de control constitucional (Cortes o Tribunales constitucionales) han venido incorporando progresivamente a través de una jurisprudencia innovativa no solo los tratados internacionales de derechos humanos, los que han pasado a formar parte del « bloque de constitucionalidad » de dichos estados, sino lo que es más importante, la jurisprudencia de los órganos de tratado sobre estos derechos. Es el caso, por ejemplo, de la Corte Suprema de Argentina, la Corte Constitucional de Colombia y de la Sala Constitucional Costa Rica, las que han aceptado en sus decisiones como parte de ese bloque de constitucionalidad la jurisprudencia de la Corte IDH ». Pour étayer l'opinion de cet auteur, on peut citer, par exemple, la décision du Tribunal Constitutionnel péruvien relative au recours contre le décret n°1089, Gonzalo Tuanama Tuanama, exp. n°0022-2009-PI/TC (décision du 28 juin 2010, par. 15). Dans cette décision, le tribunal estiment que les décisions de la Cour IDH sont contraignantes : « De acuerdo a lo estipulado en el artículo V del Código Procesal Constitucional el contenido y alcances de los derechos constitucionales deben ser interpretados de conformidad con los tratados de derechos humanos así como las

matière de protection des droits des peuples autochtones, va même plus loin puisqu'elle fait référence, à côté des décisions de la Cour IDH, aux recommandations du Rapporteur spécial des Nations Unies sur les droits des peuples autochtones.

En pratique, les fortes tensions entre les peuples autochtones et les États trouvent une traduction dans l'opposition qui existe souvent entre les règles internationales relatives à la protection des peuples autochtones et les règles internes qui en sont issues d'un côté, et l'action du gouvernement et d'autres règles nationales d'un autre côté. Pris entre des exigences contraires, les juges s'évertuent à rechercher des solutions acceptables, tant du point de vue des peuples autochtones que des gouvernements. Le contenu de leurs décisions reflète tantôt leur embarras, lorsqu'ils constatent que des règles internationales les obligent à s'opposer à l'action de leur gouvernement, tantôt leur satisfaction lorsqu'ils estiment que ces règles leur permettent de réparer des injustices. Les normes internationales ou issues du droit international font alors office de bouclier entre les juges nationaux et les gouvernements.

Le juge s'assure du respect des droits spécifiquement reconnus par les instruments internationaux relatifs aux peuples autochtones, c'est-à-dire principalement le droit à la consultation (Section 1) et le droit de propriété collective (Section 2).

SECTION I – LE DROIT À LA CONSULTATION

Suivant ce qui est reproché à l'État et le type de réponse qu'il fournit, les recours contestant le respect de l'exigence de consultation peuvent être divisés en deux catégories : la première catégorie regroupe les cas où les autochtones estiment qu'une consultation aurait dû être tenue et ne l'a pas

---

decisiones adoptadas por los tribunales internacionales de derechos humanos. De ahí la importancia de las decisiones de la Corte Interamericana sobre Derechos Humanos, para la labor que realiza este Tribunal Constitucional. Dicho artículo, que en realidad es la consolidación de la jurisprudencia de este Tribunal Constitucional, que se originó en la sentencia del Expediente N.° 00218-2002-HC/TC (fundamento 2), ha sido desarrollado por este Tribunal en la sentencia del Expediente N.° 007-2007-PI/TC, expresando que : « las sentencias de la Corte Interamericana de Derechos Humanos son vinculantes para todos los poderes públicos y que esta vinculatoriedad no se agota en su parte resolutiva, sino que se extiende a la ratio decidendi, incluso en aquellos casos en los que el Estado peruano no haya sido parte en el proceso ».

été, tandis que l'État estime qu'il n'avait pas l'obligation de consulter au regard des circonstances (§ 1) ; la seconde, les cas où l'État estime qu'il avait bien une obligation de consultation mais qu'il y a satisfait, tandis que les autochtones considèrent au contraire qu'il l'a violée (§ 2).

§ 1. La recherche de l'applicabilité de l'obligation de consulter par le juge

L'obligation de consulter ne s'impose que lorsqu'une mesure affecte un peuple autochtone. La première condition déterminant l'applicabilité de l'obligation de consulter est donc la qualité de « peuple autochtone » (A). Mais les juridictions internes doivent également vérifier que la mesure contestée fait partie de celles dont l'adoption déclenche une obligation de consulter (B).

A. L'applicabilité personnelle de l'obligation de consulter : la qualité de « peuple autochtone »

Lorsque le juge dispose de règles spécifiquement consacrées à la protection des peuples autochtones, la première question qui se pose quant à leur applicabilité est celle de la qualité de « peuple autochtone » de celui qui l'invoque à son bénéfice. La détention de cette qualité, qui est parfois contestée par le défendeur à l'instance, est généralement appréciée par le juge en référence à la Convention n°169.

Un exemple de différend relatif à cette question est l'affaire *Gonzalo Tuanama Tuanama*. Dans cette affaire qui opposait un groupe autochtone au gouvernement péruvien, ce dernier estimait que la communauté visée n'était pas composée d'autochtones. Le raisonnement du gouvernement était le suivant :

> « La Convention n°169 de l'OIT n'est pas applicable puisque la population péruvienne est majoritairement métisse. Les communautés rurales qui étaient ancestrales – ou autochtones – à l'origine, sont devenues métisses avec le 'développement de la civilisation ; tel est le cas des communautés paysannes de la côte et des vallées de la Sierra'. À cet égard, [le gouvernement] soutient que 'donner le statut de peuples autochtones à ces communautés serait discutable car elles font certainement partie de la population métisse péruvienne'. Il serait arbitraire par conséquent de considérer ces communautés comme des peuples autochtones. Pour ces raisons, il est essentiel qu'une loi édicte

les exigences, les conditions et les caractéristiques qui sont considérées comme propres aux peuples autochtones »[1030].

La démonstration du gouvernement péruvien ne fait pas mention du critère d'autodéfinition pourtant prévu dans la Convention n°169 pour identifier les peuples autochtones. Or, les métisses péruviens revendiquent la qualité de peuples autochtones. Cet indice invite à penser qu'ils constituent des autochtones au sens de la Convention, et que l'obligation de consulter s'impose à l'État. En l'espèce, c'est bien ce que décida le juge[1031]. Toutefois, il rejetta la requête dans laquelle Gonzalo Tuanama Tuanama demandait l'annulation d'un décret pris sans consultation. En effet, il estima que l'État n'avait pas l'obligation de consulter les peuples autochtones susceptibles d'être touchés, parce que la mesure était d'une nature telle que l'obligation n'avait pas lieu de s'appliquer.

1030 Traduction libre. Tribunal Constitutionnel, demande de contrôle de constitutionnalité du décret n°1089, Gonzalo Tuanama Tuanama, 30 juin 2010, p. 3 : « Alude además, que el Convenio N.° 169 de la OIT no es aplicable puesto que la población peruana es predominantemente mestiza. Las comunidades campesinas que en su origen fueron ancestrales –indígenas-, con el « desarrollo de la civilización ahora son mestizas, tal es el caso de las comunidades campesinas de la costa y de los valles interandinos de la sierra » (sic). En tal sentido, alegan que « darle la condición de pueblos indígenas a esas comunidades sería discutible, puesto que ellas indudablemente forman parte del sector mestizo prevaleciente en la sociedad peruana. » Sería arbitrario así, explica, que se considere a todas las comunidades como pueblos indígenas. Por tal motivo, resulta necesario una ley a fin de que se dicten los requisitos, condiciones y características que debería considerarse propios de los pueblos indígenas ».

1031 La réticence du gouvernement péruvien à appliquer aux métisses les règles relatives à la protection des communautés autochtones invite à relativiser les informations contenues dans le rapport qu'il a soumis en 2008, à l'occasion de l'examen périodique universel du Conseil des droits de l'Homme. Dans ce rapport, le gouvernement fait état de progrès réalisés en faveur des peuples autochtones, et mentionne notamment la reconnaissance de la personnalité juridique des communautés paysannes et autochtones. Voir le Rapport national du gouvernement péruvien dans le cadre de l'examen périodique universel du Conseil des droits de l'Homme, 2ème session, 5-16 mai 2008, A/HRC/WG.6/2/PER/1, 8 avril 2008, par. 71-81. Le Pérou y mentionne également le rôle moteur qu'il dit avoir joué dans l'adoption de la Déclaration des Nations Unies sur les peuples autochtones, sa reconnaissance de titres fonciers aux communautés autochtones, la promotion de l'éducation interculturelle bilingue et la reconnaissance du droit des autochtones à la santé et à un environnement sain.

B. L'applicabilité matérielle de l'obligation de consulter : la nature de la mesure contestée

En principe, l'obligation de consulter ne trouve à s'appliquer que si une mesure gouvernementale affecte *directement* les peuples autochtones (1). Toutefois, la jurisprudence a pu dégager un certain nombre d'actes qui exigent *par définition* l'organisation d'une consultation (2).

1. L'appréciation du caractère direct de la mesure affectant les peuples autochtones

Selon l'article 6 de la Convention n°169, la consultation des peuples autochtones est requise « chaque fois que l'on envisage des mesures législatives ou administratives susceptibles de les toucher *directement* »[1032]. En pratique, il n'est pas rare que les autorités d'un État estiment que les mesures adoptées ne touchent pas directement les autochtones, et donc qu'il n'est pas nécessaire d'organiser une consultation, tandis que les autochtones considèrent que la mesure les affecte et doit faire l'objet d'une consultation. Dans l'hypothèse d'une telle divergence, il revient au juge de déterminer si l'acte affecte les peuples autochtones et s'il le fait de manière « directe ».

Dans certains cas, le juge interne accueille le moyen avancé par le gouvernement pour sa défense. Statuant sur la constitutionnalité du décret n°1089 relatif au régime temporaire extraordinaire d'enregistrement de la propriété rurale, le Tribunal constitutionnel péruvien a par exemple considéré que ce dernier ne les affectait pas directement et il a, en conséquence, rejeté la demande des peuples autochtones tendant à son annulation. En l'espèce, il s'agissait d'un acte de portée générale, destiné à l'ensemble de la population et qui visait à simplifier le processus de titularisation des terres. Interprétant strictement le champ d'application de l'obligation de consulter les peuples autochtones[1033], le Tribunal considéra que « le décret législatif n°1089 qui établit un régime temporaire extraordinaire de régularisation et de titularisation de propriétés rurales est de portée nationale et ne porte pas sur la propriété communale (autochtone ou paysanne), car dans le cas contraire, une loi organique serait nécessaire. Par conséquent, il est entendu que le décret n'affectera pas les peuples autochtones »[1034].

[1032] Les italiques sont ajoutés.

[1033] Tribunal Constitutionnel, Demande de contrôle de constitutionnalité du décret n°1089, Gonzalo Tuanama Tuanama, 30 juin 2010.

[1034] Traduction libre. Tribunal Constitutionnel, demande de contrôle de constitutionnalité du décret n°1089, Gonzalo Tuanama Tuanama, 30 juin 2010, par.

Même s'il s'appuie sur la jurisprudence interaméricaine, le Tribunal s'abstient de faire référence à l'arrêt *Peuple Saramaka* de 2007[1035], dont l'apport sur la question de l'obligation de consulter les peuples autochtones et d'obtenir leur consentement est pourtant important.

Quoi qu'il en soit, la décision du Tribunal constitutionnel péruvien est critiquable : si l'acte attaqué avait indéniablement une portée générale, il affectait de manière *directe* – quoique non-exclusive – les droits des peuples autochtones. La titularisation est évidemment une question qui les concerne au premier chef, et le décret aura nécessairement un impact sur les décisions individuelles qui seront prises par la suite quant aux terres autochtones, puisque les citoyens non-autochtones pourront demander la titularisation de terres revendiquées par les autochtones. En outre, on peut estimer que la mesure contestée affecte directement les peuples autochtones qui ne seront pas en mesure de faire valoir leur possession de la terre. Ce décret donne un avantage (en termes de temps) aux non-autochtones puisqu'il leur permet d'obtenir un titre de propriété avant même que les peuples autochtones puissent revendiquer des terres qui relèvent d'un régime particulier.

D'une manière similaire, dans la décision *José Omar Guentelican Maldonado, Présidente de la Communauté autochtone Antu Lafquen de Huentetique contre la Commission régionale de l'environnement de la région de Los Lagos*, les juges chiliens ont estimé qu'une mesure autorisant un projet d'énergie éolienne dans le parc de Chiloé n'était pas un acte qui affectait directement la communauté autochtone Williche, et notamment le groupe Antu Lafquén de Huentetique. Pourtant, « le projet se situe à moins de 4 kilomètres de la communauté et à 400 mètres de colonies anciennes, en particulier d'un cimetière indigène »[1036]. Là encore, les juges nationaux ont apprécié le caractère direct de ces actes de manière restrictive et ont admis l'absence de consultation.

---

24 : « Por tanto, el Decreto Legislativo N.° 1089 que establece el régimen temporal extraordinario de formalización y titulación de predios rurales, si bien tiene alcance nacional, no ha establecido expresamente la afectación a la propiedad comunal (indígena y campesina), porque para ello sería necesario de una Ley Orgánica; entonces se entiende que dicho decreto no afecta a los Pueblos Indígenas ».

[1035] Voir infra Partie II, Titre II, Chapitre I, Section II.

[1036] Cour d'appel de Puerto Montt, José Omar Guentelican Maldonado, Presidente de la Comunidad indígena Antu Lafquen de Huentetique c. Comisión Regional del Medio Ambiente de la Región de Los Lagos, n°239-2011, 11 octobre 2011. Disponible en ligne sur : http://casos.libredeterminacion.org/chile/2011/10/11/jose-omar-guentelican-maldonado-presidente-de-la-comunidad-indigena-%e2%80%9cantu-lafquen-de-huentetique-c-comision-regional-del-medio-ambiente-de-la-region-de-los-lagos/ (consulté le 30 mai 2012).

Quoi qu'on pense de ces décisions particulières, on doit souligner la faiblesse stratégique qui est celle de la partie autochtone, dès qu'une mesure n'a pas, ou pas uniquement leurs terres ou leurs ressources pour objet. Dans cette situation en effet, ils doivent démontrer devant le juge, qu'une mesure fait courir un risque important à leurs terres, leurs ressources, leur santé ou leurs traditions, ce qui est extrêmement difficile. De tels recours peuvent alors aisément être compris par le juge comme de simples rejets citoyens de la politique gouvernementale, alors que, en raison de la situation particulière des autochtones, ils sont bien davantage.

Il est souvent difficile de mesurer jusqu'à quel point une mesure administrative ou législative affecte les peuples autochtones. Au vu des circonstances, le juge prend généralement en compte l'opportunité de la décision et recherche une solution équilibrée. Mais c'est un fait que, face aux enjeux économiques colossaux des projets, il a tendance à privilégier l'aspect économique sur l'aspect humain. Lorsqu'un projet d'exploitation des ressources a débuté et que les entreprises y ont investi des millions de dollars, il est difficile pour le juge d'annuler ou de reporter la réalisation du projet en raison de l'absence de consultation. C'est souvent des considérations pragmatiques et politiques de ce type que cachent les motifs avancés par les juges, tels celui du caractère direct ou indirect de l'acte attaqué.

2. Les actes devant faire l'objet d'une consultation

Lorsque le juge estime que l'ensemble d'un projet touche directement un peuple autochtone déterminé, il doit rechercher quels actes constitutifs du projet doivent précisément faire l'objet d'une consultation. À la lecture des articles de la Convention n°169, il est difficile de limiter les actes nécessitant une consultation préalable, puisque sont visés les mesures législatives ou administratives, l'élaboration, la mise en œuvre et l'évaluation des plans et programmes de développement national et régional, les études pour évaluer l'incidence sociale, spirituelle, culturelle et sur l'environnement, les programmes de prospection ou d'exploitation des ressources, le déplacement et la réinstallation desdits peuples à titre exceptionnel, etc.

Conformément à cela, certaines juridictions nationales considèrent que la consultation doit s'appliquer à tous ces actes ou, en tous les cas, à tous les actes ayant une incidence sur les peuples autochtones – y compris lorsque l'adoption d'un nouvel acte peut modifier cette incidence. En Bolivie par exemple, le Tribunal constitutionnel a estimé que l'obligation de consultation devait être prévue pour toutes les activités relatives aux hydrocarbures et intervenir à deux moments : avant l'autorisation de ces activités, mais aussi avant l'approbation de l'évaluation d'impact environnemental[1037].

La jurisprudence de la Cour constitutionnelle colombienne reconnaît également un champ d'application vaste de l'obligation de consulter. Selon elle, cette obligation doit être mise en œuvre dans l'octroi d'une autorisation environnementale, elle-même nécessaire à l'autorisation d'une concession minière, pétrolière ou forestière, un barrage hydroélectrique, un programme d'éradication des cultures illicites, ou encore le rallongement d'une route[1038]. Cette jurisprudence découle notamment de l'affaire *U'wa*. Dans cette affaire, le recours exercé par le Défenseur du peuple représentant le groupe ethnique U'wa consistait à demander l'annulation d'une résolution du 3 février 1995 autorisant la licence d'exploitation de pétrole. Le recours se fondait sur la violation de l'article 8 de la Constitution de 1991 qui dispose que l'État doit protéger ses richesses naturelles et qui reconnaît le droit de vivre dans un environnement sain, et sur la violation des articles 70 et 79 qui garantissent la participation des communautés aux décisions qui peuvent l'affecter et des articles 6 et 15 de la Convention n°169.

1037 Tribunal Constitutionnel, demande de contrôle de constitutionnalité de la loi relative aux hydrocarbures n°3058 du 19 mai 2005, Luis Eduardo Siles Pérez, n°45-2006, 2 juin 2006, II.5, art. 115. Disponible en ligne sur : http://www.tribunalconstitucional.gob.bo/resolucion14197.html (consulté le 2 septembre 2011) : « Previamente a la licitación, autorización, contratación, convocatoria y aprobación de las medidas, obras o proyectos hidrocarburíferos, siendo condición necesaria para ello; y, Previamente a la aprobación de los Estudios de Evaluación de Impacto Ambiental. Cuando se trate de Estudios de Evaluación de Impacto Ambiental para actividades, obras o proyectos hidrocarburíferos a desarrollarse en lugares de ocupación de las Comunidades y Pueblos Campesinos, Indígenas y Originarios y áreas de alto valor de biodiversidad, necesariamente tendrán que ser los de categoría 1 (Estudio de Evaluación de Impacto Ambiental Analítico Integral) ».

1038 Cour constitutionnelle, Sala Quinta de Revisión, Oscar Carupia Domicó et autres représentant des réserves Chidima-Tolo y Pescadito de l'éthnie Embera-Katío contre les Ministère du Transport, de l'environnement, du logement et du développement territorial, de l'intérieur, de la justice, des mines et de l'énergie, de l'agriculture, de la défense, du département national de planification, des maires de Unguía et Acandí, de la société autonome régional du Chocó (Codechocó), l'armée nationale, la brigade XVII et de l'agence logistique des forces militaires, T-129/11, 3 mars 2011, pp. 64-70.

D'autres décisions s'affranchissent également du critère du caractère direct ou indirect de la mesure, et considèrent que les peuples autochtones doivent être consultés pour *toute* mesure susceptible de les affecter. Il en va par exemple ainsi de la décision *Petrolera Piedra del Aguila SA contre Curruhuinca Victorino* du 16 février 2011. Dans cette affaire en effet, un Tribunal civil argentin a annulé un décret autorisant une concession, au motif que la consultation doit intervenir pour toute mesure administrative ou législative qui peut affecter les peuples autochtones. Il a, par ailleurs, souligné la nécessité de mener un dialogue de bonne foi.

Une situation particulière est celle qui concerne les actes affectant les peuples autochtones ainsi que de nombreux citoyens non-autochtones, et qui font l'objet d'une consultation des autochtones *et des non-autochtones*, suivant les dispositions d'une loi interne. L'exigence de consultation formulée dans la Convention n°169 est-elle respectée dans ce type de cas ? C'est à cette question que répondent différentes décisions chiliennes.

La principale de ces décisions concernait un recours exercé contre la décision de la Commission régionale de l'environnement (COREMA) d'autoriser le projet minier Catanave de l'entreprise étasunienne *Southern Copper Corporation* dans la Réserve nationale Las Vicuñas dans la commune de Putre. Avec le Monument national Salar de Surire et le Parc national Lauca, cette réserve fait partie de la Réserve mondiale de la Biosphère Lauca instituée par l'UNESCO en 1983. La décision prise par la COREMA ne fit pas l'objet de consultation au sens de la Convention n°169, mais les juges de la Cour suprême confirmèrent la décision de la Cour d'appel, et rejetèrent la demande au motif qu'en matière environnementale, il existe deux voies pour autoriser un projet dans le cadre de l'évaluation de l'impact environnemental selon la loi 19.300. Selon l'article 11 de cette loi, la première voie consiste en une étude d'impact environnemental[1039] (pour laquelle la consultation est expressément prévue dans la Convention n°169) et la seconde qui est une déclaration d'impact environnemental (pour laquelle la consultation n'est pas prévue par la Convention n°169). Or, selon les juges de l'espèce, le processus d'évaluation de l'impact environnemental a été mené avec « la participation citoyenne »[1040], et notamment avec la

---

[1039] L'article 11 de la loi n°19.300 établit « la nécessité d'une étude d'impact environnemental quand le projet a pour conséquence la réinstallation de communautés autochtones ou l'atteinte significative au mode de vie et coutumes de groupes humains ».

[1040] Cour suprême, Municipalidad de Putre y Richard Antonio Fernández Chávez, et al. c. Comisión Regional del Medio Ambiente de Arica y Parinacota, n°2262-2011, 16 juin 2011. Disponible en ligne sur : http://corte.poderjudicial.cl/ Voir également :

communauté indigène, dont la consultation n'avait pas à être spécifique. Si le juge Brito a émis une opinion dissidente dans laquelle il s'oppose à cette interprétation, et estime que la Convention n°169 impose une consultation spéciale, l'interprétation retenue par la Cour a été confirmée le 11 octobre 2011 dans la décision de la Cour d'appel de Puerto Montt[1041].

En revanche, la Cour d'appel chilienne d'Antofagasta, dans l'affaire *Association autochtone Conseil des Peuples Atacameños contre la Commission régionale de l'environnement de la région d'Antofagasta*, s'est prononcée en faveur de l'association qui contestait une résolution autorisant un projet d'exploitation de cuivre « La Fortuna » sur des terres indigènes. Elle a estimé que cette autorisation d'exploitation minière méconnaissait les dispositions de la Convention n°169[1042], parce qu'aucune consultation n'avait été organisée. La jurisprudence chilienne paraît ainsi exiger une consultation ou un référendum, bien qu'il n'ait pas à être limité aux ressortissants « autochtones » du pays.

Bien que, en pratique, la détermination de l'applicabilité de l'obligation de consulter, et la vérification de son respect soient souvent traitées de manière concomitante par le juge, il est utile à la réflexion de les distinguer. En effet, la vérification du respect de la règle pose des questions différentes de celles de son applicabilité, et le juge ne s'y intéresse en principe qu'une fois son jugement fait sur l'applicabilité de la règle.

§ 2. Le contrôle du respect de l'exigence de la consultation par le juge

Depuis l'apparition de l'exigence de consultation dans la Convention n°169 de l'OIT, les peuples autochtones disposent d'un moyen pour remettre en cause un projet d'exploitation de ressources naturelles qui les concerne.

Cour d'appel d'Arica, Municipalidad de Putre y Richard Antonio Fernández Chávez, et al. c/ Comisión Regional del Medio Ambiente de Arica y Parinacota, n°9-2010 et 17/2010, 4 mars 2011. Disponible en ligne sur : http://casos.libredeterminacion.org/chile/2011/03/04/i-municipalidad-de-putre-y-richard-antonio-fernandez-chavez-et-al-c-comision-regional-del-medio-ambiente-de-arica-y-parinacota/ (consulté le 30 mai 2012).

[1041] Cour d'appel de Puerto Montt, José Omar Guentelican Maldonado, Presidente de la Comunidad indígena Antu Lafquen de Huentetique c/ Comisión Regional del Medio Ambiente de la Región de Los Lagos, n°239-2011, 11 octobre 2011.

[1042] Cour d'appel d'Antofagasta, Asociación Indígena Consejo de Pueblos Atacameños contra Comisión Regional del Medio Ambiente de la Región de Antofagasta, n°782-2010, 21 décembre 2010.

Mais ce sont les recommandations des organes de protection des droits de l'Homme des Nations Unies, relatives à la nécessité de mettre en place des mesures appropriées pour que la consultation soit effective, qui ont incité les juridictions nationales à faire respecter strictement cette exigence. À cette fin, le juge national s'attache à constater si la consultation a eu lieu (A) et, si cette première condition est remplie, à vérifier qu'elle a été menée conformément aux modalités exigées par la Convention (B).

A. Le contrôle de l'existence de la consultation

Si un État a ratifié la Convention n°169 et que celle-ci est en vigueur dans son droit interne, ses juges sont en principe contraints de veiller au respect de ses dispositions. C'est donc au regard de ces dernières que l'existence d'une consultation sera appréciée dans un cas d'espèce.

Dans certains cas, il existe des dispositions constitutionnelles ou législatives transposant des articles de la Convention, et c'est sur eux que le juge se fondera pour déterminer si une consultation a bien été tenue. Dans d'autres cas toutefois, lorsque le juge souhaite éviter de contrôler l'existence d'une consultation (parce que celle-ci n'a pas été menée), il souligne le manque de précision des lois ou l'absence de transposition de la Convention. Au Pérou par exemple, dans l'affaire *Jaime Hans Bustamante Johnson contre la décision de la Cour supérieure de justice de San Martin*, le juge ne s'est pas prononcé sur le contenu des dispositions de la Convention n°169 de l'OIT motif pris de leur manque de précision et de l'absence d'une législation nationale s'agissant de la consultation[1043]. Dans ce dernier type de situation, le juge considère que l'exigence de consultation n'est pas d'effet direct et, par conséquent, ne vérifie pas le respect de l'exigence de consultation. Une évolution de la jurisprudence a cependant eu lieu, et diverses juridictions constitutionnelles ont fait de la consultation un droit fondamental, pouvant être invoqué par les citoyens autochtones. La Cour constitutionnelle colombienne a par exemple joué un rôle important dans la reconnaissance de l'importance de la participation des peuples autochtones

---

[1043] Tribunal Constitutionnel, recours constitutionnel de Jaime Hans Bustamante Johnson contre la décision de la Cour supérieure de justice de San Martin, exp.n°03343-2007-PA/TC, 19 février 2009, par. 40 : « No obstante, y a pesar de la normativa indicada, es claro que no existe una norma general que desarrolle los alcances, detalles, condiciones y vinculatoriedad del derecho de consulta establecido en el tratado internacional citado. Dicha tarea se encuentra, desde luego, en manos del Legislativo, quien tendrá que elaborar la regulación del caso a fin de hacer realmente viable y efectiva la obligación internacional asumida, en todos los ámbitos en donde intervengan los pueblos indígenas ».

dans la prise de décision. En effet, en 1997, elle a érigé le droit à la consultation en droit fondamental nécessaire à la survie du groupe. De même, la Cour constitutionnelle guatémaltèque a considéré que la ratification de la Convention n°169 par le gouvernement impliquait que le droit à la consultation soit un droit fondamental inclus dans le bloc de constitutionnalité[1044]. Elle a affirmé que :

> « le droit à la consultation des populations autochtones constitue un <u>droit fondamental de caractère collectif et de prestation</u>[1045], dont la reconnaissance apparaît comme le résultat de la conscience internationale de la nécessité d'établir en faveur desdites populations – en raison de la marginalisation à laquelle elles ont été soumises pour des motifs liés à leur identité culturelle – une garantie de leur égalité du point de vue de leur capacité réelle à se prononcer et à influencer les dispositions destinées à affecter leurs conditions de vie, dans le but de les mettre au même plan qu'un groupe de citoyens [non-autochtones]. Elle implique une obligation pour l'État, d'institutionnaliser et de mettre en œuvre des procédures permettant avant toute action gouvernementale susceptible de

---

1044 Cour constitutionnelle, recours d'amparo, Consejos Comunitarios de Desarrollo, Alcaldías Auxiliares y vecinos de diferentes comunidades asentadas en el municipio de San Juan Sacatepéquez del departamento de Guatemala contre le Conseil municipal, n°3878-2007, 21 décembre 2009 : « el compromiso internacional de asumir una posición definida acerca del derecho de consulta de los pueblos indígenas, expresada en varios componentes : (i) su reconocimiento normativo propiamente dicho y, por ende, su inserción al bloque de constitucionalidad como derecho fundamental, por virtud de lo establecido en los artículos 44 y 46 de la Carta Magna ; (ii) consecuentemente, la obligación de garantizar la efectividad del derecho en todos los casos en que sea atinente ; y (iii) el deber de realizar las modificaciones estructurales que se requieran en el aparato estatal – sobre todo en cuanto a la legislación aplicable – a fin de dar cumplimiento a esa obligación de acuerdo a las circunstancias propias del país ». En français, on peut traduire cet extrait par : « l'engagement international d'assumer une position déterminée relative au droit à la consultation des peuples autochtones qui se décline en plusieurs composantes : (i) sa reconnaissance juridique en tant que telle et par conséquent son inclusion dans le bloc de constitutionnalité comme droit fondamental en vertu des articles 44 et 46 de la Constitution, (ii) d'où découle l'obligation consécutive d'assurer l'effectivité de ce droit dans tous les cas auxquels il se rapporte et (iii) l'obligation d'apporter les modifications structurelles nécessaires qu'elle requiert dans la structure du droit étatique – en particulier s'agissant de la loi applicable – afin d'adapter cette obligation aux circonstances propres au pays concerné ».

1045 Non souligné dans le texte original.

porter directement atteinte à ces populations, de lancer de bonne foi, systématiquement et conformément aux caractéristiques propres à chaque nation, une dynamique d'information, de participation et de dialogue avec les membres des communautés dotées d'une authentique représentativité, visant à parvenir à des accords sur les mesures envisagées »[1046].

À cette fin, le recours de *tutela* permet en principe d'éviter qu'un préjudice ayant des conséquences irréparables soit porté, et de protéger un droit fondamental garanti par la Constitution, nécessitant une protection urgente et immédiate. La décision sur le recours du *Défenseur du peuple représentant le groupe ethnique U'wa*[1047] revêt une importance considérable au regard de la réponse apportée par la Cour constitutionnelle qui s'inscrit dans une jurisprudence qui fut confirmée par plusieurs décisions.

Lorsque le droit à la consultation est reconnu par le juge, ce dernier apprécie sa réalisation dans les cas d'espèce, et il n'est pas rare qu'il constate

---

[1046] Traduction libre. Cour constitutionnelle, recours d'amparo, Consejos Comunitarios de Desarrollo, Alcaldías Auxiliares y vecinos de diferentes comunidades asentadas en el municipio de San Juan Sacatepéquez del departamento de Guatemala contre le Conseil municipal, n°3878-2007, 21 décembre 2009, V. f) : « el derecho de consulta de las poblaciones indígenas constituye un derecho fundamental de carácter colectivo y de prestación, cuyo reconocimiento surge como resultado de la conciencia internacional de la necesidad de establecer a favor de dichas poblaciones – debido a la marginación a la que históricamente han sido sometidas por factores ligados a su identidad cultural – una garantía de igualdad en cuanto a su aptitud real de pronunciarse e influir sobre aquellas disposiciones orientadas a repercutir en sus condiciones de vida, a fin de situarla en el mismo plano que la que corresponde a cualquier grupo de ciudadanos. Conlleva para el Estado la obligación de institucionalizar y aplicar procedimientos mediante los cuales, previo a la consumación de acciones gubernamentales que supongan afectación directa sobre esas poblaciones, se genere de buena fe, en forma sistemática y acorde a las características propias de cada nación, una dinámica de información, participación y diálogo con miembros de sus comunidades dotados de auténtica representatividad, dirigida a la consecución de acuerdos sobre las medidas que se proyecta realizar ».

[1047] Cour constitutionnelle, Sala Plena, Defensor del Pueblo, doctor Jaime Córdoba Triviño, en representación de varias personas integrantes del Grupo Étnico Indígena U'WA, contra el Ministerio del Medio Ambiente y la empresa Occidental de Colombia Inc., SU-039/97, 21 février 1997. Disponible en ligne sur : http://www.corteconstitucional.gov.co/relatoria/1997/SU039-97.htm (consulté le 2 avril 2011).

l'absence de consultation. La Cour constitutionnelle guatémaltèque a accueilli le recours d'*amparo* des conseils communautaires de développement, mairies auxiliaires et voisins des communautés de la municipalité de San Juan Sacatepéquez selon lequel le Conseil municipal de San Juan Sacatepéquez avait illégalement annulé, le 2 avril 2007, par manque de moyens financiers, une consultation locale initialement prévue pour le 13 mai. Cette consultation était pourtant organisée pour que les communautés autochtones Maya kaqchikeles s'expriment sur l'autorisation de licence d'exploration et d'exploitation minière sur leurs terres. En l'espèce, la Cour a estimé que le Conseil municipal de San Juan Sacatepéquez avait violé le droit à la consultation. Considérant que le Conseil municipal avait agi de bonne foi, la Cour n'a pas imposé de réparation du préjudice causé, mais a exigé l'organisation d'une consultation dont les résultats, sans lier l'administration, devront être transmis au pouvoir exécutif. La Cour a également décidé de suspendre l'application de l'acte 001-2007 du Conseil municipal et de prévoir la mise en place, dans un délai de 5 jours (des pénalités de 4000 quetzales sont fixées pour chaque jour de retard), des mécanismes de concertation et de négociation relatifs aux intérêts communautaires impliquant toutes les parties intéressées. Dans cette décision, la Cour rappelle que la consultation et la participation sont considérées comme la « pierre angulaire de la convention » et se réfère également à la Convention internationale sur l'élimination de toutes les formes de discrimination raciale, et à la récente Déclaration des Nations Unies sur les droits des peuples autochtones. D'une manière similaire, le juge argentin a pu constater, dans une affaire mettant en cause l'entreprise *Petrolera Piedra del Aguila S.A.*, l'absence de consultation et de gestion conjointe dans l'exploitation des ressources naturelles[1048]. Il a donc affirmé l'inconstitutionnalité des décrets pris en méconnaissance de l'obligation de consultation.

Comme l'illustrent brièvement ces développements, il est assez fréquent que les autorités exécutives fassent fi de l'importance de la consultation, qu'elles perçoivent comme une contrainte matérielle qui suppose une perte de temps et d'argent. Lorsqu'il est suffisamment outillé pour ce faire, le juge intervient à ce moment pour imposer la tenue d'une consultation.

[1048] Article El cuidadano, Fallo a favor de mapuches en conflicto con petrolera en Argentina. Disponible en ligne sur : http://www.elciudadano.cl/2011/03/02/fallo-a-favor-de-mapuche-en-conflicto-con-petrolera-en-argentina/ (consulté le 6 juin 2011).

Mais le juge ne contrôle pas uniquement l'existence ou l'absence de la consultation. Lorsqu'une consultation a eu lieu, il doit rechercher si elle répond bien au standard fixé par la Convention n°169 de l'OIT. Sur l'exigence de consultation, la règle est claire et le juge constate si oui ou non l'obligation de consultation est satisfaite. En revanche, il dispose d'une marge d'interprétation lorsqu'il examine les modalités de mise en œuvre de la consultation.

B. Le contrôle du respect des modalités de mise en œuvre exigées par la Convention n°169

Ainsi que la Cour constitutionnelle l'a jugé en 1997,

> « la participation ne se réduit pas à une simple intervention dans l'action menée par l'administration pour garantir le droit de la défense de ceux qui vont être affectés par l'autorisation de licence environnementale, elle a au contraire une signification majeure pour les intérêts qu'elle cherche à protéger, comme ceux relatifs au sort et à la sécurité de subsistance desdites communautés »[1049].

Pour cette raison, l'obligation de consulter ne peut être comprise comme une simple formalité dont l'irrespect ne porte pas à conséquence. Il appartient au contraire au juge de rappeler – comme l'a par exemple fait le Tribunal constitutionnel bolivien – que le pouvoir doit répondre à la situation par « une consultation effective des peuples autochtones vivant sur les terres objet de l'exploitation »[1050].

[1049] Traduction libre. Cour constitutionnelle, Sala Plena, Defensor del Pueblo, doctor Jaime Córdoba Triviño, en representación de varias personas integrantes del Grupo Etnico Indígena U'WA, contra el Ministerio del Medio Ambiente y la empresa Occidental de Colombia Inc., SU-039/97, 21 février 1997 : « De este modo la participación no se reduce meramente a una intervención en la actuación administrativa dirigida a asegurar el derecho de defensa de quienes van a resultar afectados con la autorización de la licencia ambiental, sino que tiene una significación mayor por los altos intereses que ella busca tutelar, como son los atinentes a la definición del destino y la seguridad de la subsistencia de las referidas comunidades ». Sur la base de ce raisonnement, la Cour a estimé que les consultations du peuple U'wa pour l'exploration sismique dans le bloc Samoré ne répondaient pas aux exigences (des composantes) de la consultation prévues dans la Convention n°169.

[1050] Traduction libre. Tribunal Constitutionnel, demande de contrôle de constitutionnalité de la loi relative aux hydrocarbures n°3058 du 19 mai 2005, Luis Eduardo Siles Pérez, n°45-2006, 2 juin 2006.

Pour rappel, l'article 6 de la Convention n°169 de l'OIT précise que la consultation doit être organisée, « par des procédures appropriées », « à travers [les] institutions représentatives [des peuples autochtones] », et qu'elle doit être menée « de bonne foi » « en vue de parvenir à un accord ou d'obtenir un consentement au sujet des mesures envisagées ».

L'exigence d'une consultation menée selon des « procédures appropriées » résulte d'un devoir plus général de bonne foi dans la tenue de la consultation. Dans l'affaire *Fédération Indépendante du Peuple Shuar d'Équateur contre Arco Oriente*[1051] par exemple, le juge a rappelé que la bonne foi implique des négociations effectives sur les points de divergences, et l'écoute des groupes intéressés, ceci en vue de mettre en place des décisions acceptables par les deux parties. En l'espèce, l'entreprise *Arco Oriente* avait, en avril 2000, vendu ses droits sur un bloc de la région de Pastaza, le bloc 24, à l'entreprise étasunienne *Burlington Resources*, sans avoir préalablement informé le peuple Shuar. Elle s'était contentée de contacter les membres du peuple Shuar en leur proposant de se manifester et de coopérer s'ils désiraient recevoir (à leur bénéfice) une installation produisant de l'énergie solaire photovoltaïque.

L'exigence de traiter avec des « institutions représentatives » a l'avantage de permettre une organisation simple et donc rapide de consultations. Mais elle a surtout pour objet d'empêcher les simulacres de consultation consistant à traiter avec des autorités non-légitimes, ou à aborder les autochtones de manière successive et informelle, en les trompant ou en manipulant leur consentement. Le rôle pratique d'une telle exigence peut encore être illustré par l'affaire de la *Fédération Indépendante du Peuple Shuar d'Équateur contre Arco Oriente*. En l'espèce, avant la cession des droits sur le bloc 24, l'entreprise *Arco Oriente* et le gouvernement équatorien avaient conclu un accord permettant l'exploitation pétrolière de ce bloc, dans lequel se situaient 70% des terres du peuple Shuar. Découvrant l'accord sans en avoir été informée au préalable, la Fédération Indépendante du Peuple Shuar (FIPSE)[1052] organisa aussitôt une assemblée, le 13 août 1998[1053], dans

[1051] Pour plus d'informations, voir : M. MELO CEVALLOS, « El Caso Bloque 24 : Una lucha por la exigibilidad de los derechos indígenas en la selva Amazónica Ecuatoriana » in M. MELO, P. ORTIZ, V. LOPEZ A., *Petróleo, Ambiente y Derechos en la Amazonia centro Sur*, Centro de Derechos Económicos y Sociales (CDES), Équateur, 2002, pp. 61-72. Disponible en ligne sur : http://www.escr-net.org/usr_doc/CDES_Petroleo_Ambiente.pdf (consulté le 3 octobre 2012).

[1052] Fédération regroupant 56 communautés et 10 associations dont des gouvernements autonomes. I. FIGUEROA, « Indigenous Peoples Versus Oil

le but de dégager la position dominante du groupe sur cet accord. L'assemblée décida de refuser l'entrée de l'entreprise sur ses terres, d'interdire les négociations individuelles et d'inviter des dirigeants du groupe à dialoguer avec l'entreprise pour trouver un accord. À la suite de plusieurs tentatives de l'entreprise de convaincre les membres de la communauté, le Tribunal constitutionnel ordonna en 2000 que toutes les discussions devaient être menées avec les représentants de la FIPSE[1054]. Cette décision fût le résultat d'un recours d'*amparo* (probablement choisi parce qu'il peut être exercé en cas de violation de droits collectifs suffisamment grave pour solliciter une action particulière et immédiate[1055]) devant le Tribunal civil de Morona Santiago, puis en appel devant le Tribunal Constitutionnel. Il consistait à contester la décision étatique en se fondant sur la Constitution de 1998 qui qualifie les terres autochtones d'indivisibles, insaisissables et inaliénables, ainsi que sur les articles 5, 7, 8, 13 et 14 de la Convention n°169 de l'OIT[1056].

Après une vaine tentative de dialogue entre les acteurs au sein d'un comité de coordination, l'entreprise proposa un accord de coopération très inégal envers les communautés autochtones, leur demandant de laisser entrer un sous-traitant en échange d'une contrepartie financière. La FIPSE décida alors de s'organiser en formant un Comité de défense du territoire Shuar, en consultant plusieurs organisations autochtones en Équateur et en sollicitant différentes ONG (notamment Acción ecológica, Oxfam et le Centre de droits économiques et sociaux (CDES)) pour une assistance. Mais à ce moment, des divergences se font jour entre les associations membres de la FIPSE, et les associations Iñiayua, Kusutka et Achunts, notamment, qui se séparent des autres. Ces dernières concluent un accord avec l'entreprise et acceptent sa

---

Companies: Constitutional Control within Resistance », *SUR – International Journal on Human Rights*, 2006, vol. 4, p. 55.

1053 I. FIGUEROA, « Relaciones Comunitarias en el bloque 24: Una estrategia de violación de derechos », in M. MELO, J. SOTOMAYOR (éd.), *TARIMIAT…*, op. cit., pp. 19-35.

1054 Tribunal Constitutionnel, résolution du recours d'amparo, Fédération indépendante du Peuple Shuar en Équateur (FIPSE) contre Entreprise Arco Oriente, résolution n°247-RA-00-IS, pp. 6-7.

1055 Ibid., p. 25.

1056 La Convention°169 de l'OIT a été ratifiée par l'Équateur et est entrée en vigueur le 15 mai 1999, soit un an après l'accord conclu entre le gouvernement et l'entreprise Arco.

présence en échange d'argent, de soins médicaux et de vols en avionnettes[1057].

En septembre 1999, le Tribunal civil de Morona Santiago décida malgré tout d'interdire à l'entreprise de s'approcher des communautés pour toute tentative de dialogue, sauf autorisation préalable de la FIPSE. L'entreprise interjeta appel devant le Tribunal constitutionnel mais ce dernier confirma la décision de première instance, en mars 2000. Le Tribunal affirma notamment que les actes de l'entreprise *Arco Oriente* étaient contraires aux dispositions de la Convention n°169 de l'OIT sur le droit à la consultation, sur la participation aux programmes de développement national et sur le respect des autorités représentatives[1058].

L'exigence de ce respect, ainsi que de celui de procédures adaptées découlent, nous l'avons dit, d'une exigence générale de bonne foi. L'obligation de bonne foi a un rôle central parce que, si la Convention n°169 indique dans leurs grandes lignes les modalités selon lesquelles la consultation doit être menée, elle ne précise pas les moyens que l'État doit mettre en œuvre pour respecter la Convention. Il revient donc aux autorités publiques de choisir les moyens pertinents (entrevues, ateliers, enquêtes, assemblées, réunions de travail, tables-rondes, forums, expertises, études etc.), en fonction des circonstances et du but poursuivi. La Cour constitutionnelle guatémaltèque a précisé que le rôle de l'État était « de créer un espace propice dans lequel tous les secteurs impliqués dans le développement d'[un] projet d'exploration et d'exploitation minières, aient l'opportunité de dialoguer, d'échanger l'information, et de confronter les opinions sur les implications sur les communautés affectées, selon une perspective globale incluant entre autres les variables économiques, sociales, culturelles et environnementales »[1059].

1057 M. MELO, « El caso bloque 24 : Los Derechos de los Pueblos Indígenas en el contexto del modelo extractivista petrolero », in M. MELO, J. SOTOMAYOR (éd.), *TARIMIAT…*, op. cit., p. 92.

1058 Tribunal Constitutionnel, résolution du recours d'amparo, Fédération indépendante du Peuple Shuar en Équateur (FIPSE) contre Entreprise Arco Oriente, résolution n°247-RA-00-IS, p. 3. Voir également : N. WRAY, « El recurso de amparo de FIPSE contra Arco : Una aproximación que cuestiona la visión tradicional de los derechos », in M. MELO, J. SOTOMAYOR (éd.), *TARIMIAT...*, op. cit., p. 63.

1059 Traduction libre. Cour constitutionnelle, recours d'amparo, Consejos Comunitarios de Desarrollo, Alcaldías Auxiliares y vecinos de diferentes comunidades asentadas en el municipio de San Juan Sacatepéquez del departamento de Guatemala contre le Conseil municipal, n°3878-2007, 21 décembre 2009, VIII :

D'une manière similaire, dans l'affaire des *Conseils communautaires de développement, mairies auxiliaires et voisins des communautés dans la municipalité de San Juan Sacatepéquez contre le Conseil municipal de San Juan Sacatepéquez*, le juge guatémaltèque souligne que le but des consultations doit être d'atténuer les divergences entre l'État et les peuples autochtones, et d'éviter ainsi le caractère souvent violent des affrontements entre les forces de police et les peuples autochtones résistant à des projets d'exploitations minières sur leur territoire, violences qui sont « facteur de tension ». Dans cette affaire, c'est notamment à la lueur de cet objectif qu'a été apprécié le respect – et en l'espèce qu'a été constaté l'irrespect – du droit dans la mise en œuvre de l'obligation de consultation. Le juge invite, pour cette raison, le gouvernement à prévoir dans son agenda législatif l'élaboration d'une loi relative à la consultation. Il rappelle en outre que « le devoir de l'institution municipale est de faciliter les conditions de l'exercice du droit, en fournissant les moyens appropriés, et en général, d'apporter le soutien institutionnel nécessaire à cette fin »[1060]. Dès lors qu'une consultation est prévue et qu'il est requis de la mener de bonne foi, une préparation est également indispensable (détermination des personnes invitées à être consultées, fixation d'une date, mobilisation de moyens de communication, etc.).

Une autre décision insistant sur le fait que les consultations doivent être menées de bonne foi est celle rendue le 30 juin 2010 par le Tribunal constitutionnel péruvien, sur le recours formé par Gonzalo Tuanama Tuanama (représentant plus de 5000 citoyens), relatif à la constitutionnalité du décret législatif n°1089[1061], adopté sans consultation préalable. En l'espèce, le Tribunal constitutionnel répondit de manière détaillée, en précisant les actes nécessitant une consultation. Il procéda à une analyse de tous les caractères qu'une consultation doit revêtir selon l'article 6 de Convention n°169, et souligna en particulier que toutes les étapes du

---

« a efecto de generar un espacio en el que todos los sectores involucrados en el desarrollo del proyecto de explotación y explotación mineras tengan la oportunidad de dialogar, intercambiar información y contrastar opiniones acerca de las implicaciones que aquél conlleva para las comunidades afectadas desde una perspectiva integral que incluya, entre otras, variables económicas, sociales, culturales y ambientales ».

[1060] Ibid., VIII : « Consecuentemente, el deber de la referida institución municipal es facilitar las condiciones para el ejercicio del derecho, suministrando los medios pertinentes, y en general, brindando el apoyo institucional que sea necesario para el efecto ».

[1061] Tribunal Constitutionnel, contrôle de constitutionnalité du décret n°1089, Gonzalo Tuanama Tuanama, 30 juin 2010.

processus (détermination de la zone affectée, consultation, et mise en œuvre de la mesure) doivent être conduites de bonne foi. Pour le juge, une consultation menée de bonne foi doit être organisée dans un délai raisonnable et dans un lieu accessible par les membres de la communauté. La démarche visant « l'objectif de parvenir à un accord » doit être un dialogue interculturel sincère, prenant en compte les coutumes des peuples en question et leurs intérêts. Le juge rappelle également dans cette décision qu'il revient à l'État de mener ces consultations en toute transparence et de manière préalable.

Cette dernière précision n'est pas surprenante puisqu'une consultation qui ne serait pas préalable perdrait l'essentiel de son intérêt. Le caractère préalable de la consultation est donc une exigence formulée de manière récurrente par la jurisprudence. La Cour constitutionnelle colombienne par exemple, a développé une jurisprudence riche[1062] sur cette question, en se fondant sur les recommandations du Comité d'experts de l'OIT sur l'application de la Convention n°169 en Colombie en 1999, au Guatemala en 2001, au Brésil en 2006.

D'autres aspects temporels de la mise en œuvre de la consultation sont importants. Dans la décision *Petrolera Piedra del Aguila SA contre Curruhuinca Victorino* du 16 février 2011, un Tribunal civil argentin a par exemple estimé que la consultation devait intervenir à toutes les étapes du processus décisionnel. Alors que l'entreprise demanderesse démontrait qu'il y avait bien eu une réunion avec les autochtones, le juge décida que cette réunion n'était pas suffisante pour répondre à l'exigence de consultation. Il s'appuya sur des articles doctrinaux et attribua une grande portée à l'obligation de consulter, notamment dans sa dimension temporelle.

Une dernière exigence comprise dans l'exigence générale de consultation doit être soulignée : l'obligation d'informer et même de faire comprendre aux autochtones les retombées possibles du projet à propos duquel on les consulte. Revêtant une importance considérable en pratique, cette obligation

---

[1062] Voir par exemple : Cour constitutionnelle, recours d'amparo, comunidad indígena de la Amazonía contra el programa de erradicación de cultivos ilícitos, SU 383/03, 13 mai 2003 ; Cour constitutionnelle, recours en inconstitutionnalité contre la loi 1021 de 2006, Carlos Humberto García Guzmán, Luis Alfredo García Gómez, Alejandra Azuero Quijano y Daniel Bonilla Maldonado, C 030/08, 23 janvier 2008. Voir également : G. AMPARO RODRIGUEZ, « La consulta previa, un derecho fundamental de los pueblos indígenas y grupos étnicos de Colombia », *El Otro derecho*, 2009, n°40, pp. 55-74. Disponible en ligne sur : http://ilsa.org.co:81/node/205 (consulté le 10 mai 2012).

a été précisée par la jurisprudence. La Cour constitutionnelle colombienne, par exemple, a souligné dans ses décisions C-030 et C-461 de 2008, que l'information destinée à faire comprendre les activités qui ont lieu sur les territoires indigènes, ou sur les techniques d'exploitation employées devaient être complètes. Les peuples autochtones doivent comprendre en quoi le projet les affecte, tout comme ses avantages et ses inconvénients pour la communauté. Dans le recours d'*amparo* le *Défenseur du peuple représentant le groupe ethnique U'wa*, il est rappelé que les objectifs de la consultation sont :

> « une pleine connaissance des projets destinés à explorer ou exploiter les ressources naturelles sur les territoires qu[e les communautés autochtones] occupent ou qui leur appartiennent, les mécanismes, les processus et activités requises pour les mettre en œuvre ; une information qui leur permet de comprendre les modalités d'exécution desdits projets et leurs possibles effets sur les éléments qui constituent la base de la cohésion sociale, culturelle, économique et politique, et par conséquent, la base de sa survie comme groupe humain distinct ; la pleine connaissance et conscience des avantages et inconvénients du projet sans intervention extérieure, par le biais d'une convocation de ses membres ou représentants ; la possibilité de faire entendre ses inquiétudes et ses prétentions pour la défense de ses intérêts. On recherche, par conséquent, si la communauté participe activement et effectivement à la prise de décision que doit prendre l'autorité, décision qui doit, autant que possible, être l'objet d'un consensus et de concertation »[1063].

[1063] Traduction libre. Cour constitutionnelle, Sala Plena, Defensor del Pueblo, doctor Jaime Córdoba Triviño, en representación de varias personas integrantes del Grupo Étnico Indígena U'WA, contra el Ministerio del Medio Ambiente y la empresa Occidental de Colombia Inc., SU-039/97, 21 février 1997 : « La institución de la consulta a las comunidades indígenas que pueden resultar afectadas con motivo de la explotación de los recursos naturales, comporta la adopción de relaciones de comunicación y entendimiento, signadas por el mutuo respeto y la buena fe entre aquéllas y las autoridades públicas, tendientes a buscar : a) Que la comunidad tenga un conocimiento pleno sobre los proyectos destinados a explorar o explotar los recursos naturales en los territorios que ocupan o les pertenecen, los mecanismos, procedimientos y actividades requeridos para ponerlos en ejecución. b) Que igualmente la comunidad sea enterada e ilustrada sobre la manera como la ejecución de los referidos proyectos puede conllevar una afectación o menoscabo a los

Cette décision sur la nécessaire information des autochtones marque clairement le souhait de la Cour de pousser le gouvernement à respecter plus strictement l'obligation de consulter[1064].

En droit interne, l'absence de consultation s'apparente à un vice de forme[1065] susceptible d'entraîner la nullité de l'acte qu'elle doit précéder. Lorsqu'ils considèrent qu'une consultation devait être tenue et qu'elle ne l'a pas été, les juges nationaux n'hésitent pas à ordonner son exécution. Toutefois, ils disposent d'une importante marge d'appréciation dans le contrôle des modalités de la consultation.

Afin d'utiliser au mieux la consultation comme outil d'apaisement des tensions, les gouvernements devraient étudier de manière approfondie les résultats de la consultation pour dégager des compromis satisfaisants pour toutes les parties. Les décisions citées plus haut montrent que l'irrespect de l'obligation de consulter entraîne l'annulation des actes autorisant et mettant en œuvre les projets d'extraction, donc de l'insécurité juridique, des retards, des contestations, etc. Ces difficultés pourraient être évitées par les États en organisant des consultations, et en tenant dûment compte de leurs résultats malgré le fait qu'ils ne soient pas formellement contraignants. En prenant davantage en compte ces derniers, bien des tensions pourraient être écartées, et surtout des populations nombreuses et des écosystèmes vulnérables pourraient être mieux protégés. C'est pourquoi la Cour constitutionnelle colombienne s'interroge désormais sur la mise en œuvre du principe du consentement libre, préalable et informé en proposant quelques critères qui pourraient permettre de respecter pleinement les droits des groupes ethniques : un dialogue d'égal à égal, des échanges véritables basés sur la

---

elementos que constituyen la base de su cohesión social, cultural, económica y política y, por ende, el sustrato para su subsistencia como grupo humano con características singulares. c) Que se le de la oportunidad para que libremente y sin interferencias extrañas pueda, mediante la convocación de sus integrantes o representantes, valorar conscientemente las ventajas y desventajas del proyecto sobre la comunidad y sus miembros, ser oída en relación con las inquietudes y pretensiones que presente, en lo que concierna a la defensa de sus intereses y, pronunciarse sobre la viabilidad del mismo. Se busca con lo anterior, que la comunidad tenga una participación activa y efectiva en la toma de la decisión que deba adoptar la autoridad, la cual en la medida de lo posible debe ser acordada o concertada ».

1064 Néanmoins la Cour n'a pas contesté la validité de l'autorisation de concession.

1065 Voir : G. CORNU, *Vocabulaire juridique*, Association Henri Capitant, Paris, Quadrige, P.U.F., 2007, 7ème édition, p. 903 : le vice de forme est une « irrégularité résultant de l'inobservation d'une formalité requise dans la conclusion ou la rédaction d'un acte [...] en général sanctionnée par la nullité de l'acte ».

bonne foi, un processus de consultation adapté aux particularités et coutumes du groupe ethnique, une pondération des intérêts en jeu, etc.[1066]

SECTION II – LE DROIT DE PROPRIÉTÉ COLLECTIVE

Le droit à la terre représente un des droits les plus importants pour les peuples autochtones, mais il trouve un aménagement dans les droits internes, sous la forme de la propriété collective reconnue par l'État qui délivre un titre de propriété. Dans les différends relatifs à l'exploitation des ressources naturelles, la protection de ce droit par le juge est le plus souvent indispensable. Devant lui, ce droit de propriété collective (§ 1) se heurte cependant fréquemment à la souveraineté de l'État sur ses ressources naturelles (§ 2).

§ 1. La reconnaissance du droit de propriété collective et la nécessité de sa conciliation avec d'autres régimes territoriaux

Un droit de propriété collective des peuples autochtones sur certaines terres leur est reconnu dans de nombreux États latino-américains (A). Mais il n'est pas rare que ces terres se voient appliquées d'autres régimes juridiques, si bien que les juges internes doivent tenter une conciliation entre ces différents régimes (B).

A. La reconnaissance du droit de propriété collective des peuples autochtones

Le droit de propriété collective en faveur des peuples autochtones diffère du droit à la terre, en ce que ce dernier comprend le droit sur le sol, mais aussi sur le sous-sol.

Fondé sur la cosmovision autochtone, le droit à la terre n'est cependant pas reconnu par les États latino-américains qui abritent des communautés autochtones. Ces États leur reconnaissent uniquement la propriété collective.

[1066] Cour constitutionnelle, Sala Quinta de Revisión, Oscar Carupia Domicó et autres représentants des réserves Chidima-Tolo y Pescadito de l'ethnie Embera-Katío contre les Ministères du Transport, de l'environnement, du logement et du développement territorial, de l'intérieur, de la justice, des mines et de l'énergie, de l'agriculture, de la défense, du département national de planification, des maires de Unguía et Acandí, de la société autonome régional du Chocó (Codechocó), l'armée nationale, la brigade XVII et de l'agence logistique des forces militaires, T-129/11, 3 mars 2011, pp. 79-81.

Plusieurs États d'Amérique latine consacrent toutefois des dispositions particulières aux autochtones dans leurs constitutions. C'est le cas en Colombie, par exemple, où l'article 329.2 reconnaît la propriété communautaire, et garantit son inaliénabilité et son imprescriptibilité. C'est également le cas en Argentine où l'article 75 al. 17 de sa Constitution reconnaît la propriété collective. De telles dispositions permettent aux juges internes de défendre la propriété autochtone avec une force particulière. Ainsi, la Cour constitutionnelle colombienne s'est par exemple référée à la constitution colombienne à ce titre, dans la décision *Nukak-Maku* du 27 juillet 1994, de même que le juge argentin dans l'affaire *Entreprise Petrolera Piedra del Aguila S.A. contre Curruhuinca Victorino et autres.*

Comme le droit à la terre, le droit de propriété collective existe indépendamment de la détention d'un titre juridique de propriété. Il découle de l'occupation effective ou de la possession traditionnelle des terres et se justifie par l'existence des peuples autochtones sur le territoire avant la colonisation[1067]. Ce point est d'ailleurs expressément souligné par l'article 96 de la Constitution de l'Argentine, relatif à la préexistence des peuples autochtones par rapport à la Nation argentine[1068]. Et c'est sur ce fondement que le Tribunal correctionnel a statué en faveur de Nahuel Florentino Arsenio, Nancucheo Roberto Oscar, Velasquez Martin, Pintos Fidel et autres. En effet, bien qu'ils ne possédaient aucun titre de propriété sur des terres empruntées par l'entreprise *Pionner Natural Resource*, ils ont été considérés comme en possession légitime des terres. De même, dans la récente décision *Duarte Pedro contre Claleo Silvia et autres*[1069], le tribunal reconnaît que le droit de propriété autochtone prime sur le droit commun de la propriété individuelle. À cette fin, il se fonde sur la valeur constitutionnelle de la Convention américaine des droits de l'Homme (intégrée dans le bloc de constitutionnalité et bénéficiant d'un effet direct dans l'ordre interne), et de l'interprétation, par la Cour et la Commission interaméricaines des droits de l'Homme, des articles de la Convention, en particulier de leur

---

1067 Voir par exemple sur ce point le cas du Bélize : J. S. ANAYA, « Maya Aboriginal Land and Resource Rights and the Conflict Over Logging in Southern Belize », *Yale Human Rights and Development Law Journal*, 1998, vol. 1, pp. 30-39.

1068 Article 96 de la Constitution provinciale de Neuquén.

1069 Tribunal de première instance de Zapala, Duarte Pedro contre Claleo Silvia et autres, exp. n°7061, 9 novembre 2012. Disponible en ligne sur : http://odhpi.org/wp-content/uploads/2012/11/SENTENCIA-EN-DUARTE-CONTRA-CLALEO.pdf (consulté le 16 décembre 2012).

interprétation du droit de propriété autochtone[1070]. Le Tribunal réaffirme que la propriété autochtone ne repose pas uniquement sur une occupation continue et exclusive ni sur un titre de propriété. En outre, dans cette affaire, il considère que l'occupation saisonnière, mais ancestrale des terres (à des fins de pâturage) par la communauté Mapuche Lof Tuwun Kupalmeo Maliqueo est suffisante pour leur reconnaître un droit de propriété.

D'une manière partiellement similaire, le Tribunal constitutionnel péruvien a reconnu, en s'appuyant sur la jurisprudence de la Cour IDH s'agissant des terres autochtones, que « le concept [de droit de propriété collective] est plus large que les autres droits territoriaux, qu'il en est distinct et est relié directement à la survie du peuple autochtone »[1071]. Néanmoins, le Tribunal a considéré qu'il ne s'agissait pas d' « un droit absolu » et que les terres autochtones pouvaient faire l'objet d'une expropriation à titre exceptionnel[1072].

[1070] Ibid. : « Que para delinear las características que ostentan las ocupaciones ancestrales indígenas y de consecuencia también la que integran los demandados - pertenecientes a la Comunidad Mapuche Lof Tuwun Kupalmeo Maliqueo" - es menester acudir a los estándares vigentes y al material internacional involucrado, sin agotar la tarea de identificación normativa en la determinación del derecho aplicable al caso pues resulta imprescindible incluir las decisiones de la Corte Interamericana de Derechos Humanos y las recomendaciones de la Comisión Interamericana de Derechos Humanos, dada la penetración de la jurisdicción internacional en la esfera de los ordenamientos jurídicos estatales y más precisamente en el ámbito de los derechos indígenas, quizás en el que más se ha hecho notar la presencia de esta jurisdicción internacional de protección ».

[1071] Tribunal Constitutionnel, demande de contrôle de constitutionnalité du décret n°1089, Gonzalo Tuanama Tuanama, exp. n°0022-2009-PI/TC, 28 juin 2010, par. XV : « un concepto más amplio y diferente de los derechos territoriales, relacionado directamente con la supervivencia del pueblo indígena ».

[1072] Ibid. : « Lo expuesto no significa que se esté frente a un derecho absoluto. Como es conocido los derechos interactúan entre sí y también con otros bienes jurídicos constitucionales, debiendo ponderarse cada uno de ellos en casos de colisión. Como se aprecia en el punto 3 del párrafo citado, se considera la adquisición de la propiedad de buena fe, siendo factible que el Estado indemnice a los pueblos indígenas que hayan sido afectados por tal enajenación. Todo ello no significa que este tipo de medidas deban ser moneda común, sino más bien excepcional, de lo contrario se generaría una sospecha que podría desvirtuar la buena fe y de este modo afectar la propia transferencia del inmueble. De igual forma, el artículo 70 de la Constitución establece que en virtud de seguridad nacional o necesidad pública y previo pago efectivo de una indemnización (que incluya compensación por eventual prejuicio) es factible la expropiación. Tal situación tampoco debe ser considerada como una opción inicial, debiendo ser por el contrario la excepción ».

Le droit à la propriété collective justifie l'attribution d'un titre à une communauté autochtone sur les terres où habitent ses membres, ainsi que sur les lieux qu'ils fréquentent traditionnellement lors de leurs rites. Afin d'attribuer un titre de propriété collective, il n'est pas rare que les juges fassent appel à des experts anthropologues, archéologues, historiens et sociologues. Ces derniers attestent de l'effectivité de l'occupation de la communauté sur les terres revendiquées et les juges tranchent sur cette base. C'est ainsi qu'ils pallient l'absence d'un titre de propriété. Les juges peuvent également demander à ces experts des informations précises sur les terres occupées par les communautés autochtones. Dans la décision *Entreprise Petrolera Piedra del Aguila S.A. contre Curruhuinca Victorino et autres*, rendue en février 2011, des précisions sont par exemple données sur l'usage des terres, l'organisation de cérémonies, et le déroulement de jeux sur les espaces revendiqués par la Communauté Mapuche Huenctru Trawel Leufú. Une approche similaire a été adoptée dans la décision *Fédération Indépendante du Peuple Shuar d'Équateur (FIPSE) contre Arco Oriente*. Dans cette affaire, le juge équatorien est cependant allé plus loin puisqu'il a présumé que l'occupation des terres par certains peuples autochtones les désignait implicitement comme propriétaires.

Dans de nombreux cas, il demeure difficile de faire prévaloir le droit de propriété collective sur l'intérêt de l'État d'exploiter ses ressources naturelles. La seule limite apportée par la décision du Tribunal constitutionnel bolivien dans l'affaire de la demande de contrôle de constitutionnalité de la loi relative aux hydrocarbures n°3058 du 19 mai 2005 est par exemple l'obligation d'indemniser les communautés autochtones, non seulement pour l'expropriation, mais pour tout impact socio-environnemental négatif directement engendré par les activités hydrocarburifères. Les juges précisent toutefois que cette indemnisation doit être « juste, respectant la territorialité, les us et coutumes des peuples affectés sur la base de l'étude d'impact socio-environnemental »[1073], et qu'elle doit être versée aux

[1073] Traduction libre. Tribunal Constitutionnel, demande de contrôle de constitutionnalité de la loi relative aux hydrocarbures n°3058 du 19 mai 2005, Luis Eduardo Siles Pérez, n°45-2006, 2 juin 2006, II.5 : « ARTÍCULO 119° (De las Compensaciones). Cuando las actividades hidrocarburíferas se desarrollen en tierras comunitarias de origen, comunales, indígenas o campesinas, tituladas o no, todo impacto socioambiental negativo directo, acumulado y a largo plazo, que las mismas produzcan, debe ser compensado financieramente por parte de los titulares de las actividades hidrocarburíferas, de manera justa, respetando la territorialidad, los usos y costumbres de los afectados, tomando como base, el Estudio de Evaluación de

autochtones ou paysans dans les terres communautaires d'origine, qu'ils disposent ou non d'un titre de propriété. En outre, l'indemnisation doit être fixée en fonction des « dommages dérivés de la perte de bénéfices issus des activités productives, des connaissances traditionnelles et/ou de la jouissance des ressources naturelles que les communautés ou peuples autochtones, originaires auraient pu développer dans les zones affectées »[1074].

Le Tribunal constitutionnel péruvien va plus loin sur l'expropriation en affirmant dans l'affaire *Gonzalo Tuanama Tuanama*, que :

> « l'obligation de l'État ne doit pas se limiter au paiement d'une indemnité juste, mais doit aller jusqu'au bénéfice partagé. Il ne suffit pas qu'ils jouissent de nouvelles terres de taille et de qualité égales, mais les peuples autochtones devraient profiter de l'exploitation qui se déroule sur leurs terres ancestrales d'origine et dont ils sont séparés, garantissant ainsi une continuité de leur existence mais aussi l'amélioration de leur qualité de vie. C'est seulement ainsi qu'on pourrait justifier l'expropriation des terres indigènes. A défaut, les membres de ces peuples pourraient utiliser des moyens juridiques appropriés pour protéger leurs droits »[1075].

Impacto Ambiental y otros medios que permitan valorar los daños no cuantificables ».

1074 Traduction libre. Ibid., article 120 : « La indemnización debe contemplar los perjuicios derivados de la pérdida de beneficios por actividades productivas, de conocimientos tradicionales y/o aprovechamiento de recursos naturales que las Comunidades o Pueblos Campesinos, Indígenas y Originarios pudieran desarrollar en las zonas impactadas ».

1075 Traduction libre. Tribunal Constitutionnel, demande de contrôle de constitutionnalité du décret n°1089, Gonzalo Tuanama Tuanama, exp. n°0022-2009-PI/TC, 28 juin 2010, par. XVI, point 52 : « la obligación del Estado no debe remitirse al pago de un justiprecio, sino que debe ir más allá, hacia un beneficio compartido. No basta pues con que se les otorgue nuevas tierras de igual extensión y calidad, sino que los pueblos indígenas deben beneficiarse de la explotación que se lleva a cabo en sus territorios ancestrales originales de los que fueron separados, garantizando con ello no solo la continuidad de su existencia sino el mejoramiento de la calidad de vida. Solo así puede comprenderse justificada la expropiación de tierras indígenas, de lo contrario, los miembros de tales pueblos podrán recurrir a las vías legales pertinentes a fin de tutelar sus derechos ».

B. La conciliation du droit de propriété collective avec d'autres régimes juridiques territoriaux

Dans de nombreuses affaires, les terres litigieuses relèvent concomitamment de plusieurs régimes juridiques, par exemple un régime propre aux terres agricoles, un régime propre aux terres où vivent les peuples autochtones et un régime découlant du statut d'aire protégée. Cette pluralité des régimes découle de différents intérêts et attentes, dont l'articulation est problématique. C'est ainsi que, comme l'a noté Alain Rochegude, « [l]e droit de la terre se situe (...) au carrefour des attentes locales privées (besoins de vie), des attentes locales publiques (développement et autonomie des collectivités décentralisées), des attentes nationales (exigence d'une politique foncière nationale comme celle que l'on construit aujourd'hui à Madagascar), voire des attentes internationales (préservation de la biosphère, débat sur les « biens publics mondiaux naturels »). Chaque niveau d'attentes apparaît comme ayant tout à la fois des droits et des responsabilités, sinon des obligations »[1076].

En cas de superposition, le juge doit faire prévaloir un régime sur un ou plusieurs autres. Cet entrecroisement place les peuples autochtones dans une grande insécurité juridique, de sorte que l'ensemble des experts affirment que le droit doit empêcher la concurrence de plusieurs régimes juridiques différents à leur endroit.

Il est toutefois courant qu'il y ait, sur le terrain, des luttes de pouvoir, par exemple entre agriculteurs et peuples autochtones, ou entre entreprises et peuples autochtones, sans qu'un régime spécifique vienne protéger les terres autochtones. Dans certains États, il n'existe par exemple pas de régime spécifiquement dévolu aux terres autochtones, mais les communautés peuvent obtenir un titre de propriété « agricole ». Toutefois, ce type de titre de propriété n'est pas adéquat, ne serait-ce que parce qu'il ne permet pas aux communautés autochtones d'acquérir un titre sur les espaces liés à leur rite ou leur mode de vie traditionnel. Au Guatemala par exemple, bien que l'article 67 de la Constitution prévoie un régime spécial de protection des terres autochtones, ces dernières n'en bénéficient pas effectivement[1077] et

[1076] A. ROCHEGUDE, op. cit., pp. 59-60.

[1077] Voir l'article 67 de la Constitution qui énonce que : « Les terres des coopératives, des communautés autochtones ou toute autre forme de possession communale ou collective de la propriété agraire, comme le patrimoine familial ou le logement populaire bénéficieront d'une protection spéciale de l'État [...] afin d'assurer à l'égard de l'ensemble des habitants une meilleure qualité de vie » (traduction libre). Le texte original est le suivant : « Las tierras de las cooperativas,

elles sont en réalité soumises au régime de droit commun des coopératives agricoles.

À l'inverse, un droit de propriété collective est reconnu au Brésil. Néanmoins, de récents événements ont montré que, dans certains cas, les intérêts économiques prévalent sur ce droit. Pourtant, les contestations de cette prévalence sont nombreuses. Ainsi, la cause de la forêt amazonienne a connu un retentissement médiatique sans précédent[1078], avec la circulation de pétitions pour inciter l'État brésilien à empêcher une déforestation défavorable à la fois à l'environnement et aux peuples autochtones qui vivent actuellement dans la forêt. Ces derniers se trouvent également menacés par l'agrandissement des propriétés des agriculteurs, et par la construction d'un barrage hydroélectrique à Belo Monte. À l'issue d'une lutte acharnée de plus de 30 ans, en 2005, les communautés Macuxi, Wapixana, Ingarikó, Taurepang et Patamona ont obtenu la protection de leurs terres, via un décret présidentiel leur accordant le statut de réserve de Raposa Serra do Sol. Ces terres ont néanmoins continué à être occupées et exploitées par des agriculteurs non-autochtones par la suite. L'intervention de la Cour suprême brésilienne le 10 décembre 2008, dans un arrêt où elle reconnaît les droits des peuples autochtones sur la réserve de Raposa Serra do Sol[1079] a redonné espoir aux communautés. Mais le processus de démarcation a été entravé par la pression exercée par les riziculteurs. Ces derniers ont fait l'objet d'une mesure d'expulsion mais ont finalement obtenu sa suspension. Une réelle tension existait entre les communautés autochtones et les agriculteurs, et elle a engendré des conflits qui ont fait des blessés et des morts. Des propositions de morcellement du territoire ont été faites, mais les peuples autochtones concernés, ainsi que les dix juges de la Cour suprême ont estimé que le territoire ancestral protégé devait rester uni. Le juge du Tribunal fédéral de la région a ordonné le 14 août 2012 l'arrêt des travaux du chantier hydroélectrique en raison de l'absence de consultation.

---

comunidades indígenas o cualesquiera otras formas de tenencia comunal o colectiva de propiedad agraria, así como el patrimonio familiar y vivienda popular, gozarán de protección especial del Estado, asistencia crediticia y de técnica preferencial, que garanticen su posesión y desarrollo, a fin de asegurar a todos los habitantes una mejor calidad de vida ».

1078 D. TARLOCK A., op. cit., p. 40 : « There is a huge body of popular and scholarly literature which extols the virtues of rainforest conservation and condemns rapid exploitation for short term economic profit ».

1079 Voir les sites des ONG d'Amnesty International : http://www.amnesty.org/fr/news-and-updates/good-news/brazil039s-supreme-court-upholds-rights-indigenous-peoples-20081212 et de Survival : http://www.survivalfrance.org/actu/4358 (consulté le 8 juin 2011).

Toutefois, la décision a été suspendue par la Cour suprême le 27 août au motif que l'interruption des travaux pourrait causer « des dommages notables et irréparables du patrimoine public, de l'administration, de l'économie et de la politique énergétique brésilienne »[1080].

Dans les cas de superposition des régimes juridiques applicables à un espace déterminé et aux ressources naturelles que contient son sous-sol, le droit de propriété collective rentre fréquemment en conflit avec le régime juridique de l'aire protégée. Dans certains cas en effet, en vue de protéger la biodiversité, l'État décide de créer des aires protégées. L'attribution d'un tel statut peut se faire au détriment ou en faveur de la protection des peuples autochtones. Dans le premier cas, l'État peut par exemple décider de déplacer les peuples autochtones qui vivent dans l'aire protégée, alors même qu'ils dépendent en grande partie de ses ressources. Un exemple de la seconde situation est au contraire celle où l'attribution du statut d'aire protégée s'accompagne de la décision de l'État de confier la cogestion et la conservation de celles-ci aux peuples autochtones vivant sur place.

Lorsque le juge se trouve confronté à une zone habitée par des peuples autochtones et classée comme aire protégée, et que cette zone fait malgré tout l'objet d'une autorisation d'exploitation, il est moins enclin à appliquer le principe de souveraineté de l'État sur ses ressources naturelles. Ainsi, dans l'affaire *Association Oikos Red Ambiental contre le gouvernement de la province de Mendoza*, les juges de la Cour suprême argentine ont par exemple interdit l'exploitation d'hydrocarbures dans la réserve de la Laguna Llancanelo (dans la province de Mendoza), au motif qu'elle constitue, selon la Convention de Ramsar, une zone humide d'importance internationale. Même si la Cour a jugé inconstitutionnel le décret 9/80[1081] qui autorise l'exploitation, l'interdiction proclamée par la Cour reste provisoire. Les juges exigent toutefois qu'avant toute autorisation, une délimitation de la réserve soit effectuée, de manière à ce que les terres situées à l'intérieur de la zone protégée ne puissent pas faire l'objet d'exploitation. Ils demandent également que des études précisent quelles mesures seront prises pour préserver cette zone[1082]. En s'appuyant sur les articles 24 et 25 de la loi

---

[1080] Voir : http://www.lemonde.fr/web/recherche_breve/1,13-0,37-1206841,0.html?xtmc=belo_monte&xtcr=1 et http://www.rtbf.be/info/monde/detail_bresil-la-cour-supreme-autorise-la-reprise-des-travaux-du-belo-monte?id=7828397 (consulté le 3 septembre 2012).

[1081] Décret 9/80 paru dans le journal officiel le 17 mars 1980.

[1082] Cour suprême de la province de Mendoza, recours d'amparo, Association Oikos Red Ambiental contre le gouvernement de la province de Mendoza, 11 mars 2005. Disponible en ligne sur : http://www.jose-esain.com.ar/images/pdf/nota_fallo_

6.045, qui interdisent toute exploitation minière ou pétrolière dans les aires naturelles protégées (des catégories distinctes sont prévues en fonction de la biodiversité, des espèces animales et végétales présentes dans l'espace), la Cour rappelle la nécessité de protéger l'environnement pour les générations futures, et donc l'importance du droit de l'environnement.

§ 2. La souveraineté de l'État sur ses ressources naturelles et la nécessité de sa conciliation avec les régimes juridiques protecteurs

L'argument généralement soulevé par le gouvernement en cas de contestation d'un projet d'exploitation de ressources naturelles est la souveraineté de l'État sur ses ressources naturelles. Les juges nationaux réaffirment ce principe à chaque fois que des communautés autochtones contestent un projet de ce type (A). Cependant, ils tentent de modérer son application et d'éviter tout acte arbitraire de l'État pouvant mettre en danger la survie d'un peuple autochtone (B).

A. L'affirmation jurisprudentielle d'un principe et ses conséquences

Malgré la reconnaissance de l'importance du droit de propriété collective, les juges doivent le concilier avec la souveraineté de l'État sur ses ressources naturelles, souvent assimilée à l'arbitraire par les peuples autochtones. Ces derniers considèrent qu'ils sont prioritaires sur leurs terres et qu'ils ne peuvent être assujettis à la volonté de l'État, et moins encore à celle d'entreprises privées. C'est ainsi que les juges tentent de procéder à une balance des intérêts. Sans trop de surprise, la confrontation du droit de propriété collective avec la souveraineté de l'État sur les ressources naturelles n'est qu'assez rarement en faveur du premier[1083].

---

llancanelo.pdf (consulté le 12 mai 2012). Voir aussi : OILWATCH, LLANCANELO : la Corte Suprema se expidió a favor de la ONG mendocina Oikos red ambiental frente al proyecto de explotación petrolera de Repsol YPF. Voir : OBSERVATORIO PETROLERO SUR, *Areas (des)protegidas: el avance de la frontera extractivista*, 21 octobre 2009. Disponible en ligne sur : http://opsur.wordpress.com/2009/10/21/areas-desprotegidas-el-avance-de-la-frontera-extractivista/ (consulté le 3 juin 2012).

[1083] Comme l'a fait remarquer Nico Schrijver, « decisive authority as regards use and exploitation of indigenous lands and their natural resources ultimately rests with the State » in N. SCHRIJVER, *Sovereignty over natural resources. Balancing rights and duties*, Cambridge, Cambridge University Press, 1997, p. 318.

En Équateur, la Constitution consacre l'importance de la terre pour les peuples autochtones tout en affirmant la souveraineté de l'État sur les ressources du sous-sol. Dans la décision *Fédération Indépendante du Peuple Shuar d'Équateur contre Arco Oriente,* le juge équatorien rappelle que l'État est souverain sur les richesses du sous-sol et que les communautés autochtones sont seulement propriétaires des richesses qui se situent en superficie. Le Tribunal constitutionnel bolivien rappelle que « la propriété des minéraux et des hydrocarbures appartient à l'État »[1084] tout comme le fait le Tribunal constitutionnel péruvien[1085].

En vertu de ses prérogatives, l'État a la possibilité d'exproprier les peuples autochtones de leurs terres sur la base de l'intérêt public. L'expropriation se définit, en droit international, comme une « procédure par laquelle une autorité publique oblige une personne privée à lui céder des biens, droits ou intérêts au nom de l'intérêt général »[1086]. L'expropriation constitue donc une atteinte au droit de propriété et elle doit être encadrée

---

[1084] Tribunal Constitutionnel, demande de contrôle de constitutionnalité de la loi relative aux hydrocarbures n°3058 du 19 mai 2005, Luis Eduardo Siles Pérez, n°45-2006, 2 juin 2006 : « la norma analizada impone es una obligación al Estado para consultar la existencia de afectación a los intereses de pueblos indígenas y tribales, atendiendo las particulares circunstancias sociológicas de éstos ; y no que dicha consulta sea con carácter determinativo o definitivo para conseguir la aquiescencia de dichos pueblos, sin la cual no sea posible explotar los recursos del subsuelo que son propiedad del Estado, sino que más bien la norma analizada impone el deber de consultar cuál el daño que pueden sufrir sus intereses, para que sea debida y equitativamente indemnizado; por tanto, la consulta no puede ser entendida como la solicitud de una autorización, sino como un acto efectivo de consultar a los pueblos indígenas y tribales asentados en los territorios objeto de la explotación sobre la cuantificación del daño a sus intereses, que sufrirán como efecto de dicha extracción ; y mucho menos puede ser entendida como una facultad para impedir la explotación de la riqueza del subsuelo que pertenece al Estado, pues por encima de los intereses de grupo de cualquier índole, se encuentra el supremo interés de la mayoría, expresado por las autoridades del Estado ».

[1085] Tribunal Constitutionnel, demande de contrôle de constitutionnalité du décret n°1089, Gonzalo Tuanama Tuanama, n°0023-2009-PI/TC, 21 septembre 2010, point 9 : « prevé el caso en que los recursos naturales sean propiedad del Estado. Inclusive aquellos que están en los territorios indígenas. En todo caso, y sin perjuicio de lo expuesto, cualquier eventual conflicto que surja entre las comunidades y las políticas de Estado deberá ser resuelto a través de las reglas de la ponderación a fin de articular los legítimos derechos comunales con los intereses nacionales en cada caso concreto, más aún cuando la titularidad de los recursos naturales corresponde al Estado ».

[1086] J. SALMON (dir.), op. cit., p. 486.

pour éviter que la privation d'une personne privée de son bien soit arbitraire. Plusieurs conditions cumulatives doivent être remplies pour que l'expropriation soit considérée comme légale. Les conditions généralement reconnues en droit interne sont la légalité de la mesure – elle doit être prévue par la loi –, la poursuite d'un but d'utilité publique ou d'intérêt général, et enfin le respect d'un « juste équilibre »[1087] entre le but poursuivi et les moyens utilisés, entre l'intérêt général et la sauvegarde de l'intérêt individuel. L'article 21 de la Convention américaine des droits de l'Homme garantit ainsi, par exemple, le droit à l'usage et à la jouissance de ses biens (et non le seul droit de propriété), et elle fait référence à l'intérêt social ou public (et non seulement la nécessité publique) et à une indemnisation juste en cas d'expropriation.

Dans plusieurs pays d'Amérique latine, les activités liées à l'exploitation des ressources naturelles et en particulier le pétrole, le gaz et les minerais, relèvent de l'intérêt et/ou de la nécessité publics. Partie aux différends, les autorités de l'État définissent unilatéralement ce qui relève de l'intérêt public. Mais bien souvent, sous la pression des entreprises, elles assimilent l'intérêt public au seul développement économique. L'État justifie alors systématiquement les expropriations sur ce fondement dont le caractère absolu est très contestable. En dépit de la reconnaissance de leurs droits fonciers, les peuples autochtones se trouvent ainsi sans cesse menacés d'expropriation. En Colombie par exemple, l'expropriation est autorisée par l'article 58 de la Constitution. L'article 13 de la loi n°685 de 2001 « déclare l'exploitation minière comme une activité d'utilité publique et d'intérêt social ». Cet article permet à toute compagnie minière de demander l'expropriation auprès du Ministère des mines qui statue sur la demande. Les conditions requises semblent très simples à rassembler : identité et nom du propriétaire ou de celui qui possède les terres, numéro du titre minier que la compagnie reçoit lors de son enregistrement au registre national minier, identification et localisation des biens que la compagnie souhaite acquérir, et engagement à verser une indemnisation préalable et entière de la perte du bien. La visite sur les lieux d'un expert est également prévue[1088]. La procédure administrative donne un pouvoir large à l'administration et offre très peu de transparence. D'une manière relativement comparable, au Mexique, l'article 6 de la loi du 26 juin 1992 prévoit que « l'exploration, l'exploitation et bénéfices des minéraux ou substances auxquelles se réfère

[1087] C. GOLAY, I. CISMAS, op. cit., p. 18.

[1088] Traduction libre. Voir le site du Ministère des mines colombien : http://www.minminas.gov.co/minminas/downloads/UserFiles/File/Intraminas/Documentacion/1%20Solicitud%20Expropiacion.pdf (consulté le 11 février 2011).

cette loi sont d'utilité publique, et seront préférés à toute autre utilisation des terres »[1089]. Enfin, au Guatemala, l'article 7 du décret n°48-97 relatif aux activités minières constate que « sont déclarés d'utilité et de nécessité publiques, la promotion et le développement des opérations minières dans le pays, ainsi que son exploitation technique et rationnelle ».

Retenir l'intérêt public dans ce type de projet est discutable car, en pratique, cet intérêt sert principalement des intérêts privés, ceux des entreprises. À l'inverse, il serait possible de considérer que la protection des peuples autochtones, populations particulièrement vulnérables, relève de l'intérêt collectif. De plus, ne pourrait-on pas, dans le cas où plus de 50% de la population d'un État est autochtone, estimer que la protection des peuples autochtones est de principe ? La résolution de ce type de difficulté passe certainement, au fond, par une représentation plus adéquate des autochtones dans les gouvernements. Mais en attendant que tel soit le cas, le rôle du juge est primordial pour tempérer l'action du gouvernement, en s'appuyant par exemple sur le respect des droits de l'Homme.

B. La nécessaire conciliation entre développement économique et respect des droits de l'Homme

Le territoire, élément constitutif de l'État, représente un enjeu économique majeur en raison des ressources qu'il contient. Ces ressources, si elles sont exploitées, engendrent des revenus considérables. Le pétrole et l'or, en particulier, constituent des ressources stratégiques auxquelles un État peut difficilement renoncer.

La Cour constitutionnelle guatémaltèque fait remarquer très justement la difficulté de mesurer et d'évaluer les intérêts à faire prévaloir. Dans la décision *des conseils communautaires de développement, mairies auxiliaires et voisins des communautés dans la municipalité de San Juan Sacatepéquez contre le Conseil municipal de San Juan Sacatepéquez*, cette juridiction devait trancher un différend issu du choc d'intérêts opposés : le respect des droits des peuples autochtones d'une part, et les intérêts économiques du pays d'autre part. En l'espèce, une concession d'exploration et d'exploitation minière avait été octroyée sans faire l'objet d'une consultation préalable de la communauté autochtone maya kaqchikeles. La Cour était hésitante car, si l'obligation de consulter n'avait pas été respectée, des intérêts économiques nationaux étaient en jeu. Dans sa décision, elle affirme que le ciment est « la

1089 Voir la loi mexicaine relative aux ressources naturelles. Disponible en ligne sur : http://www.diputados.gob.mx/LeyesBiblio/ (consulté le 11 février 2011).

deuxième substance la plus utilisée dans le monde, seulement après l'eau », qu'il « est un élément stratégique de l'économie nationale et un bien indispensable pour le développement social qui est de l'intérêt de toute la population sans aucune discrimination ». Elle précise qu'« il est un produit d'intérêt social » puisqu'il permet « la compétitivité et la diversification de l'économie et l'ouverture du marché du travail, directe et indirecte »[1090]. La Cour rappelle toutefois à l'État qu'il doit veiller à réduire au maximum l'impact du projet sur les populations autochtones.

Les juges tentent d'encourager une gestion modérée des ressources naturelles qui ne porte pas systématiquement atteinte aux populations les plus vulnérables. Ils essaient de contraindre les autorités exécutives à apporter des garanties qui permettent d'assurer l'effectivité des droits des peuples autochtones. Le Tribunal constitutionnel péruvien soutient ainsi, par exemple, que « si un conflit surgit entre les communautés et les politiques de l'État, il devra être résolu à l'aide de règles de pondération afin d'articuler les droits légitimes collectifs et les intérêts nationaux dans chaque cas concret »[1091]. De même, la Cour constitutionnelle colombienne affirme que :

> « L'exploitation des ressources naturelles sur les terres indigènes rend nécessaire l'harmonisation entre deux intérêts opposés : la nécessité de planifier, de contrôler et d'utiliser les ressources naturelles dans ces territoires pour garantir son développement durable, sa conservation, sa restauration ou son remplacement [...] et celle d'assurer la protection de l'intégrité ethnique, culturelle, sociale et économique des communautés autochtones qui occupent ces mêmes territoires. [...] Cela signifie qu'il doit rechercher un équilibre ou balance entre le développement économique du pays qui exige l'exploitation de

---

[1090] Cour constitutionnelle, recours d'amparo, Consejos Comunitarios de Desarrollo, Alcaldías Auxiliares y vecinos de diferentes comunidades asentadas en el municipio de San Juan Sacatepéquez del departamento de Guatemala contre le Conseil municipal, n°3878-2007, 21 décembre 2009, VI.

[1091] Tribunal Constitutionnel, demande de contrôle de constitutionnalité du décret n°1089, Gonzalo Tuanama Tuanama, n°0023-2009-PI/TC, 21 septembre 2010, par. 9 : « cualquier eventual conflicto que surja entre las comunidades y las políticas de Estado deberá ser resuelto a través de las reglas de la ponderación a fin de articular los legítimos derechos comunales con los intereses nacionales en cada caso concreto ».

ces ressources naturelles et la préservation de cette intégrité qui est la condition de la survie du groupe humain autochtone »[1092].

Il est particulièrement intéressant de relever la position du Tribunal constitutionnel de Bolivie, sur la manière de concilier le principe de souveraineté de l'État sur ses ressources naturelles, et l'inaliénabilité des terres possédées par les peuples autochtones. L'article 126 de la loi sur les hydrocarbures énumère les lieux qui ne peuvent faire l'objet d'expropriation et dont font partie les espaces où vivent les communautés autochtones. Toutefois, dans cette décision rendue dans le cadre d'un recours en inconstitutionnalité, le Tribunal a reconnu que cet article était contraire à la Constitution politique de l'État et l'a déclaré inconstitutionnel[1093]. Il rappelle que les gisements d'hydrocarbures sont du domaine direct, inaliénable et imprescriptible de l'État[1094].

Au-delà de la question de la conciliation du développement économique et de la protection des peuples autochtones, ce qui peut être interrogé est la réalité de l'intérêt économique des États d'autoriser l'exploitation des ressources par des entreprises étrangères. Ainsi que le montre bien un bilan réalisé par la Banque mondiale, très rares sont les projets qui ont contribué effectivement à un essor et à un développement importants du pays d'accueil du point de vue économique et ce, malgré l'importance des investissements des entreprises. Le manque de transparence dans ce type d'activités est très regrettable comme le souligne l'ONG spécialisée dans le problème de la corruption Transparency international. Dans son rapport 2011 sur les compagnies pétrolières et gazières[1095], de timides progrès sont constatés, tandis que les sommes versées par les entreprises au gouvernement sont rarement publiées. Il note également que « [d]eux tiers des populations pauvres du monde vivent dans des pays riches en ressources »[1096]. Cette

---

1092 Traduction libre. Cour constitutionelle, Sala octava de Revisión, Pueblo Indígena Motilón Barí contra el Ministerio del Interior y de Justicia y otros, T-880/06, 26 octobre 2006, point 3.2.

1093 Tribunal Constitutionnel, demande de contrôle de constitutionnalité de la loi relative aux hydrocarbures n°3058 du 19 mai 2005, Luis Eduardo Siles Pérez, n°45-2006, 2 juin 2006, II.

1094 Article 139 de la Constitution de la Bolivie.

1095 TRANSPARENCY INTERNATIONAL, *Promoting Revenue Transparency : 2011 Report on Oil and Gas Companies*, Berlin, Transparency international, 2011, 65 p.

1096 Propos d'Huguette Labelle, Présidente de Transparency International, tirés du communiqué de presse du 1er mars 2011 pour la publication du rapport 2011 sur les

affirmation ne fait que souligner le problème venant du fait que ces industries génèrent des revenus très importants alors que la population locale en bénéficie très rarement. Transparency international soutient que la transparence est un facteur déterminant pour que les revenus issus des exploitations pétrolières et gazières soient employés en faveur de l'intérêt général avec pour objectif d'atteindre un seuil de développement minimal pour la population.

En d'autres termes, les droits des peuples autochtones sont écartés au profit des intérêts économiques de l'État, et l'absence d'une politique claire sur la transparence des fonds ne fait que renforcer le sentiment d'injustice des peuples autochtones à l'égard de l'État.

Une exception au principe de souveraineté de l'État sur ses ressources naturelles a été reconnue. Il s'agit du cas *U'wa* dans le nord de la Colombie[1097]. Dans cette affaire, un accord avait été conclu en août 1991 entre *Ecopetrol*, entreprise nationale colombienne et *Copeco*, entreprise privée colombienne, pour exploiter le pétrole présent sous 185 688 hectares de terre. *OXY* entreprise étasunienne rejoint ce consortium en avril 1992 en tant qu'opérateur. En 1992, le gouvernement autorise l'exploration du pétrole dans le bloc Samore (dans les municipalités de Saravena, Tame et Fortul) par *OXY* et *Royal Dutch Shell*. Or, le bloc Samore comprend des réserves indigènes et des parcs naturels (Tamá y El Cocuy), ce qui est notamment précisé par l'Institut national des ressources naturelles renouvelables et de l'environnement (INDERENA). Pour respecter les dispositions relatives à la consultation (article 330 de la Constitution et article 76 de la loi n°99 de 1993), le Ministère de l'environnement organise une consultation préalable, qui se tient les 10 et 11 janvier 1995. Il autorise ensuite l'exploration du bloc Samore le 3 février 1995. Une licence d'exploitation est concédée dans le bloc en septembre 1999 concernant le projet Pozo Gibraltar 1. En septembre 2000, le peuple U'wa apporte la preuve d'un titre de propriété datant de 1661. À cette époque, le roi d'Espagne avait en effet reconnu un titre de propriété du peuple U'wa sur le sol et le sous-sol de cette partie de la Colombie. Ultérieurement, en 1873, ce titre fut reconnu par le gouvernement colombien comme exception au principe de souveraineté de l'État sur les ressources du sous-sol. Malgré

---

compagnies pétrolières et gazières. Disponible en ligne sur : http://www.transparency.org/ (consulté le 1er mars 2011). Voir également : M. L. APONTE, « The U'wa and occidental petroleum: Searching for Corporate Accountability in Violations of Indigenous Land Rights », *American Indian Law Review*, 2006, vol. 31, pp. 651-666.

[1097] G. FONTAINE, *Gaz et pétrole en Amazonie…*, op. cit., pp. 89-128.

cette reconnaissance très ancienne, le gouvernement colombien estime que 15% de ce territoire appartient au peuple U'wa. Le territoire que revendique le peuple U'wa est ainsi morcelé en plusieurs parties régies par des régimes juridiques différents, réserve naturelle et propriété nationale notamment.

CONCLUSION DU TITRE I

Au terme de ce titre, il est possible de distinguer deux types de comportements des juges : le premier consiste à rester cantonné à consacrer la souveraineté de l'État sur ses ressources naturelles et à se tenir à l'écart du conflit entre ce dernier et les peuples autochtones ; l'autre donne l'opportunité aux juges d'agir en protecteur des droits des peuples autochtones conformément au droit international. De l'examen des différents droits nationaux ressort une certaine harmonisation en matière de droits des peuples autochtones, en particulier sur l'obligation de consulter. Les juridictions s'inspirent les unes des autres (la Cour constitutionnelle guatémaltèque cite la jurisprudence chilienne et bolivienne par exemple), ce qui laisse présager une intensification des décisions nationales en faveur des peuples autochtones dans le cadre des différends relatifs à l'exploitation pétrolière et minière en Amérique latine. L'affaire *U'wa* a connu un retentissement médiatique important[1098] tout comme l'affaire *Aguinda contre*

[1098] L. VAN HAREN, *Environmental justice case study : The U'wa struggle against Occidental Petroleum.* Disponible en ligne sur : http://www.umich.edu/~snre492/Jones/uwa.htm (consulté le 2 juin 2011). En Colombie, le peuple U'wa lutte activement en sollicitant des personnalités, et il entreprend des actions diverses – campagnes de médiatisation, occupations des sites de forage, grèves, protestations pacifiques – ayant pour but de sensibiliser la communauté internationale aux dangers de l'exploitation pétrolière. En décembre 1996 et mai 1997, les autorités traditionnelles U'wa publient des documents interpellant la communauté internationale sur les dangers de l'exploitation pétrolière. Les effets de l'activité pétrolière sont multiples, comme dans de nombreux cas similaires : disparition de la faune et de la flore, dégradation de la qualité des terres, pollutions diverses (air, eau et sols), apparition de problèmes de santé chez les résidents de la zone. Voir aussi : CUTURAL SURVIVAL, *The Thinking People: The U'wa Battle Oxy*, automne 2001. Disponible en ligne sur : http://www.cultural survival.org/publications/cultural-survival-quarterly/colombia/thinking-people-uwa-battle-oxy (consulté le 2 juin 2011) : le conflit avec le peuple U'wa s'intensifie et le gouvernement colombien tente de trouver une solution par l'intermédiaire de l'Organisation des États américains (OEA). Des affrontements réguliers ont lieu avec les forces de l'armée, les agents de sécurité et les membres du peuple U'wa. Ces affrontements ont déjà fait plusieurs morts. En août 2000, des mesures bénéficiant largement aux entreprises pétrolières ont été préconisées par le Fond monétaire international à la Colombie. Voir : ORGANIZACIÓN DE LOS ESTADOS AMERICANOS/UNIVERSIDAD DE HARVARD, *Proyecto en Colombia : Observaciones y Recomendaciones*, pp. 15-18. Disponible en ligne sur : http://scholar.harvard.edu/tmacdon/files/Macdonald_Samore_Spanish.pdf (consulté le 3 juin 2011) : un projet a été mis en place par l'OEA en collaboration avec

Texaco, dont l'ampleur du montant des dommages et intérêts auquel a été condamnée la multinationale a été remarquée.

Même s'il est politique ou social davantage que technique, un problème récurrent doit être présenté et illustré ici, car il est l'une des clefs de la persistance des litiges entre autochtones et État. Il s'agit du problème – bien souvent occulté – de la criminalisation de la résistance autochtone face aux projets d'exploitation des ressources naturelles. En effet, les mouvements de contestation et de résistance (arrêt de l'activité des entreprises, grèves prolongées, blocage des routes) sont très souvent réprimés par les forces de l'État (police et armée) et par les forces de sécurité des entreprises. Il existe de nombreux exemples de membres des communautés autochtones ayant subi des attaques, des agressions, des menaces[1099].

Au Guatemala, dans la municipalité de San Miguel Ixtahuacan, les opposants au projet de la mine Marlin ont par exemple subi des actes de violences graves. A la suite de l'autorisation d'exploitation de l'or délivrée le 27 novembre 2003 par le ministère de l'énergie et des mines à l'entreprise *Montana Exploradora*, filiale de la société *Goldcorp*, les peuples autochtones ont barré l'accès de leurs terres à l'entreprise, et exigé l'organisation d'une consultation. En l'absence de réaction de la part du gouvernement, elles ont bloqué l'acheminement de matériel sur le site de l'exploitation minière au début de l'année 2005. La police et l'armée sont intervenues et ont provoqué la mort d'un manifestant, Raul Castro[1100]. Une nouvelle concession a par la suite été confiée à l'entreprise canadienne *Skye Resources* sur des terres occupées par des centaines de familles Q'eqchi'es. En septembre 2009, le professeur Adolfo Ich, représentant de la

---

l'Université de Harvard pour émettre des observations et des recommandations sur le conflit entre les communautés locales et les autorités nationales, engendrant des tensions importantes au niveau national. Parmi les recommandations, figurent les suivantes : « une déclaration des compagnies pétrolières qui s'engagent à suspendre l'exécution de leurs projets d'exploration ou d'exploitation de pétrole dans le bloc Samoré, comme étape initiale pour créer de meilleures conditions à une éventuelle reprise des activités pétrolières dans ce bloc » ; « la normalisation du processus d'extension de la superficie de la réserve U'wa » ; « la modération dans le discours public des parties » ; « la reconnaissance et le respect du système U'wa (autorité et représentants) » ; « la mise en place d'un processus de consultation sous la responsabilité du gouvernement » ; « la préparation et l'assistance technique du peuple U'wa pour toute consultation ».

[1099] Ces cas sont régulièrement relayés sur les sites www.survivalfrance.org ou www.survivalinternational.org.

[1100] Parallèlement à cela, des actions judiciaires pour constater les disparitions de manifestants débutent en 2007. L'enquête de la police reste, à ce jour, au point mort.

Communauté l'Union et des familles expulsées a été assassiné par les forces de sécurité de l'entreprise[1101].

De même, au Pérou, les événements de Bagua[1102] ont provoqué la mort de plus de 30 personnes. À la suite de ces événements, de nombreux manifestants indigènes ont été emprisonnés et des représentants autochtones ont fait l'objet de menaces[1103]. Encore récemment de nouveaux conflits ont éclaté. En juin 2011, cinq manifestants ont été tués. Cette révolte des communautés autochtones Quechua et Aymara (dans la région de Puno) a permis la révocation de la concession qui avait été accordée à des entreprises telles que l'entreprise canadienne *Bear Creek*[1104]. En tant que deuxième producteur d'argent et de cuivre dans le monde et sixième producteur d'or, le Pérou a de plus en plus de difficultés à gérer les conflits issus des nombreuses protestations des organisations autochtones. Celles-ci exercent en effet une forte pression afin de participer effectivement à la prise des décisions concernant l'utilisation de leurs terres.

Au Chili, le gouvernement a lutté contre les manifestants en appliquant la loi anti-terroriste qui a été critiquée par la Fédération internationale des

---

1101 Aucune avancée n'a eu lieu depuis l'arrestation de l'accusé Maynor Rolando Padilla González, chef de la sécurité. Les forces de sécurité ou la police se voient rarement accusées d'homicides, et invoquent la légitime défense même lorsqu'elles sont armées. Le rapport de force est déséquilibré puisque les communautés autochtones ne disposent que de simples machettes. Voir le communiqué de presse de juillet 2010 sur : http://www.cuc.org.gt/es/index.php?option=com_content&view=article&id=238:comunidades-de-el-estor-izabal-exigen-justicia-por-el-asesinato-del-profesor-adolfo-ich-y-la-aprehension-del-sindicato-mynor-rolando-padilla-gonzalez-&catid=34:contenido&Itemid=53

1102 Voir supra Introduction et Partie I, Titre II, Chapitre II, Section I, par. 2. Voir les sites : http://www.lemonde.fr/ameriques/article/2009/06/10/le-perou-suspend-un-decret-conteste-par-les-indiens-d-amazonie_1205357_3222.html ; http://nantes.indymedia.org/article/17484 ; http://www.lepoint.fr/actualites-monde/2009-06-10/perou-le-parlement-fait-marche-arriere-pour-calmer-les-indiens-d/924/0/351395 ; http://www.mondialisation.ca/index.php?context=viewArticle&code=20090609&articleId=13908 (consultés le 15 mai 2015).

1103 FIDH, *Peru-Bagua : Bloodshed in the Context of the Amazon Protest. Urgent Need for Good Faith Dialogue*, 26 octobre 2009, 11 p.

1104 Voir l'article paru le 26 juin 2011 sur le site du point.fr : http://www.lepoint.fr/monde/perou-revocation-d-une-concession-miniere-canadienne-apres-des-emeutes-26-06-2011-1346084_24.php (consulté le 26 juin 2011).

ligues des droits de l'Homme (FIDH)[1105]. Cette loi anti-terroriste n°18314 a également été dénoncée par le Comité des droits de l'Homme[1106]. Plusieurs condamnations d'autochtones ont été prononcées en vertu de cette loi, dont celle de Longko Aniceto Norín (autorité traditionnelle de la communauté Norín) et Pascual Pichún (autorité traditionnelle de Temulemu). Ils étaient tous deux accusés de menaces terroristes et ont été condamnés à des peines de cinq ans en première instance. Ce jugement a été annulé par la Cour suprême le 24 avril 2003 au motif que les garanties judiciaires et constitutionnelles n'avaient pas été respectées. Un nouveau recours a abouti à leur condamnation en décembre 2003. Des inquiétudes sur la situation des Mapuches, victimes des lois d'exception ou de sûreté de l'État (n°12927), ou de la loi sur la lutte contre le terrorisme (n°18314) lorsqu'ils résistent pour faire reconnaître leurs droits fonciers, sont également exprimées par le Comité des droits économiques, sociaux et culturels[1107], le Comité pour l'élimination de la discrimination raciale[1108] et par des ONG telles

---

[1105] FIDH, *Peru-Bagua: Bloodshed in the Context of the Amazon Protest. Urgent Need for Good Faith Dialogue*, 26 octobre 2009, 11 p. : le rapport dénonce l'application de la loi anti-terroriste à l'encontre du peuple mapuche lorsque ce dernier a protesté contre le projet de construction du barrage hydraulique Ralco. En principe, la loi anti-terroriste s'applique dans des circonstances exceptionnelles mais elle est devenue d'application courante s'agissant du peuple mapuche. Les accusations dont ce peuple fait l'objet semblent disproportionnées au regard des actes commis (par exemple le lancement d'objets incendiaires n'ayant causé aucun trouble majeur à l'ordre public). Néanmoins, depuis la réforme de la loi anti-terrorisme de 2002, ces actes sont susceptibles d'être qualifiés d'actes terroristes. Les accusations portées contre ce peuple démontrent la volonté du gouvernement de faire taire les opposants à certains projets, tout en cautionnant le comportement des forces de police dans la répression de toute protestation sociale des mapuches en faveur de la reconnaissance de leurs terres. Voir aussi : FIDH, *Chile la otra transición chilena: Derechos del Pueblo Mapuche, Política penal y Protesta social en un Estado democrático*, 2006, 65 p. Disponible en ligne sur : http://www2.ohchr.org/english/bodies/hrc/docs/ngos/mapuche.pdf (consulté le 10 février 2010).

[1106] Observations finales du Comité des droits de l'Homme sur le Chili, CCPR/C/CHL/CO/5, 17 avril 2005, par. 7 : « Le Comité se déclare préoccupé par la définition du terrorisme donnée dans la loi antiterroriste n°18314, qui pourrait être trop étendue. Il est préoccupé également par le fait que des membres de la communauté mapuche ont été accusés de terrorisme à raison d'actes de protestation ou de revendication sociale ayant trait à la défense de leurs droits sur leurs terres ».

[1107] Observations finales sur le rapport du Chili du Comité des droits économiques, sociaux et culturels, E/C.12/1/Add.105, 1er décembre 2004, par. 14.

[1108] Observations finales sur le rapport du Chili du Comité pour l'élimination de la discrimination raciale, CERD/C/CHL/CO/15-18, 7 septembre 2009, par. 15.

qu'Amnesty International ou la FIDH[1109]. En effet, les actes de protestation ou de résistance ne devraient pas entrer dans la catégorie des actes de terrorisme.

En Argentine, Martín Velázquez Maliqueo, membre de la communauté Mapuche Logko Puran et trois autres personnes ont été arrêtés pour usurpation des terres exploitées par l'entreprise pétrolière étasunienne *Pionner Natural Resource* (aujourd'hui *Apache Corporation*), et pour avoir usé de la violence en empêchant l'accès de l'entreprise à ses puits de pétrole. Le principal accusé et sa famille vivent sur ces terres depuis plusieurs générations et le Tribunal argentin a statué en faveur de l'accusé en le déclarant non coupable.

Au Costa Rica, l'entreprise *Rio Minerales*, filiale de l'entreprise *Wheaton River Minerals Ltd.* a été dispensée de procéder à une étude d'impact environnemental pour un projet d'exploitation minière. En dénonçant les graves conséquences d'un tel projet, Marta Blanco, conseillère municipale, a été confrontée à une action en justice exercée par l'entreprise à son encontre pour diffamation[1110].

Il ne s'agit là que de quelques exemples plus ou moins graves d'intimidation des autorités publiques les plus réticentes, et surtout de criminalisation des contestations autochtones, via leur qualification d'atteintes ou de troubles à l'ordre public, voire d'actes de terrorisme. Avoir

---

1109 FIDH, *Chili, Le peuple Mapuche : entre l'oubli et l'exclusion*, 2005, 49 p. Disponible en ligne sur : http://mapuche.free.fr/dossierPPM/entre%20l'oubli%20et%20l'exclusion.pdf (consulté le 10 février 2010) : « La FIDH demande au gouvernement chilien de satisfaire son obligation de mettre en œuvre une enquête exhaustive et impartiale sur la violence exercée par des agents de police ainsi que par des groupes privés contre les communautés mapuches, qui doit se traduire par des condamnations des responsables des actes de violence en conformité avec la loi chilienne, qui ont entraîné la mort et des dizaines de blessés. Les condamnations doivent également inclure des réparations pour les victimes. La FIDH appelle aussi à la révision des procédures pénales engagées contre des Mapuches, et en particulier celles qui concernent des dirigeants et des défenseurs des droits de l'Homme. L'État doit renoncer à l'application de la Loi de Sécurité Intérieure de l'État et de la Loi Anti-terroriste, dans la mesure où elles sont préjudiciables aux droits des inculpés. Ainsi, nous recommandons la création d'un Observatoire Citoyen pour un procès équitable pour les Mapuches, qui dispose du soutien moral et politique de l'État et des institutions chiliennes. La FIDH demande le respect et la mise en œuvre de la Déclaration sur les défenseurs des droits de l'Homme, adoptée par les Nations Unies le 9 décembre 1998 ».

1110 MOUVEMENT MONDIAL POUR LES FORETS TROPICALES, *L'industrie minière*, op. cit., pp. 82-83.

en tête l'existence d'une telle criminalisation amène à examiner la jurisprudence interne sous un autre angle, et pousse à s'interroger sur la mesure dans laquelle de tels agissements peuvent dissuader les peuples autochtones de faire des recours pour défendre leurs droits.

L'étude des jurisprudences nationales fait prendre conscience des difficiles relations de trois acteurs, les États, les entreprises et les peuples autochtones, dont les intérêts sont antagonistes ou perçus par eux comme tels. « *[T]he triangular relationship of the actors involved in each case reveals the fragility of efforts to establish a bright line between public and private action in the context of multinational corporate activity that threatens indigenous interests* »[1111]. Au fond, il est assez difficile à l'État de trouver une voie médiane, qui ne favorise pas nettement ou l'entreprise, ou les peuples autochtones. Il en va ainsi lorsque l'État prend des mesures favorables aux investissements étrangers[1112], le plus souvent à l'encontre des intérêts des peuples autochtones, ou bien lorsque celui-ci souhaite rompre un contrat avec une entreprise pour répondre à la nécessité de préserver les peuples autochtones et leurs modes de vie, ou encore lorsqu'il décide de nationaliser les activités pétrolières. Mais un nouveau type de relations entre entreprise et État est envisageable : « *[o]ne option exists within the idea of 'shared responsibility'. In situations where the state lacks the capacity or abdicates responsibility, the corporate sphere looms large by default. As this is a new rights area, what is to be shared would need to be determined case-by-case. Nevertheless, if a company and a state simply recognize their mutual obligations to listen to and include indigenous peoples, they will have made an important step forward* »[1113].

En vue d'apaiser les tensions à l'avenir, on peut évoquer l'idée d'une intégration progressive de normes coutumières issues du droit autochtone en droit interne, du moins dans le droit interne applicable aux territoires autochtones ou dans la résolution des différends qui les concernent. Un exemple d'un tel pluralisme juridique[1114] est celui du Guatemala. En effet, à

1111 P. MACKLEM, « Indigenous Rights and Multinational Corporations at International Law », *Hastings International and Comparative Law Review,* 2001, vol. 24, p. 477.

1112 J. STELLATO GABRIELLI, op. cit., pp. 109-111.

1113 T. MACDONALD, « Amazonian Indigenous Views on the State : A Place for Corporate Social Responsability », *Suffolk Transnational Law Review*, 2010, vol. 33, p. 459.

1114 La notion de pluralisme juridique rejette le modèle d'État-nation imposé pour la plupart des cas par le groupe dominant condamnant les autres à l'exclusion ou à

la suite de la ratification de la Convention n°169 de l'OIT par cet État, des réformes entreprises par lui ont permis l'application du droit autochtone dans la résolution des différends[1115].

---

l'assimilation. Les conséquences du rejet du modèle d'État uniforme sont tout d'abord la reconnaissance que plusieurs groupes coexistent sur un même territoire, puis le rejet des politiques d'exclusion et d'assimilation, et enfin l'État multiculturel qui rétablit la justice envers les groupes minoritaires par des mesures corrigeant les injustices passées. L'intégration ne signifie pas l'assimilation. Au contraire une adaptation du droit prend en compte les caractéristiques culturelles de chaque communauté afin de les « conserver ». Voir : D. ALLAND, S. RIALS (dir.), *Dictionnaire de la culture juridique*, Paris, Lamy-P.U.F., 2003, 1ère édition, pp. 1158-1162 et voir le tableau p. 31 dans : V. CABEDO MALLOL, « El reconocimiento del derecho y la jurisdicción indígena en el convenio 169 de la OIT » in J. E. R. ORDONEZ CIFUENTES, I. ZARAGOZA ANGELES (coord.), *Pueblos Indígenas y Tribales. Respeto, Participación y Consulta*, op. cit., pp. 25-39. Cite R. KUPPE, « El reconocimiento del derecho consuetudinario indígena: experiencias y propuestas en Australia », Desfaçiendo Entuertos, Lima, Ceas, 1994, n°3-4, pp. 3-8. La reconnaissance de la complémentarité des deux systèmes juridiques implique une incorporation partielle du droit autochtone au sein du droit national. Le droit officiel peut renvoyer au droit coutumier autochtone mais uniquement pour des sujets spécifiques. Cette méthode fait par conséquent prévaloir le droit officiel écrit sur la coutume. Le champ d'application du droit coutumier est limité par le droit officiel qui exclut certains domaines du droit coutumier, notamment le droit pénal coutumier. Le droit autochtone est donc subsidiaire par rapport au droit national qui le tolère et y renvoie. Gonzalez Galvan évoque trois formes de reconnaissance : la reconnaissance de l'originalité du droit autochtone ; la reconnaissance de la complémentarité avec le droit national ; la reconnaissance des contradictions entre droit national et droit coutumier dans la limite de sa compatibilité avec les droits de l'Homme. Ces formes de reconnaissances se traduisent par des systèmes juridiques différents avec une prise en compte du droit autochtone selon des degrés variables. La reconnaissance de l'originalité du droit autochtone ne fait que consacrer la différence et n'est que le degré le plus bas du pluralisme juridique. En réalité, les peuples autochtones ont une organisation politique et sociale propre et des logiques de pensée différentes ; ils ne s'approprient que rarement le droit national. Leur vision du droit est tout à fait distincte. Voir sur ces questions : C. F. MARES de SOUZA, « Autodeterminación de los pueblos indígenas y Jusdiversidad », *América Indígena*, 1998, vol. 58, n°1-2, p. 308.

1115 C. S. ORDONEZ MAZARIEGOS, « La aplicación del Convenio 169 de la OIT en Guatemala. Tres casos de estudio en el municipio de Totonicapán » in J. E. R. ORDONEZ CIFUENTES, I. ZARAGOZA ANGELES (coord.), *Pueblos Indígenas y Tribales. Respeto, Participación y Consulta*, op. cit., pp. 88-92 : un projet des Defensorias indígenas de l'Institut de la Défense publique pénale financé par l'Espagne et la Norvège a permis l'ouverture des premiers bureaux. Les apports de la Defensoria indigena à Totonicapán sont la réduction des lynchages (décidés par

La limite de l'application du droit coutumier doit être trouvée dans le respect des droits de l'Homme. Cela signifie que les normes élaborées par les peuples autochtones peuvent être reconnues valides tant qu'elles ne violent pas le droit national ou international des droits de l'Homme[1116].

Le niveau d'intégration de ces normes et leur mise en œuvre sont difficiles à évaluer. À cette fin, il pourrait sembler utile de codifier le droit autochtone. Toutefois, sa flexibilité est l'une de ses caractéristiques et le figer pourrait finalement consister en sa méconnaissance en tant que système. Au moins lorsqu'il s'agit d'affaires relatives à des autochtones, la meilleure option est donc probablement de les faire juger par des autorités que le groupe ou la communauté a élues comme l'encourage l'Institut indigéniste interaméricain[1117].

---

les autochtones), l'accès à la justice des peuples autochtones et la garantie des procédures légales. Lors de la résolution du cas emblématique de Chiyax, le droit autochtone a été appliqué, pour la première fois, se basant sur un texte sacré de cette communauté qu'elle a conservé précieusement jusqu'à aujourd'hui. Ce texte prévoit des solutions pour des cas difficiles. Un des concepts étant la restitution à la fonction punitive d'une sanction, il n'est pas sans mentionner le rôle didactique que revêt la solution au litige. En effet, lors d'une cérémonie, il est prévu que le coupable reconnaisse son erreur, présente des excuses à la famille de la victime et plus largement à toute la communauté. Sa sanction consistera à effectuer un travail de 30 jours aux bénéfices de la communauté. Dépourvu d'incompatibilité avec les droits de l'Homme, le droit autochtone peut ici s'appliquer et revêtir une légitimité et une autorité importantes.

[1116] C. F. MARES de SOUZA, op. cit., p. 316.

[1117] Le rôle de l'Institut indigéniste interaméricain est de coordonner les politiques des instituts indigénistes nationaux dont l'objectif est l'amélioration des conditions de vie des autochtones et le travail continu sur des affaires concernant des autochtones.

TITRE II – LA PROTECTION DES AUTOCHTONES PAR LE SYSTÈME INTERAMÉRICAIN

L'Organisation des États américains (OEA) est une organisation internationale qui a pour but, selon l'article 1 de sa Charte, de « parvenir à un ordre de paix et de justice, de maintenir [la] solidarité [de ces États] et de défendre leur souveraineté, leur intégrité territoriale et leur indépendance ». L'OEA a été créée par la Charte de l'OEA appelée aussi la Charte de Bogota, adoptée en 1948, ratifiée par 35 États, et entrée en vigueur en 1951. Initialement prévue par la résolution XXXI adoptée par la neuvième Conférence internationale américaine en 1948, la Commission interaméricaine des droits de l'Homme (Commission IDH)[1118] n'a véritablement été créée qu'en 1959, par la cinquième Réunion de consultation des ministres des relations extérieures. Elle est l'est un des deux organes chargés de promouvoir et de protéger les droits de l'Homme dans le cadre du système interaméricain.

La Commission a d'abord accordé de l'attention aux peuples autochtones dans le cadre du système de protection générale des droits de l'Homme, en les considérant comme des minorités ethniques[1119]. La Commission ainsi que la Cour interaméricaine des droits de l'Homme (Cour IDH) ont progressive-

---

[1118] La Commission revêt de multiples facettes. Elle filtre les plaintes déposées, soumet les affaires à la Cour IDH, rédige des rapports sur la situation générale des droits de l'Homme dans certains États, et initie des analyses sur des sujets particuliers. En vue de lui accorder des attributions supplémentaires et de renforcer ses pouvoirs, la Conférence interaméricaine s'est réunie en session extraordinaire en 1965 à Rio de Janeiro. Il s'agissait d'habiliter la Commission à examiner des communications et des pétitions individuelles en demandant à tout État partie des observations et des réponses, à formuler des recommandations à l'égard des États, à soumettre à la Conférence interaméricaine ou à la Réunion de consultation des ministres des relations extérieures, un rapport annuel qui expose les progrès accomplis selon les objectifs définis par la Déclaration américaine des droits de l'Homme, et une liste des mesures à prendre pour les atteindre. Le 27 février 1967, la Charte de l'OEA est réformée pour la première fois par le Protocole de Buenos Aires lors de la Troisième Conférence interaméricaine extraordinaire. Par ce Protocole, entré en vigueur en 1970, la Commission IDH devient l'organe principal de l'OEA. Voir : H. GROS ESPIELL, « Le système interaméricain comme régime régional de protection internationale des droits de l'Homme », *R.C.A.D.I.*, 1975, vol. 145, pp. 23-34.

[1119] R. COLMENARES OLIVAR, « La protección de los derechos de los pueblos indígenas en el Sistema Interamericano de Derechos Humanos », *Revista Tachirense de Derecho*, 1999, n°11, pp. 227-229.

ment modifié leur approche et considéré les communautés et les peuples autochtones en tant que groupes spécifiques[1120].

Dans le cadre du système interaméricain[1121], la procédure est la suivante : une étape non judiciaire devant la Commission IDH précède toujours une étape judiciaire devant la Cour. S'agissant de l'examen des pétitions, la Commission doit examiner la recevabilité de la requête[1122]. Lorsque la requête est recevable, la Commission procède à un examen du fond[1123] et recherche un règlement amiable en demandant des informations sur les faits allégués par le plaignant auprès de l'État. Elle joue alors un rôle de

---

[1120] Voir : Commission IDH, *La situación de los derechos humanos de los indígenas en las Américas*, 20 octobre 2000, OEA/Ser.L/VII.108, Doc. 62, en particulier le chapitre 3. Voir également le tableau récapitulatif des rapports de la Commission IDH sur les peuples autochtones dans : C. ROMERO BONIFAZ, op. cit p. 186. Voir encore : L. HENNEBEL, *La Convention américaine des droits de l'Homme : mécanismes de protection et étendue des droits et libertés*, Bruxelles, Bruylant, 2007, p. 54. Disponible en ligne sur : http://www.cidh.org/Indigenas/indice.htm (consulté le 12 mai 2011). Enfin, voir les deux rapports produits par la Commission américaine des droits de l'Homme en 1997 sur l'Équateur et le Brésil, qui insistent sur les droits à l'environnement et le développement durable des communautés vivant dans ces États. Sur ces rapports, voir : D. SHELTON, « The Environmental Jurisprudence of International Human Rights Tribunals », in R. PICOLOTTI, J. D. TAILLANT, *Linking Human Rights and the Environment*, Tucson, Arizona, University of Arizona, 2003, p. 20. Sur la même thématique, voir également : Commission IDH, *La situación de los derechos humanos de los indígenas en las Américas*, 20 octobre 2000, OEA/Ser.L/VII.108, Doc. 62. Disponible en ligne sur : http://www.cidh.org/Indígenas/indice.htm (consulté le 12 mai 2011). Bien entendu, nous ne procèderons pas à l'analyse de tous les cas relatifs aux peuples autochtones (les cas publiés par la Commission sont disponibles sur : http://www.cidh.org/indigenas/CasosCIDH.htm (consulté le 10 mai 2011)).

[1121] Voir à ce sujet : J. M. PASQUALUCCI, *The Practice and Procedure of the Inter-American Court of Human Rights*, Cambridge, Cambridge University Press, 2003, XLVII-488 p.

[1122] En vertu de l'article 36 de son règlement, la Commission IDH « se prononce sur la recevabilité de l'affaire » après l'examen de la pétition et des réponses apportées par l'État.

[1123] La procédure au fond est régie par l'article 37 du règlement de la Commission. Lorsqu'elle s'est prononcée sur la recevabilité de l'affaire, « la Commission fixe un délai de trois mois pour la formulation par les pétitionnaires de leurs observations additionnelles sur le fond. Les passages pertinents de ces observations sont transmis à l'État en question afin qu'il soumette ses commentaires dans le délai de trois mois ». À l'issue de cette période et au regard des informations reçues, la Commission propose aux parties un règlement amiable ou demande des informations complémentaires.

médiateur. Si elle estime que les réponses obtenues sont satisfaisantes, elle clôt la phrase relative au fond en formulant des recommandations. Au terme d'une période de trois mois, elle peut proposer un règlement amiable[1124]. Si ce dernier est accepté par les deux parties, la procédure est close. Si les réponses ne sont pas satisfaisantes ou que l'État ne s'est pas suffisamment impliqué dans le processus, par exemple en ne fournissant que des informations très vagues, la Commission peut soumettre le cas à la Cour IDH afin qu'elle statue sur le fond et sur la responsabilité de l'État. Dans de nombreux cas, la Commission dont la position est très favorable aux peuples autochtones, développe des arguments lorsqu'elle soumet les affaires à la Cour, et contribue ainsi très significativement à la jurisprudence de la Cour.

La Cour IDH a quant à elle été créée ultérieurement, en 1979, sur la base de la Convention américaine des droits de l'Homme (Convention ADH), adoptée le 22 novembre 1969 et entrée en vigueur le 18 juillet 1978. La Cour est chargée d'assurer le respect de la Convention. Établie à San José au Costa Rica depuis le 3 septembre 1979, sa compétence est devenue obligatoire pour tous les États parties à la Convention ADH[1125]. Son travail complète alors celui de la Commission.

La Cour a eu à connaître plusieurs demandes et plaintes déposées par la Commission IDH à propos des droits des peuples autochtones. Dans un premier temps[1126], la Cour s'est essentiellement fondée sur le principe de

---

1124 Conformément à l'article 40 de son règlement, « [l]a Commission se mettra à la disposition des parties à n'importe quelle étape de l'examen de la pétition ou de l'affaire, de sa propre initiative ou sur la demande d'une des parties, afin de parvenir à un règlement à l'amiable ». Ce règlement à l'amiable est fondé sur le consentement des parties, de sorte qu'elles peuvent mettre fin à cette étape. Cette étape peut aboutir à une solution acceptée par les parties. Dans le cas contraire, la Commission « poursuit l'instruction de la pétition ou de l'affaire ».

1125 Les États du continent américain qui ne l'ont pas ratifié à ce jour sont : Antigua-et-Barbuda, les Bahamas, le Belize, le Canada, les États-Unis, le Guyana, Saint-Christophe-et-Nevis, Sainte-Lucie, Saint-Vincent-et-les-Grenadines.

1126 Plusieurs articles font référence à l'évolution de la jurisprudence de la Cour IDH à propos des peuples autochtones. Voir notamment : J. M. PASQUALUCCI, « The Evolution of International Indigenous Rights in the Inter-American Human Rights System », *Human Rights Law Review*, 2006, vol. 6, pp. 281-322 ; A. RAISZ, « Indigenous Communities Before the Inter-American Court of Human Rights: New Century, New Era? », *Miskolc Journal of International Law*, 2008, vol. 5, pp. 35-51 ; J. D. CASTRILLON ORREGO, *Globalización y los derechos indígenas : el caso de Colombia, Mexico*, UNAM, 2006, pp. 179-284 ; A. DULITZKY, « Los

non-discrimination[1127], suivant par là la voie classique tracée par son aînée, la Cour européenne des droits de l'Homme. Corollaire du principe d'égalité et en particulier de l'égalité devant la loi, qui figure à l'article 24 de la Convention ADH, le principe de non-discrimination ne s'interprète pas comme un traitement identique et autorise le traitement différencié pour des situations différentes[1128]. Il exige seulement que les critères de discrimination ne soient pas arbitraires ou injustifiés.

---

pueblos indígenas : jurisprudencia del sistema interamericano de protección de los derechos humanos », *Revista I.I.D.H.*, 1997, n°26, p. 140. Disponible en ligne : http://www.juridicas.unam.mx/publica/rev/indice.htm?r=iidh&n=26 (consulté le 2 octobre 2008).

[1127] Voir par exemple : Cour IDH, 24 août 2010, Fond et réparations, Communauté autochtone Xákmok Kásek c. Paraguay, Série C n° 214, par. 271 : « Also, the Court has indicated that, 'States must abstain from carrying out any action that, in any way, directly or indirectly, is aimed at creating situations of de jure or de facto discrimination.' States are obliged 'to take affirmative action to reverse or change discriminatory situations that exist in their societies to the detriment of a specific group of persons. This implies a special obligation to protect, which the State must exercise with regard to acts and practices of third parties who, with its tolerance or acquiescence, create, maintain or promote discriminatory situations ». En doctrine, voir par exemple : C. NASH ROJAS, « Los derechos indigenas en el sistema interamericano de derechos humanos », *Inter-American and European Human Rights Journal*, 2008, vol. 1, pp. 65-66. Par ailleurs, Benedict Kingsbury fait état de cinq types de conflit concernant les peuples autochtones, qui ont pour dénominateur commun un élément de discrimination. Voir : B. KINGSBURY, « Reconciling… », op. cit., pp. 189-250. Il construit sa réflexion autour de cas du Canada, des États-Unis, de l'Australie et de la Nouvelle Zélande.

[1128] Voir : Cour IDH, 23 juin 2005, YATAMA c. Nicaragua, Exceptions préliminaires, fond et réparations, Série C n°127. La décision YATAMA est relative à la participation électorale des organisations autochtones. En l'espèce, la loi électorale nicaraguayenne ne permettait pas à l'organisation YATAMA (qui signifie organisation des peuples de la Terre mère), représentant les autochtones de la région de l'Atlantique nord du Nicaragua (miskitos, sumos, ramas, créoles, garifunas) dont 28% se définissent comme indigènes, de participer au processus électoral. Selon une résolution du Conseil suprême électoral en effet, l'organisation YATAMA devait être exclue car elle ne constituait pas un parti politique. La Cour IDH a alors affirmé que le principe d'égalité n'avait pas été respecté et que l'État du Nicaragua n'avait pas pris les mesures nécessaires garantissant le plein exercice des droits des peuples autochtones. La prise en compte de leurs spécificités aurait dû permettre la participation de l'organisation en tant que représentant des communautés. La Cour a d'ailleurs ajouté que le fait d'obliger les groupes à former un parti politique pour participer à la vie politique était une condition bien trop stricte. De fait, on peut penser que la participation des communautés autochtones doit être encouragée par

Plus généralement, les peuples autochtones ont été et restent protégés par les droits contenus dans la Convention ADH[1129]. « *[Indigenous peoples] have partly grounded their claims on pre-existing human rights norms articulated in declarations and treaties, such as the right to self-determination, the right to cultural integrity, and the right to property. These human rights precepts have served as the foundation for translating indigenous peoples' claims regarding their traditional lands and resources into human rights* »[1130].

Dans un second temps, la Cour IDH a adopté une interprétation évolutive du droit de la Convention pour l'adapter aux nécessités de la protection de la conception autochtone du rapport à la terre et aux systèmes de valeurs des différentes communautés. Abandonnant progressivement le recours au principe de non-discrimination, la Cour est entrée dans une phase où elle spécifie davantage la protection qu'elle accorde. Cette évolution est intéressante car la Cour offre de nouvelles interprétations des droits classiques contenus dans la Convention. On peut estimer que, ce faisant, elle prend davantage en considération les spécificités des peuples autochtones et répond ainsi davantage à leurs attentes. Par exemple, la Cour reconnaît le caractère collectif des demandes portées au nom d'une communauté[1131].

---

des mesures complémentaires. Si les mesures ordinaires destinées à tous les individus ne leur permettent pas de renforcer leur participation et la compréhension par tous des enjeux qui les concernent, un traitement différencié des autochtones est indispensable. Pour un commentaire de cette décision, voir : L. GONZALEZ VOLIO, « Los Pueblos indígenas y el ejercicio de los derechos políticos de acuerdo a la Convención Americana : El Caso Yatama contra Nicaragua », *Revista I.I.D.H.*, 2005, n°41, pp. 317-345.

1129 Pour plus d'informations sur le projet de Déclaration interaméricaine sur les droits des peuples autochtones, voir : C. HILLING, « La protection des droits des peuples autochtones et de leurs membres dans les Amériques », *McGill Law Journal*, 1996, pp. 855-890. Le projet n'a pas été adopté, et une des critiques à son égard est la quasi-absence de participation des organisations représentants les peuples autochtones.

1130 M. L. APONTE, « Uploading the Local : Assessing the Contemporary Relationship Between Indigenous Peoples' Land Tenure Systems and International Human Rights Law Regarding the Allocation of Traditional Lands and Resources in Latin America », *Oregon Review of International Law*, 2008, vol. 10, p. 429.

1131 H. TIGROUDJA, « Chronique des décisions rendues par la Cour interaméricaine des droits de l'Homme, 2005 », *Revue trimestrielle des droits de l'Homme*, 2006, n° 66, pp. 284-285 : « la Cour essaie certes d'individualiser les victimes mais elle constate la violation des droits de la communauté bien plus que les droits de ses membres. [...] il nous semble regrettable de reconnaître des droits aux communautés et aux groupes – et en conséquence, un intérêt à agir lorsqu'ils sont atteints – mais

Selon l'un de ses membres, le juge Sergio García-Ramírez, il n'est en effet pas exclu de considérer la situation de l'individu en tant que membre d'un groupe, et ainsi de prendre en compte les droits collectifs de l'individu, par exemple en termes de réparation[1132] – ces réparations pouvant alors bénéficier à l'ensemble de la communauté. Il peut par exemple s'agir de la mise en place d'un fonds pour les projets de la communauté. Selon certains, toutefois, « *[e]specially in the area of natural resources on ancestral indigenous lands, the Court has taken a more conservative approach than did the UN Declaration, although the Court's position is supported by other international bodies and commentators* »[1133].

La Cour IDH joue un rôle important dans le domaine qui nous intéresse car elle s'est plusieurs fois prononcée sur des différends relatifs à l'exploitation des ressources naturelles, touchant les peuples autochtones. En effet, « [d]ans un continent où la 'question indienne' est majeure [,] la Cour interaméricaine fait encore figure de pionnière. [...] [E]lle est aujourd'hui la seule juridiction internationale à reconnaître l'existence de *droits* pour les membres des peuples indigènes *en tant que tels*. Ce faisant elle construit patiemment un véritable *corpus juris* indigène et réussit – ce qui a pu longtemps apparaître comme une gageure – à conjuguer l'universalité avec la diversité »[1134].

---

de leur dénier la qualité pour agir, sans que ce refus ne s'appuie sur des justifications juridiques très claires ».

1132 Voir sur ce point : Cour IDH, 4 décembre 1991, Fond, Aloeboetoe et autres c. Suriname, Série C n°11, et Cour IDH, 10 septembre 1993, Réparations, Aloeboetoe et autres c. Suriname, Série C n°15. Ces deux arrêts portent sur la même affaire qui est relative à un massacre de jeunes hommes le 15 janvier 1988. La Cour a reconnu la responsabilité du Suriname le 4 décembre 1991 et a pris en compte la situation spécifique des peuples autochtones dans le calcul des réparations. Elle a en effet retenu le fait que les hommes représentent la principale source de revenus des familles, ainsi que le fait qu'ils soient polygames (ceci impliquant le versement de réparations aux différentes épouses de chaque défunt). Le groupe a conservé la polygamie comme structure familiale traditionnelle matriarcale. L'état civil des épouses est parfois difficile à prouver, puisque peu de mariages sont enregistrés auprès de l'administration. La Cour ne peut donc se baser sur des registres pour déterminer la situation familiale d'une victime. Toutefois, la Cour IDH a refusé de prononcer les réparations à l'égard de la communauté dans son ensemble, comme le souhaitait la Commission.

1133 J. M. PASQUALUCCI, « International Indigenous Land Rights in Light of the United Nations Declaration on the Rights of Indigenous Peoples », *Wisconsin International Law Journal*, 2009-2010, vol. 27, p. 51.

1134 L. BURGORGUE-LARSEN, « Les nouvelles tendances... », op. cit., p. 162.

Jérémie Gilbert fait ainsi remarquer que « *the judges [de la Cour IDH] opted for the 'indigenisation' of general human rights norms* »[1135]. Cette adaptation des normes existantes à un groupe particulier marque l'interprétation du droit de propriété (Chapitre I) et du droit à la vie et à l'intégrité physique, psychique et morale (Chapitre II) des peuples autochtones.

[1135] J. GILBERT, « Indigenous Rights… », op. cit, p. 210.

CHAPITRE I – LE DROIT DE PROPRIÉTÉ

La violation du droit de propriété a été constatée dans la plupart des cas relatifs aux peuples autochtones portés devant la Commission et la Cour IDH. C'est l'arrêt *Communauté Mayagna (Sumo) Awas Tingni c. Nicaragua* qui marque le point de départ de l'interprétation particulière du droit de propriété retenue par ces organes (Section I). Par la suite, la Cour a développé de nouveaux aspects du droit de propriété – notamment avec l'arrêt *Peuple de Saramaka c. Suriname* – en s'appuyant sur différents instruments internationaux et en particulier sur la Convention n°169 de l'OIT (Section II).

SECTION I – L'INTERPRÉTATION NOVATRICE DU DROIT DE PROPRIÉTÉ DANS L'ARRÊT *MAYAGNA (SUMO) AWAS TINGNI CONTRE NICARAGUA*

Dans l'affaire *Communauté Mayagna (Sumo) Awas Tingni c. Nicaragua*, les juges consacrent une nouvelle interprétation ou nouvelle lecture du droit de propriété[1136], caractérisée par le fait qu'elle prend en considération la conception autochtone du droit de propriété. Cette nouvelle interprétation découle en partie de la très bonne défense de la communauté qui fut assurée par divers experts renommés tels que Rodolfo Stavenhagen, ancien Rapporteur spécial sur la situation des droits de l'Homme et des libertés fondamentales des peuples autochtones, et James Anaya, leur représentant légal, universitaire spécialiste de la question indigène et actuel Rapporteur spécial sur la situation des droits de l'Homme et des libertés fondamentales des peuples autochtones. L'interprétation novatrice du droit de propriété retenue par la Cour a fait l'objet de commentaires importants de la part de la doctrine.

Constituée de plus de 600 personnes qui vivent de l'agriculture familiale et communautaire, de la cueillette de fruits, de plantes médicinales, et de la chasse et de la pêche[1137], la communauté Awas Tingni de l'ethnie Mayagna ou Sumo est basée dans la région autonome de l'Atlantique nord au Nicaragua. Le 13 mars 1996, le Ministère de l'environnement et des ressources naturelles du Nicaragua octroya une exploitation forestière de 62

[1136] G. PENTASSUGLIA, « Towards a Jurisprudential Articulation of Indigenous Land Rights », *European Journal of International Law*, 2011, p. 198.

[1137] Cour IDH, 31 août 2001, Fond et réparations, Communauté Mayagna (Sumo) Awas Tingni c. Nicaragua, Série C n°79, par. 103.

000 hectares à l'entreprise SOLCARSA pour une durée de trente ans. Une partie des terres dont l'exploitation fut autorisée était habitée par la communauté Mayagna Awas Tingni, dont le consentement ne fut pas demandé. En octobre 1998, la communauté déposa une plainte devant la Commission IDH à l'encontre de l'État nicaraguayen[1138]. Après avoir constaté l'ineffectivité des institutions judiciaires internes et par conséquent, épuisé légalement les recours internes[1139], la communauté dénonça une violation de son droit de propriété, bien qu'elle ne disposât pas de titre légal de propriété. Dès la fin de l'année 1998, après plusieurs tentatives de règlement amiable, la Commission décida de présenter l'affaire devant la Cour pour qu'elle statue sur la responsabilité du Nicaragua. Le 31 août 2001, la Cour condamna le Nicaragua à l'unanimité, pour violation des articles 21 (droit de propriété) et 25 (garanties judiciaires) de la Convention ADH. Dans sa décision, elle reconnut un droit de propriété distinct du droit de propriété ordinaire (§ 1), et dégagea des obligations positives visant à prévenir toute violation de ce droit (§ 2).

§ 1. La reconnaissance d'un droit de propriété autochtone

Si la décision de la Cour de dégager un droit de propriété spécifiquement autochtone peut paraître surprenante, elle l'est moins si l'on prend note des motifs avancés pour justifier ce choix (A), et des caractéristiques reconnues au régime foncier autochtone (B).

A. Les motifs de la reconnaissance du droit de propriété autochtone

Les motifs avancés de la reconnaissance d'un droit de propriété proprement autochtone sont la nécessité de consacrer la vision autochtone de la terre et du lien que l'homme doit entretenir avec elle (1), ainsi que l'importance de reconnaître un certain pluralisme à l'intérieur des États (2).

[1138] Le Nicaragua a reconnu la compétence de la Cour le 12 février 1991.

[1139] L. RODRÍGUEZ-PIÑERO, « El caso Awas Tingni y la norma internacional de propiedad indígena de las tierras y recursos naturales », in F. M. MARIÑO MENÉNDEZ, *Avances en la protección de los derechos de los pueblos indígenas*, Madrid, Dykinson, 2004, pp. 221-248.

1. *La nécessité de consacrer la valeur de la terre comme bien spirituel et culturel*

Dans l'arrêt *Communauté Mayagna (Sumo) Awas Tingni c. Nicaragua*, la Cour affirme très explicitement la nécessité de prendre en compte la conception autochtone de la terre et du rapport à la terre dans l'interprétation de l'article de la Convention relatif au droit de propriété :

> *« it is the opinion of this Court that article 21 of the Convention protects the right to property in a sense which includes, among others, the rights of members of the indigenous communities within the framework of communal property, which is also recognized by the Constitution of Nicaragua.*
> *[...] Indigenous groups, by the fact of their very existence, have the right to live freely in their own territory ; the close ties of indigenous people with the land must be recognized and understood as the fundamental basis of their cultures, their spiritual life, their integrity, and their economic survival. For indigenous communities, relations to the land are not merely a matter of possession and production but a material and spiritual element which they must fully enjoy, even to preserve their cultural legacy and transmit it to future generations »*[1140].

Dans un sens comparable, l'opinion individuelle du juge Sergio García-Ramírez dans la même affaire fait référence à la Convention n°169 de l'OIT et au projet de déclaration interaméricaine relative aux droits des peuples autochtones sur la question du lien particulier, non seulement matériel mais aussi spirituel qui existe entre les peuples autochtones et leurs terres. Selon la Cour comme selon le juge, cette relation particulière est différente de celle des paysans non-autochtones, dans la mesure où, plus qu'un bien matériel, elle fait partie de « l'héritage culturel » et surtout spirituel de ces communautés. Le juge Sergio García-Ramírez conclut : « *[t]he topic of this judgment, and by extension the judgment itself, is at that point where civil laws and economic, social and cultural laws converge* »[1141]. Le lien culturel et spirituel particulier des autochtones à la terre est également rappelé par la

---

[1140] Non souligné dans le texte original. Cour IDH, 31 août 2001, Fond et réparations, Communauté Mayagna (Sumo) Awas Tingni c. Nicaragua, Série C n°79, par. 148-149.

[1141] Opinion individuelle du juge Sergio García-Ramírez sur Cour IDH, 31 août 2001, Fond et réparations, Communauté Mayagna (Sumo) Awas Tingni c. Nicaragua, Série C n°79, par. 17.

Cour et par un expert qu'elle cite dans l'affaire *Communauté Moiwana c. Suriname*. Selon la Cour en effet, « *[t]he proven facts demonstrate that a N'djuka community's connection to its traditional land is of vital spiritual, cultural and material importance [...]. Indeed, as the expert witnesses Thomas Polimé and Kenneth Bilby commented [...], in order for the culture to preserve its very identity and integrity, the Moiwana community members must maintain a fluid and multidimensional relationship with their ancestral lands* »[1142].

Lorsque la Cour IDH a été amenée à étudier par la suite la question de la violation du droit de propriété autochtone, elle s'est plusieurs fois référée à l'arrêt *Communauté Mayagna (Sumo) Awas Tingni c. Nicaragua*, notamment en évoquant la relation étroite des autochtones avec la terre[1143]. Par exemple, dans l'affaire *Communauté indigène Sawhoyamaxa c. Paraguay*, la Cour rappelle l'importance que revêt la terre pour les cultures et traditions autochtones, ainsi que pour la cosmovision et l'identité des communautés. Elle fait également référence à l'article 13 de la Convention n°169 de l'OIT ratifiée par le Paraguay[1144]. La Cour IDH rappelle à plusieurs reprises qu'il existe un « *inextricable link between land and culture in this context* »[1145]. La terre revêt un sens profond et a un caractère « intertemporel »[1146] qui sont liés à l'histoire autochtone. Elle est un élément indispensable à la transmission continue de la culture autochtone aux générations futures[1147].

[1142] Cour IDH, 15 juin 2005, Fond et réparations, Communauté Moiwana c. Suriname, Série C n°124, par. 101.

[1143] En plus de l'affaire citée par la suite, voir par exemple : Cour IDH, 15 juin 2005, Fond et réparations, Communauté Moiwana c. Suriname, Série C n°124, par. 131.

[1144] Déclaration de l'expert Andrew Leake, Cour IDH, 29 mars 2006, Fond et réparations, Communauté indigène Sawhoyamaxa c. Paraguay, Série C n°146, par. 119.

[1145] S. J. ANAYA, R. A. WILLIAMS, « The protection of indigenous peoples' rights over lands and natural resources under the inter-American human rights system », *Harvard human rights journal*, 2001, vol. 14, p. 53.

[1146] K. RINALDI, « Le droit des populations autochtones et tribales à la propriété dans le système interaméricain de protection des droits de l'Homme », in L. HENNEBEL, H. TIGROUDJA (dir.), *Le particularisme interaméricain des droits de l'Homme, en l'honneur du 40ème anniversaire de la Convention américaine des droits de l'Homme*, Paris, Pedone, 2009, p. 222.

[1147] Voir : Cour IDH, 15 juin 2005, Fond et réparations, Communauté Moiwana c. Suriname, Série C n°124, par. 131. Voir également plus loin, par. 132 : « Expert witness Thomas Polimé described the nature of their relationship to the lands in and around Moiwana Village: [the] N'djuka, like other indigenous and tribal peoples, have a profound and all-encompassing relationship to their ancestral lands. They are

Mais l'interprétation du droit de propriété dont les communautés bénéficient grâce à la Convention, son interprétation au regard de la conception autochtone, ne se justifie pas uniquement par le souci de tenir compte de cette conception. Elle s'appuie également sur la volonté de trouver une application concrète au pluralisme que de nombreux États parties à la Convention ont reconnu en droit interne.

2. *La reconnaissance du pluralisme*

Ainsi qu'on l'a vu plus haut, le pluralisme juridique a été reconnu dans de plusieurs États latino-américains. Cette reconnaissance s'inscrit dans une dynamique amorcée par le projet de Déclaration interaméricaine sur les droits des peuples autochtones, dont l'article XVI stipule que :

> « 1. Le droit indigène fait partie intégrante du régime juridique des États et de leur cadre de développement social et économique.
> 2. Les populations indigènes ont le droit de conserver et de renforcer leurs systèmes juridiques indigènes et de les appliquer dans les affaires internes de leurs communautés, y compris les systèmes de propriétés immobilières et de ressources naturelles, la solution de conflits internes et de conflits entre les communautés indigènes, la prévention et la répression pénale et le maintien de la paix et de l'harmonie internes.
> 3. Dans la juridiction de chaque État, les affaires concernant des personnes indigènes ou leurs intérêts seront conduites de manière à assurer que les indigènes ont droit à une pleine représentation dans la dignité et l'égalité face à la loi. Cela englobera l'application du droit et des coutumes indigènes et, le cas échéant, l'emploi de la langue autochtone ».

Dans le même sens, l'article XVIII alinéa 1 affirme que « [l]es populations indigènes ont droit à la reconnaissance légale des modes divers

---

inextricably tied to these lands and the sacred sites that are found there and their forced displacement has severed these fundamental ties. Many of the survivors and next of kin locate their point of origin in and around Moiwana Village. Their inability to maintain their relationships with their ancestral lands and its sacred sites has deprived them of a fundamental aspect of their identity and sense of well-being. Without regular commune with these lands and sites, they are unable to practice and enjoy their cultural and religious traditions, further detracting from their personal and collective security and sense of well being ».

et particuliers de possession, propriété et jouissance des territoires et propriétés des populations indigènes ».

C'est dans cet ordre d'idée que la Commission puis la Cour interaméricaines ont tiré du pluralisme des cultures et donc des systèmes juridiques internes aux États latino-américains, la reconnaissance d'un rapport à la terre particulier, et conséquemment d'un titre de propriété spécifique[1148].

La Commission IDH l'a tout d'abord fait lors de l'examen du cas de la *Communauté Maya indigène c. Belize*. Dans ce cas d'espèce, le Conseil de culture Maya de Toledo au Belize (représenté par l'ONG Indian Resource Center) avait déposé un recours, le 7 août 1998, selon lequel l'État avait octroyé des concessions forestières à deux entreprises, *Toledo Atlantic International Limited company (Ltd.)* et *Atlantic Industries Ltd.* sur des terres traditionnellement occupées par le peuple Maya, sans l'avoir informé ni consulté, et sans avoir pris en considération leurs usages. La concession accordée depuis 1993 affectait le milieu dans lequel vivait ce peuple, et mettait ainsi en péril ses moyens de subsistance (chasse, pêche, puits qui furent progressivement asséchés). Le Ministère de l'énergie, des sciences et des technologies avait également accepté l'exploitation pétrolière d'une partie des terres du peuple Maya à l'entreprise *AB Energy Inc.* À la suite de différents échanges d'informations reçues des deux parties, la Commission IDH admit, le 5 octobre 2000, dans son rapport n°78/00, la recevabilité de la plainte sur le fondement de la violation du droit de propriété de la communauté Maya. Après l'examen sur le fond, la Commission IDH conclut le 12 octobre 2004[1149], à la lumière des rapports reçus, que le Belize avait violé le droit à l'égalité devant la loi, le droit à la protection judiciaire (avec le constat de manœuvres dilatoires telles que le retard dans l'adoption de mesures) et surtout le droit de propriété. Cette violation découlait de l'absence de consultation effective et de consentement informé du peuple Maya pour l'exploitation des ressources naturelles, mais aussi de l'absence de reconnaissance du droit de propriété communautaire sur les terres

---

[1148] A. RAISZ, « Indigenous Communities Before the Inter-American Court of Human Rights : New Century, New Era? », *Miskolc Journal of International Law*, 2008, vol. 5, pp. 44-45. Voir également : S. GARCÍA RAMÍREZ, « Los indígenas en la jurisprudencia de la Corte Interamericana de Derechos Humanos », in J. E. R. ORDONEZ CIFUENTES (coord.), *Migración : Pueblos Indígenas y Afroamericanos : XV Jornadas Lascasianas Internacionales*, México, Universidad Nacional Autónoma de México, 2007, pp. 35-36.

[1149] Commission IDH, 12 octobre 2004, rapport n°40/04, cas 12.053 Communautés indigènes mayas du district de Toledo c. Belize (1998).

occupées traditionnellement par les communautés autochtones, et de la non-démarcation de leurs terres. En conséquence, la Commission a recommandé l'adoption de mesures législatives et administratives dans la législation du Bélize, l'organisation de la participation du peuple Maya pour la délimitation de leurs terres, l'octroi d'un titre de propriété et la réparation du dommage environnemental subi. Cette victoire du peuple Maya est pour certains le résultat de leur choix de placer la question du pluralisme au centre de son argumentation : *« The Maya strategically appropriated the concept of legal pluralism and sought to explain the circumstances of legal plurality at the center of the dispute »*[1150].

Suivant par là la Commission, la Cour interaméricaine a reconnu, dans l'important arrêt *Communauté Mayagna (Sumo) Awas Tingni c. Nicaragua*, l'existence et la validité d'un titre de propriété distinct des titres formellement reconnus en droit interne. La démarche adoptée par la Cour en l'espèce consista à ne pas favoriser la conception occidentale du titre de propriété. Elle considéra que « *[t]he existence of indigenous property regimes does not depend on prior identification by the state, but rather may be discerned by objective evidence that includes indigenous peoples' own accounts of traditional land and resource tenure* »[1151]. Comme le souligne le juge Sergio García-Ramírez, dans son opinion individuelle, « *[t]o ignore the idiosyncratic versions of the right to use and enjoy property, recognized in Article 21 of the American Convention, and to pretend that there is only one way to use and enjoy property, is tantamount to denying protection of that right to millions of people, thereby withdrawing from them the recognition and protection of essential rights afforded to other people. Far from ensuring the equality of all persons, this would create an inequality that is utterly antithetical to the principles and to the purposes that inspire the hemispheric system for the protection of human rights* »[1152].

Depuis cette affaire, la Cour maintient cette position et a par exemple confirmé dans l'arrêt *Communauté indigène Sawhoyamaxa c. Paraguay*, la nécessité de prendre en compte le pluralisme à travers la conception autochtone de la propriété. Dans l'arrêt *Communauté indigène Sawhoyamaxa c. Paraguay,* la Cour a ainsi expliqué, comme plus haut le juge Sergio García-Ramírez que « *[t]his notion of ownership and possession of land does not necessarily conform to the classic concept of property, but deserves equal protection under Article 21 of the American Convention.*

1150 M. L. APONTE, « Uploading the Local… », op. cit., p. 437.

1151 S. J. ANAYA, R. A. WILLIAMS, op. cit., p. 46.

1152 Opinion individuelle du juge Sergio García-Ramírez sur Cour IDH, 31 août 2001, Fond et réparations, Communauté Mayagna (Sumo) Awas Tingni c. Nicaragua, Série C n°79, par. 13.

Disregard for specific versions of use and enjoyment of property, springing from the culture, uses, customs, and beliefs of each people, would be tantamount to holding that there is only one way of using and disposing of property, which, in turn, would render protection under Article 21 of the Convention illusory for millions of persons »[1153]. En l'espèce, afin de mieux comprendre le rapport autochtone à la terre, et de consacrer le droit coutumier autochtone[1154], la Cour a auditionné des experts pendant trois jours[1155]. On peut penser qu'elle montre ainsi aux États la manière dont ils doivent eux-mêmes procéder dans la prise de décisions relatives à ces groupes.

L'importance de l'arrêt[1156] *Communauté Mayagna (Sumo) Awas Tingni c. Nicaragua* vient de ce qu'il constitue le point départ de la consécration des droits des peuples autochtones. On a même parlé de constitutionnalisation des droits autochtones. Mais « [s]i l'affaire de la Communauté Mayagna (...) – affaire historique car inédite dans l'univers judiciaire international – met en exergue ce phénomène de constitutionnalisation de la question indigène, elle révèle tout autant sinon plus la difficulté qu'il y a d'accorder les faits au droit, de rendre réelle et concrète une protection pourtant consacrée à l'échelle constitutionnelle et mise en œuvre par le législateur »[1157]. On ne

---

[1153] Cour IDH, 29 mars 2006, Fond et réparations, Communauté indigène Sawhoyamaxa c. Paraguay, Série C n°146, par. 120. Voir également : Cour IDH, 27 juin 2012, Fond et réparations, Peuple autochtone Kichwa de Sarayaku c. Équateur, Série C n° 245, par. 145.

[1154] S. J. ANAYA, C. GROSSMAN, « The case of Awas Tingni v. Nicaragua : A new Step in the International Law of Indigenous Peoples », *Arizona Journal of International and Comparative Law*, 2002, vol. 19, p. 12.

[1155] J. A. AMIOTT, « Environment, Equality, and Indigenous Peoples' Land Rights in the Inter-American Human Rights System: Mayagna (Sumo) Indigenous Community of Awas Tingni », *Environmental Law*, 2002, vol. 32, p. 899.

[1156] En ce sens, voir par exemple : L. J. ALVARADO, « Prospects and Challenges in the Implementation of Indigenous Peoples' Human Rights in International Law : Lessons From the Case of Awas Tingni v. Nicaragua », *Arizona Journal of International and Comparative Law*, 2007, vol. 27, p. 612. Cet arrêt est considéré comme « one of the most influential international decisions concerning indigenous peoples », voir : H. HANNUM, « Indigenous Rights » in G. LYONS M., J. MAYALL (éd.), op. cit., p. 86 ; M. I. del TORO HUERTA, « El Derecho de Propiedad Colectiva de los Miembros de Comunidades y Pueblos Indígenas en la Jurisprudencia de la Corte Interamericana de Derechos Humanos », *Anuario Mexicano de Derecho Internacional*, 2010, vol. 10, p. 59.

[1157] L. BURGORGUE-LARSEN, A. UBEDA DE TORRES, *Les grandes décisions de la Cour interaméricaine des droits de l'Homme*, Bruxelles, Bruylant, 2008, p.

peut donc qu'inviter les législateurs nationaux à examiner et à prendre en compte les caractéristiques du droit de propriété autochtone telles qu'elles ont été reconnues par la Commission et la Cour IDH.

B. Les caractéristiques du droit de propriété autochtone

Selon la Commission et la Cour, les deux principales caractéristiques du droit de propriété autochtone sont son caractère collectif (1) et la possibilité d'identifier son titulaire par sa simple possession ou occupation traditionnelles des terres (2).

1. Le caractère collectif ou communautaire du droit de propriété

Les juges interaméricains n'ont pas créé mais reconnu le caractère collectif ou communautaire de la propriété autochtone. Il s'agit en effet d'une conception de la propriété propre aux populations autochtones[1158]. La Cour l'explique dans les termes suivants : « *[g]iven the characteristics of the instant case, some specifications are required on the concept of property in indigenous communities. Among indigenous peoples there is a communitarian tradition regarding a communal form of collective property of the land, in the sense that ownership of the land is not centered on an individual but rather on the group and its community* »[1159].

Lorsqu'elle s'intéresse à la reconnaissance du droit de propriété autochtone, la Cour recherche en général s'il est reconnu dans l'ordre interne concerné. Elle le fit par exemple dans l'affaire *Communauté Mayagna (Sumo) Awas Tingni c. Nicaragua*, dans laquelle elle releva que la propriété collective était reconnue dans la Constitution du Nicaragua. D'une manière comparable, dans l'affaire *Peuple de Saramaka c. Suriname*, « *the Court examined whether Suriname had adopted an appropriate framework to give*

---

538. L'affaire a été commentée dans : J. S. ANAYA, C. GROSSMAN, op. cit., pp. 1-15.

[1158] Commission IDH, Indigenous and Tribal Peoples' Rights over their ancestral lands and natural resources : Norms and Jurisprudence of the Inter-American Human Rights System, 30 décembre 2009, OEA/Ser.L/V/II, Doc. 56/09, pp. 24-30. Disponible en ligne sur : http://cidh.org/countryrep/Indigenous-Lands09/Ancestral-Lands.ENG.pdf (consulté le 12 mai 2011).

[1159] Cour IDH, 31 août 2001, Fond et réparations, Communauté Mayagna (Sumo) Awas Tingni c. Nicaragua, Série C n°79, par. 149.

it domestic legal effect »[1160]. Dans cette affaire toutefois, elle constata l'absence de reconnaissance du droit de propriété autochtone dans la législation interne et l'absence de ratification de la Convention n°169 de l'OIT[1161]. Pour reconnaître le droit de propriété autochtone détenu par les communautés du Suriname, elle se référa aux Pactes internationaux des droits civils et politiques et des droits économiques, sociaux et culturels ratifiés par cet État, et aux recommandations du Comité des droits de l'Homme et du Comité pour l'élimination de toutes les formes de discrimination raciale des Nations Unies. Elle soutint que l'État avait le devoir de sauvegarder le droit de propriété des peuples autochtones et tribaux, et que ce devoir impliquait la prise en compte de la forme particulière de propriété que ces peuples reconnaissent[1162].

Il semble acceptable que la Cour fasse référence au cadre normatif prévu par l'État pour reconnaître le caractère collectif de la propriété autochtone, puisque la reconnaissance d'une telle conception de la propriété engendre des modifications importantes dans l'ordre interne. Il est en revanche plus surprenant qu'elle impose la reconnaissance de la propriété collective autochtone à des États qui n'admettent pas la propriété collective et qui n'ont pas non plus ratifié la Convention n°169.

La Cour a également étendu le champ d'application de la propriété collective aux peuples *tribaux*. À cet égard, il faut préciser que le peuple Saramaka n'est pas un peuple autochtone mais, selon la Cour, un peuple tribal. Pour trancher la question de savoir si le peuple Saramaka est un groupe autochtone[1163], la Cour a fait appel à des experts. Selon eux, les membres de cette communauté ne forment pas un groupe autochtone en tant que tel, car ils sont des descendants d'esclaves africains déportés pendant la colonisation européenne du XVIIème siècle, et ensuite déplacés sur des terres qu'ils revendiquent. Ainsi, « *the Court considers that the members of the Saramaka people make up a tribal community whose social, cultural and economic characteristics are different from other sections of the national community, particularly because of their special relationship with their ancestral territories, and because they regulate themselves, at least*

[1160] M. A. ORELLANA, « Saramaka People v. Suriname », *American Journal of International Law*, 2008, vol. 102, n°4, p. 843.

[1161] Cour IDH, 28 novembre 2007, Exceptions préliminaires, fond et réparations, Peuple Saramaka c. Suriname, Série C n°172, par. 89-91.

[1162] Ce qui fut confirmé dans : Cour IDH, 27 juin 2012, Fond et réparations, Peuple autochtone Kichwa de Sarayaku c. Équateur, Série C n° 245, par. 231.

[1163] R. PRICE, « Contested Territory : The Victory of the Saramaka People vs. Suriname », 2009, p. 4. Disponible en ligne sur : http://www.corteidh.or.cr/tablas/r22784.pdf (consulté le 17 mai 2011).

partially, by their own norms, customs, and/or traditions. Accordingly, the Court will now address whether and to what extent the members of the tribal peoples require special measures that guarantee the full exercise of their rights »[1164]. Se fondant sur la relation particulière à la terre que les membres du peuple Saramaka entretiennent avec le territoire revendiqué, et en raison de leurs « caractéristiques sociales, culturelles et économiques distinctes »[1165], la Cour retient une conception spécifique du droit de propriété des peuples tribaux, comme elle le fait pour les peuples autochtones.

2. L'occupation et la possession des terres

À raison de la reconnaissance d'un droit de propriété spécifiquement autochtone, la Cour IDH estime que l'occupation effective et/ou la possession ancestrales suffisent à prouver la propriété d'une personne ou d'un groupe autochtone. Selon la Cour, les autochtones doivent démontrer une présence continue ou involontairement interrompue des terres qu'ils réclament pour justifier leur droit de propriété sur elles. Le titre de propriété revendiqué doit être en cohérence avec son occupation effective. « [C]es régimes de propriété n'ont [donc] pas besoin de l'ordre juridique étatique pour être juridiquement valides »[1166], et un titre officiel ou sa reconnaissance légale ne sont pas exigés[1167]. C'est ce que la Cour affirme dans son arrêt *Communauté Moiwana c. Suriname* :

> « *Indigenous peoples' customary law must be especially taken into account for the purpose of this analysis. As a result of customary practices, possession of the land should suffice for indigenous communities lacking real title to property of the*

1164 Cour IDH, 28 novembre 2007, Exceptions préliminaires, fond et réparations, Peuple Saramaka c. Suriname, Série C n°172, par. 84.

1165 Traduction libre. Ibid., par. 86.

1166 G. FILOCHE, « Droit international et droits territoriaux des peuples autochtones : un terrain mouvant », in A.-S. LAMBLIN-GOURDIN, E. MONDIELLI (dir.), op. cit., p. 79.

1167 Nous pouvons également faire le rapprochement avec le projet de Déclaration interaméricaine relative aux droits des peuples autochtones, dans la mesure où plusieurs articles se réfèrent à l'inclusion du droit coutumier de propriété en droit interne. Certes, ce projet Déclaration n'est toujours pas adopté.

land to obtain official recognition of that property, and for consequent registration »[1168].

Par cet arrêt selon lequel l'occupation des terres par les peuples autochtones équivaut à un titre de propriété, la Cour interdit à l'État de considérer, comme il a souvent tendance à le faire, que les terres ne faisant pas l'objet d'un titre de propriété privée relèvent de son domaine propre.

La Cour résume, dans l'arrêt *Communauté Sawhoyamaxa c. Paraguay* de 2006, sa position en la matière :

> « *The following conclusions are drawn from the foregoing : 1) traditional possession of their lands by indigenous people has equivalent effects to those of a state-granted full property title ; 2) traditional possession entitles indigenous people to demand official recognition and registration of property title ; 3) the members of indigenous peoples who have unwillingly left their traditional lands, or lost possession thereof, maintain property rights thereto, even though they lack legal title, unless the lands have been lawfully transferred to third parties in good faith ; and 4) the members of indigenous peoples who have unwillingly lost possession of their lands, when those lands have been lawfully transferred to innocent third parties, are entitled to restitution thereof or to obtain other lands of equal extension and quality. Consequently, possession is not a requisite conditioning the existence of indigenous land restitution rights* »[1169].

En 2007, dans l'affaire *Peuple de Saramaka c. Suriname*, la Cour a réexaminé la question de savoir si la possession des terres était une condition impérative pour obtenir un titre de propriété, ou si le fait de ne pas occuper les terres pendant un certain temps pouvait empêcher les autochtones d'accéder à la propriété. Dans cette affaire, un décret d'exploitation minière de 1986 prévoyait, en cas d'expropriation, une compensation pour les personnes considérées comme des demandeurs légitimes en raison du fait qu'elles détenaient un titre de propriété. Ce décret ne garantissait pas la compensation du préjudice subi par les membres d'un peuple autochtone ou

---

[1168] Cour IDH, 15 juin 2005, Fond et réparations, Communauté Moiwana c. Suriname, Série C n°124, par. 131. Cour IDH, 31 août 2001, Fond et réparations, Communauté Mayagna (Sumo) Awas Tingni c. Nicaragua, Série C n°79, par. 151.

[1169] Cour IDH, 29 mars 2006, Fond et réparations, Communauté indigène Sawhoyamaxa c. Paraguay, Série C n°146, par. 128.

tribal, qui occupaient des terres de manière ancestrale sans détenir un titre formel de propriété. En l'espèce, la Cour a considéré que tant que le lien entre les terres et une communauté est maintenu (par exemple si cette communauté organise des manifestations culturelles et des rites dans des lieux précis), celle-ci a le droit de s'en estimer propriétaire. Cette solution paraît juste dans la mesure où, dans bien des cas, les peuples autochtones ont été chassés de leurs terres par des agents de sécurité ou de police, de sorte qu'on ne peut décemment leur reprocher de ne pas occuper l'espace qu'ils revendiquent.

Comme on le voit notamment dans cette affaire, la Cour impose aux États qui violent les droits protégés par la Convention, et notamment le droit de propriété, des changements en droit interne pour garantir l'effectivité de ces droits.

§ 2. Les obligations positives édictées par la Cour

La Cour IDH est connue pour interpréter largement les articles de la Convention et formuler des obligations positives (ou de prestation) qui n'y sont pas inscrites. Ainsi, la Cour IDH ordonne très souvent aux États de modifier leur législation interne, afin de prévenir de possibles différends avec les autochtones. C'est notamment le cas des États condamnés à de multiples reprises, qui doivent modifier leur législation interne pour se conformer aux décisions de la Cour. Toutefois, certains États critiquent la liberté dont la Cour fait preuve dans l'interprétation de la Convention, et notamment dans celle des dispositions relatives à la propriété autochtone. Pour répondre à ces critiques et montrer que les États parties approuvent d'une certaine manière l'orientation de la Cour, cette dernière souligne fréquemment combien la législation des États va dans son sens, et donc combien le problème ne réside pas dans l'interprétation extensive retenue par la Cour, mais plutôt dans la non-exécution, par les États, de leur propre législation en la matière. Des politiques de droit interne vont en effet souvent dans le même sens que les obligations positives rattachées par la Cour au droit de propriété autochtone : il s'agit principalement de l'obligation de délimiter et de démarquer les terres autochtones (A), de l'obligation de mettre en place des recours effectifs (B) et de celle d'octroyer des terres (C).

A. L'obligation de délimitation et de démarcation

L'obligation de démarcation et de délimitation des terres occupées par des peuples autochtones a été formulée, à la fois par les organes établis par les traités des droits de l'Homme des Nations Unies, et par des ONG[1170]. Elle est rappelée par eux pratiquement chaque fois qu'il y a violation du droit de propriété autochtone, et que le motif avancé pour la justifier est que la propriété visée ne repose sur aucun titre et n'est pas inscrite sur un registre cadastral.

L'obligation dont l'objet est la régularisation d'une situation de fait – l'occupation ancestrale d'un territoire par des peuples autochtones – a pour but de garantir le respect du droit de propriété tel qu'il est entendu par la Cour IDH. Dans l'affaire *Communauté indigène Yakye Axa c. Paraguay*, la Cour décida que l'État devait octroyer de manière gracieuse les terres ancestrales à cette communauté et que, dans l'attente de les remettre, l'État devait assurer à ces populations des biens et des services publics pour que la communauté puisse vivre dignement. La communauté Yakye, issue de l'ethnie Lengua Enxet Sur, composée d'après un recensement réalisé en 2002 de 319 personnes regroupées dans 90 familles, vit sur les terres qui appartenaient à ses ancêtres depuis des siècles. Elle vit de la chasse, de la pêche, de la cueillette et de l'élevage. Ses terres sont situées dans la région du Chaco (qui fut divisée et attribuée à l'Argentine, au Paraguay et à la Bolivie au XIXème siècle). Le Paraguay a vendu les terres du Chaco au XIXème siècle aux entrepreneurs britanniques afin de payer une dette de guerre. L'Église anglicane s'est installée en 1886. En 1979, constatant les conditions déplorables de travail des peuples autochtones de la région, l'église a créé un projet de développement, La Herencia, pour racheter des terres pour les peuples autochtones, dont El Estribo comprenant une surface de 10 000 hectares. Une partie de la Communauté Yakye a décidé de quitter le domaine agricole Loma Verde dans lequel ses membres vivaient et travaillaient dans des conditions très précaires, sans rémunération, et s'est installée à El Estribo, en 1986, en pensant bénéficier de conditions

---

1170 INTERNATIONAL ALERT, *Conflict-Sensitive Business Practice : Guidance for Extractive Industries*, Londres, International Alert, mars 2005, pp. 153-154. Disponible en ligne sur : http://www.iisd.org/pdf/2005/security_conflict_sensitive_business.pdf (consulté le 15 mai 2015) : dans le domaine des industries extractives, l'ONG International Alert note que, parmi les exemples de bonnes pratiques pour la prévention des conflits avec les peuples autochtones, les plus importantes concernent le droit à la terre, et notamment l'aide fournie à des communautés autochtones par certaines entreprises, pour faire démarquer et reconnaître leurs terres.

meilleures. Ils furent vite déçus et une partie décida de retourner sur leurs terres. Toutefois, le propriétaire du domaine Loma Verde refusa leur entrée sur les terres et plusieurs familles – environ 56 – en attente de récupérer leurs terres, furent obligées de s'installer en 1996 au bord de la route (allant de Pozo Colorado à Concepción) bordant ce domaine. La Communauté y vit toujours dans une situation d'extrême précarité, et elle est interdite d'entrée dans le domaine pour chasser, cueillir des fruits ou récolter du miel, leurs activités traditionnelles de subsistance.

La délimitation et la démarcation des terres constituent des éléments indispensables du respect du droit de propriété autochtone. Lorsque la surface d'une propriété autochtone fait l'objet de contestation, elle peut être déterminée par des experts. Comme le souligne Jo Pasqualucci, les terres revendiquées comprennent non seulement le lieu d'habitation des peuples autochtones mais aussi un espace beaucoup plus vaste leur permettant de pratiquer l'agriculture, la chasse, la pêche et la cueillette, selon leur mode de vie traditionnel[1171]. Dans l'affaire de la communauté Xákmok Kásek, la Commission IDH estima par exemple que la propriété de cette communauté ne se réduisait pas à l'espace sur lequel elle vivait. Pour déterminer les contours de ce territoire, la Commission IDH se fonda sur plusieurs éléments concordants, en particulier le fait que ses membres y pratiquaient des rites culturels traditionnels sous une forme clandestine[1172]. En pratique, ces terres faisaient partie de la mémoire collective, toujours vive, des membres de la communauté. Ceux-ci pouvaient témoigner de leurs souvenirs de leurs pratiques de l'économie traditionnelle et des lieux où s'étaient déroulés certains événements[1173]. Ils pouvaient identifier les « *villages, hunting, and fishing grounds, burial grounds, sources of medicinal plants, and sites relevant to their history* »[1174]. Ces informations étaient également corroborées par les rapports d'experts soumis à la Cour.

En l'espèce, les représentants des peuples autochtones relevèrent en outre que la législation nationale prévoyait que chaque famille bénéficiait d'un espace de 100 hectares afin qu'elle puisse subvenir à ses besoins. Par conséquent, si la communauté comptait 66 familles, le territoire qui devait

---

[1171] J. M. PASQUALUCCI, « International Indigenous Land Rights in Light of the United Nations Declaration on the Rights of Indigenous Peoples », op. cit., p. 79.
[1172] Cour IDH, 24 août 2010, Fond et réparations, Communauté autochtone Xákmok Kásek c. Paraguay, Série C n° 214, par. 91.
[1173] Ibid., par. 92.
[1174] Ibid., par. 95.

leur être accordé devrait être de 6 600 hectares. Or, au moment de la décision, la communauté vivait sur un territoire de 1 500 hectares[1175].

Pour éviter tout conflit ultérieur de revendication de terres, la démarcation et la délimitation des terres pourraient intervenir avant tout processus de concession au profit d'une entreprise privée lorsque des peuples autochtones se trouvent ou sont à proximité des sites visés. En effet, la démarcation des terres est un préalable indispensable à l'octroi d'un titre de propriété, et la détermination des propriétaires des terres concernées par une concession paraît elle-même un préalable indispensable à l'octroi d'une telle concession. C'est pourquoi, dans l'affaire de la *Communauté Maya indigène c. Belize*, la Commission IDH avait édicté des mesures suspensives d'octroi de certaines concessions d'exploitations forestières et pétrolières, et recommandé à l'État d'octroyer des titres formels de propriété collective à la communauté Maya, et de procéder à la délimitation des terres. De même, dans l'arrêt *Communauté Mayagna (Sumo) Awas Tingni c. Nicaragua*, la Cour IDH ordonna à l'État de procéder à la démarcation de certaines terres, en créant des instances administratives à cette fin. L'État avait d'ailleurs déjà reçu une aide financière de la Banque mondiale aux fins d'une telle démarcation[1176].

Sans reconnaissance légale d'un titre de propriété, les communautés autochtones peuvent difficilement s'assurer du respect de ce droit dans l'ordre juridique interne, et faire valoir leurs droits à l'égard des tiers. En effet, il est plus simple pour l'État d'autoriser des concessions minières ou pétrolières sur des terres qu'il considère comme les siennes. C'est pourquoi la Cour IDH exige que l'État légalise l'occupation des peuples autochtones dans le droit étatique[1177].

Le respect de l'obligation de délimiter et de démarquer les terres appartenant aux peuples autochtones peut avoir des implications importantes[1178], telles que la mise en place d'un organe chargé de la

---

[1175] Ibid., par. 120.

[1176] J. A. AMIOTT, op. cit., p. 899.

[1177] Cour IDH, 31 août 2001, Fond et réparations, Communauté Mayagna (Sumo) Awas Tingni c. Nicaragua, Série C n°79, par. 152-154. Voir également : Commission IDH, Indigenous and Tribal Peoples' Rights over their ancestral lands and natural resources: Norms and Jurisprudence of the Inter-American Human Rights System, 30 décembre 2009, OEA/Ser.L/V/II, Doc. 56/09, pp. 35-46. Disponible en ligne sur : http://cidh.org/countryrep/Indigenous-Lands09/Ancestral-Lands.ENG.pdf (consulté le 12 mai 2011).

[1178] J. M. PASQUALUCCI, « International Indigenous Land Rights in Light of the United Nations Declaration on the Rights of Indigenous Peoples », op. cit., pp. 61-63.

délimitation des terres ou l'annulation de la concession, mais aussi l'application aux autochtones d'une véritable procédure d'expropriation de droit commun (dans la mesure où celle-ci est obligatoire s'ils détiennent un titre de propriété).

Dans l'arrêt *Communauté Mayagna (Sumo) Awas Tingni c. Nicaragua* de 2001, la Cour avait imposé à l'État un délai de 15 mois pour délimiter et octroyer un titre de propriété collective à la communauté Mayagna. Ce délai était trop court car cette procédure est souvent difficile à mettre en place[1179]. Ceci explique que la Cour ait fait preuve de davantage de réalisme dans l'arrêt *Communauté indigène Sawhoyamaxa c. Paraguay* du 26 mars 2006. Dans ce dernier, la Cour prévit que la délimitation, la démarcation, la titularisation et l'octroi gratuit de terres s'effectueraient dans un délai de trois ans à compter de la notification de l'arrêt aux parties. Ce délai devait permettre à l'État de réunir les fonds pour réaliser une démarcation équitable dans de bonnes conditions. L'arrêt prévit aussi que l'État crée un fonds de développement communautaire d'une valeur d'un million de dollars. En revanche, dans l'arrêt *Communauté autochtone Xákmok Kásek c. Paraguay*, la Cour n'accorda un délai que d'un an au Paraguay, pour qu'il délimite les terres de la communauté, et de trois ans pour qu'il restitue 10 700 hectares de terres aux peuples autochtones. Le délai prévu pour la restitution des terres fut plus long que celui imposé pour leur délimitation, en raison des mesures administratives et législatives nécessaires, notamment l'indemnisation des entreprises installées sur les terres avec l'accord de l'État. En cas d'inexécution de l'arrêt, l'État serait tenu de verser une astreinte de 10 000 dollars pour chaque mois de retard.

L'obligation de démarcation et de délimitation est le préalable à la mise en œuvre d'une autre obligation, qui consiste à reconnaître la propriété des peuples autochtones sur leurs terres. Mais l'octroi d'un titre de propriété doit lui-même s'accompagner du maintien ou de l'établissement de recours

[1179] Dans cette affaire, le respect du droit à la délimitation et à la démarcation des terres fût en effet difficile à assurer. Sur ce point, voir : L. J. ALVARADO, op. cit., pp. 619-632. En l'espèce, la difficulté de mettre en œuvre l'obligation de démarcation découlait du manque de financement des institutions chargées de la démarcation, de l'illégalité des concessions octroyées, et de conflits avec trois autres communautés qui revendiquaient une partie des terres pour leur propre survie. Voir également : J. P. VUOTTO, « Awas Tingi v. Nicaragua: International Precedent for Indigenous Land Rights? », *Boston University International Law Journal*, 2004, vol. 22, n°1, p. 236. Pour l'auteur, la victoire obtenue auprès de la Cour est « morale », car la décision n'est toujours pas éxécutée en 2004, soit trois ans après que les juges aient rendu l'arrêt.

effectifs permettant de défendre ce titre. C'est pourquoi, devant la Cour IDH, la violation de la protection judiciaire est souvent invoquée en complément de la violation du droit de propriété.

B. L'obligation de mettre en place un recours effectif

C'est sur le fondement de l'article 25 de la Convention américaine des droits de l'Homme relative à la protection judiciaire, que la Cour a édicté l'obligation de mettre en place un recours effectif en vue de faire respecter le droit de propriété autochtone.

D'une manière générale, l'article 25 dispose que :

> « 1. Toute personne a droit à un recours simple et rapide, ou à tout autre recours effectif devant les juges et tribunaux compétents, destiné à la protéger contre tous actes violant ses droits fondamentaux reconnus par la Constitution, par la loi ou par la présente Convention, alors même que ces violations auraient été commises par des personnes agissant dans l'exercice de fonctions officielles.
> 2. Les États parties s'engagent :
> a. à garantir que l'autorité compétente prévue par le système juridique de l'État statuera sur les droits de toute personne qui introduit un tel recours ;
> b. à accroître les possibilités de recours judiciaire ;
> c. à garantir que les autorités compétentes exécuteront toute décision prononcée sur le recours ».

En appliquant cet article à la situation des peuples autochtones revendiquant leurs terres, la Cour considère que même en l'absence d'un titre de propriété, les peuples autochtones doivent être en mesure de faire valoir leur demande. C'est ainsi que la Cour oblige les États à mettre en place des mécanismes judiciaires ou un processus administratif « effectifs »[1180], afin que la demande de régularisation des terres puisse aboutir, et que leur accès à la propriété puisse être garanti.

[1180] Cour IDH, 31 août 2001, Fond et réparations, Communauté Mayagna (Sumo) Awas Tingni c. Nicaragua, Série C n°79, par. 149, par. 112 : « The Court has also reiterated that the right of every person to simple and rapid remedy or to any other effective remedy before the competent judges or courts, to protect them against acts which violate their fundamental rights, 'is one of the basic mainstays, not only of the American Convention, but also of the Rule of Law in a democratic society, in the sense set forth in the Convention' ». Voir également, sur l'interprétation de la Commission et de la Cour interaméricaines de cet article : Commission IDH, El

Dans l'arrêt *Communauté Mayagna (Sumo) Awas Tingni c. Nicaragua*, la Cour IDH conclut que la législation interne ne protège pas effectivement les droits des peuples autochtones sur leurs terres, et que les efforts déployés par l'État en la matière ne sont pas suffisants pour garantir ces droits dans les faits. « La décision [...] pointe précisément le fossé qui existe entre la reconnaissance du droit de propriété autochtone et le manque de mécanismes adéquats des appareils législatifs et administratifs des États pour rendre effectifs ces droits, une situation qui contribue à l'incessante violation des droits autochtones dans le continent américain et d'autres parties de la planète »[1181]. La Cour souligne l'incohérence de la législation nicaraguayenne, qui accorde un statut particulier aux peuples autochtones et une autonomie territoriale[1182], sans pour autant leur garantir un accès à leurs terres dans les faits. Ainsi, elle dénonce le fait que, malgré la reconnaissance constitutionnelle d'un droit de propriété collective des peuples autochtones sur leurs terres, ceux-ci ne disposent en pratique d'aucun recours effectif leur permettant d'accéder à la propriété des terres occupées par eux[1183], c'est-à-dire d'un recours adéquat « qui permet de répondre aux griefs des pétitionnaires dans l'ordre interne », un recours effectif « capable de produire le résultat pour lequel il est établi », ou encore un recours disponible pour qu'une « personne privée puisse concrètement le mettre en œuvre »[1184]. En dépit du souhait de différentes communautés autochtones d'obtenir des titres de propriété collective, le dernier titre accordé ne l'a été qu'en 1990. Ainsi, des recours ont par exemple été présentés par la communauté Mayagna (Sumo) Awas Tingni auprès de plusieurs institutions nationales, dont deux recours d'*amparo*, et ils l'ont été conformément au

---

acceso a la justicia como garantía de los derechos económicos sociales y culturales. Estudio de los estándares fijados por el sistema interamericano de derechos humanos, 7 septembre 2007, OEA/Ser.L/V/II.129, Doc. 4, par. 245-259. Disponible en ligne sur :
http://www.cidh.org/countryrep/AccesoDESC07sp/Accesodescindice.sp.htm (consulté le 12 mai 2011).

1181 Traduction libre de L. RODRÍGUEZ-PIÑERO, « El caso Awas Tingni... », op. cit., p. 221.

1182 Cour IDH, 31 août 2001, Fond et réparations, Communauté Mayagna (Sumo) Awas Tingni c. Nicaragua, Série C n°79, par. 116-122.

1183 Ibid., par. 123.

1184 I.-K. PANOUSSIS, H. TIGROUDJA, *La Cour interaméricaine des droits de l'Homme, Analyse de la jurisprudence consultative et contentieuse*, Bruxelles, Bruylant, 2003, p. 113.

droit interne, mais les délais pour la régularisation des terres n'ont pas été respectés[1185].

D'une manière similaire, dans l'arrêt *Peuple Saramaka c. Suriname*, la Cour IDH a constaté une violation du droit à la protection judiciaire, en raison de l'absence de recours permettant de faire reconnaître la violation du droit de propriété. Les juges se sont appuyés sur plusieurs indices pour constater l'absence de recours effectif. Par exemple, le Code civil du Suriname ne prévoit pas de recours collectif, mais uniquement des recours individuels, ce qui est inadéquat au regard de la situation spécifique des peuples autochtones qui revendiquent des titres de propriété collective et non individuelle. Ensuite, compte tenu du fait que le décret sur l'exploitation minière ne prévoit pas d'indemnisation pour les personnes expulsées ou expropriées, qui ne possèdent pas de titre de propriété, celles-ci n'ont pas de recours effectif puisque que les communautés autochtones ne disposent que très rarement d'un titre formel de propriété. En l'espèce, il ne fait aucun doute que la Cour invite l'État à assurer l'effectivité des mécanismes existants, plutôt qu'il n'impose des changements législatifs ou réglementaires dans l'ordre interne.

L'effectivité du recours se caractérise également par la durée modérée de la procédure. Dans l'arrêt *Communauté Moiwana c. Suriname*, la Cour considère que la durée de 18 ans est excessive pour juger les auteurs de certains crimes perpétrés contre les membres de la communauté. Mais c'est surtout lorsque le recours est exercé en vue d'obtenir le respect du droit de propriété que la durée de la procédure revêt une importance particulière, notamment parce que la privation d'accès à la terre empêche les peuples autochtones de se livrer à leurs activités traditionnelles. Par exemple, dans l'affaire *Communauté indigène Sawhoyamaxa c. Paraguay*, la Communauté a initié ses démarches en 1993, en vue de se voir reconnaître la personnalité juridique en droit interne, qu'elle n'obtint que le 21 juillet 1998. Or, cette reconnaissance était le préalable indispensable au transfert gracieux de terres autochtones indivisibles, inscrites dans le registre général de propriété et le registre national des communautés autochtones. En l'espèce, la Cour IDH a considéré que le délai de traitement du recours n'était pas raisonnable. La Cour s'est également prononcée sur le délai du recours qui visait directement la restitution des terres. Rappelant que dans une autre affaire *Communauté*

[1185] Ibid., par. 137 : « As stated before, in this case Nicaragua has not adopted the adequate domestic legal measures to allow delimitation, demarcation, and titling of indigenous community lands, nor did it process the amparo remedy filed by members of the Awas Tingni Community within a reasonable time ».

autochtone Yakye Axa c. Paraguay, un délai de 11 ans avait été considéré déraisonnable, elle a estimé que, en l'espèce, le délai de 13 ans était également excessif.

Dans l'affaire *Communauté Xákmok Kásek*, la Cour a précisé les éléments qu'elle prend en considération pour apprécier le caractère raisonnable d'un délai : « *i) the complexity of the matter, ii) the conduct of the authorities, iii) the affected party's involvement in the procedure and iv) the legal situation's effect on the person involved in the procedure* »[1186].

L'obligation de mettre en place un recours effectif implique ou une volonté politique de mettre en place des institutions, de former du personnel judiciaire, etc. pour *rendre effectif* les mécanismes existants, ou la décision de légiférer afin de *créer* des mécanismes susceptibles de bénéficier à l'ensemble des peuples autochtones.

C. L'obligation d'octroyer des terres

L'obligation d'octroyer ou de restituer des terres aux peuples autochtones répond à la nécessité de leur fournir les espaces indispensables à leur survie matérielle et à la continuité de leur vie culturelle et spirituelle. Cette obligation consiste soit en la restitution des terres (1), soit en l'octroi de terres distinctes de celles dont ils ont été expulsés ou expropriés (2).

1. L'obligation de restituer les terres

Dans l'arrêt *Communauté indigène Yakye Axa* c. *Paraguay*, la Cour a statué sur le droit de retour des peuples autochtones sur leurs terres, ou le droit de restitution des terres[1187]. La question se pose le plus souvent de savoir si le droit de retour sur leurs terres peut être mis en œuvre lorsque la propriété des terres réclamées est reconnue formellement à des entreprises en activité.

[1186] Cour IDH, 24 août 2010, Fond et réparations, Communauté autochtone Xákmok Kásek c. Paraguay, Série C n° 214, par. 133.

[1187] A. D. RAMIREZ, « El caso de la comunidad indigena Yakye Axa vs. Paraguay », *Revista I.I.D.H.*, 2005, n°41, pp. 347-364. Voir également : N. BANKES, « International Human Rights Law and Natural Resources Projects within the Traditional Territories of Indigenous Peoples », *Alberta Law Review*, 2010, vol. 47, p. 484 : « In Yakye Axa, the Court had to deal with competing property claims : the property claims of the current titled 'owners' and the claims of the indigenous community for the return of the land ».

Dans plusieurs arrêts, la Cour IDH ordonne la restitution des terres en rejetant l'argument de l'État, selon lequel les terres revendiquées appartiennent déjà à une entreprise et qu'elles sont exploitées de manière rentable, ou qu'elles sont productives. Le Paraguay, qui refusait de modifier sa législation, s'est par exemple trouvé confronté à des situations de ce type à plusieurs reprises. Il se justifiait, devant la Cour, en invoquant des dispositions de sa loi agraire prévoyant que les terres exploitées et dont la productivité était « pleine » ne pouvaient faire l'objet d'une procédure d'expropriation. Dans l'affaire *Sawhoyamaxa c. Paraguay*, on voit par exemple l'Institut de Bien-être rural, chargé de statuer sur une demande du peuple Sawhoyamaxa visant à la restitution de leurs terres, appliquer cette loi en faveur des entreprises. En 1999, il s'est ainsi fondé sur les dispositions de la loi agraire qui interdit l'expropriation d'entreprises exploitant des terres à des fins économiques et apportant la preuve d'un rendement économique. Examinant l'affaire, la Cour explique que l'argument de la productivité des terres ne peut justifier à lui seul le refus du retour, et rejette cet argument au motif que les dispositions ne prennent pas en compte les particularités de la communauté autochtone et de son lien à la terre[1188]. En effet, elle affirme que : « *[w]hen they apply these standards to clashes between private property and claims for ancestral property by the members of indigenous communities, the States must assess, on a case by case basis, the restrictions*

[1188] Cour IDH, 29 mars 2006, Fond et réparations, Communauté indigène Sawhoyamaxa c. Paraguay, Série C n°146, par. 139 : « The same rationale is applicable to the second argument put forth by the State as regards to land productivity. This argument lodges the idea that indigenous communities are not entitled, under any circumstances, to claim traditional lands the when they are exploited and fully productive, viewing the indigenous issue exclusively from the standpoint of land productivity and agrarian law, something which is insufficient for it fails to address the distinctive characteristics of such peoples ». La Cour apprécie le lien à la terre des membres de la communauté à travers les éléments suivants : « In order to determine the existence of the indigenous' relationship with their traditional lands, the Court has established that : i) it can be expressed in different ways depending on the indigenous people in question and the circumstances they are in, and ii) the relationship with the lands must be possible. Some ways of expressing this relationship could include traditional presence or use, via spiritual or ceremonial ties ; settlements or sporadic farming ; hunting, fishing, or seasonal or nomadic gathering ; use of natural resources tied to customs; and any other element characteristic of a culture. The second element is that the members of the Community are not blocked by factors outside their control from carrying out those activities that reveal the persistency of their relationship with their traditional lands ». (Cour IDH, 24 août 2010, Fond et réparations, Communauté autochtone Xákmok Kásek c. Paraguay, Série C n° 214, par. 113).

that would result from recognizing one right over the other. Thus, for example, the States must take into account that indigenous territorial rights encompass a broader and different concept that relates to the collective right to survival as an organized people, with control over their habitat as a necessary condition for reproduction of their culture, for their own development and to carry out their life aspirations. Property of the land ensures that the members of the indigenous communities preserve their cultural heritage »[1189]. Une telle position se justifie également par le fait qu'absolutiser l'argument économique servirait à faire systématiquement prévaloir une conception économique de la propriété sur la conception autochtone et non-marchande du rapport à la terre[1190], alors que la conception autochtone de la terre doit être prise en compte dans l'appréciation et la défense de leur droit de propriété.

Dans de nombreux cas, le Paraguay a également été condamné pour ne pas avoir institué de mécanisme de régularisation des terres, ou avoir ignoré ou reporté considérablement l'octroi des terres, alors que les revendications autochtones étaient persistantes. Par exemple, dans l'affaire *Communauté indigène Yakye Axa c. Paraguay*, la communauté Yakye Axa avait initié des démarches en 1993 pour récupérer des terres perdues, à la suite de la promulgation de la loi n°904/81 relative au Statut des Communautés autochtones et permettant la revendication des terres. Pour faire cette demande, la communauté devait avoir la personnalité juridique. C'est pourquoi les membres de la communauté ont par ailleurs demandé la reconnaissance de leurs représentants. Ils se sont vus reconnaître une personnalité juridique qu'en 2001, soit trois ans après l'avoir demandé. D'après un rapport anthropologique sollicité par l'Institut indigène du Paraguay et produit en 1997, le territoire revendiqué par la communauté Yakye était bien leur territoire traditionnel. À plusieurs reprises, l'Institut indigène du Paraguay, chargé de ces demandes, a proposé des terres alternatives à la communauté, au motif que les terres demandées étaient déjà exploitées. Toutefois, la communauté a toujours refusé ces offres, parce que les terres proposées faisaient généralement déjà l'objet d'un recours antérieur d'autres communautés ou parce qu'elles ne permettaient pas de cultiver les produits traditionnellement consommés. La communauté a donc soumis un projet de loi, ayant pour objet l'expropriation des propriétaires terriens installés sur leurs terres. Mais ce projet fut rejeté par l'Assemblée

1189 Cour IDH, 17 juin 2005, Fond et réparations, Communauté indigène Yakye Axa c. Paraguay, Série C n°125, par. 146.

1190 Cour IDH, 29 mars 2006, Fond et réparations, Communauté indigène Sawhoyamaxa c. Paraguay, Série C n°146, par. 137-141.

nationale en 2000. Malgré la reconnaissance de la possession ancestrale de ces terres par la Communauté Yakye, et après plusieurs demandes et de nombreux échanges, les propriétaires terriens ont refusé de vendre les terres. Les représentants ont, entre autres, demandé des mesures provisoires devant la Commission IDH afin de suspendre les activités menaçant l'environnement des terres revendiquées. Ils ont cependant régulièrement reçu des menaces de la part des propriétaires terriens souhaitant les dissuader de poursuivre leurs démarches. La Cour a ordonné au Paraguay qu'il procède à la délimitation des terres pour les restituer à la communauté.

Dans une autre affaire, l'affaire *Communauté Moiwana c. Suriname*, la Cour a ordonné la restitution des terres à la communauté Moiwana qui fût forcée de quitter ses terres après un massacre de trente-neuf autochtones, perpétré par des forces militaires le 29 novembre 1986. Les survivants avaient fui dans la forêt, et beaucoup avaient trouvé refuge en Guyane française. Aujourd'hui, certains membres de la communauté sont toujours en Guyane française, tandis que d'autres ont été accueillis en 1993 dans un centre d'accueil provisoire à Moengo, lorsqu'ils ont souhaité retourner sur leurs terres. Examinant le recours de la communauté, la Cour a vérifié, à l'aide d'expertises anthropologiques, que les survivants occupaient bien les terres sollicitées avant le massacre. Ces expertises ont conclu que la communauté Moiwana faisait bien partie de l'un des six groupes de Marrons (descendants d'esclaves africains évadés), le groupe N'djuka[1191]. La Cour a considéré que la communauté était propriétaire des terres, bien qu'elle n'ait pu en jouir en pratique. Elle avait en effet abandonné ses terres après le massacre de 1986, à la fois par crainte, parce qu'elle n'avait pas obtenu justice pour les crimes perpétrés, et parce que les victimes n'avaient pas été honorés selon leurs coutumes.

En principe, la Cour n'a pas compétence pour examiner les événements survenus au Suriname en 1986, car ce dernier État n'a accepté la compétence de la Cour IDH qu'en 1987[1192]. Toutefois, selon la Cour, le Suriname a violé

[1191] Les six groupes Marrons sont les suivants : N'djuka, Matawai, Saramaka, Kwinti, Paamaka et Boni ou Aluku. La communauté Moiwana est issue du groupe N'djuka, composé de 49 000 membres, et sa spécificité se retrouve dans son rapport à la terre, ses rites funéraires et d'autres pratiques encore.

[1192] La reconnaissance de la compétence de la Cour IDH est donc critiquable, et repose sur la doctrine de la violation continue et de ses effets. Voir : P. A. ORMACHEA, « Moiwana village : the Inter-American court and the « continuing violation » doctrine », *Harvard Human Rights Journal*, 2006, vol. 19, pp. 283-288 ; C. MARTIN, « The Moiwana Village Case: a New Trend in Approaching the Rights of Ethnic Groups in the Inter-American System », *Leiden Journal of International Law*, 2006, vol. 19, pp. 491-504.

le droit de propriété des membres de la communauté (et indirectement leur droit à l'intégrité) à raison du déplacement continu des survivants du massacre, et de l'impossibilité dans laquelle ils ont été placés, de revenir sur leurs terres et de faire valoir leurs droits. « *[T]he Tribunal decided above that it does not have competence to examine the events of November 29, 1986. Nevertheless, it does exercise jurisdiction over the State's fulfillment of its obligation to ensure the right to humane treatment, which results in the obligation to investigate possible violations of Article 5 of the Convention* »[1193]. La Cour a également estimé que l'expulsion forcée et l'impossibilité de retourner sur les terres occupées traditionnellement constituaient une violation de la liberté de circuler qui « *is an indispensable condition for the free development of a person* »[1194]. De manière logique, la Cour a considéré que ces violations ne pouvaient être réparées que par l'octroi de la propriété collective. Elle a jugé que la restitution ou la récupération des terres était une forme de réparation adéquate[1195].

Parfois, l'obligation de restituer les terres est assortie de l'interdiction d'altérer le territoire. Ce fût par exemple le cas dans l'affaire *Communauté autochtone Xákmok Kásek c. Paraguay*. Dans cette affaire, la Cour interdit à l'État de concéder une exploitation quelconque ou de détruire un lieu sacré ou des ressources naturelles[1196].

Toutefois, la restitution des terres n'est pas systématiquement considérée comme la réparation adéquate des violations du droit de propriété. Une réparation de ce type ne peut être ordonnée qu'au cas par cas. Comme l'a affirmé le gouvernement du Paraguay dans l'affaire *Communauté indigène Sawhoyamaxa c. Paraguay*, un principe général de restitution systématique conduirait à restituer l'ensemble du territoire aux autochtones présents avant la conquête espagnole.

L'obligation de restituer les terres peut sembler critiquable car elle porte atteinte à la sécurité juridique des propriétaires, alors expropriés par l'État au profit des peuples autochtones. Le plus souvent en effet, les entreprises qui ont obtenu un titre de propriété ne souhaitent pas céder les terres dans lesquelles elles ont investi. Et l'État est obligé de prendre en compte cet investissement dans le calcul de l'indemnisation au titre de l'expropriation.

[1193] Cour IDH, 15 juin 2005, Fond et réparations, Communauté Moiwana c. Suriname, Série C n°124, par. 92.

[1194] Ibid., par. 110.

[1195] Cour IDH, 17 juin 2005, Fond et réparations, Communauté indigène Yakye Axa c. Paraguay, Série C n°125, par. 151 et 217.

[1196] Cour IDH, 24 août 2010, Fond et réparations, Communauté autochtone Xákmok Kásek c. Paraguay, Série C n° 214, par. 294.

Toutefois, lorsque la Cour estime que l'État a démontré que les terres ont été concédées à une entreprise dans un but d'intérêt général et selon une procédure respectueuse des droits autochtones, elle considère uniquement qu'il doit proposer, au titre des réparations de l'expropriation des peuples autochtones, des terres alternatives.

2. *L'obligation de proposer des terres alternatives en cas d'expropriation*

L'expropriation des peuples autochtones en vue d'exploitations forestières, minières ou pétrolières doit répondre à certaines exigences. Par exemple, l'État doit établir les titulaires des propriétés susceptibles d'être expropriés, avant de procéder à l'expropriation. Plus généralement, l'article 21 alinéa 2 de la Convention ADH prévoit que l'expropriation doit être encadrée par la loi, poursuivre un intérêt public ou social, et être compensée par une juste indemnisation.

Selon la Cour IDH, le droit de propriété n'est pas un droit absolu et des circonstances exceptionnelles[1197] peuvent justifier l'expropriation de communautés autochtones. Toutefois, de nombreux États latino-américains assimilent tout développement économique à un but d'intérêt public ou un but légitime, sans tenir compte des spécificités des peuples autochtones et de la préservation de leurs cultures et de leurs traditions. La Cour remet ainsi en cause la hiérarchie implicite des États, consistant à considérer que la propriété individuelle prime sur la propriété collective, en particulier lorsque la première, grâce à l'activité des entreprises, exploite la terre et permet l'enrichissement de l'État.

La Cour ne manque pas non plus de rappeler l'importance du contrôle de proportionnalité entre les atteintes portées et les buts poursuivis, auquel l'État doit se livrer. Elle note que l'intérêt général évoqué par l'État « reflète le plus souvent les intérêts de la majorité nationale »[1198], ou encore ceux des classes aisées qui gouvernent le pays.

L'ensemble des conditions nécessaires à la conformité de l'expropriation à la Convention sont rappelées dans l'arrêt *Communauté indigène Yakye Axa c. Paraguay*. La Cour y indique précisément la nécessité de prendre en compte les particularités de la communauté concernée dans la décision

---

[1197] Par exemple : Cour IDH, 28 novembre 2007, Exceptions préliminaires, fond et réparations, Peuple Saramaka c. Suriname, Série C n°172, par. 127.

[1198] D. FARGET, *Le droit au respect des modes de vie minoritaires et autochtones dans le contentieux internationaux des droits de l'Homme*, thèse, Universités de Montréal et d'Aix-Marseille 3, juillet 2010, p. 61.

d'exproprier ou de s'en abstenir et, si la première option est retenue, dans la réparation du préjudice subi :

> « *If the traditional territory is in private hands, the State must assess the legality, necessity and proportionality of expropriation or non-expropriation of said lands to attain a legitimate objective in a democratic society [...]. For this, it must take into account the specificities of the Yakye Axa Indigenous Community, as well as its values, practices, customs and customary law. If for objective and well-founded reasons the claim to ancestral territory of the members of the Yakye Axa Community is not possible, the State must grant them alternative land, chosen by means of a consensus with the community, in accordance with its own manner of consultation and decision-making, practices and customs. In either case, the area of land must be sufficient to ensure preservation and development of the Community's own manner of live* »[1199].

Les particularités de la communauté expropriée commandent le type adéquat de réparation. Ainsi, l'obligation de proposer des terres alternatives est généralement préférée par la Cour, au versement d'une indemnisation. La Cour préconise que l'État propose des terres alternatives de « qualité » similaire en procédant à une consultation des membres de la communauté. Certaines législations comme la loi paraguayenne 904/81 prévoient aussi que l'État doit proposer au peuple autochtone concerné, en dédommagement, une terre de qualité égale en y ajoutant une plus-value. Dans le même ordre d'idée, dans les arrêts *Yakye Axa, Sawhoyamaxa* et *Xakmok*, la Cour conclut à la violation du droit de propriété et du droit à la vie par le Paraguay, et ordonne à ce dernier de prendre en charge la remise des terres ancestrales ou, à défaut, des terres alternatives en concertation avec les membres de la communauté[1200]. La Cour précise que les terres qui leur sont destinées devront également avoir le statut de territoire ancestral, et que le coût de leur achat devra être pris en charge par l'État.

Les terres proposées par l'État aux peuples empêchés de récupérer leurs terres sont rarement satisfaisantes du point de vue autochtone. Dans l'arrêt *Sawhoyamaxa*, un expert mentionne de manière intéressante les critères devant présider au choix des terres de substitution selon l'ethnie Enxet. Y

1199 Cour IDH, 17 juin 2005, Fond et réparations, Communauté indigène Yakye Axa c. Paraguay, Série C n°125, par. 217.

1200 K. RINALDI, « Le droit des populations autochtones...», op. cit., pp. 236-238.

figurent « l'accessibilité à la terre par les peuples autochtones, des voies d'accès, le potentiel économique, la disponibilité des terres pour l'agriculture et l'élevage des bovins, des sources d'eau potable, la situation géographique dans les terres traditionnelles utilisées par le groupe et les possibilités de chasser »[1201]. Dans cette affaire, les représentants de la communauté avaient initié des démarches dès 1991, auprès de l'Institut paraguayen des autochtones pour récupérer des terres représentant environ 61 000 hectares – des terres qui comptent des bois et qui sont traversées par deux cours d'eau fournissant un accès permanent à l'eau.

La Cour est parfois critiquée pour les mesures positives qu'elle impose, mais on peut considérer qu'elles ne font que répondre aux inégalités dont les peuples autochtones souffrent de manière permanente, et qu'exprime la volonté de la Cour d'assurer l'effectivité des droits contenus dans la Convention ADH. C'est cet objectif qui la pousse à procéder à une interprétation évolutive, et à réinterpréter des concepts de manière souvent encore plus audacieuse que ses consœurs, la Cour européenne des droits de l'Homme et la Cour africaine des droits de l'Homme et des peuples.

SECTION II – LE DÉVELOPPEMENT DE L'INTERPRÉTATION NOVATRICE DU DROIT DE PROPRIÉTÉ

Si l'arrêt *Communauté Mayagna (Sumo) Awas Tingni c. Nicaragua* a été le point de départ d'une interprétation novatrice du droit de propriété permettant la reconnaissance de la propriété collective, la Cour a poursuivi une évolution constante dans la protection de leurs spécificités[1202]. L'arrêt *Peuple de Saramaka c. Suriname* est emblématique car la juridiction internationale se prononce en faveur des peuples autochtones sur un différend opposant l'État et les peuples autochtones autour des ressources naturelles situées dans un territoire contesté, en se fondant sur la violation du droit de propriété consacré à l'article 21 de la Convention ADH. En plus des obligations positives précédemment évoquées dans la section antérieure, elle procède à une interprétation extensive du droit de propriété pour y inclure les

---

1201 Déclaration de l'expert Andrew Leake, Cour IDH, 29 mars 2006, Fond et réparations, Communauté indigène Sawhoyamaxa c. Paraguay, Série C n°146, p. 20.

1202 M. BERRAONDO LOPEZ, « Indigenous Peoples and Natural Resources under the Inter-American System of Human Rights : Between Privatisation and the Exercice of Human Rights », in K. DE FEYTER, F. GÓMEZ ISA (Ed.), *Privatisation and Human Rights in the Age of Globalisation*, Antwerp-Oxford, Intersentia, 2005, pp. 317-321.

ressources naturelles (§ 1) et dégage de nouvelles obligations propres à l'exploitation des ressources naturelles (§ 2).

§ 1. L'évolution de l'interprétation du droit de propriété

En se fondant sur la Convention américaine des droits de l'Homme ainsi que sur d'autres textes (A), la Cour inclut dans le droit de propriété le droit d'user des ressources naturelles présentes sur le territoire dont les peuples autochtones sont propriétaires (B).

A. Le fondement de l'interprétation évolutive

En vue de justifier une interprétation extensive du droit de propriété, la Cour se fonde sur l'article 29 alinéa 2 de la Convention américaine (1), qui lui permet de recourir à d'autres instruments internationaux, plus précis dans certains domaines (2).

1. La Convention américaine des droits de l'Homme

Lorsque la Cour a recours à d'autres instruments internationaux, elle se réfère généralement à l'article 29 alinéa 2, selon lequel « [a]ucune disposition de la présente Convention ne peut être interprétée comme : restreignant la jouissance et l'exercice de tout droit ou de toute liberté reconnus par la législation d'un État partie ou dans une convention à laquelle cet État est partie ». Dès l'arrêt *Communauté Mayagna (Sumo) Awas Tingni c. Nicaragua* en 2001, elle propose d'interpréter le droit de propriété grâce à cet article :

> « *Through an evolutionary interpretation of international instruments for the protection of human rights, taking into account applicable norms of interpretation and pursuant to article 29 (b) of the Convention – which precludes a restrictive interpretation of rights –, it is the opinion of this Court that article 21 of the Convention protects the right to property in a sense which includes, among others, the rights of members of the indigenous communities within the framework of communal property, which is also recognized by the Constitution of Nicaragua* »[1203].

[1203] Cour IDH, 31 août 2001, Fond et réparations, Communauté Mayagna (Sumo) Awas Tingni c. Nicaragua, Série C n°79, par. 148.

En refusant toute interprétation restrictive des droits contenus dans la Convention ADH (article 29 b), « la Commission et la Cour prennent en considération, dans leurs interprétations des textes interaméricains, d'autres textes internationaux qui ont été majoritairement ratifiés par les États de la région, considérant qu'ils expriment un consensus sur le contenu des droits de l'Homme »[1204]. Ainsi, la Cour se trouve protégée de toute critique qui viserait à la déclarer incompétente pour interpréter d'autres instruments.

2. Les autres instruments internationaux

De manière classique, dans la jurisprudence internationale et régionale des droits de l'Homme, la Cour rappelle, notamment dans l'arrêt *Peuple autochtone Kichwa de Sarayaku c. Équateur*, que « les conventions des droits de l'Homme sont des instruments vivants dont l'interprétation doit accompagner l'évolution de l'époque et les conditions de vie actuelles »[1205]. L'interprétation évolutive se définit comme la « [m]éthode d'interprétation prenant en considération l'évolution, depuis la conclusion du traité en cause, du système juridique dans lequel s'insère la disposition à interpréter, et celle des situations juridiques auxquelles il convient de répondre par la mise en œuvre de la norme posée par cette disposition, ou par une norme tenue pour dériver implicitement de celle-ci »[1206]. C'est en adoptant une telle démarche que la Cour fait référence aux nombreux documents internationaux adoptés dans la région, afin d'interpréter les dispositions de la Convention ADH. Elle adapte ainsi son interprétation à l'évolution du cadre juridique régional, mais retient également parfois l'interprétation la plus favorable aux droits de l'Homme sur le plan international[1207]. Antônio Augusto Cançado Trindade

---

[1204] K. RINALDI, « Le droit des populations autochtones et tribales à la propriété dans le système interaméricain de protection des droits de l'Homme », in L. HENNEBEL, H. TIGROUDJA (dir.), op. cit., p. 219. Dans l'arrêt Plan de Sanchez c. Guatemala, la Cour exclut la Convention sur le génocide invoquée par les plaignants, au motif qu'elle ne peut constater que la violation des droits contenus dans les instruments interaméricains. Toutefois, elle n'hésite pas à prendre en compte les actes de génocide perpétrés à l'encontre du peuple maya pour fixer les réparations. Voir : Cour IDH, 19 novembre 2004, Fond et réparations, Massacre Plan de Sanchez c. Guatemala, Série C n°105 et Cour IDH, 19 novembre 2004, Réparation, Massacre Plan de Sanchez c. Guatemala, Série C n°116.

[1205] Cour IDH, 27 juin 2012, Fond et réparations, Peuple autochtone Kichwa de Sarayaku c. Équateur, Série C n° 245, par. 161.

[1206] J. SALMON (dir.), *Dictionnaire de droit international public*, Bruxelles, Bruylant, 2001, p. 605.

[1207] Traduction libre. M. I. del TORO HUERTA, op. cit., p. 85.

soutient que « grâce à cette interaction dans l'interprétation, les traités en matière de droits de l'Homme (…) se sont mutuellement renforcés, et ce en définitive au profit des êtres humains protégés. Cette interaction a d'une certaine façon contribué à l'universalité du droit conventionnel relatif à la protection des droits de l'Homme. Cela a permis une interprétation *uniforme* du *corpus juris* du droit international contemporain des droits de l'Homme »[1208].

Par exemple, dans l'avis consultatif *Condición jurídica y Derechos de los Migrantes Indocumentados* du 17 septembre 2003, la Cour se réfère expressément au Pacte international sur les droits civils et politiques. Elle se rapporte aussi aux avis de la Cour internationale de Justice ou encore à la jurisprudence de la Cour européenne des droits de l'Homme, afin d'accroître, plus que légitimer, son champ d'intervention. D'autres sources sont citées telles que la Convention sur la protection et la promotion de la diversité des expressions culturelles lorsque la Cour développe une réflexion sur l'identité culturelle en invoquant le droit à la vie et à l'intégrité personnelle.

Dans un premier temps, les membres de la Cour considéraient probablement qu'elle devait faire preuve d'une certaine modération et suivre l'exemple des autres juridictions internationales pour s'imposer. Toutefois, dans un second temps, la Cour s'est libérée et éloignée du carcan un peu trop rigide suivi par ses prédécesseurs. En raison de la spécificité régionale de la Cour, et de sa récente création, la Cour a voulu marquer sa « rupture avec le positivisme juridique » (Antonio Cançado Trindade qualifie cette démarche d'*humanisation du droit international* »[1209]), en affirmant constamment le caractère universel des droits de l'Homme.

Les juges interaméricains font référence à plusieurs documents internationaux pour préciser les dispositions de la Convention américaine, mais aussi pour donner un contenu plus précis aux obligations positives

---

1208 A. A. CANÇADO TRINDADE, « Le développement du droit international des droits de l'Homme à travers l'activité et la jurisprudence des Cours européenne et interaméricaine des droits de l'Homme », in A. A. CANÇADO TRINDADE, *Le droit international pour la personne humaine*, Paris, Pedone, coll. Doctrine(s), 2012, p. 144.

1209 L. HENNEBEL, *La Convention américaine des droits de l'Homme : mécanismes de protection et étendue des droits et libertés*, Bruxelles, Bruylant, 2007, p. 80.

qu'ils en tirent[1210], ce qui est « un des points forts du système interaméricain »[1211] comme l'affirme Laurence Burgorgue-Larsen. À cet égard, Hélène Tigroudja évoque « [l]e renforcement de l'extension du champ d'application matériel de la convention au moyen des sources externes d'interprétation »[1212]. Dans l'arrêt *Peuple Saramaka contre Suriname*, la Cour cite de multiples instruments internationaux et organes des droits de l'Homme (les organes des traités de protection des droits de l'Homme, l'OIT, la Convention sur la biodiversité, la Déclaration des Nations Unies sur les droits des peuples autochtones)[1213] pour conforter son interprétation des articles de la Convention ADH. Elle fait également référence à des arrêts de juridictions internes et de la Cour européenne des droits de l'Homme[1214]. Puisant son inspiration dans des sources diverses de droit international, la Cour fournit une interprétation d'instruments qui, bien souvent, n'étaient jusque-là pas réellement mis en œuvre de manière effective dans les systèmes nationaux.

Ainsi, la référence constante aux autres instruments internationaux des droits de l'Homme s'inscrit dans une démarche visant à renforcer le caractère obligatoire du respect des droits de l'Homme et leur indivisibilité. La Cour IDH confère une effectivité aux instruments internationaux. Elle donne vie à des dispositions qui pouvaient n'être jusqu'alors que timidement invoquées. La Cour n'hésite d'ailleurs pas à rappeler aux États qu'ils sont

---

[1210] M. I. del TORO HUERTA, op. cit., p. 85.

[1211] L. BURGORGUE-LARSEN, « Vers la création d'une culture commune en matière de droits fondamentaux en Amérique latine », in A.-S. LAMBLIN-GOURDIN, E. MONDIELLI (dir.), op. cit., p. 15.

[1212] H. TIGROUDJA, « La jurisprudence de la Cour interaméricaine des droits de l'Homme au service de 'l'humanisation du droit international public' », *A.F.D.I.*, 2006, vol. 52, p. 620. Voir également : A. A. CANÇADO TRINDADE, « La Recta Ratio dans les fondements du Jus Gentium comme droit international de l'humanité », in A. A. CANÇADO TRINDADE, *Le droit international pour la personne humaine*, Paris, Pedone, coll. Doctrine(s), 2012, p. 101 : « De nos jours, l'être humain est en voie d'occuper une position centrale qui lui correspond en tant que sujet de droit interne et international, en raison du processus d'humanisation du droit international, qui s'occupe désormais beaucoup plus directement de l'identification et de la réalisation des valeurs et des objectifs communs supérieurs ».

[1213] H. TIGROUDJA, « La jurisprudence de la Cour interaméricaine des droits de l'Homme au service de 'l'humanisation du droit international public' », op. cit., pp. 618-625.

[1214] Ibid., p. 618 : « [D]ans des arrêts antérieurs, elle se croyait obligée de renvoyer systématiquement à la jurisprudence de la Cour européenne des droits de l'Homme, les références à la pratique de cette dernière se font aujourd'hui de plus en plus rares ».

tenus de respecter certaines obligations contenues dans la Convention, au titre d'autres instruments ratifiés par eux[1215]. À cet égard, Gaetano Pentassuglia affirme que : « *[t]he interaction between the universal, regional and national could not be any clearer : the substantive and procedural aspects of Article 21 [American Convention on Human Rights] have come to embrace elements which elaborate and expand on the jurisprudence of international and domestic bodies, thereby making the treaty a proxy for crossfertilization processes. If evolutory interpretation by definition accords with wider legal developments rather than the judges' own preferences and values or specific national practices, then the positive reading of Article 29 b) ACHR upheld by the IACtHR, whatever the uncertainties that may surround it, may be said to reinforce this systemic approach and thus its 'neutrality', for more specific, essentially evidential purposes linked to the case at issue. It further supports the applicability of the interpretation to the state in question so as to make it acceptable as much as possible from within that state's legal practice* »[1216].

En outre, elle participe à l'émergence de règles coutumières en citant différents instruments qui font référence à une même règle. Elle tente de dégager *l'opinio juris* et la pratique des États membres et de déterminer en quelles normes ils se cristallisent. Toutefois, de nombreux universitaires ou praticiens contestent la révélation de multiple règles par une Cour considérée comme très audacieuse[1217].

La Cour IDH fait encore référence à des instruments internationaux distincts du système interaméricain pour justifier son interprétation des articles de la Convention ADH. Elle justifie le recours à ces textes par le fait qu'aucun texte visant spécifiquement les droits des peuples autochtones n'a été adopté par l'OEA, bien que des efforts aient été faits en ce sens[1218].

1215 D. C. BALUARTE, « Balancing Indigenous Rights and a State's Right to Develop in Latin America : The Inter-American Rights Regime and ILO Convention 169 Special Issue : Prior Informed Consent », *Sustainable Development Law and Policy*, 2004, vol. 9, p. 13.

1216 G. PENTASSUGLIA, op. cit., pp. 181-182.

1217 Notamment lorsque la Cour prononce des mesures réparatoires ou lorsqu'elle interprète le jus cogens. Voir notamment : C. MAIA, « Le Jus Cogens dans la jurisprudence de la Cour interaméricaine des droits de l'Homme », in L. HENNEBEL, H. TIGROUDJA (dir.), *Le particularisme interaméricain des droits de l'Homme*, op. cit., p. 277.

1218 Voir, sur la « perméabilité » du système interaméricain : H. TIGROUDJA, « L'autonomie du droit applicable par la Cour interaméricaine des droits de

Dès 1989, l'Assemblée générale de l'OEA a en effet sollicité la Commission IDH en vue d'élaborer un document juridique relatif aux droits des peuples autochtones. Celle-ci a aussitôt initié ses travaux préparatoires à l'élaboration de la Déclaration américaine relative aux droits des peuples autochtones en mettant en place des consultations et en recueillant les commentaires des gouvernements, des organisations autochtones, des organisations intergouvernementales et des experts. En 1997, la Commission IDH a approuvé le projet de déclaration et l'a soumis à l'Assemblée générale de l'OEA. Un groupe de travail a alors été chargé de poursuivre l'élaboration de cette déclaration. Il a invité les représentants des organisations autochtones afin qu'elles participent pleinement à l'amélioration du texte[1219]. En septembre 2010, le plan de travail du groupe de travail chargé d'élaborer le projet de déclaration a été approuvé par l'Assemblée générale de l'OEA qui a, une nouvelle fois, exprimé son engagement dans le processus de l'élaboration de ce texte[1220]. Cependant, le texte de la Déclaration américaine sur les droits des peuples autochtones n'est toujours pas adopté, en raison de la réticence des États à se voir imposer de nouvelles obligations et à permettre le développement de la jurisprudence de la Cour sur les peuples autochtones. Ce processus explique que la Cour, tout comme la Commission IDH, poursuivent leurs efforts pour protéger et garantir les droits des peuples autochtones, même en l'absence d'un texte interaméricain spécifique.

Concernant la situation particulière des peuples autochtones, les juges de la Cour IDH adaptent, en attendant l'adoption et l'entrée en vigueur de la Déclaration interaméricaine sur les droits des peuples autochtones, l'interprétation des dispositions de la Convention ADH en se référant très souvent à la Convention n°169 de l'OIT qui sert « de moyen de protection »[1221]. Cette référence systématique s'explique par le fait que la Convention n°169 est le seul instrument contraignant sur les droits des peuples autochtones dans l'ordre juridique international. Les articles de la

---

l'Homme : en marge d'arrêts et avis consultatifs récents », *Revue trimestrielle des droits de l'Homme*, 2002, pp. 81-92.

[1219] Pour plus d'informations, voir le site de la Commission IDH et en particulier : http://www.cidh.oas.org/indigenas/chap.2.htm (consulté le 12 mai 2011).

[1220] Résolution AG/RES. 2565 (XL-O/10). Le plan de travail précise le mandat du groupe de travail chargé d'élaborer le projet de Déclaration. Ce plan consiste en l'organisation de deux réunions de négociation (de trois jours) sur le texte, et de l'adoption de mesures visant à assurer la participation effective des représentants autochtones.

[1221] H. TIGROUDJA, « Chronique des décisions rendues par la Cour interaméricaine des droits de l'Homme, 2005 », op. cit., p. 297.

Convention n°169 les plus cités par la Cour sont ceux qui sont relatifs au droit de propriété, et précisent la relation particulière des peuples autochtones à la terre. Dans l'arrêt *Yakye* par exemple, la Cour fait référence à la Convntion n°169 en vue de justifier une interprétation du droit de propriété prenant en compte la vision autochtone de la terre. Selon la Cour, « *ILO Convention No. 169 contains numerous provisions pertaining to the right of indigenous communities to communal property, which is addressed in this case, and said provisions can shed light on the content and scope of Article 21 of the American Convention* ». Or, en l'espèce, « *[t]he State ratified and included said Convention 169 in its domestic legislation by means of Law No. 234/93* »[1222]. La Cour considère donc que, « *[i]n the instant case, in its analysis of the scope of Article 21 of the Convention, mentioned above, [it is] useful and appropriate to resort to other international treaties, aside from the American Convention, such as ILO Convention No. 169, to interpret its provisions in accordance with the evolution of the inter-American system, taking into account related developments in International Human Rights Law* »[1223].

Par la suite, la Cour se référera à d'autres dispositions de la Convention n°169 et à l'interprétation du Comité d'experts de l'OIT[1224]. Par exemple, dans l'arrêt *Communauté Xákmok Kásek*, elle s'appuiera sur les articles de la Convention relative à la consultation et la participation effective des peuples autochtones pour déclarer qu'une aire sauvage située sur les terres ancestrales revendiquées par un groupe autochtone, doit être protégée[1225].

Lorsqu'elle a commencé à faire référence à d'autres textes il y a une dizaine d'années, elle renvoyait à un instrument international si l'État défendeur y était partie. Dans l'arrêt *Peuple Saramaka c. Suriname* par exemple, la Cour IDH rappelle, pour l'interprétation de l'article 21 de la Convention ADH sur le droit de propriété, quelle est la législation interne du

---

1222 Cour IDH, 17 juin 2005, Fond et réparations, Communauté indigène Yakye Axa c. Paraguay, Série C n°125, par. 130.

1223 Ibid. La Convention n°169 de l'OIT est citée seize fois dans cet arrêt.

1224 D. C. BALUARTE, « Balancing Indigenous Rights and a State's Right to Develop in Latin America : The Inter-American Rights Regime and ILO Convention 169 Special Issue: Prior Informed Consent », *Sustainable Development Law and Policy*, 2004, vol. 9, p. 13 : « It is therefore likely that the Inter-American Commission and Court have both power and the inclination to use ILO 169 to interpret the American Convention and treat the decisions of the ILO Committee of Experts as instructive in doing so ».

1225 Cour IDH, 24 août 2010, Fond et réparations, Communauté autochtone Xákmok Kásek c. Paraguay, Série C n° 214, par. 157.

Suriname. Mais elle précise que cet État n'a pas ratifié la Convention n°169 et se fonde alors sur le Pacte international des droits civils et politiques et sur celui des droits économiques, sociaux et culturels des Nations Unies auquel est partie le Suriname, en citant l'article premier sur le droit des peuples à disposer d'eux-mêmes[1226]. En se référant aux exigences de procédés adaptés dans la tenue de la consultation, au principe de bonne foi et au devoir de vouloir parvenir à un accord dans la consultation, la Cour renvoie silencieusement aux conditions prévues dans la Convention n°169, bien que le Suriname n'y soit pas partie. Elle s'appuie également, dans la formulation de ces exigences, sur la Déclaration des Nations Unies sur les droits des peuples autochtones adoptée le 13 septembre 2007, environ deux mois avant sa décision. La référence faite par la Cour conforte la valeur de la Déclaration nouvellement adoptée, et l'idée qu'elle reflète la position des États sur les droits des peuples autochtones, et qu'elle peut être appliquée universellement.

En se fondant sur l'article 29 alinéa 2 de la Convention ADH et sur différents textes internationaux, la Cour IDH a formulé des exigences de plus en plus contraignantes à l'égard des États. Dans l'arrêt *Saramaka*, elle est allée très loin dans l'interprétation du droit de propriété, puisqu'elle y a inclus, dans certains cas, le droit d'utiliser et de jouir des ressources naturelles situées dans la propriété.

B. Le droit d'utiliser et de jouir des ressources naturelles des terres traditionnellement occupées par un peuple autochtone

C'est en effet dans l'arrêt *Saramaka c. Suriname* que la Cour considère pour la première fois que le propriétaire d'une terre dispose de droits particuliers sur les ressources naturelles qui s'y trouvent (1). La reconnaissance de ces droits n'est cependant admise qu'à la condition que les peuples autochtones en aient le contrôle effectif (2).

1. L'inclusion des ressources naturelles dans le droit de propriété

Dans l'arrêt *Saramaka c. Suriname*, la Cour affirme « le droit des membres du peuple Saramaka d'utiliser et de jouir des ressources naturelles

[1226] Cour IDH, 28 novembre 2007, Exceptions préliminaires, fond et réparations, Peuple Saramaka c. Suriname, Série C n°172, par. 92-94.

qui se trouvent dans et sur les terres traditionnellement occupées »[1227]. Cette affirmation est intéressante à deux points de vue.

D'une part, dans son raisonnement, la Cour estime nécessaire d'examiner la question de la jouissance des ressources naturelles comme une partie de la jouissance de la propriété. Cela signifie qu'en rattachant les ressources naturelles à la terre comme objet de propriété, la Cour se reconnaît compétente pour juger ce qui, de manière classique, ne relève pas de sa compétence. La Cour IDH examine ainsi le problème de la souveraineté de l'État sur les ressources naturelles du sous-sol de son territoire, lorsque celui-ci est traditionnellement occupé par des peuples autochtones. Elle remet en cause le principe fondamental de la souveraineté de l'État sur les ressources naturelles, ou plutôt en atténue fortement les effets à l'égard des peuples autochtones. Si elle insiste pour poser des garde-fous à l'invocation du principe, c'est parce que l'État a tendance à s'en prévaloir de manière automatique, et à systématiquement considérer qu'il permet de rejeter toute revendication des autochtones occupant un terrain.

En rendant cette décision, la Cour s'inscrit dans un important courant en faveur d'une protection accrue des ressources naturelles des peuples autochtones. « *The instruments, literature and court decisions of the past 10 or 12 years show a developing recognition of indigenous communities' rights to the natural resources within their traditional lands. Yet at present, the right is seen as neither binding nor well-defined. For this reason, the Inter-American Court's adoption of this principle and articulation of its scope makes Saramaka People an important precedent* »[1228]. Par ailleurs, « *[i]n the Americas, absent participation and any other requisites to ensure that the 'well-being' derived from resource use is widespread and that the full enjoyment of human rights is guaranteed, the organs of the Inter-American System are not shy about interfering with a state's sovereign rights over resources* »[1229]. L'auteur va plus loin en affirmant que « *the next most logical step in the area of international natural resource law : from equality amongst states to equality amongst individuals within states, in the*

[1227] Cour IDH, 28 novembre 2007, Exceptions préliminaires, fond et réparations, Peuple Saramaka c. Suriname, Série C n°172, par. 118-123.

[1228] L. BRUNNER, « The Rise of Peoples' Rights in the Americas : the Saramaka People Decision of the Inter-American Court of Human Rights », *Chinese Journal of International Law*, 2008, vol. 7, par. 20.

[1229] L. BARRERA-HERNANDEZ, « Sovereignty over Natural Resources under Examination : The Inter-American System of Human Rights and Natural Resource Allocation », *Annual Survey of International and Comparative Law*, 2006, vol. 12, p. 57.

enjoyment of the benefits derived from the use and possession of natural resources »[1230].

D'autre part, ce qui est nouveau dans la décision *Peuple Saramaka c. Suriname*, c'est que la Cour reconnaît aux membres du peuple Saramaka le droit de jouir des ressources naturelles du sol *et du sous-sol*, alors que jusque-là, seule la jouissance des ressources du sol leur était reconnue. Le raisonnement de la Cour est compréhensible : elle étend le jugement adopté pour la propriété des ressources du sol aux ressources du sous-sol qui, bien souvent, ne peuvent en être séparées sans conséquences. En effet, si on accorde le droit de jouissance du sol aux peuples autochtones et que l'on accorde le droit d'exploiter le sous-sol à une entreprise, l'exercice de ce droit d'exploitation entravera nécessairement l'exercice du droit des peuples autochtones à jouir et à exploiter le sol. Or, les ressources du sol sont essentielles à la survie de ces peuples, et l'exercice d'un droit d'exploitation des ressources du sous-sol qui les empêcherait d'user des ressources du sol mettrait dans certains cas leur survie en danger. Pour des raisons de justice, et sur la base du droit à la vie des peuples autochtones ou de leurs membres, une souveraineté *absolue* de l'État sur ses ressources naturelles ne peut donc être acceptée. C'est dans cet état d'esprit que la Cour, afin de garantir la survie du peuple Saramaka, remet en cause la légalité des concessions octroyées par l'État à des tiers pour des exploitations forestières et minières. Selon elle, ces concessions empêcheraient la jouissance de son droit de propriété par le peuple Saramaka.

> « *In accordance with this Court's jurisprudence as stated in the Yakye Axa and Sawhoyamaxa cases, members of tribal and indigenous communities have the right to own the natural resources they have traditionally used within their territory for the same reasons that they have a right to own the land they have traditionally used and occupied for centuries. Without them, the very physical and cultural survival of such peoples is at stake. Hence the need to protect the lands and resources they have traditionally used to prevent their extinction as a people* »[1231].

[1230] Ibid.

[1231] Non souligné dans le texte original. Cour IDH, 28 novembre 2007, Exceptions préliminaires, fond et réparations, Peuple Saramaka c. Suriname, Série C n°172, par. 121.

S'appuyant de manière pragmatique sur les caractéristiques de la vie autochtone, la Cour ajoute en l'espèce que :

> « *Accordingly, the right to use and enjoy their territory would be meaningless in the context of indigenous and tribal communities if said right were not connected to the natural resources that lie on and within the land. That is, the demand for collective land ownership by members of indigenous and tribal peoples derives from the need to ensure the security and permanence of their control and use of the natural resources, which in turn maintains their very way of life. This connectedness between the territory and the natural resources necessary for their physical and cultural survival is precisely what needs to be protected under Article 21 of the Convention in order to guarantee the members of indigenous and tribal communities' right to the use and enjoyment of their property. From this analysis, it follows that the natural resources found on and within indigenous and tribal people's territories that are protected under Article 21 are those natural resources traditionally used and necessary for the very survival, development and continuation of such people's way of life* »[1232].

C'est pratiquement dans les termes de la décision *Saramaka c. Suriname* que la Cour IDH, dans l'affaire *Peuple autochtone Kichwa de Sarayaku c. Équateur*, affirme que :

> « le droit d'utiliser et de jouir du territoire serait dépourvu de sens appliqué aux peuples autochtones si ce droit n'était pas lié à la protection des ressources naturelles de ce territoire. Par conséquent, la protection des territoires autochtones et tribaux découle aussi de la nécessité de garantir la sécurité et la durée du contrôle et de l'usage des ressources naturelles par ceux-ci, ce qui leur permet de conserver leur mode de vie. Ce lien entre le territoire et les ressources naturelles que les peuples autochtones utilisent traditionnellement et qui sont nécessaires à leur survie physique et culturelle tout comme à leur développement et la continuité de leur cosmovision, il est nécessaire de le protéger sur le fondement de l'article 21 de la Convention pour garantir qu'ils puissent continuer à vivre selon leur mode de vie traditionnel et que leur identité culturelle, leur structure sociale, leur système économique, leurs coutumes,

---

[1232] Ibid., par. 122.

leurs croyances, et leurs traditions distinctives soient respectés, garantis et protégés par les États »[1233].

Dans cet arrêt, le peuple Sarayaku explique combien il leur importe que les ressources naturelles présentes sur leur territoire soient comprises comme faisant partie intégrante de leurs terres et de leur cosmovision. Un des membres de ce peuple a ainsi informé la Cour que, selon sa tribu, « 'Sarayaku est une terre vivante, c'est une forêt vivante où il existe des arbres, des plantes médicinales et d'autres types d'êtres'. Précédemment, il avait expliqué que 'dans le sous-sol, *ucupacha*, de même qu'ici, habitent des gens. Il y a de beaux peuples qui habitent en bas, il y a des arbres, des lagunes, des montagnes. Parfois, on entend des portes se fermer dans les montagnes, c'est la présence des hommes qui y habitent. Le *caipacha* c'est l'endroit où nous vivons. Dans le *jahuapacha*, vit le puissant, le vieux sage. Là-bas, tout est plat, c'est beau…je ne sais pas combien de *pachas* il y a là-haut, là où il y a des nuages c'est un *pacha*, là où il y a la lune et les étoiles, c'est un autre *pacha'* »[1234].

[1233] Traduction libre. Cour IDH, 27 juin 2012, Fond et réparations, Peuple autochtone Kichwa de Sarayaku c. Équateur, Série C n° 245, par. 146 : « Es decir, el derecho a usar y gozar del territorio carecería de sentido en el contexto de los pueblos indígenas y tribales si dicho derecho no estuviera conectado con la protección de los recursos naturales que se encuentran en el territorio. Por ello, la protección de los territorios de los pueblos indígenas y tribales también deriva de la necesidad de garantizar la seguridad y la permanencia del control y uso de los recursos naturales por su parte, lo que a su vez permite mantener su modo de vida. Esta conexión entre el territorio y los recursos naturales que han usado tradicionalmente los pueblos indígenas y tribales y que son necesarios para su supervivencia física y cultural, así como el desarrollo y continuidad de su cosmovisión, es preciso protegerla bajo el artículo 21 de la Convención para garantizar que puedan continuar viviendo su modo de vida tradicional y que su identidad cultural, estructura social, sistema económico, costumbres, creencias y tradiciones distintivas serán respetadas, garantizadas y protegidas por los Estados ».

[1234] Traduction libre. Ibid., par. 150 : « En el subsuelo, ucupacha, igual que aquí, habita gente. Hay pueblos bonitos que están allá abajo, hay árboles, lagunas y montañas. Algunas veces se escuchan puertas cerrarse en las montañas, esa es la presencia de los hombres que habitan ahí... El caipacha es donde vivimos. En el jahuapacha vive el poderoso, antiguo sabio. Ahí todo es plano, es hermoso... No sé cuantos pachas hay arriba, donde están las nubes es un pacha, donde está la luna y las estrellas es otro pacha, más arriba de eso hay otro pacha donde hay unos caminos hechos de oro, después está otro pacha donde he llegado que es un planeta de flores donde vi un hermoso picaflor que estaba tomando la miel de las flores. Hasta ahí he llegado, no he podido ir más allá. Todos los antiguos sabios han estudiado para tratar de llegar al jahuapacha. Conocemos que hay el dios ahí, pero no hemos llegado hasta allá ».

Par la suite, dans le prolongement de la décision *Saramaka*, l'ordonnance de la Cour sollicitée par quatre communautés autochtones Ngöbe et ses membres a été rendue le 28 mai 2010. Dans celle-ci, la Cour adopte des mesures provisoires, sur la demande de la Commission, afin de protéger la vie et l'intégrité personnelle des membres des communautés autochtones Charco La Pava, Valle del Rey, Guayabal et Changuinola Arriba, qui risquaient de subir un dommage imminent et irréparable. La Cour ordonne de suspendre les projets de construction mis en œuvre dans le cadre de la concession octroyée à *AES-Changuinola*, filiale d'*Allied Energy Systems Corporation* (*AES*) dans la province Bocas del Toro. Elle exige aussi de ne pas limiter le droit de circulation de ses membres, et de protéger le lien spécial qui unit ces communautés à leurs territoires ancestraux afin qu'ils puissent utiliser et jouir de la propriété collective et des ressources naturelles. L'adoption de cette mesure montre que, selon la Cour, « *[i]ndigenous peoples are (...) vulnerable to the practices of the state* », et que, bien souvent, ils « *are deprived of the ability to effectively and freely develop their lands and resources on their own terms* »[1235].

2. La condition du contrôle de l'usage effectif des ressources naturelles par les peuples autochtones

Dans l'affaire *Peuple Saramaka c. Suriname*, le peuple Saramaka revendiquait le contrôle des ressources naturelles du sol et du sous-sol et soutenait qu'il découlait de son droit de propriété. De son côté, l'État s'opposait à cette interprétation du droit de propriété et soutenait qu'il pouvait librement disposer du sous-sol. La Cour décida alors de distinguer trois questions :

> « *first, the right of the members of the Saramaka people to use and enjoy the natural resources that lie on and within their traditionally owned territory; second, the State's grant of concessions for the exploration and extraction of natural resources, including subsoil resources found within Saramaka territory; and finally, the fulfillment of international law guarantees regarding the exploration and extraction concessions already issued by the State* »[1236].

1235 S. J. ANAYA, R. A. WILLIAMS, op. cit., p. 77.

1236 Cour IDH, 28 novembre 2007, Exceptions préliminaires, fond et réparations, Peuple Saramaka c. Suriname, Série C n°172, par. 118.

Pour chacune de ces trois interrogations, la Cour fait état des positions respectives de l'État et des peuples autochtones. Tentant de répondre à la première de ces questions, elle évite toutefois de se prononcer sur l'argument de l'État concernant son droit inaliénable sur ses ressources naturelles. Elle décide de se fonder uniquement sur la conception autochtone de la propriété occupée par les peuples indigènes, et écarte entièrement la conception étatique d'un simple privilège qui aurait été accordé. La Cour pose ainsi une limite au principe de souveraineté de l'État sur ses ressources naturelles[1237] et inclut dans le droit de propriété, le droit d'exploiter les ressources naturelles présentes sur et sous la propriété foncière, lorsqu'elles sont utilisées dans le cadre des activités traditionnelles des peuples autochtones, comme par exemple la pêche et la chasse, mais aussi la médecine par les plantes ou l'usage de certains fruits comme offrandes. C'est en effet en maintenant leur contrôle sur les ressources naturelles que les sociétés autochtones survivent, mais également parviennent à conserver leurs cultures ancestrales[1238].

Adoptant une conception plus restrictive du droit à l'usage des ressources naturelles des propriétaires autochtones, l'État argue que les activités de chasse et de pêche pratiquées par le peuple Saramaka pour survivre ne concernent en aucun cas les ressources en bois et les ressources du sous-sol, ce qui les rend exploitables par l'État. Examinant cet argument, la Cour fait appel à des experts pour déterminer si ces ressources sont nécessaires à la survie du peuple en question. S'agissant du bois, des experts fournissent des exemples d'espèces utilisées par le peuple Saramaka pour la construction de pirogues, de toit pour leur habitat, et des fruits prélevés sur certains arbres. Ils ajoutent que la vente de bois par le peuple Saramaka est une activité économique, qui leur permet de subsister. En outre, bien que les ressources principalement utilisées par les peuples autochtones ne soient pas celles qui intéressent l'État lorsqu'il organise l'exploitation des mines ou l'extraction du pétrole, la Cour estime que de telles exploitations affecteraient nécessairement les autres ressources, comme par exemple l'eau[1239].

Les droits de propriété reconnus par la Cour au peuple Saramaka sont particulièrement importants. Tout d'abord, la Cour reconnaît la propriété collective du peuple Saramaka, alors que le Suriname n'a ni incorporé cette

---

1237 L. BARRERA-HERNANDEZ, op. cit., p. 44.

1238 A. BUCHANAN, « Role of Collective Rights in the Theory of Indigenous Peoples' Rights », *Transnational Law & Contemporary Problems*, 1993, vol. 3, p. 103.

1239 Cour IDH, 28 novembre 2007, Exceptions préliminaires, fond et réparations, Peuple Saramaka c. Suriname, Série C n°172, par. 126.

forme de droit de propriété en droit interne, ni ratifié la Convention n°169 de l'OIT. Elle invite ainsi le Suriname à modifier sa législation interne. Ensuite, la Cour affirme que le droit de propriété comprend le droit d'exploiter les terres et les ressources naturelles possédées. Néanmoins, le droit de propriété collective reconnu par la Cour au peuple Saramaka n'est pas un « droit absolu »[1240], et ne peut systématiquement empêcher l'État d'autoriser l'exploitation de ses ressources.

En 2012, la Cour IDH, dans l'affaire *Peuple autochtone Kichwa de Sarayaku c. Équateur*, a tranché un différend similaire à celui du *Peuple Saramaka c. Suriname*. Le différend portait sur les ressources naturelles que se disputaient une entreprise argentine et le peuple Sarayaku. En 1992, l'Équateur avait octroyé au peuple Sarayaku un titre de propriété qui qualifiait la terre qu'il occupait de territoire ancestral. En 1996, l'État avait toutefois décidé, sans avoir consulté le peuple Sarayaku ou obtenu son consentement, de concéder l'exploration et l'exploitation pétrolières d'un bloc, le bloc 23, dont 65% était constitué du territoire du peuple Sarayaku, à l'entreprise argentine *Compagnie générale du Combustible*. De son côté, l'entreprise proposa 60 000 dollars au peuple Sarayaku pour qu'il consente à l'exploration sismique de son territoire[1241]. De 1996 à 2002, la compagnie pétrolière tenta de contrôler les entrées sur ce territoire. En 2003, selon les représentants de la communauté, plusieurs de ses membres auraient été agressés et torturés, ou alors intimidés par des coups de feu, alors qu'ils traversaient en canoë une rivière traversant le bloc 23. À la suite de plusieurs événements de ce type, l'association du peuple Kichwa de Sarayaku, le Centre pour la Justice et le droit international, ainsi que le Centre des droits économiques et sociaux ont demandé à la Commission IDH d'intervenir pour que soient protégés la vie, l'intégrité personnelle, le droit de circulation et le droit de propriété du peuple autochtone Sarayaku[1242]. Après de multiples tentatives pour régler ce différend à l'amiable avec l'Équateur, la Commission demanda à la Cour d'édicter des mesures provisoires, ce qu'elle fit à plusieurs reprises. Le 15 juin 2004, puis le 17 juin 2005, la Cour demanda à l'Équateur de protéger efficacement le droit à la vie des membres de la communauté, et de garantir leur intégrité personnelle et leur libre circulation. La Cour ordonna également le retrait des explosifs posés sur le territoire du peuple Sarayaku pour l'exploitation pétrolière sismique. Elle

---

[1240] D. SHELTON, « The Environmental Jurisprudence... », op. cit., p. 765.

[1241] I. FIGUEROA, « Indigenous Peoples Versus... », op. cit., p. 58.

[1242] Commission IDH, 13 octobre 2004, Peuple autochtone Sarayaku c. Équateur, Rapport n°62/04. Disponible en ligne sur : http://www.cidh.oas.org/annualrep/2004sp/Ecuador.167.03.htm (consulté le 17 mai 2011).

considéra que la situation avait un caractère d'extrême gravité, que la demande était urgente et que ces mesures étaient nécessaires pour éviter les dommages irréparables que pouvait causer le maintien de la situation en l'état. Après une amélioration de la situation résultant du retrait d'une partie des explosifs, le Conseil d'administration de *Petroecuador* décida en 2009 de reprendre les activités pétrolières qui étaient suspendues jusqu'alors, en vertu des mesures provisoires édictées, sans toutefois organiser de consultation avec la communauté. Sollicité par la communauté, l'État répondit qu'il avait demandé la fin de ce contrat, mais que tant que le processus juridique était en cours, il ne pouvait exiger la suspension des activités. A la suite de cette réponse, la Cour IDH ordonna de nouveau des mesures provisoires à deux reprises, en 2009 et en 2010.

Dans son arrêt rendu le 26 juin 2012 dans l'affaire *Peuple autochtone Kichwa de Sarayaku c. Équateur*, la Cour reprend pour l'essentiel la position adoptée dans l'arrêt *Saramaka* : elle reconnaît aux peuples autochtones un droit d'exploiter et de jouir des ressources naturelles sur leur territoire, considère que l'exploitation des ressources du sous-sol par l'État ou par une entreprise pourrait entraver le droit des peuples autochtones de jouir de leurs ressources, et conditionne cette jouissance à l'existence d'un lien ancien et effectif entre les ressources et les peuples qui les revendiquent. La Cour réaffirme les obligations positives ayant un sens particulier s'agissant de l'exploitation des ressources naturelles.

§ 2. Les obligations positives édictées dans l'arrêt *Saramaka*

De nouvelles obligations positives ont été déduites du droit de propriété (en particulier sur la question des ressources naturelles) par les juges à partir de l'arrêt *Saramaka*, et ont été rappelées dans l'affaire *Peuple autochtone Kichwa de Sarayaku c. Équateur*. Pour formuler ces obligations ou conditions préalables avant d'autoriser un projet sur les terres des peuples autochtones[1243], la Cour s'est appuyée sur différents instruments

[1243] G. PENTASSUGLIA, op. cit., pp. 175-184, précisément p. 175 : « On the other hand, the IACtHR relies on the language of Article 21 and – albeit implicitly – a number of jurisdictions to confirm that property rights, including those that accrue to indigenous communities, are not absolute and their restrictions are thus permissible, even if they come in the form of logging and mining concessions for the exploration and extraction of natural resources that are found on the land. This realistic proposition combines with an equally sensible acklowlegment of the complexities involved in indigenous land claims, particularly in relation to natural resources, to delineate special requirements which complement those laid down in Article 21 and

internationaux et recommandations du Comité des droits de l'Homme des Nations Unies, qui établissent, au plan universel, des exigences semblables. Celles-ci s'imposent à l'État qui souhaite octroyer une concession sur un territoire autochtone ou tribal. Dans un arrêt rendu en 2008 en réponse à la demande d'interprétation de l'arrêt *Saramaka c. Suriname*, la Cour rappelle plus précisément que l'État doit procéder à une consultation aboutissant à un consentement avant l'octroi de toute concession sur un territoire autochtone ou tribal (A), qu'il doit organiser un partage raisonnable des bénéfices tirés de l'exploitation du territoire concerné (B), et qu'il doit procéder à une étude d'impact environnemental et social (C).

A. L'obligation d'assurer la participation effective des peuples autochtones

C'est dans la continuité des arrêts *Communauté Mayagna (Sumo) Awas Tingni c. Nicaragua*, et *Maya c. Belize* que la Cour IDH, dans l'affaire *Saramaka c. Suriname*, pose un cadre plus précis au droit à la consultation des peuples autochtones[1244]. La Cour indique notamment dans cette affaire que « *the State must ensure the effective participation of the members of the Saramaka people, in conformity with their customs and traditions, regarding any development, investment, exploration or extraction plan (hereinafter 'development or investment plan')*[1245] *within Saramaka territory* »[1246].

Par l'expression « participation effective », la Cour désigne une consultation composée d'« échanges réguliers entre les parties », impliquant l'information préalable des autochtones. La Cour, dans sa décision du 12 août 2008, en réponse à la demande d'interprétation de la décision sur le

---

the IACtHR's own case law, for the state to be able to justify any restrictions on indigenous property. They include effective participation, benefit-sharing, and environmental and social impact assessment. It is precisely those preconditions which permeate the IACtHR's discourse in an effort to explain the scope of each of them, and their implications for future and existing logging and gold-mining concessions affecting the Saramaka territory ».

1244 A. PAGE, « Indigenous Peoples' Free Prior and Informed Consent in Inter-American Rights System », *Sustainable Development Law and Policy*, 2004, vol. 4, pp. 16-20.

1245 La Cour précise qu'elle entend par plan de développement ou d'investissement, une activité quelconque susceptible d'affecter l'intégrité des terres et des ressources naturelles dans le territoire, ou toute proposition d'exploration ou d'exploitation minière.

1246 Cour IDH, 28 novembre 2007, Exceptions préliminaires, fond et réparations, Peuple Saramaka c. Suriname, Série C n°172, par. 129.

fond, a précisé que cette consultation des membres de la communauté doit se faire en conformité avec les traditions et coutumes de cette communauté. Il revient par conséquent à la communauté de déterminer et de faire connaître les catégories de personnes à consulter. Bref, la Cour fait référence aux conditions de la consultation prévues dans la Convention n°169 de l'OIT, tout en s'abstenant de la mentionner, probablement parce que le Suriname n'y est pas partie. Il est possible que la Cour estime ces conditions pertinentes, en raison du lien qui existe entre le droit à la consultation selon les modalités prévues par la Convention n°169, et d'autres droits protégés dans la Convention ADH. En effet, lors de son intervention en tant qu'expert devant la Commission IDH dans l'affaire *Peuple autochtone Kichwa de Sarayaku c. Équateur*, James Anaya a relevé que le droit à la consultation « dérive (...) d'une manière générale, d'un ensemble de droits liés à l'autodétermination des peuples autochtones comme le droit à la participation et le droit à l'information, et à la liberté d'expression »[1247]. Suivant le raisonnement du Rapporteur spécial sur les droits des populations autochtones, la Cour inclut, dans la participation effective, le consentement préalable, libre et informé que l'État doit obtenir. Elle semble ainsi consacrer, au moins pour les projets ayant un impact important sur les peuples autochtones, l'exigence de leur consentement. La Cour justifie sa position en expliquant les conséquences de ces projets sur la survie des groupes.

> « *Most importantly, the State has also recognized that the 'level of consultation that is required is obviously a function of the nature and content of the rights of the Tribe in question.' The Court agrees with the State and, furthermore, considers that, in addition to the consultation that is always required when planning development or investment projects within traditional Saramaka territory, the safeguard of effective participation that is necessary when dealing with major development or investment plans that may have a profound impact on the property rights of the members of the Saramaka people to a large part of their territory must be understood to additionally require the free, prior, and informed consent of the Saramakas, in accordance with their traditions and customs* »[1248].

[1247] Voir le rapport du Rapporteur spécial James Anaya : http://unsr.jamesanaya.org /statements/la-norma-de-consulta-previa-introduccion-a-peritaje-ante-la-corte-interamericana-de-derechos-humanos-caso-sarayaku (consulté le 22 août 2011).

[1248] Cour IDH, 28 novembre 2007, Exceptions préliminaires, fond et réparations, Peuple Saramaka c. Suriname, Série C n°172, par. 137.

En d'autres termes, le consentement préalable, libre et informé est requis pour tout projet de développement de grande ampleur affectant le territoire du peuple Saramaka. L'ampleur de l'impact causé sur le territoire par le projet en question justifierait, en plus d'une consultation ordinaire, l'obtention d'un consentement libre préalable et informé[1249]. Il résulte de ce constat que plus le projet a de chances de provoquer des bouleversements dans la survie du peuple autochtone ou tribal, ou avoir un « *major impact* »[1250] sur son mode de vie, ses coutumes et traditions, plus l'État devra veiller à n'autoriser les exploitations qu'avec le consentement de la communauté visée par le projet. Selon un agent de l'État, attribuer des concessions forestières ou minières lorsqu'elles ne s'étendent pas à des sites sacrés n'exige pas la satisfaction préalable d'une obligation de consulter. La Cour affirme le contraire et estime que l'État et la communauté Saramaka doivent parvenir à un accord pour tout projet de grande ampleur (et notamment pour toute exploitation minière), lorsque celui-ci affecte en grande partie les terres autochtones. Le consentement devient ainsi, dans la jurisprudence de la Cour, une condition essentielle pour la réalisation du projet. Pourtant, il ne l'était pas dans le cadre de la Convention n°169, sauf en cas de déplacement forcé.

Dans l'affaire *Saramaka*, les juges ont également décidé à l'unanimité que l'État avait l'obligation de délimiter, démarquer et octroyer un titre de propriété collectif après des consultations préalables, effectives et informées, en se fondant sur le principe du consentement libre, préalable et informé. L'État a en effet cette obligation lorsqu'il autorise des projets qui affectent les droits des peuples autochtones, notamment leur droit de propriété. Auparavant, dans le même sens, « [d]ans l'arrêt *Mary*, la Commission a[vait] considéré que les peuples autochtones ne [pouvaient] être dépossédés des intérêts collectifs qu'ils [détenaient] sur leurs territoires et leurs ressources, hormis dans l'éventualité de l'obtention de leur consentement éclairé »[1251].

Pour résumer, les juges énumèrent plusieurs situations relatives au droit de propriété exigeant la participation et la consultation des peuples autochtones :

1249 M. BARELLI, « Free, Prior and Informed Consent in the Aftermath of the UN Declaration on the Rights of Indigenous Peoples: Developments and Challenges Ahead », *International Journal of Human Rights*, 2012, vol. 16, pp. 18-24.

1250 Cour IDH, 28 novembre 2007, Exceptions préliminaires, fond et réparations, Peuple Saramaka c. Suriname, Série C n°172, par. 134.

1251 F. DESMARAIS, « Consentement Préalable, Libre et Eclairé... », op. cit., p. 186, lire le par. 131.

« In this regard, the Judgment orders the State to consult with the Saramaka people regarding at least the following six issues : (1) the process of delimiting, demarcating and granting collective title over the territory of the Saramaka people ; (2) the process of granting the members of the Saramaka people legal recognition of their collective juridical capacity, pertaining to the community to which they belong ; (3) the process of adopting legislative, administrative, and other measures as may be required to recognize, protect, guarantee, and give legal effect to the right of the members of the Saramaka people to the territory they have traditionally used and occupied ; (4) the process of adopting legislative, administrative and other measures necessary to recognize and ensure the right of the Saramaka people to be effectively consulted, in accordance with their traditions and customs ; (5) regarding the results of prior environmental and social impact assessments, and (6) regarding any proposed restrictions of the Saramaka people's property rights, particularly regarding proposed development or investment plans in or affecting Saramaka territory »[1252].

Prolongeant cette évolution en 2012 dans l'affaire *Peuple autochtone Kichwa de Sarayaku c. Équateur*, la Cour érige en principe général du droit international, l'obligation de consulter les peuples autochtones en s'appuyant sur les normes formulées en droit international, en droit interne et spécialement au sein des jurisprudences nationales de la région[1253].

La Commission a également retenu la violation du droit de propriété et la méconnaissance de la consultation préalable, du droit à la participation, et du droit à la vie, entre autres[1254] dans l'affaire déposée le 7 mars 2008 par les

[1252] Cour IDH, 12 août 2008, Demande d'interprétation de l'arrêt sur le fond et réparations, Communauté Saramaka c. Suriname, Série C n°185, par. 17.
[1253] Cour IDH, 27 juin 2012, Fond et réparations, Peuple autochtone Kichwa de Sarayaku c. Équateur, Série C n° 245, par. 160-164.
[1254] Commission IDH, 5 août 2009, Communautés indigènes Ngöbe dans la vallée de la rivière Changuinola c. Panama, Rapport n°75/09 : « To declare the present petition admissible with regard to Articles 5, 7, 8, 13, 19, 21, 22, 23 and 25 of the American Convention in connection with article 1(1) of the same instrument. In addition, by application of the principle of iura novit curia, in the merits stage the Commission will analyze the possible application of Articles 2, 16 and 24 of the Convention ».

organisations Cultural Survival et l'Alliance pour la Conservation et le développement. Selon les demandeurs, le Panama avait violé le droit à l'intégrité personnelle, la liberté de circulation, le droit de propriété et le droit à la vie, en autorisant un projet hydroélectrique. L'État a répondu que le projet se situait dans une aire protégée et non sur des terres ancestrales. Parallèlement à l'examen de la requête, des mesures provisoires furent ordonnées par la Commission IDH afin de protéger les communautés.

Tout l'intérêt de cette affaire, l'affaire *Communautés indigènes Ngöbe dans la vallée de la rivière Changuinola c. Panama* de 2009, réside sans doute dans l'application que la Cour fait des obligations qu'elle a édictées dans l'arrêt *Peuple Saramaka c. Suriname*, comme l'obligation de consulter et d'obtenir le consentement libre, préalable et informé. En l'espèce, en mai 2007, l'État avait octroyé une concession à l'entreprise *AES-Changuinola*, pour construire des barrages hydroélectriques. Les communautés Ngöbe dans la vallée de la rivière Changuinola dans la province de Bocas del Toro soutenaient qu'elles n'avaient pas été consultées, qu'elles n'avaient pas donné leur consentement préalable, libre et informé, et que l'État n'avait pas procédé à l'étude d'impact social et environnemental avant d'autoriser la concession. Le projet nécessitait l'inondation des terres de quatre communautés[1255] qui ne disposaient pas de titre de propriété. En outre, l'entreprise s'était vue confier, par l'État, la responsabilité d'organiser des consultations et d'élaborer un plan, notamment sur la réinstallation volontaire, que les communautés avaient rejeté. Celles-ci soulignaient également que le processus de consultation ne répondait pas aux exigences des standards internationaux (procédés adaptés, institutions représentatives), et que l'entreprise n'avait pas proposé une indemnisation juste. Depuis le début des travaux, les communautés avaient reçu des menaces, vu leur liberté de circulation restreinte, leur environnement détruit, et leur santé affectée par le soulèvement de poussières engendrant des difficultés respiratoires. Mais l'État nia toutes ces accusations. Il serait intéressant que la Cour, qui n'a pas encore rendu d'arrêt en l'espèce, asseoit sa décision ce qu'elle a préalablement exposé dans l'arrêt *Saramaka c. Suriname*. Il demeure cependant surprenant que les victimes (et ce, de manière constante

[1255] Ibid., par. 11. Une autre communauté a déposé une requête, déclarée admissible le 21 avril 2009 s'agissant d'un barrage hydroélectrique, voir : Commission IDH, 21 avril 2009, Peuple autochtone Kuna de Madungandi et Embera de Bayano c. Panama, Rapport n°58/09. Disponible en ligne sur : http://www.cidh.oas.org/annualrep/2009sp/Panama12354.sp.htm (consulté le 17 mai 2011).

depuis l'arrêt) se fondent autant sur l'obligation de consulter, qui n'est pas une obligation énoncée dans la Convention ADH.

B. L'obligation de partager les bénéfices de l'exploitation des ressources naturelles

La seconde obligation édictée par la Cour est le partage de bénéfices. Cette obligation est nouvelle dans la jurisprudence de la Cour IDH mais régulièrement formulée dans les instruments internationaux relatifs aux peuples autochtones comme nous l'avons vu en première partie[1256]. En raison de l'absence de bénéfices réels tirés par les peuples autochtones des projets menés sur leurs terres, la Cour a souhaité, dans l'affaire *Saramaka*, faire une application effective de l'obligation de partage des bénéfices. Elle a affirmé que « *the State must guarantee that the Saramakas will receive a reasonable benefit from any such plan within their territory* »[1257]. C'est ainsi dans une logique d'équité qu'elle a souhaité obliger le Suriname, qui tire des bénéfices très élevés des projets de développement, à les partager avec le peuple Saramaka davantage qu'avec le reste de la population, dans la mesure où il s'agit de la principale victime de ces projets, et qu'il risque sa survie physique et économique. Comme le souligne Alex Page, « *national governments are frequently principal wrongdoers in efforts to wrest lands and resources from indigenous control* »[1258].

Si elle est absente de la Convention ADH, la notion de bénéfices partagés apparaît dans la Convention n°169 de l'OIT. La Cour s'en inspire tout en se fondant sur l'obligation d'indemniser les victimes d'expropriation. Elle tire ainsi son interprétation de l'article 21 relatif au droit de propriété, et le complète en indiquant que l'indemnisation doit être la contrepartie de la privation de l'usage et de la jouissance du bien[1259].

La Cour IDH n'apporte pas de précision sur ces bénéfices. Elle indique toutefois dans l'arrêt *Saramaka* que la forme des bénéfices ne pourra pas être décidée unilatéralement par l'État mais devra toujours l'être conformément aux traditions et coutumes du peuple Saramaka. Elle invite ainsi les États à prendre en compte cette exigence.

[1256] Voir supra Partie I, Titre II, Chapitre II, Section I, par. 1.

[1257] Cour IDH, 28 novembre 2007, Exceptions préliminaires, fond et réparations, Peuple Saramaka c. Suriname, Série C n°172, par. 129.

[1258] A. PAGE, « Indigenous Peoples' Free Prior and Informed Consent… », op. cit., p. 19.

[1259] Cour IDH, 28 novembre 2007, Exceptions préliminaires, fond et réparations, Peuple Saramaka c. Suriname, Série C n°172, par. 138-140.

Si cette solution apparaît équitable, plusieurs questions restent en suspens sur sa mise en œuvre. Il est tout à fait raisonnable pour la Cour de ne pas imposer des quantités ou des moyens précis car le partage des bénéfices doit être décidé par les parties. Mais il est difficile de savoir si la Cour opérera un contrôle approfondi de cette obligation. Toutes les hypothèses sont à envisager et on ne saura celles que la Cour juge pertinentes de retenir que lorsqu'elle aura à se prononcer sur des affaires comparables à l'affaire *Saramaka*.

C. L'obligation de procéder à l'élaboration d'une étude d'impact social et environnemental avant l'autorisation d'une exploitation

La nécessité de procéder à des études préalables d'impact social et environnemental est consacrée dans l'arrêt *Peuple Saramaka c. Suriname*. La Cour y affirme en effet :

> « *[T]he State must ensure that no concession will be issued within Saramaka territory unless and until independent and technically capable entities, with the State's supervision, perform a prior environmental and social impact assessment. These safeguards are intended to preserve, protect and guarantee the special relationship that the members of the Saramaka community have with their territory, which in turn ensures their survival as a tribal people* »[1260].

L'obligation de procéder à une étude d'impact est reprise des documents de la Banque mondiale, qui en fait le préalable à l'octroi de prêts pour la réalisation de projet de développement de grande ampleur. Son principal objet est de fournir des données scientifiques, anthropologiques et sociales importantes pour appréhender un problème dans son ensemble. Un projet peut avoir un impact sur l'environnement qui se répercute sur une population, par exemple s'il mène à la perte du lien avec les ancêtres (lorsque la population considère que l'esprit des ancêtres se maintient dans les éléments de la nature). Le projet peut cependant aussi n'affecter que la population, par exemple s'il mène à la destruction du lien social. A ce point de vue, il est intéressant de noter que la Cour précise que « *one of the factors the environmental and social impact assessment should address is the cumulative impact of existing and proposed projects* »[1261].

[1260] Ibid., par. 129.

[1261] Cour IDH, 12 août 2008, Demande d'interprétation de l'arrêt sur le fond et réparations, Communauté Saramaka c. Suriname, Série C n°185, par. 41.

La connaissance de tels risques, inhérents à la plupart des projets d'exploitation des ressources naturelles, permet à l'État de disposer d'informations pour consentir ou non à l'exécution de ces projets. L'étude d'impact est donc un outil qui aide à la décision. Ses résultats doivent également être accessibles aux peuples autochtones, de manière à ce qu'ils sachent, au moment de la consultation qui doit être menée par la suite, si le projet a été retenu et sur quelles bases.

L'exigence de la réalisation préalable d'une étude d'impact n'est pas nouvelle si on se réfère à la législation de nombreux pays. Cependant, selon l'interprétation de la Cour, cette étude n'est pas seulement une formalité, comme c'est le cas dans certains processus qui ne sont pas menés de manière sérieuse, ou qui sont effectués par des personnes corrompues. Dans l'affaire *Saramaka*, la Cour précise que « *the State's obligation to supervise the ESIAs [Environmental and Social Impact Assessment] coincides with its duty to guarantee the effective participation of the Saramaka people in the process of granting concessions. Furthermore, the ESIAs must be undertaken by independent and technically capable entities, with the State's supervision* »[1262]. Appliquant le même raisonnement dans l'arrêt *Peuple autochtone Kichwa de Sarayaku c. Équateur*, la Cour observe que l'étude d'impact a été menée par une entreprise privée engagée par l'entreprise pétrolière, et que les autorités étatiques n'ont pas contrôlé le processus d'élaboration de l'étude, pourtant déterminante dans ce type de projet[1263]. La supervision de l'État et la participation des peuples autochtones concernés dans l'élaboration de l'étude sont donc des conditions dégagées par la Cour IDH pour que l'étude d'impact soit en conformité avec les standards internationaux[1264].

Sur la base de l'étude d'impact, la Cour IDH exige de l'État qu'il démontre que la survie du peuple dont le territoire serait exploité n'est pas en danger. En effet, si l'impact est trop négatif par rapport aux bénéfices que peut en tirer l'État, le projet doit être annulé, sauf si des modifications sont apportées pour atténuer ces effets négatifs.

Dans l'affaire *Saramaka*, le Suriname, en plus de ne pas avoir assuré une participation effective des peuples autochtones dans les projets prévus sur leurs terres, n'a pas procédé à l'élaboration de ces études. Si elles avaient été menées, elles corroboreraient les témoignages du peuple Saramaka qui

---

1262 Ibid.

1263 Cour IDH, 27 juin 2012, Fond et réparations, Peuple autochtone Kichwa de Sarayaku c. Équateur, Série C n° 245, par. 207.

1264 Ibid.

constate que, depuis l'arrivée des exploitants forestiers, la forêt a été détruite et les cours d'eau bloqués, provoquant des changements dans l'écosystème[1265]. Du point de vue culturel, le mode de vie du peuple Saramaka a également été bouleversé. Un membre de la communauté soutient que « les esprits sont offensés »[1266] par le blocage du cours d'eau, ce qui provoque des inondations et un accès réduit à l'eau par les membres de cette communauté. Les juges renvoient aux lignes directrices facultatives « Akwé : Kon » prises dans le cadre de la Convention sur la diversité biologique, c'est-à-dire aux « bonnes pratiques » devant être suivies pour conduire une étude d'impact environnemental et social. Ces lignes directrices définissent de manière détaillée les critères à prendre en compte pour mener les études d'impact.

Dans la demande d'interprétation du Suriname sur l'arrêt sur le fond, le Suriname interroge la Cour sur le niveau d'impact qui peut faire obstacle à l'octroi d'une concession. La Cour affirme que le projet ne doit pas nier la capacité des membres de la communauté à vivre comme peuple tribal. Le projet ne doit ni empêcher l'usage et la jouissance des terres par la communauté, ni affecter leur survie. La Cour ajoute que toutes ces conditions sont cumulatives, donc que chacune d'entre elles est obligatoire. Ces conditions posées par la Cour avaient déjà été affirmées par elle à propos du contrôle de proportionnalité opéré en cas d'expropriation des peuples autochtones. Grâce à elles, la Cour apporte de réelles garanties à la protection des droits des populations autochtones en matière d'exploitation des ressources naturelles. « *Hence the need to protect the lands and resources they have traditionally used to prevent their extinction as a people. That is, the aim and purpose of the special measures required on behalf of the members of indigenous and tribal communities is to guarantee that they may continue living their traditional way of life, and that their distinct cultural identity, social structure, economic system, customs, beliefs and traditions are respected, guaranteed and protected by States* »[1267].

Les trois garanties énoncées plus haut doivent être mises en œuvre pour toute autorisation de concessions pour l'exploitation de ressources naturelles situées sur le territoire d'un peuple autochtone. Les nouvelles obligations édictées par la Cour vont sans doute amener de nombreuses affaires devant la Cour IDH, car de multiples conflits existent dans ce domaine.

[1265] Cour IDH, 28 novembre 2007, Exceptions préliminaires, fond et réparations, Peuple Saramaka c. Suriname, Série C n°172, par. 150.
[1266] Traduction libre. Ibid.
[1267] Ibid., par. 121.

La Cour protège cependant également la survie des peuples autochtones en se référant, de manière plus classique, aux droits à la vie et à l'intégrité de la personne inscrits dans la Convention ADH.

CHAPITRE II – LE DROIT À LA VIE ET LE DROIT À L'INTÉGRITÉ DE LA PERSONNE

Souvent, la Cour constate de manière conjointe la violation du droit à la vie et du droit à l'intégrité de la personne[1268], bien qu'ils soient prévus dans deux articles distincts de la Convention ADH (respectivement les articles 4 alinéa 1 et 5). Il est toutefois important de les étudier séparément en raison du fait que les innovations de la Cour touchent tantôt le droit à la vie (Section I), tantôt le droit à l'intégrité de la personne (Section II).

SECTION I – L'INTERPRÉTATION DU DROIT À LA VIE

L'article 4 énonce que « [t]oute personne a droit au respect de sa vie. Nul ne peut être privé arbitrairement de la vie ». Le droit à la vie s'interprète suivant le contexte et les circonstances dans lequel il est invoqué. Pour différents motifs pratiques et techniques (§2), la Cour a évolué dans son interprétation de ce droit (§ 1).

§ 1. L'évolution de l'interprétation du droit à la vie

Sans renoncer complètement à une interprétation classique du droit à la vie, la Cour a opéré une rupture avec elle, en consacrant un droit à la vie *digne* (A), dont elle a précisé très concrètement les éléments (B).

A. L'interprétation extensive du droit à la vie : du droit à la vie au droit à la vie digne

La Cour rappelle dans plusieurs arrêts que « *[t]he right to life is a fundamental human right, which full enjoyment is a pre-requisite for the enjoyment of the other human rights* »[1269]. Pour cette raison, le respect du

---

[1268] Sur la protection accordée par la Cour, voir : I.-K. PANOUSSIS, H. TIGROUDJA, op. cit., p. 195 : « La protection qu'offre la Cour au droit à la vie, contenu dans l'article 4, est très proche de celle qu'instaure au titre du droit à ne pas subir la torture ou des traitements inhumains et dégradants [de l'article 5] ».

[1269] Cette affirmation est répétée dans plusieurs affaires, notamment : Cour IDH, 25 novembre 2006, Fond et réparations, Massacre du Peuple Bello c. Colombie, Série C n°159, par. 120 ; et Cour IDH, 19 novembre 1999, Enfants des rues c. Guatemala, Série C n°63, par. 144.

droit à la vie ne peut, selon la Cour, être garanti pleinement que s'il est interprété de manière extensive. « *Essentially, this right includes not only the right of every human being not to be arbitrarily deprived of his life, but also the right that conditions that impede or obstruct access to a decent existence should not be generated* »[1270]. La Cour a ainsi progressivement étendu l'interprétation du droit à la vie en l'associant au respect du droit à une vie décente et digne[1271]. Il y a donc violation du droit à la vie non seulement lorsqu'il y a décès, mais également lorsque des personnes ne vivent pas dans des conditions minimales permettant leur survie. À cette fin, la formulation par la Cour d'obligations positives à l'égard du Paraguay pour garantir une vie digne est originale. Dans l'arrêt *Yakye*, la Cour affirme en effet que :

> « *[o]ne of the obligations that the State must inescapably undertake as guarantor, to protect and ensure the right to life, is that of generating minimum living conditions that are compatible with the dignity of the human person and of not creating conditions that hinder or impede it. In this regard, the State has the duty to take positive, concrete measures geared toward fulfillment of the right to a decent life, especially in the case of persons who are vulnerable and at risk, whose care becomes a high priority* »[1272].

Cette interprétation du droit à la vie prend toute son importance lorsque celui-ci est invoqué par les peuples autochtones, qui font partie des groupes les plus pauvres et marginalisés d'Amérique latine. La Cour en est parfaitement consciente et dans l'arrêt *Yakye*, elle insiste sur la nécessité, pour l'État, de protéger spécialement ces derniers : « *the Court must establish whether the State generated conditions that worsened the*

1270 Cour IDH, 17 juin 2005, Fond et réparations, Communauté indigène Yakye Axa c. Paraguay, Série C n°125, par. 161.

1271 Comme le souligne l'un des juges de la Cour IDH, Sergio García Ramírez dans : S. GARCÍA RAMÍREZ, « Los indígenas en la jurisprudencia de la Corte Interamericana de Derechos Humanos », in J. E. R ORDONNEZ CIFUENTES (coord.), *Migración: Pueblos Indígenas…*, op. cit, pp. 40-41. Voir également : O. RUIZ, « El derecho a la identidad cultural de los pueblos indígenas y las minorias nacionales. Una mirada desde el sistema interamericano », *Boletin Mexicano de Derecho Comparado*, 2007, n°118, p. 212. Disponible en ligne : http://www.juridicas.unam.mx/publica/rev/indice.htm?r=boletin&n=118 (consulté le 26 octobre 2012).

1272 Cour IDH, 17 juin 2005, Fond et réparations, Communauté indigène Yakye Axa c. Paraguay, Série C n°125, par. 162.

difficulties of access to a decent life for the members of the Yakye Axa Community and whether, in that context, it took appropriate positive measures to fulfill that obligation, taking into account the especially vulnerable situation in which they were placed, given their different manner of life (different worldview systems than those of Western culture, including their close relationship with the land) and their life aspirations, both individual and collective, in light of the existing international corpus juris regarding the special protection required by the members of the indigenous communities »[1273].

Dans l'affaire *Communauté autochtone Xákmok Kásek c. Paraguay*, jugée par la Cour en 2010, celle-ci considère qu'interdire l'exercice des activités traditionnelles des peuples autochtones est constitutif d'une atteinte au droit à la vie. En l'espèce, la communauté autochtone Xákmok Kásek (issue de l'ethnie Enxet située dans la région du Chaco, et composée de 66 familles, soit environ 268 personnes) avait initié, en 1990, des démarches afin de récupérer ses terres ancestrales, ainsi que le prévoyait la loi n°904/81 sur le Statut des Communautés autochtones. La communauté demandait, conformément à la loi, 10 700 hectares additionnels à ceux qu'elle occupait à cette époque, mais qui, selon eux, faisaient partie de leurs terres ancestrales. Formellement, ces terres appartenaient à l'entreprise *Eaton et Cia S.A.*, et une partie des terres (3 293 hectares) avaient été rachetées par la Coopérative *Menonita Chrotitzer Komitee*. En 1999, les représentants de la communauté avaient également demandé l'expropriation de ces deux entreprises, par le biais d'un projet de loi déposé à l'Assemblée nationale qui fut rejeté en 2000. La communauté Xákmok Kásek tenta de retourner sur ces terres pour chasser, pêcher et cueillir des fruits mais en fut empêchée par les entreprises propriétaires qui leur interdirent l'accès. Une autre communauté appelée Angaité céda une zone de 1 500 hectares, appelée « 25 février », à la Communauté Xákmok Kásek où ses membres s'installèrent. En outre, en 2008, 12 450 hectares de terres furent classées « aire sauvage protégée ». Or, 4 175 hectares de cette zone figuraient parmi les 10 700 revendiquées par la communauté Xákmok Kásek. Sa classification en tant qu'aire protégée impliquait une interdiction de toute occupation et activité traditionnelle des peuples autochtones. Elle constituait donc, selon la Cour une mesure qui empêchait les membres de la communauté de pratiquer, entre autres, les activités leur permettant de survivre.

D'une manière comparable, la Cour reprocha à l'État brésilien, dans l'affaire *Yanomami c. Brésil*, de ne pas avoir pris les mesures nécessaires

[1273] Ibid., par. 163.

pour que les peuples autochtones puissent vivre dans des conditions qui leur permettent de jouir pleinement de leurs droits. En effet, dès 1980, une plainte (affaire n°7615)[1274] déposée devant la Commission IDH par des représentants d'ONG à l'encontre du gouvernement brésilien et de la Fondation nationale indienne, établissait le lien entre l'atteinte portée au droit à la vie de cette communauté et les projets de développement. Dans cette affaire, la construction d'une autoroute sur une partie des terres de la communauté Yanomami causait des dommages écologiques et avait des répercussions graves sur le mode de vie de la communauté Yanomami. En plus de cette construction, des minerais avaient été découverts sur ce territoire et le gouvernement en avait autorisé l'exploitation. La mise en œuvre de ce projet impliquait l'entrée de personnes étrangères sur les terres occupées par la communauté, ce qui provoqua l'apparition de nouvelles maladies jusque-là inconnues de la communauté. Des épidémies se propagèrent, mettant en danger la survie du groupe, et risquant de provoquer son extinction[1275]. La Commission recommanda au gouvernement de prendre des mesures en faveur de la communauté, mais sans donner plus de précisions quant aux obligations de l'État en la matière[1276]. C'est ainsi que, dans les années 1990, le parc indigène Yanomami fut délimité (sa superficie fut alors fixé à 9 419 108 hectares) pour protéger le droit à la vie de cette communauté. Depuis, une protection particulière est assurée au parc Yanomami par divers programmes internationaux, mis notamment en place par l'OIT.

Comme on l'a déjà vu plus haut, la Cour considère que le respect du droit à la vie ne consiste pas simplement en une obligation de ne pas faire. En particulier, il est du ressort de l'État de veiller à ce que les communautés autochtones puissent subvenir à leurs besoins alimentaires, ainsi que pratiquer les activités qu'elles ont toujours menées selon leurs coutumes et traditions. « *In other words, inherent in the concept of the right of life are considerations regarding quality of life* »[1277]. En effet,

---

1274 Commission IDH, 5 mars 1985, Yanomami contre Brésil, Résolution n°12/85. Disponible en ligne : http://www.cidh.oas.org/annualrep/84.85sp/Brasil7615.htm (consulté le 31 janvier 2010).

1275 C. ITUARTE, « Los pueblos indígenas, el medio ambiente y la progresividad de los Derechos Humanos en el Sistema Interamericano », in C. MARTIN, D. RODRIGUEZ-PINZON, J. A. GUEVARA B., *Derecho Internacional de los Derechos Humanos*, México, Distribuciones Fontamara S.A., 2004, pp. 572-574.

1276 D. SHELTON, « Environmental Rights and Brazil's Obligations in the Inter-American Human Rights System », op. cit., p. 752.

1277 J. M. PASQUALUCCI, « The Right to a Dignified Life (Vida Digna) : the Integration of Economic and Social Rights with Civil and Political Rights in the

« *the right to life is restored to its original status as an opportunity to choose our destiny and* <u>*develop our potential*</u>*. It is more than just a right to subsist, but is rather a right to self-development, which requires appropriate conditions. In such framework, a single right with a double dimension is set, like the two-faced god Janus: one side, with a first-generation legal concept of the right to life; the other side, with the concept of a requirement to provide conditions for a feasible and full existence, that is to say a concept among the ones considered 'second-generation rights', to employ a figure of speech that has become successful. Hence the principle 'you may not kill' and its counterpart 'you shall favor life'. Both concepts protect the human being and bind the State* »[1278].

Plus généralement sur le conflit de l'exploitation des ressources naturelles, le respect du droit à la vie est primordial. Si l'exploitation des ressources naturelles nécessite souvent l'expropriation des peuples autochtones ou leur déplacement, ces derniers peuvent se retrouver dans des conditions difficiles pour survivre. D'où l'importance de l'interprétation extensive que la Cour consacre. Suivant une telle interprétation, la Cour a par exemple, dans son arrêt *Sarayaku*, condamné l'Équateur pour avoir permis à une entreprise de placer 1 400 kilos d'explosifs de grande puissance sur le territoire du peuple Sarayaku[1279], mettant en danger la vie de celui-ci. La Cour a ainsi sanctionné le risque pris par l'État de porter atteinte au droit à la vie.

Les conditions souvent précaires dans lesquelles vivent les peuples autochtones ont encouragé la Cour à formuler des éléments d'appréciation concrets du respect du droit à la vie, en particulier dans les arrêts relatifs au Paraguay. « *For indigenous peoples, a right to life requires a variety of protections : of cultural lands ; of their cultural relationship to the environment, of a healthy environment; and of the multitude of variables that*

Inter-American Human Rights System », *Hastings International and Comparative Law Review*, 2008, vol. 31, p. 2.

1278 Non souligné dans le texte original. Cour IDH, 29 mars 2006, Fond et réparations, Communauté indigène Sawhoyamaxa c. Paraguay, Série C n°146, par. 18.

1279 Cour IDH, 27 juin 2012, Fond et réparations, Peuple autochtone Kichwa de Sarayaku c. Équateur, Série C n° 245, par. 250.

gives a 'people' their unique identification and insures viability »[1280]. Elle a tiré de ce raisonnement différentes obligations pesant sur l'État au titre du droit à la vie.

B. Les obligations positives de l'État découlant du droit à la vie digne

« *The court took the idea that the right to life must be a right to a dignified life and began to enforce many elements of the right to health, finding violations even when victims did not die and requiring government provision of food, water, sanitation, medicine, and adequate medical care* »[1281]. Ainsi, dans l'arrêt *Communauté indigène Yakye Axa c. Paraguay*,

> « *the Court orders that, as long as the Community remains landless, given its special state of vulnerability and the impossibility of resorting to its traditional subsistence mechanisms, the State must supply, immediately and on a regular basis, sufficient drinking water for consumption and personal hygiene of the members of the Community ; it must provide regular medical care and appropriate medicine to protect the health of all persons, especially children, the elderly and pregnant women, including medicine and adequate treatment for worming of all members of the Community ; it must supply food in quantities, variety and quality that are sufficient for the members of the Community to have the minimum conditions for a decent life ; it must provide latrines or any other type of appropriate toilets for effective and healthy management of the biological waste of the Community ; and it must supply sufficient bilingual material for appropriate education of the students at the school in the current settlement of the Community* »[1282].

[1280] M. A. GEER, « Foreigners in Their Own Land : Cultural Land and Transnational Corporations - Emergent International Rights and Wrongs' », *Virginia Journal of International Law*, 1998, vol. 38, p. 395.

[1281] S. R. KEENER, J. VASQUEZ, « A Life Worth Living : Enforcement of the Right to Health Through the Right to Life in the Inter-American Court of Human Rights », *Colombia Human Rights Law Review*, 2009, n°40, p. 597.

[1282] Cour IDH, 17 juin 2005, Fond et réparations, Communauté indigène Yakye Axa c. Paraguay, Série C n°125, par. 221.

Mais c'est surtout dans ses arrêt *Communauté indigène Sawhoyamaxa c. Paraguay*[1283] et *Xákmok Kásek c. Paraguay*[1284] que la Cour précise son raisonnement relatif aux obligations positives de l'État au titre du droit à la vie digne, et donc aux éléments d'appréciation du respect de ce droit. Ces quatre éléments sont l'eau (1), l'alimentation (2), la santé (3) et l'éducation (4). En effet, la Cour considère que si le respect de ces obligations n'est pas assuré, une violation du droit à la vie digne peut être constatée.

1. L'eau

Dans l'arrêt *Xákmok Kásek*, l'expert Pablo Balmaceda affirme que la communauté Xákmok Kásek n'a pas d'accès à l'eau depuis 2003 et que l'État, après avoir déclaré l'état d'urgence de cette communauté en 2009, a fourni, de manière irrégulière, de l'eau à ses membres. Selon les informations reportées, 10 000 litres ont été distribués en avril 2009, 20 000 litres en juillet 2009, et 34 000 litres en août 2009. La Cour, en s'appuyant sur les recommandations du Comité des DESC, affirme que « *the water supplied by the State during the months of May to August 2009 was no more than 2,17 liters per person per day. In this regard, according to international standards, most people need a minimum of 7,5 liters per day per person in*

[1283] Cour IDH, 29 mars 2006, Fond et réparations, Communauté indigène Sawhoyamaxa c. Paraguay, Série C n°146, par. 167-180.

[1284] En l'espèce, la Cour ordonne des mesures qui doivent être immédiatement prises s'agissant de l'accès à l'eau, aux soins, à la nourriture et à l'éducation. Voir : Cour IDH, 24 août 2010, Fond et réparations, Communauté autochtone Xákmok Kásek c. Paraguay, Série C n° 214, par. 301 : la Cour demande à l'État « to take up the following immediate, periodic, and permanent measures while the Community's traditional or alternative land is in the process of being handed over : a) provision of enough potable water for Community members' consumption and personal hygiene ; b) provision of medical and psycho-social care for all the Community's members, especially the children and the elderly, along with periodic vaccination and deparasitization campaigns that respect their ways and customs ; c) provision of special medical care for the pregnant women, both pre- and post-natal and during the first few months of the baby's life ; d) delivery of food that is of a quality and quantity sufficient to ensure an adequate diet ; e) the installation of latrines or any other adequate kind of sanitary system in the Community's settlement, and f) supplying the school with the materials and human resources necessary to guarantee the Community's children access to basic education, paying special attention to make sure that the education provided respects their cultural traditions and guarantees the protection of their language. In doing all this, the State shall carry out the necessary consultations with the Community ».

order to meet all their basic needs, which included food and hygiene, including under extreme conditions »[1285].

L'accès à l'eau potable est indispensable à la survie du groupe, tant pour prévenir des maladies et des risques sanitaires, que pour la consommation propre. La déshydratation ou l'eau contaminée ont, en l'espèce, été les causes de décès de plusieurs enfants en bas âge. Mais il ne suffit pas de fournir de l'eau à ces populations. Il est également du devoir de l'État de faire construire des installations en matière d'hygiène et de garantir l'accès à l'eau potable. En l'espèce en effet, la communauté ne bénéficiait d'aucune source d'eau à proximité et se trouvait contrainte de chercher l'eau à plusieurs kilomètres de son lieu d'habitation.

La question de l'eau potable se pose en particulier quand une exploitation minière ou pétrolière est installée sur un territoire autochtone ou à proximité de lui. Dans le cas de l'exploitation des ressources naturelles, les entreprises consomment souvent beaucoup d'eau, et privent ainsi de cette denrée des populations locales qui en subissent les conséquences. Ces dernières se voient alors contraintes de se déplacer, parfois assez loin, pour avoir accès à l'eau. Par exemple, l'étude relative à l'impact environnemental du projet Marlin au Guatemala a estimé que les entreprises utilisent 250 000 litres d'eau par heure pour l'exploitation de l'or. Chaque famille paysanne habitant à proximité consommant, d'après l'ONG *Madre Selva*, environ 30 litres d'eau par jour[1286], les quantités d'eau disponibles pour leurs besoins domestiques en eau pourraient s'avérer insuffisantes. Pour s'en plaindre, ils pourraient invoquer, en plus de la Convention américaine et de la jurisprudence de la Cour, la reconnaissance du « droit à une eau potable salubre et propre comme un droit fondamental, essentiel au plein exercice du droit à la vie et de tous les droits de l'Homme »[1287] qui a été proclamé par l'Assemblée générale des Nations Unies, lors de sa 64ème session en juillet 2010.

[1285] Cour IDH, 24 août 2010, Fond et réparations, Communauté autochtone Xákmok Kásek c. Paraguay, Série C n° 214, par. 195.

[1286] Voir : V. CASTAGNINO, *Metal Mining and Human Rights in Guatemala : The Marlin Mine in San Marcos*, Brigades internationales de paix, mai 2006, p. 13. Disponible en ligne sur : http://www.peacebrigades.org/fileadmin/user_files/projects/guatemala/files/english/PBI-mining-human-rights-guate.pdf (consulté le 15 mai 2015).

[1287] Résolution de l'Assemblée générale des Nations Unies sur Le droit fondamental à l'eau et à l'assainissement, adoptée le 26 juillet 2010, 74ème session, A/64/L.63/Rev.1.

Comme le droit à l'eau, le droit à l'alimentation est un droit garantissant la réalisation du droit à la vie.

2. L'alimentation

Dans l'affaire *Xákmok Kásek*, la situation de la communauté était critique : il lui était interdit de cultiver ses propres denrées alimentaires dans les haciendas, et avec le peu de ressources pécuniaires dont disposaient ses membres, ceux-ci ne pouvaient pas acquérir la quantité de biens alimentaires nécessaire pour se nourrir. Par huit fois, l'État leur a fait parvenir des rations alimentaires, mais celles-ci n'ont, selon la Cour, pas été suffisantes. Surtout, la Cour a critiqué le fait que les autochtones aient été délibérément placés dans une situation où ils dépendent de l'aide extérieure pour se nourrir. En effet, cette communauté autochtone a toujours pratiqué l'agriculture itinérante et n'a jamais été dépendante d'une aide de ce type. Leur imposer une telle situation de dépendance rompt la continuité de l'exercice de leurs traditions. Cela a aussi le défaut de renforcer un préjugé défavorable à leur égard, puisqu'une situation de dépendance peut pousser à les considérer comme des êtres inférieurs ayant besoins d'assistance pour survivre. Enfin, les mesures prises n'apportent aucune solution durable, et privent au contraire durablement la communauté de toute autonomie, une autonomie qu'il pourrait être difficile de retrouver.

Une telle situation a nécessairement des conséquences directes sur la santé. Un expert interrogé dans l'affaire *Xákmok Kásek* relève ainsi que plusieurs nourrissons présentent des symptômes de malnutrition et d'insuffisance de poids[1288]. Après avoir procédé au calcul de la quantité d'aliments devant être absorbée par chaque personne, la Cour a constaté, sur la base des informations reçues du gouvernement sur les rations allouées, que la quantité de nourriture disponible chaque jour pour chaque personne était de 0,29 kg. Elle en a conclu que « *the amount of food provided is insufficient for even remotely satisfying the basic daily dietary needs of any individual* »[1289]. « *[T]he Community's health official indicated that at least 90% of the children are malnourished* »[1290].

L'alimentation étant une nécessité absolue pour vivre dignement, et plus généralement pour vivre, la Cour a opéré un contrôle très approfondi des

---

1288 Cour IDH, 24 août 2010, Fond et réparations, Communauté autochtone Xákmok Kásek c. Paraguay, Série C n° 214, par. 199.
1289 Ibid., par. 200.
1290 Ibid., par. 201.

conditions de survie de la communauté[1291]. En s'appuyant sur la quantité de nourriture nécessaire par personne, elle a estimé que l'État n'avait pas pris des mesures en adéquation avec l'état d'urgence décrété.

En Amérique latine, les peuples autochtones constituent la couche de la population la plus pauvre, et celle qui souffre le plus de malnutrition. Le Rapporteur spécial sur le droit à l'alimentation, Olivier de Schutter, a constaté, au cours de sa mission au Guatemala en 2010 que « davantage d'efforts devraient être fournis pour éliminer les obstacles structurels entravant la pleine réalisation du droit à l'alimentation, notamment son exercice par les peuples autochtones »[1292]. Il dénonce également le fait que la sécurité alimentaire soit menacée par des projets de développement de grande ampleur (ou projets d'envergure)[1293].

3. *La santé*

Le troisième élément pris en compte par la Cour pour apprécier le respect du droit à la vie digne est l'accès aux soins médicaux. Les peuples autochtones sont souvent éloignés des centres de santé, et le manque de moyens financiers et de transports les empêche souvent d'accéder facilement aux soins. Dans certaines circonstances, l'État envoie des médecins pour examiner et vacciner les autochtones. Selon la Cour, l'État ne satisfait pas à ses obligations s'il ne prend que des mesures « temporaires et transitoires »[1294].

Dans l'affaire *Xákmok Kásek*, la Cour estime que la combinaison de plusieurs faits – la longue distance à parcourir pour se rendre dans un centre médical, le refus de soigner un autochtone si les parents ne peuvent régler les

---

1291 Sur l'arrêt Communauté indigène Sawhoyamaxa c. Paraguay, voir : C. GOLAY, op. cit., p. 26.

1292 Rapporteur spécial sur le droit à l'alimentation, Olivier de Schutter, rapport de la mission au Guatemala, 26 janvier 2010, A/HRC/13/33/Add.4, p. 1. Disponible en ligne sur le site :
http://daccess-dds-ny.un.org/doc/UNDOC/GEN/G10/104/71/PDF/G1010471.pdf?OpenElement (consulté le 17 février 2011).

1293 O. SCHUTTER (DE), *Large-scale land acquisitions and leases : A set of Core Principles and Measures to address the human rights challenge*, 11 juin 2009. Disponible en ligne sur : http://www.oecd.org/dataoecd/22/20/44031283.pdf (consulté le 16 février 2012).

1294 Traduction libre. Cour IDH, 24 août 2010, Fond et réparations, Communauté autochtone Xákmok Kásek c. Paraguay, Série C n° 214, par. 208.

soins, l'impossibilité d'obtenir des médicaments gratuitement – implique une violation, par l'État, du droit des autochtones à l'accès aux soins[1295]. « *To comply with the right to life, the Inter-American Court required the Paraguayan government to provide adequate drinking water, medical care, medicine, food, and sanitation to the Yakye Axa community. Similarly, the list of core obligations under the right to health include : health facilities, minimum essential food, basic shelter, sanitation, potable water, essential drugs, and a national public health strategy* »[1296].

Mais la Cour ne fait pas uniquement le lien entre la santé et l'accès aux soins. La qualité de l'eau utilisée a également un impact puisque les maladies observées chez les indigènes proviennent, le plus souvent, de bactéries ou de virus présents dans l'eau non traitée. La Cour relie ainsi la santé au premier élément de la vie digne, l'accès à l'eau et rappelle que « *many died from illnesses that were easily preventable with periodic and constant care from a health program. It is enough to point out that the main causes from which the majority died were tetanus, pneumonia, tuberculosis, anemia, pertussis, serious cases of dehydration, enterocolitis, or from complications during labor. Likewise, it is worth highlighting that the main victims were children in the early stages of their lives, individuals for whom the State has greater duties of protection* »[1297].

4. *L'éducation*

Le quatrième élément développé par la Cour IDH pour constater la violation du droit à la vie digne est le secteur de l'éducation, qu'elle considère négligé par l'État dans l'affaire *Xákmok Kásek*. Plusieurs faits sont rapportés dans ce domaine. Par exemple, il est indiqué que l'école fréquentée par les enfants de la communauté ne couvre une surface que de 25 m^2, et n'est dotée ni d'un toit protégeant de la pluie, ni d'un sol autre qu'en terre battue. Aucune fourniture n'est prévue, qu'il s'agisse de chaises ou de stylos. Du point de vue des programmes enseignés, la Cour note que les principales langues de la communauté, la langue sanapana ou enxet ne sont pas enseignées[1298]. La Cour se réfère à cet égard au Comité des DESC des Nations Unies, et exige de l'État qu'il prenne des « *positive measures to*

[1295] S. R. KEENER, J. VASQUEZ, op. cit., p. 614.
[1296] Ibid., p. 620.
[1297] Cour IDH, 24 août 2010, Fond et réparations, Communauté autochtone Xákmok Kásek c. Paraguay, Série C n° 214, par. 231.
[1298] Ibid., par. 209.

make the education culturally acceptable from the perspective of a unique ethnicity »[1299].

En outre, selon la Cour, ces indices montrent que les services publics ne sont pas aisément accessibles par ces communautés qui souffrent d'exclusion *de facto* et de négligence de la part de l'État. Appréciant l'ensemble de ces éléments, « *the Court declares that the State has not provided the basic assistance necessary for protecting a particular group of individuals' right to a dignified existence when faced with these conditions of a special, real, and immediate risk, which constitutes a violation of Article 4(1) of the Convention, in relation to Article 1(1) of the Convention, to the detriment of all the members of the Xákmok Kásek Community* »[1300].

L'un des principaux apports de l'arrêt est la présentation des mesures devant être prises par un État pour satisfaire aux conditions de la réalisation du droit à la vie digne. L'État doit s'assurer de répondre aux besoins basiques des peuples autochtones, et veiller à ce que ces mesures soient en adéquation avec la culture et les traditions de ces peuples. Les obligations ainsi dégagées par la Cour semblent suffisamment générales et flexibles pour permettre à l'État et aux peuples autochtones de déterminer ensemble les mesures devant être prises par l'État, et leur adaptation aux droits et caractéristiques propres des peuples autochtones.

Il résulte des différents arrêts constatant la violation du droit à la vie par l'État du Paraguay que les services d'éducation et d'assistance médicale doivent être permanents et non ponctuels, et que l'État doit fournir de l'eau et des vivres aux peuples autochtones lorsque cela s'avère nécessaire à leur survie. L'exécution de ces arrêts de la Cour IDH a cependant été difficile. Dans l'affaire *Yakye* en particulier, deux résolutions de la Cour (dont la dernière date de 2008) constatent que l'État n'a pas pris les mesures visant à réparer les dommages causés. La communauté continue de vivre au bord de la route. Bien que le gouvernement fournisse désormais de l'eau potable et des aliments de manière plus régulière, ces denrées sont toujours accordées de manière insuffisante. Toutes les mesures prises se caractérisent par leur caractère provisoire et irrégulier, et ne permettent en aucun cas une exécution totale de la décision de la Cour. Elles permettent uniquement à l'État de « faire patienter » les autochtones et de retarder sa pleine mise en œuvre. Les services basiques ne sont pas garantis et le constat alarmant de la

---

[1299] Ibid., par. 211.
[1300] Ibid., par. 217.

Cour sur la « situation d'extrême gravité » des membres de la communauté ne paraît pas suffire à convaincre l'État de prendre des mesures rapides et définitives, notamment à l'égard des personnes âgées et des enfants[1301]. Jusqu'à l'exécution totale de l'arrêt, l'État devrait prendre des mesures permettant de satisfaire les besoins de la communauté en eau, nourriture et soins médicaux ainsi qu'assurer un enseignement minimum.

La Cour, dans l'arrêt *Communauté indigène Sawhoyamaxa c. Paraguay*, a ordonné les mesures provisoires suivantes : l'approvisionnement en eau et en vivres, la mise en place d'une assistance médicale à tous les membres de la communauté, ainsi que la vaccination de tous les enfants[1302]. D'une manière comparable, dans l'arrêt *Yakye*, elle a ordonné de fournir des latrines, des infrastructures sanitaires, du matériel pour l'enseignement bilingue, une assistance médicale et des médicaments – ces mesures devant être prises en prêtant une attention particulière au sort des personnes âgées, des enfants et des femmes enceintes[1303].

Les éléments d'appréciation du droit à la vie peuvent sembler trop détaillés et très étendus au regard du respect de la formulation de l'article 4 de la Convention ADH relatif au droit à la vie, mais la Cour laisse transparaître, dans ses arrêts, les motifs d'une telle position.

§ 2. Les motifs de l'interprétation extensive du droit à la vie

À la lecture des arrêts dans lesquels une violation du droit à la vie a été constatée sur la base d'une interprétation extensive de ce droit, deux motifs paraissent présider au choix de ce type d'interprétation : l'interprétation

---

[1301] Ibid., par. 172-176.

[1302] Cour IDH, 29 mars 2006, Fond et réparations, Communauté indigène Sawhoyamaxa c. Paraguay, Série C n°146, par. 230 : « [T]he State shall immediately, regularly and permanently adopt measures to : a) supply sufficient drinking water for consumption and personal hygiene to the members of the Community ; b) provide medical check-ups, tests and care to all members of the Community, especially children, elder people and women, together with periodic parasite removal and vaccination campaigns, respecting their practices and customs ; c) deliver sufficient quantity and quality of food ; d) set up latrines or other type of sanitation facilities in the settlements of the Community, and e) provide the school of the 'Santa Elisa' settlement with all necessary material and human resources, and establish a temporary school with all necessary material and human resources for the children of the 'Kilómetro 16' settlement ».

[1303] Cour IDH, 17 juin 2005, Fond et réparations, Communauté indigène Yakye Axa c. Paraguay, Série C n°125, par. 205.

classique ne permet pas de sanctionner l'État pour son mauvais comportement ou sa négligence (A) ; et il n'est pas opportun de recourir directement aux droits économiques, sociaux et culturels contenus dans le Protocole additionnel à la Convention américaine relative aux droits de l'Homme (également appelé Protocole de San Salvador et adopté le 17 novembre 1988) (B).

A. Le mauvais comportement de l'État

L'interprétation extensive du droit à la vie retenue par la Cour vise souvent à engager la responsabilité d'un État ayant adopté un mauvais comportement, sans pour autant avoir violé le droit à la vie pris dans son sens traditionnel ou restrictif. Plus précisément, il s'agit de permettre aux victimes de recevoir une compensation du traitement qui a été le leur, puisque, comme la Cour le rappelle, « *[t]he objective of international human rights law is not to punish those individuals who are guilty of violations, but rather to protect the victims and to provide for the reparation of damages resulting from the acts of the States responsible* »[1304].

L'interprétation extensive du droit à la vie vise généralement à sanctionner l'absence de mesures prises par l'État pour empêcher le préjudice de personnes dont il a la charge, ou sa négligence dans leur adoption. Cette omission ou cette négligence est déduite par la Cour de deux types de préjudices.

Tout d'abord, elle peut être tirée de décès proprement dits. À partir de la date à laquelle l'État « a pleinement connaissance du risque réel et de la situation de vulnérabilité »[1305] des membres d'une communauté, la Cour peut estimer certains décès imputables à l'État, même s'il n'en est pas directement à l'origine. La preuve de ces décès n'est pas toujours officiellement établie en droit interne, car la nécessité de se rendre à la capitale pour obtenir des documents d'identité ou pour déclarer un décès et le coût du trajet empêchent souvent, en pratique, les autochtones de réaliser ces démarches. Toutefois, la Cour rappelle que les défaillances du système étatique ne peuvent lui bénéficier, en ajoutant que la Cour interaméricaine des droits de l'Homme est *pro personae* ou pro victime. Ainsi, dans l'affaire *Communauté indigène Sawhoyamaxa c. Paraguay*, la Cour décide par

---

1304 Cour IDH, arrêt du 29 juillet 1988, Velásquez-Rodríguez c. Honduras (fond), Série C n°4, par. 134.

1305 Cour IDH, 29 mars 2006, Fond et réparations, Communauté indigène Sawhoyamaxa c. Paraguay, Série C n°146, par. 159.

exemple de prendre en considération deux décès bien qu'il n'existe pas de registre officiel de décès et que la date de ces décès demeure inconnue.

La Cour peut également déduire la négligence ou l'omission de l'État, des conditions de vie très difficiles d'une communauté autochtone et du fait que l'État en a connaissance. Ainsi, dans l'arrêt *Communauté indigène Sawhoyamaxa c. Paraguay*, la Cour examine les circonstances de l'affaire pour savoir si le Paraguay aurait pu « éviter ou prévenir » la situation dans laquelle se trouve la communauté Sawhoyamaxa. En l'espèce, les mesures entreprises par l'État pour garantir le droit à la vie ne sont, de l'avis de la Cour, ni suffisantes ni adéquates au regard de leur situation d'extrême vulnérabilité. Malgré l'existence de lois prévoyant un accès aux soins gratuits, la Cour mentionne que l'État n'en garantit pas la mise en œuvre, et que l'assistance médicale est insuffisante sur le terrain. Elle conclut donc à la violation du droit à la vie par l'État.

Les conditions dans lesquelles la communauté vivait étaient en effet très difficiles. Après avoir perdu les terres de ses ancêtres, elle n'avait plus aucune terre à cultiver ; ses membres ne bénéficiaient pas d'une assistance médicale, ne disposaient – ainsi qu'un expert le rapporte à la Cour – d'aucune source d'eau potable, vivaient dans des conditions sanitaires déplorables – 50% des décès étaient par exemple dus aux parasites – et l'éducation dispensée aux enfants ne répondait pas aux standards requis par la Cour (la seule langue dispensée dans l'école à proximité était l'espagnol). Une partie de la communauté se réinstalla au bord de la route, au kilomètre 16, et les autres se dispersèrent dans plusieurs autres communautés.

D'une manière comparable, dans l'affaire *Yakye*, la Cour ne disposait pas d'éléments de preuves suffisants pour établir une relation entre les décès survenus dans la communauté Yakye, et le manquement de l'État paraguayen à l'une de ses obligations. Toutefois, la Cour a considéré que le droit à la vie avait été violé au regard de la situation d'extrême vulnérabilité et de précarité dans laquelle vivait la communauté. Selon la Cour, cette communauté était, au regard de sa situation, dans l'impossibilité de vivre dignement. En effet, selon la Cour dans l'arrêt *Yakye*, l'omission ou la négligence de l'État est directement à l'origine de l'impossibilité de la communauté de se nourrir et de pratiquer ses activités habituelles pour vivre[1306]. Elle prend acte du fait que le Président de la République du

[1306] Cour IDH, 17 juin 2005, Fond et réparations, Communauté indigène Yakye Axa c. Paraguay, Série C n°125, par. 163 : « the Court must establish whether the State generated conditions that worsened the difficulties of access to a decent life for the members of the Yakye Axa Community ».

Paraguay a décrété l'état d'urgence des communautés Yakye Axa, Sawhoyamaxa et Enxet-Lengua en 1999[1307], et que mettant en œuvre cette déclaration, le gouvernement a fourni une assistance alimentaire et sanitaire à ces communautés. Une aide alimentaire ainsi que des médicaments leur ont été portés de 2000 à 2002, puis en 2005. Toutefois, selon la Cour, ces mesures n'étaient pas d'une ampleur suffisamment grande pour changer la situation. Elle affirme que « *it deems that said measures have not been sufficient or appropriate to correct their situation of vulnerability, given the special gravity of the instant case* »[1308]. L'État soutenait toutefois qu'il ne disposait pas des ressources financières nécessaires pour protéger parfaitement les autochtones, et même pour permettre leur accès à certains services publics de base. La Cour ne répond pas directement à cette argumentation relative au manque de moyens, et affirme simplement que les États parties à la Convention sont dans l'obligation de prendre des mesures pour l'accès à des services minimums. La Cour ajoute que, en tout état de cause, la mort de nombreuses personnes (dont dix-huit enfants) du fait de maladies aurait pu être évitée, étant donné que de simples vaccinations l'auraient empêchée.

D'une manière tout à fait comparable, dans l'affaire *Sawhoyamaxa c. Suriname*, la Cour a considéré que l'État avait violé le droit à la vie du peuple Sawhoyamaxa. Alors qu'il était conscient de sa situation fragile, le gouvernement du Suriname n'avait en effet pas pris les mesures nécessaires pour protéger cette communauté, et éviter qu'elle ne se retrouve sans ressource. Elle sanctionne ainsi l'omission ou la négligence de l'État[1309], sur la base des conditions déplorables dans lesquelles vit la communauté :

> « *it must be determined that at the moment of the occurrence of the events, the authorities knew or should have known about the existence of a situation posing an immediate and certain risk to the life of an individual or of a group of individuals, and that the necessary measures were not adopted within the scope of their authority which could be reasonably expected to prevent or avoid such risk* »[1310].

[1307] Décret du Président de la République n°3789 du 23 juin 1999.

[1308] Cour IDH, 17 juin 2005, Fond et réparations, Communauté indigène Yakye Axa c. Paraguay, Série C n°125, par. 169.

[1309] J. M. PASQUALUCCI, « The Right to a Dignified Life (Vida Digna)… », op. cit., p. 26.

[1310] Cour IDH, 29 mars 2006, Fond et réparations, Communauté indigène Sawhoyamaxa c. Paraguay, Série C n°146, par. 155.

Au terme de ce grand A, il apparaît que c'est essentiellement pour forcer les États parties à la Convention à prévenir la survenance de décès pouvant être évités, que la Cour a retenu une interprétation extensive du droit à la vie, et considéré que l'absence de mesures prises par l'État pouvait constituer une violation de ce droit. Elle essaie par là de modifier une tendance importante des États, consistant en l'abandon des populations indigènes. Le recours à une interprétation extensive du droit à la vie s'explique aussi par une raison plus technique : elle résulte de l'inopportunité de recourir aux droits économiques, sociaux et culturels.

B. L'inopportunité de recourir directement aux droits économiques, sociaux et culturels

Manifestement, la Cour préfère interpréter de manière extensive le droit à la vie, plutôt que de s'appuyer sur le droit à la santé, le droit de vivre dans un environnement salubre, le droit à l'alimentation, le droit à l'éducation qui sont respectivement prévus aux articles 10, 11, 12 et 13 du Protocole additionnel à la Convention américaine des droits de l'Homme relatifs aux droits économiques, sociaux et culturels[1311], ou globalement à l'article 26 de la Convention ADH sur les droits économiques, sociaux et culturels.

Par exemple, en prenant en compte l'accès aux soins pour déterminer s'il a été porté atteinte au droit à la vie, la Cour élude l'application du droit à la santé. Pourtant, ce droit figure parmi les droits protégés par le Protocole San Salvador sur les droits économiques, sociaux et culturels. Elle fait de même pour le droit à un environnement sain mentionné à l'article 11 du Protocole[1312], qui pourrait être considéré comme pertinent en cas d'exploitation des ressources naturelles sur les terres autochtones. Mais la Cour préfère recourir au droit à la vie pour reconnaître la responsabilité de l'État dans ce domaine. Elle peut ainsi protéger le lien étroit qui existe entre les peuples autochtones et l'environnement. En effet, « *because of their close connection*

[1311] Le Protocole a été adopté le 17 novembre 1988 et il est entré en vigueur le 16 novembre 1999.

[1312] Il l'est dans les termes suivant : « Droit à un environnement salubre 1. Toute personne a le droit de vivre dans un environnement salubre et de bénéficier des équipements collectifs essentiels. 2. Les États parties encourageront la protection, la préservation et l'amélioration de l'environnement ».

to the environment and their lack of political power, indigenous people often feel the effects of this damage most directly »[1313].

L'évolution de la jurisprudence de la Cour IDH montre son souhait de protéger de manière toujours plus efficace les droits des peuples indigènes et l'environnement[1314]. Cette évolution découle certainement en partie du fait que les répercussions sur l'environnement et la santé des populations locales, des diverses pollutions causées par des produits toxiques utilisés par les entreprises sont de plus en plus manifestes. Mais elle découle aussi du lien qui, selon la Commission et la Cour, doit être fait entre le droit à la vie et l'environnement. La Commission IDH a en effet noté, en 1997, dans le rapport sur la situation des droits de l'Homme en Équateur, que « *[t]he realization of the right to life, and to physical security and integrity is necessarily related to and in some ways dependent upon one's physical environment. Accordingly, where environmental contamination and degradation pose a persistent threat to human life and health, the foregoing rights are implicated* »[1315].

Le cas U'wa a également démontré le lien entre le droit à la vie et le droit à un environnement libre de pollution et de contamination. Un tel rapprochement permet alors de considérer que ce droit « situe l'homme en relation directe avec son environnement »[1316].

Le Protocole de San Salvador relatifs aux droits économiques, sociaux et culturels n'est pas systématiquement invoqué, sans doute car il est soumis à une certaine flexibilité dans sa mise en œuvre. L'article 1er dispose que :

1313 M. WAGNER, « International Legal Rights of Indigenous Peoples Affected by Natural Resource Exploitation : A Brief Case Study », *Hastings International and Comparative Law Review*, 2000-2001, vol. 24, p. 493.

1314 Association interaméricaine de défense de l'environnement (AIDA), *Environmental Defense Guide : Building Strategies for Litigating Cases before the Inter-American System of Human Rights*, 2010, 178 p. Disponible en ligne sur : http://www.aida-americas.org/sites/default/files/AIDA%20Environmental%20Defense%20Guide.pdf (consulté le 17 mai 2011). Ce document analyse la position de la Cour et de la Commission IDH au regard de la protection de l'environnement. Il reprend donc les principaux arrêts en la matière.

1315 Commission IDH, Report on the Situation of Human Rights in Ecuador, OEA/Ser.L/V/II.96, doc. 10 rev. 1, 92 (1997).

1316 Traduction libre. R. DELLUTRI, « El Derecho Humano al Medio Ambiente : El Caso de los Pueblos Autóctonos », *American University International Law Review*, 2008, p. 99.

« [l]es États parties au présent Protocole additionnel à la Convention américaine relative aux droits de l'Homme s'engagent à adopter les mesures nécessaires, qu'elles soient de nature interne ou qu'elles relèvent de la coopération entre États, tout particulièrement dans les domaines économique et technique, selon les ressources disponibles et compte tenu de leur degré de développement, pour parvenir progressivement, et conformément à la législation interne, à assurer le plein exercice des droits reconnus dans le présent Protocole »[1317].

Or, de nombreux États latino-américains ne sont pas en mesure de mettre en place des services publics minimums pour l'ensemble de la population[1318]. Ils ne peuvent pas fournir les services vitaux de santé et d'éducation nécessaires en raison de ressources économiques insuffisantes.

En revanche, le chapitre de la Convention ADH consacré aux droits économiques, sociaux et culturels comporte un seul article, l'article 26[1319]. D'une manière similaire aux articles du Protocole de San Salvador, ses dispositions sont comprises comme « des dispositions d'application progressive »[1320] et « l'article 26 reste peu opérant sur ce point, la juridiction de San José refusant de transformer – pour l'heure – en *hard law* le contenu

---

1317 Non souligné dans le texte original.

1318 J. M. PASQUALUCCI, « The Right to a Dignified Life (Vida Digna)... », op. cit., p. 23 : « The unequal division of wealth in Latin America results in large populations of vulnerable persons in some States. For example, according to the Inter-American Development Bank, only 23% of Nicaraguan and 40% of Honduran residents have access to adequate sanitary facilities. The United Nations Development Project reports that in El Salvador 18% of the population does not have sustainable access to an improved water source. In Bolivia, 62.7% of the population lives below the national poverty line. In Guatemala, 56.2% and in El Salvador, 48.3% live below the national poverty lines ».

1319 Article 26 de la Convention américaine des droits de l'Homme, sur le Développement progressif :
« Les États parties s'engagent, tant sur le plan intérieur que par la coopération internationale – notamment économique et technique – à prendre des mesures visant à assurer progressivement la pleine jouissance des droits qui découlent des normes économiques et sociales et de celles relatives à l'éducation, la science et la culture, énoncées dans la Charte de l'Organisation des États Américains, réformée par le Protocole de Buenos Aires, ce, dans le cadre des ressources disponibles, et par l'adoption de dispositions législatives ou par tous autres moyens appropriés ».

1320 C. HILLING, op. cit., p. 860.

d'une disposition qui a été voulue comme essentiellement programmatoire »[1321].

En recourant au droit à la vie, un droit dont on dit rarement que son respect dépend des ressources de l'État, la Cour désamorce par avance l'argument consistant à soutenir que sa violation découle simplement du manque de moyen de l'État. Le choix de la Cour de procéder ainsi suit donc une logique d'effectivité. Malgré cela, la Cour reconnaît (elle l'a notamment fait dans l'arrêt *Communauté indigène Sawhoyamaxa c. Paraguay*[1322]) que le manque de moyens doit être pris en compte dans l'application des articles de la Convention dans des cas d'espèce.

En interprétant le droit à la vie de manière à imposer à l'État des obligations positives, « [l]a Cour clarifie » également « le faux débat, qui subsiste sans doute dans le raisonnement des États, sur la différence entre les deux générations de droits. Les uns, les droits civils et politiques impliquant une abstention de l'État, et les autres, les droits économiques sociaux et culturels, exigeant des mesures positives. Tout ceci ne correspond pas à la réalité : tous les droits impliquent une triple obligation : respecter, protéger et mettre en œuvre »[1323].

L'appui pris par la Cour sur le droit à la vie plutôt que sur les droits économiques, sociaux et culturels ne paraît donc pas résulter d'une préférence pour les droits de la première génération (et notamment pour le droit à la vie) plutôt que pour ceux des générations suivantes. Elle résulte simplement d'un souhait d'efficacité. Elle ne manque d'ailleurs pas de souligner l'indivisibilité des droits de l'Homme, et s'efforce par exemple de décrire avec précision le mode de vie des communautés dans les affaires qui lui sont soumises, en particulier lorsqu'elle évoque leur moyens de subsistance (généralement elle se réfère aux activités traditionnelles de pêche, de chasse et de cueillette). Ces précisions sont autant d'éléments qui montrent l'indivisibilité des droits de l'Homme puisque la protection de la

---

1321 L. HENNEBEL, H. TIGROUDJA, « Chronique des décisions rendues par la Cour interaméricaine des droits de l'Homme (2008-2009) », *Revue trimestrielle des droits de l'Homme*, 2010, n°84, p. 842.

1322 Cour IDH, 29 mars 2006, Fond et réparations, Communauté indigène Sawhoyamaxa c. Paraguay, Série C n°146, par. 155 : « It is clear for the Court that a State cannot be responsible for all situations in which the right to life is at risk. Taking into account the difficulties involved in the planning and adoption of public policies and the operative choices that have to be made in view of the priorities and the resources available, the positive obligations of the State must be interpreted so that an impossible or disproportionate burden is not imposed upon the authorities ».

1323 J. DHOMMEAUX, op. cit., p. 200.

propriété autochtone permet aussi à la Cour de garantir d'autres droits, en particulier le droit à la vie des communautés indigènes et le droit à l'alimentation[1324]. En outre, selon Jo Pasqualucci, l'interprétation du droit à la vie par la Cour inclut les droits économiques et sociaux, comme le montrent effectivement les obligations positives qu'en tire la Cour.

Si la Cour allait plus loin et reconnaissait la violation de droits économiques, sociaux et culturels sur le fondement de l'article 26 de la Convention ADH, cela pourrait aboutir à la multiplication des plaintes et un engorgement de la Cour. La Cour devrait en outre réaliser un travail très difficile puisqu'il lui faudrait contrôler la mise en œuvre progressive de ces droits et, ce faisant, tout l'appareil étatique de l'État en cause.

En pratique, il faut cependant préciser que le Protocole a été interprété dans l'affaire *Yakye*[1325], en particulier son article 14 :

> « *The States Parties to this Protocol recognize the right of everyone:*
> *a. To take part in the cultural and artistic life of the community ;*
> *b. To enjoy the benefits of scientific and technological progress ;*
> *c. To benefit from the protection of moral and material interests deriving from any scientific, literary or artistic production of which he is the author.*
> *2. The steps to be taken by the States Parties to this Protocol to ensure the full exercise of this right shall include those necessary for the conservation, development and dissemination of science, culture and art.*
> *3. The States Parties to this Protocol undertake to respect the freedom indispensable for scientific research and creative activity.*

[1324] R. DURANGO CORDERO, « Los derechos de los pueblos indígenas y la protección al medio ambiente dentro del sistema interamericano de protección de los derechos humanos », *American University International Law Review*, 2008, vol. 24, p. 30 : « la Cour a conclu qu'affecter la relation spéciale que maintiennent les autochtones avec leurs terres constitue une violation du droit à la vie et du droit de propriété, lorsque l'État ou des acteurs non-étatiques autorisés par l'État portent atteinte à leur habitat naturel et aux ressources naturelles indispensables à leur survie » (traduction libre).

[1325] C. COURTIS, « Litigating Environmental Disputes in the Inter-American Human Rights system : Eight Strategic Approaches », *Human Rights & International Legal Discourse*, 2008, vol. 2, pp. 208-209.

4. The States Parties to this Protocol recognize the benefits to be derived from the encouragement and development of international cooperation and relations in the fields of science, arts and culture, and accordingly agree to foster greater international cooperation in these fields ».

L'ensemble de cette section montre que la Cour interprète le droit à la vie de manière extensive, et en tire des obligations positives afin d'assurer son effectivité, eu égard aux spécificités des conditions de vie des peuples autochtones. De ce point de vue, l'interprétation que la Cour retient du droit à l'intégrité de la personne peut lui être comparée.

SECTION II – L'INTERPRÉTATION DU DROIT À L'INTÉGRITÉ DE LA PERSONNE

L'interprétation du droit à l'intégrité de la personne a évolué (§ 1) pour répondre aux besoins de protection des peuples autochtones (§ 2).

§ 1. L'adaptation de l'interprétation du droit à l'intégrité de la personne au contexte autochtone

Alors que, initialement la violation du droit à l'intégrité de la personne était constatée par la Cour de manière couplée à celle du droit à la vie, la Cour lui a progressivement donné une certaine autonomie, et y a inclus la souffrance psychologique des peuples autochtones privées de leurs terres (A). Comme l'évolution de l'interprétation du droit à la vie, celle de l'interprétation du droit à l'intégrité de la personne s'explique par le souhait de la Cour de prendre en compte les spécificités de la situation des autochtones en Amérique latine (B).

A. L'autonomisation du droit à l'intégrité de la personne

L'article 5 alinéa 1 relatif au droit à l'intégrité de la personne dispose que « toute personne a droit au respect de son intégrité physique, psychique et morale ».

La Cour, dans ses premiers arrêts relatifs aux dommages subis par les peuples autochtones du fait de l'exploitation de leurs ressources, ne faisait pas référence à ce droit, sauf en cas de torture ou de mauvais traitements. Lorsqu'elle a commencé à s'y référer, et bien qu'il s'agisse d'un droit autonome contenu dans la Convention ADH, elle n'invoquait généralement pas le droit à l'intégrité de la personne de manière isolée, mais l'associait au droit à la vie, en vue de souligner les spécificités d'une atteinte particulière à ce droit. Une certaine confusion dans l'interprétation du droit existait et les juges n'en développaient pas le contenu. Dans l'arrêt *Communauté indigène Sawhoyamaxa c. Paraguay* par exemple, la Cour décidait qu'il n'était pas pertinent qu'elle se prononce sur la violation du droit à l'intégrité de la personne, compte tenu du fait qu'elle avait au préalable constaté la violation du droit à la vie[1326]. Selon elle, la violation du droit à la vie qu'elle constatait impliquait, étant donné ses particularités, celle du droit à l'intégrité physique. En l'espèce, la Cour se contentait de dénoncer une violation du droit à la vie, tout en soulignant le lien existant entre la perte des terres ancestrales, le droit de propriété et le droit de subsistance et de survie physique de ce groupe, lien que l'État niait dans ses allégations.

Progressivement, la Cour a étendu l'interprétation du droit à l'intégrité personnelle, en cessant de limiter sa violation à des actes de torture et de mauvais traitements proprement dits. Elle a considéré que la souffrance émotionnelle engendrée par certaines situations pouvait constituer une forme de traitement contraire à l'article 5, alinéa 1. Dans l'arrêt *Communauté Moiwana c. Suriname*, « *the Court concludes that the Moiwana community members have endured significant emotional, psychological, spiritual and economic hardship – suffering to a such a degree as to result in the State's violation of Article 5(1) of the American Convention, in relation to Article 1(1) of that treaty, to the detriment of said community members* »[1327]. De même, dans l'arrêt *Communauté indigène Sawhoyamaxa c. Paraguay*, la Cour retient une interprétation du droit à l'intégrité personnelle, selon laquelle l'intégrité peut s'exprimer de manière spécifique chez un peuple autochtone ou chez ses membres. Ce faisant, la Cour adapte son interprétation du droit à la situation particulière dans laquelle se trouvent les peuples autochtones latino-américains, et à la manière dont ils la perçoivent.

B. La reconnaissance du droit à l'intégrité culturelle comme élément du droit à l'intégrité de la personne

Dans son application du droit à l'intégrité personnelle à des différends impliquant des peuples autochtones, la Cour a largement adapté ce droit, afin

---

1326 Cour IDH, 29 mars 2006, Fond et réparations, Communauté indigène Sawhoyamaxa c. Paraguay, Série C n°146, par. 185.

1327 Cour IDH, 15 juin 2005, Fond et réparations, Communauté Moiwana c. Suriname, Série C n°124, par. 103.

d'« int[é]gre[r] plus largement les standards autochtones définis par les acteurs eux-mêmes »[1328]. L'adaptation de l'interprétation du droit à l'intégrité personnelle à la réalité autochtone est caractérisée par le fait que la Cour prend en compte ce qui est vécu comme une souffrance par les peuples autochtones, et non ce qui paraît objectivement en être une « en soi », ou ce qui en serait une pour une personne ou un groupe non-autochtone. Cette adaptation influence la détermination d'une violation du droit par le juge mais également la fixation des réparations. En se plaçant du côté des victimes, elle retient une interprétation originale du droit à l'intégrité personnelle. « L'objectif de la Cour consiste, par le biais de l'interprétation, à donner aux droits de l'Homme consacrés dans la Convention une ampleur maximale, hyper-protectrice, qui impose la prise en compte des particularités culturelles »[1329].

Dans l'affaire *Communauté Moiwana c. Suriname* par exemple, la Cour conclut, sur la base des prétentions des représentants de la communauté (la Commission et le Suriname n'ayant pas répondu sur le terrain de l'article 5), que trois situations différentes constituent des violations du droit à l'intégrité personnelle.

La première de ces situations est celle du déni de justice puisque « *the alleged victims have suffered ongoing and continuous violations of Article 5 both in their own right as survivors of the massacre and those denied justice, and by virtue of their status as the next of kin of the '39 persons known to have been murdered at Moiwana Village'* »[1330]. La Cour considère que « *the ongoing impunity has a particularly severe impact upon the Moiwana villagers, as a N'djuka people. As indicated in the proven facts (supra paragraph 86(10)), justice and collective responsibility are central precepts within traditional N'djuka society. If a community member is wronged, the next of kin – which includes all members of his or her matrilineage – are obligated to avenge the offense committed. If that relative has been killed, the N'djuka believes that his or her spirit will not be able to rest until justice has been accomplished. While the offense goes unpunished, the affronted spirit – and perhaps other ancestral spirits – may torment their living next of*

[1328] D. FARGET, « La protection des modes de vie distincts dans une perspective comparée, entre les Cours européenne et interaméricaine des droits de l'Homme », *Lex Electronica*, 2008, vol. 13, 35 p.

[1329] L. HENNEBEL, « La protection de l''intégrité spirituelle' des indigènes », *Revue trimestrielle des droits de l'Homme*, 2006, p. 275.

[1330] Cour IDH, 15 juin 2005, Fond et réparations, Communauté Moiwana c. Suriname, Série C n°124, par. 87.

kin »[1331]. Il est très clair dans ce passage que la Cour prend en compte l'importance de la justice et de la sanction dans les croyances de la communauté Moiwana dans l'appréciation de son préjudice[1332]. Elle souligne qu'au massacre proprement dit s'ajoute une impunité durable qui ne peut que déstabiliser la solidarité du groupe et son intégrité spirituelle et morale.

La deuxième situation dont la Cour considère qu'elle constitue une violation du droit à l'intégrité est l'impossibilité des survivants de la communauté Moiwana à procéder aux rites funéraires selon leurs coutumes, qui consistent en « la conservation, par la communauté, des corps des défunts [qui] est fondamentale ». Selon les membres de la communauté, l'absence de rites funéraires des 39 personnes ayant trouvé la mort dans ce massacre a perturbé les esprits de leurs ancêtres. Ces rites « permettent la célébration des défunts, empêchent la rupture des liens entre les vivants et les morts (...). Leur non-réalisation est ainsi vécue comme une transgression morale de la tradition et hante l'esprit des morts et des ancêtres, qui ne peuvent reposer en paix. Elle est également la cause de maladies 'spirituelles' affectant les personnes qui ont survécu au massacre »[1333].

À propos de ces deux situations, Ludovic Hennebel affirme que « [c]e qui est particulièrement original dans la démarche de la Cour est la prise en considération, à titre principal, de l'atteinte à l'intégrité spirituelle des victimes fondée sur le préjudice dont elles ont souffert en raison de leurs croyances religieuses et du lien qui unit les vivants aux morts »[1334].

La troisième situation est la séparation des membres des terres qu'ils occupaient traditionnellement. Selon la Cour, cette séparation constitue une souffrance physique et surtout une rupture des autochtones avec leur culture. La Cour souligne notamment que « *[u]nable to practice their customary*

1331 Ibid., par. 95.

1332 T. M. ANTKOWIAK, « Moiwana Village v. Suriname : a portal into recent jurisprudential developments of the Inter-American Court of Human Rights », *Berkeley Journal of International Law*, 2007, vol. 25, p. 272.

1333 D. FARGET, « Le triptyque santé – identités autochtones – territoire. Perspectives juridiques », *Revue de droit de l'Université de Sherbrooke*, 2009-2010, pp. 121-122.

1334 L. HENNEBEL, « La Cour interaméricaine des droits de l'Homme : entre paticularisme et universalisme » in L. HENNEBEL, H. TIGROUDJA (dir.), op. cit., p. 82.

means of subsistence and livelihood, many, if not all, have suffered poverty and deprivation since their flight from Moiwana Village »[1335].

Dans l'affaire *Communauté Moiwana c. Suriname*, la Cour décide le versement de réparations en prenant en considération la représentation de leurs préjudices par la communauté autochtone. Par exemple, pour le préjudice matériel, elle ordonne le versement de 3 000 dollars pour chaque victime pour avoir été obligée d'abandonner ses terres, et avoir été dans une situation de déplacement continu, la privant de jouir de ses moyens traditionnels de subsistance. Elle estime également que les membres du groupe ont subi un dommage moral découlant de l'impossibilité d'obtenir justice et de savoir ce qu'il est advenu des restes de leurs proches tués pendant le massacre en 1986, ainsi que de la séparation forcée de leurs terres. Les autres formes de réparation prononcées sont cependant probablement plus importantes. Il s'agit de la reconnaissance de la responsabilité internationale du Suriname, de la recherche et de la mise en cause des auteurs des exécutions extrajudiciaires, de la récupération des restes des victimes, de l'octroi d'un titre formel de propriété collective, de la garantie que les membres de la communauté peuvent revenir sans danger sur leurs terres, de l'établissement d'un fonds de développement de 1 200 000 dollars pour financer des projets d'éducation, de santé et d'habitat, d'excuses publiques, et de la construction d'un édifice commémoratif rappelant les faits afin qu'ils ne se reproduisent plus. À un massacre affectant la communauté dans son entier, la Cour décide de répondre en ordonnant des mesures de réparation de caractère également collectif, puisqu'elle précise que les mesures doivent bénéficier à la communauté toute entière[1336]. « *This notion of 'community reparations' appears to reveal the Court's intention to embrace a more collective approach regarding victims that perceives redress as going beyond traditional understandings of individual compensation* »[1337].

Dans une autre affaire, l'affaire *Xákmok Kásek*, la Cour considère également le droit à l'intégrité culturelle comme un élément du droit à l'intégrité de la personne. « *In this case, several of the victims who gave testimony before the Court expressed the sorrow that they and their Community feel over the failure to recover their traditional lands, the*

[1335] Cour IDH, 15 juin 2005, Fond et réparations, Communauté Moiwana c. Suriname, Série C n°124, par. 102.

[1336] I. M. CUNEO, « The Rights of Indigenous Peoples and the Inter-American Human Rights System », *Arizona Journal of International and Comparative Law*, 2005, vol. 22, pp. 53-63.

[1337] C. MARTIN, op. cit., p. 503.

gradual loss of their culture, and the long wait that they have had to endure during the inefficient administrative procedure. In addition, the miserable living conditions that the Community suffers, the deaths of several members, and the Community's general state of abandon, cause suffering that necessarily affects the mental and moral wellbeing of all the members of the Community. All this constitutes a violation of Article 5(1) of the Convention, to the detriment of the members of the Xákmok Kásek Community »[1338].

Si l'interprétation du droit à l'intégrité de la personne consistant à inclure le droit à l'intégrité culturelle peut sembler surprenante, elle est justifiée par les finalités que poursuit la Cour.

§ 2. Les finalités justifiant l'adaptation de l'interprétation du droit à l'intégrité de la personne au contexte autochtone

La Cour justifie son choix de comprendre, au moins dans les affaires concernant des peuples autochtones, le droit à l'intégrité culturelle comme un élément du droit à l'intégrité de la personne, par son souhait de protéger l'identité culturelle des peuples autochtones. Selon elle, sa sauvegarde (A) implique notamment de prévenir les atteintes qui pourraient lui être portées (B).

A. La sauvegarde de l'identité culturelle des peuples autochtones

L'interprétation du droit à l'intégrité de la personne retenue dans les récents arrêts relatifs aux peuples autochtones, est comprise par la Cour comme un moyen de protéger le mode de vie traditionnel de ces groupes, ainsi que leur identité culturelle. Selon le dictionnaire Larousse, le terme identité désigne « le caractère permanent et fondamental de quelqu'un, d'un groupe, qui fait son individualité, sa singularité »[1339], ce qui est considéré comme inhérent à la personne, et la culture est « un ensemble des phénomènes matériels et idéologiques qui caractérisent un groupe ethnique ou une nation, une civilisation, par opposition à un autre groupe ou à une

---

1338 Cour IDH, 24 août 2010, Fond et réparations, Communauté autochtone Xákmok Kásek c. Paraguay, Série C n° 214, par. 244.

1339 Définition tirée du Dictionnaire Larousse en ligne sur : http://www.larousse.fr/dictionnaires/francais/identit%C3%A9/41420 (consulté le 17 mai 2011).

autre nation »[1340]. Cette définition montre que la culture comporte à la fois des éléments objectifs et des éléments subjectifs. Du point de vue de la construction de l'identité d'un groupe, l'élément subjectif le plus important est certainement le sentiment d'appartenance. Ce sentiment découle cependant lui-même d'un ensemble d'éléments matériels et idéologiques qui distinguent le groupe des autres.

Bien qu'il ne soit pas explicitement protégé par la Convention, le respect de l'identité culturelle est assuré par la Cour, au moyen de son interprétation de l'article 5 sur le droit à l'intégrité personnelle.

Ce qu'on entend généralement par « culture » comprend la langue, la religion et, plus largement, la vision et l'interprétation du monde. Pour comprendre l'identité culturelle des groupes qu'elle entend défendre, donc pour apprécier s'il y a ou non violation de leur droit au respect de leur identité culturelle, la Cour s'interroge généralement sur les éléments principaux de la culture du peuple autochtone. Elle essaie de connaître leurs besoins alimentaires, mais aussi, par exemple, culturels et religieux. C'est pourquoi, dans les affaires relatives aux peuples autochtones, la Cour interroge fréquemment des membres des communautés concernées, des anthropologues et des sociologues, des experts spécialisés dans l'étude de ces communautés dans différents domaines. Elle est ainsi à même d'apprécier au mieux la réalité de la situation qui lui est soumise.

Selon Antonio Augusto Cançado Trindade, la « *jurisprudential construction is of relevance for the crystallization of the right to cultural identity in our days* »[1341]. Il ajoute que « *[s]ignificantly, an international mechanism of protection such as that of the American Convention has been resorted to in order to protect the right to cultural identity. This is reassuring, as, after all, each culture is an expression of human aspirations, a means of communication of each human being – individual or in groups or communities – with the outside world, of seeking the meaning of life in trying to understand the mysteries of existence and of the world* »[1342].

[1340] Définition tirée du Dictionnaire Larousse en ligne sur : http://www.larousse.fr/dictionnaires/francais/culture/21072 (consulté le 17 mai 2011).

[1341] A. A. CANCADO TRINDADE, « The Right to Cultural Identity in the Evolving Jurisprudential Construction of the Inter-American Court of Human Rights » in S. YEE, J.-Y. MORIN (éd.), *Multiculturalism and International Law : Essays in Honour of Edward McWhinney*, Leiden-Boston, Martinus Nijhoff Publishers, 2009, p. 478.

[1342] Ibid, p. 498.

Du fait de son caractère transversal, la notion d'identité culturelle n'est pas protégée par une disposition déterminée de la Convention ADH, mais elle peut l'être sur la base de plusieurs de ses articles[1343]. Le juge Abreu Burelli, dans son opinion partiellement dissidente sous l'arrêt *Yakye Axa c. Paraguay*, indique ainsi que « *[a]s regards the American Convention, the right to cultural identity, while not explicitly set forth, is protected in the treaty based on an evolutionary interpretation of the content of the rights embodied in its Articles 1(1), 5, 11, 12, 13, 15, 16, 17, 18, 21, 23 and 24, depending on the facts of the specific case* »[1344].

En pratique, la Cour y fait notamment référence lorsqu'elle recherche si le droit de propriété ou le droit d'être consulté a été violé. Par exemple, dans l'arrêt *Yakye*, la Cour insiste sur la nécessité de respecter le droit de propriété d'un groupe autochtone, pour permettre à ses membres de continuer à vivre d'un point de vue matériel, et pour préserver l'intégrité culturelle et religieuse de la communauté, en accord avec ses traditions[1345]. Les juges affirment en effet que « *it is necessary to emphasize that to effectively ensure those rights, when they interpret and apply their domestic legislation, the States must take into account the specific characteristics that differentiate the members of the indigenous peoples from the general population and that constitute their cultural identity. The Court must apply that same reasoning, as it will do in the instant case, to assess the scope and content of the Articles of the American Convention, which the Commission and the representatives allege were breached by the State* »[1346]. Sur la base de ce type de raisonnement, la Cour relie le droit de propriété des peuples autochtones et leur droit à l'intégrité culturelle, et notamment à la préservation de leur identité d'un point de vue culturel et religieux. Lorsque les peuples autochtones se voient refuser l'accès à leurs terres en particulier, leur identité culturelle peut s'en trouver affectée[1347]. Il suffit pour cela qu'ils ne puissent plus pratiquer leurs rites religieux et funéraires ou certaines de leurs activités traditionnelles. De fait, et comme nous l'avons vu, il existe un lien étroit, dans l'esprit des autochtones, entre leur terre et leur culture, et

---

1343 Cour IDH, 27 juin 2012, Fond et réparations, Peuple autochtone Kichwa de Sarayaku c. Équateur, Série C n° 245, par. 212-220.

1344 Opinion partiellement dissidente du juge Abreu Burelli dans Cour IDH, 17 juin 2005, Fond et réparations, Communauté indigène Yakye Axa c. Paraguay, Série C n°125, par. 24-35. Il précise cependant que « the right to cultural identity is not abridged every time one of said articles is breached ».

1345 M. I. del TORO HUERTA, op. cit., p. 83.

1346 Cour IDH, 17 juin 2005, Fond et réparations, Communauté indigène Yakye Axa c. Paraguay, Série C n°125, par. 51.

1347 C. COURTIS, op. cit., pp. 202-204.

leur priorité est généralement de sécuriser leurs terres, afin de maintenir leurs traditions et leur culture, et de les transmettre aux générations futures. C'est la raison pour laquelle Karine Rinaldi considère le droit de propriété comme un droit-condition, c'est-à-dire un droit auquel d'autres droits sont liés[1348]. « *[L]and is the seat of spirituality. It is the guardian and protector of the bones of our forefathers ; it is the historical record of a people, the provider of food, clothing and shelter ; it represents the hope of the generations to follow....* »[1349].

Le lieu et la pratique des rites religieux sont dès lors indissociables. « *Under Native American teleology, peoples are places on the Earth in precisely the proper places ; each tribe must live symbiotically with the other creatures, the plants, the rocks and soil, the air and water, and the spirits or gods that share those places* »[1350].

Ce lien se traduit concrètement dans le raisonnement de la Cour. Dans l'arrêt *Awas Tingni* par exemple, la Cour estime que consacrer le droit de propriété collective permet la survie et le respect de l'identité culturelle d'un peuple et, symétriquement, que la violation du droit de propriété peut entraîner la disparition de l'identité d'une communauté. Estimant ainsi que l'État viole le droit de propriété de la communauté Mayagna, elle juge que cette violation entraîne des nuisances telles à la santé de ses membres qu'elle risque d'aboutir à leur destruction physique et à la disparition de la communauté elle-même[1351].

De manière comparable dans l'arrêt *Communauté indigène Yakye Axa c. Paraguay*, la Cour précise que, pour garantir effectivement les droits de la Convention, les États doivent prendre en compte les caractéristiques des membres de la population autochtone, c'est-à-dire leur identité culturelle. Elle souligne en particulier que « *the special significance of the land for indigenous peoples in general, and for the Yakye Axa Community in particular entails that any denial of the enjoyment or exercise of their*

[1348] Cour IDH, 17 juin 2005, Fond et réparations, Communauté indigène Yakye Axa c. Paraguay, Série C n°125, par. 147.

[1349] J. L. MANNINA, « The human rights implications of economic development: a case study of the Huaorani People of Ecuador », *Georgetown International Environmental Law Review*, 1992, vol. 5, n°1, p. 122.

[1350] R. C. WARD, « The Spirits Will Leave : Preventing the Desecration and Destruction of Native American Sacred Sites on Federal Land », *Ecology Law Quarterly*, 1992, vol. 19, n°4, p. 800.

[1351] C. ITUARTE, « Los pueblos indígenas, el medio ambiente y la progresividad de los Derechos Humanos en el Sistema Interamericano », in C. MARTIN, D. RODRIGUEZ-PINZON, J. A. GUEVARA B., op. cit., pp. 568-571.

territorial rights is detrimental to values that are very representative for the members of said peoples, who are at risk of losing or suffering irreparable damage to their cultural identity and life and to the cultural heritage to be passed on to future generations »[1352].

Dans la décision *Moiwana c. Suriname*, elle considère de même que « *in order for the culture to preserve its very identity and integrity, the Moiwana community members must maintain a fluid and multidimensional relationship with their ancestral lands* »[1353]. Et encore dans le même sens, elle estime dans l'arrêt *Xákmok Kásek* que l'impossibilité imposée par l'entreprise aux membres de la communauté Xákmok Kásek d'accéder à leurs terres les a empêchés d'organiser de manière traditionnelle les rites d'initiation des hommes, des femmes et des chamanes[1354]. Toujours d'une manière comparable, mais plus spécialement pour ce qui est des exploitations minières et pétrolières, « *[t]he Tribunal has emphasized* » dans l'affaire *Peuple Saramaka c. Suriname « that (...) large-scale development or investment projects could affect the integrity of the Saramaka people's lands and natural resources* »[1355].

Un aspect important de l'intégrité culturelle est l'usage de la langue, et une étape du processus d'altération de l'identité culturelle de nombreux peuples est la perte de l'usage de leurs langues. Les enfants qui ne parlent pas la langue de leur communauté cessent en effet d'avoir accès à la culture de leurs ancêtres. En pratique, le problème n'est généralement pas tant que cette langue est imposée par un groupe à ses membres, mais plutôt que ces derniers n'ont souvent plus la possibilité de l'apprendre, à côté de la langue officielle dominante. Or, comme on l'a dit, la pratique même de la langue est un élément de la culture autochtone. Elle est également indispensable à l'intégration des individus dans leur communauté et à la réception et transmission de sa culture, de ses histoires et de ses traditions. Ainsi, « *their own language (Sanapaná and Enxet), their shaman rituals, their male and female initiation rituals, their ancestral shamanic knowledge, their ways of*

1352 Cour IDH, 17 juin 2005, Fond et réparations, Communauté indigène Yakye Axa c. Paraguay, Série C n°125, par. 203.

1353 Cour IDH, 15 juin 2005, Fond et réparations, Communauté Moiwana c. Suriname, Série C n°124, par. 101.

1354 Cour IDH, 24 août 2010, Fond et réparations, Communauté autochtone Xákmok Kásek c. Paraguay, Série C n° 214, par. 172.

1355 Cour IDH, 28 novembre 2007, Exceptions préliminaires, fond et réparations, Peuple Saramaka c. Suriname, Série C n°172, par. 17.

commemorating the dead, and their relationship with the land are essential for developing their cosmology and unique way of existing »[1356].

L'objectif de sauvegarde d'une culture qui tend à disparaître et qui met en danger la survie d'un groupe en tant qu'entité culturelle implique de protéger la transmission libre et sans obstacle d'une culture aux générations futures, donc d'empêcher que les membres de la communauté soient menacés ou perturbés dans leur mode de vie. Dans l'affaire *Yakye*, la Cour a précisé que cela nécessitait de protéger particulièrement deux groupes vulnérables, les enfants et les anciens. En plus d'être vulnérables, les anciens devaient être spécialement protégés à raison du fait qu'ils sont les principaux agents de transmission (orale) de la culture de ces groupes.

Le cas de la Communauté Garifuna de Cayos Cochinos (Honduras) est intéressant de ce point de vue et à plusieurs autres. Actuellement, il n'est pas soumis à la Cour mais la requête a été déclarée recevable par la Commission IDH. Si la Cour a à connaître de l'affaire, elle devra se prononcer sur la conciliation des droits des peuples autochtones et de la protection de l'environnement, mais aussi sur des atteintes au droit à la vie, à l'intégrité personnelle, à l'identité culturelle et/ou au droit de propriété.

À l'origine de l'affaire se trouve une plainte déposée le 29 octobre 2003 devant la Commission IDH par l'Organisation fraternelle noire hondurienne, une association représentant la communauté Garifuna de Cayos Cochinos. Dans sa plainte, cette communauté mettait en cause le Honduras pour la violation des articles 8, 21 et 25 de la Convention ADH. Depuis 1993 en effet, le décret présidentiel n°1928/93 conférait aux terres de Cayos Cochinos le statut d'aire naturelle protégée. Ce décret interdisait notamment la pêche artisanale ainsi que le ramassage de crustacés. Or, ces activités étaient des activités traditionnelles de la Communauté Garifuna, et elles leur permettaient et leur permettent toujours de subvenir à leurs besoins. Elles constituaient ainsi et constituent toujours la « source fondamentale de leurs revenus et de leur alimentation »[1357]. En outre, les membres de cette communauté subirent des actes violents de la part des agents des forces navales de l'État et furent contraints de se déplacer. En 2003, un nouveau décret présidentiel, le décret n°114/2003 fit des Cayos Cochinos un

---

1356 Cour IDH, 24 août 2010, Fond et réparations, Communauté autochtone Xákmok Kásek c. Paraguay, Série C n° 214, par. 176. En l'espèce, les langues enseignées étaient l'espagnol et le guarani.

1357 Commission IDH, 24 juillet 2007, Communauté Garifuna de Cayos Cochinos c. Honduras, Rapport n°39/07, par. 20. Disponible en ligne sur : http://www.cidh.oas.org/annualrep/2007sp/Honduras1118.03sp.htm (consulté le 17 mai 2011).

monument naturel maritime, et il précisa que la communauté Garifuna représentait un danger pour ce dernier. Une surveillance policière fut mise en place pour empêcher la communauté de s'en approcher. Selon les représentants de la communauté cependant, la surveillance ne s'applique ni aux activités des pêcheurs industriels, ni aux touristes, ni aux propriétaires terriens. Bien qu'elles aient obtenu un titre de propriété sur certaines de ces terres auprès de l'Institut national agraire (INA), trois communautés Garifuna se virent refuser l'inscription de leurs terres au registre cadastral. Elles exercèrent un recours auprès des juridictions nationales qui rejetèrent leur demande. Enfin, elles soutinrent que le nouveau plan de gestion de la zone entré en vigueur en 2007 le fut sans que les communautés participent à son élaboration ou à son adoption. Malgré les tentatives de règlement amiable, aucune solution satisfaisante, du point de vue des plaignants, ne fut trouvée. La Commission IDH déclara la requête admissible le 24 juillet 2007, ce qui lui permit de poursuivre les négociations avec les parties. L'affaire montre la difficulté qu'il peut y avoir à concilier protection de l'environnement et protection des peuples autochtones. Elle montre aussi que les droits des peuples autochtones, même énoncés sur un plan universel, ne peuvent être appliqués qu'en tenant compte des particularités de chaque groupe.

Laurence Burgorgue-Larsen affirme que « [l]e particularisme culturel est pris en considération par la Cour comme s'il fallait démontrer que le droit pouvait se conjuguer avec la culture ; comme s'il fallait clamer que l'universalité des droits pouvait parfaitement se marier avec la spécificité culturelle »[1358]. De même, Philippe Weckel indique que « [l]'universalisme impose nécessairement la prise en compte des particularismes culturels »[1359].

[1358] L. BURGORGUE-LARSEN, « Les nouvelles tendances dans la jurisprudence de la Cour interaméricaine des droits de l'Homme », *Cursos de Derecho Internacional y Relaciones y Internacionales de Vitoria-Gasteiz*, 2008, Universidad del Pais Vasco, Bilbao, 2009, p. 13 du pdf.

[1359] P. WECKEL, K. RINALDI, « Relativisme culturel ou universalité des droits de l'Homme ? La réponse donnée par la Cour interaméricaine des droits de l'Homme par la prise en compte des coutumes indiennes », in J.-M. THOUVENIN, C. TOMUSCHAT (coord.), *Droit international et diversité des cultures juridiques*, Paris, Pedone, S.F.D.I., 2008, p. 420.

B. Les moyens mis en œuvre pour sauvegarder l'identité culturelle des peuples autochtones

En vue de sauvegarder le droit à l'intégrité, et notamment l'intégrité culturelle des peuples autochtones, la Commission IDH édicte des mesures conservatoires (1), et la Cour IDH des mesures provisoires (2).

1. Les mesures conservatoires ordonnées par la Commission

L'article 25 du règlement de la Commission IDH[1360] énonce que, dans certaines circonstances, elle peut solliciter de l'État des mesures conservatoires[1361].

[1360] « Mesures conservatoires :
1. Dans les cas graves et urgents, la Commission peut, de sa propre initiative ou sur demande d'une partie, solliciter d'un État l'adoption de mesures conservatoires pour empêcher que des dommages irréparables soient infligés à des personnes ou à l'objet des procédures ayant trait à une pétition ou une affaire pendante.
2. Dans les cas graves et urgents, la Commission peut, de sa propre initiative ou sur la demande d'une partie, solliciter d'un État l'adoption de mesures conservatoires pour empêcher que des dommages irréparables soient infligés à des personnes sous la juridiction de l'État concerné, indépendamment de toute pétition ou affaire pendante.
3. Les mesures auxquelles réfèrent les paragraphes 1 et 2 pourront être de nature collective pour empêcher que des dommages irréparables soient infligés à des personnes à cause de leur lien à une organisation, un groupe ou une communauté de personnes déterminées ou déterminables.
4. Au moment de décider de solliciter d'un État l'adoption de mesures conservatoires, la Commission considérera la gravité et l'urgence de la situation, le contexte, et le caractère imminent du dommage en question. La Commission peut aussi tenir compte :
a. du fait que la situation de risque a été portée à l'attention des autorités pertinentes ou les raisons pour lesquelles il n'a pas été possible de le faire ;
b. de l'identification individuelle des bénéficiaires potentiels des mesures conservatoires ou de l'identification du groupe auquel ils appartiennent ; et
c. du consentement exprès des bénéficiaires potentiels lorsque la demande est déposée devant la Commission par une tierce partie, à moins que l'absence de consentement ne soit dûment justifiée.
5. Avant l'adoption de mesures conservatoires, la Commission sollicite de l'État concerné de l'information pertinente, à moins que l'état d'urgence de la situation ne justifie l'octroi immédiat des mesures.
6. La Commission évalue de façon périodique la pertinence de maintenir toute mesure octroyée.

Sur la base d'une interprétation relativement classique du droit à l'intégrité physique des personnes, la Commission a décidé, le 17 août 2004, d'ordonner des mesures conservatoires afin de protéger la vie et l'intégrité personnelle d'Oscar Gonzalez Anchurayco et des membres de la communauté de San Mateo de Huanchor. Ces derniers avaient en effet été exposés aux déchets miniers contenus dans un réservoir à ciel ouvert qui contaminaient la rivière Rimac à proximité de leurs habitats. D'après des études menées par le Ministère de la santé, cette exposition pouvait avoir des conséquences graves sur la santé des personnes. Les mesures édictées par la Commission consistaient à demander au Pérou de porter une assistance médicale à ces personnes et à exiger le transfert de ces déchets[1362].

Le 20 mai 2010, la Commission a également ordonné des mesures (dans le cas de la Communauté Maya de Sipakapa et de San Miguel Ixtahuacan (Guatemala)) en faveur de dix-huit communautés appartenant au Peuple

---

7. À tout moment, l'État pourra présenter une pétition dûment fondée à l'effet que la Commission retire la demande d'adoption de mesures conservatoires. Avant de se prononcer sur une telle pétition, la Commission sollicite des observations aux bénéficiaires ou à leurs représentants. La présentation de cette pétition ne suspend pas les mesures conservatoires octroyées.
8. La Commission peut demander de l'information pertinente aux parties intéressées sur tout sujet en lien à l'octroi, l'observation et la mise en vigueur de mesures conservatoires. La non-exécution substantielle des bénéficiaires ou leurs représentants de telles demandes peut être considérée comme fondement pour la Commission de laisser sans effet une demande à l'État d'adopter des mesures conservatoires. Concernant les mesures conservatoires de nature collective, la Commission peut établir d'autres mécanismes de suivi et de révision périodique appropriés.
9. L'octroi de telles mesures et leur adoption par l'État ne préjugent en rien quant à la violation de droits protégés par la Convention américaine des droits de l'Homme ou autres instruments applicables ».

[1361] Cet article a été modifié lors de la 137ème session ordinaire, cette modification étant entrée en vigueur le 31 décembre 2009. Par cette modification, la Commission a entendu détailler et compléter le mécanisme des mesures conservatoires dans des cas « graves et urgents ». Ces mesures ont pour but d'empêcher tout dommage irréparable ou danger imminent, et elles peuvent être prononcées en faveur d'une personne ou d'un groupe, si cette personne ou les membres de ce groupe y consentent. Dans le rapport annuel de la Commission, des statistiques sont publiés sur le nombre de mesures conservatoires sollicitées. En 2009 par exemple, la Commission en a sollicité 34 sur un total de 324 reçues.

[1362] Commission IDH, 17 août 2004, Mesures conservatoires, Oscar González Anchurayco et membres de la communauté de San Mateo de Huanchor (Pérou). Disponible en ligne sur : http://www.cidh.org/medidas/2004.sp.htm (consulté le 2 septembre 2012).

Maya (Sipakepense et Mam)[1363] des municipalités de Sipacapa et de San Miguel Ixtahuacán au Guatemala. Ces mesures répondaient à une situation d'urgence et à des protestations apparemment sans effet auprès de l'État. En effet, les membres du peuple Maya protestaient contre les autorisations d'exploitations minières (d'or et d'argent) accordées par le gouvernement guatémaltèque en 2003 et en 2005 à l'entreprise *Montana Exploradora du Guatemala S.A.*, filiale de l'entreprise canadienne *Goldcorp/Montana.* Ils opposaient une forte résistance au projet et organisaient régulièrement des manifestations. Devant la Commission, la demande formulée par ces communautés consistait à faire reconnaître la violation de leur droit de propriété et de l'obligation de consulter au préalable les communautés affectées par le projet. Le peuple Maya avait fait état des conséquences néfastes de ces activités sur leur vie, leur intégrité personnelle, leur environnement et leur propriété. De fait, les activités minières avaient vraisemblablement contaminé et asséché la rivière Tzalá, c'est-à-dire l'unique source d'eau consommée par le peuple Maya de cette région. Afin de répondre à cette situation, la Commission IDH ordonna la fermeture de la mine Marlin I et la cessation de l'exploitation, en attendant de procéder à l'examen de l'affaire sur le fond. Elle ordonna également à l'État guatémaltèque d'assainir les sources d'eau, de rétablir leur accès aux communautés, de fournir une assistance médicale aux personnes, victimes de la pollution, et plus globalement de prendre les mesures nécessaires à la protection effective des membres des dix-huit communautés affectées[1364]. Le Rapporteur spécial sur les droits des populations autochtones des Nations

---

[1363] Ces communautés sont les Tres Cruces, Escupijá, Pueblo Viejo, La Estancia, Poj, Sipacapa, Pie de la Cuesta, Cancil, Chual, Quecá, Quequesiguán, San Isidro, Canoj, Ágel, San José Ixcaniché, San José Nueva Esperanza, San Antonio de los Altos, et les Siete Platos.

[1364] Commission IDH, 20 mai 2010, Communautés du Peuple Maya (Sipakepense et Mam) des municipalités de Sipacapa et de San Miguel Ixtahuacán (Guatemala), MC 260/07. Voir l'article http://www.olca.cl/oca/guatemala/mineras034.htm (consulté le 20 mai 2011). Plusieurs ONG ont relayé des atteintes portées aux membres de la communauté qui s'opposaient au projet. Le Rapporteur de la Commission IDH, Victor Abramovich, a relevé que la situation des défenseurs des droits de l'Homme était préoccupante au regard des menaces constantes qu'ils reçoivent. Il ajoute que le Guatemala est un des pays qui est visé par le plus grand nombre de mesures conservatoires. Voir : http://goldcorpoutofguatemala.com ; http://www.amnesty.org /fr/library/asset/AMR34/002/2011/fr/27891ef6-e74e-4b38-970a-6bf1979ed1b3/amr340022011fra.html ; www.ceibaguate.org ; http://www.resistencia-mineria.org/espanol/ ; Jen Moore, « Undermining Human Rights : A Report Back From Northwestern Guatemala », du 22 décembre 2010 sur : http://www.miningwatch.ca/es/node/6635 (consulté le 10 juin 2011).

Unies a observé, lors de sa visite au Guatemala en juin 2010, que « s'il existe un danger significatif pour la santé ou le bien-être physique des personnes en raison de la mine, le Ministère de l'énergie et des mines doit procéder à la suspension des activités, au moins jusqu'à réparer tout impact négatif constaté »[1365].

C'est également en vue de sauvegarder le droit à l'intégrité d'une communauté autochtone, ainsi que son droit de propriété, que, dans l'affaire *Ngöbe et autres c. Panama*, la Commission IDH ordonna la suspension de la construction d'un barrage, et l'adoption des mesures visant à protéger les membres de la communauté Ngöbe de tout acte d'intimidation ou de violence[1366]. En l'espèce, le Panama avait autorisé l'installation d'un barrage hydroélectrique dans un espace protégé appelé Palo Seco et le commencement de sa construction avait entraîné l'inondation des terres de la communauté Ngöbe.

La Commission IDH ordonna également des mesures provisoires, le 6 avril 2011, en vue de protéger l'identité culturelle de la communauté Lof Paichil Antriao (du peuple Mapuche, en Argentine) et d'éviter toute violation de l'article 5 de la Convention. Elle estima que la situation qui lui était soumise présentait une gravité et une urgence suffisantes au regard de la destruction envisagée d'un site sacré, et d'autres dommages que les membres de la communauté Mapuche pouvaient subir. La destruction du site aurait constitué, selon la Cour, une atteinte à la culture de ce peuple, qui ne pouvait plus s'y rendre pour pratiquer ses rites. De plus, la communauté avait été contrainte de quitter ses terres ancestrales et vivait dans des conditions de vie très précaires. La Commission ordonna à l'Argentine de prendre les mesures adéquates pour protéger le site et pour permettre son accès aux membres de la communauté. Les mesures devaient également comprendre une assistance médicale pour les familles déplacées.

2. Les mesures provisoires ordonnées par la Cour

En vertu de l'article 63.2 de la Convention ADH, la Cour IDH est compétente pour adopter des mesures provisoires sous certaines conditions :

1365 Traduction libre. Voir les observations générales faites suite à cette visite sur : http://www.ohchr.org/en/NewsEvents/Pages/DisplayNews.aspx?NewsID=10173&LangID=S (consulté le 20 mai 2011).

1366 Commission IDH, 18 juin 2009, Communautés autochtones Ngöbe et autres (Panama), MC 56/08.

une situation d'urgence extrêmement grave, et l'éventualité sérieuse de dommages irréparables. En pratique, « [les mesures provisoires] garantissent une assistance aux situations d'urgence – en témoignent les vies qu'elles ont sauvées – montrant clairement la fonction de prévention que celles-ci assument dans la protection internationale des droits de l'Homme »[1367].

C'est notamment le cas de la fonction de prévention de violations du droit à l'intégrité de la personne, remplie par les mesures provisoires ordonnées par la Cour dans *Peuple autochtone Kankuamo* en Colombie. La Cour ainsi que le président de la Cour ont édicté six ordonnances depuis 2004. C'est le 2 juillet 2004 que la Commission a, pour la première fois, demandé à la Cour IDH de prononcer des mesures provisoires pour protéger la vie, l'intégrité personnelle, l'identité culturelle et la relation particulière que le peuple Kankuamo entretient avec son territoire ancestral. Elle avait au préalable, le 24 septembre 2004, demandé au gouvernement colombien de prendre des mesures dans le même but. En pratique, cette mesure de la Commission répondait à la requête de la Corporation collective des avocats José Alvear Restrepo et de l'Organisation Nationale autochtone de Colombie (ONIC), qui protestaient notamment contre l'assassinat de 166 membres autochtones de la communauté de Kankuamo, entre 1993 et 2003. Après s'être adressée à l'État colombien, la Commission invita la Cour à exiger de l'État la protection de la vie et de l'intégrité personnelle des membres du peuple Kankuamo de la Sierra Nevada de Santa Marta, le respect de l'identité culturelle et de la relation particulière qu'ils ont avec leur territoire ancestral, la garantie de la sécurité sur leur territoire, et la recherche et le jugement des groupes armés responsables des disparitions, des déplacements forcés, des assassinats et des intimidations. La Cour, par sa résolution du 5 juillet 2004, ordonna des mesures provisoires en faveur de tout le peuple Kankuamo, un peuple composé d'environ 6 000 individus. « *These data suffice to disclose the extraordinary potential of protection, from an essentially preventive approach, of such measures, and the notable dimension and the transcendence which they have acquired in the last five years in the case-law of the [Inter-American Court of Human Rights]* »[1368]. Compte tenu de l'extrême gravité de la situation et de l'urgence qu'il y avait à protéger la communauté toute entière, la Cour s'abstint d'édicter des mesures en faveur de membres individuellement identifiés, et visa l'ensemble de la communauté. Le gouvernement colombien envoya plusieurs rapports

---

[1367] A. A. CANCADO TRINDADE, « Le système interaméricain de protection des droits de l'Homme : état actuel et perspectives d'évolution à l'aube du XXIe siècle », *A.F.D.I.*, 2000, pp. 561-562.

[1368] A. A. CANÇADO TRINDADE, « International Law for Humankind : Towards a New Jus Gentium (I) », *R.C.A.D.I.*, 2005, vol. 316, p. 77.

témoignant de mesures mises en place, et d'une diminution des actes de violence. Toutefois la Cour décida, le 30 janvier 2007, à la suite d'informations reçues par les requérants, le maintien de ces mesures. Le gouvernement colombien demanda une nouvelle fois, dans son rapport d'octobre 2007, la suspension des mesures provisoires. Mais par sa résolution du 7 octobre 2008, la présidente de la Cour convoqua, en vertu de l'article 63.2 de la Convention Américaine des droits de l'Homme et des articles 25 et 29 de son règlement, la Commission, l'État et les bénéficiaires de ces mesures. Durant cette audience tenue le 4 décembre 2008, il fut décidé que les parties trouveraient un accord sur les mesures provisoires adéquates. Le 3 avril 2009 toutefois, la Cour prolongea de nouveau l'application des mesures provisoires à la suite d'assassinats de membres du peuple Kankuamo. Elle demanda au gouvernement colombien de poursuivre ses efforts pour garantir des conditions de sécurité optimales aux membres de ce peuple, et de lui fournir régulièrement des informations sur la situation. C'est seulement le 21 novembre 2011 que la Cour leva les mesures requises de la part de l'État colombien.

***

Le droit à la vie et le droit à l'intégrité de la personne connaîtront probablement des développements intéressants, en particulier au regard des atteintes pouvant leur être portées par une exploitation minière, si deux plaintes déclarées recevables et concernant le Pérou aboutissaient à une décision de la part de la Cour. Il s'agit des recours en cours de traitement, le recours dans l'affaire *Communauté de San Mateo de Huanchor* déclaré recevable (dans l'attente d'un examen sur fond) par la Commission en 2004, et le recours dans l'affaire *Communauté La Oroya*, admis par la Commission en 2009.

Dans le premier cas, la Coordination nationale des communautés du Pérou affectées par l'exploitation minière (CONACAMI) a déposé une plainte auprès de la Commission IDH pour engager la responsabilité du Pérou pour la violation des droits individuels et collectifs de la communauté de San Mateo de Huanchor. Selon les plaignants, cette communauté souffre de la contamination de l'environnement issue de fuites dans le bassin de résidus de produits toxiques (utilisés dans le cadre de l'exploitation minière de l'entreprise *Lizandro Proaño S.A.*), un bassin situé à proximité de la communauté. La Commission a déclaré la requête recevable notamment en ce qui concerne les violations du droit à la vie et du droit à l'intégrité personnelle. Les requérants autochtones affirmaient que le gouvernement n'avait pas procédé à l'étude d'impact environnemental lors de l'octroi de la concession, comme cela était exigé par une loi nationale. Ils lui reprochaient également de ne pas avoir procédé à la fermeture du bassin contenant les produits toxiques[1369], après que des études alarmantes sur la santé et l'environnement aient été réalisées par le Ministère de la Santé. En 2000, ce Ministère avait en effet conclu à la contamination d'une rivière bordant le territoire de la communauté et donc de leurs cultures, cette rivière et ces cultures contenant notamment du plomb, de l'arsenic et du mercure ce qui avait des effets directs sur la santé de la communauté et de communautés proches.

Le deuxième cas avait trait à la contamination environnementale provoquée par un complexe métallurgique de l'entreprise étasunienne *Doe Run*, nationalisée par le Pérou en 1974. Dans cette affaire, des membres d'une communauté avoisinante présentaient des symptômes (difficultés respiratoires, problèmes épidermiques etc.) découlant probablement de l'utilisation de produits chimiques dans le processus d'extraction. Des décès d'enfants ou d'adolescents furent notamment constatés, et la plainte de la communauté fut admise par la Commission IDH en 2009[1370].

Ces deux cas d'espèce traduisent l'augmentation des plaintes relatives à l'exploitation des ressources naturelles et à ses conséquences sur la santé des populations locales. Ils traduisent également, et plus généralement l'impact de plus en plus visible de telles activités sur les communautés autochtones, en particulier sur des personnes vulnérables telles que les enfants et les personnes âgées. Si ces deux requêtes sont soumises à la Cour, cette dernière aura à se prononcer sur la violation du droit à la vie et du droit à l'intégrité physique, comme conséquences de dommages environnementaux.

1369 Commission IDH, 15 octobre 2004, Communauté de San Mateo de Huanchor et ses membres (Pérou), Rapport n°69/04, par. 1, 4, 14-31.

1370 Commission IDH, 5 août 2009, Communauté de La Oroya (Pérou), Rapport n°1473-06, par. 1-3, 10-35.

CONCLUSION DU TITRE II

Dans un objectif de protection des peuples autochtones, la Cour accepte, contrairement à une interprétation plus classique des droits de l'Homme fondée sur l'égalité formelle et le refus de prendre en compte les particularités des groupes privés, de s'attacher aux caractéristiques des peuples autochtones. Elle accueille les requêtes déposées par des entités collectives – et non uniquement les requêtes individuelles – lorsqu'il s'agit de communautés autochtones. Elle reconnaît la propriété collective malgré les limites que cela impose au droit individuel de propriété ; et elle admet d'ailleurs, au moins par certains aspects, la primauté du groupe sur l'individu caractéristique des sociétés autochtones. Elle retient une conception du droit à la vie et du droit à l'intégrité qui tient compte de ce qu'est la vie digne et l'intégrité culturelle et spirituelle pour les peuples autochtones. En d'autres termes, elle adapte les dispositions de la Convention et leur interprétation au cas spécifique des peuples autochtones, conformément à une approche particulariste plutôt qu'universaliste. Et c'est ainsi que la Cour se réfère au droit à la vie, au droit à l'intégrité personnelle et au droit de propriété tout en développant une jurisprudence spécifique relative aux atteintes portées aux droits des peuples autochtones en matière d'exploitation des ressources naturelles.

La protection accordée par la Cour aux peuples autochtones a cru en même temps que ses pouvoirs et son autorité. En effet, sa compétence normative s'est progressivement étendue à des domaines dans lesquels la Cour semblait généralement incompétente. On peut d'ailleurs s'interroger sur la possibilité pour la Cour de consacrer prochainement des droits environnementaux[1371] à partir d'une interprétation des droits autochtones, compris à la lueur d'objectifs comme leur pleine participation à la gestion environnementale de leurs ressources naturelles. À cet égard, la Cour pourrait s'appuyer sur l'article 26 de la Convention IDH qui porte sur le développement progressif des droits économiques, sociaux et culturels[1372] et

---

[1371] T. THOMPSON, « Getting over the Hump : Establishing a Right to Environmental Protection for Indigenous Peoples in the Inter-American Human Rights System », *Journal of Transnational Law and Policy*, 2009-2010, pp. 179-209.

[1372] R. DURANGO CORDERO, op. cit., pp. 22-23. La Cour IDH a, dans un arrêt précédent, l'arrêt Salvador-Chiriboga c. Équateur, fait primer la protection de l'environnement sur la propriété privée en considérant la protection de l'environnement comme d'intérêt public et pouvant justifier l'expropriation si les autres conditions sont réunies, voir : Cour IDH, 6 mai 2008, Exceptions

sur « la pleine jouissance des droits qui découlent des normes économiques et sociales ». « *The Awas Tingni case may serve to convince many environmentalists that recognizing indigenous rights is an essential element in environmental protection* »[1373]. La Cour pourrait alors pousser les peuples latino-américains ou leurs dirigeants à faire évoluer les législations internes. Elle rappelle en effet très souvent aux États parties leur obligation de respecter les droits inscrits dans la Convention à l'égard des membres des peuples autochtones, et celle d'adapter leur droit interne à ses dispositions[1374].

---

préliminaires et fond, Salvador-Chiriboga c. Équateur, Série C n°179, par. 180 et Cour IDH, 3 mars 2011, Réparations, Salvador-Chiriboga c. Équateur, Série C n°222, par. 15-16.

[1373] J. A. AMIOTT, op. cit., p. 903.

[1374] Voir l'article 2 de la Convention ADH sur l'obligation d'adopter des mesures de droit interne : « Si l'exercice des droits et libertés visés à l'article 1 n'est pas déjà garanti par des dispositions législatives ou autres, les États parties s'engagent à adopter en accord avec leurs prescriptions constitutionnelles et les dispositions de la présente Convention, les mesures législatives ou autres nécessaires pour effet aux dits droits et libertés ». Voir également : Cour IDH, 11 mars 2005, Caesar c. Trinité et Tobago, Série C n°123 par. 93 : « Once the Convention entered into force for Trinidad and Tobago, the State should have adapted its legislation to the obligations set forth in that treaty, as to ensure the most effective protection of the human rights enumerated therein. It should be reaffirmed that, pursuant to Article 2 of the Convention, the duty to adapt domestic legislation is by its very nature one of results and, therefore, the denunciation of the Convention cannot extinguish the State's international obligations assumed while the treaty was in force. Such obligations have an autonomous and automatic character and do not depend upon an actual ruling of the Convention's organs of supervision regarding a specific domestic law » ; Cour IDH, 17 juin 2005, Fond et réparations, Communauté indigène Yakye Axa c. Paraguay, Série C n°125, par. 100-102 : « 100. Article 2 of the American Convention places the States Party under the obligation to establish, in accordance with their Constitutional procedures and the provisions of this Convention, such legislative or other measures as may be necessary for effective exercise of the rights and freedoms protected by this same Convention. Therefore, it is necessary to reaffirm that the obligation to adapt domestic legislation is, by its very nature, one that must be reflected in actual results. 101. The Court has stated before that this provision places the States Party under the general obligation to adjust their domestic legislation to the standards of the Convention itself, to thus ensure the rights embodied in the Convention. Domestic legal provisions for this purpose must be effective (principle of the effet utile), and this means that the State must take such measures as may be necessary to actually comply with the provisions of the Convention. 102. Pursuant to Article 2 of the Convention it is necessary to establish appropriate procedures in the framework of the domestic legal system to process the land claims of the indigenous

La doctrine, très importante dans cette région, et la personnalité des juges qui sont aussi qualifiés qu'engagés dans les droits de l'Homme ont contribué à l'originalité et au dynamisme de la jurisprudence interaméricaine. La Cour a progressivement pris son autonomie par rapport aux organes internationaux, de même que, par certains aspects, sa jurisprudence s'est assez largement distinguée de la jurisprudence internationale. Selon Julio A. Barberis, « l'existence d'une norme juridique régionale réside dans le fait que son domaine de validité matériel doit offrir une différence d'une certaine importance par rapport à celui des normes de droit international universel »[1375]. Or, les juges de la Cour IDH « font [...] preuve d'une grande indépendance vis-à-vis des acteurs primaires du droit international. En conséquence, ils se positionnent en agents clés du changement social, évaluant et intégrant les innovations juridiques proposées par les requérants »[1376].

En même temps, la Cour ne manque pas de s'appuyer sur certains textes internationaux. De ce point de vue, elle joue un rôle essentiel dans l'appropriation et dans la diffusion des dispositions internationales sur les peuples autochtones. Comme le souligne Hélène Tigroudja, « [s]i la Cour a toujours eu recours à des sources extérieures pour intepréter la Convention américaine, il semble que désormais, elle aille beaucoup plus loin dans la mesure où elle fait entrer toutes les normes internationales relatives à l'enfant ou protégeant les populations indigènes au moyen d'articles généraux de la Convention »[1377]. La Cour assure l'interprétation de la Déclaration des Nations Unies sur les droits des peuples autochtones, ainsi que celle de la Convention n°169 de l'OIT. Notamment grâce à leur interprétation par les organes du système interaméricain, ces instruments contribuent à l'amélioration de la situation des peuples autochtones dans les États parties à la Convention.

---

peoples involved. The States must establish said procedures to resolve those claims in such a manner that these peoples have a real opportunity to recover their lands. For this, the general obligation to respect rights set forth in Article 1(1) of said treaty places the States under the obligation to ensure that said procedures are accessible and simple and that the bodies in charge of them have the necessary technical and material conditions to provide a timely response to the requests made in the framework of said procedures ».

1375 J. A. BARBERIS, « Les règles spécifiques du droit international en Amérique latine », op. cit., p. 122.

1376 D. FARGET, *Le droit au respect des modes de vie...*, op. cit., p. 246.

1377 H. TIGROUDJA, « Chronique des décisions rendues par la Cour interaméricaine des droits de l'Homme, 2005 », op. cit., p. 297.

En outre, Laurence Burgorgue-Larsen fait remarquer que « les systèmes nationaux latino-américains sont de plus en plus perméables au droit international et plus spécifiquement au droit international des droits de l'Homme comme à la jurisprudence de la Cour. Un mouvement de 'responsabilisation' du juge national est donc perceptible »[1378].

Malgré ces points positifs, plusieurs faiblesses limitent le poids du système interaméricain.

Les deux problèmes principaux (mais qui ne concernent pas spécialement les peuples autochtones) semblent être celui de l'exécution des arrêts de la Cour IDH[1379], et celui de la longueur des procédures. L'exécution des arrêts est très lente, et le délai de la procédure devant les organes interaméricains (une première étape devant la Commission IDH, qui dure plusieurs années, puis une seconde devant la Cour, qui dure également plusieurs années, si la Commission lui soumet l'affaire) est relativement long.

Pour remédier à ces deux problèmes, Sean Burke évoque la possibilité d'encourager les règlements amiables, ou encore de mettre en place une procédure de l'arrêt pilote semblable à celle qui existe dans le système européen des droits de l'Homme. Cela pourrait inciter les États à éviter les condamnations, résoudre plus rapidement certains différends, et désengorger la Cour.

[1378] L. BURGORGUE-LARSEN, « Vers la création d'une culture commune en matière de droits fondamentaux en Amérique latine », in A.-S. LAMBLIN-GOURDIN, E. MONDIELLI (dir.), op. cit., p. 26.

[1379] S. BURKE, « Indigenous Reparations Re-Imagined: Crafting a Settlement Mechanism for Indigenous Claims in the Inter-American Court of Human Rights », *Minnesota Journal of International Law*, 2011, vol. 20, p. 133, ou encore L. J. ALVARADO, op. cit., pp. 634-635. Voir également le Rapport du Rapporteur spécial sur les droits des populations autochtones : Questions autochtones, Commission des droits de l'Homme, 62ème session, E/CN.4/2006/78, 16 février 2006, par. 67 : « [l]a Cour interaméricaine des droits de l'Homme s'est prononcée à plusieurs occasions en faveur des communautés autochtones en invoquant la Convention américaine sur les droits de l'Homme ou « Pacte de San José de Costa Rica », par exemple dans des affaires concernant le Nicaragua, le Belize, les États-Unis d'Amérique, le Paraguay et le Suriname. Cependant, les États concernés ne s'acquittent pas toujours de leurs obligations et ces opinions et jugements restent parfois sans effet, ce qui a de graves incidences sur la protection des droits des peuples autochtones ».

CONCLUSION DE LA DEUXIÈME PARTIE

La résolution des différends en matière de ressources naturelles et de droit de propriété des peuples autochtones a pris un nouveau tournant grâce à l'interprétation de leurs droits par la Cour IDH. Les exigences qu'elle formule dans ses arrêts sont parfois si précises que la liberté des États parties dans l'édiction de leur législation ou l'établissement de recours effectifs[1380] visant à la faire respecter paraît particulièrement faible. Plus généralement, les nombreuses décisions des juridictions nationales et de la Cour IDH concernant des différends portant sur les effets de l'exploitation des ressources naturelles sur les peuples autochtones devraient permettre aux États de déterminer précisément quelles solutions conformes au droit international des droits de l'Homme peuvent être trouvées. D'un point de vue global, la jurisprudence interaméricaine mais aussi les jurisprudences nationales semblent protéger de plus en plus les peuples autochtones, sans pour autant reconnaître systématiquement la primauté de leurs intérêts sur ceux de l'État. De manière également croissante, les juges nationaux condamnent les pratiques polluantes des entreprises afin de les pousser à respecter davantage les règles environnementales, malgré les coûts que cela peut engendrer.

Les États, de leur côté, paraissent actuellement dans une phase de réaffirmation de leur souveraineté territoriale, au détriment des entreprises ayant investi à long terme et progressivement acquis une emprise très forte sur les terres et l'économie des pays latino-américains. Ils reprennent ainsi l'avantage sur les entreprises, tant du point de vue du contrôle de l'accès aux ressources naturelles, que dans la réglementation des activités d'exploitation (et notamment d'extraction), via l'élaboration de règles plus contraignantes – quand ils ne se contentent pas, purement et simplement, de les nationaliser.

Devant le juge interne, deux situations doivent être distinguées : dans la première, le juge est invité – par l'État lui-même ou plus vraisemblablement par une personne privée qui s'estime lésée – à imposer une réglementation étatique à une entreprise exploitant des ressources naturelles. Dans cette hypothèse, le juge ne voit pas son action entravée par l'État. Le principal risque est alors celui de la corruption du juge par l'entreprise, une pratique malheureusement trop fréquente. Dans la seconde situation, l'action de l'État lui-même est mise en cause devant le juge, de sorte que l'entreprise et l'État

---

1380 J. S. ANAYA, « Divergent Discourses about International law, Indigenous Peoples, and Rights over Lands and Natural Resources : toward a Realist Trend », *Colorado Journal of International Environmental Law and Policy*, 2005, vol. 16, pp. 237-258.

font en quelque sorte cause commune. Dans cette hypothèse, de fortes pressions sont fréquemment exercées sur le juge, et peuvent l'empêcher de rendre une décision impartiale.

Ces problèmes dans le fonctionnement du pouvoir judiciaire sont d'ordre général. D'ailleurs, les activités d'extraction qui affectent les peuples autochtones touchent souvent plus largement toutes les populations qui vivent à proximité des exploitations. Les pistes à explorer pour répondre au défi de l'équilibre adéquat entre exploitation des ressources et protection de l'environnement dans le cas qui nous intéresse appartiennent ainsi à une réflexion plus globale, qui doit être menée pour répondre à un impératif écologique de plus en plus évident, et pour assumer la responsabilité que nous avons vis-à-vis des générations futures.

Parmi les pistes avancées, on trouve notamment celle d'un renforcement de la notion de patrimoine commun de l'humanité[1381] et de sa protection. La notion de patrimoine commun de l'humanité est consacrée par le droit positif. Elle renvoyait initialement à l'espace et aux biens célestes, puis aux fonds marins et océaniques et, depuis peu, elle s'applique aux biens culturels et naturels d'intérêt exceptionnel[1382]. « [S]ont [ainsi] considérés comme 'patrimoine naturel' […] les sites naturels ou les zones naturelles strictement délimitées, qui ont une valeur universelle exceptionnelle du point de vue de la science, de la conservation ou de la beauté naturelle »[1383]. Si on s'attache à ce qui devrait relever du patrimoine commun de l'humanité plutôt qu'à ce qui est effectivement considéré comme tel, ce patrimoine naturel est souvent gravement affecté par l'activité minière ou pétrolière. En effet, dès qu'une pollution s'en échappe c'est-à-dire dans la plupart des cas, cette dernière menace gravement des espèces végétales et animales en voie d'extinction et nécessaires au maintien des équilibres naturels[1384]. Aussi pouvons-nous

---

1381 Sur cette question et sur l'utilisation de la notion de patrimoine commun de l'humanité dans les instruments internationaux, voir : A.-C. KISS, « La notion de patrimoine commun de l'humanité », *R.C.A.D.I.*, 1982, vol. 175, pp. 99-256. C'est également une des pistes envisagées par Albane Geslin, voir : A. GESLIN, « Sécurité environnementale et sécurité humaine : les populations autochtones dans la tourmente d'un monde pluripolaire », in A. MACLEOD, *Les défis de la sécurité internationale à l'aube d'un monde pluripolaire*, Bruxelles, Bruylant, 2011, pp. 237-240.

1382 D. URIBE VARGAS, « La troisième génération des droits de l'Homme », *R.C.A.D.I.*, 1984, vol. 184, pp. 368-374. Sur ce point, voir également : A.-C. KISS, « La notion de patrimoine commun de l'humanité », op. cit., pp. 135-164.

1383 Ibid., pp. 182-183.

1384 Ibid., p. 175 : « De même, certaines matières comme les substances chimiques ou certains phénomènes comme les radiations ionisantes exercent leurs effets sur

proposer d'instaurer un régime international de protection interdisant toute activité de ce type dans les zones considérées comme patrimoine commun de l'humanité. L'État devrait alors agir pour préserver les éléments naturels importants qui garantissent toute forme de vie dans cette zone.

Actuellement cependant, la décision de demander l'inscription d'un site auprès de l'UNESCO revient à l'État, qui peut également en demander le retrait. En outre, le contrôle du respect d'éventuelles obligations découlant du classement d'une zone au patrimoine commun de l'humanité est assez faible et repose principalement sur la volonté de l'État. Pourtant, la « figure majeure souvent utilisée pour représenter un collectif associé à la protection de l'environnement [est] celle des générations futures »[1385]. Le bien constitue un patrimoine dans la mesure où il est important de le conserver en tant qu'héritage et intérêt pour les générations futures – ce qu'Edwin Zaccaï caractérise comme « l'humanité, déclinée au présent et à l'avenir »[1386]. Mais François Ost relève les difficultés liées au terme « générations futures » et pose cette question : « [u]n être qui n'existe sous aucune forme (ni né, ni conçu) peut-il se voir reconnaître un droit ? »[1387]. C'est l'absence de personnalité juridique de l'Humanité ou des générations futures qui rend la protection de ce patrimoine difficile[1388]. En effet, si la protection était déclinée en droits subjectifs, le titulaire de l'action serait flou, et on voit difficilement comment des mécanismes juridictionnels efficaces pourraient être mis en place[1389].

---

l'environnement indifféremment des milieux et des souverainetés étatiques. Par surcroît, les différents secteurs de l'environnement sont étroitement solidaires entre eux : les pesticides et les fertilisants ainsi que les déchets déposés sur le sol polluent les fleuves et les lacs, les cours d'eau transportent les pollutions dans les océans, les substances et particules transportées par l'air se déposent sur la mer, sur le sol, sur les surfaces d'eau douce et, bien entendu, tous ces secteurs constituent l'habitat d'espèces animales et végétales essentielles pour la survie de l'humanité ».

1385 E. ZACCAÏ, « Générations futures, Humanité, Nature : Difficultés des collectifs pour la protection de l'environnement », in T. BERNS (dir.), *Le droit saisi par le collectif*, op. cit., p. 262.

1386 Ibid., p. 267. Voir aussi : J. P. KASTRUP, op. cit., p. 113.

1387 F. OST, « Élargir la communauté politique : Par les droits ou par les responsabilités ? Réflexions sur les enjeux éthiques de la crise écologique » in T. BERNS (dir.), *Le droit saisi par le collectif*, op. cit., p. 245.

1388 J. CHARPENTIER, « L'Humanité : un patrimoine mais pas de personnalité juridique », in M. PRIEUR, C. LAMBRECHTS (dir.), op. cit., pp. 17-21.

1389 C'est également la position de Laurence Boisson de Chazournes dans : L. BOISSON DE CHAZOURNES, « La mise en œuvre du droit international dans le domaine de la protection de l'environnement : enjeux et défis », *R.G.D.I.P.*, 1995, t. 99, p. 53 : « Dans le domaine de la protection de l'environnement, les procédures

La question de la sanction de l'atteinte portée au patrimoine commun de l'humanité est également essentielle. Classer un bien comme patrimoine commun de l'humanité invite à sa protection, mais n'entraîne aucunement la création d'obligations internationales de protection, à la charge d'un ou de tous les États. On peut cependant imaginer la formulation de telles obligations et l'établissement d'un organe chargé de leur respect, devant lequel tout État pourrait exercer une action contre un pair qui porterait atteinte à ce type de patrimoine.

Enfin, une autre piste serait de reconnaître les atteintes graves à l'environnement comme des crimes écologiques. Si ce type de crime a été écarté lors de l'élaboration du statut de la Cour pénale internationale et si aucune juridiction ne l'a encore reconnu, il n'en reste pas moins qu'une partie de la doctrine soutient de manière crédible qu'il devrait l'être[1390]. Il est possible, toutefois, que cette offensive dans le domaine de la protection de l'environnement et, par là, de la protection des ressources naturelles présentes sur les territoires autochtones se fasse au détriment des droits des peuples autochtones, posant une nouvelle fois la question de la compatibilité du droit de l'environnement et des droits des peuples autochtones. Jusqu'à présent, les organisations autochtones se sont plutôt rapprochées des ONG environnementales, de manière à faire entendre leurs droits et à coordonner leurs actions. Mais il est évidemment possible d'utiliser le droit de l'environnement pour nier ou au moins limiter les droits des peuples autochtones.

---

classiques de contrôle consécutives à la violation du droit rencontrent un autre défi : celui de l'émergence de concepts juridiques aux contours collectivistes. Il y est question d'intérêt global, d'intérêt commun de l'humanité, d'espaces communs et de ressources partagées ou encore de droits des générations présentes et futures. Dans ce contexte, les procédures de réaction sont encore peu aptes à répondre à ces nouveaux enjeux ».

1390 Certains vont plus loin comme Laura Westra qui soutient que ces crimes pourraient être sanctionnés sur le fondement de l'agression ou du génocide écologique, voir : L. WESTRA, op. cit., p. 29.

CONCLUSION GÉNÉRALE

Nous avons tenté de montrer que de nouveaux principes et droits utiles à la protection des droits des peuples autochtones face à l'exploitation des ressources naturelles, et plus précisément, des industries extractives, ont émergé. Les principaux droits garantissant le respect des peuples autochtones ont été définis dans différents instruments internationaux[1391], notamment des instruments de protection des droits de l'Homme[1392]. Dans le cadre des conflits relatifs à l'exploitation des ressources naturelles, les principales règles pertinentes sont l'exigence de consultation/participation, et la reconnaissance du droit à la terre ou du droit de propriété autochtone, ce dernier étant particulièrement lié au droit à la vie et au respect de l'identité culturelle. Ces deux exigences ont tout d'abord été reconnues dans des textes internationaux, puis dans la jurisprudence de la Cour IDH, et enfin devant les juridictions nationales.

L'évolution de la mise en œuvre des règles en faveur des peuples autochtones est le fruit d'un contexte politique favorable. Depuis les années 2000 en effet, le revirement politique à gauche de plusieurs États d'Amérique latine a largement contribué à inclure les thématiques des droits des peuples autochtones et de la protection de l'environnement dans l'agenda politique. C'est le cas notamment de l'arrivée au pouvoir des Présidents Evo Morales en Bolivie, Hugo Chavez au Venezuela, Rafael Correa en Équateur, Ollanta Humala au Pérou. Ces présidents, qui se revendiquent anticapitalistes et s'opposent aux excès du libéralisme, marquent une rupture en ce qu'ils affirment leur volonté de se soustraire de la domination économique étrangère[1393]. Élu en juin 2011, Ollanta Humala

---

1391 Que ce soit en matière de droit à l'autodétermination, de droit à la participation, de droits collectifs, ou de droits à la terre ou aux ressources naturelles, l'évolution a été globalement positive. Voir sur ce point : J. FIRESTONE, J. LILLEY, I. TORRES DE NORONHA, « Cultural Diversity, Human Rights, and the Emergence of Indigenous Peoples in International and Comparative Environmental Law », *American University International Law Review*, 2005, vol. 20, pp. 232-262. Voir également : A. L. PARRISH, « Changing Territoriality, Fading Sovereignty, and the Development of Indigenous Rights », *American Indian Law Review*, 2007, vol. 31, pp. 311-313.

1392 En particulier, ce sont les instruments internationaux des droits de l'Homme qui ont reconnu la conception autochtone du droit de propriété. Voir : M. L. APONTE, « Hybrid State Corporate Enterprise… », op. cit., pp. 144-147.

1393 Les pays en voie de développement revendiquent souvent le respect du principe de la souveraineté des États sur les ressources naturelles, et établissent des règles favorisant l'intérêt national.

se situe dans la continuité de ces prédécesseurs latino-américains. Lors de la campagne présidentielle, il s'est engagé à nationaliser l'exploitation des ressources naturelles tout en maintenant certains compromis avec la classe bourgeoise de son pays, afin d'éviter l'affolement des investisseurs étrangers[1394]. Les États paraissent actuellement dans une phase de réaffirmation de leur souveraineté sur le territoire, au détriment des entreprises ayant investi à long terme et ayant progressivement acquis une emprise très forte sur les terres et l'économie des pays latino-américains. Les gouvernements reprennent ainsi l'avantage sur les entreprises, tant du point de vue du contrôle de l'accès aux ressources naturelles, que dans la réglementation des activités d'exploitation (et notamment d'extraction), via l'élaboration de règles plus contraignantes – quand ils ne se contentent pas, purement et simplement, de les nationaliser. Il est probable que, dans ces pays, ce revirement politique influencera les juges nationaux dans la recherche d'un équilibre entre les intérêts de l'État, des entreprises et des peuples autochtones. Ainsi, les décisions des juges nationaux pourraient être moins favorables aux investisseurs étrangers qu'elles ne l'ont été auparavant.

Les efforts à encourager pour atténuer les atteintes aux droits des peuples autochtones se situent à différents niveaux.

De manière générale, l'ensemble de nos recherches nous mène à penser qu'un élément décisif de la résolution des conflits est le rétablissement d'un lien de confiance, et la création de nouvelles relations entre les États et les peuples autochtones. Ce lien entre les peuples autochtones et les autorités publiques a souvent été brisé par l'établissement même de l'État. Comme le fait remarquer Yadh Ben Achour, « l'État, son unité, sa souveraineté se sont bien construits historiquement par des moyens interdits aujourd'hui, c'est-à-dire l'élimination ou l'assimilation forcée des minorités sous toutes leurs formes (déplacement de frontières, transferts de populations, techniques de la religion d'État, répression, langue d'État, etc.) »[1395]. Le devoir international de protection des peuples autochtones pesant sur les États implique aujourd'hui que ces derniers reviennent sur ceux qu'ils ont niés et détruits, et qu'ils renouent une relation de confiance avec ces peuples.

Des développements récents dans différentes branches du droit international invitent les États à assurer une protection effective, et non simplement formelle, des droits autochtones qu'ils sont censés protéger. Au

---

[1394] Au Pérou, 64% des revenus d'exportation proviennent des activités minières. Voir le site internet : http://npa2009.org/content/%C3%A9lections-pr%C3%A9sidentielles-au-p%C3%A9rou-les-dilemmes-de-humala (consulté le 15 mai 2015).

[1395] Y. BEN ACHOUR, op. cit., p. 422.

regard de la doctrine, de la jurisprudence et des documents internationaux (et au premier chef, de la Déclaration des Nations Unies), nous estimons que l'un des principaux progrès effectués dans le domaine de la protection des peuples autochtones est la prise en compte de leur représentation du monde. Sa prise en considération dans la formulation, l'interprétation et l'application des règles est un élément fondamental de l'amélioration de leur traitement, tant du point de vue de son efficacité que de son contenu. Il était patent qu'une mauvaise compréhension des cultures et du mode de vie des peuples autochtones invitait à réglementer leurs relations de l'extérieur et de manière inadéquate. Aujourd'hui, les pratiques des administrations étatiques évoluent et tiennent davantage compte des autochtones et de leur mode de vie. Mais cette évolution demeure insuffisante.

Afin que les peuples autochtones deviennent de véritables interlocuteurs de l'État dans la mise en œuvre des projets qui visent leurs terres et qui sont susceptibles d'altérer leurs modes de vie traditionnels, un progrès souhaitable au stade de l'octroi de concession serait de consacrer juridiquement le principe de consentement libre, préalable et informé. Des prémices à la reconnaissance d'un tel principe émergent peu à peu dans la société civile, la doctrine, et on s'y intéresse de plus en plus dans les enceintes onusiennes.

D'autres voies pourraient être empruntées pour un contrôle efficace de l'activité des entreprises pétrolières ou minières. Nos recherches ont montré que, très souvent, le blocage de nombreux contentieux provient d'une forme de collusion ou de complicité des États et des entreprises étrangères[1396] exploitant les ressources naturelles, dans la violation de droits autochtones. Plusieurs facteurs expliquent la difficulté de faire respecter les droits de l'Homme par les entreprises : la traçabilité de l'entreprise (maison-mère/filiale, capitaux de plusieurs pays), une législation nationale peu

---

1396 Cela a été notamment démontré par Miranda Aponte dans le cas de la communauté U'wa. Voir : M. L. APONTE, « The U'wa and occidental petroleum… », op. cit., p. 656 : « The Colombian government expected to earn an estimated fourteen billion dollars (US) in revenues from a series of contractual ventures with Occidental Petroleum to exploit the resources in the Samoré block. (…) The Colombian government was further involved in the project through Ecopetrol, a stateowned corporation which became a joint venture partner with Occidental. Ecopetrol's involvement in the venture ensured that the success of Occidental's activity would be shared with the Colombian government. Tracing the underlying interests of the parties reveals an alignment of interests between the Colombian government and Occidental which is not uncommon in other contexts of joint state-corporate activity on indigenous lands ».

appliquée, une corruption à plusieurs niveaux, un État faible[1397], et le manque de ressources des victimes financières pour porter les cas devant les tribunaux. La corruption des autorités des États d'accueil des investissements étant en partie responsable des dommages causés par les entreprises, une première évolution importante serait un renforcement de la lutte contre la corruption[1398]. Il convient à cet égard d'inviter les États latino-américains et les entreprises à adhérer à l'initiative ITIE pour la transparence dans le domaine des industries extractives.

Une seconde évolution connaît des progrès significatifs. Il s'agit d'encourager les entreprises à respecter les droits de l'Homme en élaborant des règles plus strictes à leur égard. Par exemple, au moment de conclure un traité bilatéral d'investissement entre un État et l'entreprise, Olivier de Schutter propose d' « inclure (…) une clause faisant référence explicitement aux obligations découlant pour l'État du droit international des droits de l'Homme, de manière à immuniser les mesures prises par l'État pour se conformer à ces obligations[,] de toute remise en cause par un investisseur étranger »[1399]. De nombreuses organisations internationales ont édicté des règles internationales visant à moraliser, encadrer et surveiller les activités des entreprises afin de les inciter à respecter les droits de l'Homme[1400],

---

[1397] G. McMAHON, F. REMY (éd.), op. cit., pp. 22-25. Disponible en ligne sur : http://www.idrc.ca/EN/Resources/Publications/Pages/IDRCBookDetails.aspx?PublicationID=247 (consulté le 19 juin 2012).

[1398] E. DECAUX, « La responsabilité des sociétés transnationales en matière de droits de l'Homme », *Revue de Science criminelle et de droit pénal comparé*, 2005, n°4, p. 791.

[1399] O. DE SCHUTTER, « Rapport général », in E. DECAUX (dir.), *La responsabilité des entreprises multinationales en matière de droits de l'Homme*, Bruxelles, Bruylant, 2010, p. 40.

[1400] Le Secrétaire général des Nations Unies, Kofi Annan a également lancé, en 2000, l'élaboration d'un code de conduite des entreprises appelé Pacte mondial du Secrétaire général des Nations Unies. Ce Pacte regroupe dix principes relatifs aux droits de l'Homme, à l'environnement, à la lutte contre la corruption, et à l'interdiction du travail forcé. Il s'adresse aux entreprises et permet de recenser les bonnes pratiques des entreprises. Voir : M. WESCHKA, « Human Rights and Multinational Enterprises: How Can Multinational Enterprise Be Held Responsible for Human Rights Violations Committed abroad? », *Zeitschrift für ausländisches und öffentliches Recht und Völkerrecht*, 2006, p. 252. L'entreprise doit soumettre un rapport sur les efforts accomplis dans le respect de chacun des dix principes, à défaut de quoi, elle est considérée comme « inactive ». « [A]n inactive member is no longer allowed to participate in Global Compact events and it is labeled « inactive » on the Global Compact website ». Voir pour plus de détails : http://www.unglobalcompact.org/languages/french/ (consulté le 11 octobre 2011).

parallèlement à la formulation d'une véritable responsabilité sociale des entreprises[1401]. Ces règles sont pour le moment non contraignantes et procèdent d'une démarche volontaire. Il s'agit principalement de codes de conduite ou documents assimilés[1402], dont le respect n'est généralement pas soumis à un contrôle[1403] mais, comme l'affirment certains, font partie de la

---

En 2001, l'OCDE répertoriait 233 codes de conduites de ce type. Voir : OCDE, *Responsabilité des entreprises : Initiatives privées et Objectifs publics*, Paris, OCDE, 2001, p. 51. Disponible en ligne sur : http://www.oecd.org/dataoecd/58/12/35316082.pdf (consulté le 11 octobre 2010). Il existe également une Déclaration de principes tripartite de l'OIT sur les entreprises multinationales et la politique sociale. Elle a été adoptée par le Conseil d'Administration du Bureau international du Travail en novembre 1977 et amendée en novembre 2000, puis en mars 2006. Voir sur ce point : OIT, *Déclaration de principes tripartite de l'OIT sur les entreprises multinationales et la politique sociale*, Genève, OIT, 2006, 28 p. Disponible en ligne sur : http://www.ilo.org/wcmsp5/groups/public/---ed_emp/---emp_ent/documents/publication/wcms_124923.pdf (consulté le 11 octobre 2010). Nous pouvons ajouter à ces règles, les principes directeurs pour les entreprises multinationales de l'OCDE de 2000. Des « points de contact nationaux » sont chargés de promouvoir ces principes dans les États membres, tandis qu'un comité d'investissement international et des entreprises multinationales évaluent son respect. « Les Principes directeurs constituent un ensemble de recommandations non contraignantes aux entreprises multinationales dans tous les grands domaines de l'éthique de l'entreprise, dont l'emploi et les relations avec les partenaires sociaux, les droits de l'Homme, l'environnement, la divulgation d'informations, la lutte contre la corruption, les intérêts des consommateurs, la science et la technologie, la concurrence, ainsi que la fiscalité ». Sur ces Principes, voir : http://www.oecd.org /about/0,3347,fr_2649_34889_1_1_1_1_1,00.html et http://www.oecd.org/ dataoecd/56/39/1922470.pdf.

[1401] Depuis quelques années, le concept de responsabilité sociale ou sociétale des entreprises a émergé pour promouvoir le rôle positif des entreprises dans le développement des pays dans lesquels elles interviennent. Il existe de multiples documents encourageant les bonnes pratiques des entreprises, par exemple, sur la mise en place d'un mécanisme de plainte pour les populations locales. Voir : CONSEIL INTERNATIONAL DES MINES ET DES METAUX (ICMM), *Les Droits de l'Homme dans l'industrie des mines et des métaux : Comment examiner et résoudre les préoccupations et les griefs à l'échelle locale*, Londres, ICMM, octobre 2009, 32 p.

[1402] Ces codes ont en premier lieu été élaborés afin de faire respecter des principes tels que la non-discrimination et l'interdiction de la corruption. Par la suite, ils ont couvert des domaines plus vastes tels que la protection de l'environnement ou le respect des droits de l'Homme.

[1403] Les entreprises souscrivent à des codes de conduite sur lesquels aucun contrôle n'est assuré, ce qui explique en partie la difficulté d'exercer un recours en dehors du

soft law[1404]. Parallèlement, depuis quelques années, l'Organisation internationale de normalisation a élaboré l'ISO 26000[1405], une norme internationale d'application volontaire, relative aux droits de l'Homme, aux relations et conditions de travail, à l'environnement, aux communautés et au développement. Tous ces domaines sont essentiels pour qu'une entreprise agisse au mieux pour prévenir les conflits, tels que ceux rencontrés en matière de ressources naturelles[1406]. Le Représentant spécial du Secrétaire général des Nations Unies chargé de la question des droits de l'Homme et des sociétés transnationales et autres entreprises, John Ruggie, a dégagé trois piliers pour mieux encadrer la relation entre les entreprises et les droits de

---

dommage environnemental. Voir, sur l'émergence de normes sur la responsabilité sociale des entreprises : D. WEISSBRODT, M. KRUGER, « Norms on the Responsibilities of Transnational Corporations and Other Business Enterprises with Regard to Human Rights », *A.J.I.L.*, 2003, vol. 97, n°4, pp. 901-922.

[1404] Voir par exemple : L. DIAZ MULLER, « Empresas transnacionales y Derechos Humanos: Regímenes de control y sistemas políticos », *Critica Jurídica*, 1986, n° 4, p. 222 ; T. M. SCHMIDT, « Transnational Corporate responsibility for International Environmental and Human Rights Violations : Will the United Nations 'norms' provide the require means? », *California Western International Law Journal*, 2005, vol. 36, n°1, p. 240 : « Although the Norms may see somewhat inconsequential and non-binding, they may be more powerful than a mere request for voluntary conduct. Often a 'soft' norm can help shape the model of good behavior, which the world has come to expect from a 'well-governed [s]tate.' 'Soft law' alone can have tremendous influence and force. Regional human rights commissions and courts can make use of the Norms and cite them as persuasive authority in determining states' obligations ». Du point de vue de l'entreprise, l'affirmation du respect de ces règles permet d'améliorer son image. L'étiquette sociale correspond à la garantie fournie par une entreprise, que ses produits sont fabriqués dans le respect de normes déterminées, assurant ainsi une bonne « exportation ». Voir : L. DUBIN, « Aplicación directa de las normas de derechos humanos a y por las empresas Transnacionales », *Revista de la Comisión internacional de Juristas*, 1999, n°61, pp. 39-74. Le Royaume-Uni a par ailleurs élaboré l'Ethiqual Trading Initiative (ETI), une initiative par laquelle des règles concernant les conditions de travail, le travail forcé, la rémunération et la non-discrimination ont été élaborées.

[1405] Pour davantage d'informations sur le processus d'élaboration de la norme et de ses limites, voir : M. CAPRON, F. QUAIREL-LANOIZELEE, M.-F. TURCOTTE (dir.), *ISO 26 000 : Une Norme « hors norme » ? Vers une conception mondiale de la responsabilité sociétale*, Paris, Economica, 2011, 223 p. Voir le site : http://www.iso.org/iso/fr/iso_catalogue/management_and_leadership_standards/social_responsibility/sr_discovering_iso26000.htm (consulté le 10 mars 2011).

[1406] Voir : C. BRODHAG, « La double dimension procédurales et substantive de l'ISO 26000 », in M. CAPRON, F. QUAIREL-LANOIZELEE, M.-F. TURCOTTE (dir.), op. cit., p. 139.

l'Homme, qui sont l'obligation pour les États d'assurer une protection contre les abus commis par les entreprises, la responsabilité des entreprises de respecter l'ensemble des droits de l'Homme, et la nécessité d'offrir des voies de recours aux victimes d'abus commis par les entreprises[1407]. Il est, par conséquent, important de réfléchir à d'autres moyens de contraindre les entreprises à respecter les droits de l'Homme et les droits des peuples autochtones, et d'engager leur responsabilité si elles ne le font pas[1408].

Certains soutiennent que le développement économique suppose l'amélioration des droits de l'Homme, tandis que d'autres défendent l'idée que ce lien n'est pas évident et que l'un ne va pas forcément avec l'autre. La mondialisation n'a pas toujours été compatible avec le respect des droits de l'Homme. « Dans ce sens, Villoro affirme que les États nationaux sont les seuls en position de limiter les effets de la mondialisation et les récupérer en faveur de leurs peuples »[1409]. « La mondialisation n'est pas uniquement

---

1407 John Ruggie formule des recommandations concrètes sur les moyens d'obliger les États à protéger les droits de l'Homme violés par les entreprises, et d'élaborer le contenu de la responsabilité sociale. Il donne également des orientations précises et pragmatiques pour les entreprises, et propose d'étudier des solutions et des recommandations à l'échelle nationale, régionale et internationale pour renforcer l'effectivité des recours des victimes des abus des entreprises.

1408 L. KOPELMANAS, op. cit., pp. 327-334, p. 329 : « La solution idéale serait, bien entendu, de créer un véritable droit international régissant le statut, les droits et les obligations des sociétés multinationales, et réservant le contrôle de l'observation de ces dispositions contraignantes à un organisme international, spécialement créé à cet effet ».

1409 Traduction libre. L. JIMÉNEZ, « Globalización y multiculturalismo », Bien Común, 2003, n°97, p. 62. Voir également: S. ARRIARAN CUELLAR, « Derechos humanos, Derechos indígenas y educación multicultural » in CNDH, *Los derechos humanos…*, op. cit., p. 18. « 1. El modelo neoliberal. Este modelo sostiene, sobre todo, una ética individualista, es decir, donde no hay lugar para el reconocimiento de derechos colectivos. Simplemente se trata de la no intervención del Estado en la economía y la política. Se busca únicamente el cálculo del beneficio personal […].
2. El modelo igualitario. Este modelo intenta frenar un poco la moral individualista. Se trata de humanizar el mercado […]. De todas maneras, este modelo no es negativo, pues busca la posibilidad de acercarse a una situación de igualdad de oportunidades, de no exclusión, lo cual quiere decir que para enfrentar las desigualdades sociales son necesarios e indispensables ciertos principios éticos […].
3. El modelo comunitario. Según Villoro, este modelo, viable para México, intentaría hacer compatible la libertad individual con la comunidad, pues ésta tiene por fundamento ético el servicio, no el cálculo del propio beneficio, y en ella no existen funcionarios permanentes, y en sus sistemas de cargos de autoridades no reciben remuneración alguna ». Luis Villoro distingue trois types d'État en fonction

économique, elle est également culturelle, politique et sociale. Jorge Carpizo souligne la nécessité d'un équilibre entre l'État, le secteur privé et les droits de l'Homme »[1410]. Malgré les exemples nombreux d'entreprises ne respectant pas les droits de l'Homme et contribuant à la violation des droits des peuples autochtones, il est important de promouvoir l'idée qu'il n'existe pas d'incompatibilité entre le développement économique et le respect des droits de l'Homme et que leurs activités économiques peuvent favoriser le développement humain[1411]. Toutes ces propositions ne font que renforcer l'idée que le conflit ne peut être résolu que si chacun des acteurs est pleinement responsable de ses décisions. Même si certaines mesures radicales des gouvernements latino-américains (comme l'initiative Yasuni ITT ou les nationalisations) ont été critiquées, l'évolution des pratiques nationales en faveur de l'environnement et des peuples autochtones est globalement encouragée par les acteurs internationaux et transnationaux.

Enfin, il est certain que le rapprochement de la protection des droits des peuples autochtones avec celle de l'environnement est propre à limiter efficacement les effets négatifs de l'exploitation des ressources du sous-sol sur les peuples autochtones. Un tel rapprochement est possible grâce à la prise de conscience de l'impératif écologique déjà amorcée, et par les efforts dans ce sens qui ont débuté et se poursuivent. La dangerosité des produits utilisés dans le cadre des activités minières, ou des méthodes employées dans le processus d'extraction du pétrole ne peut être ignorée. C'est à la fois du point de vue de la mise en danger des populations locales et dans celui de la pollution de l'environnement, que leur usage devrait être réglementé, et les violations de ces réglementations sanctionnées.

---

du rapport de ce dernier aux droits des peuples autochtones : Le modèle néolibéral marqué par l'individualisme qui se définit par la non-intervention de l'État dans l'économie et la politique, et dans lequel les droits collectifs ne sont pas reconnus, le modèle égalitaire qui cherche à atténuer les inégalités sociales, et le modèle communautaire qui tente de concilier la liberté individuelle au sein de la communauté.

[1410] Ibid., p. 185.

[1411] O. DE SCHUTTER, « Transnational Corporations as Instruments of Human development », in P. ALSTON, M. ROBINSON, *Human Rights and Development*…, op. cit., pp. 435-439 : « We should equally pay careful attention to the obligation of multilateral lending organizations (MLIs) to create a framework for foreign direct investment which will ensure that is effectively contributes to the objective of human development ».

BIBLIOGRAPHIE

I. Ouvrages et recueils des Cours de l'Académie de droit international

ALSTON Philip, ROBINSON Mary, *Human Rights and Development : Towards Mutual Reinforcement*, New York, Center for Human Rights and Global Justice New York University School of Law Oxford University Press, 2005, XIX-551 p.

AMHILAT SZARY Anne-Laure (coord.), *Les acteurs privés dans la gouvernance en Amérique latine : Firme et territoire en Amérique latine*, mars 2010, 83 p.

ANAYA S. James, *Los pueblos indígenas en el derecho internacional*, New York, Oxford University Press, 2004, 493 p.

BARBERIS Julio A., « Les règles spécifiques du droit international en Amérique latine », *R.C.A.D.I.*, 1992, vol. 235, pp. 81-230.

BARBERIS Julio A., *Los recursos naturales compartidos entre Estados y el Derecho Internacional*, Madrid, Espagne, Editorial Tecnos, 1979, 181 p.

BARTLETT Richard, *Resource development and aboriginal land rights*, Calgary, Canada, Canadian Institut of Resource Law, 1991, VII-212 p.

BEN ACHOUR Yadh, « Souveraineté étatique et protection internationale des minorités », *R.C.A.D.I.*, 1994, vol. 245, pp. 321-464.

BERNS Thomas (dir.), *Le droit saisi par le collectif*, Bruxelles, Bruylant, 2004, 421 p.

BURGORGUE-LARSEN Laurence, UBEDA DE TORRES Amaya, *Les grandes décisions de la Cour interaméricaine des droits de l'Homme*, Bruylant, Bruxelles, 2008, LXXXVIII-995 p.

CANÇADO TRINDADE Antonio, « International Law for Humankind : Towards a New *Jus Gentium* (I) », *R.C.A.D.I.*, 2005, vol. 316, pp. 9-440.

CAPRON Michel, QUAIREL-LANOIZELEE Françoise, TURCOTTE Marie-France (dir.), *ISO 26 000 : Une Norme « hors norme » ? Vers une conception mondiale de la responsabilité sociétale*, Paris, Economica, 2011, 223 p.

CASTRILLÓN ORREGO Juan Diego, *Globalización y los derechos indígenas: el caso de Colombia*, Mexico, UNAM, 2006, XV-656 p.

CRAIN Andrew M., *Indigenous Land Regularization in Latin America*, février 2002, 56 p.

DECAUX Emmanuel (dir.), *La responsabilité des entreprises multinationales en matière de droits de l'Homme*, Bruxelles, Bruylant, 2010, 292 p.

DEROCHE Frédéric, *Les peuples autochtones et leur relation originale à la terre*, Paris, L'Harmattan, 2008, 378 p.

DRNAS de CLEMENT Zlata (dir.), *El principio de precaución ambiental : la práctica argentina*, Cordoba, Lerner, 2008, 405 p.

DUDLEY Nigel (éd.), *Lignes directrices pour l'application des catégories de gestion aux aires protégées,* Gland, Suisse, UICN, 2008, X-96 p.

ESCARZAGA Fabiola, GUTIERREZ Raquel, *Movimiento indígena en América Latina : resistencia y proyecto alternativo*, México, UNAM, 2005, 505 p.

ESTRADA TANCK E. Dorothy, ANDREU GUZMÁN Federico, *Régimen Jurídico Internacional de las Empresas Transnacionales en la Esfera de los Derechos Humanos, comentario de Federico Andréu Guzmán*, Mexico, Editorial Porrúa, 2005, XVII-82 p.

FILOCHE Geoffroy, *Ethnodéveloppement, développement durable et droit en Amazonie*, Bruxelles, Bruylant, 2007, IX-649 p.

FITZMAURICE Malgosia, « International Protection of the Environment », *R.C.A.D.I.*, 2001, vol. 293, pp. 9-488.

FLIERT Lydia van de, *Guía para los Pueblos Indígenas sobre Políticas, proyectos, asistencia financiera y técnica de Organizaciones Internacionales*

Gubernamentales y No Gubernamentales en América Latina, México, CNDH, 1997, 512 p.

FONTAINE Guillaume, *Gaz et pétrole en Amazonie : conflits en territoires autochtones*, Paris, L'Harmattan, 2010, 208 p.

FONTAINE Guillaume, NARVÁEZ Iván (coord.), *Yasuní en el siglo XXI: el Estado ecuatoriano y la conservación de la Amazonía,* Quito, FLACSO, Abya Yala, 2007, 341 p.

FONTAINE Guillaume, PUYANA Alicia (coord.), *La guerra del fuego : políticas petroleras y crisis energética en América Latina,* Quito, FLACSO, Ministerio de Cultura del Ecuador, 2008, 289 p.

GILBERT Jeremie, *Indigenous Peoples' Land Rights under International Law: From Victims to Actors*, Ardsley, Transnational Publishers, Martinus Nijhoff, 2006, XXIII-327 p.

GOMES DEL PRADO José Luis, *Pueblos indígenas : normas internacionales y marcos nacionales*, Bilbao, Universidad de Deusto, 2002, 122 p.

GONZALEZ CASANOVA Pablo, ROITMAN ROSENMANN Marcos (coord.), *Democracia y Estado multiétnico en América Latina*, México, La Jornada Ediciones, 1996, 390 p.

GROS ESPIELL Hector, « Le système interaméricain comme régime régional de protection internationale des droits de l'Homme », *R.C.A.D.I.*, 1975, vol. 145, pp. 1-56.

GUTIERREZ RIVA Rodrigo, *Derecho a la consulta de los pueblos indígenas en Mexico : Un primer acercamiento*, Mexico, Instituto de Investigaciones Juridicas, 2007, 16 p.

HANNUM Hurst, *Autonomy, sovereignty and self-determination : The accommodation of conflicting rights*, Philadelphia, University of Pennsylvania Press, 1990, X-503 p.

HENNEBEL Ludovic, *La Convention américaine des droits de l'Homme : mécanismes de protection et étendue des droits et libertés*, Bruxelles, Bruylant, 2007, XVII-737 p.

HENNEBEL Ludovic, TIGROUDJA Hélène (dir.), *Le particularisme interaméricain des droits de l'Homme, en l'honneur du 40ème anniversaire de la Convention américaine des droits de l'Homme*, Paris, Pedone, 2009, 413 p.

HERNANDEZ-TRUYOL Berta Esperanza, POWELL Stephen J., *Just Trade : A New Covenant Linking Trade and Human Rights*, New-York, New York University Press, 2009, XVII-390 p.

HUTCHISON Meredith, NICHOLS Sue, SANTOS Marcelo, ONSRUD Hazel, PAIXAO Silvane, *Demarcation and Registration of Indigenous Lands in Brazil*, Department of Geodesy and Geomatics Engineering, Rapport technique n°238, New Brunswick, Canada, University of New Brunswick, Fredericton, 2005, 39 p.

INSTITUTO DE INVESTIGACIONES JURIDICAS, *Derechos indígenas en la actualidad*, México, UNAM, 1994, 234 p.

JOUANNET Emmanuelle, *Qu'est ce qu'une société internationale juste?,* Paris, Pedone, 2011, 306 p.

KARPE Philippe, *Le droit des collectivités autochtones*, Paris, L'Harmattan, 2008, 984 p.

KISS Alexander-Charles, « La notion de patrimoine commun de l'humanité », *R.C.A.D.I.*, 1982, vol. 175, pp. 99-256.

KOEBELE Michael, *Corporate Responsibility under the Alien Tort Statute : Enforcement of International Law through US Torts Law*, Leiden-Boston, Martinus Nijhoff Publishers, 2009, XII-414 p.

KOPELMANAS Lazare, « L'application du droit national aux sociétés transnationales », *R.C.A.D.I.*, 1976, vol. 150, pp. 298-336.

KYMLICKA Will, *La citoyenneté multiculturelle : une théorie libérale du droit des minorités*, Paris, La Découverte, 2001, XV-385 p.

LAJOIE Andrée (dir.), *Gouvernance autochtone : aspects juridiques, économiques et sociaux,* Montréal, Canada, Thémis DL, 2008, VIII-246 p.

LAJOIE Andrée, *Conceptions autochtones des droits ancestraux au Québec*, Paris, L.G.D.J., 2008, 177 p.

LAMBLIN-GOURDIN Anne-Sophie, MONDIELLI Eric (dir.), *Études en l'honneur d'Alain Fenet, Un droit pour les hommes libres*, Paris, Litec, 2008, 765 p.

LAMBRECHTS Claude, PRIEUR Michel (dir.), *Études en hommage à Alexandre Kiss, Les hommes et l'environnement : quels droits pour le vingt-et-unième siècle ?*, Paris, Frison Roche, 1998, XX-691 p.

LAS CASAS Bartolome (de), *Très brève relation de la destruction des Indes*, Paris, La Découverte, 2011, 153 p.

LEARY Virginia. A, *La Utilización del Convenio N°169 de la OIT para Proteger los Derechos de los Pueblos Indígenas*, San José de Costa Rica, Instituto Interamericano de Derechos Humanos, 1999, 103 p.

LYONS Gene M., MAYALL James (éd.), *International Human Rights in the 21st Century: Protecting the Rights of Groups*, Lanham, Rowman and Littlefields, 2003, X-226 p.

MARIÑO MENÉNDEZ Fernando M., *Avances en la protección de los derechos de los pueblos indígenas*, Dykinson, 2004, 256 p.

MARTIN BERISTAIN Carlos, PÁEZ ROVIRA Darío, FERNÁNDEZ Itziar, *Las palabras de la selva : Estudio psicosocial del impacto de las explotaciones petroleras de Texaco en las comunidades amazónicas de Ecuador*, Bilbao, Espagne, Hegoa, 2009, 231 p.

MARTIN Claudia, RODRIGUEZ-PINZON Diego, GUEVARA B. José A., *Derecho Internacional de los Derechos Humanos*, México, Distribuciones Fontamara S.A., 2004, 776 p.

MAUPAIN Francis, « L'OIT, la justice sociale et la mondialisation », *R.C.A.D.I.*, 1999, vol. 278, pp. 201-396.

MEYER-BISCH Patrice (dir.), *Les droits culturels : une catégorie sous-développée de droits de l'Homme*, Actes du VIIIe Colloque interdisciplinaire sur les droits de l'Homme, Suisse, Éditions de l'Université de Fribourg, 1993, 360 p.

NOVOAL MONREAL Eduardo, *Nacionalización y recuperación de recursos naturales ante la Ley Internacional*, México, Fondo de Cultura Economica, 1974, 135 p.

ORDONEZ CIFUENTES Jose Emilio Rolando (coord.), *Analisis interdisciplinario de la Declaracion Americana de los Derechos de los Pueblos Indígenas*, X Jornadas Lascasianas, México, UNAM, 2001, 160 p.

ORDONEZ CIFUENTES Jose Emilio Rolando (coord.), *Aplicacion del Convenio 169 Analisis interdisciplinario*, XIV Jornadas Lascasianas, México, UNAM, 2006, 262 p.

ORDONEZ CIFUENTES José Emilio Rolando, ZARAGOZA ANGELES Ignacio (coord.), *Pueblos Indígenas y Tribales. Respeto, Participación y Consulta*, México, Ed. Plaza y Valdes, 2008, XIII-262 p.

PANOUSSIS Ioannis K., TIGROUDJA Hélène, *La Cour interaméricaine des droits de l'Homme, Analyse de la jurisprudence consultative et contentieuse*, Bruxelles, Bruylant, 2003, XXV-330 p.

PASQUALUCCI Jo. M., *The Practice and Procedure of the Inter-American Court of Human Rights*, Cambridge, Cambridge University Press, 2003, XLVII-488 p.

PICOLOTTI Romina, TAILLANT Jorge Daniel, *Linking Human Rights and the Environment*, Tucson-Arizona, The University of Arizona Press, 2003, XVIII-264 p.

REBEYROL Vincent, *L'affirmation d'un « droit à l'environnement » et la réparation des dommages environnementaux*, Paris, Défrenois, 2010, VIII-420 p.

RODRÍGUEZ-PIÑERO Luis, *Indigenous Peoples, postcolonialism, and International Law : The ILO regime (1919-1989)*, Oxford, Oxford University Press, 2005, XVI-410 p.

ROSENBERG Dominique, *Le principe de souveraineté des États sur leurs ressources naturelles*, Paris, L.G.D.J., 1983, 395 p.

ROULAND Norbert, PIERRE-CAPS Stéphane et POUMAREDE Jacques, *Droit des minorités et des peuples autochtones*, Paris, P.U.F., 1996, 581 p.

SCHRIJVER Nico, *Sovereignty over natural resources : Balancing rights and duties*, Cambridge, Cambridge University Press, 1997, XXIX-452 p.

SCHULTE-TENCKHOFF Isabelle, *La question des peuples autochtones*, Paris, L.G.D.J., 1997, X-235 p.

SELLERS Mortimer, *The New world order : Sovereignty, Human Rights and the Self-Determination of Peoples*, Oxford, BERG (éd.), 1996, XII-340 p.

STAVENHAGEN Rodolfo, *Derechos Humanos de los Pueblos Indígenas*, México, CNDH, 2000, 115 p.

STELLATO GABRIELLI Joy, *Indigenous peoples and land right*, Rome, Lateran University Press, 2003, 214 p.

THORNBERRY Patrick, *Indigenous Peoples and Human Rights*, Manchester, Manchester University Press, 2002, XII-484 p.

URIBE VARGAS Diego, « La troisième génération des droits de l'Homme », *R.C.A.D.I.*, 1984, vol. 184, pp. 355-375.

VAN LANGENHOVE Fernand, « Le problème de la protection des populations aborigènes aux Nations Unies », *R.C.A.D.I.*, 1956, vol. 89, pp. 321-436.

VITORIA Francisco de, *Leçons sur les indiens et sur le droit à la guerre*, Genève, Librairie Droz, 1966, XCV-161 p.

WATTERS Lawrence, *Indigenous Peoples, The Environment and Law : an Anthology*, Durham, North Carolina, Carolina Academic Press, 2004, XX-439 p.

WESTRA Laura, *Environmental justice and the rights of indigenous peoples: international and domestic legal perspectives*, Londres-Sterling, Earthscan, 2008, X-352 p.

XANTHAKI Alexandra, *Indigenous Rights and United Nations Standards*, Cambridge, Cambridge University Press, 2007, XXXVIII-314 p.

ZILLMAN Donald, LUCAS Alastair, PRING George (Rock), *Human Rights in Natural Resource Development : Public Participation in the Sustainable Development of Mining and Energy Resources*, Oxford, Oxford University Press, 2002, XI-710 p.

II. Articles et contributions

ABI-SAAB Georges, « La souveraineté permanente sur les ressources naturelles », in M. BEDJAOUI, *Droit international : bilan et perspectives*, Paris, Pedone, 1991, t. 2, pp. 639-661.

ALVARADO Leonardo J., « Prospects and Challenges in the Implementation of Indigenous Peoples' Human Rights in International Law : Lessons From the Case of Awas Tingni v. Nicaragua », *Arizona Journal of International and Comparative Law*, 2007, vol. 27, pp. 609-643.

AMIOTT Jennifer A., « Environment, Equality, and Indigenous Peoples' Land Rights in the Inter-American Human Rights System: Mayagna (Sumo) Indigenous Community of Awas Tingni », *Environmental Law*, 2002, vol. 32, pp. 873-904.

AMPARO RODRIGUEZ Gloria, « La consulta previa, un derecho fundamental de los pueblos indígenas y grupos etnicos de Colombia », *El Otro derecho*, 2009, n°40, pp. 55-74.

ANAYA James, « Indigenous Peoples' Participatory Rights in Relation to Decisions about Natural ressource Extraction : the more Fundamental Issue of what Rights Indigenous Peoples have Lands and ressources », *Arizona Journal of International and Comparative Law*, 2005, vol. 22, pp. 7-17.

ANAYA S. James, « Divergent Discourses about International law, Indigenous Peoples, and Rights over Lands and Natural Resources: toward a Realist Trend », *Colorado Journal of International Environmental Law and Policy*, 2005, vol. 16, pp. 237-258.

ANAYA S. James, « Maya Aboriginal Land and Resource Rights and the Conflict Over Logging in Southern Belize », *Yale Human Rights and Development Law Journal*, 1998, vol. 1, pp. 17-52.

ANAYA S. James, GROSSMAN Claudio, « The Case of Awas Tingni v. Nicaragua : A New Step in the International Law of Indigenous Peoples », *Arizona Journal of International and Comparative Law*, 2002, vol. 19, pp. 1-15.

ANAYA S. James, WILLIAMS, Robert A., « The protection of indigenous peoples' rights over lands and natural resources under the inter-American human rights system », *Harvard human rights journal*, 2001, vol. 14, pp. 33-86.

ANTKOWIAK Thomas M., « Moiwana Village v. Suriname : a portal into recent jurisprudential developments of the Inter-American Court of Human Rights », *Berkeley Journal of International Law*, 2007, vol. 25, pp. 268-282.

APONTE Miranda L., « Hybrid State Corporate Enterprise and Violations of Indigenous Land rights : Theorizing Corporate Responsibility and Accountability under International Law », *Lewis & Clark Law Review*, 2007, vol. 11, pp. 135-184.

APONTE Miranda L., « The U'wa and Occidental Petroleum searching for Corporate Accountability in Violations of Indigenous Land Rights », *American Indian Law Review*, 2006-2007, vol. 31, pp. 651-673.

APONTE Miranda, L., « Uploading the Local : Assessing the Contemporary Relationship Between Indigenous Peoples' Land Tenure Systems and International Human Rights Law Regarding the Allocation of Traditional Lands and Resources in Latin America », *Oregon Review of International Law*, 2008, vol. 10, pp. 419-452.

AYALA CORAO Carlos M., « El derecho a la participacion de los pueblos indígenas », *Revista I.I.D.H.,* 1997, n°26, pp. 107-134.

BALUARTE David C., « Balancing Indigenous Rights and a State's Right to Develop in Latin America: The Inter-American Rights Regime and ILO Convention 169 *Special Issue : Prior Informed Consent* », *Sustainable Development Law and Policy*, 2004, vol. 9, pp. 9-15.

BANKES Nigel, « International Human Rights Law and Natural Resources Projects within the Traditional Territories of Indigenous Peoples », *Alberta Law Review*, 2010, vol. 47, pp. 457-496.

BARELLI Mauro, « Free, Prior and Informed Consent in the Aftermath of the UN Declaration on the Rights of Indigenous Peoples : Developments and Challenges Ahead », *International Journal of Human Rights*, 2012, vol. 16, pp. 1-24.

BARRERA-HERNANDEZ Lila, « Sovereignty over Natural Resources under Examination : The Inter-American System of Human Rights and

Natural Resource Allocation », *Annual Survey of International and Comparative Law*, 2006, vol. 12, pp. 43-58.

BARSH Russel, « An Advocate's Guide to the Convention on Indigenous and Tribal Peoples », *Oklahoma City University Law Review*, 1990, pp. 209-236.

BARSH Russel, « Indigenous Peoples and the UN Commission on Human Rights : A case of the Immovable Object and the Irresistible Force », *H.R.Q.*, 1996, vol. 18, n°4, pp. 782-813.

BARSH Russel, « Indigenous Peoples in the 1990s : From an Object to Subject of International Law », *Harvard Human Rights*, 1990, vol. 7, pp. 33-86.

BARSH Russel, « Revision of ILO Convention N°107 », *A.J.I.L.*, 1987, vol. 81, pp. 756-759.

BARSTOW MAGRAW Daniel, BAKER Laure, « Globalization, Communities and Human Rights : Community Based Property Rights and Prior Informed Consent », *Denver Journal of International Law and Policy*, 2007, vol. 35, pp. 413-428.

BASTID BURDEAU Geneviève, « Le principe de souveraineté permanente sur les ressources naturelles à l'épreuve de la mondialisation », in *Mélanges* en l'honneur de Jean-Pierre Puissochet, *L'État souveraineté dans le monde d'aujourd'hui*, Paris, Pedone, 2008, pp. 27-34.

BASTOS Santiago, « De la nación-Estado a la nación multicultural. Una reflexión histórica critica », *Trayectorias Revista de Ciencias Sociales*, 2000-2001, n°4-5, pp. 106-117.

BELLIER Irène, « Identité globalisée et droits collectifs : les enjeux des peuples autochtones dans la constellation onusienne », *Autrepart*, 2006, n°38, pp. 99-118.

BELLIER Irène, « Le développement et les peuples autochtones : conflits de savoirs et enjeux de nouvelles pratiques politiques », in GERONIMI Vincent, BELLIER Irène, GABAS Jean-Jacques, VERNIERES Michel, VILTARD Yves, *Savoirs et politiques de développement. Questions en débat à l'aube du XXIe siècle*, Paris, Karthala, 2008, pp. 125-145.

BERNS Thomas, « Typologie des droits de l'Homme et spécificité collective : une approche philosophique », in BRIBOSIA Emmanuelle, HENNEBEL Ludovic, *Classer les droits de l'Homme*, Bruxelles, Bruylant, 2004, pp. 219-229.

BERRAONDO LOPEZ Mikel, « Indigenous Peoples and Natural Resources under the Inter-American System of Human Rights : Between Privatisation and the Exercice of Human Rights », in DE FEYTER Koen, GÓMEZ ISA Felipe (éd.), *Privatisation and Human Rights in the Age of Globalisation,* Antwerp-Oxford, Intersentia, 2005, pp. 289-323.

BILBORD Eusebio, « El Derecho de Autodeterminación del Pueblo Ngöbe-Buglé », *América Indígena*, 1997, vol. 52, n°1-2, pp. 317-326.

BINDER Christina, « The ILO System of Protection of Indigenous Peoples' Rights : the Case of the Huichol of Mexico », *Law and Anthropology*, 2005, vol. 12, pp. 92-113.

BLUEMEL Erik B., « Separating Instrumental from Intrinsic Rights : Toward an Understanding of Indigenous Participation in International Rule-making », *American Indian Law Review*, 2006, vol. 30, pp. 55-127.

BOISSON de CHAZOURNES Laurence, « La mise en oeuvre du droit international dans le domaine de la protection de l'environnement : enjeux et défis », *R.G.D.I.P.*, 1995, vol. 99, pp. 37-76.

BOUNNGASENG Jenny, « Adjudication of International Human Rights Claims in the European Court of Human Rights and the Inter-American Court of Human Rights: Why ATCA Suits U.S. Courts are the Better Alternative for Claims against American Multinational Corporations », *Georgia Journal of International and Comparative Law*, 2005, vol. 33, pp. 467-496.

BRADY Jennifer E., « The Huaoroni tribe of Ecuador: a study in self-determination for indigenous peoples », *Harvard human rights journal*, 1997, vol. 10, pp. 291-312.

BRIDGEMAN Natalie L., « Human Rights Litigation Under the ATCA as a Proxy for Environmental Claims », *Yale Human Rights & Development Law Journal*, 2003, vol. 6, pp. 1-44.

BRUNNER Lisl, « The Rise of Peoples' Rights in the Americas : the Saramaka People Decision of the Inter-American Court of Human Rights », *Chinese Journal of International Law*, 2008, vol. 7, pp. 699-711.

BUCHANAN Allen, « Role of Collective Rights in the Theory of Indigenous Peoples' Rights », *Transnational Law & Contemporary Problems*, 1993, vol. 3, pp. 89-108.

BURGORGUE-LARSEN Laurence, « Les nouvelles tendances dans la jurisprudence de la Cour interaméricaine des droits de l'Homme », *Cursos de Derecho Internacional y Relaciones y Internacionales de Vitoria-Gasteiz 2008,* Bilbao, Universidad del Pais Vasco, 2009, pp. 149-180.

BURKE Sean, « Indigenous Reparations Re-Imagined : Crafting a Settlement Mechanism for Indigenous Claims in the Inter-American Court of Human Rights », *Minnesota Journal of International Law*, 2011, vol. 20, pp. 123-143.

CANÇADO TRINDADE Antônio Augusto, « La *Recta Ratio* dans les fondements du *Jus Gentium* comme droit international de l'humanité », in CANÇADO TRINDADE Antônio Augusto, *Le droit international pour la personne humaine*, Paris, Pedone, coll. Doctrine(s), 2012, pp. 91-112.

CANÇADO TRINDADE Antônio Augusto, « The Right to Cultural Identity in the Evolving Jurisprudential Construction of the Inter-American Cour of Human Rights », in YEE Sienho, MORIN Jacques-Yvan (ed.), *Multiculturalism and International Law : Essays in Honour of Edward McWhinney*, Leiden-Boston, Martinus Nijhoff Publishers, 2009, pp. 477-499.

CLAVERO Bartolomé, « The Indigenous Rights of Participation and International Development Policies », *Arizona Journal of International and Comparative Law*, 2005, pp. 41-52.

COHEN Marcelo, « Sur quelques vicissitudes du droit des peoples à disposer d'eux-mêmes », in *Mélanges* offerts à Jean Salmon, *Droit du pouvoir, pouvoir du droit*, Bruxelles, Bruylant, 2007, pp. 961-981.

CORNTASSEL Jeff J., PRIMEAU Tomas Hopkins, « 'Indigenous Sovereignty' and International Law : Revised Strategies for Pursuing 'Self-Determination' », *H.R.Q.,* 1995, vol. 17, pp. 343-365.

CORREAS Oscar, « La propiedad. Reflexiones sobre la propiedad en el Mundo indígena », in CORREAS Oscar, *Pluralismo Juridico : Otros Horizontes*, Mexico, Ed. Coyoacan, 2007, pp. 121-195.

COURTIS Christian, « Litigating Environmental Disputes in the Inter-American Human Rights system : Eight Strategic Approaches », *Human Rights & International Legal Discourse*, 2008, vol. 2, pp. 179-209.

DAES Erica-Irene, « Some Considerations on the Right of Indigenous Peoples to Self-Determination », *Transnational Law & Contemporary Problems*, 1993, vol. 3, pp. 1-11.

DANNENMAIER Eric, « Beyond Indigenous Property Rights : Exploring the Emergence of a Distinctive Connection Doctrine », *Washington University Law Review*, 2008, vol. 86, pp. 53-110.

DAVIS Tracy C., « Breaking Ground without Lifting a Shovel : Ecuador's Plan to Leave its Oil in the Ground », *Houston Journal of International Law*, 2007-2008, vol. 30, pp. 243-258.

DECAUX Emmanuel, « La responsabilité des sociétés transnationales en matière de droits de l'Homme », *Revue de Science criminelle et de droit pénal comparé*, 2005, n°4, pp. 789-798.

DEL VAL José, « Los pueblos indios y el Convenio 169 de la OIT », *Revista del Senado de la Republica*, 1998, vol. 4, n°11, pp. 130-139.

DELLUTRI Rodrigo, « El Derecho Humano al Medio Ambiente : El Caso de los Pueblos Autóctonos », *American University International Law Review*, 2008, pp. 73-101.

DERUYTTERE Anne, « Perceived Challenges to Recognition of Prior and Informed Consent of Indigenous Peoples and Other Local Communities : The Experiences of the Inter-American Development Bank », *Sustainable Development Law and Policy*, 2004, pp. 40-42.

DESMARAIS Frédéric, « Consentement Préalable, Libre et Eclairé des Peuples Autochtones en Droit international : La Nécessaire Redéfinition de son cadre conceptuel », *Revue québécoise de droit international*, 2006, vol. 19, pp. 161-210.

DHOMMEAUX Jean, « Le droit de l'Homme à un environnement sain dans les principaux instruments des Nations Unies relatifs aux droits de l'Homme », *Annuaire international des droits de l'Homme*, 2006, vol. 1, pp. 71-112.

DHOOGE Lucien, « Aguinda v. Chevrontexaco: Discretionary Grounds for the Non-Recognition of Forieign Judgments for Environmental Injury in the United States », *Virginia Environmental Law Journal*, 2010, vol. 28, pp. 241-248.

DÍAZ MÜLLER Luis, « Empresas transnacionales y Derechos Humanos : Regimenes de control y sistemas políticos », *Critica Jurídica*, 1986, n° 4, pp. 217-228.

DUBIN Laurence, « Aplicación directa de las normas de derechos humanos a y por las empresas transnacionales », *Revista de la Comisión internacional de Juristas*, 1999, n°61, pp. 39-74.

DUFFY Aoife, « Indigenous Peoples' Land Rights : Developing a Sui Generis Approach to Ownership and Restitution », *International Journal on Minority and Group Rights*, 2008, vol. 15, pp. 505-538.

DULITZKY Ariel, « Los pueblos indígenas : jurisprudencia del sistema interamericano de protección de los derechos humanos », *Revista I.I.D.H.*, 1997, n°26, pp. 137-188.

DURAND ALCANTARA Carlos H., « Los pueblos Indios hacia el Nuevo Milenio », *Altamirano : Revista del H. Congreso del estado de Guerrero*, 2001, n°19, pp. 19-31.

DURAND ALCANTARA Carlos, « La Declaracion Universal de los Derechos de los Pueblos Indígenas, un debate irresuelto », in DURAND ALCANTARA Carlos (coord.), *Reflexiones en torno a los derechos humanos : Los retos del nuevo siglo*, Mexico, Universidad Autonoma Metroplitano-Azcapotzalco, 2003, pp. 129-135.

DURAND ALCANTARA Carlos H., « Critica del Convenio 169 de la Organizacion Internacional del trabajo (OIT), Referente a los Pueblos Indígenas », *Alegatos*, 1993-1994, n°25-26, pp. 27-32.

DURANGO CORDERO Rodrigo, « Los derechos de los pueblos indígenas y la protección al medio ambiente dentro del sistema interamericano de protección de los derechos humanos », *American University International Law Review*, 2008, vol. 24, pp. 7-30.

FARGET Doris, *Le droit au respect des modes de vie minoritaires et autochtones dans le contentieux internationaux des droits de l'Homme*, thèse : Universités de Montréal et d'Aix-Marseille 3, juillet 2010, XVIII-410 p.

FARGET Doris, « La protection des modes de vie distincts dans une perspective comparée, entre les Cours européenne et interaméricaine des droits de l'Homme », *Lex Electronica*, 2008, vol.13, 35 p.

FARGET Doris, « Le triptyque santé – identités autochtones – territoire. Perspectives juridiques », *Revue de droit de l'Université de Sherbrooke*, 2009-2010, pp. 97-130.

FIGUEROA Isabel, « Indigenous Peoples Versus Oil Companies : Constitutional Control within Resistance », *SUR – International Journal on Human Rights*, 2006, vol. 4, pp. 51-79.

FILOCHE Goeffroy, « Formaliser l'informel, capter l'évanescent ? Juridicisation des normes indigènes et gestion de l'environnement en Amérique du Sud », in GROS Christian, DUMOULIN KERVRAN David (éd), *Le multiculturalisme 'au concret'. Un modèle latino-américain ?*, Paris, Presses Sorbonne Nouvelle, 2011, pp. 199-211.

FIRESTONE Jeremy, LILLEY Jonathan, TORRES DE NORONHA Isabel, « Cultural Diversity, Human Rights, and the Emergence of Indigenous Peoples in International and Comparative Environmental Law », *American University International Law Review*, 2005, vol. 20, pp. 219-292.

FISCHER Georges, « La souveraineté sur les ressources naturelles », *A.F.D.I.*, 1962, vol. 8, pp. 516-528.

FLAUSS Jean-François, « Le droit de l'Homme à un environnement sain, entre juridiction et justiciabilisation », *Annuaire international des droits de l'Homme*, 2006, vol. 1, pp. 531-546.

FLORIS MARGADANT S. Guillermo, « En camino hacia la Declaracion universal de los derechos indígenas », *Critica juridica*, 1992, n°11, pp. 145-182.

FONTAINE Guillaume, « Le mouvement écologiste contre l'exploitation d'hydrocarbures en Équateur », *Problèmes d'Amérique latine*, 2008, n°70, pp. 41-60.

FORGET Louis, « Le 'panel d'inspection' de la Banque mondiale », *A.F.D.I.*, 1996, vol. 42, pp. 645-661.

FOWLER Robert J., « International Environmental Standards for Transnational Corporations », *Environmental Law*, 1995, n°25, pp. 1-30.

FROMHERZ Christopher J., « Indigenous People's Courts : Egalitarian Juridical Pluralism, Self-Determination, and the United Nations Declaration on the Rights of Indigenous Peoples », *University of Pennsylvania Law Review*, 2008, vol. 156, n°5, pp. 1341-1381.

GANZ Beth, « Indigenous Peoples and Land Tenure : An Issue of Human Rights and Environmental Protection », *Georgetown International Environmental Law Review*, 1996, vol. 9, pp. 173-194.

GARCIA AJQUIJAY Rita Marina, « Avances del acceso de los derechos de los pueblos indígenas en Guatemala », *Anuario de Derecho Constitucional Latinoamericano*, 2006, t. 2, n°20062, pp. 815-822.

GARCIA HIERRO Pedro, « Gouvernance, approche territoriale et peuples autochtones », in GIPTA, *Droits territoriaux des peuples autochtones*, France, GIPTA-IWGIA, 2005, pp. 15-29. Disponible en ligne sur : http://www.gitpa.org/Image/terrePDF1.pdf (consulté le 8 février 2011).

GARCÍA RAMÍREZ Sergio, « Los indígenas en la jurisprudencia de la Corte Interamericana de Derechos Humanos », in ORDONEZ CIFUENTES Jose Emilio Rolando (coord.), *Migración: Pueblos Indígenas y Afroamericanos: XV Jornadas Lascasianas Internacionales*, México, UNAM, 2007, pp. 31-44.

GAUDEMET Jean, « Dominium – imperium Les deux pouvoirs dans la Rome ancienne », *Droits – Revue française de théorie juridique*, 1995, n°22, pp. 3-17.

GEER Martin A., « Foreigners in Their Own Land: Cultural Land and Transnational Corporations - Emergent International Rights and Wrongs », *Virginia Journal of International Law*, 1998, vol. 38, pp. 331-400.

GENTES Ingo, « Derecho a la propiedad ambiental y contribuciones al mejoramiento del manejo de los conflictos sobre recursos naturales en Chile », *Revista Problemas del Desarrollo*, 2003, vol. 34, n°132, pp. 135-169.

GENTES Ingo, « La gestión ambiental. Imperativo ecológico o propiedad privada ? Alguna experiencias del caso chileno », *Revista Nueva Sociedad*, 2003, n°188, pp. 100-118.

GESLIN Albane, « La protection internationale des peuples autochtones : de la reconnaissance d'une identité transnationale autochtone à l'interculturalité normative », *A.F.D.I.*, 2010, pp. 657-687.

GESLIN Albane, « Sécurité environnementale et sécurité humaine : les populations autochtones dans la tourmente d'un monde pluripolaire », in MACLEOD Alex, *Les défis de la sécurité internationale à l'aube d'un monde pluripolaire,* Bruxelles, Bruylant, 2011, pp. 225-240.

GESS Karol N., « Permanent Sovereignty over natural resources : an analytical review of the United Nations Declaration and its Genesis », *International and Comparative Law Quarterly*, 1964, vol. 13, pp. 398-449.

GILBERT Jérémie, « Historical Indigenous Peoples' Land Claims: a Comparative and International Approach to the Common Law Doctrine on Indigenous Title », *International and Comparative Law Quarterly*, 2007, vol. 56, pp. 583-612.

GILBERT Jérémie, « Indigenous Rights in the Making : The United Nations Declaration on the Rights of Indigenous Peoples », *International Journal on Minority and Group Rights,* 2007, pp. 207-230.

GODDEN Lee, LANGTON Marcia, MAZEL Odette, TEHAN Maureen, « Accommodating Interest in Resource Extraction : Indigenous Peoples, Local Communities and the Role of Law in Economics and Social Sustainability », *Journal of Energy and Natural resources Law*, 2008, vol. 26, n°1, pp. 1-30.

GÓMEZ ISA Felipe, « Las Empresas Transnacionales y los Derechos Humanos », in SÁNCHEZ RUBIO David, HERRERA FLORES Joaquín, CARVALHO Salo de, *Anuário Ibero-Americano de Direitos Humanos,* 2002, pp. 99-116.

GONZALEZ OROPEZA Manuel, « Aplicacion del Convenio 169 de la OIT en Mexico », in CIENFUEGOS SALGADO David, LOPEZ OLVERA Miguel Alejandro, *Estudios en homenage a don Jorge Fernandez Ruiz – Derecho constitucional y politica*, Mexico, UNAM, 2005, pp. 255-267.

GONZALEZ VOLIO Lorena, « Los Pueblos indígenas y el ejercicio de los derechos políticos de acuerdo a la Convención Americana : El Caso Yatama contra Nicaragua », *Revista I.I.D.H.*, 2005, n°41, pp. 317-345.

GOODLAND Robert, « Free, Prior and Informed Consent and the World Bank Group », *Sustainable Development Law and Policy*, 2004, vol. 4, pp. 66-74.

GROS ESPIELL Hector, « La Commission et la Cour interaméricaines des droits de l'Homme. Situation actuelle et perspectives d'avenir », in *Mélanges en hommage à Louis Edmond Pettiti,* Bruylant, Bruxelles, 1998, pp. 437-448.

HEAD John W., « Protecting and Supporting Indigenous Peoples in Latin America : Evaluating the Recent World Bank and IDB Policy Initiatives », *Journal of International Law and Practice*, 2006, vol. 14, pp. 383-438.

HENNEBEL Ludovic, « La protection de l''intégrité spirituelle' des indigènes », *Revue trimestrielle des droits de l'Homme*, 2006, pp. 253-276.

HERNANDEZ PULIDO Ricardo, « La OIT y los Pueblos Indígenas y Tribales », *Boletin Mexicano de Derecho Comparado*, 1995, Nueva Serie, n°82, pp. 153-167.

HERNANDEZ PULIDO Ricardo, « Revision del Convenio sobre poblaciones indígenas y tribales, 1957 (numero 107). Puntos pendientes de resolver », *Anuario Indigenista*, 1988, vol. 48, pp. 99-108.

HERZ Richard L., « Litigating Environmental Abuses under the Alien Tort Claims Act : a Pratical Assessment », *Virginia Journal of International Law*, 2000, vol. 40, pp. 545-638.

HILLING Carol, « La protection des droits des peuples autochtones et de leurs membres dans les Amériques », *McGill Law Journal*, 1996, pp. 855-890.

HOLLEY Michael, « Recognizing the rights of indigenous people to their traditional lands : a case study of an internally displaced community in Guatemala », *Berkeley Journal of International Law,* 1997, vol. 15, pp. 119-157.

HUFF Andrew, « Indigenous Land Rights and the New Self-determination », *Colorado, Journal of International and Environmental Law and Policy*, 2005, vol. 16, pp. 295-332.

HYDE James N., « Permanent Sovereignty over Natural Wealth and Resources », *A.J.I.L.*, 1956, vol. 50, n°4, pp. 854-867.

ITURRALDE G. Diego A., « En torno al derecho de los indígenas : III Las Demandas Indígenas y los Derechos Humanos », *Revista de la facultad de Derecho de Mexico*, 1992, t. 42, n°185-186, pp.179-182.

ITURRALDE G. Diego A., « Los Pueblos Indígenas y sus Derechos en America Latina », *Revista I.I.D.H.*, 1992, n°15, pp. 11-28.

JAKSA Matthew F., « Putting the 'Sustainable' Back in Sustainable Development: Recognizing and Enforcing Indigenous Property Rights as a Pathway to Global », *Journal of Environmental Law & Litigation,* 2006, vol. 21, pp. 157-205.

JIMÉNEZ Lelia, « Globalización y multiculturalismo », *Bien Común*, 2003, n°97, pp. 59-65.

KAMIJYO Miki, « Equator Principles : Improved Social Responsibility in the Private Finance Sector », *Sustainable Development Law & Policy*, 2004, vol. 4, pp. 35-39.

KASTRUP José Paulo, « The Internationalization of Indigenous Rights from the Environmental and Human Rights Perspective », *Texas International Law Journal*, 1997, pp. 97-122.

KEENER Steven R., VASQUEZ Javier, « A Life Worth Living : Enforcement of the Right to Health through the Right to Life in the Inter-American Court of Human Rights », *Colombia Human Rights Law Review*, 2009, n°40, pp. 595-624.

KIMERLING Judith, « Environmental Adult of Texaco's Amazon Oil Fields : Environmental Justice or Business as Usual », *Harvard Human Rights Journal*, 1994, vol. 7, pp. 199-224.

KIMERLING Judith, « Transnational operations, bi-national injustice : Chevrontexaco and indigenous Huaorani and Kichwa in the Amazon rainforest in Ecuador », *American Indian Law Review,* 2006, vol. 31, n°2, pp. 445-508.

KINGSBURY Benedict, « Operational Policies of International Institutions as Part of the Law-Making Process: The World Bank and Indigenous Peoples », in GOODWIN Guy S., TALMON Stefan, *The Reality of International Law : Essays in Honour of Ian Brownlie*, Clarendon Press Oxford, 1999, pp. 323-342.

KINGSBURY Benedict, « Reconciling five competing conceptual structures of indigenous people's claims in international and comparative law *», New York University journal of international law and politics*, 2001, vol. 34, pp. 189-250.

KOECHER Audrey, « Corporate Accountability for Environmental Human Rights Abuse in Developing Nations : Making the Case for Putative Damages under the AlienTort Claims Act », *Journal of Transnational Law & Policy*, 2007, vol. 17, pp. 151-170.

KOHEN Marcelo G., « Sur quelques vicissitudes du droit des peuples à disposer d'eux-mêmes » in *Mélanges* offerts à Jean Salmon, *Droit du pouvoir, pouvoir du droit,* Bruxelles, Bruylant, 2007, pp. 961-981.

KOLLIOPOULOS Alexandre, « La convention de l'UNESCO sur la protection et la promotion de la diversité des expressions culturelles », *A.F.D.I.,* 2005, vol. 51, pp. 487-511.

KORMAN Seth, « The Protection of Indigenous Lands in Domestic Legal Regimes : The Importance of International Influences », *Northwestern Interdisciplinary Law Review*, 2010, vol. 3, pp. 149-174.

KOUBI Geneviève, « Penser les minorités en droit », in FENET Alain, KOUBI Geneviève, *Le droit et les minorités : analyses et textes*, Bruxelles, Bruylant, 2000, pp. 385-469.

KOUBI Geneviève, « Réflexions sur les distinctions entre droit individuel, droits collectifs ou « droits de groupe », in *Mélanges* Raymond GOY, *Du droit interne au droit international : le facteur religieux et l'exigence des droits de l'Homme*, Rouen, Publications de l'université de Rouen, 1998, pp. 105-117.

KYMLICKA Will, « Multiculturalismo », *Dialogo politico*, 2007, n°2, pp. 11-35.

LADOUCEUR Micheline, « La légalisation du pillage des terres autochtones en Amérique latine », Centre de recherche sur la mondialisation, 14 juin 2002.

LAMBERT Lisa, « At the Crossroads of Environmental and Human Rights Standards : Aguinda v. Texaco, Inc. Using the Alient Tort Claims Act to Hold Multinational Corporate Violators of International Laws Accountable in U.S. Courts », *Journal of Transational Law & Policy*, 2000, vol. 10, pp. 109-132.

LAMBERT Pierre, « Le droit de l'Homme à un environnement sain : Propos introductifs », *Annuaire international des droits de l'Homme*, 2006, vol. 1, pp. 27-38.

LANDA César, « El proceso de amparo en América latina », *VIIIème Congrès mondial de l'Association internationale de droit constitutionnel*, Mexico, sept. 2010, 17 p.

LAPLANTE Lisa J., SPEARS Suzanne A., « Out of the Conflict Zone : The Case for Community Consent Processes in the Extractive Sector », *Yale Human Rights & Development Law Journal*, 2008, pp. 69-116.

LARA OROZCO Juan Rodolfo, « Comentarios sobre el Convenio 169 de la Organizacion Internacional del Trabajo », *Revista de los Tribunales Agrarios*, 2001, n°27, pp. 65-68.

LASTRA LASTRA Jose Manuel, « El convenio 169 en la legislacion mexicana : impacto y perspectiva », *Letras Juridicas*, 2007, n°15, pp. 45-71.

LERNER Natan, « The 1989 ILO Convention on Indigenous Populations : new standards », *Israel yearbook on human rights*, 1991, vol. 20, pp. 223-241.

LONDIS Lorelle, « Corporation Face of the Alien Tort Claims Act : How an Old Statute Mandates a New Understanding of Global Interdependence », *Maine Law Review*, 2005, vol. 57, pp. 141-208.

LÓPEZ Alexánder, « The Relationship Between National Environmental Policies, National Sovereignty and International Forces in Dealing With Environmental Problems in Latin America », *Relaciones Internacionales*, 2000-2001, n° 62-65, pp. 57-64.

LOPEZ BARCENAS Francisco, « Territorios, tierras y recursos naturales de los pueblos indígenas en Mexico », in GONZALEZ GALVAN Jorge Alberto, *Constitucion y derechos indígenas*, Mexico, UNAM, 2002, pp. 121-143.

LUCCHINI Laurent, « Le principe de précaution en droit international de l'environnement : ombres plus que lumières », *A.F.D.I.*, 1999, vol. 45, pp. 710-731.

LYONS Maxi, « A Case Study in Multinational Corporate Accountability : Ecuador's Indigenous Peoples Struggle for Redress », *Denver Journal of International Law and Policy*, 2004, vol. 32, n°4, pp. 701-732.

MACDONALD Theodore, « Amazonian Indigenous Views on the State : A Place for Corporate Social Responsibility », *Suffolk Transnational Law Review*, 2010, vol. 33, pp. 439-459.

MACKAY Fergus, « Le droit des peuples autochtones au libre consentement préalable et éclairé et la Revue des industries extractives de la Banque mondiale », *Journal du Collège de droit de l'Université Américaine de Washington et du Centre pour les lois internationales de l'environnement*, 2004, vol. 4, n°2.

MACKAY Fergus, « The Draft World Bank Operational Policy 4.10 on Indigenous Peoples : progress or more of the same », *Arizona Journal of International and Comparative Law*, 2005, vol. 22, pp. 65-98.

MACKAY Fergus, « Universal rights or a universe into itself? : Indigenous People's human rights and the World Bank's Draft Operational Policy 4.10 on Indigenous Peoples », *American University International Law Review*, 2002, vol. 17, pp. 527-624.

MACKLEM Patrick, « Indigenous Rights and Multinational Corporations at International Law », *Hastings International and Comparative Law Review*, 2001, vol. 24, pp. 475-484.

MANNINA Jonathan L., « The human rights implications of economic development: a case study of the Huaorani People of Ecuador », *Georgetown international environmental law review*, 1992, vol. 5, n°1, pp. 117-149.

MARES de SOUZA Carlos Frederico, « Autodeterminación de los pueblos indígenas y Jusdiversidad », *América Indígena*, 1998, vol. 58, n°1-2, pp. 301-320.

MARLIN Boris, « L'engagement des États à travers la résolution 61/295 portant déclaration des Nations Unies sur les droits des peuples autochtones », *R.Q.D.I.*, 2010, n°21.1, pp. 211-242.

MARTIN Claudia, « The Moiwana Village Case: a New Trend in Approaching the Rights of Ethnic Groups in the Inter-American System », *Leiden Journal of International Law*, 2006, vol. 19, pp. 491-504.

MATIATION Stefan, « A Model for Natural Resource Developments Affecting Indigenous Groups in Latin America », *Great Plains Natural Resources Journal*, 2002-2003, vol. 7, pp. 204-232.

McCORQUODALE Robert, FAIRBROTHER Richard, « Globalization and Human Rights », *H.R.Q.*, 1999, vol. 21, pp. 735-766.

MEDINA ESCALANTE Miguel Jesús, « La Declaración Universal sobre los Derechos de los Pueblos Indígenas y la Autonomía », in *Etnicidad y derecho : un dialogo postergado entre los científicos sociales*, México, UNAM, 1996, pp. 255-263.

MEYER-BISCH Patrice, « Analyse des droits culturels », *Droits fondamentaux*, 2008-2009, n° 7, 35 p.

MOULIER Isabelle, « Observations sur l'Alien Tort Claims Act et ses implications internationales », *A.F.D.I.,* 2003, vol. 49, pp. 129-164.

MUYUY JACANAMEJOY Gabriel, « Los Pueblos Indígenas, el Derecho Internacional y los Estados de América Latina », *América Indígena,* 1997, vol. 52, n°1-2, pp. 263-291.

NASH ROJAS Claudio, « Los derechos indígenas en el sistema interamericano de derechos humanos », *Inter-American and European Human Rights Journal*, 2008, vol. 1, pp. 61-86.

NESTI Lorenzo, « Indigenous Peoples' Rights to Land and their Link To Environmental Protection : The Case of Mapuche-Pehuenche », in KUPPE René, POTZ Richard (éd.), *Law and Anthropology, International Yearbook for Legal Anthropology*, The Hague, Boston, London, Martinus Nijhoff Publishers, 2001, vol. 11, pp. 67-155.

NEUGEBAUER Gerald P., « Indigenous Peoples as Stakeholders : Influencing Resource- Management Decisions Affecting Indigenous Community Interests in Latin America », *New York University Law Review,* 2003, vol. 48, n°3, pp. 1227-1261.

OLIVA MARTINEZ Juan Daniel, « Acerca de la protección de la diversidad cultural y los derechos de los pueblos indígenas en el derecho internacional », *R.Q.D.I.*, 2010, n°21.1, pp. 267-316.

ORELLANA HALKYER Rene, « Escenarios Locales de Resolución de Conflictos : derecho Consuetudinario y Recursos Naturales en el Perú », *América Indígena*, 1998, vol. 58, n°1-2, pp. 221-235.

ORELLANA Marcos A., « Indigenous Peoples, Energy and Environmental Justice : the Pangue/Ralco Hydroelectric Project in Chile's Alto BioBio », *Journal of Energy and Natural Resources Law,* 2005, vol. 23, n°4, pp. 511-528.

ORELLANA Marcos A., « Saramaka People v. Suriname », *American Journal of International Law,* 2008, vol. 102, n°4, pp. 841-847.

ORMACHEA Pablo A., « Moiwana village : the Inter-American court and the « continuing violation » doctrine », *Harvard Human Rights Journal*, 2006, vol. 19, pp. 283-288.

OSOFSKY Hari M., « Environmental Human Rights under the Alien Tort Statute : Redress for Indigenous Victims of Multinational Corporations », *Sufforlk Transnational Law Review*, 1997, pp. 335-396.

PAGE Alex « Indigenous Peoples' Free Prior and Informed Consent in Inter-American Rights System », *Sustainable Development Law and Policy*, 2004, vol. 4, pp. 16-20.

PARRISH Austen L., « Changing Territoriality, Fading Sovereignty, and the Development of Indigenous Rights », *American Indian Law Review*, 2007, vol. 31, pp. 291-314.

PASQUALUCCI Jo M., « International Indigenous Land Rights in Light of the United Nations Declaration on the Rights of Indigenous Peoples », *Wisconsin International Law Journal*, 2009-2010, vol. 27, pp. 51-98.

PASQUALUCCI Jo M., « The Evolution of International Indigenous Rights in the Inter-American Human Rights System », *Human Rights Law Review*, 2006, vol. 6, pp. 281-322.

PASQUALUCCI Jo M., « The Right to a Dignified Life (Vida Digna) : the Integration of Economic and Social Rights with Civil and Political Rights in the Inter-American Human Rights System », *Hastings International and Comparative Law Review*, 2008, vol. 31, pp. 1-32.

PENTASSUGLIA Gaetano, « Towards a Jurisprudential Articulation of Indigenous Land Rights », *European Journal of International Law,* 2011, pp. 165-202.

PERRAULT Anne, HERBERTSON Kirk, LYNCH Owen J., « Partnerships for Success in Protected Areas : The Public Interest and Local Community Rights to Prior Informed Consent (PIC) », *Georgetown International Environmental Law Review*, 2007, vol. 19, pp. 475-542.

POPOVIC Neil A.F., « The Right to Participate in Decisions That Affect the Environment », *Pace Environmental Law Review*, 1993, vol. 10, pp. 683-709.

PRICE Richard, « Contested Territory : The Victory of the Saramaka People vs. Suriname », 2009, 11 p.

RAISZ Anikó, « Indigenous Communities Before the Inter-American Court of Human Rights : New Century, New Era? », *Miskolc Journal of International Law*, 2008, vol. 5, pp. 35-51.

RAMIREZ Andrés D., « El caso de la comunidad indígena Yakye Axa vs. Paraguay », *Revista I.I.D.H.*, 2005, n°41, pp. 347-364.

RAMIREZ RAMIREZ Marcelo, « Comentarios al Convenio 169 de la OIT », *Reflexiones Juridicas*, 2002, n°4, pp. 39-48.

RILEY Angela R., « Indian Remains, Human Rights: Reconsidering Entitlement under the Native American Graves Protection and Repatriation Act », *Colombia Human Rights Review*, 2002, vol. 34, pp. 49-94.

RINGELHEIM Julie, « Droits individuels et droits collectifs : avenir d'une équivoque », in BRIBOSIA Emmanuelle, HENNEBEL Ludovic, *Classer les droits de l'Homme*, Bruxelles, Bruylant, 2004, pp. 231-261.

ROCHEGUDE Alain, « Le 'Droit d'agir', une proposition pour la 'bonne gouvernance foncière' », *Cahiers d'anthropologie du droit, Droit, gouvernance et développement durable*, Paris, L.A.J.P.-Karthala, 2005, pp. 59-72.

RODRÍGUEZ Iokiñe, DARIO CORREA Hernán, « Lecciones, Enfoques y Retos en la transformación de conflictos socio-ambientales en América Latina : La experiencia del Programa 'CyC' », in DARÍO CORREA Hernán, RODRÍGUEZ Iokiñe, *Encrucijadas Ambientales en América Latina : Entre el manejo y la transformación de conflictos por recursos naturales*, pp. 19-102.

RODRÍGUEZ-PIÑERO Luis, « Historical Anomalies, Contemporary Consequences : International Supervision of the ILO Convention on Indigenous and Tribal Peoples (N°169) », *Law and Anthropology*, 2005, vol. 12, pp. 55-91.

RODRÍGUEZ-PIÑERO Luis, « La OIT y los pueblos indígenas en el derecho internacional : Del colonialismo al multiculturalismo », *Trace Indígenas y derecho,* 2004, vol. 46, pp. 59-81.

ROHRMOSER VALDEAVELLANO Rodolfo, « La operatividad del Convenio 169 de la OIT en el derecho interno guatemalteco », *Anuario de Derecho Constitucional Latinoamericano*, 2006, t. 2, n°20062, pp. 779-795.

ROMERO BONIFAZ Carlos, « La Gestión integrada de los Recursos Naturales como Fundamento de la Territorialidad Indígena », *Derechos Humanos y Acción Defensorial*, 2006, vol. 1, pp.151-181.

RUIZ Osvaldo, « El derecho a la identidad cultural de los pueblos indígenas y las minorías nacionales. Una mirada desde el sistema interamericano », *Boletín Mexicano de Derecho Comparado*, 2007, n°118, pp. 193-239.

SACHAROFF Ariadne K., « Multinationals in Host Countries : Can they be held liable under the Alien Tort Claims Act for Human Rights Violations ? », *Brooklyn Journal of International Law*, 1998, pp. 927-964.

SANDERS Douglas, « Collective Rights », *H.R.Q.*, 1991, n°13, pp. 368-386.

SANDERS Douglas, « The UN Working Group on Indigenous Populations », *H.R.Q.*, 1989, n°11, pp. 406-433.

SARFATY Galit A., « The World Bank and the Internalization of Indigenous Rights Norms », *Yale Law Journal*, 2005, vol. 114, n°7, pp. 1791-1818.

SARGENT Laurie, « The indigenous Peoples of Bolivia's Amazon Basin region and Ilo Convention no. 169 : Real rights or rhetoric? », *University of Miami inter-American law review*, 1997, vol. 29, n°3, pp. 451-524.

SATTERHWAITE Margaret, HURWITZ Deena, « The Right of Indigenous Peoples to Meaningful Consent in Extractive Industry Projects », *Arizona Journal of International and Comparative Law*, 2005, n°22, pp. 1-3.

SCHMIDT Tracy M., « Transnational Corporate responsibility for International Environmental and Human Rights Violations : Will the United Nations « norms » provide the require means? », *California Western International Law Journal*, 2005, vol. 36, n°1, pp. 217-247.

SCOVAZZI Tullio, « La notion de patrimoine culturel de l'humanité dans les instruments internationaux », in NAFZIGER James A.R., SCOVAZZI Tullio, *Le patrimoine culturel de l'humanité*, Leiden, Martinus Nijhoff Publishers, 2008, pp. 3-144.

SEMPER Frank, « Los derechos de los pueblos indígenas de Colombia en la jurisprudencia de la Corte constitucional », *Anuario de Derecho constitucional latinoamericano*, 2006, pp. 761-778.

SHELTON Dinah, « Environmental Rights and Brazil's Obligations in the Inter-American Human Rights System », *George Washington International Law Review*, 2008-2009, vol. 40, pp. 733-777.

SMITH Jackie, BOLYARD Melissa, IPPOLITO Anna, « Human Rights and the Global Economy : A Response to Meyer », *H.R.Q.*, 1999, vol. 21, n°1, pp. 207-219.

STAVENHAGEN Rodolfo, « Los derechos indígenas. Algunos problemas conceptuales », *Revista I.I.D.H.*, 1992, n°15, pp. 123-143.

SWEPSTON Lee, « A New Step in the International Law on Indigenous and Tribal Peoples : ILO Convention N°169 of 1989 », *Oklahoma City University Law Review*, 1990, vol. 15, n°3, pp. 677-714.

SWEPSTON Lee, « Indigenous Peoples' Voices : Indigenous Participation in ILO Convention N°169 », *Law and Anthropology*, 2005, vol. 12, pp. 114-126.

SWEPSTON Lee, PLANT Roger, « International Standards and the Protection of the Land Rights of Indigenous and Tribal Populations », *International Labour Review*, 1985, vol. 124, pp. 91-106.

TARLOCK A. Dan, « Exclusive Sovereignty Versus Sustainable Development of a Shared Resource : The Dilemma of Latin America Rainforest Management », *Texas International Law Journal*, 1997, pp. 37-66.

THOMPSON Travis, « Getting over the Hump : Establishing a Right to Environmental Protection for Indigenous Peoples in the Inter-American Human Rights System », *Journal of Transnational Law and Policy*, 2009-2010, pp. 179-209.

TIGROUDJA Hélène, « L'autonomie du droit applicable par la Cour interaméricaine des droits de l'Homme : en marge d'arrêts et avis consultatifs récents », *Revue trimestrielle des droits de l'Homme*, 2002, pp. 69-110.

TIGROUDJA Hélène, « La jurisprudence de la Cour interaméricaine des droits de l'Homme au service de 'l'humanisation du droit international public' », *A.F.D.I.*, 2006, vol. 52, pp. 617-640.

TIGROUDJA Hélène, « Chronique des décisions rendues par la Cour interaméricaine des droits de l'Homme, 2005 », *Revue trimestrielle des droits de l'Homme*, 2006, n° 66, pp. 277-329.

TORO HUERTA Mauricio Iván del, « El Derecho de Propiedad Colectiva de los Miembros de Comunidades y Pueblos Indígenas en la Jurisprudencia de la Corte Interamericana de Derechos Humanos », *Anuario Mexicano de Derecho Internacional*, 2010, vol. 10, pp. 49-95.

URIZ HERNANDEZ Genoveva, « To Lend or Not to Lend : Oil, Human Right, and the World Bank's Internal Contradictions », *Harvard Human Rights Journal*, 2001, vol. 14, pp. 197-232.

VILLANUEVA I. Arturo D., « Derechos Indígenas a la Tierra y Territorio. Un Lustro de Luchas, Conflictos y Demandas », *Derechos Humanos y Acción Defensorial*, 2006, n°1, pp. 125-150.

VUOTTO Jonathan P., « Awas Tingni v. Nicaragua: International Precedent for Indigenous Land Rights? », *Boston University International Law Journal*, 2004, vol. 22, n°1, pp. 219-243.

WAGNER Martin, « International Legal Rights of Indigenous Peoples Affected by Natural Resource Exploitation: A Brief Case Study », *Hastings International and Comparative Law Review*, 2000-2001, vol. 24, pp. 491-502.

WARD Robert Charles, « The Spirits Will Leave : Preventing the Desecration and Destruction of Native American Sacred Sites on Federal Land », *Ecology Law Quarterly*, 1992, vol. 19, n°4, pp. 795-846.

WARDEN-FERNANDEZ Janeth, « Indigenous Communities' Rights and Mineral Development », *Journal of Energy and Natural Resources Law*, 2005, vol. 23, n 4, pp. 395-426.

WECKEL Philippe, RINALDI Karine, « Relativisme culturel ou universalité des droits de l'Homme ? La réponse donnée par la Cour interaméricaine des droits de l'Homme par la prise en compte des coutumes indiennes », in THOUVENIN Jean-Marc, TOMUSCHAT Christian (coord.), *Droit international et diversité des cultures juridiques*, Société française pour le droit international, Paris, Pedone, 2008, pp. 421-432.

WEISSBRODT David, KRUGER Muria, « Norms on the Responsibilities of Transnational Corporations and Other Business Enterprises with Regard to Human Rights », *A.J.I.L.*, 2003, vol. 97, n°4, pp. 901-922.

WESCHKA Marion, « Human Rights and Multinational Enterprises : How Can Multinational Enterprise Be Held Responsible for Human Rights Violations Committed abroad? », *Zeitschrift Für Ausländisches Öffentliches Recht Und Völkerrecht*, 2006, pp. 625-661.

WIERSMA Lindsey, « Indigenous Lands as Cultural Property : A New Approach to Indigenous Land Claims », *Duke Law Journal*, 2005, vol. 54, pp. 1061-1088.

WIESSNER Siegfried, « Indigenous self-determination, culture, and land : a reassessment in light of the 2007 UN Declaration on the Rights of Indigenous Peoples », in PULITANO Elvira (éd), *Indigenous Rights : in the Age of the UN Declaration,* Cambridge, Cambridge University Press, 2012, pp. 31-63.

WIESSNER Siegfried, « Indigenous Sovereignty : a Reassessment in Light of the UN Declaration on the Rights of Indigenous Peoples », *Vanderbilt Journal of Transnational Law*, 2008, vol. 41, pp. 1141-1176.

WIESSNER Siegfried, « The Rights and Status of Indigenous Peoples : A Global Comparative and International Legal Analysis », *Harvard Human Rights Journal,* 1999, vol. 12, pp. 57-128.

WRAY Norman, « La consulta como un derecho político de los pueblos indígenas », *Estudio jurídico Tributarium*, 2002, vol. 6, pp. 41-48.

XANTHAKI Alexandra, « Indigenous Rights in International Law over the Last 10 Years and Future Development », *Melbourne Journal of International Law*, 2009, vol. 10, pp. 27-37.

ZORRILLA Carlos, « The Role of the World Bank in Promoting Sustainable Development in Latin America », *Michigan State Journal of International Law*, 2006, vol. 14, pp. 541-556.

ZUNIGA Victor, « La liturgia del dialogo. Foro de consulta sobre la cultura y derechos indígenas », *Trayectorias Revista de Ciencias Sociales*, 2000-2001, n°4-5, pp. 74-82.

III. Documents officiels

A. Documents d'institutions

BANQUE INTERAMÉRICAINE DE DÉVELOPPEMENT, *Operational Policy on Indigenous Peoples (IPP) – Operating guidelines*, Washington, Banque interaméricaine de développement, janvier 2007, 51 p.

BANQUE INTERAMÉRICAINE DE DÉVELOPPEMENT, *Política operativa sobre pueblos indígenas y Estrategia para el desarrollo indígena*, Washington, Banque interaméricaine de développement, février 2004, 55 p.

BANQUE INTERAMÉRICAINE DE DÉVELOPPEMENT, *Política operativa sobre pueblos indígenas y Estrategia para el desarrollo indígena*, Washington, Banque interaméricaine de développement, février 2006, 55 p.

BANQUE MONDIALE ET ICMM, *Community Development Toolkit*, London, Banque mondiale et ICMM, 2005, 50 p.

BANQUE MONDIALE, *Extractive Industries and Sustainable Development. An Evaluation of World Bank Group Experience*, OED/OEG/OEU, Washington, Banque mondiale, 2003, 236 p.

BANQUE MONDIALE, *Implementation of Operational Directive 4.20 on Indigenous Peoples : An Evaluation of Results*, Rapport du DEO No. 25754, Washington, Banque mondiale, 2003, 78 p.

BANQUE MONDIALE, *Indigenous Peoples, Poverty and Human Development in Latin America : 1994-2004*, Washington, Banque mondiale, 2005, 17 p.

BANQUE MONDIALE, *Management Report and Recommendation in Response to the Inspection Panel Investigation Report*, Panama Land Administration Project (Loan n°7045-PAN), 28 octobre 2010, VII-28 p.

BANQUE MONDIALE, *Politiques opérationnelles 4.10 sur les Populations autochtones*, Manuel opérationnel de la Banque mondiale, juillet 2005.

BANQUE MONDIALE, *Politiques opérationnelles 4.20 sur les Populations autochtones*, Manuel opérationnel de la Banque mondiale, septembre 1991.

BANQUE MONDIALE, *Procédures de la Banque PO 4.04*, Manuel opérationnel de la Banque mondiale, Washington, Banque mondiale, juin 2001, 3 p.

BANQUE MONDIALE, *Tribal Peoples and Economic Development : Human Ecologic Considerations*, Washington, Banque mondiale, mai 1982, 121 p.

BASTIDA Elizabeth, *Integrating Sustainability into Legal Frameworks for Mining in Some Selectied Latin American Countries*, International Institute for Environment and Development, janvier 2002, n°120, 33 p.

CAJIAO JIMENEZ Maria Virginia, *Guía Legal para reconocer el derecho de los Pueblos Indígenas al aprovechamiento y manejo de los recursos naturales en los territorios Indígenas de Costa Rica : los derechos de los Pueblos Indígenas a sus recursos naturales*, Serie Guias Legales – Derechos Indígenas n°2, OIT, 2002, 167 p.

CEPAL, *El acceso de los indígenas a la tierra en los ordenamientos jurídicos de América Latina: un estudio de casos*, CEPAL, août 2002, vol. 1-2, 64 p. et 84 p.

COMMISSION IDH, *El acceso a la justicia como garantía de los derechos económicos sociales y culturales. Estudio de los estándares fijados por el sistema interamericano de derechos humanos*, 7 septembre 2007, OEA/Ser.L/V/II.129, Doc. 4, 106 p.

COMMISSION IDH, *Indigenous and Tribal Peoples' Rights over their ancestral lands and natural resources : Norms and Jurisprudence of the Inter-American Human Rights System,* 30 décembre 2009, OEA/Ser.L/V/II, Doc. 56/09, 145 p.

COMMISSION IDH, *La situación de los derechos humanos de los indígenas en las Américas*, 20 octobre 2000, OEA/Ser.L/VII.108, Doc. 62.

COMMISSION NATIONALE DES DROITS DE L'HOMME, *Los derechos humanos y la globalización*, México, CNDH, 2003, 63 p.

CONSEIL INTERNATIONAL DES MINES ET DES METAUX (ICMM), *Good Practice Guide Indigenous Peoples and Mining*, Londres-Royaume-Uni, ICMM, 2010, VI-120 p.

CONSEIL INTERNATIONAL DES MINES ET DES METAUX (ICMM), *Les Droits de l'Homme dans l'industrie des mines et des métaux : Comment examiner et résoudre les préoccupations et les griefs à l'échelle locale*, Londres, ICMM, octobre 2009, 32 p.

CONSEIL INTERNATIONAL DES MINES ET DES METAUX (ICMM), *Mining and Indigenous Peoples Issues Review*, Londres-Royaume-Uni, ICMM, 2005, 82 p.

DAES Erica-Irene A, *La notion de « peuple autochtone »,* Document de travail du 10 juin 1996, E/CN.4/Sub.2/AC.4/1996/2.

DAES Erica-Irene A, *Les peuples autochtones et leur relation à la terre,* Rapport final du 11 juin 2001, E/CN.4/Sub.2/2001/21.

DAES Erica-Irene, *Prévention de la discrimination, protection des peuples autochtones et prévention de la discrimination à leur égard, Souveraineté permanente des peuples autochtones sur les ressources naturelles*, 13 juillet 2004, E/CN.4/Sub.2/2004/30, 26 p.

DEPARTAMENTO NACIONAL DE PLANEACIÓN DE COLOMBIA, *Los Pueblos Indígenas de Colombia en el Umbral del Nuevo Milenio*, Colombia, Departamento Nacional de Planeación de Colombia, 2006, XIV-426 p.

DERUYTTERE Anne, *Pueblos indígenas, recursos naturales y desarrollo con identidad: riesgos y oportunidades en tiempos de globalización*, Washington, BID, 15 p.

GOLAY Christophe, *Droit à l'alimentation et accès à la justice: exemples au niveau national, régional et international*, Rome, FAO, 2009, 68 p.

HCDH, Rapport du Haut-Commissariat des Nations Unies aux droits de l'Homme dans le cadre de la deuxième session du Mécanisme d'experts sur les droits des peuples autochtones, Mécanisme d'experts sur les droits des peuples autochtones, 10-14 août 2009, Moscou, Atelier international sur les sociétés exploitant les ressources naturelles, les peuples autochtones et les droits de l'Homme : Mise en place d'un cadre pour les consultations, le partage des bénéfices et le règlement des différends, A/HRC/EMRIP/2009/5, 3 juillet 2009, 9 p.

INSTANCE PERMANENTE SUR LES QUESTIONS AUTOCHTONES, Rapport sur les travaux de sa sixième session tenue du 14 au 25 mai 2007, *Thème spécial : « Territoires, terres et ressources naturelles »*, New York, Conseil économique et social, supplément n°23, E/2007/43, E/C.19/2007/12.

INSTITUT INTERAMERICAIN DES DROITS DE L'HOMME, « Jurisprudencia Nacional de America Latina en Derechos Humanos, Incorporación al ordenamiento interno del Convenio 169 de OIT, para garantizar derechos de los indígenas », *Iudicium et Vita*, 1996, n°4, pp. 191-200.

MARTÍNEZ COBO José, *Étude sur la discrimination à l'encontre des peuples autochtones*, E/CN.4/Sub.2/1986/7/Add. 1-4, 20 juin 1982.

MARTINEZ Juan, BANNON Ian, *Guatemala Consultation for the Indigenous Development Plan : Listening to the Mayan Elders*, Washington, Banque mondiale, juin 1997, 45 p.

MARTINEZ Miquel Alfonso, *Étude sur les traités, accords et autres arrangements constructifs entre États et populations autochtones*, E/CN.4/Sub.2/1999/20, 22 juin 1999, 62 p.

McMAHON Gary, REMY Felix (éd.), *Large Mines and the Community : Socioeconomic and Environmental Effects in Latin America, Canada, and Spain*, Ottawa-Washington, Banque mondiale et International Development Research Centre, 2001, VI-331 p.

MONITORING AND ASSESSING THE ENVIRONMENTAL IMPACT OF MINING IN EUROPE, *Review of potential environmental and social impact of mining*, EC DG INFSO/B4, 21 juin 2000, 28 p.

ORGANIZACIÓN INTERNACIONAL DEL TRABAJO, *Convenio Número 169 sobre Pueblos Indígenas y Tribales : Un Manual*, Genève, Organisation internationale du travail, 2003, IV-105 p.

PERAFÁN Carlos, HELI Nessim, *Community Consultation : The Case of Darien, Panama*, Washington, BID, décembre 2002, 70 p. Disponible en ligne sur : http://idbdocs.iadb.org/wsdocs/getdocument.aspx?docnum=361987 (consulté le 16 mars 2011).

PLANT Roger, HVALKOF Soren, *Land Titling and Indigenous Peoples,* Washington, Banque interaméricaine de Développement, 2001, n°109, 83 p.

PROGRAMME DES NATIONS UNIES POUR DÉVELOPPEMENT, *Guidelines on Indigenous Peoples' Issues*, février 2008, 53 p.

PROGRAMME DES NATIONS UNIES POUR L'ENVIRONNEMENT, *Composite Report on the Status and Trends regarding the knowledge, innovations and Practices of Indigenous and Local Communities*, 30 septembre 2003, UNEP/CBD/WG8J/3/INF/10, 83 p.

PROGRAMME DES NATIONS UNIES POUR L'ENVIRONNEMENT, *Eficiencia en el uso de los recursos en América Latina: Perspectivas e implicancias económicas,* Panama, 2011, 265 p.

PROGRAMME DES NATIONS UNIES POUR L'ENVIRONNEMENT, *Evaluation mondiale du Mercure*, Genève, décembre 2002, 306 p.

PROGRAMME DES NATIONS UNIES POUR LE DÉVELOPPEMENT, *Proyecto Conservación y Manejo Sostenible del Patrimonio Natural y Cultural de la Reserva de Biósfera Yasuní*, mars 2009, 34 p.

RAPPORTEUR SPÉCIAL SUR LES DROITS DES POPULATIONS AUTOCHTONES, *Industrias extractivas que realizan operaciones dentro de territorios indígenas o en proximidad de ellos*, 18ème session, A/HCR/18/35, 11 juillet 2011, 22 p.

REVUE DES INDUSTRIES EXTRACTIVES DE LA BANQUE MONDIALE, *Latin America and Caribbean Regional Workshop : Testimonials and Consultation Report*, Rio de Janeiro, 15-19 avril 2002, XI-63 p.

REVUE DES INDUSTRIES EXTRACTIVES DE LA BANQUE MONDIALE, *Vers un nouvel équilibre. Le groupe de la Banque mondiale et les industries extractives. Le Rapport final de la Revue des industries extractives*, décembre 2003, vol. 1.

ROLDÁN ORTEGA Roque, *Derechos de los Pueblos y Comunidades Indígenas a la Tierra : Aspectos Legales e Institucionales*, Washington, Banque mondiale, 2002, 52 p.

ROLDÁN ORTEGA Roque, *Models for Recognizing Indigenous Land Rights in Latin America*, Washington, Banque mondiale, 2004, 52 p.

SAWYER Suzana, GOMEZ Edmund Terence, *Transnational Governmentality and Resource Extraction : Indigenous Peoples, Multinational Corporations, Multilateral Institutions and the State*, Institut de recherche des Nations Unies pour le développement social, sept. 2008, Programm paper n°13, 62 p.

SCHUTTER Olivier (de), *Large-scale land acquisitions and leases : A set of Core Principles and Measures to address the human rights challenge*, 11 juin 2009.

SCHWARTZ Norman, DERUYTTERE Anne, *Consulta comunitaria, desarrollo sostenible y el Banco Interamericano de Desarrollo : Un marco conceptual*, Washington, BID, 1996, 34 p.

SEPTIÈME CONFÉRENCE DES PARTIES À LA CONVENTION SUR LA DIVERSITÉ BIOLOGIQUE, *Lignes directrices facultatives Akwé : Kon pour la conduite d'études sur les impacts culturels, environnementaux et sociaux des projets d'aménagement ou des aménagements susceptibles d'avoir un impact sur des sites sacrés et sur des terres ou des eaux occupées ou utilisées traditionnellement par des communautés autochtones et locales*, Montréal, 2004, 25 p.

SOCIÉTÉ FINANCIÈRE INTERNATIONALE, « Améliorer les projets et leurs résultats par la consultation et l'information du public », SFI, novembre 1998, 109 p.

SOCIÉTÉ FINANCIÈRE INTERNATIONALE, *Politiques et Critères de Performance en matière de Durabilité Sociale et Environnementale*, SFI, 30 avril 2006, 46 p.

TRESIERRA Julio C., *Derecho de uso de los recursos naturales por los grupos indígenas en el bosque tropical*, Washington, BID, 50 p.

WHITEMAN Gail, MAMEN Katy, *Meaningful Consultation and Participation in the Mining Sector? A Review of the Consultation and Participation of Indigenous Peoples Within the International Mining Sector*, The North-South Institute, 2002, 127 p.

B. Documents d'ONG

ACOSTA Alberto, GUDYNAS Eduardo, MARTINEZ Esperanza, VOGEL Joseph, *Leaving the Oil in the Ground : A Political, Economic, and Ecological Initiative in the Ecuadorian Amazon*, Americas Program, Washington, Center for International Policy, août 2009, 14 p.

ASSOCIATION INTERAMÉRICAINE DE DÉFENSE DE L'ENVIRONNEMENT (AIDA), *Environmental Defense Guide : Building Strategies for Litigating Cases before the Inter-American System of Human Rights*, 2010, 178 p.

ASSOCIATION INTERNATIONALE POUR L'INDUSTRIE PÉTROLIÈRE ET LA CONSERVATION DE L'ENVIRONNEMENT (IPIECA), *Improving social and environmental performance : Good practice guidance for the oil and gas industry*, Londres, IPIECA, 2010, 8 p.

AYLWIN José, *Derechos territoriales de pueblos indígenas en América latina : situation juridica y politica publica*, Observatorio cuidadano, document pour le Séminaire sur la situation juridique, politiques publiques, bonnes pratiques et actions affirmatives, Washington, 21 janvier 2011, 43 p.

AYLWIN José, *El Derecho de los Pueblos Indígenas a la Tierra y al Territorio en América Latina : Antecedentes Históricos y Tendencias Actuales*, document, pour la session du groupe de travail sur la 5ème section du projet de Déclaration organisé par l'Organisation des États américains, Washington, les 7 et 8 novembre 2002, 35 p.

CARUSO Emily, COLCHESTER Marcus, MACKAY Fergus, HILDYARD Nick, NETTLETON Geoff, *Extrayendo Promesas : Pueblos Indígenas, Industrias Extractivas Y El Banco Mundial - Informe Síntesis*, mai 2005, 129 p.

CARUSO Emily, COLCHESTER Marcus, MACKAY Fergus, HILDYARD Nick, NETTLETON Nick, *Extracting Promises: Indigenous Peoples, Extractive Industries and the World Bank, Synthesis Report*. Moreton-in-Marsh, Royaume-Uni, Forest Peoples Programme et Tebtebba Foundation, 2003, 111 p.

CASTAGNINO Vincent, *Metal Mining and Human Rights in Guatemala: The Marlin Mine in San Marcos*, Brigades internationales de paix, mai 2006, 32 p.

CIDSE, *América latina: Riqueza privada, pobreza pública*, 2009, Quito, 247 p.

COLCHESTER Marcus, MACKAY Fergus, *In search of Middle Ground: Indigenous Peoples, Collective Representation and the Right to Free, Prior and Informed Consent*, novembre 2004, 36 p.

COLLECTIF GUATEMALA, *Spoliation des ressources naturelles, droits indigènes, et responsabilités internationales*, mars 2006, 76 p.

EARTHRIGHTS INTERNATIONAL, RACIMOS DE UNGURAHUI, ET AMAZON WATCH, *A Legacy of Harm: Occidental Petroleum in Indigenous Territory in the Peruvian Amazon*, avril 2007, 62 p.

ENVIRONMENTAL LAW ALLIANCE WORLDWIDE (ELAW), *Guide pour l'évaluation des EIE de projets miniers*, Eugene, Environmental Law Alliance Worldwide, 1ère édition, juillet 2010, 118 p.

ENVIRONMENTAL LAW INSTITUTE, *Prior Informed Consent and Mining: Promoting the Sustainable Development of Local Communities,* 2004, Washington, Environmental Law Institute, 42 p.

FIDH, *Entreprises et Violations des droits de l'Homme : Un guide pratique sur les recours existants à l'attention des victimes et des ONG*, juillet 2010, 537 p.

FIDH, *Peru-Bagua : Bloodshed in the Context of the Amazon Protest. Urgent Need for Good Faith Dialogue*, 26 octobre 2009, 11 p.

FIDH, *Chile la otra transición chilena: Derechos del Pueblo Mapuche, Política penal y Protesta social en un Estado democrático*, 2006, 65 p.

FINER Matt, JENKINS Clinton N., PIMM Stuart L., *Los proyectos petroleros y gasíferos en la Amazonia occidental : Amenazas a tierra virgen, biodiversidad y pueblos indígenas*, Save America's Forests, PloS ONE, 2008, 18 p.

FONDATION CANADIENNE POUR LES AMERIQUES (FOCAL), *Sustainable Communities : Mining and Indigenous Governance*, policy document, mars 2008, 8 p.

FOREST PEOPLES PROGRAMME, *Peuples autochtones et Projets de la Banque mondiale : un guide du Critère de performance 7 (CP 7) de la Société financière internationale sur les peuples autochtones à l'attention des communautés*, octobre 2008, 16 p.

GOLAY Christophe, CISMAS Ioana, *Avis juridique : le droit de propriété sous l'angle des droits humains*, Genève, Droits et Démocratie, 2010, 37 p.

GRIFFITHS Tom, *Exigiendo Responsabilidad al BID y la CFI en Camisea II : Una Revisión de Estándares Internacionales Aplicables, y Diligencia y Conformidad Debidas*, Washington, Amazon Watch, septembre 2007, 63 p.

INSTITUT INTERNATIONAL DE GESTION DU CYANURE, *Code international de gestion du cyanure*, janvier 2011, 11 p.

INTERNATIONAL ALERT, *Conflict-Sensitive Business Practice: Guidance for Extractive Industries*, Londres, International Alert, mars 2005, 195 p.

MELO Mario, ORTIZ Pablo, LOPEZ A. Victor, *Petroleo, Ambiente y Derechos en la Amazonia centro Sur*, Quito, Centro de Derechos Económicos y Sociales (CDES), 2002, 73 p.

MELO Mario, SOTOMAYOR Juana (ed.), *TARIMIAT : Firmes en Nuestro Territorio*, Quito, Centro de Derechos Económicos y Sociales (CDES) et Confederación de Nacionalidades Indígenas del Ecuador (CONAIE), 2ème édition, 109 p.

MOUVEMENT MONDIAL POUR LES FORETS TROPICALES, *L'industrie minière : Impacts sur la société et l'environnement*, Montevideo, mars 2004, 180 p.

MOUVEMENT MONDIAL POUR LES FORETS TROPICALES, *Les peuples indigènes : leurs forêts, leurs luttes et leurs droits*, Montevideo, décembre 2005, 164 p.

OILWATCH, « Impacto ambiental de la explotación petrolera en América Latina », *Revista Biodiversidad*, janvier 2005, n°43, pp. 1-9.

OILWATCH, *Entre le rêve et la mémoire: 10 ans de lutte, 10 ans de résistance*, Oilwatch, 193 p.

OILWATCH, *Exploitation pétrolière dans la réserve de la biosphère Yasuni*, juillet 2005, 42 p.

OXFAM, *Guide to Free, Prior and Informed Consent*, Australie, juin 2010, 33 p.

OXFAM, *Lever la malédiction des ressources : Comment les pauvres peuvent et devraient profiter des revenus des industries extractives*, document d'information d'Oxfam 134, décembre 2009, 60 p.

ÖZDEN Melik, GOLAY Christophe, *Le droit des peuples à l'autodétermination et à la souveraineté permanente sur leurs ressources naturelles sous l'angle des droits humains*, Programme de Droits Humains du CETIM, 2010, 64 p.

RAPPORT DES TRAVAUX DE ANTONOANELLA-IULIA MOTOC ET LA FONDATION TEBTEBBA dans le cadre du groupe de travail sur les peuples autochtones, *Legal commentary on the concept of free, prior and informed consent*, E/CN.4/Sub.2/AC.4/2005/2, 21 juin 2005, p. 3, par. 6.

SURVIVAL INTERNATIONAL, *Draft of Code of Conduct : Indigenous Peoples and the Rights to Participate in Decision-Making*, février 2010, 28 p.

TRANSPARENCY INTERNATIONAL, *Promoting Revenue Transparency : 2011 Report on Oil and Gas Companies,* Berlin, Transparency international, 2011, 65 p.

UICN, *Industries extractives dans les zones arides et semi-arides : Planification et gestion de l'environnement*, coll. Gestion des écosystèmes, Gland-Cambridge, Suisse-Royaume-Uni, 2004, 122 p.

WEEMAELS Nathalie, *Fact Finding Mission Report: Oil impacts in the Territory of Native Community Canaan de Cachiyacu,* Pérou, EarthRights International, juin 2005, 14 p.

WICKERI Elisabeth, KALHAN Anil, *Land Rights Issues in International Human Rights Law*, Institute for Human Rights and Business, Briefing Paper for Institute for Human Rights and Business, Forum on Land, Business and Human Rights, Manesar, Inde, juin 24-25, 2009, 10 p.

WORLD RESOURCES INSTITUTE, *Mining and Critical Ecosystems: Mapping the Risks*, Washington, World Resources Institute, 2003, XI-60 p.

WUILLE M. Ruiz Figueroa, « El Convenio 169 OIT : Derecho a la consulta y participación en el aprovechamiento de los recursos naturales », Seminario : Gobernabilidad y las Industrias Extractivas en Territorios Indígenas Fundación Canadiense para las Américas – FOCAL, Febrero 2007, 20 p.

IV. Jurisprudence

A. Jurisprudences nationales

1. Argentine

Cour d'appel de Neuquen, recours d'*amparo* du 24 mars 1997, *Défenseure des enfants, Mineurs de la Commmunauté Paynemil*, n°311-CA-1997, 19 mai 1997, p. 11.

Cour suprême de la province de Mendoza, recours en inconstitutionnalité, *Entreprise YPF, Ministère public et gouvernement de la province de Mendoza contre la décision de la Cour d'appel Association Oikos Red Ambiental contre le gouvernement de la province de Mendoza*, 11 mars 2005.

Tribunal Supérieur de justice de la province de Río Negro, recours d'*amparo*, *CO.DE.CI de la Provincia de Río Negro*, 17 août 2005.

Cour suprême de la province de Chubut, recours d'*amparo*, *Villivar Silvana Noemo et autres contre Province de Chubut et autres*, 17 avril 2007.

Tribunal correctionnel de la ville de Zapala, *Entreprise Pionner Natural Resource contre Nahuel Florentino Arsenio, Nancucheo Roberto Oscar, Velasquez Martin, Pintos Fidel*, exp. N°3302-F°69-2004, 19 juin 2007.

Tribunal civil n°2 de Cutral (en lo civil y comercial), recours d'*amparo*, *Entreprise Petrolera Piedra del Aguila SA contre Curruhuinca Victorino et autres*, 16 février 2011.

Tribunal de première instance de Zapala, *Duarte Pedro contre Claleo Silvia et autres*, exp. n°7061, 9 novembre 2012.

2. *Bolivie*

Tribunal Constitutionnel, demande de contrôle de constitutionnalité de la loi relative aux hydrocarbures n°3058 du 19 mai 2005, *Luis Eduardo Siles Pérez*, n°45-2006, 2 juin 2006.

3. *Chili*

Cour d'appel de Puerto Montt, *Manuel Secundino Vera Millaquen por la Comunidad Mapuche Huilliche Pepiukelen contre Entreprise de pêche Los Fiordos Ltda.*, n°5757-2010, 27 juillet 2010.

Cour suprême, *Manuel Secundino Vera Millaquen pour la Communauté Mapuche Huilliche Pepiukelen contre Entreprise de pêche Los Fiordos Ltda.*, n°36-2010, 15 septembre 2010.

Cour d'appel d'Antofagasta, Association autochtone Conseil des Peuples Atacameños contre la Commission régionale de l'environnement de la région d'Antofagasta, n°782-2010, 21 décembre 2010.

Cour suprême, *Municipalité de Putre et Richard Antonio Fernández Chávez, et autres contre la Commission régionale de l'environnement d'Arica et Parinacota*, n°2262-2011, 16 juin 2011.

Cour d'appel de Puerto Montt, *José Omar Guentelican Maldonado, Présidente de la Communauté autochtone Antu Lafquen de Huentetique contre la Commission régionale de l'environnement de la région de Los Lagos*, n°239-2011, 11 octobre 2011.

4. *Colombie*

Cour constitutionnelle, Sala segunda, *Ariel Uribe Orozco et Jorge Alberto Restrepo González, contre l'Association Nuevas Tribus de Colombia*, T-342/94, 27 juillet 1994.

Cour constitutionnelle, Sala Plena, *Défenseur du Peuple, Jaime Córdoba Triviño représentant plusieurs personnes du groupe ethnique autochtone U'wa contre Ministère de l'Environnement et entreprise Occidental de Colombia Inc.*, SU-039/97, 21 février 1997.

Cour constitutionelle, Sala octava de Revisión, *Pueblo Indígena Motilón Barí contre Ministère de l'Intérieur et de la Justice et autres*, T-880/06, 26 octobre 2006.

Cour constitutionnelle, demande en inconstitutionnalité contre la loi 1021 de 2006, *Carlos Humberto García Guzmán, Luis Alfredo García Gómez, Alejandra Azuero Quijano y Daniel Bonilla Maldonado*, C-030/08, 23 janvier 2008.

Cour constitutionnelle, Sala Quinta de Revisión, *Oscar Carupia Domicó et autres représentant des réserves Chidima-Tolo y Pescadito de l'éthnie Embera-Katío contre les Ministère du Transport, de l'environnement, du logement et du développement territorial, de l'intérieur, de la justice, des mines et de l'énergie, de l'agriculture, de la défense, du département national de planification, des maires de Unguía et Acandí, de la société autonome régional du Chocó (Codechocó), l'armée nationale, la brigade XVII et de l'agence logistique des forces militaires*, T-129/11, 3 mars 2011.

5. *Costa Rica*

Tribunal administratif, section 4, *Association conservatrice de la flore et de la faune sauvages (Apreflofas) et Association Note por la Vida, contre État du Costa Rica, Entreprise Industrias Infinito SA, Système national des aires de conservation, Association solidaire aux employés de l'entreprise Industrias Infinito (Asocrucitas)*, n°4399-2010, 14 décembre 2010.

6. *Équateur*

Cour de justice provinciale de Sucumbíos, *Maria Aguinda et autres contre Entreprise Chevron Texaco*, 2003-002, 14 février 2011.

Cour d'appel de justice de la province de Sucumbíos, *Maria Aguinda et autres contre Entreprise Chevron Texaco*, 3 janvier 2012.

Tribunal Constitutionnel, résolution du recours d'*amparo*, *Fédération indépendante du Peuple Shuar en Équateur (FIPSE) contre Entreprise Arco Oriente*, résolution n°247-RA-00-IS.

7. *Guatemala*

Cour constitutionnelle, recours d'*amparo*, *Consejos Comunitarios de Desarrollo, Alcaldías Auxiliares et voisins de différentes communautés dans la municipalité de San Juan Sacatepéquez dans le département du Guatemala contre le Conseil municipal*, n°3878-2007, 21 décembre 2009.

8. *Panama*

Cour suprême de Justice, contentieux administratif en nullité, *Cesar Salazar Serrano contre le contrat n°006 du 16 février 2005 entre l'entreprise Cuprum Resources Corp. et le Ministère du Commerce et de l'Industrie*, exp. N°579-09, 1er mars 2011.

9. *Pérou*

Tribunal Constitutionnel, Sala segunda, Minas Conga S.R.L., *Sociedad Minera de Responsabilidad Limitada Chaupiloma Dos de Cajamarca, Minera Yanacocha S.R.L., contre les décisions de la Cour supérieure de Cajamarca*, exp. n°301-2002-AA/TC et n°302-2002-AA/TC, 7 avril 2003.

Tribunal Constitutionnel, recours constitutionnel de *Jaime Hans Bustamante Johnson contre la décision de la Cour supérieure de justice de San Martin*, exp.n°03343-2007-PA/TC, 19 février 2009.

Tribunal Constitutionnel, demande de contrôle de constitutionnalité du décret n°1089, *Gonzalo Tuanama Tuanama*, exp. n°0022-2009-PI/TC, 28 juin 2010.

Tribunal Constitutionnel, demande de contrôle de constitutionnalité du décret n°1089, *Gonzalo Tuanama Tuanama*, n°0023-2009-PI/TC, 21 septembre 2010.

B. Système interaméricain des droits de l'Homme

1. *Commission interaméricaine des droits de l'Homme*

Commission IDH, 5 mars 1985, *Yanomami contre Brésil*, Résolution n°12/85.

Commission IDH, 12 octobre 2004, *Communautés indigènes mayas du district de Toledo c. Belize*, Rapport n°40/04.

Commission IDH, 5 octobre 2000, *Communautés autochtones Mayas c. Belize*, Rapport n°78/00.

Commission IDH, 15 octobre 2004, *Communauté de San Mateo de Huanchor et ses membres c. Pérou*, Rapport n°69/04.

Commission IDH, 11 mars 2004, *Mercredes Julia Huenteao Beroiza et autres c. Chili,* Rapport n°30/04.

Commission IDH, 13 octobre 2004, *Peuple autochtone Sarayaku c. Équateur*, Rapport n°62/04.

Commission IDH, 24 juillet 2007, *Communauté Garifuna de Cayos Cochinos c. Honduras*, Rapport n°39/07.

Commission IDH, 21 avril 2009, *Peuple autochtone Kuna de Madungandi et Embera de Bayano c. Panama,* Rapport n°58/09.

Commission IDH, 5 août 2009, *Communautés indigènes Ngöbe dans la vallée de la rivière Changuinola c. Panama.*

Commission IDH, 24 mars 2010, *Communauté Garifuna Punta Piedra et ses membres c. Honduras,* Rapport n°63/10.

Commission IDH, 23 octobre 2010, *Peuples autochtones de Raposa Serra do Sol c. Brésil,* Rapport n°125/10.

2. *Cour interaméricaine des droits de l'Homme*

Cour IDH, 10 septembre 1993, Réparations, *Aloeboetoe et autres c. Suriname*, Série C n°15.

Cour IDH, 1er février 2000, Exceptions préliminaires, *Communauté Mayagna (Sumo) Awas Tingni c. Nicaragua*, Série C n°66.

Cour IDH, 31 août 2001, Fond et réparations, *Communauté Mayagna (Sumo) Awas Tingni c. Nicaragua*, Série C n°79.

Cour IDH, 15 juin 2005, Fond et réparations, *Communauté Moiwana c. Suriname*, Série C n°124.

Cour IDH, 17 juin 2005, Fond et réparations, *Communauté indigène Yakye Axa c. Paraguay*, Série C n°125.

Cour IDH, 23 juin 2005, Fond et réparations, *YATAMA c. Nicaragua*, Série C n°127.

Cour IDH, 6 février 2006, Demande d'interprétation de l'arrêt sur le fond et les réparations, *Communauté indigène Yakye Axa c. Paraguay*, Série C n°142.

Cour IDH, Demande d'interprétation de l'arrêt sur le fond et réparations, *Communauté Moiwana c. Suriname*, Série C n°145.

Cour IDH, 29 mars 2006, Fond et réparations, *Communauté autochtone Sawhoyamaxa c. Paraguay*, Série C n°146.

Cour IDH, 28 novembre 2007, Exceptions préliminaires, fond et réparations, *Peuple Saramaka c. Suriname*, Série C n°172.

Cour IDH, 12 août 2008, Demande d'interprétation de l'arrêt sur le fond et réparations, *Communauté Saramaka c. Suriname*, Série C n°185.

Cour IDH, 24 août 2010, Fond et réparations, *Communauté autochtone Xákmok Kásek c. Paraguay*, Série C n° 214.

Cour IDH, 27 juin 2012, Fond et réparations, *Peuple autochtone Kichwa de Sarayaku c. Équateur*, Série C n° 245.

C. Mécanisme de plaintes de l'OIT : réclamations sur l'inexécution de la Convention n°169 de l'OIT

Rapport du comité chargé d'examiner la réclamation alléguant l'inéxécution par le Brésil de la convention (n°169) relative aux peuples indigènes et tribaux, présentée par le Syndicat des ingénieurs du District fédéral (SENGE/DF), n°162006BRA169, Genève, le 17 mars, 2009.

Rapport du comité chargé d'examiner la réclamation alléguant l'inexécution par l'Argentine de la convention (n°169) relative aux peuples indigènes et tribaux, présentée l'Union des travailleurs de l'enseignement du Rio Negro (UNTER), syndicat de base de la Confédération des travailleurs de l'éducation de la République argentine (CTERA), n°162008ARG169, Genève, le 12 novembre 2008.

Rapport du comité chargé d'examiner la réclamation alléguant l'inexécution par le Guatemala de la convention (n°169) relative aux peuples indigènes et tribaux, présentée par la Fédération des travailleurs des campagnes et des villes (FTCC), n°162007GTM169, Genève, le 4 juin 2007.

Rapport du comité chargé d'examiner la réclamation alléguant l'inexécution par le Mexique de la convention (n°169) relative aux peuples indigènes et tribaux, présentée par le Syndicat des travailleurs de l'industrie des métaux, de l'acier, du fer et des industries connexes et similaires (STIMAHCS), n°162006MEX169, Genève, 7 juin 2006.

Rapport de comité chargé d'examiner la réclamation alléguant l'inexécution par le Mexique de la convention (n°169) relative aux peuples indigènes et tribaux, par le Syndicat des travailleurs de l'Université autonome du Mexique (STUNAM) et le Syndicat indépendant des travailleurs de la Jornada (SITRAJOR), n°162004MEX169A, Genève, le 19 mars 2004.

Rapport du comité chargé d'examiner la réclamation alléguant l'inexécution par la Colombie de la convention (n°169) relative aux peuples indigènes et tribaux, 1989, présentée par la Centrale unitaire des travailleurs (CUT), n°161999COL169A, Genève, le 14 novembre 2001.

Rapport du comité chargé d'examiner la réclamation alléguant l'inexécution par l'Équateur de la convention (no 169) relative aux peuples indigènes et tribaux, 1989, présentée par la Confédération équatorienne des syndicats libres (CEOSL), n°162000ECU169, Genève, le 14 novembre 2001.

Rapport du comité chargé d'examiner la réclamation alléguant l'inexécution par le Mexique de la convention (n°169) relative aux peuples indigènes et tribaux, présentée par le Syndicat radical des travailleurs de la métallurgie et assimilés, n°161999MEX169, Genève, 1999.

V. Sites internet

A. Organisations internationales

- Agence Internationale de l'énergie : www.iea.org
- Asistencia Reciproca Petrolera Empresarial LatinoAmericana (ARPEL) : http://www.imf.org/external/np/sec/decdo/arpel.htm
- Bank Information center : http://www.bicusa.org/en/Issue.24.aspx
- Banque mondiale : www.worldbank.org/wbi/environment
- Caribbean Energy Information System (CEIS) : www.comnet.net/ceis
- Commission économique pour l'Amérique Latine et les Caraïbes : http://www.eclac.org
- Compliance Advisor Ombudsman (CAO) : http://www.cao-ombudsman.org
- Conférence des Nations-Unies sur les Changements Climatiques : http://unfccc.int/portal_francophone/
- Conseil international du Pétrole : http://www.world-petroleum.org
- Convention sur la diversité biologique : http://www.cbd.int/
- Energy Information Administration : www.eia.doe.gov
- Groupe de travail sur l'élaboration de la Déclaration américaine des droits des peuples autochtones de l'OEA : http://www.oas.org/consejo/sp/CAJP/Indígenas.asp
- Haut-Commissariat des droits de l'Homme : http://www.ohchr.org/french/
- Inter-American Development Bank, Indigenous Peoples and Community Development Unit : www.iadb.org/sds/IND/index_ind_e.htm
- International Work Group for Indigenous Affairs : www.iwgia.org
- Organisation de coopération et de développement économique : http://www.oecd.org/
- Organisation des États Américains : http://www.oas.org/juridico/mla/en/gtm/index.html
- Organisation des Nations Unies : http://www.un.org/french/law/ilc/ et www.un.org/french/

- Organisation internationale de Normalisation : http://www.iso.org/iso/fr/home.htm
- Organisation internationale du travail : http://www.ilo.org/global/lang--fr/index.htm
- Organisation Latino-Américaine de l'énergie : www.olade.org
- Organisation mondiale de la Santé : http://www.who.int/fr/
- Principes d'Équateur : http://www.equator-principles.com/documents/Equator_Principles.pdf
- Programme des Nations Unies pour l'environnement : http://www.unep.org/french/
- Rapporteur spécial sur les droits des peuples autochtones : http://unsr.jamesanaya.org
- Revue des industries extractives : http://www.eireview.org
- Société financière internationale : http://www.ifc.org/french
- Société internationale financière (SFI) : http://www.ifc.org/ifcext/sustainability.nsf/Content/PerformanceStandards
- UN Mining, Environment, and Development : www.naturalresources.org/minerals/CD/social.htm
- UNCTAD Mineral Resources Forum : www.naturalresources.org/minerals/development/indigp/indigp.htm
- World Energy Council : http://www.worldenergy.org/wec-geis

B. Organismes de recherche et lieux de débats

- Central American and Caribean Research Council International Centre for Human Rights and Democratic Development : http://www.ichrdd.ca/site/home/index.php?lang=fr
- Centre chilien des politiques publiques : http://www.politicaspublicas.net
- Centre de recherche sur la mondialisation (CRM) : http://www.globalresearch.ca
- Centro de Estudios Aplicados a los Derechos Económicos Sociales y Culturales : www.ceadesc.org
- Christian Brodhag : http://www.brodhag.org/
- Commission nationale des droits de l'Homme au Mexique : http://www.cndh.org.mx/
- Flacso Andes, Tema Políticas petroleras y gobernanza energética : http://www.flacsoandes.org/web/cms2.php?c=514
- Foncier & développement : http://www.foncier-developpement.fr

- Grupo Faro (Recherche et action pour les politiques publiques) : http://www.grupofaro.org
- Institut de recherche et de débat sur la gouvernance (IRG) : http://www.institut-gouvernance.org/index_fr.html
- Institut indigéniste interaméricain : http://indigenista.net/
- Institut international du développement durable (IISD) : http://www.iisd.org/default_fr.aspx
- Institut international pour l'environnement et le développement (IIED) : http://www.iied.org/
- Institut Nord-Sud : www.nsi-ins.ca
- Instituto Socioambiental (Brazil) : www.socioambiental.org/website/home_html
- International Development Research Centre, Environment and Natural Resource Management : network.idrc.ca/en/ev-43438-201-1-DO_TOPIC.html
- Investment Treaty Arbitration : http://ita.law.uvic.ca
- Jantzi Research : http://sustainalytics.com (sur la responsabilité sociale des investissements)
- Native Title Research Unit, Issues Papers : www.aiatsis.gov.au/rsrch/ntru/ntru_issuespprs.htm
- Observatorio de conflictos mineros de América latina : http://www.conflictosmineros.net/
- Observatorio socioambiental : http://osaflacso.blogspot.com/
- Principes d'Équateur : http://www.equator-principles.com
- Research Discussion Papers Series : www.aiatsis.gov.au/rsrch/rsrch_dp/discussion_papers.htm
- South Centre : http://www.southcentre.org
- World Resources Institute : http://www.wri.org/

C. Organisations non gouvernementales

1. Environnement et terres

- Acción Tierra : http://www.acciontierra.org/display.php?article=348
- Amazonia por la vida : http://www.amazoniaporlavida.org/es/Noticias/
- Amis de la terre : www.amisdelaterre.org
- Association conservatrice de la flore et de la faune sauvages (Apreflofas) : http://www.apreflofas.or.cr
- Calas : http://www.calas.org.gt/
- CIDSE : http://www.cidse.org/

- Coalition internationale pour l'accès à la terre : http://www.landcoalition.org/
- Développement durable en Argentine : http://dsostenible.com.ar
- EarthRights International (ERI) : http://www.earthrights.org/
- Greenpeace : www.greenpeace.org
- Grufides : http://www.grufides.org/
- Indigenous Environmental Network : www.ienearth.org
- International Association for Impact Assessment : http://www.iaia.org
- Land Coalition : http://www.landcoalition.org/program/ipp_case_studies.html#
- Live Yasuni : www.liveyasuni.org.
- Living Earth : http://www.livingearth.com/
- Madreselva : http://www.madreselva.com.gt/
- Observatorio de territorios étnicos : http://etnoterritorios.org
- Observatorio latinoamericano de conflictos ambientales : http://www.olca.cl
- Rainforest Action Network : http://ran.org
- Save America's Forests : http://saveamericasforests.org/
- Tierra viva : http://www.tierraviva.org/
- Union Internationale pour la Conservation de la Nature (UICN) : http://www.iucn.org/
- World Resource Institute (WRI) : http://www.wri.org/

2. *Ressources naturelles*

- Amazon Defense Coalition : http://www.texacotoxico.org/
- Amazon Watch : http://www.amazonwatch.org/
- Association internationale de l'industrie pétrolière pour la conservation de l'environnement (IPIECA) : http://www.ipieca.org
- Association internationale des producteurs de pétrole et de gaz (OGP) : http://www.ogp.org.uk
- Association régionale des entreprises de pétrole, de gaz en Amérique latine et Caraïbes (ARPEL) : http://www.arpel.org
- Catapa : http://www.catapa.be/fr/cat/catapa
- Comité professionnel du pétrole (CPDP) : http://www.cpdp.org/_portail.asp
- Conseil international des mines et métaux (ICMM) : https://www.icmm.com/
- Coordinadora Para La Defensa de Tierras y Aguas (Panama) : http://codetiaguas.blogspot.fr

- Coordination Nationale des Communautés du Pérou affectées par l'exploitation minière (Coordinadora Nacional de Comunidades del Perú Afectadas por la Minería) : www.conacami.org
- Derecho de los Pueblos Indígenas : www.indígenas.bioetica.org
- Derecho, Ambiente y Recursos Naturales (DAR) : http://www.dar.org.pe/
- Earth Works : http://www.earthworksaction.org/
- Fédération internationale des syndicats de travailleurs de la chimie, de l'énergie, des mines et des industries diverses : http://www.icem.org/
- Fondation sur l'environnement et les ressources naturelles en Argentine : http://www.farn.org.ar/
- Global Oil Watch : www.globaloilwatch.com
- Goldcorp out of Guatemala : http://goldcorpoutofguatemala.com
- http://www.resistencia-mineria.org
- Infomine : http://www.infomine.com
- Institut international de gestion du cyanure : http://www.cyanidecode.org
- International Rivers Network : http://www.internationalrivers.org/fr
- Latin American Wind Energy Association : www.lawea.org
- Mines and Communities : www.minesandcommunities.org
- Mining Policy Research Initiative (Latin America and the Caribbean) :www.iipmmpri.org/index.cfm?lang=eng
- Mining Watch : www.miningwatch.ca
- No a la mina : www.noalamina.org
- No dirty Gold : http://www.nodirtygold.org
- OGP (International Association of Oil and Gas Producers) : http://www.ogp.org.uk/
- Oil Change International : http://priceofoil.org/
- Oil Watch : http://www.oilwatch.org.ec/francais/ (...)
- Oil watch Sudamerica : http://www.oilwatchsudamerica.org
- Oxfam America. Oil, Gas, and Mining Campaign : www.oxfamamerica.org/advocacy/art2605.html
- Oxfam Community Aid Abroad, Mining Campaign : www.oxfam.org.au/campaigns/mining/
- Petrostrategies : http://www.petrostrategies.org
- Pipedir : http://www.pipedir.com/
- Ressource et environnement : http://ressources-et-environnement.com
- Transparency international : http://www.transparency.org/

3. Mondialisation

- Bank Information Center (sur projets de la Banque mondiale) : www.bicusa.org/bicusa/issues/indigenous_peoples/index.php
- Business for Social Responsibility : www.bsr.org
- Business Leaders Initiative on Human Rights (matrice avec la Charte international des droits de l'Homme) : www.baseswiki.org
- Centre de Ressources sur les Entreprises et les Droits de l'Homme : http://www.business-humanrights.org/ (voir en particulier : http://www.business-humanrights.org/SpecialRepPortal/Home/Consultationsmeetingsworkshops/Legalworkshops)
- Centre des droits économiques et sociaux (Centro de Derechos Économicos y Sociales) (CDES) : www.cdes.org
- Corporate Accountability International : http://www.stopcorporateabuse.org/
- Fair Labor Association (FLA) : http://www.fairlabor.org/fla/
- Global Business Initiative on Human Rights : http://www.global-business-initiative.org/
- Global Reporting Initiative (GRI) : http://www.globalreporting.org/Home
- Global Witness : www.globalwitness.org
- International Trade Union Confederation : http://www.ituc-csi.org
- Multinational Monitor : http://multinationalmonitor.org/
- World Business Council for Sustainable Development : www.wbcsd.org

4. Peuples autochtones

- Center for the support of Native Lands : www.nativelands.org
- Coordinadora Andina de Organizaciones Indígenas (CAOI) : www.minkandina.org/
- Coordinatrice des Organisations Autochtones du Bassin Amazonien : http://www.coica.org.ec
- Cultural Survival : www.cs.org
- Diplomacia indígena : www.diplomaciaindigena.org
- First Peoples Worldwide : www.firstpeoples.org
- Forest Peoples Programme : www.forestpeoples.org
- Groupe International de Travail pour les Peuples Autochtones (GITPA) : http://gitpa.org/
- Revista de información y debate : http://www.revistapueblos.org/
- Indian Law Resources Center, Justice for Indigenous Peoples : http://www.indianlaw.org

- Indigenous Peoples Issues and Resources : http://indigenouspeoplesissues.com
- Instituto indigenista Interamericano : www.indigenista.org
- International Alliance of Indigenous Tribal Peoples of Tropical Forests : www.international-alliance.org
- International Indian Treaty Council : www.treatycouncil.org
- Services de communication interculturelle Servindi : http://servindi.org
- Survival : www.survivalfrance.org
- Tebtebba Foundation : www.tebtebba.org

D. Bases de données

- ESCR-Net Caselaw Database : http://www.escr-net.org/caselaw/
- Centre de ressources sur les Entreprises et les droits de l'Homme : http://www.business-humanrights.org/LegalPortal/Home
- Centre des droits économiques et sociaux : http://www.cesr.org
- Organisation internationale du travail : http://www.ilo.org/ilolex/french/index.htm et http://www.ilo.org/public/french/support/lib/resource/ilodatabases.html

TABLE DES MATIÈRES

Questions juridiques aux éditions L'Harmattan

Dernières parutions

DIVORCE (LE) DU CHEF D'ENTREPRISE
Artiste, libéral, artisan, commerçant, actionnaire – Se marier, payer, divorcer
Rond Patrice
Patrice Rond, expert financier auprès des tribunaux, donne dans cet ouvrage les clés incontournables qui permettent à un entrepreneur, quel qu'il soit, d'anticiper sur ses droits et ses risques en cas de divorce. Prendre les bonnes décisions de protection de son patrimoine en choisissant les bons contrats de mariage, savoir changer de régime matrimonial quand il s'avère inadapté est tout à fait possible et souhaitable.
(16.50 euros, 158 p.)
ISBN : 978-2-343-05282-3, ISBN EBOOK : 978-2-336-36540-4

L'EXPERTISE NON JUDICIAIRE À L'AUNE DES DROITS FONDAMENTAUX
Goujon-Bethan Thibault
L'expertise déjudiciarisée est en plein essor, d'une part parce que l'avis d'experts se révèle indispensable dans un nombre croissant de matières juridiques irriguées par la technique (construction, dommage corporel), et d'autre part, car la recherche d'une efficacité économique conduit à minimiser le recours au juge. Cet ouvrage est conçu comme un mode d'emploi pour aider à la décision.
(Coll. Droit privé et sciences criminelles, 21.00 euros, 196 p.)
ISBN : 978-2-343-05335-6, ISBN EBOOK : 978-2-336-36778-1

TRANSPARENCE (LA) FINANCIÈRE DES ÉLUS POLITIQUES FRANÇAIS
Les conséquences des mesures législatives de 2013
Cael Céline - Préface de Sébastien Jakubowski ; postface de Pierre-Yves Néron
Cet ouvrage veut étudier les apports des lois et dispositifs mis en œuvre pour lutter contre la corruption depuis l'affaire Cahuzac, avec notamment la mise en place d'une haute Autorité pour la Transparence de la Vie Publique, le durcissement des conditions d'éligibilité, l'encadrement du *lobbying*, la naissance d'un procureur financier,... L'auteur analyse les conséquences de ces mesures et rend compte à l'aide d'entretiens d'élus politiques, des résistances de ces derniers à une publicité financière envers les citoyens.
(Coll. Logiques sociales, 21.00 euros, 214 p.)
ISBN : 978-2-343-05013-3, ISBN EBOOK : 978-2-336-36817-7

QUI A PEUR DE LA NOUVELLE PEINE SANS PRISON ?
Ajouter du «lien» et non du «rang» pour réussir la contrainte pénale et en finir avec la récidive
Delamotte Danielle
La contrainte pénale, nouvelle peine sans prison, fait peur. Car, ce qu'on retient d'elle, c'est qu'elle évite la prison. Le sujet est pourtant plus complexe et plus nuancé. Les psychologues et les criminologues s'accordent à dire que la délinquance est la maladie du lien. Pour soigner cette maladie, il faut s'intéresser à la personne et la placer au centre de la réflexion pour envisager la «contrainte pénale» sous un autre angle.
(11.50 euros, 86 p.)
ISBN : 978-2-343-04717-1, ISBN EBOOK : 978-2-336-36487-2

JUSTICE (LA) PÉNALE INTERNATIONALE EN AFRIQUE
Aspects juridiques, défis et perspectives
Diakité Kémoko - Préface du professeur Alioune Sall
Cet ouvrage met en exergue le contexte de création ainsi que les aspects juridiques et judiciaires des juridictions pénales internationales en Afrique, notamment le TPIR (Tribunal Pénal International pour le Rwanda), la CPI (Cour Pénale Internationale)... Il montre également les défis et les perspectives de la Justice pénale internationale en Afrique.
(23.00 euros, 234 p.)
ISBN : 978-2-343-05050-8, ISBN EBOOK : 978-2-336-36705-7

GOUVERNANCE, ENJEUX ET MONDIALISATION
Recherche sur les politiques environnementales de zonage maritime
Le challenge maritime de la France de Méditerranée et d'Outre-mer
Sous la direction de François Féral et Bernard Salvat
Dans le Pacifique et l'Océan Indien, la France ne participe pas très activement au mouvement de création d'aires marines protégées géantes alors que les possibilités y sont grandes. En métropole et Outre-mer, la mise en place des parcs naturels marins apparaît laborieuse. Le programme Gouvernance des Grandes Aires Marines Protégées a donné l'occasion à deux équipes de se pencher sur ce phénomène institutionnel majeur dans la conduite globale des politiques de protection des mers et des océans.
(23.00 euros, 218 p.)
ISBN : 978-2-343-04160-5, ISBN EBOOK : 978-2-336-36489-6

COLLECTIVITÉS TERRITORIALES ET ORGANISATIONS RÉGIONALES
De l'indifférence à l'interaction
Sous la direction de Danielle Perrot
Cet ouvrage traite des modes d'insertion des collectivités territoriales dans des organisations internationales conçues par leurs États de rattachement dans diverses régions du monde. Ces collectivités, ou «entités infra-étatiques» selon le droit international, sont souvent oubliées lors des débuts de ces constructions régionales. Elles tentent d'obtenir d'être représentées, et leur participation peut générer une interaction moins inégalitaire.
(Coll. Grale, 47.00 euros, 488 p.)
ISBN : 978-2-343-05111-6, ISBN EBOOK : 978-2-336-36639-5

ÉTHIQUE (L') DE L'AVOCAT PÉNALISTE
Rude-Antoine Edwige - Préface de Jean Danet
L'avocat est représenté, dans la fiction, sous les traits d'un être ambigu, sans cesse sur le fil... ce livre tente d'en approcher la réalité, qui est tout autre. Quelles relations d'ordre éthique l'avocat entretient-il avec lui-même mais aussi avec l'autre : son client, qu'il soit prévenu ou accusé, les jurés, les magistrats ? Peut-on parler du rapport de l'avocat à la vérité ? Comment peut-il construire des lignes de défense tout en restant partenaire de justice ?
(Coll. Éthique en contextes, 21.00 euros, 208 p.)
ISBN : 978-2-343-05222-9, ISBN EBOOK : 978-2-336-36460-5

NAISSANCE DE L'OBSERVATOIRE DE LA RÉCIDIVE ET DE LA DÉSISTANCE
Un long processus inachevé
Tournier Pierre V.
L'analyse de la récidive aurait logiquement dû relever de la compétence de l'Observatoire national de la délinquance et des réponses pénales placé sous l'autorité du Premier ministre. Mais sous l'impulsion de Christiane Taubira le choix s'est porté sur la création d'un observatoire *ad hoc* de plus, dépendant du ministère de la Justice : l'Observatoire de la récidive et de la désistance (août 2014). Ne s'est-on pas ainsi privé des outils d'une évaluation indépendante de la loi du 15 août 2014 sur la contrainte pénale et la libération sous contrainte ?
(Coll. Criminologie, 19.00 euros, 184 p.)
ISBN : 978-2-343-05118-5, ISBN EBOOK : 978-2-336-36387-5

ÉLÉMENTS DE PRÉVENTION DU CRIME
Lemaître André
Cet ouvrage montre la diversité des modèles de prévention de la délinquance, leur spécificité mais aussi leur nécessaire complémentarité. Il insiste également sur l'obligation de veiller aux aspects éthiques des politiques de prévention mises en place. En effet, l'utopie d'une société débarrassée de toute forme de criminalité contient la disparition de toute liberté.
(Coll. Sciences criminelles, série Controverses, 15.50 euros, 160 p.)
ISBN : 978-2-343-04666-2, ISBN EBOOK : 978-2-336-36324-0

SEXUALITÉ (LA) À L'ÉPREUVE DU COUPLE
Les révélations d'une avocate
Dalbin Agnès
Dans la majorité des divorces, les difficultés d'ordre sexuel sont souvent pointées du doigt comme une cause majeure de la rupture. S'appuyant sur les confidences recueillies lors de ses entretiens avec les couples qui divorcent, l'avocate Agnès Dalbin tente d'apporter son éclairage personnel sur cette problématique. Ce livre évolue comme une véritable histoire humaine, du mariage au divorce, en passant par la parentalité et l'après-divorce.
(Coll. La justice au quotidien, 13.50 euros, 118 p.)
ISBN : 978-2-343-04938-0, ISBN EBOOK : 978-2-336-36399-8

DROIT (LE) DU HANDICAP ET LA GESTION DU PATRIMOINE CULTUREL
Vers un modèle européen ?
B. Degros Eric
La rencontre entre le droit du handicap et le droit du patrimoine peut conduire à une confrontation d'intérêts contradictoires, nécessitant de trouver un équilibre entre le principe de l'accessibilité et le respect de l'authenticité, en faveur d'une conservation durable du patrimoine culturel. Il apparaît essentiel de trouver un équilibre entre «le droit des gens» et celui «des pierres».
(40.00 euros, 424 p.)
ISBN : 978-2-343-04418-7, ISBN EBOOK : 978-2-336-36269-4

DROIT BANCAIRE ISLAMIQUE
Notions, mécanismes et protections pénales
Jafari Amin
Conçu comme un manuel de droit, l'ouvrage étudie trois thèmes principaux : la notion de finance islamique et son fonctionnement, les instruments bancaires islamiques et enfin la protection du système bancaire dans l'ensemble de ses instruments et fonctionnements. La 3e partie propose un regard classique de droit pénal des affaires en matière de droit bancaire de finance islamique. Les branches chiite et sunnite de la finance islamique ont été distinguées dès le départ, permettant ainsi une comparaison tout au long du livre.
(Coll. Sciences criminelles, 33.00 euros, 326 p.)
ISBN : 978-2-343-04637-2, ISBN EBOOK : 978-2-336-36380-6

DROIT (LE) INTERNATIONAL. ASPECTS POLITIQUES (Volume 1)
Sous la direction de Jacques Bouineau – Textes réunis par Burt Kasparian
Ces contributions invitent à réfléchir sur la recomposition contemporaine de l'espace méditerranéen et sur le droit international qui s'y applique, à partir d'exemples tirés des plus grandes civilisations méditerranéennes aux époques antique et médiévale. Elles invitent le lecteur à s'interroger sur les piliers de la Méditerranée dans le jeu des relations entre les hommes et les institutions, et à découvrir l'essence des réponses juridiques et politiques.
(Coll. Méditerranées, 16.50 euros, 158 p.)
ISBN : 978-2-343-04661-7, ISBN EBOOK : 978-2-336-36366-0

DROIT (LE) INTERNATIONAL. ASPECTS POLITIQUES (Volume 2)
Sous la direction de Jacques Bouineau – Textes réunis par Burt Kasparian
Ce volume offre une réflexion sur la recomposition de l'espace méditerranéen contemporain à partir de l'histoire ou de l'actualité. L'histoire est traitée de la période qui s'étend de la Renaissance

à la fin du XIXe siècle. En ce qui concerne l'actualité, le jeu des emprunts et des modèles juridiques transparaît aussi bien dans la fiscalité internationale actuelle que dans les transpositions constitutionnelles du droit français en Égypte ou dans l'observation du fonctionnement de l'Europe.
(Coll. Méditerranées, 19.00 euros, 184 p.)
ISBN : 978-2-336-30904-0, ISBN EBOOK : 978-2-336-36367-7

SECRETS (LES) DU DROIT
Secret, droit et cinéma
Sous la direction de Stéphane Boiron, Nathalie Goedert et Ninon Maillard
Notre société du visible, pour savoir, exige de tout voir et tout montrer, sans délai, au risque de confondre espaces privés et espaces publics. Parce qu'on l'accusait de dissimuler les abus, de servir l'arbitraire, de diviser les hommes entre initiés et profanes, le secret a été condamné comme contraire au pacte démocratique. Pourtant, c'est aussi au nom de la liberté que, face à une transparence érigée en dogme, certains osent faire l'éloge du secret. C'est pourquoi, il appartient au droit d'orchestrer l'équilibre et de distinguer le bon du mauvais secret.
(Coll. Presses Universitaires de Sceaux, 24.00 euros, 248 p.)
ISBN : 978-2-343-04670-9, ISBN EBOOK : 978-2-336-36326-4

TABLES (LES) DE LA LOI : DE L'ARGILE AU NUMÉRIQUE
La diffusion de la règle de droit à travers les âges
Evrard Sébastien
On parle aujourd'hui de «culture digitale» ou culture numérique et de diminution du papier. Est-ce un bien ou un mal ? Comment les textes, la jurisprudence et toutes les normes juridiques sont-ils diffusés aujourd'hui ? Enfin, quelles sont les spécificités de l'édition dite juridique par rapport à l'édition générale ? Répondre à ces questions nécessite d'envisager l'histoire de la connaissance puis de la diffusion de la règle de droit, ce qui fait l'objet de ce livre.
(Coll. Logiques Juridiques, 13.00 euros, 122 p.)
ISBN : 978-2-343-04478-1, ISBN EBOOK : 978-2-336-36201-4

ARTICULATION (L') DES VOIES DE DROIT DANS LE CONTENTIEUX DE LA COMMANDE PUBLIQUE À L'INITIATIVE DES TIERS AU CONTRAT
Tallet-Preud'homme Laura - Préface de Paul Cassia
Parallèlement à la formation progressive d'un «droit de la commande publique», le contentieux à l'initiative des tiers au contrat a muté, à tel point que le changement de paradigme opéré tend à faire émerger un «contentieux de la commande publique». Diverses voies de droit ont été instituées, engendrant «l'embarras du choix» voire «l'embarras tout court» du tiers concurrent évincé. La complexité de ce contentieux est telle qu'il faut détruire pour reconstruire ce paysage contentieux.
(Coll. Logiques Juridiques, 49.50 euros, 536 p.)
ISBN : 978-2-343-04827-7, ISBN EBOOK : 978-2-336-36265-6

APPRÉHENSION (L') DES PRATIQUES RESTRICTIVES PAR LES AUTORITÉS FRANÇAISES ET EUROPÉENNES DE LA CONCURRENCE
Analyse des pratiques contractuelles abusives entre professionnels à l'épreuve du droit des pratiques anticoncurrentielles
Mallen Guillaume - Préface de Linda Arcelin-Lécuyer
Définies au sens de l'étude comme des comportements contractuels unilatéraux et abusifs dans les rapports commerciaux entre professionnels, les « pratiques restrictives » peuvent être réprimées au titre du droit des pratiques anticoncurrentielles (abus de domination et entente). L'ouvrage permet d'exposer l'office des autorités de concurrence lorsqu'elles sont confrontées à ces pratiques contractuelles abusives et d'envisager des solutions concrètes en vue de perfectionner le droit positif actuel.
(Coll. Logiques Juridiques, 65.00 euros, 874 p.)
ISBN : 978-2-343-04739-3, ISBN EBOOK : 978-2-336-36189-5

L'HARMATTAN ITALIA
Via Degli Artisti 15; 10124 Torino
harmattan.italia@gmail.com

L'HARMATTAN HONGRIE
Könyvesbolt ; Kossuth L. u. 14-16
1053 Budapest

L'HARMATTAN KINSHASA
185, avenue Nyangwe
Commune de Lingwala
Kinshasa, R.D. Congo
(00243) 998697603 ou (00243) 999229662

L'HARMATTAN CONGO
67, av. E. P. Lumumba
Bât. – Congo Pharmacie (Bib. Nat.)
BP2874 Brazzaville
harmattan.congo@yahoo.fr

L'HARMATTAN GUINÉE
Almamya Rue KA 028, en face
du restaurant Le Cèdre
OKB agency BP 3470 Conakry
(00224) 657 20 85 08 / 664 28 91 96
harmattanguinee@yahoo.fr

L'HARMATTAN MALI
Rue 73, Porte 536, Niamakoro,
Cité Unicef, Bamako
Tél. 00 (223) 20205724 / +(223) 76378082
poudiougopaul@yahoo.fr
pp.harmattan@gmail.com

L'HARMATTAN CAMEROUN
BP 11486
Face à la SNI, immeuble Don Bosco
Yaoundé
(00237) 99 76 61 66
harmattancam@yahoo.fr

L'HARMATTAN CÔTE D'IVOIRE
Résidence Karl / cité des arts
Abidjan-Cocody 03 BP 1588 Abidjan 03
(00225) 05 77 87 31
etien_nda@yahoo.fr

L'HARMATTAN BURKINA
Penou Achille Some
Ouagadougou
(+226) 70 26 88 27

L'HARMATTAN SÉNÉGAL
10 VDN en face Mermoz, après le pont de Fann
BP 45034 Dakar Fann
33 825 98 58 / 33 860 9858
senharmattan@gmail.com / senlibraire@gmail.com
www.harmattansenegal.com

L'HARMATTAN BÉNIN
ISOR-BENIN
01 BP 359 COTONOU-RP
Quartier Gbèdjromèdé,
Rue Agbélenco, Lot 1247 I
Tél : 00 229 21 32 53 79
christian_dablaka123@yahoo.fr

Achevé d'imprimer par Corlet Numérique - 14110 Condé-sur-Noireau
N° d'Imprimeur : 124900 - Dépôt légal : janvier 2016 - *Imprimé en France*

www.ingramcontent.com/pod-product-compliance
Lightning Source LLC
LaVergne TN
LVHW011219061026
849535LV00001BA/95